Gewalt gegen Christen

Gewalt gegen Christen

Formen, Gründe, Hintergründe

Herausgegeben von Georg Plasger
und Heinz-Günther Stobbe

EVANGELISCHE VERLAGSANSTALT
Leipzig

Bibliographische Information der Deutschen Nationalbibliothek
Die Deutsche Nationalbibliothek verzeichnet diese Publikation in der Deutschen Nationalbibliographie; detaillierte bibliographische Daten sind im Internet über http://dnb.dnb.de abrufbar.

Printed in Germany · H 7822

Das Buch wurde auf alterungsbeständigem Papier gedruckt.

Cover: Kai-Michael Gustmann, Leipzig
Coverbild: Kloster Füssen, Inventar-Nr. 18-142 (Ende 17. Jahrhundert, Künstler unbekannt) Erzbischöfliches Diözesanmuseum Paderborn, Foto: Ansgar Hoffmann
Satz: Silvia Haase, Siegen
Druck und Binden: Hubert & Co., Göttingen

ISBN 978-3-374-03923-4
www.eva-leipzig.de

Danksagung

Die Tagung zum Thema »Gewalt gegen Christen«, die im folgenden Band dokumentiert wird, und die Herausgabe der überarbeiteten Beiträge wären ohne vielfältige Hilfe nicht möglich gewesen. Uns als Herausgebern ist es ein Bedürfnis, dafür allen Beteiligten nachdrücklich zu danken. Für die Organisation und Durchführung des 14. Siegener Symposiums ist das neben unseren Mitarbeitern und Mitarbeiterinnen und einer Reihe von studentischen Hilfskräften Frau Elisabeth Dörnemann, unsere Sekretärin, die stets den Überblick über alle Einzelheiten des Geschehens behielt. Mit Blick auf die Drucklegung des vorliegenden Buches ist an erster Stelle Frau Silvia Haase zu nennen, die trotz Studium, Examen und erschwerender Umstände die nötigen Formatierungsarbeiten immer zuverlässig, mitdenkend und engagiert erledigt hat.

Natürlich möchten wir auch denen noch einmal danken, die durch ihre Vorträge und deren Überarbeitung zum Gelingen des Symposiums und der Publikationsabsicht beigetragen haben. Für alle bedeutete ihre Teilnahme und Mitarbeit eine zusätzliche Belastung neben ihren alltäglichen Aufgaben. Wir waren uns dessen stets bewusst und bitten um Nachsicht, wenn wir sie dennoch immer wieder bedrängen mussten.

Unser Dank gilt zum Schluss auch der Deutschen Bischofskonferenz und der Evangelischen Kirche von Westfalen für ihre beträchtliche finanzielle Unterstützung, ohne die wir weder Symposium noch Publikation hätten verwirklichen können. Die Evangelische Verlagsanstalt hat all diese Unterstützung abgerundet durch ihre Fairness in der Zusammenarbeit und nicht zuletzt ihre Geduld mit uns.

Georg Plasger Heinz-Günther Stobbe

Inhalt

Heinz-Günther Stobbe

Christenfreindliche Gewalt: Opfer und Täter

Christen im Interessens- und Machtgeflecht von Gesellschaft, Staat und Kirche

1. Linke Wahrnehmungsschwächen

1.1 Christentumskritik und blinde Flecke

Unsere postmoderne Gesellschaft treibt mitunter seltsame Blüten. Während sie ständig das Anderssein des Anderen preist, Toleranz predigt und -durchaus zu Recht – um Verständnis für Buddhismus, Neuheiden- und Freidenkertum sowie jetzt, nach dem 11. September 2001, besonders auch für den Islam wirbt, gehört Fairness gegenüber dem Christentum hierzulande kaum noch zu den Normen der »political correctness«. Zu denken ist dabei nicht in erster Linie an die mehr oder minder geschmacklosen Witze über Papst, Bischöfe oder andere prominente Christen, die in satirischen Zeitschriften oder kabarettistischen Sendungen zum Besten gegeben werden. Dergleichen müssen öffentliche Personen in demokratischen Gemeinwesen gelassen ertragen, und wer sich darüber totlachen kann, hat nichts Besseres verdient. Anders dagegen steht es mit jener Form der Kritik am Christentum, die sich gerne radikal gibt, selten jedoch ihren eigen Ansprüchen genügt. Sie hat hierzulande durchaus Tradition. So schrieb schon 1973 Hans Wollschläger am Ende seiner kurzen »Geschichte der Kreuzzüge« zusammenfassend: »Die Geschichte der Christlichen Kirche ist die Geschichte eines Schlachtfelds: der Apostolische Stuhl steht auf einem Massengrab.«[1] Er wünschte sich, die Kirche würde eines fernen Tages vor einen Internationalen Gerichtshof geladen und »aufgrund ihrer Geschichte, der so langen, entsetzlichen, menschheitsverderblichen«, formell zu einer

[1] Hans Wollschläger, Die bewaffneten Wallfahrten nach Jerusalem. Geschichte der Kreuzzüge, Zürich 1973, 224f.

»verbrecherischen Organisation« erklärt. Fast ein Vierteljahrhundert später, am 11. Mai 2000 erschien in DIE ZEIT ein Aufsatz des Philosophen Herbert Schnädelbach mit dem Titel »Der Fluch des Christentums«, der mit den Worten schloss: »Erst im Verlöschen könnte sich der Fluch des Christentums doch noch in Segen verwandeln.«[2] Was jeder nachvollziehen kann, der liest: »Das Christentum kann sich Glaube – Liebe – Hoffnung nicht ohne Blut vorstellen; je blutiger, desto authentischer.« Im gleichen Jahr veröffentlichte Hans-Jürgen Wolf das Buch »Verbrechen der katholischen Kirche«, den letzten Band seiner dreibändigen Abrechnung mit der christlichen Religion[3], ein Unternehmen, das nur noch übertroffen wird durch die bekannte, in ihrer Monumentalität einmalige »Kriminalgeschichte des Christentums« (10 Bände) von Karl-Heinz Deschner.

In Umfang, Art und Niveau durchaus verschieden, haben diese und vergleichbare Anklageschriften gegen Christentum und Kirche[4] eines gemeinsam: sie betonen Vernunft, Wissenschaft und Wissenschaftlichkeit und verstehen sich selbst als Teil einer dringend notwendigen Aufklärungsarbeit angesichts der gefährlichen Obskurität der (christlichen) Religion. Manche der zeitgenössischen Aufklärer stilisieren sich gerne zu einer hart bedrängten Minderheit, denen zumal die deutschen Gerichte als eilfertige Büttel der Kirche zusetzen. In diesem Sinne beklagt Gottfried Niemitz im Vorwort zu Wolfs Schrift, »die Veröffentlichung kirchenkritischer Texte« habe »vehement abgenommen«, und zwar durch »die flächendeckende Verfolgung kirchenkritischer Äußerungen«[5]. Allen (angeblichen) Widrigkeiten zum Trotz listen die Kritiker akribisch sämtliche Gewalttaten der Christen in der Geschichte auf, während sie gleichzeitig beharrlich zu der an Christen verübten Gewalt schweigen. Besonders die Neue Linke in der Bundesrepublik Deutschland litt an diesem blinden Fleck in ihrer politisch-gesellschaftlichen Optik. Sie solidarisierte sich leidenschaftlich mit nationalen Befreiungsbewegungen auf der ganzen Welt, doch Solidarität mit den Christen etwa in der Sowjetunion, in Albanien oder China, wo die Roten Garden Maos selbst die buddhistischen Schriften als »voll von Hun-

---

[2] Wieder abgedruckt in: ROBERT LEICHT (Hrsg.), Geburtsfehler? Vom Fluch und Segen des Christentums, Berlin 2001, 13–33 unter dem Titel »Der Fluch des Christentums – Die sieben Geburtsfehler einer altgewordenen Weltreligion«. Die beiden Zitate dort 33 und 18.

[3] HANS-JÜRGEN WOLF, Verbrechen der katholischen Kirche, Weißenborn 2000. Die zwei anderen Bände sind dem »Abschied vom Christentum« gewidmet.

[4] Zu weiteren Beispielen vgl. meinen Beitrag »Monotheismus und Gewalt« in: Jahrbuch Politische Theologie 4 (2002), 166–180.

[5] A.a.O., 7f.

defürzen« schmähten.[6] Im Namen des Fortschritts, von Vernunft und Wissenschaft etablierten und exekutierten die meisten sozialistischen Staaten eine repressive Religionspolitik von ungewöhnlicher Brutalität, obgleich sich fast alle zur Achtung der Religionsfreiheit verpflichtet hatten. Doch niemand in der westlichen Öffentlichkeit und Politik organisierte Protestmärsche, es wurde geschwiegen und weggesehen. Im schlimmsten Fall lag solcher Wahrnehmungsverweigerung ideologische Verblendung, im besten Fall realpolitisch-taktisch motivierte Rücksichtnahme zu Grunde. Wer im Westen über das leidvolle Schicksal von Kirchen und Christen berichtete, geriet leicht in den Ruch reaktionärer Propaganda im Kalten Krieg, zumal dann, wenn es sich um eher konservative Organisationen wie KIRCHE IN NOT / Ostpriesterhilfe oder die Evangelische Allianz handelte. 1983 brachte KIRCHE IN NOT eine Broschüre mit dem Titel »Verfolgte Kirche heute« heraus, in der es einleitend hieß:

> »Die Verfolgung hat in unserem Jahrhundert fast alle Kontinente erfaßt. Vor dem Ersten Weltkrieg und vor allem seit 1915 waren Millionen von armenischen und syrischen Christen im Nahen Osten davon betroffen. Nach der Oktoberrevolution 1917 setzte eine blutige Verfolgung in Rußland ein. Es folgte der Kirchenkampf in Mexiko und Spanien, im Dritten Reich und nach 1945 im kommunistisch gewordenen Osteuropa. Inzwischen wird die Kirche auch in den kommunistischen Staaten der Dritten Welt verfolgt, so in Vietnam, in Kambodscha, in Äthiopien, in Angola und in Kuba.«[7]

All das blieb ohne nennenswertes öffentliches Echo, zeitgleich und in der Folgezeit. Nach der Wende 1989/90 würdigte die deutsche Geselschaft weder, was die christlichen Kirchen und Gemeinden geleistet hatten, um den Eisernen Vorhang zu durchlöchern und den inneren Zusammenhalt der Bevölkerung in den beiden deutschen Staaten aufrecht zu erhalten, es scheint zudem, so K. Fitzschen im vorliegenden Buch, bezüglich der Repression gegenüber den Kirchen in der DDR »eine Art von kollektivem Vergessen Einzug gehalten« zu haben.[8]

Bis zu einem gewissen Grade scheint sich das Versagen von Öffentlichkeit und Gesellschaft gegenwärtig zu wiederholen. Die Islamwissenschaftlerin Ursula Spuler-Stegemann hat bereits vor einem Jahrzehnt festgestellt: »Verfolgung und Diskriminierung von Christen werden von der

---

[6] Vgl. GÖTZ ALY, Unser Kampf. 68 – ein irritierter Blick zurück, Frankfurt a.M. 2008, 111.

[7] KIRCHE IN NOT / OSTPRIESTERHILFE (Hrsg.), Verfolgte Kirche heute, München u.a. ^{3}1986, 7.

[8] Vgl. in diesem Band, 134.

breiten deutschen Öffentlichkeit kaum wahrgenommen.«[9] Noch schärfer äußerte sich 2008 Erzbischof Basile Georges Casmoussa aus Mossul (Irak): »Die Christenverfolgung in unserer heutigen Zeit hat sich zu einer wahren Katastrophe entwickelt. Die Medien haben diese Katastrophe bislang weitgehend ignoriert, fast so, als sei hier eine Nachrichtensperre verhängt worden.«[10] Mit Blick auf die Massenflucht der Christen aus dem Nahen Osten, bedingt durch die immer bedrückenderen Lebensverhältnisse, meinte der syrisch-katholische Patriarch Ignatius Yussuf III. Yunan, betrachte man westliche Politik gegenüber den Christen dort, habe man »nicht recht den Eindruck, dass dem Westen besonders daran liegt, dass die Christen in der Region bleiben.«[11] Allein im syrischen Bürgerkrieg wurden bislang etwa 12 000 Christen getötet und rund 60 Kirchen oder Klöster zerstört. Ein Fünftel der Christenheit Syriens hat das Land inzwischen verlassen. Es handelt sich dabei nur zum Teil um Kriegsflüchtlinge, vielmehr sind es gezielte Angriffe, die sie zur Flucht veranlassen. So haben Islamisten im Oktober 2013 nach einem Überfall auf die überwiegend syrisch-orthodoxe Stadt Sadad 45 Zivilisten massakriert und verscharrt. Ganze Dörfer sind danach geflohen. »Wir haben das«, so der dortige Bischof Silvanus, »in die Welt gerufen, und niemand hat uns gehört, außer einer Minderheit, die solidarisch zu uns stand:« »Niemand hat geantwortet, außer einige Wenige.«[12] Dabei stellt die Abwanderung keineswegs ein neues oder auf Syrien beschränktes Phänomen dar. Schon 2004 galt: »Der Exodus nichtislamischer Minderheiten aus islamischen Ländern nimmt unaufhaltsam seinen Lauf.«[13]

Besonders betroffen sind die Christen im Irak, ungeachtet der Anwesenheit alliierter Streitkräfte. Im Gegenteil, unter der Besatzung hat die

---

[9] URSULA SPULER-STEGEMANN, Christenverfolgung oder Christentum ohne Lobby. Aspekte religiöser Unterdrückung, in: DIES. (Hrsg.) Feindbild Christentum im Islam. Eine Bestandsaufnahme, Freiburg i. Br. 2004, 123–128, 123.

[10] So im Vorwort zu: KIRCHE IN NOT (Hrsg.) Christen in großer Bedrängnis – Dokumentation 2008, München 2008, 3. Inzwischen ist Mossul dank der Terrorgruppe ISLAMISCHER STAAT vollkommen »christenfrei«, um es in dem dieser Gruppe angemessenen NS-Jargon zu formulieren. Alle 45 Kirchen dort sind entweiht und teilweise zerstört. Kardinal Tauran hat die von IS an Christen und Jeziden verübten Verbrechen aufgelistet: Massaker, Enthauptungen, Kreuzigungen, Leichenschändungen, Vertreibungen, Entführungen, Zerstörungen (vgl. FAZ Nr.191 vom 19.08. 2014, 8).

[11] In: FAZ Nr. 26 (31. Januar 2014), 34.

[12] Zit. nach: Kirche und Leben (Bistumszeitung Münster). 19. Januar 2014, Nr. 3, 8.

[13] URSULA SPULER-STEGEMANN, Christenverfolgungen, 124.

Gewalt rapide zugenommen. Der Erzbischof von Bagdad Jean Benjamin Sleimann schreibt dazu:

»Seit dem Sturz des Regimes im Mai 2003 kann man die Zahl mutwillig und-willkürlich begangener Gewaltakte gegen Christen und Christinnen nicht mehr zählen: die Anschläge auf Kirchen im August und November 2004 und dann wieder im Januar 2006; die Entführungen, mit denen die Kidnapper durch manchmal mehrere zehntausend Dollar hohe Lösegelder ihre Finanzen aufbessern wollen; Morde durch Erschießen oder Erdrosseln; die Zerstörung von Geschäften; der auf Familien ausgeübte Zwang, ihre Häuser zu verlassen, damit man anschließend die Miete erhöhen konnte, oder auch der Zwang, ein Viertel oder eine Siedlung endgültig zu verlassen, um so eine ethnische Säuberung zu erreichen. All diese verabscheuungswürdigen Verbrechen führen regelmäßig zum Tod Unschuldiger. Das generalstabsmäßig organisierte Vorgehen hat zur Folge, dass ganze Familien in extrem prekäre Situationen geraten. Zudem findet keinerlei gerichtliche Untersuchung der Morde statt und erst recht wird keine Anklage erhoben! Wer soll hier Gerechtigkeit schaffen? Die Polizei bleibt passiv – selbst wenn die Verbrechen offen vor ihren Augen begangen werden – aus Furcht vor den Islamisten.«[14]

Ähnlich ergeht es, wie sich zeigen wird, Christen auch in anderen Ländern der Erde.

1.2 Wachsende Aufmerksamkeit der Politik

Immerhin beginnt sich die Informationslage allmählich zu bessern. Im Herbst 1999 veranstaltete die Konrad-Adenauer-Stiftung eine internationale Konferenz zum Thema »Verfolgte Christen heute«.[15] Kurz darauf richtete die CDU/ CSU-Fraktion im Deutschen Bundestag eine Große Anfrage zur weltweiten Christenverfolgung an die Regierung. Möglicherweise spielte für dieses erwachende Interesse eine fördernde Rolle die Entwicklung in den USA., wo im Oktober 1998 der *International Religious Freedom Act* verabschiedet worden war, der erhebliche Wirkung zeitigte: »Durch IRFA wurde Religionsfreiheit in die Menschenrechtsgesetzgebung zur US-Außen- und Entwicklungspolitik integriert.«[16] Es brauchte eine Weile, bis das deutsche Parlament nachzog: Am 24. Mai 2007 nahm der Bundestag einen gemeinsamen Antrag der Fraktionen von CDU/CSU und SPD mit dem Titel »Solidarität mit verfolgten Christen und anderen verfolgten reli-

---

[14] JEAN BENJAMIN STEINMANN, Der Aufschrei des Erzbischofs von Bagdad. Christliche Kirchen im Irak, Würzburg 2009, 53.

[15] KONRAD-ADENAUER-STIFTUNG (Hrsg.) Verfolgte Christen heute. Christen in den Ländern Afrikas, Asiens, des Nahen Ostens und Lateinamerikas. Dokumentation Internationale Konferenz am 28. Oktober 1999, Berlin 1999.

[16] JEANETTE SCHADE, Religionsfreiheit, evangelikale Lobby und US-Außenpolitik, in: Religionsfreiheit. Jahrbuch Menschenrechte 2008, Wien u.a. 2008, 139–151, 139.

giösen Minderheiten« an, in dem die Bundesregierung aufgefordert wurde, das Thema während der EU-Ratspräsidentschaft verstärkt einzubringen. Mit Rücksicht darauf organisierte die CSU-nahe Hans-Seidel-Stiftung (Akademie für Politik und Zeitgeschehen) noch im gleichen Jahr eine entsprechende Expertentagung.[17] Kurz vor Weihnachten 2010 endlich fasste der Bundestag mit den Stimmen von CDU/CSU, FDP, SPD und GRÜNEN einen Beschluss, der den weltweiten Schutz der Menschenrechte zu einem festen Bestandteil der Außenpolitik der Bundesrepublik erklärt. In der intensiven Parlamentsdebatte stand die Situation der Christen im Vordergrund, die seit Jahren im Weltverfolgungsindex als die am stärksten betroffene religiöse Gruppe an der Spitze stehen. Wegen dieses Schwerpunkts stimmte die Bundestagsfraktion der LINKEN geschlossen gegen den Antrag der Regierung[18], und reihte sich damit bruchlos in die Tradition der selbstauferlegten linken Ignoranz und Abstinenz ein. In der Tat: »Vor allem im liberalen oder auch religionskritischen Milieu gewinnt man bisweilen den Eindruck, es sei geradezu peinlich, sich für Christen einzusetzen und sich mit ihnen zu solidarisieren.«[19] Es fällt offenbar schwer, sich für aufgeklärt und kritisch zu halten und zugleich einfach zur Kenntnis zu nehmen,

> »daß das 20. Jahrhundert, auf dessen soziale und technische Fortschritte wir so ungeheuer stolz sind, zum größten Verfolgungsjahrhundert der christlichen Kirche geworden ist. Wir halten gewöhnlich das ›dunkle Mittelalter‹ für die schwärzeste Periode des Abendlandes. Geschichtliche Tatsache ist jedoch, daß in keiner Zeit der Kirchengeschichte so viele Menschen um ihres Glaubens willen leiden und sterben mussten, als in dem Zeitalter, wo die Gewissens- und Religionsfreiheit zu

---

17 Philipp W. Hildmann (Hrsg.), »Sie werden euch hassen....«. Christenverfolgung weltweit, München 2007 (=Argumente und Materialien zum Zeitgeschehen Nr. 59)

18 Vgl. Volker Kauder (Hrsg.), Verfolgte Christen. Einsatz für die Religionsfreiheit, Holzgerlingen 2012, 7. Das Buch steht in engem Zusammenhang mit der Initiative der christlich-liberalen Parlamentsinitiative. Es soll aber nicht unterschlagen werden, dass Rajuk Sharma von der LINKEN betonte, es gebe wohl niemanden »in diesem Raum, der dieses Anliegen nicht grundsätzlich unterstützen würde« und das gelte »ganz besonders für die LINKE.« »Wir wissen, auch und gerade wegen unserer Geschichte, um den hohen Wert der Religionsfreiheit.« Dann aber geht es gegen »das Gerede von der christlich-jüdischen Tradition« und gegen die Verletzung der Religionsfreiheit durch »Kruzifixe in den Klassenzimmern«. Vgl. Jürgen Bellers / Markus Porsche-Ludwig (Hrsg.), Christenverfolgung in islamischen Ländern, Berlin 2011, 158. – Aus diesen Gründen sich der Stimme zu enthalten, lässt fragen, was die starken Worte vorher wert sind.

19 Rita Breuer, Im Namen Gottes? Christenverfolgung im Islam, Freiburg i. Br. 2012, 145.

einem politischen Programm wurden. Kirchengeschichtler schätzen, daß in den letzten 60 Jahren mehr Christen um ihres Glaubens willen ums Leben gekommen sind als in den 19 Jahrhunderten vorher. Wir haben sogar den Eindruck, daß sich die Leiden der Kirche in unseren Tagen wieder steigern.«[20]

Mittlerweile wurde der Einsatz für die Religionsfreiheit in den Koalitionsvertrag von CDU, CSU und SPD für die 18. Legislaturperiode als besonderes Anliegen aufgenommen.

2. Christliche Öffentlichkeits- und Informationsarbeit

2.1 Kirchliche Selbstkritik

Auch die kirchliche Öffentlichkeit im Westen litt zumal in der Zeit des Kalten Krieges an Wahrnehmungsschwäche. 1990 legte der Rat für Kirche und Gesellschaft der Generalsynode der Niederländisch-Reformierten Kirche einen Bericht über die Konsequenzen der Ereignisse von 1989/1990 für die künftige Entwicklung der zwischenkirchlichen Ost/West-Beziehungen vor. Dort wurde festgehalten, im Rahmen der gemeinsamen Vergangenheitsbewältigung müssten sich die westlichen Kirchen von ihren Partnerkirchen fragen lassen:

> »Haben wir im westlichen Teil Europas das Leiden in Mittel- und Osteuropa ernst genug genommen? Inwiefern hat der Wille, nicht in einem westlichen Antikommunismus mitgeschleppt zu werden, der zur eigenen Rechtfertigung diente, zu einem *Anti*-Antikommunismus geführt, der blind machte für das Unrecht im Osten? [...] Haben wir genug Kenntnisse gesammelt bzw. Gebrauch von dem Wissen gemacht, das bestimmte Institutionen vermittelten (anstatt diese im Schema des Kalten Krieges als antikommunistisch abzutun)?«[21]

2.2 Wachsende kirchliche Öffentlichkeit

Es gab immerhin frühe Ausnahmen: Das von Pater Werenfried von Straten, dem »Speckpater«, für deutsche Heimatvertriebene gegründete pastorale Hilfswerk KIRCHE IN NOT hielt 1951 in Hilversum einen ersten Kongress ab, der von 1952 bis 1995 jährlich in Königsstein/ Taunus stattfand und mit seinen Berichten zu einem wichtigen Informationsforum über die Kirchen im Ostblock wurde. Das Werk finanzierte auch Übersetzungen von Schriften aus den Ostblockländern sowie auch die Übersetzung der ersten um-

---

[20] GEORG F. VICEDOM, Das Geheimnis des Leidens der Kirche (Theologische Existenz heute 111), München 1963, 5.

[21] Verlorene Jahre? Über die Herausforderungen für das gemeinsame Kirchesein nach den eingreifenden Veränderungen in Mittel- und Osteuropa und dem Ende des Kalten Krieges. Eine Handreichung der der GENERALSYNODE DER NEDERLANDSE HERVORMDE KERK, Neukirchen-Vluyn 1993, 97.

fangreichen Dokumentation zur Verfolgung der römisch-katholischen Kirche in der sowjetischen Sphäre, die Alberto Galter im Auftrag der »Kommission für die verfolgte Kirche« der internationalen katholischen Organisationen erstellt hatte. Er wurde 1956 in italienischer Sprache und 1957 auf Deutsch veröffentlicht.[22] Er enthielt nicht nur, nach Ländern geordnet und quellengestützt, jeweils einen historischen Abriss und personenbezogene Informationen, sondern vor allem eine erste analytische Auswertung des dargebotenen Wissens mit Blick auf die Mittel und Methoden des kommunistischen Kirchenkampfes, ihrer allgemeinen Züge und situationsbedingten Abweichungen.[23] 1976 schrieb Josef Kardinal Höffner einen Hirtenbrief mit dem Titel »Hörst du nicht ihr Schreien?« über die Christenverfolgung[24], und die Schweizerische National-Kommission Justitia et Pax gab eine Darstellung der »Situation der katholischen Kirche in der Tschechoslowakei« heraus, in dem auch Auszüge der einschlägigen Gesetze aufgelistet wurden, die der Kirchenpolitik des kommunistischen Staates zu Grunde lagen.[25] Im Jahr 1977 erschien aus der Feder von Gerd Hamburger das Buch »Verfolgte Christen. Berichte aus unserer Zeit«[26], das ein klares Ziel verfolgte: »Es sollte ein modernes Martyriologium geschaffen werden, da es solch ein Martyriologium bisher nicht gibt.«[27] Bewusst setzte der Autor nach der Nazi-Zeit ein, und weitete das Untersuchungsfeld im Prinzip auf alle Kontinente und alle Konfessionen aus. Die Perspektive wird nun, im Doppelsinn des Wortes, »ökumenisch«. – Gleichfalls 1977 richtete die Deutsche Bischofskonferenz den bundesweiten Gebetstag für die verfolgten Christen ein, der 1994 aufgegeben und 2012 für den Stephanus-Tag (26. Dezember) erneut wieder aufgenommen wurde. Die EKD hat dafür ebenfalls den Stephanus-Tag sowie den Sonntag Reminiszere im März gewählt, während der Weltgebetstag jeweils am zweiten Sonntag im November stattfindet.

Inzwischen haben Christen und Kirchen außerdem ihre Informationstätigkeit in Sachen Christenverfolgung intensiviert. Im Mai 2000 veröffentlichte das italienische Sekretariat von KIRCHE IN NOT /Ostpriesterhilfe eine umfassende Übersicht zu Einschränkungen der Religionsfreiheit welt-

---

22 ALBERTO GALTER, Rotbuch der verfolgten Kirche, Recklinghausen 1957.

23 Vgl. dazu a.a.O., 1–20.

24 Hg. vom PRESSEAMT DES ERZBISTUMS KÖLN.

25 Bern 1976.

26 GERD HAMBURGER, »Verfolgte Christen. Berichte aus unserer Zeit«, Graz/ Wien/ Köln 1977.

27 A.a.O., 18.

weit.[28] Im Jahr 2003 brachte die Evangelische Kirche in Deutschland (EKD) eine Arbeitshilfe mit dem Titel »Bedrohung der Religionsfreiheit. Erfahrungen von Christen in verschiedenen Ländern« heraus[29], und die Deutsche Bischofskonferenz (DBK) rief die Initiative »Solidarität mit verfolgten und bedrängten Christen in unserer Zeit« ins Leben, die fortlaufend Informationshefte zu einzelnen Ländern veröffentlicht und in die das Fürbittgebet am Stephanus-Tag fest integriert ist. Erstmals 2013 erschien ein »Ökumenischer Bericht zur Religionsfreiheit von Christen weltweit 2013«[30], gemeinsam verantwortet von EKD und DBK. Die niederländische Abteilung der eher evangelikal ausgerichteten Organisation OPEN DOORS publiziert seit 2005 einen jährlichen Weltverfolgungsindex, von dem auch die säkulare Presse Notiz nimmt. Ebenfalls aus diesem Bereich zu erwähnen sind schließlich die von der Evangelischen Allianz vorgelegten IDEA-Dokumentationen 2000–2012, die sich mit der »weltweiten Diskriminierung und Verfolgung von Christen« befassen. Das katholische Missionswerk MISSIO hat inzwischen eine ganze Reihe von Länderberichten zur Religionsfreiheit und zur Lage der Menschenrechte erstellt.[31]

3. Friedens- und Konfliktforschung zur Gewalt gegen Christen

3.1 Forschungsdefizit und Anliegen des Symposiums

Während also die Zahl von Berichten und Dokumentationen über die Lage der Christen steigt, mangelt es nach wie vor an wissenschaftlichen Studien zur Sache. Eigentlich müsste es eine genuine Aufgabe der Friedensforschung sein, sich mit der Gewalt gegen Christen zu beschäftigen. Tatsächlich jedoch finden sich einschlägige Beiträge nur selten. Im Gefolge von 9/11 widmet sich eine stattliche Anzahl von Büchern dem Verhältnis von Religion und Gewalt oder mehr noch von religiösem Fundamentalismus und Gewalt, und sie beschäftigen sich überwiegend mit der Frage, ob Religionen konfliktgenerierend, konfliktmindernd oder konfliktverschärfend wirken oder, etwas anschaulicher formuliert: als »Friedensengel oder Brandstifter« (A. Hasenclever). Der empirische Befund überrascht wenig: Untersucht man das tatsächliche Verhalten religiöser Akteure, dann bestätigt sich weder die These, Religion sei per se gewalttätig, noch die gegen-

---

[28] ALBERTO MORIGI / VITTORIO EMANUELLE VERNOLE / CHIARA VERNE: Religionsfreiheit weltweit, Rom/ Königstein 2000.

[29] (EKD-Texte 78) Hannover 2003.

[30] Untertitel: Das Recht auf Religions- und Weltanschauungsfreiheit. Bedrohungen – Einschränkungen Verletzungen (Gemeinsame Texte 21), Hannover/ Bonn 2013.

[31] Die Texte können unter www.missio.de bei einer der missio-Stellen abgerufen werden.

teilige These, Religion sei im Kern friedensstiftend. »Beide Positionen sind überspitzt.«[32] Es lassen sich aber religionsexterne und religionsinterne Bedingungen namhaft machen, die das Verhalten in der einen oder anderen Richtung begünstigen. Weitgehende Einigkeit herrscht in der Forschung darüber, dass Religion vergleichsweise selten als gleichsam autonomer Faktor zu Gewalt führt, sehr viel häufiger instrumentalisiert wird, also kaum als Sprengstoff und eher als Brandverstärker verwendet wird. Recht wenig Aufmerksamkeit hat im Vergleich dazu die Frage gefunden, aus welchen Gründen und unter welchen Bedingungen Christen zu Opfern christenfeindlicher Gewalt werden. Meist wird sie in länderspezifischen und rein historischen Studien behandelt.

Dieses Defizit gab den Anstoß für den Entschluss, an der Universität Siegen das 14. Siegener Symposium dem Thema »Gewalt gegen Christen: Formen, Gründe, Hintergründe« zu widmen. Es fand im Februar 2013 statt (14.–16.02.), durchgeführt von den beiden Fächern Evangelische und Katholische Theologie. Das Anliegen dieser Veranstaltung bestand nicht darin, der »Kriminalgeschichte des Christentums« (K.-H. Deschner) schlicht eine Leidensgeschichte gegenüber zu stellen, vielmehr ging es darum, einer wissenschaftlichen Erklärung der Gewalt gegen Christen näher zu kommen und sie theologisch zu reflektieren. Dabei galt es ausdrücklich der Tatsache Rechnung zu tragen, dass es in der Geschichte auch Christen waren, die Gewalt gegen andere Christen ausübten. Sie wird in mehreren Beiträgen thematisiert. Zwar behandeln sie sämtlich historische Beispiele, doch das Problem existiert bis in die jüngere Vergangenheit und nimmt wieder an Bedeutung zu:

> »Die Konflikte, in denen im ausgehenden 20. Jahrhundert in den Ländern der westlichen Welt Christen gegen Christen standen, erfassten immer weitere Bereiche des politischen Lebens. Diese Konflikte sind durchaus verstörend, denn Gewaltakte ersetzten das Gespräch und damit den Dialog, in dem ethisch und politisch schwierige Fragen hätten geprüft werden können.«[33]

Sie sind weit entfernt von der Massivität historischer Verfolgungen, aber keineswegs alle harmlos, wie das Beispiel Nordirlands veranschaulicht. Wenn also derzeit hauptsächlich islamische Staaten und Gruppen Urheber christenfeindlicher Gewalt sind, darf auch mit Blick auf diese un-

---

32 HANS GERHARD KIPPENBERG, Neue Anforderungen an den Religionsbegriff: Religiöse Gewalthandlungen, in: TOBIAS MÜLLER / THOMAS M. SCHMIDT (Hrsg.) Was ist Religion? Beiträge zur aktuellen Debatte um den Religionsbegriff, Paderborn u.a. 2013, 15–30, 15.

33 HARTMUT LEHMANN, Das Christentum des 20. Jahrhunderts: Fragen, Probleme, Perspektiven (Kirchengeschichte in Einzeldarstellungen 4/9), Leipzig 2012, 200.

bestreitbare Tatsache nicht vergessen werden, dass die überwiegende Anzahl von Opfern islamistischer Gewalt selbst Muslime, nicht Christen sind. Die Dinge liegen offenkundig komplizierter, als manche glauben machen wollen. Die Gefahr, das Thema politisch zu instrumentalisieren, lässt sich jedenfalls nicht von Vorneherein von der Hand weisen. Auch innerkirchlich wurde es von evangelikalen Kreisen in ihrem Kampf gegen den Liberalismus benutzt;

> »In ihren Zeitschriften veröffentlichen sie regelmäßig lange Listen mit Namen von Christen, die in den Ländern der Dritten Welt um ihres Glaubens willen im Gefängnis saßen, von Vietnam und China bis Pakistan und Indonesien. »Im Kerker für Christus« hieß ihr Schlagwort, das ursprünglich auf Christen bezogen war, die hinter dem Eisernen Vorhang im Gefängnis saßen. Nicht daß diese Informationen nicht für alle Christen von Interesse gewesen wären. Mit diesem Slogan wollten die konservativen Publizisten den Eindruck verstärken, überall auf der Welt würden überzeugte Christen verfolgt – ein Situation, die sie wiederum als Anzeichen für die baldige Wiederkunft Christi deuteten.«[34]

Eine seriöse wissenschaftliche Auseinandersetzung mit der Problematik muss deshalb vor allem ihrer Komplexität gerecht werden.

Die wissenschaftliche Erklärung eines Phänomens kann sich zwar nicht damit begnügen, es lediglich zu beschreiben und zu analysieren, doch benötigt sie eine zuverlässige empirische Grundlage, und das heißt im vorliegenden Fall zuerst, eine möglichst lange Reihe von Fallbeispielen, die detaillierte Kenntnisse über eine je besondere Situation vermitteln und gerade dadurch einen Vergleich ermöglichen, der es erlaubt, ihre einzigartigen Aspekte von allgemeineren Zügen zu unterscheiden. Das Siegener Symposium konnte sich in seinem finanziell und zeitlich eng begrenztem Rahmen nur einer vergleichsweise geringen Zahl von Fallbeispielen widmen. Zudem wurden nicht alle geplanten Vorträge gehalten oder für die Publikation freigegeben. So fehlen im Spektrum der behandelten Themen in erster Linie Lateinamerika, weitgehend auch Afrika oder die Bürgerkriege in Frankreich und Großbritannien und sogar der Dreißigjährige Krieg, der längste, schrecklichste und folgenreichste gewaltsame Konflikt zwischen Christen. Diese schmerzlichen Mängel im einleitenden Beitrag zu beheben, war aus verschiedenen Gründen unmöglich, er musste sich darauf beschränken, einige Fluchtlinien zu verfolgen. Eigentlich ist es unumgänglich, die Problematik multidisziplinär anzugehen. Eine Gesamterklärung eines Phänomens, das sich bei genauerer historischer und empirischer Betrachtung als außerordentlich komplex erweist, ist prinzipiell un-

---

[34] A.a.O., 205f.; vgl. auch die Warnungen im Beitrag über Indien, in diesem Band, 192.

möglich, da sich geschichtliche Ereignisse und Ereignisreihen immer nur teilweise theoretisch ableiten, weil nur historisch herleiten lassen. Im vorliegenden Fall der Gewalt gegen Christen resultiert die Bezugnahme auf verschiedene Theorien schon aus der Zuordnung des Themas zur Friedens- und Konfliktforschung, die in sich selbst unterschiedliche Wissenschaften zusammen führt. Auch sie schließt monistische oder reduktionistische Erklärungsansätze, wie sie die marxistische Religionssoziologie lange pflegte, grundsätzlich aus. Welche Disziplinen heranzuziehen sind, hängt ein Stück weit von den Besonderheiten der jeweiligen Situation ab, in der Gewalt geschieht. Meist greifen kirchen- und missionswissenschaftliche und soziologische, politologische und sozialpsychologische Perspektiven ineinander.

Nicht ganz vom Tisch ist damit jedoch die Vorstellung, Gewalt zu erklären bedeute, ihre Ursachen zu erkennen. Erkenntnistheoretisch hoch belastet, sollte sie vermieden werden. Denn der Begriff der Ursache ist in diesem Zusammenhang weitgehend untauglich, sofern Gewalt als Ergebnis von Gewalthandeln begriffen wird. Gehandelt wird aus Gründen und mit Absichten, nicht in Folge von Ursachen. Worauf es ankommt, sind innere und äußere Bedingungen des Gewalthandelns, die niemals zwangsläufig Gewalt erzeugen, sondern immer einen gewissen Entscheidungsspielraum lassen. Diese zwar begrenzte, aber vorhandene Entscheidungsfreiheit liegt dem Legitimationsbedarf zu Grunde, der mit Gewalt in der Regel verbunden ist. Es ist kein Zufall, dass Gewalttäter im großen wie im kleinen Maßstab sehr selten darauf verzichten, zu erklären und zu rechtfertigen, was sie ihren Opfern antun.

3.2 Gewaltbegriff und Christenverfolgung

Gewalt gegen Christen zu erforschen, kann nur multi- und interdisziplinär geleistet werden. Zu den Begriffen, die aus einer oder mehreren der beteiligten Disziplinen gleichsam entliehen werden müssen, um von der Beschreibung zur Erklärung übergehen zu können, zählt naturgemäß an erster Stelle der zentrale Begriff der Gewalt. Zumal in der deutschen Sprache eignet ihm eine Vieldeutigkeit, die seine wissenschaftliche Brauchbarkeit mindert und zu einem reflektierten Sprachgebrauch nötigt. Im Alltag und in der Alltagssprache bezieht sich der Gewaltbegriff in erster Linie auf Handlungen, durch die Menschen physisch beeinträchtigt und verletzt werden, Wirkungen, die mittelbar oft psychische Leiden und Schäden hervorrufen. Diese können ihrerseits direkt beabsichtigte Folgen von Gewalt sein. In solchen Fällen wird gerne von ›seelischer‹ Gewalt gesprochen.

Ohne Zweifel bringt das Alltagsverständnis einen wichtigen Aspekt von Gewalt zum Ausdruck, doch erweist es sich als zu eng gefasst. Keineswegs alle Gewaltfolgen können nämlich individuellem Handeln zugerechnet werden. Sehr häufig tritt Gewalt institutionell vermittelt in Erscheinung, so vor allem im Krieg als der wohl wichtigsten Form organisierter Gewalt. Entscheidend ist, dass stets das Element der Schädigung erkennbar bleibt. – Im Anschluss an Johan Galtung, einen der bedeutendsten Friedensforscher, hat es sich in der Friedens- und Konfliktforschung seit langem eingebürgert, außerdem von struktureller Gewalt zu sprechen. Gemeint sind damit Verhältnisse, in denen Menschen systematisch Lebenschancen und Entwicklungsmöglichkeiten vorenthalten werden. Dagegen wurde nicht ohne eine gewisse Plausibilität eingewandt, derartige Situationen könnte man besser »unter Begriffen wie Herrschaftsordnung oder Gerechtigkeit diskutieren denn als Gewaltphänomene«[35], doch würde dann ihre schädigende und zerstörerische Qualität weniger klar benannt als durch den Begriff der strukturellen Gewalt. Dessen Fruchtbarkeit zeigt sich gerade in seiner Anwendung auf die Lage vieler Christen in der Gesellschaft, in der sie lebten oder leben.

Den Begriff der Gewalt als Grundbegriff zu verwenden, empfiehlt sich auch, weil der geläufigere Begriff der Christenverfolgung Vorbehalte wach ruft:

> »Kritische Einschätzungen und Besorgnisse kondensieren sich neuerdings im Begriff der ›Christenverfolgung‹, der in den letzten Jahren an politischem Kurswert gewonnen hat, zugleich aber umstritten bleibt. Während die einen dafür plädieren, endlich Klartext zu reden und konkrete Solidarität mit bedrängten Minderheiten zu zeigen, warnen andere davor, dass der Begriff der Christenverfolgung eine Wende zum religionspolitischen Klientelismus und zugleich die Abkehr von einem universalistischen Verständnis der Religionsfreiheit signalisieren könnte.«[36]

Nun stellt der mögliche Missbrauch eines Begriffs zwar einen bedenkenswerten, für sich genommen jedoch keinen hinreichenden Grund dafür dar, ihn zu vermeiden. Mehr Gewicht kommt sachlichen Einwänden zu, die seinen Umfang und seine Trennschärfe betreffen. Mit Recht stellt H. Bielefeldt fest: »Nicht jede Form von Diskriminierung oder Schikanierung sollte als Christenverfolgung bezeichnet werden.«[37] Um größere Klarheit zu gewinnen, bietet es sich an, auf eine juristische Definition des Begriffs »Verfolgung« zurück zu greifen, wie sie zum Beispiel die Europäische Union in der Direktive 2004/83/EC vorgelegt hat. Gegenstand der Richtlinie ist die Festlegung von Mindeststandards für die Anerkennung von Flüchtlingen oder anderen Schutzbedürftigen. Dazu ist es naturgemäß erforderlich, die

---

35 TERESA KOLOMA BECK / KLAUS SCHLICHTE, Theorien der Gewalt zur Einführung, Hamburg 2014, 37.

36 HEINER BIELEFELDT, Bedroht, bedrängt oder verfolgt. Verletzungen der Religionsfreiheit christlicher Minderheiten, in: HK (66) 2012, 356–360, 356.

37 A.a.O., 357.

Gründe der Schutzbedürftigkeit zu benennen. Ganz allgemein spricht das Dokument von »persecution and serious harm« und von der Notwendigkeit, die »acts of persecution« »must be sufficiently serious by their nature or repitition as to constitute a severe violation of basic human rights«. Aufgezählt werden vor allem folgende Formen:

> »acts of physical or mental violence, including acts of sexual violence; b) legal, administrative, police, and/or judicial matters which are in themselves discriminatory or which are implemented in a discriminatory manner; c) prosecution or punishment, which is disproportionate or discriminatory; d) denial of judicial redress resulting resulting in a disproportionate or discriminatory punishment«[38]

Gerade für Formen dauerhafter Diskriminierung passt der Begriff der strukturellen Gewalt gut, und sie kommen in Geschichte und Gegenwart häufig vor.

3.2 Methodische Probleme

Unter den möglichen Verfolgungsgründen nennt die EU-Richtlinie auch die private oder öffentliche, individuelle oder gemeinschaftliche Ausübung von Religion (vgl. Art. 10. 1b). Diese Bestimmung wirft in Bezug auf das Phänomen der Christenverfolgung gewisse analytische Schwierigkeiten auf, die es zu beachten gilt. In manchen Ländern oder Regionen werden keineswegs alle christlichen Gruppen oder Konfessionen verfolgt, und es muss darum geprüft werden, ob tatsächlich der christliche Glaube als solcher den Grund dafür darstellt. Ein alter chinesischer Priester berichtete von drei Bauersfrauen, die von den Kommunisten umgebracht wurden. »Der Staat hat damals jedem einzelnen Katholiken einen Brief zugestellt, er solle sich zu einer bestimmten Zeit bei der örtlichen Verwaltung einfinden und dort dem Glauben abschwören.«[39] Die Bäuerinnen widersetzten sich der Aufforderung und wurden getötet. So klar sind die Verhältnisse längst nicht immer geschnitten, zumal dann nicht, wenn im gleichen Land oder in der gleichen Region zugleich auch Angehörige anderer Religionen Opfer repressiver Maßnahmen werden. Von Christenverfolgung sollte also nur gesprochen werden, wenn Christen um ihres Glaubens willen gezielt und planmäßig schwere Verletzungen ihrer Menschenrechte zugefügt werden.

Begriffliche Ungenauigkeit zieht schließlich auch schwer wiegende Konsequenzen für die quantitative Beurteilung des Phänomens nach sich.

---

[38] Der vollständige Text der Richtlinie ist über die Website der Europäischen Union zu finden und abrufbar.

[39] Hanspeter Oschwald, Maos fromme Enkel. Chinas Christen im Aufbruch, München 2008, 217.

Je weiter der Begriff der Verfolgung gefasst wird, desto höher logischerweise die Zahl derer, die als Verfolgte gelistet werden. Erneut öffnet sich auf diese Weise ein Einfallstor für politischen Missbrauch. Zudem fehlt es häufig an gesicherten Daten, ein Mangel, der gerne durch »Schätzungen« kompensiert wird. Max Klingberg hat zu deren Wert das Nötige ausgeführt: Die »allermeisten« von ihnen

> »verdienen diesen Namen nur im umgangssprachlichen Sinn; es sind vielmehr intransparente Spekulationen. Ohne Angaben zu den Grundlagen, wie z.B. (möglichst repräsentativen und umfangreichen) Zählungen, einer daraus folgenden Extrapolation und einer anschließenden Fehlerbetrachtung und Fehlerberechnung.«[40]

Das Problem verlässlicher Zahlenangaben begegnet ständig, nicht nur im aktuellen Kontext, sondern auch mit Blick auf historische Fallbeispiele, bei denen generell der Verdacht – mitunter grandios – übertriebener Zahlen gerechtfertigt ist.

4. Die Anfänge in der Antike und ihre paradigmatische Bedeutung

4.1 Soziale Konflikte und Gewalt

Zwischen den Jahren 313 und 316 verfasste der christliche Apologet Laktanz, dessen Urheberschaft nicht ganz unumstritten ist, ein Pamphlet mit dem Titel »Die Todesarten der Verfolger«, in der er die Christenverfolgungen durch die Tetrarchen anprangerte. Darin heißt es: »Heimgesucht wurde also die ganze Erde, und mit Ausnahme von Gallien wüteten vom Osten bis zum Westen die drei wilden Tiere [sc.: Diokletian, Galerius, Maximian; HGS) in unerbittlichster Grausamkeit.«[41] Die Vorstellung von der antiken Christenverfolgung als einer reichsweiten, mit ausgesuchter Brutalität durchgeführten Mordkampagne hat sich für lange in den Köpfen festgesetzt und wurde in unserer Zeit vor allem durch Hollywood in Gestalt christenfressender Löwen als Hauptattraktion blutgieriger Massenspektakel in Roms Arena noch einmal farbenprächtig in Szene gesetzt. Die historische Forschung hingegen zeichnet von diesen Vorgängen inzwischen ein wesentlich differenzierteres und nuancenreicheres Bild. Es ist wahr: Die Gemeinschaft der Jesus-Anhänger sieht sich schon recht früh mit dem Problem der Gewalt konfrontiert:

> »Die ersten gewalttätigen Auseinandersetzungen sind mit dem Namen des Stephanus und seinem ›Kreis‹ verknüpft. Sie stellen innerjüdische Auseinander-

---

[40] MAX KLINGBERG, Verfolgung und Diskriminierung von Christen. Ein Überblick, in: Märtyrer 2012. Das Jahrbuch zur Christenverfolgung heute, Bonn/ Hamburg 2012, 198–225, 200.

[41] LACTANZ, De mortibus persecutorum, Die Todesarten der Verfolger, Turnhout 2003, 127.

setzungen dar. Eine jüdische Splittergruppe, die Jesus von Nazareth als den Christus bekennt, wird von ihrer jüdischen Umwelt bekämpft, und auch in späteren Phasen gibt es Feindseligkeiten von jüdischer Seite.«[42]

So wurden während des Bar Kochba-Aufstandes (135–137 n. Chr.) Christen auf Befehl des Rebellenführers getötet, jedoch nahmen solche Aktionen in der Folgezeit niemals systematischen Charakter an, und auch mit Blick auf das Römische Reich kann bis zum Ende des 1. Jahrhunderts von Christenverfolgung nicht gesprochen werden:

> »Die christliche Religion war nie erlaubt gewesen, wurde jedoch bis auf wenige Ausnahmen auch nicht regelrecht verfolgt. Wer sein Christentum im stillen praktizierte, den Amtsträgern auswich und alle Zusammenhänge mied, in denen der Kaiserkult und andere heidnische Kulte ausgeübt wurden, blieb unbehelligt – dies war die positive Seite einer Religionsauffassung, welche die öffentliche, gemeinschaftliche Betätigung höherschätzte als die individuelle Überzeugung.«[43]

Gewalt gegen Christen trat sporadisch, lokal begrenzt und zeitlich befristet auf, nahm sehr verschiedenartige Formen an und konnte sich durchaus bis zum Progrom steigern. In dieser Phase spielen Gerüchte, Vorurteile, Verdächtigungen und Verleumdungen zum Teil wüstester Art die entscheidende Rolle, und motiviert sind sie durch Misstrauen, Angst, Neid, persönliche Abneigung oder wirtschaftliche Interessen. Wider Willen leistet dem die Lebensweise der Christen in mancherlei Hinsicht Vorschub, weil sie unvermeidlich eine gewisse Distanzierung von ihrem gesellschaftlichen Umfeld zur Folge hat.[44] Die Behörden reagieren meist anstatt zu agieren, das heißt, sie werden tätig auf Grund von Anzeigen, die aus der Bevölkerung kommen, und sie verhalten sich ihnen gegenüber eher zurückhaltend und mäßigend. Natürlich gibt es Ausnahmen, wie das »Massaker von Lyon« (H. D. Stöver), bei dem ein aufgebrachter und zügelloser Mob Jagd auf die »christiani« macht, die von den eilends entsandten Legionären zwar in Sicherheit gebracht, aber gleichzeitig verhaftet werden. Der Legat des Kaisers beschimpft und beleidigt die zum Verhör Vorgeführten und verurteilt sie sämtlich zum Tode, weil sie ihrem Glauben nicht abschwören, aber auch jene, die ihren Glauben verleugnen. Sie werden gefoltert und auf martialische Weise umgebracht, vier von ihnen von wilden Tieren zerrissen.

---

42 Vgl. A. HOFFMANN / P. LEY in diesem Band, 74.

43 RENE PFEILSCHIFTER, Die Spätantike. Der eine Gott und die vielen Herrscher, München 2014, 36f.

44 Vgl. zum Geschehen HANS DIETER STOVER, Christenverfolgung im Römischen Reich. Ihre Hintergründe und Folgen, Düsseldorf/ Wien 1982, 78–96.

4.2 Staatlich organisierte Verfolgung

Das ändert sich in dem Maße, in dem das Christentum sich geographisch ausbreitet, in allen Schichten des Reiches Fuß fasst und sogar am Kaiserhof Eingang findet. Dieser Erfolg wird also von einem Schatten begleitet, der darin besteht, dass der einfache Christ eine ebenso bemerkenswerte wie verhängnisvolle Karriere durchläuft: Am Anfang als Anhänger einer obskuren jüdischen Sekte belächelt, verspottet oder umgebracht, wird er nun als Kapitalverbrecher gesucht und bestraft. Der soziologisch und politologisch geschuldete Historiker kann diesen Prozess als einen Paradefall dafür beschreiben, wie Schritt für Schritt ein Staatsfeind und Feind der Menschheit »konstruiert« wird.[45] Nicht länger mehr sind persönliche Anfeindungen entscheidend, sondern die Staatsräson, und es ist das staatliche Recht, das zum wichtigsten Instrument der Feindkonstruktion genutzt wird. Im Falle Justins und seiner Gefährten spricht der Präfekt Rustikus das Urteil: »Die, welche den Göttern nicht opfern und dem Befehle des Kaisers nicht gehorchen wollten, sollen gegeißelt und zur Enthauptung abgeführt werden, wie die Gesetze es vorschreiben.«[46] Die großen Christenverfolgungen der Antike sind ohne das Eingreifen der Staatsmacht undenkbar, erst deren Machtmittel ermöglichen gezielte Fahndung, massenhafte Verhaftung und Aburteilung und schließlich Hinrichtung. Gerade darin liegt auch ihre Grenze, die zumal das Scheitern der diokletianischen Verfolgung bedingte. Sie sollte ohne Zweifel das Christentum vernichten, doch um dieses Ziel zu erreichen, wäre es nötig gewesen, alle Christen umzubringen. Dafür waren es allerdings längst zu viele und sie lebten zu weit verstreut: »Ein solcher Massenmord war aber ausgeschlossen, nicht weil er undenkbar war (leider nicht!), sondern weil der vormodernen Obrigkeit die Mittel zu einer flächendeckenden Aufspürung und Bestrafung der Christen fehlten.«[47] Mag im Rückblick der Misserfolg des Staates absehbar gewesen, dem Kaiser blieb aus seiner Sicht gar keine andere Wahl, und seine Entscheidung betraf konsequent das Verhältnis der Christen zum Opferwesen, das auf der Schnittfläche zwischen Gesellschaft und Staat lag. Ihre Weigerung, sich an den Opfern zu beteiligen, unterminierte einerseits den Handel mit Opfertieren und das im Kult verankerte Gemeinschaftsgefühl der römischen Bürger, zum anderen drohte sie das Fundament des Staatswohls zu zerstören, weil das Wohlergehen Roms und sei-

---

[45] Diesen Ablauf und seine rechtliche Seite zeichnet der Beitrag von A. HOFFMANN und P. LEY detailliert nach (vgl. bes. in diesem Band, 104ff.).

[46] Zit. nach: Frühchristliche Apologeten und Märtyrerakten Bd.2 (Bibliothek der Kirchenväter Bd. 14), München 1913, 312.

[47] PFEILSCHIFTER, Spätantike, 42.

ner Bürger vom Wohlwollen der Götter und dieses wiederum von den Opfern abhing. Schließlich kam sie insofern fast einer Rebellion gleich, als sie die Loyalität gegenüber dem Kaiser aufkündigte, dessen Selbstverständnis sich zunehmend sakralisiert hatte. Der Vorwurf eines Kapitalverbrechens war demnach keineswegs an den Haaren herbeigezogen, wie Tertullian in seinem Apologeticum einräumt: »›Ihr erweist den Göttern keine Ehren‹, werft ihr uns vor, ›und für die Kaiser bringt ihr keine Opfer dar‹. [...] Daher werden wir der Religions- und Majestätsverletzung angeklagt. Das ist das Schwerste, vielmehr: das ist es überhaupt, was man uns vorwirft...«[48]. Das Unverständnis der Römer resultierte aus einer politisch-religiösen Staatsauffassung, in deren Licht als fanatische Halsstarrigkeit erschien, was die Christen selbst für unerschütterliche Glaubenstreue hielten. In den Augen des Prokonsuls Saturninus, der im Jahr 180 n. Chr. Christen verhörte, hatten sie den Tod verdient nicht wegen ihres Glaubens, sondern »weil sie, als ihnen die Gelegenheit gegeben wurde, zur Satzung der Römer zurückzukehren, hartnäckig geblieben sind.«[49] Er empfand das als unvernünftig, als eine »Narrheit«.[50]

Ehrhard hat in seiner frühen kirchengeschichtlichen Studie zur Zeit der Märtyrer folgendes Fazit zur Genese der Christenverfolgungen gezogen: Sie seien

> »auf drei Faktoren zurückzuführen. Den ersten bildeten die die Christen selbst vermöge ihrer ablehnenden Haltung zu den hergebrachten religiösen Kulten und ihrer grundsätzlichen Gegnerschaft zur römischen Staatsreligion. Als zweiter Faktor sind die heidnischen Volksmassen zu werten; denn ihr Haß gegen die Christen, der selbst wieder durch die Anhänglichkeit an ihre von den Christen verachteten Götter und von diesen abgelehnten Kulte geweckt und genährt wurde, erwies sich als die treibende Kraft. Erst an dritter ist die römische Staatsgewalt zu nennen; denn die Initiative ging nicht von ihr aus.«[51]

Diese Darstellung muss mittlerweile beträchtlich differenzierter ausfallen, zumal sie den Staat zu sehr entlastet. Sie lenkt aber zu Recht den Blick auch auf die Christen, die gleichsam in einen Strudel der Gewalt hineingerissen wurden, der entstand innerhalb eines Beziehungsgefüges von gesellschaftlichen bzw. sozialen und ethnischen sowie kulturellen und politischen Faktoren auf der einen Seite, und den Strukturen von Religion und Staat oder politischer Herrschaft auf der anderen Seite. Diese Matrix hat paradigmatische Bedeutung und kehrt in je nach Umständen abgewandel-

---

48 Tertullian, Apologeticum. Verteidigung des Christentums, München ³1984, 95.

49 Zit. nach: Frühchristliche Apologeten, 319 (s. Anm. 46).

50 A.a.O., 318.

51 Albert Ehrhard, Die Kirche der Märtyrer, München 1932, 10.

ter Form in der weiteren Geschichte immer wieder. Dabei tritt als zentrales Problem das Verhältnis von Politik und Religion zu Tage. Die gegenwärtig geläufige Forderung, beides voneinander zu trennen, erweist sich im Römischen Reich als schwierig bis unmöglich, und diese Schwierigkeit begegnet in vielen Konstellationen erneut, so auch in China und Japan. Das nährt Zweifel, ob die Grenze zwischen den beiden Sphären Religion und Politik überhaupt ein für alle Mal festgelegt werden kann. Die historische Erfahrung spricht eher für die Annahme, dass sie in jeder geschichtlichen Situation neu gezogen werden muss und insofern stets ein konfliktträchtiges Thema bleiben wird. Es muss desgleichen bezweifelt werden, dass sich die Mannigfaltigkeit der gewaltbegünstigenden und gewaltfördernden Faktoren in einer übergreifenden Theorie zusammenfügen lässt. Wie der Volksmund erfahrungsgesättigt mit Recht sagt, genügt oft der berühmte Funke, um ein Pulverfass zur Explosion zu bringen. Das bedeutet aber – wissenschaftstheoretisch gesehen – das Eingeständnis, die vorgefallenen Ereignisse nicht mit theoretischer Schlüssigkeit, sondern, wie es gern heißt, »nur« historisch erklären zu können. Die Kontingenz des Geschehens lässt sich auch durch die besten Theorien nicht aufheben. Gewalt gegen Christen geschieht weder rein zufällig, noch mit zwingender Notwendigkeit. Sie hat Bedingungen, Gründe und Auslöser, deren Zusammenwirken einen Ereignisablauf erzeugen, der immer auch hätte anders kommen können.

5. Kommunistische und nationalsozialistische Religionspolitik

Der zeitliche Rahmen des Symposiums ließ, wie schon gesagt, natürlich nur eine begrenzte Auswahl von Fallbeispielen zu. Sie reicht zeitlich von der Antike über das Mittelalter bis in das 20. Jahrhundert und umfasst geographisch Europa und Asien. Ungeachtet ihrer Unvollständigkeit zeigen sie die ganze Bandbreite denkbarer Erscheinungsformen von Gewalt, angefangen von schleichender oder massiver Ausgrenzung über das eruptiv anmutende Massaker bis hin zum brutalen organisierten Mord. Natürlich vollzieht sie sich nicht immer nach dem gleichen Muster, und deshalb wäre es irreführend, etwa die Verfolgungserfahrungen des 20. Jahrhunderts in die Antike zurück zu projizieren, ja selbst im Dritten Reich und in der Sowjetunion lassen sich im Vergleich wichtige Unterschiede feststellen, obgleich in beiden Fällen totalitäre Staaten die Hauptakteure waren.

5.1 Vernichtung der Religion als Ziel im Kommunismus

Der Vernichtungsfeldzug gegen die Kirchen begann in der Sowjetunion bald nach der Revolution mit ungeahnter Intensität, angeordnet von der höchsten Autorität und durchgeführt hauptsächlich von staatlichen Organen:

»Bereits im Frühjahr 1918 wurde eine offene Terrorkampagne gegen sämtliche Religionen, besonders gegen die russisch-orthodoxe Kirche, eingeleitet. Ihr Initiator war erneut Lenin. Seine Maßnahmen gegen die Religion und die Kirche verblüffen durch ihre teuflische Grausamkeit und Unmoral.«[52]

Sie trafen die Kirche mit ungeheuerer Wucht: Im Laufe allein dieses ersten Jahres wurden etwa 3000 Geistliche erschossen, zahlreiche Bischöfe und Metropoliten bestialisch ermordet. Nach dem Überfall der Wehrmacht auf die Sowjetunion gebot Stalin dem Terror Einhalt, weil er die Unterstützung der Kirche im Großen Vaterländischen Krieg benötigte, doch nach Kriegsende erwies sich vor allem in den Ländern Osteuropas die Kirchenfeindlichkeit sofort als ein festes Element sowjetischer Politik:

»Von den ersten Tagen der sowjetischen Besatzung an waren die Kirchen Schikanen und Schlimmerem ausgesetzt gewesen. Religiöse Führer waren als prominente und einflussreiche Mitglieder der Zivilgesellschaft unter den frühen Opfern der ersten Gewaltwelle der Roten Armee gewesen.«[53]

Die Zielstrebigkeit der kommunistischen Kirchenpolitik wird gut durch die Nachkriegsgeschichte verdeutlicht: Nach den Jahren »der begrenzten Demokratie« putschen sich die Kommunisten an die Macht und schaffen sofort die institutionellen Voraussetzungen, um ihr strategisches Ziel entschlossen verwirklichen zu können:

»Um die katholische Kirche zu bekämpfen, wurde eine spezielle Kommission, die sogenannte ›kirchliche Sechs‹, von denen die meisten Minister der kommunistischen Regierung waren, gegründet. Anschließend wurde das Amt für kirchliche Angelegenheiten geschaffen. Der Angriff sollte gemeinsam von allen Machtkomponenten des kommunistischen Regimes geführt werden. Die wichtigsten Träger waren die Parteiorgane und natürlich die kommunistische Geheimpolizei.«[54]

Es stellt alles andere als eine Übertreibung dar, die antireligiöse Politik der Sowjetmacht als geplanten Massenmord zu bezeichnen. Alexandr Jakovlev, Präsident der vom Moskauer Patriarchat mit der Rehabilitierung politischer Opfer beauftragten Kommission, schätzte die Zahl nur der zum Tode verurteilten orthodoxen Kleriker für die Zeit von 1970 bis 1980 auf etwa 200 000[55], laut dem Institut ›Hl. Tichon‹ bewegt sich die Gesamtzahl getöteter orthodoxer Gläubiger zwischen 500 000 und einer Million.[56] Hin-

---

52 ALEXANDER N. JAKOWLEW, Ein Jahrhundert der Gewalt in Sowjetrussland, Berlin 2004, 235.

53 ANNE APPLEBAUM, Der Eiserne Vorhang. Die Unterdrückung Osteuropas 1944–1956, München 2013, 304.

54 So T. PETRÀČEK in seinem Beitrag in diesem Band, 145.

55 Vgl. ANDREA RICCARDI, Salz der Erde, Licht der Welt. Glaubenszeugnis und Christenverfolgung im 20. Jahrhundert, Freiburg i.Br. u.a. 2002, 40.

56 Vgl. a.a.O., 41.

zu kommen Katholiken, evangelische Christen, Altgläubige sowie Juden und Muslime. Das heißt, die Verfolgung der Christen gehörte als integraler Bestandteil zu einem umfassenden Vernichtungsfeldzug gegen jede Form der Religion bzw. zur »Entscheidungsschlacht gegen den Popen, der sich Pastor, Abt, Rabbiner, Patriarch, Mullah oder Papst nennt; dieser Kampf muß sich ebenso unvermeidbar ausdehnen zu einem Kampf gegen Gott, der sich Jehowa, Jesus, Buddha oder Allah nennt.«[57]

5.2 Gebremste Vernichtung im Dritten Reich

Das nationalsozialistische Regime führte seinen Kirchenkampf im Vergleich dazu über weite Strecken hin mit weniger mörderischer Zielstrebigkeit, gedrosselt durch persönliche Weisungen Hitlers, der wie Stalin kriegsbedingt taktische Rücksichtnahme übte, im Kreis seiner Vertrauten aber keinen Zweifel an seiner Entschlossenheit ließ, sein Vorhaben nach Kriegsabschluss zu Ende zu bringen: »Der größte Krebsschaden sind unsere Pfarrer beider Konfessionen. Ich kann ihnen jetzt die Antwort nicht geben, aber das kommt alles in mein großes Notizbuch. Es wird der Moment kommen, wo ich mit ihnen abrechne ohne langes Federlesen.«[58] Die Historiker streiten darüber, ob es einen umfassenden Plan zur Vernichtung der Kirchen gab. Unabhängig davon ist unbestreitbar: Die kirchenfeindliche Repression erreichte im Dritten Reich nie das entsetzliche Ausmaß der Judenverfolgung und des Holocaust, sie bleibt insgesamt auch hinter den Schrecken des kommunistischen Terrors zurück. Doch sie bedient sich im Prinzip der gleichen Mittel und Wege: vom Entzug bürgerlicher Rechte über das Verbot von Publikationen und Organisationen bis zur willkürlichen Verhaftung, Verschleppung und Ermordung nutzt sie gesamte Palette von Zwangsmitteln und Gewaltmaßnahmen. Und unter den besonderen Bedingungen des Warthegaus ließen die Nationalsozialisten alle Masken fallen. Im März 1940 leitete Gauleiter Arthur Geiser mit einem 13-Punkte-Programm eine radikale Ausrichtung der Kirchenpolitik ein, dank derer der Warthegau »zum Vorbild für andere Gaue werden« sollte.[59] Das Ergebnis: Nach der per Dekret verfügten Umwandlung der römisch-katholischen Kirche in eine rein deutsche privatrechtliche Vereinigung wurde es Deutschen und Polen untersagt,

---

57 Aus einer kommunistischen Propaganda-Publikation von 1923, zit. nach: a.a.O., 36/37.

58 WERNER JOCHMANN (Hrsg.), Adolf Hitler. Monologe im Führerhauptquartier 1941–1944. Die Aufzeichnungen Heinrich Heims, Bindlach 1988, 272.

59 OLAF BLASCHKE, Die Kirchen und der Nationalsozialismus, Stuttgart 2014, 211.

»dieselben Kirchen zu besuchen. Die Teilnahme am religiösen Leben war nur Erwachsenen erlaubt. Religiösen Vereinigungen wurde es verboten, finanzielle Aktivitäten zu entfalten, Immobilien zu besitzen – außer den für den Gottesdienst bestimmten – und sich auf sozialem Gebiet einzusetzen, was allein den Sektionen der Partei vorbehalten blieb. Die Konvente wurden geschlossen und die Priester (ausschließlich Bürger des Warthegaus) zur Arbeit verpflichtet. Analog wurde auch mit den evangelischen Kirchen verfahren. Nahezu 94% der katholischen Kultstätten wurden geschlossen: von den im Jahr 1939 über tausend offenen Kirchen blieben nur sechzig in Betrieb. [...]

Von den ungefähr 1800 Weltpriestern, die vor dem September 1939 in der Region arbeiteten, waren im Oktober desselben Oktobers nur noch 73 übrig. Über 90% waren verhaftet und deportiert worden. Die Nazis schlossen die Universität Poznań (Posen), alle Diözesan-Seminare, die Noviziate und die Schulen; sie lösten sämtliche katholischen Organisationen und Institutionen auf und räumten alle Ordenshäuser.«[60]

Parallel dazu verliefen etwa die Ereignisse im so genannten Protektorat Böhmen und Mähren: Auch hier schlug die braune Herrschaft in aller Härte zu. Nach der Besetzung folgt, bezogen auf die römisch-katholische Kirche, in bestürzender Schnelligkeit die übliche Serie von Zwangsmaßnamen, beginnend mit der Schließung von Seminaren und Schulen und gipfelnd in der Inhaftierung von nahezu 500 Priestern, von denen 76 umkamen. In das KZ Dachau verschleppt wurden 143 katholische und 16 evangelische Geistliche.[61] In der Nachkriegszeit fand diese Leidensgeschichte eine etwas abgeschwächte Fortsetzung, denn »die Stalinisten hatten sich offenbar gerade die Tschechoslowakei für ihr Experiment einer totalen Atheisierung der Gesellschaft ausgesucht.«[62] Dieser Kahlschlag traf nicht nur die römisch-katholische Kirche. Heute ist Tschechien mit der DDR das Land auf der Erde mit der niedrigsten Religiosität.

6. Religion und Staat

Sicherlich repräsentieren die sowjetische und nationalsozialistische Religionspolitik historische Extremfälle. Dennoch lehren sie eine Einsicht von allgemeinem Wert, insofern sie grell die Schlüsselrolle des Staates bei der Ausübung von Gewalt gegen Christen beleuchten. Die zahlreichen, hier nur exemplarisch angezeigten Eingriffe in das religiöse Leben einzelner Christen, der Kirchen und christlicher Gemeinschaften sind in ihrem flächendeckenden und durchgreifenden Charakter ohne den massiven Ein-

---

60 Riccardi, Salz der Erde, 108

61 Vgl. den Beitrag von T. Petràček in diesem Band, 141ff.

62 Thomâš Halík, All meine Wege sind DIR vertraut. Von der Untergrundkirche ins Labyrinth der Freiheit, Freiburg i.Br. u.a. 2014, 9.

satz staatlicher Macht schlicht undenkbar. Das bedeutet grundsätzlich: Der Staat, seine ideologische Ausrichtung und Politik sowie das Verhalten staatlicher Organe stellen eine entscheidende Variable bei der Erklärung von Art, Umfang, Verlauf und Wirkung christenfeindlicher Gewalt dar.

6.1 Türkischer Staat und Völkermord

Ein anderes Muster planmäßigen Vorgehens, das ohne Staat undurchführbar gewesen wäre, lässt der Genozid an den christlichen Armeniern erkennen, den die Nazis bei ihrer Judenpolitik als Vorbild vor Augen hatten. Allein die logistische Seite der Vertreibung eines ganzen Volkes, der Aufbau von Konzentrationslagern und die schrittweise Liquidierung durch Hungertod oder Ermordung erforderten eine lange Vorbereitung und ein hohes Maß an Koordination bei der Zusammenarbeit zahlreicher Stellen, von denen manche eigens ins Leben gerufen wurden. Die Regierung erließ als rechtliche Grundlage für alle Aktivitäten eine Reihe von Gesetzen und Verordnungen, mehrere Ministerien, Polizei und Armee waren beteiligt. Zu den perfidesten Schritten zählen die Entwaffnung der Christen, die noch vor dem Beginn der Aktion Gegenwehr verhinderte; die Gründung von Todesschwadronen, für die inhaftierte Kriminelle entlassen und rekrutiert wurden; sowie schließlich der Enthauptungsschlag gegen die gesamte Elite der armenischen Bevölkerung.[63]

6.2 Indiens schwacher Staat

Der Staat muss die Gewalt gegen Christen allerdings keineswegs immer selbst initiieren, inszenieren und organisieren. Er kann auch einfach zu schwach sein, um der Gewalt Einhalt zu gebieten, wie das gegenwärtig in Nigeria hinsichtlich der Christen als Opfer oder in der Zentralafrikanischen Republik hinsichtlich der Christen als Täter der Fall ist. Oft genügt es, wenn die staatlichen Instanzen gewaltsame Übergriffe ignorieren, dulden oder decken, um weitere Gewalttätigkeit zu fördern und Konfliktsituationen zu verschärfen. Fast wie ein Paradebeispiel für diese verschiedenen Möglichkeiten mutet Indiens Politik gegenüber seinen religiösen Minderheiten an, also auch den Christen. Einen Brennpunkt dabei bildet der Bundesstaat Gujarat. Traurige Berühmtheit erlangte er zuerst durch die blutigen Unruhen im Jahr 1992, nachdem hinduistische Fanatiker ein Blutbad unter den Muslimen und die Moschee von Ayodhya zerstört hatten. 1999 traf es die Christen, die etwa 2,5% der Bevölkerung umfassten. Am 04.01.1999 veröffentlichte die FRANKFURTER RUNDSCHAU einen kurzen Bericht über die Vorgänge, die allem Anschein nach von langer Hand vorbe-

---

[63] Vgl. dazu im Beitrag von T. HOFMANN in diesem Band, 169ff.

reitet worden waren.[64] Am 19.01.1999 folgte unter der Titelfrage »Unternimmt Indien genug zum Schutz der Christen?« ein Bericht der FAZ, in dem es unter anderem hieß:

»Die Übeltäter von Gujarat konnten mit Straffreiheit rechnen, weil die Landesregierung dort von der BJP gestellt wird. Und keiner hat mehr als ein paar Tage im Gefängnis verbracht. Daß es weder Tote noch Verletzte gab, unterstützt die Meinung des katholischen Erzbischofs von Delhi, Alan de Lastic, daß es sich um ›strategisch geplante, systematische Attacken‹ gegen seine Glaubensbrüder handelt. Er klagt auch darüber, daß die Polizei viel zu langsam und zu wenig präventiv tätig werde, obwohl der Geheimdienst gut informiert sei. Die mit der Aufrechterhaltung von Recht und Ordnung betrauten Behörden vernachlässigten ihre Pflichten, sagt der Oberhirte weiter, ›so etwas haben wir in Indien noch nicht erlebt.‹«[65]

Ein ähnliches Bild zeigen die Ereignisse am 23. Juni 2012 im indischen Bundesstaat Tamil Nadu (Distrikt Nagapattinam), bei denen ein mehrheitlich christliches Dorf von Hindu-Extremisten verwüstet wurde. Nachdem die nahe Polizeiwache untätig blieb, wurde die Distriktpolizei informiert, jedoch ohne nachhaltigen Erfolg: »Die Polizeibehörde von Nagapattinam nahm daraufhin zwar die Anzeige der Christen entgegen, weigerte sich aber, eine Ermittlung einzuleiten, weshalb bis heute in diesem Fall nichts passiert ist und wohl auch nicht passieren wird.« Eine symptomatische Reaktion mit Konsequenzen:

»Indien wird immer mehr zu einem ›heißen Pflaster‹ für Gläubige. Zumindest in einigen Bundesstaaten des Landes und vor allem in ländlichen Regionen. Dort haben fanatische Hindus zumeist die öffentliche Meinung, die Polizei und die Behörden in der Hand, so dass dort von der einfachen Diskriminierung im Alltag bereits massiv zur Vertreibung und Verfolgung übergegangen wird.«[66]

Der schwerste Zwischenfall dieser Art ereignete sich 2008/2009 in Orissa, der im Beitrag von R. Salooja dargelegt wird. Er beginnt bezeichnender Weise, indem er das Problem der Opferzahlen erörtert, die je nach Berechnungsgrundlage beträchtlich voneinander abweichen.[67] Im vorliegenden Zusammenhang Ausschlag gebend jedoch ist sein Urteil, die Verfassung Indiens garantiere zwar volle Religionsfreiheit, die durchzusetzen sich der Staat durchaus bemühe, allerding sei

---

[64] Der Verfasser war WILLI GERMUND.

[65] Berichterstatter war ERHARD HAUBOLD.

[66] Zit. aus »christianpersecution update« nach: Märtyrer 2012. Das Jahrbuch zur Christenverfolgung heute (ideaDokumentation 2012/5), hg. von TH. SCHIRRMACHER u.a. Hamburg 2012, 242.

[67] Vgl. in diesem Band, 181f. An Todesopfern dürften 75 Menschen zu beklagen gewesen sein, die zum Teil keine Christen waren.

»der indische Staat in seinem Gesamtgefüge gegenüber Eigeninteressen nur schwach geschützt. Das heißt, die Möglichkeiten, Gesetze zu unterlaufen, sie zu beugen und zu brechen, sind unheimlich groß, und wo kein Kläger, ist auch kein Richter: Wenn die Polizei in einem Dorf sich weigert, einen Gewaltakt zu registrieren, dann wird der ganze Prozess gesetzlicher Verfahren nicht in Gang gesetzt.«[68]

In Orissa geschah genau das und es bedurfte des Protests europäischer Regierungen, um den damaligen Premierminister Singh zu veranlassen, Bundespolizei in die Krisenregion zu entsenden. »Es waren diese Polizeikräfte, die schließlich einen wirksamen Schutz der Christen durchsetzten. Die lokale Polizei Orissas wird von den Minderheiten nicht als neutrale Kraft wahrgenommen, da sie immer wieder Übergriffe auf Christen ignoriert hat.«[69] Die Regierung kündigte außerdem »Entschädigungen für die Opfer der gewalttätigen Ausschreitungen und Wiederaufbaumaßnahmen an. Eine Kommission zur Erforschung der Ursachen der regelmäßig ausbrechenden religiösen Gewalt wurde eingesetzt, ebenso Friedenskomitees auf Dorfebene.«[70] Vor diesem Hintergrund dürfte der Begriff »Christenverfolgung« jedenfalls für Indien als Ganzes schwerlich angemessen und die Rolle des indischen Staates und seiner Organe zumindest zwiespältig sein. Den stärksten Druck übt nicht der Staat aus, sondern der nationalistische Hindu-Fundamentalismus und seine politischen Führer. Deren Hetze trifft die Christen gewiss nicht zufällig, aber, soweit es ihren Glauben betrifft, eher beiläufig, weil sie eine politische unbedeutende Minderheit darstellen:

»In Indien hat die winzige christliche Gemeinde (25 Millionen unter einer Milliarde Menschen) bisher keine politische Rolle gespielt, im Hintergrund aber das größte und leistungsfähigste Netz von Schulen, Krankenhäusern und anderen sozialen Einrichtungen aufgebaut. Das erfüllt die Hindu-Fundamentalisten mit Scham und Wut. Nachdem sie über viele Jahre hinweg die Muslime (zwölf Prozent der Bevölkerung) terrorisiert und zu militanten Gegnern gemacht haben, wenden sie sich jetzt den ›demütigen‹ Christen zu, denen sie Zwangsbekehrungen vorwerfen.«[71]

7. Kirche, Staat und Ketzerverfolgung

Der radikal atheistische, ja religionsfeindliche Charakter sowohl der roten wie der braunen Diktatur kennzeichnet sie im historischen Vergleich als neuzeitliche Ausnahmen. Ansonsten stehen in der Geschichte Staat und

---

68 So R. SALOOJA in diesem Band, 191f.

69 ULRICH DELIUS, Christenverfolgung im Bundesstaat Orissa, in: PROGROM 40 (2009) 2 -23, 21.

70 OTMAR OEHRING, Christen in Indien – Opfer religiöser Gewalt, in: Solidarität. Arbeitshilfe 241, Indien, 5f.

71 FAZ Nr. 27 v. 02. Februar 1999.

Gesellschaft stets in einem positiven Verhältnis zu irgendeiner Religion und die großen Weltreiche gaben meist mehreren Religionen Raum. Die Gesamtkonstellation ändert sich einschneidend, sobald sich eine privilegierte Beziehung zwischen dem Staat und einer bestimmten Religion entwickelt oder diese zur sogar Staatsreligion wird. Gegenwärtig wird vor allem dem Islam das Bestreben zugeschrieben, einen islamischen Staat aufzurichten, und häufig als ein Vorzug des Christentums hervorgehoben, zwischen Staat und Kirche genau zu unterscheiden. Man vergisst dabei gerne, wie lange die (katholische) Kirche an einer integralistischen Position festgehalten hat, die eine Gleichberechtigung von Konfessionen und Religionen kategorisch ausschloss. Noch in seiner Enzyklika *Libertas praestantissimum* vom 20. Juni 1888 deklarierte Papst Leo XIII.:

> »Ein Staat ohne Gott oder auch, was schließlich auf dasselbe hinausläuft, ein Staat, der, wie man sich ausdrückt, gegen alle Religionen sich gleichgültig verhält und sie ohne Unterschied als gleichberechtigt anerkennt, stellt sich in Gegensatz zu Gerechtigkeit und Vernunft. – Da daher der Staat notwendig Einheit des religiösen Bekenntnisses fordert, so hat er sich zu der allein wahren, der katholischen nämlich, zu bekennen.«[72]

Diese Forderung deckt sich formal weitgehend mit dem Konzept eines islamischen Staates, und da sie von der römisch-katholischen Kirche im Zweiten Vatikanischen Konzil offiziell aufgegeben wurde, dürfte eine vergleichbare Entwicklung im Islam nicht gänzlich undenkbar sein. Auf jeden Fall aber gilt: Die Existenz einer Staatsreligion bringt in aller Regel die Minderheitenreligionen in eine prekäre Lage, doch geschieht auch das nicht zwangsläufig. England oder die skandinavischen Länder widerlegen eine solche Kausalitätsannahme. Dennoch erliegt die staatstragende Religion sehr häufig der Versuchung, sich der staatlichen Machtinstrumente zu bedienen, um die eigenen Vorstellungen durchzusetzen. Das gelingt umso leichter, je näher sich staatliche und religiöse Autoritäten religiös stehen und je mehr sich kirchliche und staatliche Interessen decken.

7.1 Kampf gegen Täufer

Die Geschichte der Ketzerbekämpfung liefert dafür reichlich Anschauungsmaterial. Die vorliegenden Beiträge über das Täufertum, die Katharer und die Brüderunität akzentuieren neben gemeinsamen Merkmalen be-

---

[72] Zit. nach: Helmut Schnatz, Päpstliche Verlautbarungen zu Staat und Gesellschaft. Originaldokumente mit deutscher Übersetzung (Texte zur Forschung Bd. 12), Darmstadt 1973, 167. Abgesehen vom Sonderfall des Vatikanstaates hat die römisch-katholische Kirche immer noch den Status einer Staatsreligion in Costa Rica, Malta, Monaco, Liechtenstein und San Marino.

stimmte Besonderheiten. Die Bewegung der Täufer war »von Anfang an einer heftigen kirchlichen und staatlichen Verfolgung und einer starken Diffamierung in der Öffentlichkeit ausgesetzt, vor allem wegen ihrer kritischen Haltung zu jeglicher Form von Obrigkeit.«[73] Aufschlussreich dafür der Fall Bern:

»Charakteristisch für die Auseinandersetzung der bernischen Obrigkeit mit dem Täufertum war die enge Zusammenarbeit von kirchlichen und politischen Behörden. Bezeichnend ist die im Verlauf des 16. und 17. Jahrhunderts zunehmende Systematisierung der Repression, welche ihren Höhepunkt erreichte in der Schaffung eines stehenden Gremiums, der sogenannten ›Täuferkammer‹, welche von 1659 bis 1743 für die Eliminierung der Bewegung zu sorgen hatte.«[74]

Die Hinrichtung bildete dabei lediglich die schärfste Form der Sanktionen, die von anderen Formen gleichsam umrahmt wurde:

»Die häufigsten Maßnahmen waren Gefängnisstrafe und Verbannung. Diejenigen, die nicht widerriefen, vertrieb man häufig, und sie mußten versprechen, nicht zurückzukehren. Verschiedene körperliche Strafen, darunter die Verstümmelung des Fingers, den der Wiedertäufer zum Schwur zu benutzen sich weigerte, sowie eine Verurteilung zum Galeerensträfling sind ebenfalls bezeugt.«[75]

Aus der Perspektive der Verfolger betrachtet, kann ihren konzertierten Aktionen durchschlagender Erfolg attestiert werden: Das offizielle Martyriologium der Mennoniten verzeichnet 800 Namen[76], ansonsten schwanken die Opferzahlen beträchtlich, einigermaßen gesichert sind 715 Hingerichtete sowie 1500 bis 2500 anderweitig Umgekommene. Dabei ergibt sich in konfessioneller Hinsicht ein beachtlicher Unterschied: 84% der Todesstrafen wurden in katholischen Gebieten vollstreckt, 16% in evangelischen.[77] Das hatte zum Teil mit Luthers Bedenken gegen diese Form der Ahndung von Häresien zu tun, mehr aber mit der Staatsnähe der katholischen Hierarchie in jenen Regionen, in denen die Täuferbewegung ihren Ursprung hatte.

7.2 Kampf gegen Katharer

Aus heutiger und europäisch geprägter Sicht liegt es nahe, beim Zusammenwirken von Kirche und Staat in der Kirche den schwächeren Part zu vermuten. Tatsächlich jedoch verhält es sich nicht selten umgekehrt. Bei

---

73 ULRIKE STRERATH-BOLZ / THOMAS MÜNTZER. Warum der Mystiker die Bauern in den Krieg führte, Berlin 2014, 66f.

74 So H. JECKER in diesem Band, 204.

75 So MARC LIENHARD, Die Wiedertäufer, in: Die Geschichte des Christentums, Bd. 8: Die Zeit der Konfessionen (1530–1620/30), Freiburg u.a. 2010, 122–190, 171.

76 Vgl. STRERATH-BOLZ / MÜNTZER, 67.

77 Vgl. LIENHARD, Wiedertäufer, 171.

der nahezu vollständigen Ausrottung der Katharer stärkt die römisch-katholische Kirche ihre Organisationsmacht, indem sie staatsähnliche Züge annimmt, am eindeutigsten identifizierbar an der Fähigkeit, selbst massiv militärische Gewalt einzusetzen. Außerdem baut sie in Gestalt der Inquisition einen eigenen Verfolgungsapparat auf, der entgegen landläufiger Meinung keineswegs das ›finstere Mittelalter‹ repräsentiert, sondern im Gegenteil Verfahren und Instrumente des modernen Rechtswesens vorwegnimmt, unter anderem, indem sie das Gottesurteil als Beweismittel verwirft und stattdessen das – freilich notfalls durch Folter erzwungene – Geständnis der Beklagten fordert. Ob es hilfreich ist, der konstruktivistischen Annahme zu folgen, die Inquisitoren hätten die Ketzer »erfunden«, lässt sich diskutieren, unbestreitbar jedoch ist, dass sie das sich ständig vermehrende Material archivieren, das dokumentierte Wissen fortlaufend ergänzen und auf der Basis ihrer eigenen theologischen Kriterien ordnen, sowie zuletzt natürlich auch beurteilen. Insofern bedeutet die Inquisition einen gewaltigen Schritt der Kirche in Richtung ihrer Bürokratisierung und der Bürokratisierung kirchlicher Gewalt im doppelten Sinn dieses Wortes in der deutschen Sprache. Phänomenologisch betrachtet steht diese Form der Gewalt am einen Ende einer Gewaltskala, an deren anderem Ende sich ein eruptiv vollziehendes Pogrom befindet. Doch selbst wütende Rasereien, in denen wie im Blutrausch getötet wird, brechen nur sehr selten wirklich spontan aus. In der Regel bahnen sie sich längere Zeit an oder Konflikte werden sogar gezielt angeheizt. In solchen Fällen überschneiden sich meist staatliche und gesellschaftliche Interessen und Kräfteverhältnisse, verstärken oder schwächen sich gegenseitig.

7.3 Kampf gegen Brüderunität

Die eigentümliche Lage in Böhmen bietet auf den ersten Blick ein etwas verwirrendes Bild, die aus der Vielzahl der beteiligten christlichen Gruppierungen und der Eigenart ihrer jeweiligen Beziehungen resultiert. Die Situation der angefochtenen Brüderunität ist durch ständige Unsicherheit gekennzeichnet, hervorgerufen durch ihre Position zwischen römisch-katholischer und utraquistischer Konfession, deren Haltung und machtpolitische Möglichkeiten. Die römisch-katholische Seite bejaht den gewaltsamen Kampf gegen die Ketzer und führt ihn, wo immer sie kann, in Form von Vertreibung, Hinrichtung oder auch von Ketzerkriegen. Ihre Grenze findet diese Gewaltbereitschaft dort, wo es an staatlicher Macht oder Unterstützung mangelt oder die kirchliche Gewalt auf politische oder gesellschaftliche Gegenmächte stößt, im Falle Böhmens besonders auf die Stände und auf einzelne Adelige, die sich auf die Seite der Brüderunität stellen. Der dortige Misserfolg der Inquisition spricht eine deutliche Sprache in Bezug auf die unumgänglichen Rahmenbedingungen einer systematischen und flächendeckenden Verfolgung. Einmal mehr bestätigt sich das enorme Gewicht der jeweiligen Konstellation zwischen Religion und politischer Herrschaft, die sich in Böhmen auf verschiedene miteinander konkurrierende Instanzen verteilt. Wo die Brüdergemeinde sich behauptet, tut sie es mit der Rückendeckung der Stände, von Adeligen und Fürsten, ansonsten bleiben den Verfolgten das Martyrium, der Untergrund oder die Flucht, soweit sie nicht ohnehin vertrieben werden. Diese Grundregel gilt für alle religiösen Minderheiten, die in Bedrängnis geraten oder geraten sind. Schon die römischen Herrscher lernten allerdings die posthume Macht der Märtyrer fürchten, die ihnen die Grenzen ihrer eigenen Macht vor Augen führte. Moderne Machthaber haben daraus wiederum gelernt, Märtyrertum möglichst zu vermeiden. In einer Art perfider Doppelstrategie wird brutale Gewalt demonstrativ ausgeübt und doch zugleich geleugnet oder verschleiert. Ihre Opfer ›verschwinden‹, an unbekanntem Ort verscharrt oder vom Flugzeug ins Meer geworfen. Jeder weiß um die Verbrechen und das ist gewollt, aber offiziell gibt es sie nicht und niemand ist verantwortlich für das, was alle kennen.

8. Islam und Staat

Im jährlichen Verfolgungsindex von OPEN DOORS, errechnet aus den mit Punkten bewerteten Antworten auf fünfzig Fragen, rangieren islamische Staaten regelmäßig ganz weit oben. Der jüngste Bericht von 2014 hat das erschütternde Gesamtbild seiner Vorgänger bestätigt. Der Wissenschaftliche Dienst des Bundestages hat den Befund wie folgt kommentiert:

> »Allerdings ist die Methodik des Index, insbesondere der quantitative Ansatz mit seinem hohen Objektivitätsanspruch, in der Fachwelt nicht unumstritten. Amtliche Quellen, wie zum Beispiel Mitteilungen des VN-Sonderberichterstatters über die Freiheit der Religion oder Weltanschauung, sind – der offiziellen und diplomatisch geprägten Natur von Verlautbarungen von VN-Organen entsprechend – in der Wortwahl zurückhaltender, beklagen im Ergebnis aber ebenfalls Menschenrechtsverletzungen aufgrund christlichen Bekenntnisses und dessen praktischer Umsetzung.«[78]

8.1 Islam als Staatsreligion

Man darf demnach die Angaben von OPEN DOORS in ihrem Kerngehalt als zutreffend betrachten. Grob gesprochen bilden islamische Staaten eine Zwei-Drittel-Mehrheit sowohl der indizierten Staaten als auch innerhalb der Spitzengruppe der ersten zehn. In den allermeisten islamischen Staaten ist der Islam Staatsreligion. Trotzdem garantieren selbst deren Verfas-

---

78 Nr. 07/14 vom 05. Februar 2014.

sungen in aller Regel Religionsfreiheit. Darin liegt kein direkter Widerspruch, vielmehr verweist diese Beobachtung auf ein spezifisches, im Vergleich zu menschenrechtlichen Standards eingeengtes Verständnis der Religionsfreiheit. Daher unterliegt die Religionsübung von Christen sowie andere religiösen Minderheiten, darunter auch solche islamischer Prägung, in islamischen Ländern einschneidenden Beschränkungen. Das betrifft zunächst und vor allem genuin religiöse Aktivitäten in der Öffentlichkeit sowie die Sichtbarkeit der Zugehörigkeit zum Christentum im öffentlichen Raum. So können etwa Kleidervorschriften Christen diskriminierend hervorheben oder (insbesondere Frauen) zur Anpassung an den Islam nötigen. Ihr bürgerrechtlicher Status unterscheidet sich gemäß islamischer Tradition stark von dem der Muslime, greift – bis hin zum Recht auf Namensgebung bei Kindern – in ihr Familienrecht ein, beschneidet ihre Erwerbs- und Vermögensrechte, etwa beim Kauf von Immobilien, die Möglichkeit öffentliche Ämter zu bekleiden oder bestimmte Berufe zu ergreifen. Kurzum: Christen sind im islamischen Staat, im dem die Scharia Verfassungsrang genießt, Bürger und Bürgerinnen zweiter Klasse, die in vielfacher Hinsicht dauerhaft benachteiligt, also struktureller Gewalt ausgesetzt sind. Je rigoroser im Zuge der fortschreitenden Islamisierung islamischer Staaten die Scharia ausgelegt, durchgesetzt und auf Christen ausgedehnt wird, desto stärker wächst – ganz unabhängig von jeder physischen Gewalt – der Druck, verschärft durch zunehmende Schikanen, angefangen von der Verweigerung von Baugenehmigungen bis hin zu Enteignungen. Offene Mission ist ohnehin überall strikt verboten. Gemeindliches Leben wurde und wird, wenn überhaupt erlaubt, sehr häufig außerordentlich erschwert und behindert, was für die einzelnen Christen und christliche Familien das alltägliche Leben in einen fortwährenden Kampf verwandelt, der sie immer häufiger zermürbt und unerträglich belastet. Insofern gibt die wachsende Zahl von Gewalttaten gegen Kirchengebäude und Privathäuser, die Störung von Gottesdiensten, von Ausschreitungen und Morden oft nur den letzten Anstoß für Christen, ihre Heimat zu verlassen und auszuwandern oder zu flüchten. In Folge dieses Exodus hat sich die Zahl der Christen in einer Reihe von Staaten vor allem des Nahen Ostens dramatisch verringert, in der Türkei etwa von 22% im Jahr 1900 auf 0,21% im Jahr 2010; im gleichen Zeitraum in Ägypten von 20% auf ungefähr 7 bis 10% in Syrien von 30% auf 10%, im Irak sank sie bis 2012 um zwei Drittel.[79] Gewiss hängt mancherorts die Entwicklung auch stark mit den obso-

---

[79] So Christine Schirrmacher im Verlauf der Öffentlichen Anhörung zur Lage der Christen in Nahost am 9.Mai 2012 (vgl. Märtyrer 2012. Das Jahrbuch zur Christenverfolgung heute, Bonn 2012, 113f.).

leten Verhältnissen zusammen, die durch Bürgerkrieg, grassierende Korruption und einen schwachen oder zusammengebrochenen Staat entstanden, aber in der Regel spielt als bestimmende Komponente zusätzlich die politische Absicht mit, die Staaten im islamischen oder islamistischen Sinne zu homogenisieren.

8.2 Islamisierung Pakistans

Während der Wahhabismus in Saudi-Arabien traditionell eine höchst restriktive und repressive Religionspolitik betreibt, die immerhin in sich vergleichsweise stabil bleibt, demonstriert der Wandel in Pakistan, wie der steigende Einfluss des Islamismus im Staat und auf die staatliche Politik die Lage der religiösen Minderheiten zusehends verschärft hat. Pakistan wurde erst 1947 nach einem heftigen Bürgerkrieg in Indien als muslimischer Staat gegründet, um die verfeindeten Muslime und Hindus territorial zu trennen. Nach dem Willen des Gründervaters Muhammad Ali Jinnah sollte Pakistan ein »Staat für Muslime«, jedoch kein islamischer Staat sein. Dessen ursprüngliche Verfassung enthielt daher keine Verpflichtung auf die Scharia. Nach dem allzu frühen Tod Jinnahs 1948 wechseln sich in den folgenden Jahrzehnten demokratische Phasen mit insgesamt vier Militärdiktaturen ab. Bereits 1956 wird eine neue Verfassung proklamiert, in der Pakistan in eine Islamische Republik umgewandelt, die aber zwei Jahre später wieder außer Kraft gesetzt wird. Unter der Regentschaft des Vaters von Benazir Bhutto erhält das Land wieder eine neue Verfassung, die den Islam zur Staatsreligion erklärt. Sie integriert Elemente der Scharia, besonders das Erb- und Familienrecht. Staatsoberhaupt darf künftig nur ein Muslim sein. 1977 ruft General Zia ul-Haq (1977–1988) das Kriegsrecht aus und führt – als geistiger Ziehsohn Maududis, des im Westen wenig bekannten pakistanischen Vordenkers der Islamisten – die Scharia als Rechtsgrundlage auch des Strafrechts ein. Neben die zivile Gerichtsbarkeit tritt nun als übergeordnete Instanz ein Scharia-Gerichtshof, der das Recht und die Rechtsprechung auf ihre Vereinbarkeit mit der Scharia prüft und bei Einwänden eine Änderung von Gesetzen oder Urteilen erzwingen kann.

Mit der Politik von Zia al-Huq verschlechterte sich das interreligiöse Klima in Pakistan rapide, das seit der Staatgründung vorwiegend geprägt war durch den gemeinsamen Willen, den jungen Staat trotz der überwältigenden Mehrheit der Muslime von über 97% als eine Heimat aller Pakistani aufzubauen. Jetzt gerät selbst die schiitische Minderheit unter den Muslimen in Bedrängnis, dazu die Sufi-Bewegung und die Ahmadiyya-Bewegung, die 1974 zu einer unislamischen Richtung abgestempelt wird. 1985 wird das Wahlrecht zu Ungunsten der Minderheiten geändert. 1991 werden Wirtschaft sowie Bank- und Finanzwesen den Regeln der Scharia unterworfen, und vor allem die Minderheiten in den Geltungsbereich der

Scharia einbezogen, obwohl ihnen etwa ein gleiches Zeugnisrecht verweigert bleibt. Ein Jahr danach erfolgt ein weiterer folgenschwerer Schritt: Die Regierung verschärft drastisch das noch aus britischer Herrschaft stammende Anti-Blasphemie-Gesetz, das jede Form der Verspottung, Verunglimpfung oder Verhöhnung des Propheten oder des Koran und die Verletzung der religiösen Gefühle von Bürgern bzw. Bürgerinnen strengstens untersagt, Zuwiderhandlungen automatisch mit der Todesstrafe ahndet. Diese auf islamistischen Druck herbeigeführte Änderung wird sich in der Folgezeit bis in die Gegenwart als katastrophal erweisen. Hauptleidtragende sind in absoluten Zahlen Muslime, vor allem Anhänger der Ahmadiyya-Bewegung, gemessen an der Bevölkerungszahl jedoch die Christen. Am 01. September 2009 reagierte der Zentralausschuss des Ökumenischen Rates der Kirchen eine »Erklärung zur missbräuchlichen Verwendung des Blasphemiegesetzes und zur Sicherheit religiöser Minderheiten in Pakistan«.[80] Darin heißt es:

> »Die von General Zia Ul Haq eingeführte Richtungsänderung der staatlichen Politik öffnete eine Bresche für das Entstehen einer intoleranten Haltung unter dem Etikett der Blasphemie. Von da an wurde christliche Minderheit in Pakistan immer öfter Opfer von Demütigung und Verfolgungen, gestützt auf falsche Anschuldigungen unter Berufung auf das Blasphemiegesetz.«

In einer weiteren Erklärung vom 04. September 2012 konkretisiert der Zentralauschuss eine besonders schreckliche Konsequenz dessen, was er eine »schleichende Islamisierung« nennt:

> »Die Verfolgung und Diskriminierung von religiösen Minderheiten zwang immer mehr Hindus und Christen dazu, ihre Religion aufzugeben und zum Islam überzutreten. Heute sind viele junge Frauen der religiösen Minderheiten – insbesondere die Hindufrauen und Christinnen, die in den Provinzen Punjab, Sindh und Baluchistan leben – verschiedenen Formen der Gewalt ausgesetzt, darunter sexuelle Nötigung, Vergewaltigung, Bedrohungen und Verfolgungen. Aufgrund der steigenden Zahl von Verschleppungen junger Mädchen und deren Zwangskonvertierung zum Islam leben die Angehörigen der religiösen Minderheiten in Angst und Schrecken.«

Die unmenschliche Absurdität der Verhältnisse veranschaulicht die Anklage gegen zwei Katholiken im Februar 1995, »von denen der eine gerade mal 14 Jahre alt war.« Der Jugendliche sollte Zettel mit Beleidigungen des Propheten beschrieben und in eine Moschee geworfen haben. Doch er war, wie sich herausstellte, des Schreibens und Lesens unkundig. Dennoch

---

[80] Der Text ist im Internet abrufbar unter http://www.oikoumene.org/ressources/documents/, in der Abteilung des ZK unter dem Jahr 2009. Das gilt natürlich auch für folgenden zitierten Text.

verurteilten die Richter ihn und seinen Mitangeklagten zum Tode, aus Angst vor den Islamisten.

»Nach Protesten in Pakistan und im Ausland wurde das Urteil – nicht zuletzt durch den Einsatz der mutigen muslimischen Rechtsanwältin Asma Jangahir – aufgehoben. Arif Iqbal Bhatti, der Richter des Obersten Gerichtshofes in Lahore, der diese Todesurteile aufhob, wurde von radikalen Muslimen ermordet.«[81]

1998 geschah etwas Außergewöhnliches: Vor dem Gerichtsgebäude in Sahiwhal erschoss sich aus demonstrativem Protest der katholische Bischof von Faisalabad John Joseph, nachdem dort die Todesstrafe gegen den Katholiken Ayub Masih wegen Blasphemie verhängt worden war. Erstmals hatte der Oberste Gerichtshof in Lahore das Urteil einer unteren Instanz bestätigt. Während der Verhandlung hielten Islamisten den Gerichtssaal besetzt und bedrohten Richter und Anwälte[82], und wie so oft wurde der Verdacht geäußert, der Vorwurf der Blasphemie diene islamischen Großgrundbesitzern lediglich dazu, einen missliebigen Konfliktgegner aus dem Weg zu räumen. Die Teilnehmer einer vom ÖRK organisierten internationalen Anhörung stellten in einem gemeinsamen Kommunique dazu prinzipiell fest:

»Nach dem Blasphemiegesetz gegen Einzelpersonen vorgebrachte Anschuldigungen waren böswillig, gingen von persönlichen Feindschaften aus, oft mit dem Ziel, Menschen ins Gefängnis zu werfen, um bei geschäftlichen Angelegenheiten oder Streitigkeiten über Land einen Vorteil zu gewinnen.«[83]

Das Schicksal der Feldarbeiterin und seine Auswirkungen fassen die verschiedenen Aspekte der Problematik eindrücklich zusammen: Von einer Nachbarin mit einer hanebüchenen Geschichte wegen Koranschändung angezeigt, wurde sie 2010 zum Tode verurteilt und sitzt seither in Haft, auf eine Revision durch ein höheres Gericht hoffend. Zwei bekannte Spitzenpolitiker setzten sich für sie ein und forderten, den Blasphemie-Paragraphen zu ändern. Daraufhin wurden der muslimische Provinzgouverneur Salman Taseer und der christliche Minister Shabbaz Bhatti von Islamisten erschossen.[84]

Der Einsatz für Rechtsstaatlichkeit und Menschenrechte hat nach Angaben der pakistanischen Menschenrechtsbüros im Jahr 2010 gut 240 Ak-

---

81 GEORG EVERS, Die christliche Minderheit im Würgegriff von staatlicher Ohnmacht und wachsendem Islamismus, in: THOMAS SCHREIJÄCK (Hrsg.) Prekäre Christsein in Asien. Erfahrungen und Optionen einer Minderheitenreligion in multireligiösen Kontexten, Ostfildern 2011, 27–42, 36.

82 Vgl. KNA 423 (10. August 2001).

83 Siehe Anm. 63.

84 Vgl. dazu DER SPIEGEL Heft 6 (2014), 92–95, 94.

tivisten das Leben gekostet, fast 2000 Menschen wurden sonst noch umgebracht – seit 2005 eine Verdoppelung.

»Auch kirchliche Mitarbeiter sind in Lebensgefahr. So stürmten im September 2002 mehrere schwer bewaffnete Männer die Büros der 1974 gegründeten Idara-e-Aman-o-Insaf-Kommission (Kommission für Gerechtigkeit und Frieden) der Erzdiözese Karatschi. Sie erschossen sieben Männer und Frauen, die sich dort für den Schutz von Frauen, Minderheiten, Benachteiligten und Bedrängten sowie für Frieden und Verständnis zwischen den Religionen engagierten. Bereits wenige Monate zuvor war ein Vorstandsmitglied der Kommission in seinem Büro erschossen worden.«[85]

Nach dem September 2011 haben die Taliban in Pakistan erheblich an Einfluss gewonnen und mit ihnen hat sich auch das Ausmaß der Gewalt gegen Christen noch einmal beträchtlich gesteigert. Allein im Januar 2014 haben sich mehr als vierzig schwere Anschläge ereignet.[86] Der islamische Staat sieht dem Treiben der Taliban keineswegs tatenlos zu, setzt gelegentlich sogar die Armee gegen sie ein. Doch im Verbund mit den einheimischen Islamisten sind diese inzwischen zu stark, und der Rückhalt des Islamismus ist in der Bevölkerung zu groß, um sie militärisch bezwingen zu können. Der religiöse Extremismus hat den islamischen Staat in die Defensive gedrängt und sich mit den niedrigsten sozialen Instinkten verbündet, um das Leben aller, die nicht seine Überzeugungen teilen, zu vergiften. Der von der politischen Führung einst entfesselte Strudel religiöser Leidenschaft und persönlicher Niedertracht entwurzelt immer mehr Christen und macht sie zu Freiwild in einem Land, in dessen späte Geburt sie durchaus Hoffnungen setzten. Aber nicht der Islam schürt politische und soziale Konflikte und nährt die Mordlust, sondern der Islamismus. Der islamische Staat behandelt zwar die Christen und andere Minderheiten nicht als gleichberechtigt, doch er versucht, soweit er nicht islamistisch unterwandert oder vom religiösen Terror eingeschüchtert ist, ihnen Schutz zu gewähren. Die eigentliche Gefahr geht von fanatischen Islamisten aus, die nach der Staatsmacht greifen, um den Staat von allen ›unreinen‹ Elementen zu ›säubern‹, zu denen sie gerade auch andere Muslime zählen.

8.3 Nigerias islamistische Totengräber

In Pakistan streben die Islamisten mit einigem Erfolg danach, die Macht in der islamischen Republik zu erringen. In Nigeria dagegen wollen sie den säkularen und multireligiösen Staat zu zerstören, um einen eigenen isla-

---

85 EVA-MARIA KOLMANN, Pakistan. Christen im Land der Taliban, München 2012, 8f.

86 Vgl. DER SPIEGEL Heft 6 (2014), 92–95, 93.

mistischen Staat zu errichten. Zu weltweiten Schlagzeilen hat es dabei die Gruppe Boko Haram (»Westliche Bildung ist Sünde«) gebracht, die Überfälle und Attentate verübt und inzwischen sogar Polizeistationen und militärische Einrichtungen angreift. Zuletzt hat sie durch die Entführung von 200 Mädchen die Weltöffentlichkeit erregt. Die genauen Hintergründe dieser sektiererischen Bewegung sind bis heute nicht vollständig aufgeklärt, manches spricht für die These, die Gruppe sei anfänglich als Söldnertruppe tätig gewesen. Dennoch kann an ihrem islamistischen Charakter kein Zweifel bestehen. Klar ist zudem das politisch-religiöse Ziel der Abspaltung des nördlichen Landesteils, dessen Provinzen mehrheitlich bereits die Scharia als Rechtssystem eingeführt haben, einschließlich drakonischer Körperstrafen wie Steinigung und Amputationen. In der westlichen Presse wird daher immer wieder der Eindruck erweckt, der islamische Norden kämpfe gegen den christlichen Süden. Die tatsächlichen Frontlinien verlaufen jedoch wesentlich komplizierter.

»In Wahrheit geht es um gleichberechtigte demokratische Teilhabe, um Zugang zu staatlichen Ressourcen, um ethnische Rivalitäten, die tief in der Geschichte des Landes wurzeln, und nicht zuletzt um das große Ganze, nämlich ob Nigeria ein von christlichen Werten geprägtes Land sein soll.«[87]

Seit dem Erlangen der Unabhängigkeit Nigerias im Jahr 1960 ringt das Land um seine nationale Einheit. Dabei stehen nicht religiöse, sondern ethnische Unterschiede im Vordergrund. Die größten Volksgruppen der Hausa und Faulani, der Yoruba und der Ibo verteilen sich geograpisch, aber nicht trennscharf auf den Norden, Südwesten und Südosten. In religiöser Hinsicht sind die Hausa und Faulani überwiegend muslimisch, die Ibo überwiegend Christen und die Yoruba etwa hälftig gemischt. In der Gesamtbevölkerung halten sich Christen und Muslime ungefähr die Waage, während zwischen 10% und 20% traditionellen Religionen anhängen. Die christliche Bevölkerung setzt sich aus Katholiken, europäisch-stämmigen und afrikanischen evangelischen Kirchen sowie Evangelikalen und Pfingstlern zusammen, die muslimische ist vornehmlich durch regional unterschiedliche Traditionen geprägt. Ungeachtet dieser religiösen Vielfalt und den beiden dominanten Blöcken war Nigeria die meiste Zeit von einem Religionskrieg und grauenhaften Massakern weit entfernt:

»Religiöse Überzeugungen spielen im Leben und Handeln eine große Rolle, sind aber traditionell kein zentrales Abgrenzungsmerkmal zwischen sozialen Gruppen. Ein friedliches Mit- oder wenigstens Nebeneinander von Menschen unterschiedlicher religiöser Identität ist die Regel. In vielen Regionen des Landes

---

87 THOMAS SCHEEN, Und wenn wir alle dabei draufgehen, in: FAZ Nr. 78 v. 02. April 2011, 3.

kann man häufig innerhalb einer Großfamilie Personen antreffen, die unterschiedlichen Religionen oder zumindest Konfessionen angehören oder ihre Glaubensgemeinschaft einmal oder mehrmals gewechselt haben.«[88]

Es wäre natürlich falsch, daraus den Schluss zu ziehen, der muslimisch-christliche Gegensatz fiele überhaupt nicht ins Gewicht. Politisch bedeutsam wird er allerdings erst in Zusammenhang mit einem sozialstrukturellen Faktor, der sich nur historisch erklären lässt:

»Es sei daran erinnert, daß der Islam als ein Element bewußter arabischer Expansions- und Handelspolitik nach Nigeria kam und sich im nördlichen Teil des Landes durch religiöse Kriege konsolidierte. Nolens volens wurde er so zum Instrument einer arabischen kulturellen Vorherrschaft in den nördlichen Gebieten Nigerias. [....] In ähnlicher Weise wie der Islam dieser Art sind so manche christlich-missionarischen Aktivitäten in Nigeria unauflöslich mit einem kulturellen und wirtschaftlichen Imperialismus verbunden.«[89]

Westliche Bildung, die Boko Haram abschaffen will, steht daher aus der Sicht der Gruppe als Symbol für die imperialistischen Bestrebungen des Westens, während die Scharia vorrangig als Waffe gegen die korrupten reichen und mächtigen Eliten arabisch-muslimischer Herkunft eingesetzt werden soll. Anders als Al-Quaida, mit der ebenso Beziehungen bestehen sollen wie mit den somalischen Dschihadisten, verfolgt Boko Haram daher keine weltpolitischen, sondern innenpolitische Ziele. Genau diese Zwischenstellung aber macht die Gruppe zu einem idealen Sündenbock, dem die Mächtigen beider Seiten die Schuld an der Misere des Landes aufladen können, um ihr eigenes Versagen zu vertuschen und gleichzeitig noch einmal von der bedrohlichen Lage zu profitieren. Der Bischof von Sokoto, Matthew Hassan Kukah, hat die Befürchtung ausgesprochen, »dass wir unaufhaltsam in eine Situation laufen, in der die Frage der Sicherheit zur neuen Kuh gemacht wird, die von einflussreichen Personen mit ihrem unstillbaren Appetit nur noch gemolken werden braucht.«[90] An einem politischen und gesellschaftlichen Wandel haben sie nicht das geringste Interesse, denn

»ihr privilegierter Lebenswandel gründet sich fast ausschließlich auf den Ölreichtum, den sie sich, gestützt auf die Armee, jahrzehntelang hatten aneignen können. Aus der Perspektive ihrer Gegner handelte es sich dabei um offenen Raub:

---

88 KATJA HANSEN / WOLFGANG KAISER, Die vorgeblichen Religionskonflikte in Nigeria, in: Reichtum – Macht – Gewalt. Sicherheit in Zeiten der Globalisierung. Jahrbuch Gerechtigkeit II, Oberursel 2006, 151–158, 155.

89 UCHENDU EGBEZOR, Religiöser Fanatismus in Nigeria, in: AL IMFELD (Hrsg.) Afrikanische Standpunkte. Chimäleon und Chimäre, Zürich 1994, 68–71, 69.

90 MATTHEW HASSAN KUKAH, Boko Haram – eine Krankheit oder ein Symptom? Hintergründe der Gewalt in Nigeria, in: Forum Weltkirche 3 (2012), 8–12, 12.

95 Prozent der Staatseinnahmen stammen aus dem Verkauf von Erdöl, und die Ölquellen sprudeln im äußersten Süden der Republik.«[91]

Die Einführung der Scharia konnte erst nach dem Ende der Militärdiktatur im Jahr 1999 zu einem innenpolitischen Kampfmittel werden, weil Demokratisierung und Föderalisierung die Provinzgouverneure an die Macht brachten und die ausgleichende Funktion des paritätisch besetzten zentralen Militärrates entfiel. Die religiösen Unruhen der 80er Jahre forderten Zehntausende von Menschenleben, hatten aber in politischer Hinsicht vor allem den vermutlich erwünschten Effekt, Reformen der Wirtschafts- und Herrschaftsstruktur zu verhindern. Der Terror von Boko Haram spielt in erster Linie der Armee in die Hände, die von der jetzigen Machtverteilung im Land politisch und wirtschaftlich mitprofitiert, und es ist deswegen sehr wohl denkbar, dass Politiker und Sicherheitskräfte einen durchgreifenden Erfolg im Antiterrorkampf sorgsam vermeiden und ihre Machtlosigkeit nur vortäuschen. Dabei kümmert der Islam die muslimischen Eliten herzlich wenig. Selbst in den Provinzen, in denen die Scharia gilt, werden ihre martialischen Strafen fast ausschließlich gegen arme Muslime verhängt, um die unter ihnen grassierende Kriminalität einzudämmen. Insofern verkörpert Boko Haram mit seinen radikalen Forderungen für viele Menschen eine Hoffnung, wie das auch bei anderen islamistischen Gruppen der Fall ist. Die Unmenschlichkeit ihres religiösen Puritanismus, die sich besonders in ihren mörderischen Attacken gegen Christen, christliche Schulen und Kirchen offenbart, droht Nigeria mit seiner im Prinzip demokratischen und multireligiösen Struktur zu Grunde zu richten. Möglich ist das jedoch nur, weil die politischen und ökonomischen Eliten ihre Macht um jeden Preis verteidigen wollen und meinen, sie könnten zu diesem Zweck auch das Spiel mit dem Feuer des religiösen Fanatismus riskieren. Die ihrerseits brutale Härte, mit der Boko Haram derzeit bekämpft wird, und die militärische wie politische Unterstützung dieses Kampfes durch den Westen, zumal der USA, verschaffen den Terroristen mehr Legitimität, als sie verdienen, und löst keines der Probleme, die Nigeria belasten und quälen. Der Missbrauch der Religion wird begünstigt durch soziale Bedingungen, die im internationalen »Kampf gegen den Terrorismus« vielerorts zu wenig Beachtung finden.

9. Mission und Kolonialismus

Mit »Feuer und Schwert« und gemäß dem Prinzip »Taufe oder Tod« sei das Christentum in der Welt verbreitet worden, so will es eine weit verbreitete

---

[91] JOHANNES HARNISCHFEGER, Religion als blutiges Mittel der Politik, in: FR Nr. 73 v. 27. März 2002, 7.

Vorstellung wissen. Daran ist leider manches Wahre, und darum gehört die Geschichte der Mission ein gutes Stück weit in den Rahmen einer Geschichte der von Christen zu verantwortenden Gewalt. Indes gibt es noch eine andere Wahrheit oder, vielleicht besser: eine andere Seite der gleichen Wahrheit. Die Geschichte, die von ihr erzählt, berichtet von der Gewalt, deren Opfer Missionare und neubekehrte Christen wurden. Durch ihre verschiedenen Episoden zieht sich wie ein roter Faden die unheilige Allianz von Kolonialismus oder Imperialismus und Mission. Innerhalb von Kirche und Christenheit herrschte sie nie unangefochten, es gab leidenschaftliche Kritiker und alternative Konzepte. Trotzdem zahlten nicht selten auch jene Missionare, welche die Wahlverwandtschaft von Eroberung und Bekehrung für unchristlich und verhängnisvoll hielten, den Blutzoll für das Blut, das im Zuge der Ausweitung europäischer Herrschaft vergossen wurde. Mitunter allerdings verstrickten sich Missionare und Christen unfreiwillig in die Machenschaften von Kaisern, Königen und Fürsten, gerieten auf tragische Weise zwischen die Fronten und starben als Glaubenszeugen.

9.1 Scheitern der Japan-Mission

Als 1549 der Jesuit Franz Xaver bzw. eigentlich Francisco de Xavier in Kagoshima erstmals japanischen Boden betrat, hielten ihn die Japaner für einen buddhistischen Mönch aus Indien. Freilich erklärt dieses Missverständnis nur zum geringsten Teil den überraschenden Missionserfolg der Jesuiten. Ausschlag gebend dürfte vielmehr das Vorgehen der Jesuiten gewesen sein: Sie suchten nicht in erster Linie die arme Landbevölkerung zu gewinnen, sondern wandten sich zuerst an die japanischen Kriegs- und Feudalherren (Daimyos), von denen sich tatsächlich eine ganze Reihe bekehrten. Den Anfang machte Fürst Yoshishige, der sich jedoch erst 1578 taufen ließ. Wie im mittelalterlichen Europa wurde mit dem Fürsten zugleich seine Gefolgschaft zu Christen, teils auf Befehl, teils freiwillig. Fürst Sumitada zwang nach seiner Taufe 1574 alle Untertanen, die ihm nicht folgten, zur Auswanderung. Die Methode zahlte sich aus: Obgleich noch um 1560 erst sieben Jesuiten in Japan arbeiteten, zählte das jesuitische Missionszentrum in Goa (Indien) 1582 bereits um die 150 000 Christen, noch immer ein recht kleiner Anteil an der Gesamtbevölkerung, aber keine miserable Wachstumsrate. Unter dem Schutz der Fürsten konnten die Jesuiten ein erstes Hospital einrichten, sie missionierten nun auch unter der Landbevölkerung, sie gründeten Schulen und erhielten 1580 von Fürst Sumitada Stadt und Hafen Nagasaki zu Lehen.

So viele Vorteile die Nähe zu den Fürsten auch bot, sie hatte auch einen Preis, dessen Höhe sich bald herausstellen sollte. Politisch gesehen war Japan zu Beginn des 16. Jahrhunderts noch weit entfernt von einem

Reich und innerer Einheit: »Der Kampf um regionale Vormacht mit wechselnden Bündnissen und immer neuen Fronten prägte die erste Hälfte des 16. Jahrhunderts. In die Kämpfe waren alle Schichten der Bevölkerung verwickelt.«[92] Auch buddhistische Krieger-Mönche und buddhistische Sekten nahmen als eigene Partei daran teil mit schrecklichen Folgen: Fürst Nogunaga, der am Ende die Oberhand in dieser Kette von Bürgerkriegen gewinnen sollte, ließ 1571 Zehntausende von Mönchen und Nonnen niedermetzeln.

Nach Lage der Dinge barg die jesuitische Strategie unvermeidbar die Gefahr in sich, in die Konflikte zwischen den Fürsten hineingezogen zu werden. Nogunaga förderte das Christentum, doch mit dem Hintergedanken, mit ihm ein Gegengewicht gegen den Buddhismus zu schaffen, dessen militante Anhänger ihm nach wie vor Schwierigkeiten bereiteten. Bereits unter seinem Nachfolger Hidejoshi rächte sich diese antibuddhistische Rolle, als dessen China-Feldzug scheiterte, weil sich ein buddhistischer und ein christlicher General Hidejoshis entzweiten. Den Jesuiten anfangs durchaus gewogen, hatte er den Bau einer Kirche erlaubt, die 1583 geweiht wurde. Im Vorfeld seines Angriffs auf Korea zeigte sich, wie weit die Jesuiten mit ihrer Strategie der politischen Einflussnahme zu gehen bereit waren: der Jesuiten-Superior Coehlo versprach ihm zwei portugiesische Kriegsschiffe und fuhr zur Audienz Hidejoshi mit einem eigenen Kriegsschiff vor,[93] – in den Augen des Fürsten ein höchst zweideutiges Signal. Jetzt schwenkte er um, beschuldigte die Christen »die Daimyos zu ermuntern, ihre Untertanen vom alten Glauben abzubringen, [...] Tiere zu töten, um Nahrung zu erhalten (nach buddhistischer Auffassung eine schwere Sünde) und buddhistische Tempel sowie Shinto-Schreine zu zerstören.«[94] In seinen Augen glichen die Christen nunmehr den von ihm brutal bekämpften fanatischen buddhistischen Gruppen. Mit Edikt vom 25. Juli 1587 verwies er alle christlichen Missionare des Landes, Nagasaki wurde vereinnahmt und die Kirchen dort zerstört. Mit Rücksicht auf die Handelsbeziehungen mit Portugal, an denen Hidejoshi immer noch interessiert war, wurde das Verbot der Mission nur locker gehandhabt, und als zusätzlich der Handel auch mit Spanien in Gang kam, folgten den Händlern 1593 spanische Franziskaner, Dominikaner und Augustiner, die sich vorzugsweise der Landbevölkerung widmeten und bald »mit den Jesuiten wie mit deren fürstlichen Schutzherrn in Streit gerieten.«[95] Als Gerüchte aufka-

---

92 POHL, Geschichte, 37.

93 Vgl. JOSEF KREINER (Hrsg.), Kleine Geschichte Japans, Stuttgart 2010, 188.

94 POHL, Geschichte, 48.

95 KREINER, Geschichte Japans, 189.

men, der spanische König werde in Kürze spanische Truppen nach Japan entsenden, blieb es nicht bei einer Verschärfung des Missionsverbots: »Am 5. Februar 1597 wurden die ersten 26 christlichen Märtyrer in Nagasaki am Kreuz getötet.«[96]

In gewisser Weise wiederholte sich während der Tokugawa-Herrschaft der gleiche Vorgang: Tokugawa Ieyasu, Nachfolger Hidejoshis, hielt formell an dem Verbot von 1587 fest, setzte es aber eine Weile nicht konsequent durch. Dann vollzog er eine radikale Wende, und sein Ziel war nun »die endgültige Ausrottung des Christentums, das er als Vorreiter einer spanischen und portugiesischen Expansion nach Japan ansah.«[97] Sein Sohn Hidetada nahm Auseinandersetzungen mit christlichen Fürsten zum Anlass, ihnen zu befehlen, dem christlichen Glauben abzuschwören und einen von ihnen nach Manila zu verbannen. 1622 wurden 120 Missionare und Gläubige hingerichtet, 1624 alle Spanier aus dem Land gejagt. Die Angst vor Missionaren und dem Christentum nahm paranoische Züge an:

> »Inzwischen wurden Japaner, die unter dem Verdacht standen, Christen zu sein, schrecklichen Folterungen unterworfen, und viele Tausende wurden gezwungen, ihrem Glauben abzuschwören. Eine besondere Methode zu prüfen, ob jemand Christ war, wurde im Jahr 1629 erfunden: die Betroffenen mußten auf Bronzeplatten (*fumie* oder Trittbilder genannt) treten, die christliche Darstellungen wie Christus oder Maria zeigten. Diejenigen, die sich weigerten, auf diese Platten zu treten, galten als Christen und wurden gefoltert und hingerichtet. Die katholische Kirche erkennt über 3000 Märtyrertode zu dieser Zeit in Japan an.«[98]

Das »Ende des christlichen Jahrhunderts« wurde 1637 eingeläutet durch den Aufstand von Shimbara, in dem 30 000 Bauern unter christlichen Bannern in die Schlacht zogen und gnadenlos niedergemacht wurden. Unmittelbar nach der Rebellion erließ der Shogun ein Edikt, mit dem sich Japan von der westlichen Welt abkapselte: »In Zukunft durfte kein Japaner mehr das Land verlassen, kein Katholik durfte das Reich des Shogun

---

96 Ebd., diese Hinrichtung wird auf dem Titelbild dieses Buches gezeigt. 1867 sprach Pius IX. 205 Japaner selig, die zwischen 1617 und 1632 in Omura-Nagasaki hingerichtet wurden. Im Jahr 1981 wurden Dominicus Ibáñenz de Erquicia und 14 Gefährten aus dem Dominikanerorden seliggesprochen, die 1633 in Nagasaki mit ihm einer neuen grausamen Hinrichtungsart (»Strafe von Gabel und Graben«) zum Opfer fielen (vgl. Ferdinand Holböck, Neue Heilige der katholischen Kirche Bd.1, Stein am Rhein 1991, 59.

97 Pohl, Geschichte, 50.

98 John Whitny Hall, Das Japanische Kaiserreich (Fischer Weltgeschichte Bd. 20), Frankfurt a.M. 1968, 186.

betreten, und der gesamte Außenhandel wie auch die diplomatischen Beziehungen mußten über die Hafenstadt Nagasaki laufen.«[99]

Der desaströse Verlauf der Japan-Mission fügt dem bisherigen Bild der Gewaltgeschichte des Christentums einige neue Facetten hinzu. Wie in Lateinamerika stießen die Missionare in völlig oder weitestgehend unbekannte Kulturräume vor, in Länder mit ureigenen religiösen Traditionen und politischen Ordnungen, mit einer von Europa unabhängigen Geschichte. Zudem kamen sie selten nur als Fremde, sondern meist als fremde Eindringlinge, die sich ihren Weg mit Gewalt, List und Tücke bahnten. Es gab bedeutsame Ausnahmen, auf politischer wie kirchlicher Seite, und der Streit um das richtige Vorgehen wurde nicht nur zwischen, sondern auch innerhalb der Missionsorden ausgetragen, beides zuweilen mit recht unsauberen Mittel wie Betrug und Intrige. Selbst wenn jedoch Missionare eingeladen waren oder den Einheimischen friedlich begegneten, veränderten sie die soziale oder politische Konstellation in den Missionsgebieten und oft genug zerstörten sie geistig und/ oder physisch heiligste Kulturgüter. Diese Provokationen reichten häufig, um gewaltsame Abwehrreaktionen hervorzurufen. Die Angst vor dem Fremden mischte sich mit der Angst vor Überfremdung und schließlich mit der Angst vor Fremdherrschaft. Der Kolonialismus verschaffte der Xenophobie zusätzliche Nahrung und erzeugte einen Sog, der die Christen unvermeidbar in die Turbulenzen der antikolonialen Verteidigungs- oder Befreiungskämpfe hineinriss.

9.2 Scheitern der China-Mission

Francisco de Xavier hatte, als er in Japan landete, keineswegs vor, dort zu bleiben. Er betrachtete die Insel lediglich als Sprungbrett, von dem aus er die Missionierung Chinas beginnen wollte. Sein Tod im Dezember 1552, der ihn bei der Reise nach China ereilte, setzte dem Vorhaben ein abruptes Ende. Im gleichen Jahr wurde in Italien Matteo Ricci geboren, der gleichfalls Jesuit werden und das abgebrochene Projekt der China-Mission fortsetzen sollte. Als Missionar in fast dreißig Jahren wenig erfolgreich, gelang es ihm jedoch, gemeinsam mit seinem Ordensbruder Michele Ruggieri enge und feste, mitunter sogar freundschaftliche Beziehungen zu konfuzianischen Gelehrten aufzubauen. Das bedeutete viel in einem Reich, dessen stolzes Selbstbewusstsein seit Alters mit einem starken Hang zur Selbstgenügsamkeit gepaart war, der sich durch die ungeheuer verlustreich verlaufenden Okkupationskriege durch die »Tartaren«, d.h. zuerst Mongolen und dann Manjuren, zur Fremdenfeindlichkeit steigerte. Eine nachvollziehbare Allergie, wenn man bedenkt, dass die Mongolen nahezu 50% der

[99] POHL, Geschichte, 56.

chinesischen Bevölkerung getötet hatten. Diese am Ende für die christliche Mission äußerst nachteilige Entwicklung sollte jedoch nicht vergessen machen, dass lange vor dem Eintreffen der Missionare aus Westeuropa Christen vor allem ostsyrischer Herkunft und Prägung – im Westen als »Nestorianer« bezeichnet – dank der Tätigkeit von Händlern und »Priesterkaufleuten« (von Collani) in China heimisch geworden waren: »Nach China kam der christliche Glaube während der Tang-Zeit (618–907), einer chinesischen Dynastie, die für Kontakte mit dem Ausland sehr aufgeschlossen war.«[100] Die christliche Gemeinschaft bestand jedoch nur zum geringsten Teil aus Chinesen und blieb insofern ein Fremdkörper, aber geduldet. Mitte des achten Jahrhunderts belief sich die Zahl der Christen auf etwa 260 000 und erreichte damit ihren Höhepunkt. »Doch dann schwenkte die öffentliche Stimmung gegen die Ausländer um.« Kaiser Wozung erließ ein Edikt gegen Buddhisten, Muslime und Christen.

»Tempel und Ländereien wurden konfisziert, Klöster aufgelöst, Mönche und Nonnen mussten ins Zivilleben zurückkehren, da sie als wirtschaftliche Schädlinge galten. Ein weiterer Schlag traf die Ostsyrische Kirche in Canton, das 878 von Rebellen erobert wurde. Dabei kamen 100 000 Ausländer ums Leben, unter ihnen viele Christen. Um 1000 gab es keine Nestorianer mehr in China, sondern nur noch unter den Stämmen Zentralasiens.«[101]

1279 vollendeten die Mongolen unter Kublai Khan die Annexion Chinas. Bereits 1267 hatte er wichtige Behörden seines Reiches nach Peking verlegt. Seine zurückhaltende Religionspolitik garantierte die Fortdauer des Buddhismus und Taoismus und gestattete das Aufkommen des tibetanischen Lamaismus, während der Konfuzianismus zeitweise in den Hintergrund trat. Auch die Christen profitieren von der mongolischen Toleranz. Ihre Geistlichen genossen Steuerfreiheit, »genauso wie die islamischen Mullahs und die taoistischen und buddhistischen Mönche.«[102] Die Zahl der Christen wuchs derart an, »daß noch unter Kublai Khan 1289 eigens eine Behörde zur Aufsicht über die Kirchen und Klöster geschaffen wurde.«[103] Man schätzt die Zahl der Ostsyrer auf etwa 30 000, ergänzt um griechisch-orthodoxe, armenische und katholische Christen.[104] In Anbetracht der welthistorischen Größe des Mongolenreichs und seiner Offenheit folgerichtig bemüht sich nun auch der Vatikan darum, diplomatischen

---

[100] Claudia von Collani, Von Jesuiten, Kaisern und Kanonen. Europa und China – eine wechselvolle Geschichte, Darmstadt 2012, 29.

[101] A.a.O., 31.

[102] Herbert Franke / Rolf Trauzettel, Das Chinesische Kaiserreich, Frankfurt a.M. [13]2005, 233.

[103] A.a.O., 232.

[104] Vgl. von Collani, Jesuiten, 36.

Kontakt mit seinen Herrschern aufzunehmen. 1245 wurde der Franziskaner del Carpini als päpstlicher Legat an den Hof des Großkhans in Karakorum gesandt. Er überbrachte zwei Briefe, einen Nichtangriffspakt betreffend sowie die Aufforderung an den Khan, sich taufen zu lassen. 1247 kam Carpini mit der Antwort zurück. Der Großkhan wies die Einladung zur Taufe als unbegreifliche Zumutung zurück und drohte in aller Offenheit damit, Europa zu erobern und zu verwüsten.[105] 1253 wurde ein weiterer Franziskaner, Willem van Rubroek, als offizieller Gesandter des Papstes an den Hof in Karakorum geschickt. 1254 eingetroffen bat van Rubroek Möngke Khan um die Erlaubnis, missionieren zu dürfen, – und wurde abschlägig beschieden. Der Khan forderte seinerseits die Unterwerfung des französischen Königs. Rubroek verweilte Jahre in Karakorum und verfasste einen umfangreichen Bericht über seinen Aufenthalt, doch in das chinesische Kernland gelangte er nicht. 1291 tritt Johannes von Monte Corvino, wiederum Franziskaner, den Seeweg nach China an und erreicht 1294 Peking-Kambalek, kurz nach dem Tod Kublai Khans. Nach zwölf Jahren schreibt er im ersten von zwei erhaltenen Briefen, er habe seit seiner Ankunft 6 000 Personen getauft.

Allerdings, den größten Missionserfolg erzielten die Franziskaner bezeichnender Weise unter den (einheimischen) Nestorianern, die zur katholischen Kirche konvertierten. Erst allmählich besserte sich die Situation leicht: Übersetzungen wurden angefertigt, Kirchen gebaut, Bischöfe ernannt. Doch dann, nach der Vertreibung der Mongolen, ein neuerlicher Rückschlag. Unter der Ming-Dynastie wurden alle Ausländer ausgewiesen. Wie später in Japan hielt in China fortan eine strikte Politik der Abschottung Einzug.

Für Jahrhunderte blieb China verriegelt, trotz wiederholter Anläufe weltlicher und geistlicher Annäherung, die sich im 16. Jahrhundert häufen sollten. In der zweiten Hälfte des 15. Jahrhunderts reiften in Europa Pläne für eine militärische Eroberung Chinas heran. 1528 wurden die Philippinen entdeckt, 1565 der Seeweg von Asien nach Amerika gefunden. Im traditionellen Konflikt der beiden großen Kolonialmächte Spanien und Portugal tauchte so etwas wie die chinesische Frage auf: Zu wessen Machtbereich gehörte dieses riesige Land? Auch Frankreich meldete Interesse an. Die Spanier wählen Mexiko als Basis für eine mögliche China-Expedition, und bereits 1569 ertönt der Ruf, China anzugreifen.

---

[105] Vgl. ALFONS JOCHUM, Beim Großkhan der Mongolen. Johannes von Monte Corvino 1247–1328. Der erste Franziskaner in China, Mödlin/ St. Augustin 1982, 13f., dort der Text des Antwortschreibens.

»Das lauteste Kriegsgeschrei ertönt allerdings aus dem Augustinerorden, der es zu seiner alleinigen Aufgabe machen will, das Reich unter dem Himmel zu christianisieren. Im selben Jahr setzt der Augustiner Martin de Rada, der häufig in der Region unterwegs ist, Chinas Eroberung auf die Tagesordnung.«[106]

Es entsteht ein regelrechter Wettlauf zwischen Augustinern, Franziskanern und Jesuiten, die alle nach China streben und sich immer tiefer in die Konkurrenz der Kolonialmächte verwickeln. Am weitesten gehen dabei der Jesuit Alonso Sanchez und der Bischof von Manila Domingo de Salazar. Im Gegensatz zur Linie der führenden Theologen in Spanien und Portugal, die nur eine friedliche Mission für erlaubt halten, plädiert Sanchez kompromisslos für einen Krieg gegen China, ohne den dessen Christianisierung undenkbar sei, und er führt zur Begründung ein Sammelsurium von schlechten Erfahrungen und schlimmen Vorurteilen ins Feld, nicht zuletzt aber auch die Weigerung des Kaiserreichs, Außenhandel, Einreisen und Mission zuzulassen. Sanchez und Salazar erörtern mit Eifer die militärischen Einzelheiten einer Invasion und rechtfertigen im Voraus ein beträchtliches Maß an unvermeidbaren ›Kollateralschäden‹, vor allem drängen sie darauf, möglichst unverzüglich loszuschlagen. Und sie täuschen den Vatikan und die Ordensleitung. Das Interesse der spanischen Krone und ihre weltpolitischen Ambitionen haben den Vorrang vor kirchlichen Belangen.

Aus dem leidenschaftlich propagierten Unternehmen wird allerdings nichts. Ein Grund dafür sind die guten Nachrichten, die Matteo Ricci und seine Gefährte Ruggieri zu vermelden wissen: Sie haben 1583 die Erlaubnis erhalten, eine Niederlassung zu gründen und hoffen, auch in Peking Fuß zu fassen. Der Vatikan setzt auf friedliche Mission. Tatsächlich ist den Jesuiten im Gefolge Xaviers und Riccis ein Durchbruch beschieden, freilich vor allem am Hof und unter den Gelehrten, kaum auf dem Land und beim gewöhnlichen Volk. Unter dem ersten manjurischen Kangxi Kaiser, der eine entschlossene Bildungsoffensive startete, erhielten französische Jesuiten Einfluss am Hof und konnten ihren kaiserlichen Schutzpatron dazu bewegen, nach lokalen Christenverfolgungen sein Einverständnis für ein Edikt des Ritenministers zu geben, in dem das Christentum offiziell anerkannt wurde (20. März 1692). Das Toleranzedikt betonte, nicht die religiösen Vorzüge des christlichen Glaubens, sondern die Verdienste des Jesuitenordens seien der Grund für diesen Schritt, der keine Gleichstellung mit dem Konfuzianismus bedeutete, sondern ihn auf eine Ebene mit dem Daoismus und Buddhismus stellte. »Bedingung für diese Duldung der

---

[106] SERGE GRUSINSKI, Drache und Federschlange. Europas Griff nach Amerika und China 1519/1520, Frankfurt/ New York 2014, 275.

Christen war ihre Anerkennung der staatlichen Hoheit Chinas.«[107] Was dann folgt, ist unter der Bezeichnung Ritenstreit in die Geschichtsschreibung eingegangen und darf getrost als die verhängnisvollste Fehlentscheidung Roms in Missionsangelegenheiten gewertet werden. Es dreht sich um die Vereinbarkeit von Konfuzianismus und Christentum, in Sonderheit um die Erlaubnis der Ahnenverehrung. 1704 sprach Rom ein Verbot aus, konfuzianische Riten zu praktizieren oder daran teilzunehmen und setzte alles daran, es durchzusetzen. Als Antwort beschnitt der Kaiser 1707 die im Toleranzedikt von 1692 zugebilligten Rechte, bemühte sich jedoch nachdrücklich darum, den Vatikan umzustimmen. 1715 wiederholte Rom sein Verbot und entschied 1742 endgültig gegen den Kaiser und die Jesuiten. Aus der Sicht des Kaisers legte der ferne Papst damit ebenso ungerührt wie arrogant die Axt an das Fundament von Familie und Staat. Er erklärte seinerseits die Zugehörigkeit zum Christentum für unvereinbar mit der Zugehörigkeit zu China und im stolzen Selbstbewusstsein einer uralten Kulturnation für überflüssig:

»Ihr ehrt Konfuzius nicht: ihr erlaubt überhaupt nicht, seiner Lehre gemäß zu leben. Wenn in Zukunft in China Europäer entdeckt werden, die solchen Unsinn verbreiten, werden sie ohne Rücksicht auf ihre Zahl getötet. Bevor Ricci nach China kam, gab es mehrere tausend Jahre lang keinen Europäer, der in China das (christliche) Gesetz predigte, woraus folgt, dass das Reich ihrer nicht bedarf. Eure Vorgänger sind aus großer Ferne in das weite, chinesische Reich gekommen und haben die chinesische Lehre nicht abgelehnt, deshalb erlaubten wir euch, euer Gesetz zu verbreiten. Nun verlangt ihr von den Chinesen, die eurem europäischen Gesetz folgen wollen, dass sie Konfuzius nicht verehren dürfen. Solche Leute darf man in China offenkundig nicht dulden.«[108]

Rom hatte mit seinem Entscheid, der erst 1939 aufgehoben wurde, ein formelles Verbot der China-Mission provoziert, vor allem aber hatte eine für Chinesen fremde Macht chinesische Christen dazu verurteilt, sich ihrer kulturellen Heimat entfremden zu müssen. Die protestantische Mission wird später fast den gleichen Weg einschlagen:

»auch hier wurde die Teilnahme am Ahnenkult mehrheitlich verboten. In der Folge bedeutete auch im 19. Jahrhundert für Konvertiten die Bekehrung den Ausschluss aus dem traditionellen Familienverband, der sich über die gemeinsame Ahnenverehrung kultisch regelmäßig bestätigte und neu konstituierte. Ebenso war ihnen die Teilnahme an Festen zu Ehren der Dorfgötter verboten. Weshalb sie sich zusätzlich mit der Bekehrung außerhalb der dörflichen Kult- und Schutzgemeinschaft stellten – folgerichtig verweigerten sie sich auch, die finanziellen Lasten dieser Feste mitzutragen. Wenn nicht der Clan oder das Dorf als Ganzes konver-

---

[107] VON COLLANI, Jesuiten, 90.

[108] Zit. nach: A.a.O., 109.

tierte, bildeten chinesische Christen innerhalb dieser traditionellen Gemeinschaften soziale Fremdkörper.«[109]

Die alternativ gestellte Frage »Fremd geworden? – Fremd gemacht?« – Überschrift des China-Beitrags im vorliegenden Band – muss nach beiden Seiten hin bejaht werden. Der Kaiser mit seiner Macht, Fremde einzuladen oder auszusperren, unter Umständen sogar töten zu lassen, repräsentiert die politische Seite Chinas, aber gleichzeitig seine Kultur. Auf der anderen Seite repräsentieren der Papst und der Vatikan eine religiöse Autorität, die über die Legitimität religiöser Praxis zu urteilen und zu entscheiden hatte. Religion, Politik und Kultur waren deshalb eng miteinander verquickt. Ob der Kaiser hätte über seinen Schatten springen können, steht dahin. Die Entscheidung Roms hatte ihrerseits sicher nachvollziehbare Gründe, zwingend waren sie kaum. So oder so, mit ihr war die Inkulturation des christlichen Glaubens grandios gescheitert (und mit ihm der Jesuitenorden, der im innerkirchlichen Streit unterlag und 1773 aufgelöst wurde) und dieses Scheitern lieferte für zwei Jahrhunderte chinesische Christen einer tödlichen Gefahr aus:

> »Das römische Verbot (1742 bzw. 1744), den von den Jesuiten eingeschlagenen Weg einer Anpassung an die Gebräuche der Ahnen- und Konfuziusverehrung bzw. einer Respektierung des Kastensystems weiterzuverfolgen, hat der Ausbreitung des Christentums in China und Indien nicht einfach nur geschadet: Seine Wirkung war verheerend, weil es die Christen nicht nur marginalisierte, sondern auch zu periodischen Christenverfolgungen führte, so dass sie ihren Glauben im Verborgenen leben mussten.«[110]

Die Gefährdung der Christen, vor allem der Konvertiten, wuchs in dem Maße, in dem die selbstzerstörerischen Folgen der Politik der Selbstisolation Chinas und des extremen Konservativismus seiner Führungsschichten zu Tage traten, die durch punktuelle Lockerungen der Ming-Dynastie eher verschärft als gemildert wurden. China nahm am Welthandel teil, die Manjuren-Kaiser reformierten das Steuersystem, entmachteten die Eunuchen am Hof in Peking, Abertausende von völlig unproduktiven, aber sündhaft teuren Staatsdienern; doch es half alles nichts. 1840 zeigte der westliche Imperialismus China zum ersten Mal seine hässliche Fratze: Eine britische Kriegsflotte von 48 Schiffen und 4000 Soldaten errichtete vor der chinesischen Küste eine Blockade, um nach erfolglosen Verhandlungen anzugreifen, die chinesischen Verteidiger im so genannten Ersten

---

[109] So D. Kuhlmann in seinem Beitrag in diesem Band, 259.

[110] Giancarlo Collet, Die weltweite Expansion des Christentums in der frühen Neuzeit, in: Franz Xaver Bischof u.a., Einführung in die Geschichte des Christentums, Freiburg u.a. 2012, 99–127, 126.

Opiumkrieg niederzuwerfen und China vier Verträge aufzuzwingen, die seine Abschottung rücksichtslos aufbrachen. »Der Opiumkrieg war das erste moderne Verbrechen, das der Westen an China verübte.«[111] Dieser von außen geführte Schlag traf ein schon in sich stark geschwächtes Reich, das ununterbrochen von den Fieberkrämpfen innerer Unruhen geschüttelt wurde, ausgelöst unter anderem durch die Folgelasten von Naturkatastrophen und fortgesetzten Kriegen mit Japan und Russland. Allein der Taiping-Aufstand (1850–54) kostete 20 bis 30 Millionen Menschenleben und war »der größte und blutigste Bürgerkrieg der Weltgeschichte.«[112] 1856 holten Briten und Franzosen mit dem Zweiten Opiumkrieg zu einem weiteren Schlag aus, nötigten 1858 die chinesische Regierung zu weitgehenden Maßnahmen der wirtschaftlichen und diplomatischen Öffnung. Auch die Missionare mussten wieder eingelassen werden, frei reisen und predigen dürfen. Zwei Jahre später drangen die Engländer und Franzosen mit 18 000 Soldaten bis Peking vor und gaben sich im kaiserlichen Palast einer vandalistischen Zerstörungswut hin.[113] Infolge dieser Kette unheilvoller Ereignisse wuchs in China ständig die Zahl gesellschaftlicher Gruppen, die allmählich oder plötzlich verelendeten, neben der Landbevölkerung Handwerker und Gewerbetreibende sowie arbeitslose Soldaten. Unter diesen Bedingungen breiteten sich Wut und Hass gegen alles Fremde aus.

> »Zusätzlich genährt wurde diese kollektive Emotionalität durch die Praktiken der Missionare, die die konvertierten Chinesen oft der einheimischen Gerichtsbarkeit entzogen und auch allerlei Gesindel, sofern es sich nur unter ihren Schutz begab, aushielten.«[114]

Bevorzugte Sammelbecken der Wut werden Geheimgesellschaften mit reaktionär-nationalistischem Charakter, unter ihnen die »Fäuste für Gerechtigkeit und Harmonie«, die traditionelle Kampfkunst und Magie praktizierten. Im Jahr 1900 erheben sich die

> »Boxer gegen die manjurische Ming-Dynastie und vor allem gegen die Ausländer: gegen die haarigen Barbaren, die Irrlehren verbreitet, mit ihren Eisenbahnen die Harmonie der Landschaft – des *fengshui* – zerstört, Brunnen vergiftet, Kleinkindern Augen und Herzen herausgeschnitten und dadurch alle Katastrophen des Landes heraufbeschworen hätten. Die Boxer massakrierten Priester und Tausende chinesische Christen, plünderten Missionen und zerstörten alles, was aus dem Westen kam: Eisenbahnschienen, Telegraphenmasten, Bergwerke, Kirchen.«[115]

---

111 KAI VOGELSAND, Geschichte Chinas, Stuttgart 2012, 453.

112 A.a.O., 455.

113 Vgl. a.a.O., 456f.

114 FRANKE / TAUZETTEL, Kaiserreich, 333.

115 VOGELSANG, Geschichte, 481f.

Das Blutbad, die Grabschändungen und die Verwüstungen, die von den Rebellen in Peking angerichtet wurden, riefen ein multinationales Expeditionskorps auf den Plan, das die Hauptstadt ohne nennenswerten Widerstand einnehmen konnte. Erst danach massakrierten deutsche Soldaten die Landbevölkerung im Umfeld, bei der sie untergetauchte Boxer vermuteten. In seiner berüchtigten »Hunnenrede« hatte ihnen Kaiser Wilhelm II. vorweg einen Freibrief ausgestellt: »Kommt Ihr vor den Feind, so wird er geschlagen, Pardon wird nicht gegeben; Gefangene nicht gemacht.«[116]

Das Christentum in China durchläuft eine wechselvolle Geschichte. Stets nur geduldet, mitunter freundlich behandelt und immer wieder gewaltsam vertrieben oder vernichtet. Dennoch, die Gewalt richtet sich erkennbar nie gegen den christlichen Glauben als solchen.

> »In christentumskritischen bis christentumsfeindlichen Schriften chinesischer Gelehrter jener Zeit erschien diese Lehre als politisch aufrührerisch, da sie zum Ungehorsam gegenüber dem Kaiser aufrief, als kulturell fremdartig bis widernatürlich, da die Missionare selbst mutmaßlich in grundlegenden Verhaltensweisen von menschlichen Normen abwichen, und schließlich als sozial zersetzend, da sie die natürliche Ordnung der zwischenmenschlichen Beziehungen verwirrte.«[117]

Trotz mancher Spannungen und Widersprüche zwischen Christentum und chinesischer Kultur stellt die Frage der Kaiser danach, ob es deren tiefste Grundlage zu respektieren gewillt und imstande sei, den eigentlichen Lackmustest für seine Akzeptierbarkeit dar. Eine für China vollkommen fremde Religion anzunehmen, lag außerhalb ihres Vorstellungsvermögens. Sie konnte allenfalls toleriert werden, und das geschah auch, solange die Autorität des Staates bzw. des Kaisers und die konfuzianische Tradition nicht angetastet wurden. China praktizierte, was Urs Bitterli eine »kontrollierte Kulturbeziehung« genannt hat[118], und diese Politik wurde im 20. Jahrhundert ungeachtet aller politischen Wirren und Umbrüche fortgesetzt.

Als in der Mitte des 20. Jahrhunderts Mao und seine Kommunisten 1949 die Macht im Staat eroberten und Mao am Platz des Himmlischen Friedens die Volksrepublik China ausgerufen hatte, radikalisierte sich wie in allen von kommunistischen Parteien beherrschten Staaten die Kritik an der Religion. Als theoretische Aufgabe galt sie längst als erledigt, als praktisch-politische musste sie noch bewerkstelligt werden. Die Christen und

---

[116] Zit. nach: A.a.O., 483.

[117] So D. KUHLMANN in seinem Beitrag, in diesem Band, 251f.

[118] So die Überschrift des einschlägigen Kapitels in URS BITTERLI, Alte Welt – neue Welt. Formen des europäisch-überseeischen Kulturkontakts vom 15. bis zum 18. Jahrhundert, München 1986, 152–177.

besonders die Katholiken verglichen ihre Erfahrungen mit der Situation in Russland und Osteuropa und sie begriffen alsbald:

»die neue Regierung will die Vernichtung aller Religion. Internuntius Riberi befahl den Missionaren, auf ihrem Posten zu bleiben. Aber schon 1950 mußten 2 274 Missionare das Land verlassen. Im Januar 1956 gab es nur noch 27 (16 Priester und 11 Nonnen) Missionare in China. Gegen Ende des Jahres 1955 waren mindestens 100 chinesische Priester, 50 Theologiestudenten, 20 Ordensschwestern, 10 Brüder und etwa 4000 Laien inhaftiert. Diese systematische Unterdrückung der Kirche ist eine Tatsache. Sie fand statt, obwohl die erste Verfassung von 1954 in Artikel 88 jedem Bürger ›die Freiheit des religiösen Glaubens‹ zusicherte. Offiziell wird erklärt, für diese Verfolgung seien allein politische Gründe maßgebend gewesen. Es kann aber kein Zweifel daran bestehen, daß in dieser Epoche das ideologische Ziel der Partei, eine religionslöse Gesellschaft zu errichten, der maßgebende Faktor war und die anderen Motive – Abwehr westlicher Einflüsse und Ausmerzung politischer Gegner – sekundär beurteilt werden müssen.«[119]

Ähnlich wie bei der russisch-orthodoxen Kirche nach 1917 machte es die massive Repression den Katholiken schwer oder unmöglich, selbstkritisch zu prüfen, welchen Anteil die Kirche selbst vielleicht an der Heftigkeit der Religionskritik hatte. Nachdem eine Allianz zwischen den europäischen Kolonialmächten einschließlich Deutschlands, den USA, Japan und Russland die Wiederaufnahme der China-Mission erzwungen hatte, strömten evangelische und katholische Missionare ins Land und bildeten einen »Staat im Staate«, wie der erste Apostolische Legat Celso Costantini schon 1922 öffentlich und offenherzig feststellte.[120] Binnen kurzem zählte sie zu den größten Grundbesitzern in China, verfügte über ein dichtes Netz von Schulen und bot den Ordensleuten und Priestern ein Luxusleben, das sich schroff vom Elend des Großteils der Bevölkerung abhob. »Das Beispiel der Missionare war ein Skandal. Die Provokation war perfekt. Zum Luxus gesellte sich noch die spürbare Verachtung für die armseligen Chinesen.«[121] Niemand konnte es den Chinesen verdenken, wenn sie darin die uralte Arroganz der »Langnasen« aus dem Westen wiederentdeckten. Nicht zufällig sahen sich die Kommunisten genötigt, die gleichfalls westliche Doktrin des Marxismus den chinesischen Umständen anzupassen und statt des Industrieproletariats die Bauernschaft zum revolutionären Subjekt zu erheben. Von Anfang an nahm der chinesische Kommunismus zudem stärker natio-

---

[119] ROMAN MALEK, Der Neuaufbau der katholischen Kirche in der Volksrepublik China, in: DERS. / PLATE, MANFRED (Hrsg.) Chinas Katholiken suchen neue Wege. Freiburg i.Br. u.a. 1987, 27–68, 36.

[120] Vgl. HANSPETER OSCHWALD, Maos fromme Enkel. Chinas Christen im Aufbruch, München 2008, 40.

[121] Ebd.

nale Züge an, als es die kommunistische Bewegung ursprünglich vorsah. Das Bestreben der Partei, die gesamte Gesellschaft unter ihre Kontrolle zu bringen, resultierte zum einen aus ihrem totalitären Anspruch, zum anderen aber kam darin als Erbe aller chinesischen Regierungen der Wille zum Ausdruck, Chinas Unabhängigkeit zu sichern. Wie in so vielen Ländern, in denen die Religionsfreiheit faktisch eingeschränkt wird, sichert Artikel 36, Absatz 1 der Verfassung der Volksrepublik China allen Bürgern die »freie Religionsausübung« zu, und Absatz 2 verbietet Glaubenszwang und Diskriminierung. Absatz 3 sagt dann den Schutz des Staates für »normale religiöse Aktivitäten« zu (- eine dehnbare Formulierung), um am Ende ein scharfes Verbot auszusprechen: »Die religiösen Organisationen und Angelegenheiten dürfen von keiner ausländischen Kraft beherrscht werden.« Als ob da noch Unklarheiten vorhanden wären, wiederholt Absatz 4: »Religiöse Organisationen und religiöse Angelegenheiten dürfen nicht irgendeiner Beherrschung durch das Ausland unterliegen.«[122] Das strenge Verbot irgendwelcher strukturellen oder finanziellen Verbindungen zwischen chinesischen Religionsgemeinschaften und ihren nicht-chinesischen Schwesterorganisationen trifft alle Christen, besonders empfindlich natürlich die römisch-katholische Kirche mit ihrer konstitutiv übernationalen Struktur. Positiv gewendet verpflichtet der verordnete Patriotismus die Christen zur Beteiligung an der so genannten »Drei-Selbst-Bewegung«: Selbstverwaltung, Selbstfinanzierung und selbstverantwortete Verkündigung. In einer Rede vor der 6. Nationalversammlung der evangelischen Kirche Chinas (1997) legte Ye Xiaowen, Leiter des Nationalen Büros für Religiöse Angelegenheiten beim Staatsrat, die Koordinaten der staatlichen Kirchenpolitik dar: »Die Kirche mit Hilfe der Drei-Selbst-Prinzipien gut zu leiten, ist kein leerer Slogan. Ich möchte zum Festhalten an der Unabhängigkeit bemerken: Unabhängigkeit ist das wertvollste Recht des chinesischen Volkes und natürlich auch der chinesischen Christen.«[123] Gemessen an dieser Grundlinie, die christliches Leben unter der Bedingung eines chinesischen Patriotismus erlaubt, bedeutet die antireligiöse Raserei der von Mao angezettelten Kulturrevolution (1966–1976), die auch das Christentum auszurotten suchte, eine schreckliche Abweichung. Im wegweisenden Dokument 19, einer Anlage zur chinesischen Verfassung aus dem Jahr 1982, heißt es:

---

[122] Zit. nach ULRICH DELIUS, Chinesische Regierung verletzt Religionsfreiheit. Ein Report der Gesellschaft für bedrohte Völker, Göttingen 2000, 5.

[123] Der Text ist abgedruckt in: MONIKA GÄNßBAUER (Hrsg.), Christentum im Reich der Mitte. Aktuelle Thesen und Texte aus China, Hamburg 1998, 100–104, 100.

»Zu denken, die Religion würde nach der Einführung des Sozialismus und seiner eindeutigen Entwicklung von Wirtschaft und Kultur rasch aussterben, ist nicht realistisch. Die Meinung aber, man könne auf dem Verwaltungswege oder mit anderen Zwangsmaßnahmen religiöses Denken und Handeln wie im Handumdrehen auslöschen, entfernt sich noch weiter von dem marxistischen Standpunkt gegenüber der religiösen Frage. Sie ist falsch und außerordentlich gefährlich.«[124]

Das ist zweifellos ein außerordentliches Eingeständnis und fast ein Widerruf eines zentralen marxistischen Lehrstücks. Massaker an Christen, Hinrichtungen, Lagerhaft und andere Gewaltmaßnahmen lassen sich von da her nicht mehr marxistisch rechtfertigen. Doch das Dokument enthält neben dieser beachtlichen Veränderung ein mindestens ebenso bemerkenswertes Element von Kontinuität. Mit Rücksicht auf den hohen Wert der Unabhängigkeit überrascht es nicht, es im Abschnitt über die »internationalen Beziehungen der chinesischen Religionen« zu finden. Dort stehen Aussagen, die an Klarheit nichts zu wünschen übrig lassen:

»Zurzeit mehren sich die Kontakte mit internationalen religiösen Gruppen entsprechend der Zunahme der internationalen Beziehungen unseres Landes. Das hat für die Stärkung des politischen Einflusses unseres Landes große Bedeutung. Aber gleichzeitig gibt es im Ausland reaktionäre religiöse Gruppen, vor allem die imperialistischen, der Vatikan und die ausländischen protestantischen Missionsgesellschaften einbegriffen, die alle Gelegenheiten zu nutzen suchen, ›auf das chinesische Festland zurückzukehren‹ und China zu infiltrieren. Unsere Politik besteht darin, aktiv freundschaftliche religiöse Kontakte herzustellen (...). Aber in all diesen verschiedenen Kontakten müssen sie am Prinzip einer unabhängigen, selbstverwalteten Kirche festhalten und entschlossen den Wünschen aller reaktionären religiösen Kräfte, die wieder Kontrolle über die Religionen unseres Landes zu gewinnen versuchen, widerstehen. Sie müssen entschieden jede Einmischung in die chinesischen religiösen Angelegenheiten durch ausländische Kirchen oder religiöse Persönlichkeiten zurückweisen. Es ist allen ausländischen religiösen Organisationen (einschließlich aller ihnen zugeordneten Organisationen) verboten, in unser Land zu kommen, um missionarische Arbeit zu tun oder religiöses Propagandamaterial in großen Mengen einzuführen und zu verteilen.«[125]

Unüberhörbar schwingt neben dem Hauptton kommunistischer (besonders auf Taiwan bezogene) Infiltrationsangst der Unterton der überkommenen Furcht vor Überfremdung und Fremdherrschaft mit. Während die Partei demnach die radikale Religionsfeindlichkeit der kommunistischen Tradition deutlich abgemildert hat, beharrt sie unnachgiebig auf dem Anspruch uneingeschränkter Kontrolle der Gesellschaft und der nationalen und kulturellen Souveranität Chinas. Die Regierung schürt keine offene Gewalt gegen Christen, aber sie schränkt unter Berufung auf das

124 Der gesamte Text ist abgedruckt in: A.a.O., 226–249, 227.

125 A.a.O., 245f.

Prinzip der Unabhängigkeit elementare Rechte und Freiheiten der Christen und Kirchen ein. Wie virulent die klassischen Motive der vormodernen und modernen Regierungen Chinas nach wie vor sind, bewies die offizielle Reaktion auf die vatikanische Entscheidung, am 01. Oktober 2000 in Rom 120 chinesische Märtyrer aus den letzten 300 Jahren heiligzusprechen. Es dauerte eine Weile, bis die Partei sich auf eine offizielle Linie festlegte, die propagierte, »dass die Märtyrer ausländische Missionare und die von ihnen getauften Chinesen generell Kollaborateure der kolonialistischen und imperialistischen Ausbeuter gewesen seien.«[126] Und selbstverständlich unterdrückt die kommunistische Partei mit allen Mitteln jede Art von Bestrebung, von der sie ihr politisches Monopol bedroht sieht. Es mutet ironisch an, dass sich eine vormals revolutionäre Bewegung und Partei in eine hochgradig konservative Kraft verwandelt hat, die sich nach Kräften bemüht, ihren Machterhalt durch wirtschaftlicher Öffnung und wirtschaftlichen Wohlstand zu sichern. An diesem Widerspruch sind jedoch schon frühere Herrscher gescheitert, meist mit schrecklichen Kosten. Die chinesischen Christen, durch die ihnen aufgenötigte Abschnürung tatsächlich »chinesisch« geworden, dürften sich das nicht wünschen, wie sehnsüchtig auch immer sie größere Freiheiten ersehnen mögen.

9.3 Koreanische Alternative

Es lohnt, zum Vergleich einen kurzen Seitenblick auf Korea zu werfen, einen Sonderfall, nicht nur in Asien. Fast überall auf der Welt wurde die einheimische Bevölkerung mit dem Christentum als »Importreligion« konfrontiert, als Teil einer fremden Kultur, allem Anschein nach untrennbar verschmolzen mit den hellsten und den dunkelsten Seiten der westlichen Zivilisation. Und: »Nicht selten waren die Abgesandten der europäischen und nordamerikanischen Christen eine lästige Erinnerung an vergangene Zeiten der Unterdrückung und an den Imperialismus.«[127] Verglichen mit dieser allgemeinen Situation bildet Korea insofern eine fast einzigartige Ausnahme, als es dort eben nicht westliche Missionare waren, die das Christentum ins Land brachten. Mitglieder einer konfuzianischen Schulrichtung, die als Mitglieder einer offiziellen koreanischen Delegation in Peking weilten, lernten dort den christlichen Glauben kennen und 1874 ließ sich einer der Gelehrten namens Li Sunghon, nachdem er Kontakt mit einem französischen Jesuiten aufgenommen hatte, taufen. »Nach Korea zurückgekehrt, gründeten Yi und seine Freunde eine katholische Kirche: Sie

---

[126] GEORG EVERS, Der verunsicherte Riese. Religionspolitische Verhärtung in der Volksrepublik China, in: HK 55 (2001) 147–153, 150.

[127] LEHMANN, Christentum, 71.

bestimmten einen katholischen Bischof und weihten Priester. Yi taufte seine Freunde und andere Konvertiten.«[128] Das war nach kanonischem Recht nicht korrekt, doch entfielen auf diese Weise die üblichen Vorbehalte und Ängste und der Katholizismus fand in kurzer Zeit großen Zuspruch, besonders in der Landbevölkerung, die in ihm einen Träger sozialen Wandels sah. Wieder wurde diese freiwillig-unfreiwillige Politisierung den Christen zum Verhängnis, auch Yi Sunghun selbst, der 1801 hingerichtet wurde:

> »Bereits 1876 wurde die ›westliche Lehre‹ wegen Nichtbeachtung der Ahnenverehrung ebenso verboten wie das Studium westlicher Schriften. Während der folgenden 100 Jahre waren Christen immer wieder das Ziel von Verfolgungen. Obwohl bei den vier größten Verfolgungswellen in den Jahren 1801, 1839, 1846 und 1866 Tausende von Gläubigen ihr Leben lassen mußten und der Katholizismus auf den Status einer Untergrundkirche zurückgedrängt wurde, stieg die Zahl der Gläubigen stetig an.«[129]

Das darf sehr wohl als kleines Wunder gelten in Anbetracht der Tatsache, dass der Blutzoll 50% der koreanischen Christen umfasste und allein in der Verfolgung von 1866–1871 neun Priester und nahezu 8000 Gemeindemitglieder hingerichtet wurden.

Nachdem die Regierung diesen mörderischen Kurs aufgab, konnten auch evangelische Gemeinden gegründet werden und auch das geschah durch Koreaner. Es entstand eine Reihe von konfessionellen Gemeinschaften, die sich mit Macht für die Modernisierung Koreas einsetzten. Unter der japanischen Besatzung und während der Militärherrschaft im 20. Jahrhundert setzten sich die Christen in ihrer Mehrheit für die koreanische Unabhängigkeit und die Rückkehr der Demokratie ein. In der katholischen Kirche ist die Erinnerung an die Märtyrer höchst lebendig, 24 von denen, die 1866 starben, wurden 1968 seliggesprochen.[130] Der Einsatz für eine demokratische und sozial verpflichtete Politik erhöhte noch einmal die Glaubwürdigkeit eines Christentums, das nicht von der Kolonialgeschichte belastet war. Nicht von ungefähr wurde konnte G. Warneck Korea als »die Erfolgsgeschichte der Mission bezeichnen«.[131] Noch Anfang der 90er Jahre

---

[128] FRIEDRICH HUBER, Das Christentum in Ost-, Süd- und Südostasien sowie Australien (Kirchengeschichte in Einzeldarstellungen IV/8), Leipzig 2005, 252.

[129] HANNS W. MAULL / IVO M. MAULL, Im Brennpunkt: Korea. Geschichte – Politik – Wirtschaft – Kultur, München 2004, 146.

[130] Vgl. Die Weltkirche im 20. Jahrhundert (Handbuch der Kirchengeschichte Bd. VII), Freiburg i. Br. u.a. 1985, 781. Am 17.08.2014 nahm Papst Franziskus vor dem Kaiserpalast in Seoul die Seligsprechung von 124 Märtyrern vor, die zwischen 1791 und 1888 in Korea hingerichtet wurden.

[131] Zit. nach HUBER, Christentum, 251.

des 20. Jahrhunderts stach Südkorea mit der stärksten Wachstumsrate der gesamten Christenheit hervor.

10. Christliche Form der Selbstbehauptung: das Martyrium

Während des jahrelangen, blutigen und zerstörerischen Bürgerkriegs im Libanon waren in den westlichen Medien Bilder von Geschützen zu sehen, an deren Bedienungshebeln Kreuze und Marienbilder hingen, und man erfuhr, die Waffen gehörten christlichen Drusen, deren Milizen an den Kämpfen teilnahmen. Später war von Christen zu lesen, die im Sudan mit Waffengewalt für einen eigenen Staat kämpften. Gegenwärtig melden die Presseagenturen wieder von bewaffneten christlichen Verbänden, die ursprünglich zum Schutz der Christen in der Zentralafrikanischen Republik gebildet worden waren, ihrerseits Muslime attackieren und massakrieren. Vor diesem Hintergrund fällt auf, dass die antiken Quellen aus der Zeit der Christenverfolgungen offenbar von vergleichbaren Vorgängen nichts wissen. Dieses Schweigen wird noch beredter durch den Vergleich mit den drei Aufständen, welche die zelotische Bewegung innerhalb des Judentums in den Jahren 66, 116 und 132 n. Chr. gewagt hatte und in denen die Idee des Heiligen Krieges eine starke Motivation bildete. Man könnte meinen, gerade wegen der vernichtenden Niederlage der Juden habe sich der Gedanke an Rebellion für die Christen von selbst verboten, doch das ist falsch. Tertullian spricht diese Möglichkeit in seinem »Apologeticum«, geschrieben Ende des 2. Jahrhunderts nach massiven Übergriffen in Karthago, ganz unverhohlen an, um sie sogleich abzuweisen:

> »Wenn wir aber als offene Feinde, nicht nur als heimliche Räuber auftreten wollten, fehlte es uns dann an Truppen- und Heeresmacht? [....] Gestern sind wir erschienen, und schon haben wir alles, was euer ist, überflutet, Städte und Inseln, Garnisonen, Gemeinden, Ortschaften, ja Heerlager, Stadtbezirke und Dekurien, Palast, Senat und Forum; gelassen haben wir euch einzig und allein die Tempel. Zu welchem Kriege wären wir nicht imstande, nicht bereit, selbst bei ungleicher Truppenzahl – wir, die wir so bereitwillig uns ermorden lassen –, wäre nicht in unserer Lehre eher erlaubt sich töten zu lassen als zu töten.«[132]

Es war ebenfalls Tertullian, der wohl als erster das Blutzeugnis für den Glauben mit dem wirkmächtigen Bild verband, die Christen hätten, »gewiß in gläubigem Vertrauen auf die Wahrheit«, »in Rom freudig als Opfer von Neros Grausamkeit den Samen des Christenblutes ausgestreut.«[133] Verschiedentlich wurde versucht, die christliche Haltung der Leidensbereitschaft angesichts der Verfolgung aus antiken (Stoa) oder jüdischen Vorbil-

---

[132] Tertullian, Apologeticum, 179.
[133] A.a.O., 137.

dern (Makkabäer) abzuleiten, von Campenhausen hat jedoch überzeugend herausgearbeitet: »Jesu Auftreten, Predigt und Tod sind die entscheidende Voraussetzung für die Idee und Wirklichkeit des Martyriums.«[134] Konfrontiert mit einer äußersten Bedrohung ihrer Existenz brachte die antike Christenheit mit dem Märtyrer einen neuen Typus christlicher Selbstbehauptung[135] hervor, der eben kein allgemeines Verhaltensmodell wie das der unbeirrbaren Treue zu einer Überzeugung verwirklicht, sondern inspiriert ist durch die Identifikation mit der Passion Jesu Christi als innerer Konsequenz der Nachfolge. In Anbetracht der enormen Zunahme der Gewalt gegen Christen im 20. und 21. Jahrhundert drängt sich eine »Wiederentdeckung der Märtyrer« geradezu auf, die im gleichnamigen Beitrag vor allem für die evangelischen Kirchen dargestellt wird.[136] Dieses Anliegen wird bekräftigt durch Papst Johannes Paul II., der in seinem Apostolischen Schreiben zur Vorbereitung des Jubeljahres 2000 mit Nachdruck den Bogen zwischen der Antike und der Zeitgeschichte geschlagen hat:

> »Die Kirche des ersten Jahrtausends ist aus dem Blut der Märtyrer entstanden: *»Sanguis martyrum - semen christianorum«.* Die geschichtlichen Ereignisse im Zusammenhang mit der Gestalt Konstantins des Großen hätten niemals eine Entwicklung der Kirche, wie sie im ersten Jahrtausend eintrat, gewährleisten können, wenn es nicht *jene Märtyrersaat und jenes Erbe an Heiligkeit* gegeben hätte, *die die ersten Christengenerationen kennzeichnen.* Am Ende des zweiten Jahrtausends ist *die Kirche erneut zur Märtyrerkirche geworden.«*

Und der Papst unterstreicht die ökumenische Bedeutung dieser Entwicklung, denn das »Zeugnis für Christus bis hin zum Blutvergießen ist zum gemeinsamen Erbe von Katholiken, Orthodoxen, Anglikanern und Protestanten geworden«. Deshalb zieht er den Schluss: »*Der Ökumenismus der Heiligen,* der Märtyrer, ist vielleicht am überzeugendsten. Die *communio sanctorum,* Gemeinschaft der Heiligen, spricht mit lauterer Stimme

---

[134] AXEL FREIHERR VON CAMPENHAUSEN, Die Idee des Martyriums in der alten Kirche. Göttingen ^{2}1964, 5.

[135] Die Deutung des Martyriums als Form der Selbstbehauptung ist übernommen von SILKE-PETRA BERGJAN / BEAT NÄF, Märtyrerverehrung im frühen Christentum. Zeugnisse und kulturelle Wirkungsweisen, Stuttgart o.a., 55ff.

[137] Für die evangelische Kirche sei als Beleg angeführt das Buch BJÖRN MENSING / HEINRICH RATHKE (Hrsg.) Widerstehen. Wirkungsgeschichte und aktuelle Bedeutung christlicher Märtyrer, Leipzig 2012. Weitere Literaturhinweise im Beitrag von H.-Chr. Kaiser. Für den Trend in der katholischen Kirche steht am besten das zweibändige Standardwerk von HELMUT MOLL (Hrsg.) Zeugen für Christus. Das deutsche Martyrologium des 20. Jahrhunderts, Band I/II, Paderborn 1999.

als die Urheber der Spaltungen.«[137] Einen ökumenischen Königsweg eröffnet die Märtyrerverehrung allerdings dennoch nicht, weil nämlich »der Märtyrerterminus bis heute vor allem Ausdruck der Selbstbeschreibung der betroffenen Religionsgemeinschaften ist.«[138] Eine gemeinsame Märtyrerverehrung würde daher eine Revision ihres jeweiligen Selbstverständnisses und eine veränderte Sicht der je eigenen Geschichte erfordern. Für alle Konfessionen hieße das, sich neu mit der Frage auseinandersetzen zu müssen, was die Martyriologien der von ihnen getrennten christlichen Gemeinschaften für sie bedeuten. Denn in

> »der Ära des Christentums als Imperium war die Verfolgung von Getauften ein Zeichen der gegenseitigen Ausgrenzung und Vernichtungsabsicht. Dieser Aspekt der eigenen Schattengeschichte ist auch in der Theologie des Martyriums der römisch-katholischen Tradition noch nicht wirklich aufgearbeitet worden, auch wenn Johannes Paul II. mit der Vergebungsbitte vom Ersten Fastensonntag 2000 ein klares Zeichen gesetzt hat.«[139]

Die Aufgabe einer ökumenischen Theologie des Martyriums hat es also in sich, und es erstaunt daher nicht, wenn die Wiederentdeckung der Märtyrer in der evangelischen Theologie eine kontroverse Debatte hervorgerufen hat.[140] Sie bedarf einer Kriteriologie, die es ihr erlaubt, das Martyrium von einer freiwilligen Selbsttötung oder vom säkularen Heldentod abzugrenzen und zu verhindern, dass der in der Schlacht gefallene Kreuzritter, der christliche Milizionär oder gar Selbstmordattentäter als Märtyrer verherrlicht werden können. Auch die islamische Märtyrertheologie, darin mit der jüdischen und christlichen Tradition durchaus einig, schätzt keineswegs in erster Linie den todesbereiten Kämpfer oder gar die »lebende Bombe« hoch, sondern jeden Mann und auch jede Frau, die entschlossen und unerschrocken, mit ganzem Herzen dem Willen Gottes gemäß leben wollen. Nur der in Verteidigung des Islam erlittene Tod rechtfertigt die Verehrung als Märtyrer. Doch bei großzügiger Auslegung dieses Kriteriums kann mit ihm fast jede Gewaltaktion zum Martyrium deklariert werden. Diese Gefahr ist dem Christentum nicht fremd und hat in der Zeit der

---

137 Apostolisches Schreiben TERTIO MILLENIO AVENIENTE von PAPST JOHANNES PAUL II. an die Bischöfe, Priester und Gläubigen zur Vorbereitung auf das Jubeljahr 2000, 10. November 1994 (Verlautbarungen des Apostolischen Stuhls 119), Bonn o.J., 33.

138 So J.-CHR. KAISER in diesem Band, 265.

139 ROMAN A. SIEBENROCK, Zeichen der Erlösung in einer Welt der Gewalt. Eine systematisch-theologische Kriteriologie des christlichen Martyriums, in: JÓSEF NIEWIADOMSKI / ROMAN A. SIEBENROCK, Opfer – Helden – Märtyrer. Das Martyrium als religionspolitische Herausforderung, Innsbruck/ Wien 2011, 153–172, 166.

140 Vgl. dazu insgesamt den Beitrag von J.-CHR. KAISER.

Kreuzzüge einen gewissen Höhepunkt erreicht. Ihr zu wehren, heißt zum antiken Märtyrerideal zurückzukehren. Als extreme Konsequenz der Nachfolge Jesu Christi schließt es in seiner vollendeten Form den aktiven Gewaltverzicht und die Vergebung gegenüber den Tätern als unverzichtbare Elemente ein: »Der Märtyrer wendet nicht nur keine Gewalt an, sondern wird durch die Gnade Christi dazu befähigt, den Kreislauf der Gewalt durch seine an Gott gerichtete Vergebungsbitte zu unterbrechen.«[141] Im Lichte dieser Hochform des Märtyrertums, die sich dem Leiden und Sterben Christi so nahe als möglich angleicht, erscheint die »besonders in manchen Jahrhunderten an den Tag gelegte Nachgiebigkeit angesichts von *Methoden der Intoleranz oder sogar von Gewalt* im Dienst der Wahrheit« als schrecklicher Irrweg, aus dem die Pflicht erwächst,

> »zutiefst die Schwachheit so vieler ihrer Söhne zu bedauern, die das Antlitz der Kirche dadurch entstellten, daß sie sie hinderten, das Abbild ihres gekreuzigten Herrn als eines unübertrefflichen Zeugen geduldiger Liebe und demütiger Sanftmut widerzuspiegeln.«[142]

In seinem Vorwort zu einem Bericht über die Christenverfolgung in Uganda unter Idi Amin hat Bischof Festo Kivengere über die ermordeten Glaubenszeugen in seiner Heimat geschrieben:

> »Diese Zeugen Christi sind wahre Revolutionäre. Auf dem Schauplatz menschlicher Geschichte widerstehen sie dem Bösen auf ihre besondere Weise – bis aufs Blut. Sie weigern sich, die billige, alte Methode zu übernehmen und dem Unterdrücker mit Gewalt zu begegnen, ihm vielleicht das Leben zu nehmen. Statt dessen opfern sie ihr eigenes Leben im Widerstand gegen das Böse. Das ist die Art und Weise ihres Herrn. Das ist der neue Weg – der lebensspendende Weg.«[143]

11. Theoretische und praktische Kritik der Religion

11.1 Notwendigkeit theologischer Religionskritik

Das Glaubenszeugnis der Märtyrer kann als gelebte Kritik an Fehlformen des Glaubens verstanden werden, es kann aber deren theologische Kritik nicht ersetzen. Es verhält sich genau umgekehrt. Das theologische Nachdenken über die Eigenart des Martyriums nimmt zwar unabdingbar seinen Ausgang von der Verehrung der Märtyrer als Ausdruck christlicher Frömmigkeit, die an ihnen ihr eigenes Maß gewinnt. Doch können weder das Martyrium noch die Verehrung der Märtyrer eine Glaubensevidenz beanspruchen, die unabhängig von der Heiligen Schrift als dem Ursprungs-

---

141 SIEBENROCK, Zeichen, 157.

142 JOHANNES PAUL II., Tertio Millenio Adveniente 31.

143 DAN WOODING / RAY BARNETT, Unter dem Folterpräsidenten, Bad Liebenzell 1980, 7.

zeugnis des christlichen Glaubens wäre. Das ist der Grund, weshalb die römisch-katholische Kirche den Märtyrer-Titel nur kraft eines formellen Verfahrens verleiht und weshalb auch die Reformatoren die Märtyrerverehrung nicht ungeprüft akzeptieren konnten. Auch das Blutzeugnis erbringt, für sich genommen, keinen Wahrheitsbeweis, bestenfalls erhöht es die Glaubwürdigkeit des Zeugen und seines Zeugnisses. Anders und allgemeiner ausgedrückt: Die gelebte Religion deckt sich nicht per se mit dem authentischen Ausdruck dieser Religion, den zu identifizieren wiederum nur innerhalb der Religion möglich ist. Externe Kritik der Religion ist im Prinzip legitim, aber sie bleibt per se der Religion äußerlich, so radikal sie sich auch geben mag. Religionsinterne Kritik an einer Religion muss ihren Rechtsgrund in den Quellen dieser Religion aufweisen und das macht ihre eigene unverzichtbare und unverwechselbare Form von Radikalität aus. Das trifft für alle Religionen zu. Die ursprünglichste Leistung christlicher Theologie besteht darin, den Glauben von seinem Grund sowie von seinen Ausdrucksformen zu unterscheiden. Daher gilt: »Theologische Religionskritik setzt mithin Selbstkritik frei. Sie ist nicht mit einem völligen Relativismus zu identifizieren, weil sie ja aus theologischer Sicht im Raum vorgegebener Wahrheit gelehrt und hoffentlich auch gelebt wird.«[144] Von Luther ist dabei zu lernen, den Vorrang solcher Selbstkritik vor der Kritik anderer ernst zu nehmen:

> »Kritisch zu sehen ist im entscheidenden nicht der Mensch im allgemeinen noch geht der Blick zunächst auf die Gefahren in anderen Religionen: Luther sieht den Bedarf theologischer Religionskritik vor allem im Blick auf die christliche praxis pietatis. Dass die größte Abgötterei sich in der Kirche befindet, macht selbstkritisch: Das Vertrauen auf die eigenen geistlichen Fähigkeiten und die Leistungen ist das höchste Maß an Abgötterei.«[145]

Vielleicht bewährt sich der christliche Glaube nicht zuletzt darin, zu radikaler Selbstkritik der christlichen Religion zu befähigen.

11.2 Theologische Reform des Religionsrechts

Im Christentum stellt sich wie für jede Gemeinschaft die Frage danach, wie mit Abweichlern und Andersdenkenden verfahren wird. Was den zweiten Aspekt angeht, so hat L. Feuerbach in seinem religionskritischen Werk »Das Wesen des Christentums« die scharfe These verfochten, der christli-

---

[144] So G. PLASGER in diesem Band, 289.

[145] DERS., Ansätze theologischer Religionskritik bei den Reformatoren, in: MARCO HOFHEINZ / RAPHAELA MEYER ZU HÖRSTEN-BÜHRER (Hrsg.), Theologische Religionskritik. Provokationen für Kirche und Gesellschaft (Forschungen zur Reformierten Theologie Bd. 1), Neukirchen-Vluyn 2014, 63–75, 66.

che Glaube enthalte in sich selbst ein böses Prinzip, weil er per se jede menschliche Gemeinschaft in Glaubende und Ungläubige spalte. Obgleich sie den Verzug hat, das Verhältnis von Glauben und Gewalt in kaum überbietbarer Radikalität als Fundamentalproblem des Glaubens zu stellen, kann Feuerbachs Vorstellung aus mehreren Gründen nicht überzeugen. Das stärkste Gegenargument dürfte sein, dass Identitätsbildung ohne Unterscheidung und Abgrenzung nicht möglich ist. Im Falle der christlichen Kirche vollzieht sie sich in Form der Bekenntnisentwicklung, bei der anfangs das Anliegen der Selbstfindung im Vordergrund steht, die aber dennoch verknüpft ist mit ersten Ansätzen einer kirchlichen Strafgerichtsbarkeit, die bei einigen schweren Verstößen gegen die Lebensordnung der Gemeinschaft greift: »Glaubensabfall war neben Ehebruch und Mord eines der drei Kapitalvergehen, die der öffentlichen Kirchenbuße (Exkommunikationsbuße) unterlagen.«[146] Mit Gewalt gegen Abweichungen vorzugehen, sieht die kirchliche Sanktionsmacht ursprünglich nicht vor. Die Bekenntnisformeln, die im Gottesdienst und in der Taufe verwendet werden, dienen der vorab positiven Selbstvergewisserung der Gemeinde und erst sekundär dazu, die Grenze zwischen Glaubenden und Ungläubigen zu markieren. Diese notwendige Funktion der Bekenntnisse ändert sich in folgenschwerer Weise, als sie in Konsequenz der Konstantinischen Wende zum Bestandteil des Reichsrechts werden. Nun ist ihre Akzeptanz erzwingbar, und überdies hat der Staat fortan ein ureigenes Interesse an der Einheit der Kirche und also daran, Häretiker aufzuspüren, zum Bekenntnis zu nötigen oder auszuschalten. Von staatlicher wie kirchlicher Seite wird die religiöse Abweichung als Ungehorsam gewertet und als solcher geahndet, auch mit der Todesstrafe. Selbst ein Theologe vom Format eines Thomas von Aquin setzt sich dafür ein. Bis zum Westfälischen Frieden bleibt das Prinzip der Reichskircheneinheit die Rechtsgrundlage für die Verfolgung von Häresie (Irrglaube), Apostasie (Glaubensabfall) und Blasphemie (Gotteslästerung). Die Reformatoren haben, von den Freikirchen abgesehen, daran nicht gerüttelt. Erst der Westfälische Friede hat kraft der rechtlichen Anerkennung konfessioneller Pluralität mit diesem Axiom gebrochen, und die Einheit des Reiches und die Einheit der Kirche voneinander getrennt. Damit ist immer noch keine Religionsfreiheit garantiert, aber ein großer Schritt in Richtung ihrer Anerkennung getan.

Alle monotheistischen Religionen teilen die Überzeugung, Häresie und Apostasie ahnden zu müssen, und sie werfen damit im heutigen Kontext »ein grundlegendes Problem« (W. Rees) auf. Im Islam nimmt die Apostasie als Abfall vom Islam *(ridda)* eine »Sonderstellung« ein: »Im Koran werden

---

[146] So W. REES in diesem Band, 298.

der Fluch Gottes und jenseitige Qual als Sanktion genannt. Weitergehend verliert der Apostat *(murtadd)* seine bürgerlichen Rechte und wird mit dem Tode bestraft.«[147] De facto werden inzwischen meist mildere Strafen ausgesprochen, doch das kann keine prinzipielle Lösung ersetzen, zumal die Rechtslage auch eine expansive Auslegung der Apostasie erlaubt.[148] Niemand kann es den Religionen verwehren, ein eigenständiges Recht auszubilden und dieses Recht wird nicht immer leicht mit staatlichem Recht in Einklang zu bringen sein. Doch muss sich das Religions- oder Kirchenrecht dem gleichen Maßstab beugen wie das staatliche Recht auch, und das sind die Allgemeinen Menschenrechte. Ob und inwieweit eine Religionsgemeinschaft dieses Grundkriterium bejahen kann, kann nur sie selbst entscheiden. Ohne eine historisch-kritische Interpretation ihrer normativen Texte und eine theologische Hermeneutik, die in ihnen eine Quelle sowohl der Verbindlichkeit als auch der Kreativität zu sehen vermag, dürfte es schwierig sein, sie vorbehaltlos anzuerkennen. Wenn aber an Aneignung der Menschenrechte aus den religiösen Quellen heraus nicht möglich ist, wird der Rechtsgehorsam der Religionen im Staat nie mehr sein können als eine taktische Anpassung an die herrschenden Machtverhältnisse, oder der Widerstand gegen den Staat nie mehr als ein eigensinniges Beharren auf religiösen Privilegien.

Das Religionsrecht bezieht sich nie nur auf das Innenleben einer Religion, es regelt auch die Beziehungen der Gemeinschaft und ihrer Mitglieder oder Anhänger nach außen. In dieser Hinsicht mangelt es in der Öffentlichkeit oft an Sachkenntnis. Die meist recht undifferenzierte Rede von Religionskriegen und vom Heiligen Krieg erweckt den Eindruck, Christen wie Muslime stünden gewissermaßen pflichtgemäß immer auf dem Sprung, mit Gewalt über Nicht- und Andersgläubige herzufallen, um sie zum wahren Glauben zu ›bekehren‹. Da sie in der Tat in der Geschichte zahlreiche Kriege gegeneinander und gegen andere geführt haben, fällt es schwer, dieses Vorurteil mit dem Hinweis zu entkräften, dass weder das Christentum noch der Islam je das Konzept des Missionskrieges als eine allgemein anerkannte Rechtspflicht vertreten haben. Die Kanonisten des christlichen Mittelalters achteten ebenso wie die islamischen Rechtsgelehrten in ihren Kriegslehren recht genau auf die Unterschiede zwischen Gerechten Krieg, Heiligem Krieg, Ketzerkrieg und Heidenkrieg. Hinter den Kreuzzügen etwa stand nie die Absicht, die Muslime zu bekehren, und

[147] Matthias Rohe, Das Islamische Recht. Geschichte und Gegenwart, München 2009, 134.

[148] Vgl. A.a.O., 135.

analog dazu dienten auch die Eroberungskriege der Muslime keinem missionarischen Zweck:

»Es besteht aus heutiger Sicht kein Zweifel daran, dass die frühe muslimische Gemeinde eine mit militärischen Mitteln gewaltsame Eroberungsgemeinschaft war, die den Islam »mit Feuer und Schwert« verbreitete – jedoch im Sinne der Eroberung von Territorien und der Menschen, die auf diesem Territorium lebten. Dies geschah nicht im Sinne der Zwangsbekehrung dieser auf dem Territorium lebenden Menschen; denn nach dem unumstritten in Sure 2, Vers 256 statuierten Grundsatz gibt es keinen Zwang in der Religion.«[149]

Ähnlich sollten die Heidenkriege angegriffene Christen verteidigen oder heidnische Gebiete unterwerfen und die Möglichkeit der Verkündigung des Evangeliums erzwingen, nicht aber die Bekehrung der unterworfenen Völker. Die Kreuzzüge wiederum waren als Gerechte Kriege darauf ausgerichtet, muslimische Eroberungen christlicher Länder zu verhindern oder eroberte Länder zurückzuerobern, als Heilige Kriege dagegen, die Schändung des Heiligen Landes und der Heiligen Stätten durch (muslimische) Heiden zu bestrafen und die befreiten Gebiete zu reinigen. Solche Feinheiten mögen heute pervers wirken, sie hatten jedoch Rechtsfolgen, etwa in Bezug auf die Pflicht, sich an einem Krieg zu beteiligen. Verschiedene Formen der Gewalt können unterschiedliche religiöse Gründe haben, und sich deshalb auch in ihren Konsequenzen unterscheiden. Diese Besonderheiten zu verstehen, ist eine Sache, die Gewalt zu beurteilen eine andere. Die Beurteilung der Gewalt fällt in den Bereich der Ethik und der Religion.

12. Religionsfreiheit als elementares Menschenrecht

1979, im Anschluss an schwere Unruhen mit 50 Toten und Hunderten von Verletzten, baten über vierzig Basisgemeinden und Ordensgemeinschaften aus Guatemala Papst Johannes Paul II., »auch die Bischöfe an[zu]regen, die wirkliche Religionsfreiheit, die die Freiheit aller Menschen anstrebt, zu verteidigen.« Der nachdrückliche Verweis auf die »wirkliche« Religionsfreiheit verdankt sich einem bestimmten Grund:

»In unserem Land – wie in der Mehrzahl der lateinamerikanischen Staaten – gibt es nur eine SCHEINBARE religiöse Freiheit. Sie ist nur Schein, da Tag für Tag mit verschiedenen Mitteln die Freiheit zur Verkündigung und das Recht, nach der unverfälschten Lehre Jesu zu leben, verweigert wird: wenn nämlich die, die die Gute Botschaft ›den Armen, den Gefangenen Befreiung, den Blinden das Augenlicht

---

[149] So H. ELLIESIE in diesem Band, 353.

und den Unterdrückten Freiheit bringen‹ (Lk 4,18f.) wollen, ausgewiesen, gefoltert und ermordet werden.«[150]

Tatsächlich wurden im ersten Jahrzehnt nach der Bischofskonferenz in Medellin (1968) in Lateinamerika »weit mehr als 1500 Christen inhaftiert, ausgewiesen, gefoltert oder ermordet [...], nur weil sie als Christen leben wollten.«[151] Die Militärregierungen jedoch lehnten es, wie etwa der salvadorianische Präsident Romero am 20. Januar 1979, kategorisch ab, von Christen- oder Kirchenverfolgung zu sprechen, und behaupteten, sie bekämpften einzig und allein den Kommunismus und die Kommunisten. Mit Religionsfreiheit habe das alles rein gar nichts zu tun, nur mit nationaler Sicherheit.

Derartige Abwehrreaktionen sind beileibe keine Seltenheit. Kaum eine Regierung kann es sich heute leisten, Christen oder eine andere religiöse Gruppe offen wegen ihrer Religion zu diskriminieren, zu unterdrücken oder auszulöschen. Wenn doch, täuschen sie sich selbst oder sie versuchen, die internationale Gemeinschaft zu täuschen, indem andere Gründe für ihre Maßnahmen vorgeschoben werden. Unfreiwillig bestätigen diese Propagandamanöver das politische Gewicht der Menschenrechte und der Religionsfreiheit. Nach der Niederlage des Nationalsozialismus, der Überwindung der faschistischen Regime in Europa und der Militärdiktaturen Lateinamerikas sowie schließlich dem Zusammenbruch des kommunistischen Ostblocks sah es für eine kurze historische Weile danach aus, als seien die Menschenrechte auf dem bestem Wege, nicht mehr nur auf dem Papier anerkannt zu sein, sondern weltweit verwirklicht zu werden. Inzwischen hat sich die Lage einschneidend verändert. Noch immer wagt es nur selten jemand, die Idee der Menschenrechte und vor allem die Religionsfreiheit als falsch und gefährlich zu verwerfen, wie es etwa die katholische Pius-Bruderschaft tut. Der »Streit um die Religionsfreiheit« dreht sich in der Regel um rechte Verständnis der Menschenrechte und der Religionsfreiheit:

> »So kollidiert der universalistische Geltungsanspruch dieses Menschenrechts mit einem religionspolitischen Klientelismus, der religiöse und weltanschauliche Vielfalt in die Antithese des »Eigenen« und des »Fremden« einspannt und von dorther dazu neigt, einseitig Partei zu ergreifen. Dies kommt auch in politischen Gremien der Vereinten Nationen vor, beispielsweise im UN-Menschenrechtsrat, der eigentlich dazu berufen wäre, als Sachwalter des menschenrechtlichen Universalismus zu fungieren. Zugleich gerät der freiheitsrechtliche Kern der Religionsfreiheit von zwei entgegen gesetzten Seiten unter Druck, nämlich einerseits durch

---

150 Zit. nach: Martin Lange / Reinhold Iblacker (Hrsg.) Christenverfolgung in Lateinamerika. Zeugen der Hoffnung, Freiburg i.Br. 1980, 42.

151 A.a.O., 13.

Forderungen nach staatlichem »Ehrschutz« für Religionen (insbesondere den Islam), der die freiheitliche Debatte über Fragen von Religion und Weltanschauung zu ersticken droht, und andererseits durch ideologische Varianten eines Staatssäkularismus, der sich anschickt, den öffentlichen Raum von der manchmal verstörenden Präsenz religiöser Symbole zu purifizieren. Darüber hinaus wird das für die Menschenrechte konstitutive Gleichheitsprinzip zugunsten der Verteidigung privilegierter Staatsreligionen zurückgedrängt oder gelegentlich sogar für unanwendbar erklärt. Der menschenrechtliche Charakter der Religionsfreiheit wird aber auch dann unterminiert, wenn man sie abstrakt in Gegensatz zu anderen menschenrechtlichen Anliegen stellt – etwa zur Meinungsfreiheit oder zu Projekten einer umfassenden Antidiskriminierungspolitik, wie dies neuerdings verstärkt zu beobachten ist.«[152]

Die Konflikte um die Menschenrechte werden andauern, und die Religionen sollten das denkbar stärkste Interesse daran haben, sie zu verteidigen. Denn die Religionsfreiheit als universales und unbedingte Geltung beanspruchendes Menschenrecht schützt nicht nur die Religionen und ihre Mitglieder, sondern schützt sie auch vor sich selbst und der Versuchung, die eigenen Überzeugungen mit Gewalt durchzusetzen. Die Christen waren nie davor gefeit, ihr nachzugeben; sie haben im Namen einer Wahrheit, die dem Heil der Welt dienen soll, viel Unheil über sich und die Welt gebracht. Durch eine blutige Lektion haben sie gelernt, dass das Recht auf Religionsfreiheit unteilbar ist. Gegenwärtig sind sie es, die seines Schutzes am dringendsten bedürfen, aber sie leiden nicht allein. Es wäre ein Widerspruch in sich selbst, wollten Christen Religionsfreiheit nur für sich reklamieren anstatt sie in Solidarität auch für alle anderen zu fordern, denen ihr Recht verweigert wird. Am Anfang ihrer Geschichte widersetzten sie sich einem Staat, der sie mit massiver Gewalt überzog, um ihre Teilnahme am Staats- und Kaiserkult zu erzwingen. In der Gegenwart und in Zukunft müssen sie überall für einen Staat kämpfen, der sich, ohne sich selbst religiös zu verstehen, dem Schutz der Menschenrechte und der Religionsfreiheit verpflichtet weiß. Denn das, so hält das Zweite Vatikanische Konzil fest,

> »gehört zu den Pflichten einer jeden staatlichen Gewalt. Die Staatsgewalt muss also durch gerechte Gesetze und durch andere geeignete Mittel den Schutz der religiösen Freiheit aller Bürger wirksam und tatkräftig übernehmen und für die Förderung des religiösen Lebens günstige Bedingungen schaffen, damit die Bürger auch wirklich in der Lage sind, ihre religiösen Rechte auszuüben und die religiösen Pflichten zu erfüllen, und damit der Gesellschaft selber die Werte der Gerechtigkeit und des Friedens zugute kommen, ddie aus der Treue der Menschen gegenüber Gott und seinem heiligen Willen hervorgehen.« (»Dignitatis humanae« Nr. 6)

---

[152] So H. BIELEFELDT in diesem Band, 361f.

Andreas Hoffmann / Peter Ley

Gewalt gegen Christen in der Antike

Anmerkungen zum Thema »Christenverfolgungen« in der Alten Kirche

Beim Stichwort »Gewalt gegen Christen« denkt man aufgrund der gegenwärtigen Berichterstattung in den Medien spontan wohl an die aktuellen, über den ganzen Globus verteilten Brennpunkte, an denen Christen heute unter Gewalt in den unterschiedlichsten Formen zu leiden haben – völlig zurecht, da nach allem, was wir wissen, die Zahl der unter Gewalt leidenden Christen in der Geschichte des Christentums gegenwärtig die größte ist. Im zweiten Schritt assoziiert man wohl, zumal wenn von »Christenverfolgung« die Rede ist, das Christentum in der Antike. Häufig stellt sich dann das Bild von den frühen Christen ein, die von den Anfängen an bis zur sogenannten konstantinischen »Wende« ständig oder in einer schrittweise steigenden Intensität vom römischen Staat bedrängt und blutig verfolgt werden.

Die – kaum noch zu überblickende – Forschung zum Thema Christenverfolgung hat demgegenüber herausgearbeitet, dass das Phänomen der Gewalt gegen Christen in der Antike sehr vielschichtig ist.[1] Im Folgenden

---

[1] Die Forschungsliteratur in ihrer Breite kann und muss im Folgenden nicht umfassend dokumentiert werden. Hier wird vornehmlich ausgewählte neuere Literatur genannt, die ihrerseits auf die grundlegende Standardliteratur verweist, vor allem: J. Moreau, Die Christenverfolgung im römischen Reich, Berlin (zuerst franz., Paris 1956), London 1971²; J. Vogt, Art. Christenverfolgung I (historisch, Bewertung durch Heiden und Christen), RAC 2, 1159–1208; H. Last, Art. Christenverfolgung II (juristisch), RAC 2, 1208–1228; R. Freudenberger, Das Verhalten der römischen Behörden gegen die Christen im 2. Jahrhundert, dargestellt am Brief des Plinius an Trajan und den Reskripten Trajans und Hadrians (MBPF 52), München 1962; W. H. C. Frend, Martyrdom and Persecution in the Early Church. A Study of

können nur einige wichtige Aspekte aufgegriffen werden, die für ein differenziertes Bild der Entwicklung in der Antike wie auch für den heutigen Sprachgebrauch wichtig sind. Im Zentrum steht die Frage, was man unter »Christenverfolgung« in der Antike zu verstehen hat. Daraus ergeben sich mehrere Einzelfragen: Wer sind die Akteure? Welche Motive führen zur Gewaltanwendung? Wie wird Gewalt angewendet – im unkontrollierten Ausbruch durch einzelne bzw. Gruppen oder durch staatliche Organe? Wenn Gewalt von staatlicher Seite ausgeübt wird: Wie wird sie im Rahmen der öffentlichen und rechtlichen Ordnung legitimiert? Wie entwickelt sich der Konflikt – gibt es einen »Lernprozess« und eine allmähliche oder stufenweise Steigerung? Schließlich stellt sich auf diesem Hintergrund übergreifend die Frage, wie »Verfolgung« definiert werden soll.

Vorab müssen einige Eingrenzungen vorgenommen werden. Liest man die Geschichte des Christentums bis zum ersten Jahrzehnt des vierten Jahrhunderts als Konfliktgeschichte, so muss zunächst festgehalten werden, dass Christen mit unterschiedlichen Konfliktgegnern konfrontiert sind.[2] Die ersten gewalttätigen Auseinandersetzungen sind mit dem Namen des Stephanus und seinem »Kreis« verknüpft. Sie stellen innerjüdische Auseinandersetzungen dar. Eine jüdische Splittergruppe, die Jesus von Nazareth als den Christus bekennt, wird von ihrer jüdischen Umwelt bekämpft, und auch in späteren Phasen gibt es Feindseligkeiten von jüdischer Seite. Dieser Aspekt wird hier nicht thematisiert. Im Fokus steht vielmehr das Verhältnis des römischen Staates und römisch-hellenistischer (Stadt-)Gesellschaft zum Christentum bis zum Beginn der konstantinischen Ära. Nachrichten aus anderen Gebieten der antiken Welt sind sehr

---

a Conflict from the Maccabees to Donatus, Oxford 1965; J. MOLTHAGEN, Der römische Staat und die Christen im zweiten und dritten Jahrhundert (Hypomnemata 28), Göttingen (1970) 1975[2]; J. SPEIGL, Der römische Staat und die Christen. Staat und Kirche von Domitian bis Commodus, Amsterdam 1970; A. WLOSOK, Rom und die Christen. Zur Auseinandersetzung zwischen Christentum und römischem Staat, Stuttgart 1970; R. KLEIN (Hrsg.), Das frühe Christentum im römischen Staat, Darmstadt 1971; R. FREUDENBERGER, Art. Christenverfolgungen, TRE 8, 23–62; G. GOTTLIEB / P. BARCELÓ (Hrsg.), Christen und Heiden in Staat und Gesellschaft des zweiten bis vierten Jahrhunderts. Gedanken und Thesen zu einem schwierigen Verhältnis, München 1992.

[2] Dies ist das Kernthema von J. ENGBERG, Impulsore Chresto. Opposition to Christianity in the Roman Empire c. 50–250 AD (Early Christianity in the Context of Antiquity 2), Frankfurt a.M. 2007, der damit einen guten zusammenfassenden Überblick über die Auseinandersetzungen des Christentums mit seinen Gegnern, insbesondere dem römischen Staat, bis zur Mitte des 3. Jahrhunderts bietet.

selten. So ist zumindest bekannt, dass das Christentum auch im Sassanidenreich unter Verfolgungen zu leiden hat.[3]

Beim Vorgehen »des römischen Staates« und »der römischen Gesellschaft« muss weiter differenziert werden. Zu Recht unterscheidet man zwei Hauptphasen des Konfliktes. Bis in die Mitte des dritten Jahrhunderts werden staatliche Stellen, d.h. Ordnungskräfte und Justizapparat, i.d.R. nicht von sich aus aktiv. Auch die Kaiser gehen nur vereinzelt von sich aus gegen das Christentum vor – und wenn, dann zumeist aus aktuellen politischen Motiven und begrenzt auf Einzelpersonen oder bestimmte Personenkreise. Wenn es zu Aggressionen gegen Christen kommt, werden sie zumeist durch individuelle Konflikte, Zufallskonstellationen oder kollektive Gegnerschaft aufgrund von Vorurteilen, Abneigungen, Gerüchten oder Ängsten auf der Ebene städtischer Gesellschaft hervorgerufen, in die dann staatliche Stellen einbezogen werden. Die Verhältnisse ändern sich grundlegend in der Mitte des 3.Jahrhunderts. Im Folgenden wird versucht, Grundlinien der Entwicklung und entscheidende Weichenstellungen zu verdeutlichen. Besonderes Augenmerk gilt dabei den beteiligten Akteuren, ihrem je spezifischen Beitrag sowie den erkennbaren Motiven. Dabei stellt sich auch immer wieder die Frage, ob es sich um »Christenverfolgungen« handelt. Um dies prüfen zu können, muss der Begriff vorab näher bestimmt werden. Eine sehr weite Bestimmung im Sinne von Ereignissen, die Christen negativ betreffen, ist wohl wenig sinnvoll. Der Begriff der Verfolgung setzt m.E. Intentionalität, Staatlichkeit und Allgemeinheit voraus. So wird im Sinne einer Arbeitshypothese von folgender Definition ausgegangen: Christenverfolgung sind staatliche, reichsweite Maßnahmen, die gegen Christen als abgegrenzte Gruppe gerichtet sind mit dem Ziel, ihre Religion zurückzudrängen oder zu beseitigen.

1. Klärungen und Grundsatzentscheidungen: Die Zeit bis Trajan

In den ersten Jahren nach dem Tod Jesu und der Auferstehungserfahrung der Jünger und Jüngerinnen kann sich die Jesusbewegung erfolgreich ausbreiten. Dies wird wesentlich dadurch begünstigt, dass sie zunächst eine Gruppierung im breiten Spektrum des Frühjudentums darstellt.[4] Jüdische

---

3 Vgl. P. BRUNS, Beobachtungen zu den Rechtsgrundlagen der Christenverfolgungen im Sassanidenreich (RQ 103, 2008, 82–112).

4 Zur Diskussion über das »parting of the ways« und die Entstehung des Christentums als gegenüber dem Judentum eigenständiger Religion vgl. den Überblick von H.-U. WEIDEMANN, Ekklesia, Polis und Synagoge. Überlegungen im Anschluss an Erik Peterson, in: E. PETERSON (Hrsg.), Ekklesia. Studien zum altchristlichen Kirchenbegriff [Erik Peterson, Ausgewählte Schriften. Sonderband], Würzburg 2010, 152–195), 158–164; kritisch zum Ansatz D. A. HAGNER, Another Look at »The

Synagogengemeinden und ihr nahestehende Kreise sind erste Anlaufstellen und Adressaten der Missionspredigt. Zudem genießt die Jesusbewegung die Privilegien, die der römische Staat seit Caesar und Augustus dem Judentum eingeräumt hat, insbesondere die Möglichkeit, den eigenen Riten zu folgen und nicht zur Teilnahme an Opferhandlungen für die Götterwelt verpflichtet zu werden.

In den 40er Jahren entwickelt sich eine klarere Kontur der Jesusbewegung als eigenständiger Gruppierung. Sie ist zwar immer noch im jüdischen Kontext beheimatet, doch entwickelt sie allmählich ein von außen registriertes eigenständiges Gepräge. In Antiochia taucht erstmals die Bezeichnung »Christen« (Χριστιανοί) (Apg 11,26) auf. Die Namensgebung lässt erkennen, dass es sich um eine römische Fremdbezeichnung handelt. Die Adjektivbildung »-ianus« verweist auf einen lateinischen Kontext; offenbar registrieren römische Kreise, möglicherweise im Umfeld der römischen Provinzverwaltung, in Antiochia die Existenz dieser Sondergruppe. Etwa in dieselbe Zeit fallen auch die Vorgänge, die in Rom zum »Claudiusedikt« führten.[5] Die Hintergründe des Claudiusediktes sind umstritten. Naheliegend ist aber doch die Deutung, dass es bei den Unruhen unter Juden der Stadt Rom, die durch einen »Christus« (»Chrestos«) ausgelöst wurden, um Auseinandersetzungen zwischen Christusanhängern und anderen Juden geht. Für römische Behörden sind dies weiterhin innerjüdische Auseinandersetzungen, auf die der Staat nur deshalb reagiert, weil sie Unruhe verursachen. Dies bestätigt auch der »Fall Paulus«.[6] Der Prokonsul der Provinz Achaia, Gallio, nimmt eine Anklage jüdischer Kreise gegen Paulus nicht an mit der Begründung, es handle sich um innerjüdische, religiös fundierte Streitereien (Apg 18,12–17). Dasselbe ergibt sich aus den Vorgängen, die zur Verhaftung des Paulus und den Verhandlungen vor den Procuratoren Felix und Festus führen. Auslöser der Verhaftung und auch Vorwurf von jüdischer Seite sind offenbar Unruhen, die sich an Paulus entzünden (Apg 21,27–35; 22,22f; 23,7–10; 23,29; 24,5.12). Damit sind die römischen Provinzgouverneure herausgefordert. Ihre oberste Pflicht besteht nach Aussage verschiedener Juristen darin, für Ruhe und Ordnung in der Provinz zu sorgen; das berechtigt sie auch zu selbständigem Eingreifen

---

Parting of the Ways«, in: M. F. BIRD / J. MASTON (Hrsg.), Earliest Christian History. History, Literature, and Theology. Essays from the Tyndale Fellowship in Honor of Martin Hengel (WUNT 2,320), Tübingen 2012, 381–427).

[5] Vgl. ENGBERG, Impulsore Chresto (s. Anm. 2), 89–104.

[6] Vgl. A. NOGRADY, Römisches Strafrecht nach Ulpian. Buch 7 bis 9 De officio proconsulis (Freiburger Rechtsgeschichtliche Abhandlungen 52), Berlin 2006, 41f. Zu den paulinischen Zeugnissen vgl. ENGBERG, Impulsore Chresto (s. Anm. 2), 107–142.

nach eigenem Ermessen im Rahmen ihrer coercitio.[7] Die Unruhen sind allerdings im Fall des Paulus stets durch jüdische Auseinandersetzungen um den Tempel, das Gesetz und Glaubensfragen motiviert, die für die römische Seite keine Grundlage für eine Verurteilung darstellen. Daher ist aus römischer Sicht kein strafrechtliches Vergehen festzustellen (Apg 26,30-32).[8]

Offenbar gewinnt die neue Religion recht schnell auch für Außenstehende ein eigenes Gepräge. Nach dem berühmten Abschnitt, den Tacitus in seinen um 110-120 verfassten Annalen über das Geschick von Christen nach dem Brand Roms einfließen lässt[9], sind zur Zeit Neros in der stadtrömischen Bevölkerung Misstrauen und Abneigung, ja »Hass« gegenüber Christen verbreitet. Grund hierfür sind »Schändlichkeiten« (flagitia).[10] Tacitus selbst teilt diese Abneigung. Für ihn handelt es sich bei den »Christusanhängern«[11] um ein Übel (malum), das aus Judäa stammt - eine notorisch unruhige Gegend, wie sich erneut im (ersten) jüdischen Krieg gezeigt hat -, und um eine ins Verderben führende Fremdreligion (inexitiabilis superstitio)[12], die sich in der Hauptstadt breit macht. Diese gehört zu den abstoßend-gefährlichen oder verabscheuenswerten Elementen (atrocia aut pudenda), die gerade aus dem Osten in Rom zusammenströmen und prak-

---

7 Vgl. Dig. 1,18,13pr. (Ulpian); vgl. weiter Dig. 1,18,3 (Paulus); 48,13,4,2 (Marcian), dazu NOGRADY, Strafrecht (s. Anm. 6), 24f.

8 Grund für die Überstellung des Paulus ist demnach seine Appellation an den Kaiser. Festus kann sich so aus der Affäre ziehen.

9 Vgl. hierzu NOGRADY, Strafrecht (s. Anm. 6), 44-47; ENGBERG, Impulsore Chresto (s. Anm. 2), 105f; zu Tacitus, Sueton und Lucian a.a.O. 215-229; A. A. LUND, Zur Verbrennung der sogenannten *Chrestiani* (Tac. Ann. 15,44) (ZRGG 60, 2008, 253-261); T. SCHMITT, Die Christenverfolgung unter Nero, in: St. HEID u.a. (Hrsg.), Petrus und Paulus in Rom, Freiburg 2011, 517-537), jeweils mit Verweis auf ältere Literatur.

10 Vgl. Tac., ann. 15,44,2: »... (Christianos) per flagitia invisos«; vgl. Suet., Nero 16,2: »genus hominum superstitionis nouae ac maleficae«. LUND, Verbrennung (s. Anm. 9), 257 Anm. 27 bezieht die »flagitia« auf die Vorwürfe des Kannibalismus, Kindesmords und Inzests.

11 LUND, Verbrennung (s. Anm. 9), 255 unterstreicht, dass »Christiani« (noch) als römische Fremdbezeichnung mit negativer Wertung zu verstehen sei; zur positiv gewerteten Selbstbezeichnung werde sie »erst im letzten Drittel des zweiten Jahrhunderts« und erst damit sei die Lösung vom Judentum gegeben.

12 Zum Begriff vgl. LUND, Verbrennung (s. Anm. 9), 258 Anm. 29; J. RÜPKE, Aberglauben oder Individualität? Religiöse Abweichung im römischen Reich, Tübingen 2011, 9-14. Der Abgrenzung der eigenen Religion von »Fremdreligion« liege nicht eine klare inhaltliche Bestimmung zugrunde; vielmehr verweise die Abgrenzung auf »die große Bedeutung für die politische Kommunikation und die Herrschaft«, die die Eliten der von ihnen geteilten Religion zuweisen, und damit auf die integrative Funktion der Abgrenzung, vgl. a.a.O. 13.

tiziert werden.[13] Dass die Christen schuldig sind und Strafe verdienen, steht für Tacitus außer Zweifel.[14] Doch besteht das Verbrechen aus seiner Sicht nicht, wie ihnen von Nero angehängt wird, in der Brandstiftung, sondern im »Hass gegenüber dem Menschengeschlecht« (odium generis humani, Misanthropie). Was sie nach dem Aufgreifen »gestehen«[15], erwähnt der Verfasser nicht ausdrücklich. Nach dem Zusammenhang dürfte nicht das Geständnis gemeint sein, Christ zu sein.[16] Näher liegt die Annahme, dass die Brandstiftung gemeint ist, für die vielleicht ein Geständnis abgepresst wird. Hierfür spricht der Umstand, dass die Beschuldigten die für Brandstiftung vorgesehenen Strafen erhalten.[17] Durch den Hinweis, dass die Gruppierung auf einen hingerichteten Kriminellen zurückgeht, unterstreicht Tacitus zusätzlich, dass es sich um eine verbrecherische Gruppe handelt.

Ob hier die Verhältnisse der 60er Jahre zutreffend wiedergeben werden, ist fraglich.[18] Wenn Pontius Pilatus als »Procurator« bezeichnet wird, spricht dies für eine Rückübertragung der Verhältnisse zur Zeit des Tacitus auf die neronischen Jahre.[19] Dasselbe könnte für den Anschein gelten, dass das Christsein selbst Schuldgrund ist. Dies erinnert deutlich an die Gegebenheiten bei Plinius, mit dem Tacitus gut bekannt ist; zudem dürfte er selbst ähnliche Erfahrungen gemacht haben, als er in der Provinz Asia Prokonsul war.[20] Dennoch zeigt die Darstellung bei Tacitus: 1. Für das frühe zweite Jahrhundert ist eine christenfeindliche Stimmung unzweifelhaft. Dies gilt offenbar bereits auch für die Zeit Neros. Wenn nämlich der Kai-

---

13 Vgl. Tac., ann. 15,44,3: »(urbs) quo cuncta undique atrocia aut pudenda confluunt celebranturque«. Vgl. P. Guyot / R. Klein (Hrsg.), Das frühe Christentum bis zum Ende der Verfolgungen. Eine Dokumentation 1–2, Darmstadt 1993/1994 (Sonderausgabe 1997), 1,304f Anm. 4 mit dem Hinweis auf ähnliche Bewertung des Judentums (Tac., hist. 5,5) und andere östliche Religionen (Tac., ann. 2,85,4 u.ö.) sowie die Wiederaufnahme von Sallust, Cat. 37,5 (Rom als »Zusammenfluss« allen Unrats wie in einer Kloake).

14 Vgl. Tac., ann. 15,44,5: »(... adversus) sontes et novissima exempla meritos«.

15 Vgl. Tac., ann. 15,44,4: »correpti qui fatebantur«.

16 Vgl. Guyot / Klein, Verfolgungen (s. Anm. 13), 1,305 Anm. 6; Nogrady, Strafrecht (s. Anm. 6), 45. Das Christsein müsste dann bereits als Schuldgrund gelten.

17 Vgl. Nogrady, Strafrecht (s. Anm. 6), 46; Lund, Verbrennung (s. Anm. 9), 258f Anm. 32. Er geht a.a.O. 259–261 davon aus, dass Tacitus zwei Gruppen unterscheidet, nämlich »Christen« als geständige Brandstifter und andere »Judäer«, die »Misanthropen« sind. Dem entspreche die Hinrichtung der einen als Brandstifter, der anderen durch wilde Tiere.

18 Vgl. Nogrady, Strafrecht (s. Anm. 6), 46 mit Anm. 148.

19 Vgl. Guyot / Klein, Verfolgungen (s. Anm. 13), 1,304 Anm. 3.

20 Vgl. Guyot / Klein, Verfolgungen (s. Anm. 13), 1,304 Anm. 3.

ser, vielleicht um von sich selbst abzulenken, tatsächlich die Christen für den Brand verantwortlich macht, eine »ungeheure Menge« von ihnen grausam hinrichten lässt und dies als öffentliches Schauspiel inszeniert, setzt dies voraus, dass die Bevölkerung dieses Vorgehen aufgrund einer verbreiteten antichristlichen Haltung akzeptiert. 2. Durch die öffentliche Strafaktion Neros wird ein »Präjudiz« über den verbrecherischen Charakter von Christen getroffen: »So entstand wahrscheinlich im allgemeinen Bewusstsein die Gleichung ›Christ = Verbrecher‹ (Christianus = flagitiosus)«.[21] Wenn Tertullian später vom »institutum Neronianum« spricht[22], meint er vermutlich eben diesen »Grundsatz« vom unsittlichen, verbrecherischen und staatsfeindlichen Charakter der Christen. Nach Tertullians stilistisch ausgefeilter Gegenüberstellung steht dies in scharfem Kontrast zum Charakter des Kaisers Nero, ja es stellt eine völlige Verkehrung der Verhältnisse dar: Wenn man die Christen zu Verbrechern stempelt, dann müsste Nero, ihr »Verfolger« (persecutor) und »Verurteiler« (damnator), gottesfürchtig (pius), gerecht (iustus), sittenstreng (castus) und kein Staatsfeind sein[23] - und doch geht es um einen Kaiser, über den der nichtchristliche Staat die damnatio memoriae verhängt! Eine gesetzliche Regelung Neros, die das Christsein grundsätzlich unter Strafe stellt, ist jedenfalls nicht nachweisbar und passt nicht in das Gesamtbild.[24]

In der Zeit der Flavier gibt es keine vergleichbaren Aktionen. Die lange Zeit in Folge christlicher Quellen angenommene Christenverfolgung unter Domitian wird von der neueren Forschung nicht bestätigt.[25] Auch wenn

---

[21] W.-D. HAUSCHILD, Lehrbuch der Kirchen- und Dogmengeschichte 1. Alte Kirche und Mittelalter, Gütersloh 2000², 119.

[22] Tert., nat. 1,7,9. Im Apologeticum, in dem er ad nationes weiterverarbeitet, nimmt er diesen Ausdruck nicht wieder auf. In apol. 4,3-13 geht er auf die aktuelle Rechtslage der Christen ein, die er auf den Grundsatz reduziert: »Non licet esse uos [sc. Christianos]« (apol. 4,4), doch rechtfertigt auch diese Stelle nicht die Annahme eines »Gesetzes« im Sinne einer formellen rechtlichen Regelung, vgl. T. GEORGES, Tertullian. Apologeticum (KfA 11), Freiburg 2011, 28f.; NOGRADY, Strafrecht (s. Anm. 6), 42-44.

[23] Vgl. Tert., nat. 1,7,8.

[24] Vgl. GEORGES, Apologeticum (s. Anm. 22), 29.

[25] Vgl. z.B. ST. SCHREIBER, Die Offenbarung des Johannes, in: M. EBNER / DERS. (Hrsg.), Einleitung in das Neue Testament, Stuttgart 2013², 566-593, 578-580; D.-A. KOCH, Die Entwicklung der Ämter in frühchristlichen Gemeinden Kleinasiens, in: TH. SCHMELLER / M. EBNER / R. HOPPE (Hrsg.), Neutestamentliche Ämtermodelle im Kontext (QD 239), Freiburg 2010, 166-206), 183-186 mit Literatur; U. RIEMER, Domitian - (k)ein Christenverfolger? (ZRGG 52, 2000, 75-80); J. ULRICH, Euseb, HistEccl III,14-20 und die Frage nach der Christenverfolgung unter Domitian (ZNW 87, 1996, 269-289).

Domitian deutlich autokratische Ansprüche stellt, den Kaiserkult – gerade im Osten des Reiches – ausbaut und an der sakralen Überhöhung seines Herrscherhauses sowie seiner eigenen Person arbeitet, was zu politischen Konflikten führt und für das Christentum ein Problem darstellt, sind gezielte antichristliche Maßnahmen nicht erkennbar.

Einen entscheidenden nächsten Schritt stellt die Korrespondenz zwischen Plinius und Trajan zum Christenproblem dar.[26] Plinius, zwischen 109 und 113 für zwei Jahre als legatus Augusti pro praetore in der Provinz Ponthus-Bithynien eingesetzt[27], ist mit der Frage konfrontiert, wie er als zuständiger oberster Gerichtsherr korrekt und angemessen Prozesse gegen Christen durchführt. Nach seinem Bericht ist der Legat zunächst nach dem Grundsatz verfahren, den er als Regelfall kennengelernt hat, dass nämlich die Zugehörigkeit zum Christentum (nomen ipsum) als strafwürdiges Delikt behandelt und mit Kapitalstrafe belegt wird.[28] Wenn dies als Schuldgrund ausreicht, wird der verbrecherische Charakter des Christentums vorausgesetzt. Ein darüber hinausgehender Nachweis von einzelnen konkreten Straftaten (flagitia) ist nicht notwendig. Die Anfrage an den Kaiser mit der Bitte um Prüfung zeigt allerdings, dass dieser Grundsatz nicht explizit rechtlich niedergelegt ist. Es gibt also offenbar bisher kein allgemeines »Christengesetz« (ob als kaiserliches rescriptum, mandatum oder gar formelle lex)[29], andererseits ist aber dieses Vorgehen gegen Christen »üblich«.[30] Wer sich als Christ bekennt und dreimal den Schuldvorwurf bestätigt, wird verurteilt. Die rechtlichen Rahmenbedingungen sind offenbar dieselben, wie sie später auch bei dem Juristen Ulpian deutlich werden. Strafrechtliche Prozesse werden als Kognitionsverfahren durchgeführt, d.h. sie liegen ganz in der Hand des Provinzstatthalters. Dieser wird aber nicht von Amts wegen aktiv, es sei denn, dass Ruhe und Ordnung in der

---

[26] Aus der Fülle der Literatur vgl. nur A. REICHERT, Durchdachte Konfusion. Plinius, Trajan und das Christentum (ZNW 93, 2002, 227–250); K. THRAEDE, Noch einmal: Plinius d. J. und die Christen (ZNW 95, 2004, 102–128); J. MOLTHAGEN, »Cognitionibus de Christianis interfui numquam«. Das Nichtwissen des Plinius und die Anfänge der Christenprozesse (ZThG 9, 2004, 112–140); NOGRADY, Strafrecht (s. Anm. 6), 48–56; ENGBERG, Impulsore Chresto (s. Anm. 2), 173–205; KOCH, Ämter (s. Anm. 25), 186–188 mit weiterer Literatur.

[27] Vgl. NOGRADY, Strafrecht (s. Anm. 6), 48 mit Anm. 162.

[28] Vgl. Plin., ep. 10,96,2f.

[29] Dies ist weithin Konsens in der neueren Forschung, vgl. GEORGES, Apologeticum (s. Anm. 22), 28f. mit weiterer Literatur.

[30] Vgl. Plin., ep. 10,96,1. Da er selbst zuvor noch nicht an Christenprozessen teilgenommen hat, weiß er nicht, was mit welchem Maß »für gewöhnlich« bestraft wird (»quid et quatenus aut puniri *soleat* aut quaeri«).

Provinz gefährdet sind.[31] Grundsätzlich kommen Strafprozesse durch eine private Anzeige (deferre) in Gang.[32] So ist es offenbar auch bei Plinius: Der Legat hat zunächst namentliche, dann auch anonyme Anzeigen erhalten und ist beiden nachgegangen.[33]

Bei näherer Befassung mit dem Phänomen kommen dem Statthalter aber Zweifel an der Berechtigung des harten Vorgehens. Seine Nachforschungen haben zu dem Ergebnis geführt, dass es sich um Anhänger eines völlig wirren und maßlosen, fremden Falschglaubens (superstitio prava, immodica) handelt.[34] Doch die kursierenden Vorwürfe und Verdachtsmomente haben sich bei näherer Prüfung nicht bestätigt. Sein Referat über christliche Praxis und ethische Grundsätze qualifiziert sie allesamt als unbegründet. Christen versammeln sich nicht in der nächtlichen Dunkelheit, sondern kurz vor Sonnenaufgang[35]; sie üben keine magischen Riten aus, sondern beten zu Christus als ihrem Gott; sie sind keine gesellschafts- oder staatsfeindliche, kriminelle Vereinigung, sondern verpflichten sich im Gegenteil eidlich zu ethischen Grundsätzen, die Vergehen wie Diebstahl, Raub, Bruch eines Versprechens, Unterschlagung oder Ehebruch verbieten; sie feiern keine thyestischen und inzestuösen Orgien, sondern Männer und Frauen nehmen gemeinsam ein »unschuldiges« Mahl ein.[36] Selbst den Verdacht, dass es sich um einen unerlaubten Verein handelt, der unrechtmäßige Zusammenkünfte abhält, entkräftet der Statthalter.[37] So bleibt der Vorwurf der falschen Fremdreligion (superstitio), die die römischen Götter

---

[31] Vgl. NOGRADY, Strafrecht (s. Anm. 6), 47.

[32] Vgl. NOGRADY, Strafrecht (s. Anm. 6), 27-30.49.

[33] Vgl. Plin., ep. 10,96,2: »Interim ›in‹ iis, qui ad me tamquam Christiani deferebantur ...‹; 10,96,5: ›Propositus est libellus sine auctore multorum nomina continens‹.

[34] Vgl. ENGBERG, Impulsore Chresto (s. Anm. 2), 198-201, der gegen Lührmann darauf abhebt, dass sie damit aus römischer Sicht keineswegs »harmlose« Spinner sind.

[35] Ob damit auch der Einwand beseitigt ist, dass der Kultort unbekannt sei, bleibt offen. Zur Bedeutung der Bekanntheit des Kultortes vgl. RÜPKE, Aberglauben (s. Anm. 12), 45 zu Cic., div. 2,19.

[36] Vgl. GUYOT / KLEIN, Verfolgungen (s. Anm. 13), 1,322 Anm. 14; ENGBERG, Impulsore Chresto (s. Anm. 2) 188 mit Anm. 399 (Belege für den Verdacht des thyestischen Kannibalismus bei nichtchristlichen Autoren).

[37] Auf seine Anordnung hin haben die Christen ihre Versammlungen eingestellt. - Dieser und vorangehende Punkte (z.B. die gegenseitige eidliche Verpflichtung) erinnern an das senatusconsultum de Bacchanalibus gegen die Dionysoskulte (186 v. Chr.), mit dem nicht ein bestimmtes Gottesbild oder ein Kult verboten wird, sondern »schlicht ein höherer Organisationsgrad« und das Agieren »›im Verborgenen‹« (RÜPKE, Aberglauben [s. Anm. 12], 27).

nicht anerkennt, und des (religiösen) Wahns (amentia).[38] Diese immer weiter um sich greifende Religion ist verbunden mit »Hartnäckigkeit« (pertinacia) und »unbeugsamem Starrsinn« (inflexibilis obstinatio), wie die Prozesse immer wieder zeigen.[39] Dies kann ein Provinzleiter durchaus als »contumacia«, d.h. Missachtung der Obrigkeit und ihrer Befehle interpretieren.[40] Wenn er die durch »superstitio« bedingte Aufsässigkeit der Christen als letzten Grund seines Handelns andeutet, verweist er auf das Recht und die Pflicht des Statthalters, alle ihm notwendig erscheinenden Maßnahmen zu ergreifen, um Ruhe und Ordnung in der Provinz sicherzustellen.[41] In seiner Argumentation deutet er nicht an, dass durch dieses Verhalten der Christen tatsächlich offene Unruhe in der Bevölkerung ausgelöst worden ist oder dass er dies aktuell befürchtet[42], sondern eher dass es ihm auf Gehorsam gegenüber der Obrigkeit und weitgehende Anpassung an die gesellschaftlich-politische Ordnung ankommt. Es handelt sich bei den Christen um religiös motivierte »Abweichler«, die dann auch gesellschaftlich auffällig sind.[43] Entsprechend fordert er den Beweis der Loyalität

---

38 Plinius wie auch Trajan stehen offensichtlich hinter der traditionellen Religion und drängen auf ihre Einhaltung, vgl. ENGERG, Impulsore Chresto (s. Anm. 2), 197. Er sieht in der »superstitio« den entscheidenden Grund für das Vorgehen des Plinius, vgl. a.a.O. 195–204.317f.

39 Vgl. Plin., ep. 10,96,3.

40 Vgl. (in Auseinandersetzung mit Sherwin-White und de Ste. Croix) ENGBERG, Impulsore Chresto (s. Anm. 2), 191–193; A. BRENT, Cyprian and Roman Carthage, Cambridge 2010, 126–128. Da der Vorwurf der contumacia schon vor Trajan das Vorgehen des Staates gegen das Christentum begründet habe, definiere Trajan, so Brent, keine neuen rechtlichen Grundlagen. Demgegenüber muss man jedoch unterstreichen, dass Trajan klar das Prinzip des nomen ipsum vorgibt und die Suche nach dahinter liegenden »Verbrechen« ablehnt. Weder in der Anfrage des Plinius noch in der kaiserlichen Antwort ist von der »contumacia« explizit die Rede. ENGBERG, Impulsore Chresto (s. Anm. 2), 193 wertet die »contumacia« als ein Motiv, das zumindest zum behördlichen Vorgehen gegen Christen beiträgt.

41 Vgl. NOGRADY, Strafrecht (s. Anm. 6), 52, der a.a.O. Anm. 183 neben Dig. 1,18,13 auch Plin., ep. 10,117 anführt: Trajan hat Plinius mit seiner Umsicht (providentia) für die Leitung der Provinz ausgewählt, damit er (eigenständig!) Maßnahmen ergreift »quae ad perpetuam eius provinciae quietem essent profutura«. Zur coercitio vgl. NOGRADY, Strafrecht (s. Anm. 6), 26f.53; LAST, Christenverfolgung II (s. Anm. 1), 1221–1225, zu Plinius 1221.

42 Hierauf hebt NOGRADY, Strafrecht (s. Anm. 6), 52 ab.

43 Zur soziologischen Definition von »Devianz« verweist RÜPKE, Aberglauben (s. Anm. 12), 4f auf H. JOAS (Hrsg.), Lehrbuch der Soziologie, Frankfurt[3] 2007, 184, in dem F. Sack definiert: »Abweichung« (Devianz) meine ein Verhalten, das »gegen verbindliche, sozial definierte Standards verstößt«, die zum Teil auch rechtlich festgeschrieben sind. Somit »beinhaltet Abweichung sowohl kriminelles Verhalten

mit Staat und Gesellschaft ein, wenn er von Verdächtigen das Opfer für die Götter verlangt und neben die Götterbilder[44] auch das Bildnis des Kaisers stellt.

Es ist klar, dass Plinius das Christentum als Problem ansieht. Es hat sich in dieser Region stark ausgebreitet – mit unerfreulichen Folgen: Der Besuch der Tempel hat deutlich nachgelassen, der Opferkult ist eingebrochen, das Opferfleisch ist nur schwer zu verkaufen. Abschließend betont der Legat allerdings nachdrücklich die Möglichkeit, das Problem eindämmen zu können. Hier liegt offenbar das zentrale Anliegen des Plinius. Er legt dem Kaiser durch seine Argumentation nahe, dem Christentum und seiner Ausbreitung zwar staatlich gegenzusteuern, allerdings nur gegenüber den Unbelehrbaren Härte zu zeigen. Sofern Aussicht besteht, dass Verdächtige zur Distanzierung vom Christentum gebracht werden können, plädiert er für kluge Milde, um eine weitere Zunahme von Anhängern und eine Prozessflut zu vermeiden.[45] Er setzt also vorrangig auf den Versuch der Integration und erst wenn der misslingt, auf Konfrontation und gewaltsames Vorgehen.

Auf diesem Hintergrund bittet der Legat den Kaiser um Klärung vor allem hinsichtlich des Schuldgrundes und des Strafmaßes. So fragt er im Blick auf den ersten Punkt ausdrücklich nach, ob der Grundsatz des »nomen ipsum« gültig sei; hinsichtlich des Strafmaßes erkundigt er sich nach der Relevanz des Alters und der tätigen Reue, der Möglichkeit der Verjährung und damit auch nach dem eigenen Ermessensspielraum.[46]

(...), aber auch solches, das zwar nicht illegal ist, aber doch allgemein als unethisch, unmoralisch, eigenartig, unanständig oder einfach als ›krank‹ angesehen wird«. Letzterem entspricht die Haltung römischer Provinzstatthalter, für die die Anerkennung und Verehrung der allgemein bekannten Götter ganz »natürlich« ist, vgl. u. Anm. 195.

[44] Zur Bedeutung der Götterbildnisse als Ort der persönlichen Erfahrung und Begegnung mit der Gottheit in römischer Religion vgl. RÜPKE, Aberglauben (s. Anm. 12), 55–73.

[45] Überzeugend unterstreichen REICHERT, Konfusion (s. Anm. 26), und ihr folgend THRAEDE, Noch einmal (s. Anm. 26), die strategische Anlage des Pliniusbriefes und arbeiten die Mittel der persuasio heraus.

[46] Vgl. Plin., ep. 10,96,1f. Der Handlungsspielraum des Provinzleiters ist, wie das Beispiel des Plinius zeigt, insgesamt groß. Sehr pointiert vertritt GEORGES, Apologeticum (s. Anm. 22), 26 die These, dass »die entscheidende Rolle innerhalb des staatlichen Vorgehens gegen die Christen grundsätzlich allein beim Statthalter lag [...] Vor diesem Hintergrund (sc. von Tert., Scap. 3,4; 4,3) erweist sich die Bedeutung der Kaiser für die Behandlung der Christen als zweitrangig. Kaiserliche Erlasse gaben zwar die Rahmenbedingungen vor, ein direktes Einwirken der Kai-

Trajan billigt im Wesentlichen das bisherige Vorgehen des Plinius, folgt ihm aber nur bedingt im Vorschlag der Milde.[47] Wichtig für die weitere Entwicklung sind vor allem zwei Punkte. Zum einen bestätigt der Kaiser den Grundsatz des »nomen ipsum«. Das Bekenntnis, Christ zu sein, reicht ihm als Schuldgrund aus, ohne dass Vergehen im Einzelnen nachgewiesen werden müssen. Die Implikation des Plinius-Briefes, diesen Konnex zu überdenken, nimmt der Kaiser nicht auf. Er führt auch nicht weiter aus, warum er das Christensein als ein Kapitaldelikt einstuft und welche Vorwürfe dem zugrunde liegen. Der verbrecherische Charakter des Christseins steht für ihn fest.[48] Zum anderen bestimmt er, dass staatliche Behörden nicht initiativ gegen Christen vorgehen. Ausdrücklich unterbindet er die Fahndung und setzt als selbstverständlich voraus, dass einem gerichtlichen Verfahren immer eine private Anzeige bzw. Klage vorausgeht. Zudem stellt er klar, dass anonyme Anzeigen nicht angenommen werden dürfen.

Die Anweisung Trajans hat im Grundsatz bis zur Mitte des dritten Jahrhunderts Geltung, auch wenn es in den konkreten Situationen praktische Abweichungen gibt. Das Reskript hat hier rechtsetzende Kraft. Kaiserliche »Konstitutionen«, darunter auch Reskripte, d.h. kaiserliche Antwortschreiben in Rechtsfragen, werden in der Kaiserzeit – dem fallrechtlichen Charakter des römischen Rechtes entsprechend – zu einer wichtigen Rechtsquelle, zumal wenn sie wie hier nicht an einen speziellen Einzelfall gebunden sind[49]; noch dazu wird es durch die Publikation der Plinius-Briefe einer breiteren (gebildeten) Öffentlichkeit bekannt. Daher bleibt der Briefwechsel zwischen Plinius und Trajan ein »Schlüsseldokument« für die rechtliche Stellung des Christentums bis zur Zeit des Decius.[50]

---

ser auf das Geschehen innerhalb der Provinzen lässt sich aber bis zu den antichristlichen Maßnahmen unter Kaiser Decius kaum nachweisen.«

47 Vgl. Trajan in Plin., ep. 10,97,1f.

48 Vermutlich teilt er (wie auch Marc Aurel) die Vorbehalte, die sich aus Misstrauen gegen Fremdes, Gerüchten und politischen Verdächtigungen speisen, vgl. ENGBERG, Impulsore Chresto (s. Anm. 2), 317. Zum Vorgehen unter Trajan gegen Christen in Antiochia, dem möglicherweise auch Ignatius zum Opfer gefallen ist, vgl. É. DECREPT, La persécution oubliée des chrétiens d'Antioche sous Trajan et le martyre d'Ignace d'Antioche (REAug 52, 2006, 1-29).

49 Vgl. W. WALDSTEIN / J. M. RAINER / G. DULCKEIT, Römische Rechtsgeschichte. Ein Studienbuch, München[10] 2005, § 32 II 3 (189).

50 GEORGES, Apologeticum (s. Anm. 22), 25 mit Anm. 159.

2. Fortführung der Trajanrichtlinie bis in die Mitte des 3. Jahrhunderts

Die weitere Entwicklung zeigt, dass sich die Rechtslage für Christen nicht grundlegend ändert.[51] Immer wieder kommt es zu christenfeindlichen Maßnahmen, doch beschränken sie sich auf lokale Einzelaktionen, die zumeist nur wenige Personen betreffen.

Ein Reskript Hadrians an Minicius Fundanus, der als Prokonsul i.J. 124/125 die Provinz Asia leitet, setzt im Kern die Linie seines Vorgängers fort.[52] Die Authentizität des Schreibens insgesamt oder auch einzelner Passagen ist gerade wegen des Eindrucks christenfreundlicher Tendenzen in Zweifel gezogen worden, doch reichen hierfür die Gründe nicht aus.[53] Viel diskutiert ist zudem die Frage, ob er den Grundsatz des »nomen ipsum« zurücknimmt, doch auch hierfür fehlt eine ausreichende Grundlage.[54] Hadrian will sich wie sein Vorgänger als ein »guter Kaiser« erweisen, der Unrecht unterbindet und Ordnung, Ruhe, Frieden und Sicherheit für alle gesetzestreuen Einwohner sichern will. Dabei geht es ihm nicht um spezielle Regelungen für Christen, er will auch nicht von sich aus eine neue Rechtslage schaffen. Vielmehr reagiert er auf die Anfrage eines leitenden Provinzbeamten, der auf einen Missstand aufmerksam macht, und trifft verfahrenstechnische Regelungen zur Beseitigung der Probleme.[55] Im Kern geht es ihm um die Sicherung eines geregelten, rechtlich einwandfreien Vorgehens. Übereinstimmend mit Trajan betont er, dass gegen Christen nur gerichtlich vorgegangen werden soll. Hier sind zwei Punkte klar zu erkennen: Zum einen ist die namentliche Anzeige bzw. Klage Voraussetzung für jedes staatliche Vorgehen. Diese muss gut begründet sein; der Kaiser unterstreicht nachdrücklich, dass verleumderische Klagen, die aus Eigennutz vorgebracht werden, mit Strafe zu belegen sind. Denunziation lehnt Hadrian wie sein Vorgänger strikt ab; sie erzeugt Unsicherheit und gibt Böswilligkeit Raum. Zum anderen mahnt der Kaiser ausdrücklich, Forderungen und Geschrei der Bevölkerung nicht nachzugeben.

---

[51] Dies ist Konsens der neueren Forschung, vgl. nur NOGRADY, Strafrecht (s. Anm. 6), 60–75; GEORGES, Apologeticum (s. Anm. 22), 27f.

[52] Vgl. Iust., 1 apol. 68; Eus., h.e. 4,9; vgl. GUYOT / KLEIN, Verfolgungen (s. Anm. 13), 1,46f (Text); 1,326f (Kommentar); NOGRADY, Strafrecht (s. Anm. 6), 56-60; ENGBERG, Impulsore Chresto (s. Anm. 2), 206–214.

[53] Vgl. ENGBERG, Impulsore Chresto (s. Anm. 2), 212–214.

[54] Dies ist vielfach aus der Forderung des Nachweises geschlossen worden, dass Christen »etwas gegen die Gesetze tun«, vgl. ENGBERG, Impulsore Chresto (s. Anm. 2), 210–212.

[55] Vgl. NOGRADY, Strafrecht (s. Anm. 6), 57.

Für die Regierungszeit des Antoninus Pius[56] (138–161) belegt Justin die Martyrien von Ptolemaeus, Lucius und einem weiteren Mann in Rom, die der Stadtpräfekt Q. Lollius Urbicus hinrichten lässt. Im Zentrum steht die eine entscheidende Frage, ob der einzelne Verdächtige Christ ist (εἰ Χριστιανός ἐστιν).[57]

Eine deutliche Zunahme von Aktionen gegen Christen ist unter Marc Aurel zu verzeichnen.[58] Dies belegen die zunehmenden Berichte über Martyrien, darunter so bekannte Fälle wie Justin und seine Gefährten, die Märtyrer von Lyon und Vienne sowie Polykarp von Smyrna.[59] Außerdem entstehen in dieser Zeit vermehrt Apologien christlicher Autoren. Offenbar gibt es zwei Stufen der Verschärfung. Die erste steht im Zusammenhang mit einer Pestepidemie und den Bedrohungen durch die Markomannen i.J. 167. Hier soll der Kaiser allgemeine Bittopfer zur Versöhnung der Götter angeordnet haben.[60] Um 176/177 weist er die Provinzgouverneure an, verstärkt gegen »mali homines« vorzugehen, zu denen alle Personen zählen, die die öffentliche Ruhe und Ordnung stören. Ausdrücklich werden in Rechtsquellen Religionsfrevler (d.h. Tempelräuber) (sacrilegi), Räuber (fures) und Menschenräuber (plagiarii) genannt.[61] Hintergrund dürfte vor allem das Problem der Räuberbanden sein, das seit der Zeit des Antoninus Pius gravierende Ausmaße annimmt und zu Unruhe in der Bevölkerung führt.[62] Denkbar ist, dass unter Marc Aurel auch die Christen zu den »mali homines« gezählt werden, die Unruhe erzeugen, und als solche dann auch von Amts wegen aufgespürt werden können.[63] Zudem befeuert eine restaurative Religionsgesetzgebung die Abneigung der Bevölkerung gegen Christen, so dass es zu lokalen antichristlichen Aktionen kommt.[64] Neue Grund-

---

56 Vgl. NOGRADY, Strafrecht (s. Anm. 6), 60–62.

57 Vgl. Iust., 2 apol. 2, bes. 9–20.

58 Vgl. NOGRADY, Strafrecht (s. Anm. 6), 62–68; ausführlich C. MOTSCHMANN, Die Religionspolitik Marc Aurels (Hermes Einzelschriften 88), Stuttgart 2002, bes. 220–271.

59 Vgl. NOGRADY, Strafrecht (s. Anm. 6), 63 mit Anm. 254. Die Datierungen des Polykarpmartyriums schwanken zwischen 166 und 156 (dann vor Marc Aurels Regierung!), vgl. H. G. THÜMMEL, Polykarp und kein Ende. Zum Polykarp-Martyrium, (ZAC 16, 2012, 550–553), 550. Zu den Prozessen vgl. MOTSCHMANN, Religionspolitik (s. Anm. 58), 223–251; ENGBERG, Impulsore Chresto (s. Anm. 2), 231–263.

60 Vgl. Oros., hist. 7,15,4. Vgl. MOTSCHMANN, Religionspolitik (s. Anm. 58), 104–115.

61 Vgl. NOGRADY, Strafrecht (s. Anm. 6), 26f.30–32.64f, vgl. o. Anm. 7.

62 Vgl. NOGRADY, Strafrecht (s. Anm. 6), 31f.

63 So die These von NOGRADY, Strafrecht (s. Anm. 6), 64–67.

64 Vgl. Chr. HORNUNG, Art. Marcus Aurelius, RAC 24, 89–99, 95; MOTSCHMANN, Religionspolitik (s. Anm. 58), 144–168.

satzentscheidungen, die sich speziell auf die rechtliche Situation der Christen beziehen, sind unter Marc Aurel nicht sicher belegt. Die »neuen Verordnungen für Asien«, von denen Melito spricht, sind offenbar keine speziellen Christengesetze.[65] Im Gegenteil bestätigt Marc Aurel in dem Reskript, das er im Zusammenhang mit den Ereignissen in Lyon und Vienne an den zuständigen Provinzgouverneur schickt, die Grundsätze Trajans. Entscheidend ist auch hier das Christsein selbst, es geht nicht um etwaige Verbrechen im Einzelnen. Geständige Christen werden verurteilt; wer den Vorwurf glaubhaft widerlegt oder sich lossagt, wird freigelassen.[66] Allerdings finden sich unter Marc Aurel vermehrt Hinweise, dass die Behörden – insbesondere bei religiös bedingten Unruhen in der Bevölkerung[67] – aktiv nach Christen suchen. So erteilt der Statthalter ausdrücklich den Befehl, alle Christen Lyons ausfindig zu machen; um Verdächtige dingfest zu machen, werden auch Haussklaven unter Folter befragt.[68] Auch nach Polykarp wird gefahndet.[69]

Für die folgenden Kaiser ist keine grundsätzliche Änderung der Rechtslage zu erkennen.[70] Weiterhin geht man lokal begrenzt gegen einzelne Christen bei konkretem Anlass vor. Die Nachrichten über die scilitanischen Märtyrer, die ersten bekannten Märtyrer Nordafrikas, sowie über Apollonius in Rom unter der Regierung des Commodus bestätigen den Grundsatz des nomen ipsum.[71] Dasselbe gilt für die Zeit der Severer, auch wenn unter Septimius Severus christenfeindliche Maßnahmen wieder zunehmen. Nach Eusebius veranlasste dieser Kaiser eine Verfolgung, in der »aus ganz Ägypten und der Thebais« Christen in Alexandria den Tod

---

[65] Vgl. Eus., h.e. 4,26,5; MOTSCHMANN, Religionspolitik (s. Anm. 58), 251–260, der allerdings Beziehungen zur Preisbegrenzung von Gladiatoren um 176–178 vermutet.

[66] Vgl. Eus., h.e. 5,1,8 (die ersten werden inhaftiert, nachdem sie sich zu ihrem Glauben bekannt haben); 5,1,10 (der Statthalter fragt den »Fürsprecher« der Christen lediglich, ob er Christ sei); 5,1,47. Zur Verurteilung aufgrund des nomen ipsum vgl. weiter Acta Iust. 3,4; 4,1–9; Acta Scil. 9–14. Zu den Vorgängen vgl. MOTSCHMANN, Religionspolitik (s. Anm. 58), 241–251, der allerdings (a.a.O. 244f.) den Fahndungsbefehl auf die Gemeindeleitung beschränken will; ENGBERG, Impulsore Chresto (s. Anm. 2), 252–263.

[67] Vgl. MOTSCHMANN, Religionspolitik (s. Anm. 58), 160–165.

[68] Vgl. Eus., h.e. 5,1,14.

[69] Vgl. Mart. Polyc. 3,2; 6,1.

[70] Zum Überblick bis zu Decius vgl. G. CLARKE, Third-century Christianity, in: CAH 12, 2005^2, 589-671, 616–625.

[71] Vgl. NOGRADY, Strafrecht (s. Anm. 6), 68–71; ENGBERG, Impulsore Chresto (s. Anm. 2), 265.

fanden.[72] Tertullian bezeugt in vielen Schriften antichristliche Maßnahmen in Nordafrika. Berühmte Opfer aus dieser Zeit sind Vibia Perpetua, Felizitas und weitere Katechumenen, die wohl i.J. 203 in Karthago hingerichtet wurden.[73] Auch hier ist in der öffentlichen Verhandlung die alles entscheidende Frage, ob die Aufgegriffenen Christen seien.[74] Grund der Verschärfung ist möglicherweise eine erneute kaiserliche Weisung an die Provinzstatthalter, gegen »mali homines« von Amts wegen vorzugehen, die einige Provinzleiter auch auf Christen anwenden.[75]

3. Motive von Christenfeindlichkeit in den ersten drei Jahrhunderten

Da also in dieser Zeitspanne staatliche Stellen grundsätzlich nicht von sich aus aktiv werden, kommt der Initiative aus »der Bevölkerung«, d.h. den individuellen Motiven Einzelner aufgrund persönlicher Kontakte bzw. der Stimmung von lokalen Gruppen, entscheidende Bedeutung zu. Die weitere Entwicklung bis in die Mitte des 3. Jhd. bestätigt das. Die Motive christenfeindlicher Haltungen und Aktionen sind vielfältig. Die Apologeten, häufig bestätigt durch weitere Quellen, überliefern eine große Bandbreite von Verdachtsmomenten und Vorwürfen gegenüber Christen, die in der Bevölkerung umlaufen.[76] Sie sind Indikatoren für Abgrenzung, Ablehnung oder auch Angst, die in offene Feindschaft und Aggression umschlagen können und schließlich in strafrechtlich fundierte Maßnahmen des Staates gegen

---

72 Vgl. Eus., h.e. 6,1,1.

73 Vgl. GUYOT / KLEIN, Verfolgungen (s. Anm. 13), 1,357.

74 Vgl. pass. Perpet. 6,4; vgl. 6,2.

75 Vgl. NOGRADY, Strafrecht (s. Anm. 6), 73f. Möglicherweise hatte Ulpian im siebten Buch de officio proconsulis auf den Grundsatz Trajans, Hadrians und des Antonius Pius verwiesen, dass nach Christen nicht gefahndet werden solle, vgl. a.a.O. 74f. Die Nachricht der Historia Augusta 17,1, Septimius Severus habe 202 den Übertritt zum Judentum und Christentum allgemein gesetzlich unter Strafe gestellt, ist historisch nicht glaubwürdig.

76 Exemplarisch kann man die Rede des Caecilius Natalis im »Octavius« »als Kanon zeitgenössischer Vorwürfe gegen das frühe Christentum« ansehen, so F. HASENHÜTL, Die Heidenrede im »Octavius« des Minucius Felix als Brennpunkt antichristlicher Apologetik. Weltanschauliche und gesellschaftliche Widersprüche zwischen paganer Bildungsoberschicht und Christentum (Theologie 89), Münster 2008, 73–131 (Zitat a.a.O. 73). Zu den Angriffen des Kelsos und den Antworten des Origenes vgl. bes. ENGBERG, Impulsore Chresto (s. Anm. 2), 283–314; M. FIEDROWICZ, Einleitung, in: ORIGENES, Contra Celsum. Gegen Celsus 1 [FC 50,1], Freiburg 2011, 9–122, 51–109); H. E. LONA, Die »Wahre Lehre« des Kelsos (Kommentar zu frühchristlichen Apologeten Erg.-Bd. 1), Freiburg 2005. Vgl. weiter u. Anm. 129.

Christen münden. Wie gerade auch Märtyrerakten und -berichte zeigen, kommen weitere, teils deutlich individuell geprägte Motive hinzu.

3.1 Stein des Anstoßes: Christliche Distanzierung gegenüber der gesellschaftlichen und privaten Umgebung

Der Kern des Problems liegt wohl in der gesellschaftlichen Selbstdistanzierung und -isolation von Christen, die religiös motiviert ist. Tiefere Ursache ist der Monotheismus. In der Taufe hat sich der/die Einzelne zu dem einen Gott bekannt, der sich zunächst seinem Volk Israel, dann aber in seinem Sohn allen Völkern offenbart hat, und allen anderen Mächten, nämlich dem Teufel und seinem »Pomp« widersagt. Letzteres meint zentral den Götterkult. Dieses Bekenntnis verlangt nicht nur, alle anderen göttlichen Mächte im Wort abzulehnen, es verbietet in der Konsequenz auch die Beteiligung an Handlungen, die die Anerkennung anderer göttlicher Wesenheiten bejahen oder gar deren Verehrung ausdrücken. Da aber das öffentliche und private Leben sehr stark von Ausdrucksformen des Polytheismus geprägt ist, muss dessen Ablehnung zur Distanzierung in vielen Bereichen des öffentlichen und gesellschaftlichen Lebens führen. Wer sich wie Christen als »fremd« in der (menschlichen) »Welt« versteht, wird schnell gesellschaftlich als fremd etikettiert, aus der Gesellschaft ausgeschlossen und dann als feindlich bekämpft.[77] Für die Gegenseite bedeutet dies zugleich eine Schärfung und Stärkung der eigenen Identität.[78]

Wie weit ein kompromissloser Rückzug aus »der Welt« reichen müsste, demonstriert Tertullian mit der ihm eigenen Härte. Er vertritt Extrempositionen und umschreibt ein Ideal, wie es ihm vorschwebt, das in dieser Radikalität wohl kaum jemals realisiert worden ist.[79] Dennoch wird deutlich, in welchen Feldern Konflikte mit der nichtchristlichen Umgebung auf-

---

77 Vgl. RÜPKE, Aberglauben (s. Anm. 12), 16. ENGBERG, Impulsore Chresto (s. Anm. 2), 322 zusammenfassend: »... it was a realistic hostility – the idea that Christians are ungodly and that they propagate a contagious superstition – which primarily motivated provincial authorities to punish Christians. Consequently, realistic hostility was motivated by what the Christians did, their loyalty to Christ, as well as what they failed to do: Worship the Roman gods.« Zum Selbstverständnis des Fremdseins in der Welt vgl. M. CLAUSS, Christen – Bürger einer anderen Welt, Trier 2008.

78 Dies scheint in der Diokletianischen Verfolgung eine wichtige Rolle zu spielen, vgl. u. Anm. 234.

79 Vgl. CHR. MÜHLENKAMP, »Nicht wie die Heiden«. Studien zur Grenze zwischen christlicher Gemeinde und paganer Gesellschaft in vorkonstantinischer Zeit (JAC.E Kleine Reihe 3), Münster 2008, bes. 203.

kommen können, wenn man versucht, den Glauben konsequent zu leben.[80] Es liegt auf der Hand, dass Christen außerhalb der eigenen liturgischen Vollzüge generell nicht an Kult- und Opferhandlungen teilnehmen können. Sie übernehmen selbstverständlich keine Priesterämter oder andere Aufgaben, die mit dem Götterkult verbunden sind. Man sollte sie auch nicht in Tempeln, an Grabmonumenten, an Altären, vor Götterbildnissen, bei Totenfeiern antreffen.[81] Doch das Verbot der Beteiligung an diesen Kulten reicht weiter. Tertullian hat diesem Problem die Schriften »Über die Schauspiele« und, diese ergänzend und weiterführend, »Über die Götzenverehrung« (de idololatria) gewidmet. Er will klarmachen, dass Idololatrie nicht nur in der aktiven Verehrung von Göttern, i.d.R. konkret ihrer Bildnisse, besteht, sondern alle Handlungen umfasst, die deren Existenz anerkennen oder zu ihrer Verehrung beitragen.

3.1.1 Rückzug aus Berufen

So können Christen eine ganze Reihe von Berufen nicht ausüben. Dass Tätigkeiten, die grundsätzlich mit christlicher Ethik nicht vereinbar sind, ausscheiden, versteht sich von selbst. Hierzu zählen insbesondere unehrenhafte Erwerbszweige wie Prostitution, Betrieb von Bordellen, Schauspielerei oder auch solche, die auf Verletzung oder Tötung angelegt sind wie Gladiatorendienst, der Betrieb von Gladiatorenschulen oder Tierkampf, und schließlich Praktiken, die mit dämonischen Kräften im Zusammenhang stehen wie Magie, Zauberei, Wahrsagerei. Wer solchen Tätigkeiten nachgeht, wird nicht einmal als Taufbewerber zugelassen.[82] Tertullian legt besonderen Nachdruck darauf, dass darüber hinaus auch alle beruflichen Tätigkeiten verboten sind, die direkt oder indirekt mit dem Polytheismus verbunden sind. So ist es einem Christen nicht erlaubt, künstlerisch oder kunsthandwerklich Götterfiguren aus Stein, Ton, Gips, Holz oder Metall herzustellen oder sie zu malen, selbst wenn er die dargestellten »Götter« für nicht existent hält. Er schafft durch seine Arbeit die Voraussetzungen

---

[80] Neben MÜHLENKAMP, Heiden (s. Anm. 79) vgl. bes. G. SCHÖLLGEN, Die Teilnahme der Christen am städtischen Leben in vorkonstantinischer Zeit. Tertullians Zeugnis für Karthago (RQ 77, 1982, 1–29); zum östlichen Christentum vgl. D. BENGA »Defining Sacred Boundaries«. Processes of Delimitation from the Pagan Society in Syrian Christianity according to the Didascalia Apostolorum (ZAC 17, 2013, 526–559).

[81] Vgl. Tert., spect. 13,4.

[82] Vgl. TA 16, dazu A. FÜRST, Die Liturgie der Alten Kirche. Geschichte und Theologie, Münster 2008, 109.

für die Idolatrie[83] und handelt damit gegen die Absage an den Teufel, die er im Taufbekenntnis gesprochen hat. Letztlich hängt er doch seine Gedanken, seinen Einsatz, ja sein Herz an diese »Götter«.[84] Darüber hinaus darf ein Christ auch nicht indirekt zum Götterkult beitragen, etwa indem er als Steinmetz, Maurer oder Zimmermann beim Bau eines Tempels, Altares oder Baldachins mitarbeitet, für die Innenausstattung eines Tempels z.B. als Maler oder Stuckateur sorgt oder das Blattgold schlägt, das zum Schmuck dient.[85] Ein Christ darf nicht als Astrologe arbeiten, denn die Göttergestalten erscheinen hier als Gestirne am Himmel und man gesteht ihnen die Macht zu, auf die Ereignisse in der Welt Einfluss zu nehmen, die tatsächlich allein Gott hat.[86] Auch der Beruf des Lehrers ist für einen Christen nicht akzeptabel, da die Göttererzählungen und »Götterkunde« zu den obligatorischen Unterrichtsgegenständen gehören. Jede sprachlich-grammatische und stilistische Unterrichtung wird an den großen Werken der antiken Literatur vollzogen, in der die Götterwelt ständig präsent ist. Schließlich ist das Schulleben eng mit religiösen Feiern und deren Bräuchen verbunden, von denen sich Lehrer nicht ausschließen können - nicht zuletzt, weil sie an bestimmten Festtagen ihren Lohn oder besondere Geschenke und Gratifikationen erhalten.[87] Weiter darf ein Christ nicht mit Waren Handel betreiben, die für Götterkulte notwendig sind, etwa indem er Opfertiere oder Weihrauch liefert.[88] Jede direkte oder indirekte Dienstleistung für Kultvollzüge ist verboten.[89] Schließlich darf ein Christ auch nicht Soldat sein.[90]

---

83 Vgl. Tert., idol. 3f.6; Tertullian hat grundsätzlich Vorbehalte gegen jede Form von »kleinen Bildnissen« (εἴδωλα). Bildhauer, Maler und alle, die solche Bildnisse anfertigen, sind Erfindungen des Teufels (3,2). Im Hintergrund steht das atl. Bilderverbot, vgl. 5,4. Zu Einzelfragen dieser Schrift vgl. J. H. WASZINK / J. C. M. VAN WINDEN, Tertullianus, De idololatria. Critical text, translation and commentary (Supplements to Vigiliae Christianae 1), Leiden 1987.

84 Vgl. Tert., idol. 6,3.

85 Vgl. Tert., idol. 4.8.

86 Vgl. Tert., idol. 9,1f. Auch hier liegt ein konkreter Fall zugrunde. Magie (im Sinne des Bewirkens von »Wundern«) wird nachfolgend ebenfalls verworfen.

87 Vgl. Tert., idol. 10,1-4. Lernen und Unterrichtetwerden lässt Tertullian (10,4–7) dagegen zu, denn ohne die weltlichen Studien sind auch die religiösen nicht möglich. TA 16 empfiehlt den Ausstieg aus dem Lehrerberuf, gestattet aber die Weiterführung, falls der Betreffende nichts anderes gelernt hat.

88 Vgl. Tert., idol. 11.

89 Vgl. bes. Tert., idol. 11,8: »Also keine Kunstfertigkeit, kein Beruf, kein Handelsgeschäft, welches zur Ausstattung oder Herstellung von Götzenbildern irgendetwas beiträgt, kann von dem Vorwurf der Idololatrie frei sein. Es müßte denn sein,

3.1.2 Rückzug aus dem politischen Leben

Im Bereich des öffentlichen und politischen Lebens sieht Tertullian durch das Christensein ebenfalls enge Grenzen gesetzt. Faktisch ist für Christen die Übernahme von öffentlichen Ämtern unmöglich, da sie unweigerlich mit Kulthandlungen verbunden sind. Dies beschränkt sich nicht auf die angesehenen Priesterämter, sondern umfasst nahezu alle öffentlichen Funktionen, insbesondere die leitenden Positionen der Ämterlaufbahn. Auch hier deutet Tertullian an, dass diese Probleme zu seiner Zeit konkret diskutiert werden. So ist die Frage gestellt worden, ob die Übernahme öffentlicher Ämter statthaft sei, wenn sich die Inhaber durch geschicktes Verhalten jeder Form der Idololatrie entziehen könnten. Zur Legitimation des Anliegens wird auf die alttestamentlichen Beispiele von Joseph und Daniel verwiesen, die doch in Ägypten und Babylon hohe Ämter innehatten, ohne sich durch Götzendienst zu versündigen. Tertullian verneint die Frage aus vornehmlich drei Gründen. Zum einen sei es für den Inhaber eines höheren Amtes faktisch nicht möglich, jede direkte oder indirekte Beteiligung am Götterkult zu vermeiden. Ein höherer Beamter muss unweigerlich selbst Opfer vollziehen oder in seinem Auftrag und Beisein vollziehen lassen, den Opfer- und Kultbetrieb organisieren, Abgaben für Tempel einziehen und verwalten, öffentliche Spiele veranstalten und ihnen vorsitzen, bei Festen mit religiösem Hintergrund auftreten und eine Rede halten, er muss Eide leisten. Zum zweiten muss er, wenn das Amt richterliche Funktionen einschließt, Urteile fällen und u.U. Folter anwenden und Kapitalstrafen verhängen, was mit christlicher Ethik unvereinbar ist.[91] Drittens widerspricht die prunkvolle Amtstracht mit den auffallenden Zeichen ihrer Würde und Machtbefugnisse der von Jesus gebotenen und vorgelebten Einfachheit, dienenden Demut und Geringachtung weltlicher Güter.[92] Christen können auch niedere Beamtenstellen nicht innehaben, da sie dann zu Hilfstätigkeit bei Kultvollzügen verpflichtet sein können.[93]

daß wir unter Idololatrie etwas anderes verständen, als eine Dienstleistung zur Verehrung der Idole!« (Übers. H. KELLNER, BKV^2 7, 1912, 153).

90 Vgl. Tert., idol. 19; etwas offener Tert., coron. 11,4; TA 16. An diesem Punkt wird die Diskrepanz zur Wirklichkeit sehr deutlich. Es gab christliche Soldaten, die allerdings Gefahr liefen, aufgrund ihres Glaubens in Konflikte zu geraten. Zu Beispielen von Martyrien christlicher Soldaten vgl. W. KUHOFF, Diokletian und die Epoche der Tetrarchie. Das römische Reich zwischen Krisenbewältigung und Neuaufbau (284–313 n. Chr.), Frankfurt a.M. 2001, 259–266 .

91 Vgl. Tert., idol. 17.

92 Vgl. Tert., idol. 18.

93 Vgl. Tert., idol. 17,1.

Damit schließen sich Christen, sofern sie aufgrund ihres Standes, Vermögens und Ansehens für solche Positionen in Frage kommen, weitgehend aus dem politischen Leben ihrer Heimatstadt aus.

3.1.3 Rückzug aus dem gesellschaftlichen Leben

Auch aus vielen Bereichen des gesellschaftlichen Lebens und des privaten Miteinanders müssen sich Christen nach Tertullian zurückziehen und sich »von der Welt« fernhalten, um nicht mit ihr verurteilt zu werden.[94] Dies gilt etwa für Feste. Christen dürfen z.B. nicht die Saturnalien, seit Augusteischer Zeit eine Festwoche mit Volksfestcharakter zu Ehren des Saturn, das Janusfest zum Jahreswechsel, die Feier der Wintersonnenwende oder die Matronalien, das Fest der Ehefrauen zu Ehren der Juno Lucina, begehen, da sie mit Feiern und Opfern für die jeweilige Gottheit verbunden sind. Daher können sich Christen auch nicht an den gängigen Festtagsbräuchen beteiligen, indem sie z.B. das Haus schmücken, Spiele besuchen, an Gastmählern teilnehmen und mit Nichtchristen gemeinsam feiern, die üblichen Geschenke annehmen oder geben.[95] Aus Anlass von Kaiserfesten dürfen Christen nicht, wie es üblich ist, Lampen vor die Tür stellen und die Pfosten der Eingangstür mit Kränzen schmücken, weil damit die Türgottheiten geehrt werden. Zudem deutet Tertullian an, dass dem Kaiser als einem Menschen – und damit Geschöpft – keine göttlichen Ehren zukommen; er betont aber auch, dass die Pflicht zum Gehorsam gegenüber der Staatsführung damit keineswegs in Frage gestellt ist. Auch hier gilt die Grundregel: Die Beteiligung an Festen und Ehrungen für den Kaiser ist Christen nur so weit gestattet, als keine Verehrung heidnischer Gottheiten impliziert ist.[96] Entsprechendes gilt für öffentliche Veranstaltung (spectacula), d.h. Spiele (ludi) zu bestimmten Festtagen[97], im Einzelnen Theateraufführungen (scaenicae)[98], Wettkämpfe (agones)[99] und von Beamten veranstalteten Spiele (munera), vor allem Gladiatorenspiele und Tierkämpfe[100]. Sie alle sind durch ihren Ursprung, den Titel, die Aufmachung und Szenerie, die Örtlichkeit, an der sie abgehalten werden, die Aktionen und Fertigkeiten der Ausführenden untrennbar mit der Idololatrie verbunden.

---

94 Vgl. Tert., idol. 13,3f; 24,2; spect. 28,2.

95 Vgl. Tert., idol. 14,3–7.

96 Vgl. Tert., idol. 15.

97 Vgl. zum Folgenden Tertullians Schrift de spectaculis. Er unterscheidet (6,3) grundsätzlich zwischen Spielen an Götterfesten (ludi sacri) und Leichenspielen (ludi funebres).

98 Vgl. Tert., spect. 10.

99 Vgl. Tert., spect. 11.

100 Vgl. Tert., spect. 12. Tertullian führt sie (12,1) auf die Leichenspiele zurück.

Zudem sind sie unter sittlich-ethischen Gesichtspunkten in vielfacher Hinsicht abzulehnen.[101] Daher müssen Christen sie als Konsequenz aus dem Taufversprechen konsequent meiden. Eben dieses »Nichtmitmachen« muss ein Unterscheidungsmerkmal der Christen gegenüber ihrer Umwelt sein, an dem sie erkannt werden.[102]

Entsprechendes gilt für private Feiern wie z.B. Hochzeiten, zu denen Christen von Nichtchristen eingeladen werden. Die Teilnahme verbietet sich, wenn die Einladung bereits ausdrücklich die Beteiligung an einer Opferfeier ankündigt. Christen müssen immer die Freiheit haben, selbst zu bestimmen, was sie mitmachen. Tertullian warnt vor der direkten Teilnahme an einem Opfer bzw. dessen aktiver Unterstützung z.B. durch einen Geldbeitrag; die Beobachterrolle hält er für statthaft.[103] Er verurteilt alles »Mitmachen«, um gesellschaftliche Konventionen einzuhalten, nicht aufzufallen und keinen Ärger zu erregen. Zwar habe Paulus den Umgang mit der nichtchristlichen Gesellschaft nicht grundsätzlich verboten und nicht den Auszug aus »der Welt« verlangt (1 Kor 5,10), andererseits aber doch nicht die Anpassung an deren Lebenspraxis bis hin zur Sünde zugelassen.[104] Christen ist es aus Tertullians Sicht auch verboten, ein Versprechen durch Anrufung einer heidnischen Gottheit zu bekräftigen oder dies auch nur zuzulassen, ohne selbst die Anrufungsformel zu sprechen.[105] Dasselbe gilt für den Schwur bei Rechtsgeschäften; es ist daher für Christen kaum möglich, von einem Nichtchristen ein Darlehen zu erhalten, weil bei der Stellung einer Sicherheit ein Schwur zu leisten ist, selbst wenn er nur durch Unterschrift auf dem Vertrag geleistet wird.[106] Bis in den Bereich des individuellen Sprachgebrauchs reicht Tertullians Vorbehalt gegen Idololatrie: Ausrufe oder Verwünschungen, die Bezug auf die Götterwelt nehmen, muss der Christ meiden. Selbst Segenswünsche etwa bei der Gabe eines Almosens darf der Christ nicht ohne Widerspruch stehen lassen. Ausdrücklich verwirft Tertullian die Meinung, man müsse sich als Christ im alltäglichen Leben nicht »outen«: Wer als Christ nicht erkannt werden will, verleugnet seinen Glauben.[107]

Diese Radikalforderungen sind so kaum realisiert worden. Eingestreute Einwände und eigene Klagen Tertullians machen deutlich, dass sich

---

[101] Vgl. Tert., spect. 14–27.
[102] Vgl. Tert., spect. 24.
[103] Vgl. Tert., idol. 16.
[104] Vgl. Tert., idol. 14,5.
[105] Vgl. Tert., idol. 21,1–4.
[106] Vgl. Tert., idol. 23.
[107] Vgl. Tert., idol. 21,4f; 22.

Christen oftmals anders verhielten und hierfür auch unter Bezug auf die Heiligen Schriften Rechtfertigungen anführten.[108] Das Verbot der Götzenverehrung wird keineswegs in Frage gestellt, doch man sucht in einer »Güterabwägung« lebenstaugliche Kompromisse zwischen einer konsequenten christlichen Lebensweise und den Notwendigkeiten (necessitates) des Alltags zu finden, die auch zu unterschiedlichen Synkretismen führen.[109] Dennoch ist deutlich: 1. Christen ist grundsätzlich die Notwendigkeit einer kritischen Distanz gegenüber der Umwelt bewusst und sie stellen diese auch in einem individuell »verträglichen« Maß her. 2. Das soziale Lebensumfeld innerhalb der Bürgerschaft einer Stadt oder Siedlung registriert die Abgrenzung von Christen und reagiert mit Unverständnis, Irritation, Ablehnung, Anfeindung. Tertullian bestätigt das indirekt, wenn er dazu aufruft, dies als Prüfungen zu sehen, die dem Martyrium bereits nahe kommen.[110]

3.1.4 Kaiserkult - Brennpunkt der Desintegration

Ein besonders sensibler Punkt, auf den Tertullian daher auch sehr vorsichtig eingeht, ist der Kaiserkult.[111] Hier geht es um explizit kultische Vollzüge. Im engeren Sinn sind Rituale zugunsten göttlicher Kräfte gemeint, die im Kaiser wirken (genius), oder (vor allem im Osten des römischen Reiches) um göttliche Ehren für den lebenden Kaisers selbst; hiervon zu unterscheiden ist die Verehrung verstorbener Kaiser, die durch Senatsbe-

---

108 Besonders deutlich etwa Tert., idol. 5.12; 7: Nicht nur Laien, sondern sogar Mitglieder des Klerus haben beruflich mit der Herstellung von Götterbildern zu tun - für Tertullian ein unerträglicher Skandal.

109 Vgl. MÜHLENKAMP, Heiden (s. Anm. 79), 140; am Beispiel von Lyon J. E. HAFNER, Religiöser Alltag der Christen in Lyon und seine Unterbrechung, in: P. EICH / E. FABER (Hrsg.), Religiöser Alltag in der Spätantike (PAwB 44), Stuttgart 2013, 225-242, 231-242.

110 Vgl. Tert., idol. 14,3.

111 Aus der Fülle der Literatur seien hier nur neuere Untersuchungen (vor allem im Kontext der Johannes-Apokalypse) genannt: W. AMELING, Der kleinasiatische Kaiserkult und die Öffentlichkeit. Überlegungen zur Umwelt der Apokalypse, in: M. EBNER / E. ESCH-WERMELING (Hrsg.), Kaiserkult, Wirtschaft und *spectacula*. Zum politischen und gesellschaftlichen Umfeld der Offenbarung (NTOA 72), Göttingen 2011, 15-54; ST. PFEIFFER, Das Opfer für das Heil des Kaisers und die Frage nach der Praxis von Kaiserkult und Kaiserverehrung in Kleinasien, in: TH. SCHMELLER / M. EBNER / R. HOPPE, Die Offenbarung des Johannes. Kommunikation im Konflikt (QD 253), Freiburg 2013, 9-31; ST. SCHREIBER, Attraktivität und Widerspruch. Die Dämonisierung der römischen Kultur als narrative Strategie in der Offenbarung des Johannes, in: SCHMELLER / EBNER / HOPPE, Offenbarung (s. Anm. 111), 74-106; M. MAYORDOMO, Gewalt in der Johannesoffenbarung als theologisches Problem, in: SCHMELLER / EBNER / HOPPE, Offenbarung (s. Anm. 111), 107-136.

schluss zum Gott erhoben worden sind.[112] Die neueren Forschungen zum Kaiserkult stellen neben der Vielschichtigkeit des Phänomens, das nach Region, Zeit und Trägern (vom Provinzlandtag bis zu Privatpersonen) unterschiedliche Formen annimmt[113], vor allem folgende Punkte heraus: 1. Der Kaiser ist in seiner »Sakralität« (die bereits der Name Σεβαστός, Augustus andeutet), im privaten, vor allem aber im öffentlichen Leben gerade der Provinzen »allgegenwärtig«. Zeitrechnung, Münzen, Bildnisse (Statuen, Portraits) an öffentlichen Plätzen und in öffentlichen Gebäuden einschließlich von Markthallen, Tempel und Altäre, besonders aber die öffentlichen Feste zu Ehren des Kaisers (teils in Gemeinschaft mit anderen Göttern) mit Prozessionen, Kultfeiern, d.h. Opfer und Mahl, sowie (Gladiatoren-)Spielen und Wettkämpfen machen den Kaiser überall im Reich präsent.[114] 2. In seiner provinzialen und städtischen, selbst in der privaten Ausformung »ist der Kaiserkult in allen seinen Aspekten auf Öffentlichkeit ausgerichtet«[115]. Aktive Träger sind vor allem die städtischen Eliten, die selbst als Funktionsträger agieren und als exponierte Teilnehmer öffentlich in Erscheinung treten. Darüber hinaus sind die vielen gesellschaftlichen Gruppen vertreten, d.h. die Mitglieder der einzelnen »Stände« (ordines), freie Bürger der betreffenden Stadt, Einwohner mit fremdem Bürgerrecht, Vereine bis hin zu den einzelnen Hausgemeinschaften, die Haus und Türen zu den Kaiserfesten in der üblichen Weise schmücken. Das Individuum ist als Teil der Gruppe einbezogen, der Kult kann »gleichermaßen der Konstituierung der Gruppen, also der Diversifizierung der Öffentlichkeit, wie ihrer Vereinheitlichung dienen«.[116] 3. Grundsätzlich ist bereits die Einrichtung der Kulte freiwillig; die Initiative geht in aller Regel von Städten bzw. Städ-

---

[112] PFEIFFER, Opfer (s. Anm. 111), 9–12 unterscheidet den »Kaiserkult« als »das in Gemeinschaft oder privat vollzogene religiöse Ritual, das der *lebende* Kaiser allein oder in Vergesellschaftung mit seinen Vorgängern, seiner Familie oder anderen Göttern erhielt« und das so den Kaiser »identisch mit einer Gottheit« (a.a.O. 10) setzte, von der »Verehrung« des Kaisers, »wenn Untertanen für das Wohl (pro *salute*) des Kaisers anderen Göttern einen Kult vollziehen oder bei diesen Göttern für das Heil des Kaisers beten« (a.a.O. 11). Ob »es überhaupt einen Kult« gegeben habe, werde noch diskutiert (a.a.O. 16f.). PFEIFFER (a.a.O. 25–30) kommt zu dem Schluss, dass es Kaiserkult und -verehrung nebeneinander gab. Vgl. weiter AMELING, Kaiserkult (s. Anm. 111), 16f.

[113] Vgl. AMELING, Kaiserkult (s. Anm. 111), 16f; PFEIFFER, Opfer (s. Anm. 111), 12-16.

[114] Vgl. AMELING, Kaiserkult (s. Anm. 111), 18–24; 24–36 (Formen des privaten, städtischen und provinzialen Kultes); 36-42 (Feste); vgl. weiter PFEIFFER, Opfer (s. Anm. 111), 17–25; SCHREIBER, Attraktivität (s. Anm. 111), 93–95.

[115] AMELING, Kaiserkult (s. Anm. 111), 42.

[116] AMELING, Kaiserkult (s. Anm. 111), 43.

tegruppen und Provinzlandtagen aus.[117] Dasselbe gilt in jedem Fall bis in die Mitte des dritten Jahrhunderts für die individuelle Teilnahme an den Feiern. Insgesamt kann man jedoch mit einer »eher hohen Teilnahme« der Bevölkerung an den Kulthandlungen und Feiern rechnen.[118] 4. Grund für diese hohe Beteiligung ist die Attraktivität des Kultes.[119] Zunächst bieten die mit den Feierlichkeiten verbundenen Feste und Vorführungen Unterhaltung, Essen und Trinken, also Geselligkeit. Darüber hinaus geben sie Möglichkeiten, sich in der Öffentlichkeit zu präsentieren und ev. auch gesellschaftlich aufzusteigen. Zudem bieten sich, u.U. unterstützt durch Steuerfreiheit, Chancen für Geschäfte und Handel. Schließlich demonstriert die Teilnahme aber die Annahme eines »Weltbildes« und die Akzeptanz »einer umfassenden politischen, gesellschaftlichen und religiösen Ordnung – die über den Kaiser im Bereich des Göttlichen verankert ist«.[120] Wer am Kaiserkult teilnimmt, beweist politische Loyalität und Bejahung der bestehenden »glücklichen« Verhältnisse, die auf den Kaiser als Friedensgarant, Wohltäter, ja »Retter des Menschengeschlechts« zurückgeführt werden. Der Kaiserkult ist somit zum einen wesentlich »ein Mittel der (symbolischen) Kommunikation oder der Beziehung zwischen Souverän und Untertan«[121] und hat damit politische Funktion, zum anderen aber wirkt er zugleich vor Ort gesellschaftlich integrierend. Christen müssen zumindest im religiös-kultischen Bereich die Beteiligung grundsätzlich vermeiden, sich damit aber auch im gesellschaftlichen Bereich individuell »dosiert« zurückziehen, wenn sie ihre Identität erhalten wollen.[122] Durch Nichtteilnahme am Kaiserkult verweigern sie in einem wichtigen Bereich die gesellschaftliche Integration, geraten in eine Außenseiterposition und bieten

---

[117] Vgl. Mayordomo, Gewalt (s. Anm. 111), 113f; Ameling, Kaiserkult (s. Anm. 111), 30f.

[118] Ameling, Kaiserkult (s. Anm. 111), 44.

[119] Vgl. Ameling, Kaiserkult (s. Anm. 111), 37f.; Schreiber, Attraktivität (s. Anm. 111), 94–96.100–104.

[120] Schreiber, Attraktivität (s. Anm. 111), 95. Vgl. Ders., Offenbarung (s. Anm. 25), 582; Rüpke, Aberglauben (s. Anm. 12), 143: Der Kaiser »plausibilisierte ... die überregionale Identität und Präsenz der sonst primär lokal vorgestellten und verehrten Götter«.

[121] Pfeiffer, Opfer (s. Anm. 111), 15.

[122] Die Johannes-Apokalypse spiegelt diesen »Identitätskonflikt«, vgl. Schreiber, Offenbarung (s. Anm. 25), 583. Er wird handgreiflich im Problem der »Nikolaiten«, einer Gruppierung in Christengemeinden Kleinasiens, die sich der hellenistisch-römischen Kultur sehr weitgehend anpassen. Der Verfasser der Offenbarung wirft ihnen letztlich vor, den Verlockungen der nichtchristlichen Kultur erlegen zu sein und ihren Glauben aufgegeben zu haben, vgl. Schreiber, Offenbarung (s. Anm. 25), 584; vgl. Ders., Attraktivität (s. Anm. 111), 101–104.

damit Grundlagen für Argwohn, Verdächtigungen und Anfeindungen. Wie weit das schließlich führen kann, zeigt der Pogrom in Lyon, der offenbar mit dem Kaiserkult verbunden ist.[123]

3.1.5 Abschottung des Gemeindelebens

Zur Abgrenzung trägt weiter bei, dass das eigentliche Gemeindeleben ebenfalls nach außen abgeschirmt wird.[124] Die Teilnahme am Gemeindeleben beginnt erst mit Eintritt in die langdauernde Vorbereitungszeit des Katechumenats, in dem sie in christlicher Lehre und Ethik unterwiesen werden und zu beweisen haben, dass sie insbesondere die hohen Anforderungen an die Lebensführung tatsächlich einhalten.[125] Schrittweise werden sie dann auch an die sonntägliche Liturgie herangeführt. Erst ab einem tieferen Stadium dürfen die Taufbewerber gemeinsam mit der Gemeinde beten, später dann das Evangelium hören, kurz vor der Taufe lernen sie das Vaterunser und werden mit dem Wortlaut des Glaubensbekenntnisses bekannt gemacht. Auch nach der Taufe wird die Belehrung nötigenfalls fortgesetzt und vertieft. Ausdrücklich schärft die Traditio Apostolica, eine Kirchenordnung aus dem 3. Jh., ein: »Die Ungläubigen aber sollen davon keine Kenntnis erhalten, bevor sie nicht die Taufe empfangen haben.«[126] Die Teilnahme an der gesamten Eucharistie einschließlich der Mahlfeier ist ausschließlich den Vollmitgliedern der Gemeinde nach der Taufe vorbehalten. Die Gemeinden grenzen sich insbesondere bei der Liturgie nach außen ab. Praktisch zeigt sich das darin, dass an den Eingängen zum Gottesdienstraum der Zutritt kontrolliert wird und die Türen während der Feier geschlossen werden; wohl im 4. Jh. wird hierfür eigens das Amt des Türhüters (θυρωρός; πυλωρός; ostiarius, ianitor) eingerichtet. Türhüter »sind für den Schutz der Kirche verantwortlich. Sie achten darauf, dass beim Opfer kein Ungläubiger oder Nichteingeweihter eintritt (Const. Apost. 2,57,21 ...).«[127]

---

[123] Um 177 wird der Augustus- und Roma-Kult in Lyon weiter praktiziert, er verschwindet zu Beginn des 3. Jh., vgl. HAFNER, Alltag (s. Anm. 109), 228f.

[124] Unter dieser Perspektive bestehen strukturelle Ähnlichkeiten mit Mysterienkulten (Geheimkult, Initiation, »Schweigegebot«), vgl. H.-J. KLAUCK, Religion und Gesellschaft im frühen Christentum. Neutestamentliche Studien (WUNT 152), Tübingen 2003, 179–181.

[125] Zum Folgenden vgl. FÜRST, Liturgie (s. Anm. 82), 107–120.

[126] TA 21 (Übers. W. GEERLINGS; in: FC 1^2, 271).

[127] B. DOMAGALSKI, Art. Ordines minores, RAC 26, 398–459, 443. Die Ostiarii gehören in dieser Zeit zum niederen Klerus. Die Türwächterfunktion teilen sie sich mit den Diakonen, vgl. a.a.O. 445.

Aufgrund dieser Abgrenzungen geraten Christen in die Rolle einer gesellschaftlichen Minderheit und Randgruppe, die zunehmend von der Umwelt als Fremdkörper wahrgenommen und mit Argwohn betrachtet wird. Das Maß der Abgrenzung wird sicherlich individuell unterschiedlich bestimmt, es entscheidet sich konkret in der Lebenspraxis (nicht in der Theorie) und besteht in Kompromissen, die praktikabel erscheinen. Selbst »Rigoristen« wie Tertullian verlangen nicht den vollständigen »Auszug« aus der Welt im Sinne einer kompletten Abkapselung. Soziale Kontakte bleiben bestehen, das Zusammenleben mit Nichtchristen funktioniert in der Regel auf der Basis eines gemeinsamen Werte- und Normensystems - ohne diese gemeinsame Basis wäre Gelegenheitsmission, d.h. die Missionierung durch persönliche Kontakte, kaum möglich. Dennoch bleibt die kultisch-religiöse Abgrenzung gegen Idolatrie »als eine markante Linie bestehen und wird auch von den Heiden als solche wahrgenommen«[128].

3.1.6 Folgen: Missverständnisse, Gerüchte, Vorwürfe, Verdächtigungen

Auf diesem Hintergrund entwickeln sich die bekannten Verdächtigungen und Urteile gegenüber dem Christentum: aufgrund der abweichenden religiösen Überzeugung (Monotheismus) der Vorwurf des Atheismus bzw. des Falschglaubens bis hin zum Religionsfrevel und damit untrennbar verbunden die Anklage, durch die Missachtung den Zorn der Götter zu erregen, der sich in Unglücksfällen, Katastrophen, Missernten, grassierenden Krankheiten usw. äußere; aufgrund der sozialen Abgrenzung die Anschuldigung, die menschliche Gesellschaft abzulehnen (odium generis humani) und schmarotzerhaft ihre Vorteile zu genießen, ohne selbst zu ihrer Wohlfahrt beizutragen; aufgrund der Verweigerung des Opferkultes der Verdacht der Feindschaft gegenüber dem Staat, insbesondere der Missachtung des Kaisers und seiner Würde, und der politischen Unzuverlässigkeit bis hin zum Verdacht der auf Umsturz bedachten Untergrundorganisation; aufgrund der Abschottung des religiösen Lebens umlaufende Gerüchte und Verdächtigungen religiös motivierter Verbrechen (Kindermord, thyestisches Mahl, Blutverzehr, Kannibalismus) und Unsittlichkeit (Inzest); aufgrund der Abweichungen in ethischen Grundsätzen und Werten der Vorwurf, die gesellschaftliche und wirtschaftliche Ordnung zu stören und den

---

128 Mühlenkamp, Heiden (s. Anm. 79), 204. Hiervon eine zweite »weiche« »inklusivistisch-ethische Grenze« (ebd.) zu unterscheiden, wie die Verfasserin vorschlägt, ist aufgrund der engen Verflechtung von Religion und Gesellschaft schwierig.

gesellschaftlichen Frieden bis in die einzelnen Hausgemeinschaften hinein zu erschüttern.[129]

3.2 Private Motive

Private Anzeigen einzelner können aber auch durch handfeste persönliche Interessen und Animositäten bedingt sein. Auch Kaisern ist das bekannt: Hadrian will Verleumdung und Böswilligkeit unterbinden. Anzeigen können auch auf wirtschaftlichen Vorteil abzielen. Melito beklagt sich nach Notizen des Eusebius darüber, dass Anklagen von Menschen eingereicht werden, die auf das Eigentum anderer aus sind und auf diese Weise Unschuldige ganz offen berauben und ausplündern.[130] Ähnliches deutet sich auch im Pliniusbrief an. Der Einbruch des Opferkultes bringt finanzielle Einbußen mit sich, da das Opferfleisch kaum noch verkauft werden kann.[131] Dies dürften gerade wirtschaftlich erfolgreiche Kreise zu spüren bekommen, die über größeren Grundbesitz verfügen und Viehwirtschaft betreiben. So liegt die Vermutung nahe, dass hier insbesondere Mitglieder der lokalen Eliten dem Christentum ablehnend gegenüberstanden.[132] Zwischen ihnen und dem Provinzgouverneur besteht in beiderseitigem Interesse ein enges Verhältnis.

Es sind aber auch individuelle Motive erkennbar, die sich aus persönlichen Beziehungen ergeben. So führen nach der Darstellung Justins Spannungen zwischen Eheleuten zur Hinrichtung der drei Männer durch den Stadtpräfekten in Rom. Ein Ehemann ist verärgert darüber, dass sich seine Frau von ihm scheiden lassen will. Sie ist Christin geworden. Da auf dem Hintergrund christlicher Ethik für sie der Lebensstil ihres Ehemannes

---

[129] Die Vorwürfe sind vor allem bei christlichen Apologeten breit belegt, insbesondere nahezu vollständig in Tertullians Apologeticum, vgl. Georges, Apologeticum (s. Anm. 22), 29; aber auch andere Dokumente wie etwa der Brief der Gemeinde von Lyon und Vienne bestätigen sie, vgl. Eus., h.e. 5,1,14 (thyestisches Mahl, Inzest); 5,1,26 (Kindermord). Ausführlich J. Walsh / G. Gottlieb, Zur Christenfrage im zweiten Jahrhundert, in: Gottlieb / Barceló, Christen und Heiden (s. Anm. 1), 3-86, 21-53; M. Fiedrowicz, Apologie im frühen Christentum. Die Kontroversen um den christlichen Wahrheitsanspruch in den ersten Jahrhunderten, Paderborn 2006³, bes. 182-203; mit den entsprechenden Quellen Ders., Christen und Heiden. Quellentexte zu ihrer Auseinandersetzung in der Antike, Darmstadt 2004, 250-327; Guyot / Klein, Verfolgungen (s. Anm. 13), 2,140-201.216-223; Hasenhütl, Heidenrede (s. Anm. 76), 113-131.

[130] Vgl. Eus., h.e. 4,26,5.

[131] Vgl. Plin., ep. 10,96,10.

[132] Sie spielen sicherlich insgesamt eine Schlüsselrolle, vgl. Engberg, Impulsore Chresto (s. Anm. 2), 323-325.

nicht mehr tragbar ist, stellt sie während seiner Abwesenheit den Scheidebrief aus. Der verärgerte Ehemann reicht daraufhin gegen sie Klage ein; der Schuldvorwurf lautet auf Christsein.[133] Da die Beschuldigte aufgrund eines Antrages Prozessaufschub erreicht, wendet sich der Ehemann gegen einen Mann namens Ptolemaeus, der seine Frau in der Lehre des Christentums unterwiesen hatte. Der Ehemann erreicht über einen befreundeten Centurio dessen Inhaftierung. Auch hier beschränkt sich das Verhör – angeblich auf Anraten des verlassenen Ehemannes – allein auf den Vorwurf des Christseins. Eben dies ist auch der Grund der Verurteilung durch den Stadtpräfekten, nachdem der Beschuldigte auch nach Zwangsmaßnahmen bei seinem Bekenntnis geblieben ist.[134] Auf derselben Grundlage wird außerdem Lucius, ein Zeuge des Urteilsspruches, verurteilt, der nach Justins Darstellung die Berechtigung des Urteils gegenüber dem Stadtpräfekten in Frage stellt. Ganz ähnlich wie bei der Anfrage des Plinius wird der Grundsatz des »nomen ipsum« angezweifelt. Es wird darauf hingewiesen, dass neben dem Christsein an sich keinerlei Verbrechen vorliegen, und es wird im Gegenteil eine Liste möglicher Vergehen aufgeführt, die nach christlicher Ethik gerade verbotenen sind.[135] Auf diesem Hintergrund ist kein einleuchtender Grund (αἰτία) für das Urteil ersichtlich, der Spruch ist nicht rational nachvollziehbar und »unbegründet« (ἀλόγως). Auch Lucius wird aufgrund des »nomen ipsum« zum Tod verurteilt, ebenso ein zufällig hinzukommender Dritter.

3.3 Aufgebrachte Menge

Vielfältige Zeugnisse belegen zudem, dass eine aufgebrachte Menschenmenge ein Vorgehen gegen Christen fordert und durchsetzt. Das Hadrian-Reskript deutet dies bereits an, wenn der Kaiser nachdrücklich erklärt, die Provinzgouverneure sollten nicht dem Geschrei nachgeben. Im Falle Polykarps fordert die Menschenmenge, dass gegen Christen vorgegangen und nach Polykarp gesucht werden soll.[136] Nachdem der Greis im Amphitheater vorgeführt worden ist und sein Christsein gestanden hat, verlangt die wütende Menge zunächst die Hinrichtung durch einen Löwen, dann die Verbrennung.[137] In Lyon entwickelt sich ein regelrechter Pogrom. Das »niedere Volk« (ὄχλος) drangsaliert Christen durch »Beschimpfungen, Schläge, gewaltsames Fortschleppen, Beraubungen, Steinwürfe, Einsperren und al-

---

133 Vgl. Just., 2 apol. 2,7.

134 Vgl. Just., 2 apol. 2,11f.

135 Vgl. Just., 2 apol. 2,15f.

136 Vgl. Mart. Polyc. 3,2.

137 Vgl. Mart. Polyc. 12,2f.

les, was eine wütende Menge gegen ihre politischen Gegner und äußeren Feinde zu unternehmen pflegt«[138]. Christen werden auf den Marktplatz der Stadt gezerrt und den städtischen Magistraten sowie dem Kommandeur der in der Provinzhauptstadt stationierten Kohorte übergeben. Immer wieder betont das Schreiben die wütende Erregung der Bevölkerung, die lautstark Folter und Tod der Christen verlangt.[139] Als Gründe des Zorns werden die Gerüchte über Gräueltaten der Christen genannt, aber auch das Verlangen, für die missachteten Götter Rache nehmen zu können.[140] Oft ist es offenbar die Menschenmenge im Theater, die in einer Verbindung von Hass und Sensationslust lautstark verlangt: »Christen vor den Löwen«.[141] Auf diesem Hintergrund spricht Tertullian wohl zurecht davon, dass im Theater oder in der Arena Entscheidungen über Verfolgungen fallen und diese von dort ausgehen.[142]

3.4 Zwischenfazit

Im Blick auf das bisher Erörterte seien zwei Punkte hervorgehoben. Zum einen ist deutlich, dass die Behörden in aller Regel auf Anzeigen, andere Initiativen der Bevölkerung oder Unruhe reagieren. Insofern bilden in dieser Phase zumeist christenfeindliche Haltungen in der Bevölkerung den Hintergrund behördlicher Maßnahmen. Im Verhalten der staatlichen Stellen wird deutlich, dass das eigentliche Ziel nicht etwa die physische Beseitigung der Christen ist, sondern die Eingliederung in die gesellschaftliche und staatliche Ordnung. Oft drängen die zuständigen Richter die Angeklagten dazu, sich vom Christentum loszusagen und das Opfer als Akt der Loyalität gegenüber der Gesellschaft, dem Staat und dem Kaiser zu vollziehen. Sie versuchen dies durch gutes Zureden – in den Märtyrerberichten oft als böse Versuchung stilisiert –, durch Drohungen, indem sie auf bevorstehende Qualen und den Tod hinweisen, oder auch durch erzwunge-

---

138 Eus., h.e. 5,1,7 (Übers. Guyot / Klein, Verfolgungen [s. Anm. 13], 1,71.73)

139 Vgl. z.B. Eus., h.e. 5,1,38f.44.

140 Vgl. Eus., h.e. 5,1,31.

141 Vgl. z.B. Tert., apol. 40,1f (Tertullian entwirft die Szene einer versammelten Menge [»conspirant«, »conclamant«] als gefährlicher »factio«); spect. 27,1; resurr. 22,9 (»... omni adhuc popularium coetu reclamante ›Christianos ad leonem‹«); Cypr., ep. 59,6,1 (»totiens ad leonem petitus«; »clamore popularium ad leonem denuo postulatus in circo«); Hieron., Ies. 7,17,12,: »sonabunt enim populi in spectaculis theatralis luxuriae et amphiteatri crudelitate et circi furoribus, sicut sonitus aquarum inundantium, quando consona impietatis uoce blasphemant, et dicunt christianos ad leones et bestias proici.«

142 Vgl. Tert., spect. 27,1: »inde (sc. den Versammlungen der Heiden) persecutiones decernuntur«.

ne Anwesenheit bei der Hinrichtung anderer Christen zu erreichen.[143] In den Verfolgungen ab der Mitte des dritten Jahrhunderts wird das Ziel, den Loyalitätsbeweis durch Opfervollzug zu erreichen, noch deutlicher.

Zum anderen zeigen die erwähnten Beispiele antichristlicher Maßnahmen die unterschiedlichen Formen der angewandten Gewalt. Exemplarisch kann man dies an den Schilderungen der Vorgänge in Lyon erkennen. Zu Beginn der Feindseligkeiten werden Christen offenbar aus dem öffentlichen und gesellschaftlichen Leben ausgeschlossen und im privaten Bereich isoliert.[144] Auf der nächsten Stufe erfolgen durch Einzelne oder Gruppen der städtischen Bevölkerung verbale Anfeindungen, Beschädigungen und Zerstörung von Eigentum, körperliche Misshandlungen, Ergreifung und Auslieferung an die Behörden.[145] Die Angeschuldigten werden festgesetzt, bis der Provinzstatthalter als oberster Gerichtsmagistrat die Regie übernimmt. Er führt – auch unter Misshandlung der Beschuldigten – öffentliche Verhöre durch. Beobachter beeinflussen u.U. durch ihre Reaktionen die Verhandlung.[146] Die Beschuldigten selbst werden, je nach Personenstand auch unter Anwendung von Folter, Befragungen unterzogen. Zudem werden Zeugenaussagen eingeholt; bei Angehörigen niedriger Schichten und Sklaven ist ebenfalls Folter möglich.[147] Wer als schuldig befunden wird, kommt in Vollstreckungshaft. Aufgrund der Haftbedingungen mit Dunkelheit, Enge und Luftmangel sowie weiterer Misshandlungen gibt es Todesfälle.[148] Auch hier scheint man massiven Druck auszuüben, um doch noch die Ableugnung zu erreichen.[149] Schließlich werden die Urteile vollstreckt. Die Strafen unterscheiden sich deutlich nach dem Rechtsstatus der Delinquenten. Inhaber des römischen Bürgerrechtes werden durch das

---

143 Vgl. z.B. Mart. Polyc. 8,2; 9,2f; 10f; 11,1f (dazu Motschmann, Religionspolitik [s. Anm. 58], 230); Acta Iust. 5,5 (dazu Guyot / Klein, Verfolgungen [s. Anm. 13], 1,338 Anm. 95); Eus., h.e. 5,1,53; Acta Scil. 1.7f.9.11.13; pass. Perp. 6,3, hier verbunden mit dem Drängen des Vaters; vgl. dazu auch 3,1–3; 5.

144 Vgl. Eus., h.e. 5,1,5.

145 Vgl. Eus., h.e. 5,1,7.

146 Vgl. Eus., h.e. 5,1,9f.

147 Vgl. Eus., h.e. 5,1,14; vgl. Plin., ep. 10,96,8. Zur römischen Strafgerichtsbarkeit vgl. J.-U. Krause, Kriminalgeschichte der Antike, München 2004, 69–80.

148 Vgl. Eus., h.e. 5,1,15-35. Dasselbe gilt für die Maßnahmen unter Decius, vgl. u. Abschnitt 4.

149 Als der Statthalter erfährt, dass unter den Delinquenten auch römische Bürger sind, fragt er beim Kaiser wegen der weiteren Behandlung nach. Nach dem kaiserlichem Reskript sollen diejenigen, die den Glauben verleugnen, freigelassen werden, vgl. Eus., h.e. 5,1,43f.47.

Schwert hingerichtet.[150] Die anderen sterben i.d.R. in der Arena durch wilde Tiere oder Feuer. Offenbar versucht man auch hier noch durch weitere Folter, insbesondere durch Geißelung und Verbrennungen, die Absage an den christlichen Glauben zu erzwingen.[151]

4. Wandel in der Mitte des 3. Jahrhunderts: Der Übergang zur »Verfolgung«

Mit dem Ende der Severer bricht eine schwierige Phase des römischen Reiches an. Sie wird häufig als »Krise des 3. Jahrhunderts« oder treffender als »Zeit der Soldatenkaiser« bezeichnet.[152] Diese Phase ist geprägt durch kurze Regierungszeiten der Herrscher, die beinahe alle aus den Reihen des Militärs stammen, gewaltsame Herrscherwechsel, bei denen römische Heere gegeneinander kämpfen und Bürgerkriege ausbrechen, äußere Bedrohungen besonders im Südosten durch Perser und an der Rhein-Donau-Grenze durch Germanen, wirtschaftliche Schwierigkeiten, insbesondere Inflation und Ausblutung infolge der hohen Militärausgaben, Bevölkerungsrückgang durch Kriege, Krankheiten und Versorgungsengpässe. Diese Situation schlägt schließlich auf die Behandlung der Christen durch. Dass tatsächlich bereits Maximinus Thrax mit einer allgemeinen Anordnung gezielt gegen die Gemeindeleitungen vorging und sie mit dem Tod bestrafen ließ, ist unwahrscheinlich.[153] Im weiteren Verlauf ändern sich die Verhältnisse für das Christentum grundlegend in der Mitte des 3. Jh.

4.1 Der Loyalitätstest des Decius

Der Wandel bahnt sich mit der Herrschaftsübernahme des Decius (249-251 n.Chr.) an, der religionspolitisch eine grundlegende Neuerung einführt. Decius, Spross einer illyrischen Aristokratenfamilie, wird »wider

---

[150] Vgl. Eus., h.e. 5,1,47. Zum unterschiedlichen Strafmaß je nach Personenstand vgl. KRAUSE, Kriminalgeschichte (s. Anm. 147), 74f; DERS., Art. Honestiores/ Humiliores, DNP 5, 707-709.

[151] Vgl. Eus., h.e. 5,1,36-56; vgl. auch 5,1,59 mit der Unterscheidung der im Kerker Erstickten, der vom Feuer und wilden Tieren Getöteten sowie der Geköpften.

[152] Zum Überblick vgl. M. SOMMER, Die Soldatenkaiser, Darmstadt 2010[2]; ausführlich K.-P. JOHNE / U. HARTMANN / TH. GERHARDT (Hrsg.), Die Zeit der Soldatenkaiser. Krise und Transformation des Römischen Reiches im 3. Jahrhundert n. Chr. (235-284) 1-2, Berlin 2008. Zur Problematik des Begriffs der »Reichskrise« vgl. K.-P. JOHNE, Einleitung, a.a.O. 1,5f.

[153] Vgl. Eus., h.e. 6,28, dazu GUYOT / KLEIN, Verfolgungen (s. Anm. 13), 1,369 Anm. 2. Die Aussage beruht vielleicht auf falschen Schlussfolgerungen, die Eusebius aus Origenes zog, vgl. ebd. Anm. 3. Die Nachricht passt zudem nicht mit Quellen zusammen, vgl. a.a.O., 371-373 Anm. 11.24.26.28.

Willen« von den römischen Truppen an der unteren Donau, wo er als General im Auftrag des römischen Kaisers Philippus Arabs (244–249 n.Chr.) eine Soldatenrevolte niederschlägt, zum Kaiser ausgerufen. Er verweigert sich dem Ruf seiner Soldaten nicht. Im Herbst 249 n.Chr. kommt es bei Verona zur Entscheidungsschlacht zwischen Decius und Philippus, aus der Decius als Sieger hervorgeht.[154] Als Usurpator steht seine Herrschaft von Anfang an unter erheblichem Legitimationsdruck. Der geschlagene Kaiser Philippus war sehr gut in den oberen Kreisen Roms vernetzt, Decius hingegen ist ein Emporkömmling. Die Loyalität weiter Kreise der römischen Gesellschaft muss er sich erst noch sichern.

Noch im Jahr seiner Machtübernahme fordert Decius zu einem allgemeinen Bittopfer (supplicatio) für die Götter auf. Solche »supplicationes« können als Dank für die Götter ausgerichtet werden, zumeist aber sollen sie den Zorn der Götter besänftigen und sie gnädig stimmen, um Schaden vom Reich abzuwenden.[155] Letzteres ist offenbar für Decius entscheidend.[156] In seinem Edikt schreibt er vor, dass alle Reichsbewohner ein Tier-, Trank- oder Speiseopfer darbringen müssen.[157] Der Wortlaut des Edikts ist nicht erhalten.[158] Es steht aber fest, dass grundsätzlich alle Be-

---

[154] Zur Biographie des Decius vgl. W. EDER, Decius 249–251, in: M. CLAUSS (Hrsg.), Die römischen Kaiser. 55 historische Portraits von Caesar bis Iustinian, München 2010[4], 216–222); D. KIENAST, Römische Kaisertabelle. Grundzüge einer römischen Kaiser-chronologie, Darmstadt 2004[3], 204f.; zu seiner Machtübernahme vgl. BRENT, Cyprian (s. Anm. 40), 117–120.

[155] Vgl. BRENT, Cyprian (s. Anm. 40), 172–177.

[156] Vgl. BRENT, Cyprian (s. Anm. 40), 213–219.

[157] Zum decischen Opferedikt vgl. B. BLECKMANN, Zu den Motiven der Christenverfolgung des Decius, in: K.-P. JOHNE / U. HARTMANN / TH. GERHARDT (Hrsg.), Deleto paene imperio Romano. Transformationsprozesse des Römischen Reiches im 3. Jahrhundert und ihre Rezeption in der Neuzeit, Stuttgart 2006, 57–71); MOLTHAGEN, Staat (s. Anm. 1), 61–84; R. SELINGER, Die Religionspolitik des Kaisers Decius. Anatomie einer Christenverfolgung, Frankfurt a.M. 1994; M.-B. v. STRITZKY, Erwägungen zum Decischen Opferbefehl und seinen Folgen unter besonderer Berücksichtigung der Beurteilung durch Cyprian (RQ 81, 1986, 1–25). Zu den Opferformen vgl. Cypr., ep. 20,2,2; 30,3,1; 55,2,1; 59,12f; laps. 8f sowie Eus., h.e. 6,41,11. Aus den Zeugnissen geht auch hervor, dass das Opfer nicht überall in allen Formen dargebracht werden musste (so konnte auch die Libation und das Weihrauchopfer ausreichen), zudem konnten Einzelpersonen (wohl i.d.R. der pater familias) für eine ganze Hausgemeinschaft das Opfer vollziehen, vgl. SELINGER, Religionspolitik 99-105.

[158] Eine Rekonstruktion des Wortlauts bietet A. BLUDAU, Die ägyptischen Libelli und die Christenverfolgung des Kaisers Decius (RQ Suppl. 27, Freiburg i.Br. 1931), 31 an: »Daß alle, Männer, Weiber, Sklaven selbst Säuglinge Schlacht- und Trankopfer darbringen und von dem Opferfleisch wirklich kosten sollten.«

wohner das Opfer vollziehen müssen; es richtet sich also nicht speziell an Christen.[159] Zudem soll der Vollzug von örtlichen Kommissionen überwacht und durch eine Opferbescheinigung (libellus) bestätigt werden. Der ägyptische Wüstensand hat gegen Ende des 19. Jahrhunderts einige dieser libelli wieder freigegeben, sodass man heute durchaus einen guten Einblick in diese Vorgänge hat.[160] Ein solcher reichsweiter Opfervollzug, der systematisch von den (lokalen) Behörden überwacht wird, ist jedenfalls ein Novum in der Religionspolitik der römischen Kaiser.[161]

Deshalb hat sich auch in der Forschung die Frage nach den Hintergründen des Edikts und Motiven des Decius gestellt. Auch wenn sich die »Krise« je nach Region unterschiedlich auswirkt – gerade das römische Nordafrika wird deutlich weniger in Mitleidenschaft gezogen – kann man das Edikt durchaus gut in diese krisenhafte Gesamtlage einordnen und von hierher zu verstehen suchen. Für die antiken Zeitgenossen stellt sich die Frage nach den Ursachen einer Krise ebenso wie für den modernen Leser. Doch viel mehr als letzterer sucht er die Antwort in religiös-politischen Zusammenhängen. Nach altrömischer Vorstellung wachen die Götter über den Staat. Sein Wohl und damit das Wohl aller Reichsbewohner hängt von ihrer Gunst ab, die wiederum in direktem Zusammenhang mit ihrer angemessenen Verehrung steht.[162] Staatskrisen sind deshalb Anzeichen dafür, dass den Göttern nicht die nötige Ehrerbietung entgegengebracht wurde. So kann das Opferedikt des Decius als Maßnahme verstanden werden, das Wohlgefallen der Götter in einer krisenhaften Gesamtlage des Reiches durch ein reichsweites Bittopfer zurückzugewinnen.[163] Aufgrund von Bilddarstellungen auf Münzen und deren Beschriftungen in Kombination mit dem rekonstruierbaren Text des Opferediktes ist anzunehmen, dass Decius selbst mit dem Opferbefehl ein bestimmtes religiöses Programm verbindet. Als Herrscher versteht er sich als »oberster Brückenbauer« (pontifex

---

[159] Vgl. BRENT, Cyprian (s. Anm. 40), 123–143 mit ausführlicher Diskussion älterer Literatur.

[160] Erstmals veröffentlicht von J. R. KNIPFING, The Libelli of the Decian Persecution (HThR 16, 1923, [345–390] 363–390); deutsche Übersetzung: BLUDAU, Libelli (s. Anm. 158), 2–14.

[161] Vgl. BRENT, Cyprian (s. Anm. 40), 144–149; K. CHRIST, Geschichte der römischen Kaiserzeit. Von Augustus bis zu Konstantin, München 2005[5], 660; J. RÜPKE, Die Religion der Römer. Eine Einführung, München 2006[2], 14.

[162] Vgl. z.B. Cic., nat. deor. 2,8; 3,5; har. 19; Liv. 44,1,11 u.a.

[163] »Ein Opfer für das Wohl des Kaisers als dem Repräsentanten [...] soll zum anderen die Versöhnung mit den Göttern herbeiführen, die sich nach römischer Auffassung in politischen und militärischen Erfolgen dokumentiert« (STRITZKY, Erwägungen [s. Anm. 157], 4).

maximus) zwischen menschlichem und göttlichem Bereich. Um die Wohlfahrt des Staates zu sichern, ist es in dieser Funktion seine vornehmliche Aufgabe, für den Frieden mit den Göttern (pax deorum) zu sorgen. Dieser Friede ist, wie die Krisenmomente zeigen, offenbar gestört; das Reich droht aus dem »goldenen Zeitalter« abzusinken, ja die ganze Welt scheint dem »(Greisen-)Alter« (senectus mundi) zu verfallen.[164] Nachdem unter seinem Vorgänger Philippus die 1000-Jahr-Feier Roms begangen worden war, signalisiert Decius – unter Rückgriff auf die augusteische Herrschaftsideologie – zu Beginn des zweiten Jahrtausends römischer Geschichte, dass er durch eine überwältigende Opferkampagne den Frieden mit den Göttern wiederherstellen will, um diesen Verfall zu stoppen und das Reich in das goldene Zeitalter zurückzuführen.[165] Demnach dürfte das Anliegen des Decius auf der Grundlage eines gängigen römischen Welt- und Geschichtsbildes im Kern zunächst religiös motiviert sein.[166] Es ist aber zugleich eng mit den politischen Verhältnissen verbunden. Wer am Opfer partizipiert, erkennt mit dem Weltbild zugleich die politische Ordnung und den gegenwärtigen Herrscher an – zumal wenn auf dem Forum mit dem Tempel für die Schutzgottheiten von Stadt und Reich oder in diesem Tempel selbst auch das Bildnis des Kaisers aufgestellt war.[167] Dieser fordert nach einem aufreibenden Bürgerkrieg mit dem Opfer ein Zeichen der Loyalität aller Reichsbewohner und ganz besonders der stadtrömischen Elite ein.[168] Ver-

---

164 Vgl. BRENT, Cyprian (s. Anm. 40), 76–116. Er betont nachdrücklich, dass pagane wie auch christliche Autoren von der Vorstellung eines Niedergangs des natürlichen Kosmos sowie der gesellschaftlichen und politischen Ordnung gekoppelt mit der Hoffnung auf Erneuerung geprägt sind.

165 Vgl. BRENT, Cyprian (s. Anm. 40), 177–188.

166 Vgl. BRENT, Cyprian (s. Anm. 40), 189: »It is in the light of that discourse that we can understand Decius' policy as deeply religious, and penetrating to the roots of how he and his contemporaries understood both the natural world, and social and historical development and change.«

167 Zu diesem Zusammenhang in der römischen Kaiserzeit allgemein vgl. E. W. STEGEMANN, Politischer Messianismus und römische Zivilreligion. Christlich-römische Konflikte über Religion und Politik in der frühen Kaiserzeit, in: G. PFLEIDERER (Hrsg.), Politische Religion. Geschichte und Gegenwart eines Problemfeldes, Zürich 2004, 77–101, 77f.; D. SLOOTJES, Zwischen Toleranz und Dominanz: römische Kaiser und Untertanen und ihre Rolle in den traditionellen Kulten im vierten Jahrhundert, in: A. FELBER / B. J. GROEN / M. SOH-KRONTHALER (Hrsg.), Toleranz und Religionsfreiheit 311–2011. Internationales Symposium an der Katholisch-Theologischen Fakultät der Karl-Franzens-Universität Graz, 14.–15. April 2011 (Spudasmata 144), Hildesheim 2012, 41–56, 42–44 mit weiterer Literatur.

168 Vgl. BLECKMANN, Zu den Motiven der Christenverfolgung (s. Anm. 157), 66–68, sowie sich hierauf berufend apodiktisch T. GLAS, Valerian. Kaisertum und

pflichtung der Götter und Loyalitätsbeweis gegenüber dem Kaiser lassen sich nicht trennen. Daher hat die Vorschrift einer einheitlichen Kulthandlung für das gesamte Reich auch eine klar integrative Funktion.[169] Das Opferedikt stärkt die religiös-kultische und damit zugleich die politische Einheit des Reiches.[170]

Wie eng dies alles miteinander zusammenhängt, zeigt die Rede, die der Historiker Cassius Dio im ersten Drittel des dritten Jahrhunderts dem Maecenas in den Mund legt. Er lässt ihn Caesar den Rat geben, nicht nur selbst nach römischer Tradition die göttlichen Mächte zu verehren, sondern auch alle anderen dazu zu zwingen. Abweichler, die »fremde Riten« einführen, sollen bestraft werden. Denn, so seine Begründung, mit der Einführung neuer Götter werden viele veranlasst, neue Lebensweisen anzunehmen, »und daraus entstehen dann Verschwörungen, Parteienbildung und staatsgefährdende Vereine, was alles einer Regierung keineswegs nützt.«[171] Religiöse Abweichung, gesellschaftliche Abgrenzung und politische Gefährlichkeit hängen aus römischer Sicht unmittelbar miteinander zusammen. Die Gefahr steigt mit zunehmender Zahl der Abweichler und mit dem Grad ihrer Geschlossenheit durch »hartnäckige Überzeugungen«, an denen sie auch unter Druck festhalten, sowie durch Ausbildung innerer Organisationsstrukturen. Dies wird in Zeiten politischer Instabilität des Reiches bzw. der aktuellen Herrschaft besonders brisant.[172]

Reformansätze in der Krisenphase des Römischen Reiches, Paderborn 2014, 274: »Das Opferedikt diente demnach letztlich der Befriedung der Bürgerkriegssituation nach dem Tod seines Vorgängers und war somit nicht Ausdruck der religionspolitischen Vorstellungen des Kaisers«; vgl. weiter SELINGER, Religionspolitik (s. Anm. 157), 23; ähnlich schon CH. SAUMAGNE, Saint Cyprien Évêque de Carthage, ›Pape‹ d'Afrique (248–258), Paris 1975, 24–28.

169 Vgl. BLECKMANN, Zu den Motiven der Christenverfolgung (s. Anm. 157), 62.66.

170 Vgl. R. WALZ, Vorbereitung auf das Martyrium bei Cyprian von Karthago. Eine Studie zu *Ad Fortunatum* (Patrologie. Beiträge zum Studium der Kirchenväter 27), Frankfurt a.M. 2013, 16–19; STRITZKY, Erwägungen (s. Anm. 157), 3–8. Der decische Opferbefehl kann somit als konsequente Fortsetzung einer Einheitsbestrebung betrachtet werden, die politisch einen vorläufigen Höhepunkt in der Verleihung des römischen Bürgerrechts durch Caracalla 212 n.Chr., der sog. Constitutio Antoniniana, an alle freien Bürger findet. Zu den Verbindungen vgl. auch BRENT, Cyprian (s. Anm. 40), 205–213. Für P. BARCELÓ, Das römische Reich im religiösen Wandel der Spätantike. Kaiser und Bischöfe im Widerstreit, Regensburg 2013, 19–24 stellt sich der »Bürgerverband als Kultgemeinschaft« (a.a.O., 19) dar, was eine »unauflösliche personelle und strukturelle Verzahnung der staatlichen mit den kultischen Institutionen« (a.a.O. 20) bedingt.

171 Cass. Dio 52,36,1f, zitiert nach BARCELÓ, Reich (s. Anm. 170), 22.

172 Vgl. BARCELÓ, Reich (s. Anm. 170), 20–24, bes. 20: »Gerade religiös untermauerte Legitimationsstrategien für tendenziell fragile Herrschaftsansprüche erweisen

Auch für die Christen ist das Opferedikt ein Loyalitätstest. Sie sehen sich mit dem Dilemma konfrontiert, entweder dem Opferbefehl nachzukommen und sich damit im Kontext ihrer Glaubensüberzeugung der Idolatrie schuldig zu machen oder das Opfer zu verweigern, dafür aber mit gesellschaftlicher Ächtung und physischen Sanktionen bis hin zum Tod belegt zu werden. Ihnen erscheint das Opferedikt allerdings als gegen die Christen selbst gerichtete Maßnahme. Eusebius nennt es deshalb ein »Verfolgungsedikt«[173]. Können die Betroffenen es aus ihrer Perspektive überhaupt anders verstehen? Aus heutiger Sicht jedoch hatte das decische Opferedikt tatsächlich keine dezidiert antichristliche Intention und Ausrichtung.[174] Die Opferbescheinigungen zeigen nicht nur, dass alle Reichsbewohner gleichermaßen von der Aufforderung zum Opfer betroffen sind, sondern auch, dass nirgends verlangt wird, anderen Göttern oder einem bestimmten Gott abzuschwören.[175] Es scheint schon deshalb Vorsicht geboten, von einer beabsichtigten »Christenverfolgung« unter Decius zu sprechen. Zudem sind scheinbar keine Strafmaßnahmen für die Opferverwei-

---

sich in unruhigen Zeiten als unverzichtbare Bausteine für die Bewältigung einer zunehmend komplexeren politischen Realität. Außerdem dienten sie als Stütze für den Fortbestand eines bedrohten Regimes.«

173 Vgl. Eus., h.e., 6,41,10.

174 In der älteren Sekundärliteratur ist vielfach von einer systematischen Christenverfolgung durch Decius ausgegangen worden, so z.B. G. ALFÖLDY, Die Krise des Imperium Romanum und die Religion Roms, in: DERS. (Hrsg.), Die Krise des Römischen Reiches. Geschichte, Geschichtsschreibung und Geschichtsbetrachtung (Ausgewählte Beiträge), Stuttgart 1989, 349–387, 357; M. CLÉVENOT, Die Christen und die Staatsmacht. Geschichte des Christentums im II. und III. Jahrhundert, Freiburg (Schweiz) 1988, 151. H. GÜLZOW, Cyprian und Novatian. Der Briefwechsel zwischen den Gemeinden in Rom und Karthago zur Zeit der Verfolgung des Kaisers Decius, Tübingen 1975, 122 geht davon aus, dass die Verfolgungsmaßnahmen eine bewusste Reaktion auf eine allgemeine Erfahrung sind, nämlich dass Christen, die einmal geopfert haben, keine Vergebung mehr in der Kirche finden können. GLAS, Valerian (s. Anm. 168), 270, stellt einerseits fest, dass »unter Decius die erste reichsweite, vom Kaiser initiierte Christenverfolgung« stattgefunden habe, betont aber zugleich, »dass der Opfererlass ursprünglich keine gezielte Maßnahme gegen das Christentum darstellte« (271).

175 Unter denen, die eine solche Opferbescheinigung erhielten, befand sich auch eine Priesterin des Krokodilgottes Petesuchos, also eine ausgewiesene Nichtchristin (vgl. libellus Nr. 3 [s. BLUDAU, Libelli (s. Anm. 158), 3]). Zu diesem Ergebnis kommen u.a. auch FREND, Martyrdom (s. Anm. 1), 407; MOLTHAGEN, Staat (s. Anm. 1), 61–63; SAUMAGNE, Saint Cyprien (s. Anm. 168), 23f. Zu den Angesprochenen gehören wahrscheinlich auch Nicht-Bürger, Freigelassene und Sklaven, dazu CLARKE, Third-century Christianity (s. Anm. 70), 628; P. KERESZTES, The Decian libelli and Contemporary Literature [Latomus 34 (1975), 761–781], 763).

gerung vorgegeben worden. Man konnte sich durch Flucht dem Opfer entziehen – dann drohte aber mitunter die Konfiszierung des persönlichen Besitzes – oder aber man besorgte sich eine Opferbescheinigung, wohl indem man die Behörden bestach. Es war auch möglich, dass lediglich einige Familienmitglieder oder nur eine Einzelperson für eine gesamte Hausgemeinschaft das Opfer vollzog.[176] Das unsystematische Vorgehen bei der Bestrafung der Opferverweigerer ist zweifellos auffallend. Wahrscheinlich hat man nicht mit allzu viel Widerstand in der Bevölkerung gerechnet.[177] Die Aufgabe der Opferkommissionen war es jedenfalls nicht, Christen aktiv zu suchen – dieser Grundsatz Trajans wirkt fort.

Unabhängig aller möglichen Absichten hat der Opfererlass jedoch dramatische Folgen für die innerkirchliche Ordnung. Wie Cyprian, Bischof im nordafrikanischen Karthago, berichtet, kommt ein Großteil seiner Gemeinde der Opferaufforderung nach.[178] Darunter befinden sich Geschlechter übergreifend alle Altersschichten wie auch einige Mitglieder des Klerus.[179] Die Situation in der Gemeinde ist teilweise verworren. Der Bischof entscheidet sich in dieser für die Gemeinde sehr schwierigen Situation für die Flucht – er selbst spricht von einem »Beiseitetreten« (secessio) aus der Öffentlichkeit – und taucht in der Nähe der Großstadt unter, um von dort die Gemeinde zu leiten.[180] Einige Christen aber bleiben standhaft und werden als Bekenner (confessores) in ihren Gemeinden geachtet, andere sterben den noch angeseheneren Märtyrertod. Die Maßnahmen der Behörden[181] intendieren ganz offensichtlich nicht den Tod der Christen, sondern den Opfervollzug. In Cyprians Schriften deutet sich ein zweistufiges Vorgehen an. Zunächst werden Opferverweigerer mit Zwangsmaßnahmen wie

---

176 Vgl. SELINGER, Religionspolitik (s. Anm. 157), 99–105.

177 Vgl. SELINGER, Religionspolitik (s. Anm. 157), 138f.

178 Vgl. Cypr. ep. 11,1,2 (die Herde ist zum größten Teil betroffen); 11,8 (es gibt nur eine geringe Zahl von Standhaften); 14,1,1 (die Gemeinde ist zum größten Teil niedergestreckt). WALZ, Vorbereitung (s. Anm. 170), 23 spricht aufgrund dieser Aussagen Cyprians in ep. 11 und 14 bei den standhaft gebliebenen Christen von einer »Rumpfgemeinde«.

179 Vgl. Cypr., ep. 14,1,1; laps. 8f.

180 Vgl. Cypr., ep. 20,1,2; 14,1,2. Cyprian rechtfertigt dies mit dem Hinweis, dass so die Leitung der Gemeinde sichergestellt war und er als stadtbekannte Person, gegen die sich der Hass der Masse richtete, für die Gemeinde zur Gefahr geworden wäre. Er muss sich aber noch Jahre danach für diesen Schritt rechtfertigen. Vgl. A. HOFFMANN, Cyprian. Theologie des Bischofsamtes, in: W. GEERLINGS (Hrsg.), Theologen der christlichen Antike, Darmstadt 2002, 33–52, 36–38.

181 Über die Strafmaßnahmen der Behörden und die Situation in den Gefängnissen ist man durch die Briefe Cyprians gut informiert (vgl. z.B. ep. 5,2,2; 10,1,2; 28,1,2; 31,3; 39,2,2).

Verbannung unter Arrest belegt, in einer zweiten Stufe geht man dann zu härteren Maßnahmen über: Haft unter unerträglichen Bedingungen bis zur Anwendung von Folter.[182] Wenn der Opfervollzug weiterhin verweigert wird, kommt es schließlich zum Prozess.[183] Die Ausübung der Todesstrafe ist aber nur die ultima ratio der Behörden.[184] Wieviele Christen durch das decische Opferedikt zu Tode kommen, lässt sich nicht bestimmen. Die christliche Gemeinschaft kämpft innerlich jedenfalls mehr mit den Gefallenen, als dass sie durch zahlreiche Todesfälle erschüttert wäre. Eine heftige Auseinandersetzung um die Wiedereingliederung der Gefallenen (lapsi) entbrennt, die erst durch die gemeinsame Anstrengung der Bischöfe in Nordafrika und Rom bewältigt werden kann. Aus dieser Auseinandersetzung geht letztlich das Amt des Bischofs innerhalb der Kirche gestärkt hervor, insofern ist diese »Verfolgung« von größter Bedeutung für die Ämterentwicklung in der Alten Kirche.[185]

Von staatlicher Seite flachen die Strafmaßnahmen gegen Christen jedenfalls in den Jahren 251 bis 257 n.Chr. wieder ab, die Lage kann sich etwas beruhigen.[186]

4.2 Geplante Vernichtung? - Die Christengesetze Valerians

Mit dem Herrschaftsantritt Valerians (253-260 n.Chr.)[187] ändert sich an der verbesserten Gesamtlage für die Christen zunächst nichts, er scheint

---

[182] Cyprian deutet die beiden Stufen an, vgl. ep. 11,1,3; 20,2,2: »Posteaquam uero et tormenta uenerunt ...« Vor allem aufgrund dieser Bedingungen kommt es - gerade unter den Älteren und Schwachen - zu Todesfällen.

[183] Aufgrund der recht großen Anzahl von Christen mit römischem Bürgerrecht ergeben sich vermehrt Verzögerungen und lange Inhaftierungen (vgl. B. KÖTTING, Die Stellung des Konfessors in der Alten Kirche, [JAC 19, 1976, 7-23], 16). Die Beugehaft für Christen ist zudem gut durch pass. Perp. 3 belegt.

[184] Zur Verhängung der Todesstrafe ist allein der Statthalter berechtigt, nicht die städtischen Behörden oder die Opferkommissionen, vgl. SELINGER, Religionspolitik (s. Anm. 157), 131.

[185] Vgl. HOFFMANN, Cyprian (s. Anm. 180), 41f.,46; DERS., Die Kirche - einig, heilsnotwendig, auf göttliches Gesetz gegründet. Grundlagen des Kirchenverständnisses bei Cyprian von Karthago, in: J. ARNOLD / R. BERNDT SJ / R.M.W. STAMMBERGER (Hrsg.), Väter der Kirche. Ekklesiales Denken von den Anfängen bis in die Neuzeit (FS H.J. Sieben), Paderborn 2004, 365-388), 378-384.

[186] In diesem Zeitraum finden in Rom und Alexandria nur vereinzelte, lokale, aber keineswegs einheitliche und umfangreiche Maßnahmen gegen Christen statt (vgl. Cypr., ep. 60,1; 61,1; Eus. h.e., 7,1, dazu MOLTHAGEN, Staat [s. Anm. 1], 85). Unter Gallus werden neue Repressionen befürchtet, die aber offenbar weitgehend ausbleiben.

[187] Zur Biographie und Regierung Valerians vgl. GLAS, Valerian (s. Anm. 168); weiter

ihnen anfangs durchaus wohlgesonnen zu sein.[188] Erst in fortgeschrittenen Jahren seiner Herrschaft, im Sommer 257, entscheidet er sich für eine antichristliche Religionspolitik. Zum ersten Mal geht jetzt ein römischer Kaiser ganz bewusst, gezielt und systematisch reichsweit gegen das Christentum vor.[189] Daher kann man hier zum ersten Mal von »Christenverfolgung« im oben genannten Sinn sprechen. Wieder ist es schwierig, die Motive im Einzelnen genau zu fassen. Ähnlich wie bei Decius scheint auch Valerian, der aus der Senatsaristokratie stammt, religiös traditionell zu denken. Das Vorgehen gegen die christliche Kirche fällt in die Zeit, als nach einer kurzen Phase der Stabilisierung die Rheingrenze erneut unter Druck gerät. Zudem wächst die Bedrohung durch die Perser an den Ostgrenzen des Reiches. Innenpolitische Schwierigkeiten kommen hinzu, darunter auch eine finanzielle Krise, in der es zu einer massiven Geldentwertung kommt.[190] Dieses krisenhafte Klima wirkt sich auch auf sein Handeln gegenüber den Christen aus.[191] Wie Decius sucht auch Valerian durch ein reichsweites Opfer die Gunst der Götter für das Reich und seine Herrschaft zu sichern. Nach den Erfahrungen unter Decius[192] geht er aber jetzt gezielt gegen die Kirche vor, insbesondere gegen ihre Organisation. Ein erstes Opferedikt wird im Sommer 257 n. Chr. herausgegeben. Auch in diesem Fall ist der Wortlaut nicht mehr erhalten. Der alexandrinische Bischof Dionysios berichtet in einem Brief an seinen Amtskollegen Germanus von den Maß-

---

A. GOLTZ / U. HARTMANN, Valerianus und Gallienus, in: JOHNE / HARTMANN / GERHARDT, Soldatenkaiser [s. Anm. 152] 1,223–295), 223–244; KIENAST, Kaisertabelle (s. Anm. 154), 214f.; W. KUHOFF, Valerian 253-260, in: CLAUSS, Die römischen Kaiser)s. Anm. 154), 223–229.

188 Eusebius überliefert einen Brief des alexandrinischen Bischofs Dionysios an Hermammon, in dem das Wohlwollen und die Güte des Kaisers in seinen ersten Amtsjahren durch den Alexandriner stark betont wird. Er soll sogar privat mit Christen verkehrt haben (vgl. Eus., h.e. 7,10,3). Diese wohlwollenden Worte sind allerdings mit Vorsicht zu betrachten (dazu FREND, Martyrdom [s. Anm. 1], 422).

189 Zur Religionspolitik Valerians vgl. GLAS, Valerian (s. Anm. 168), 268–305; GOLTZ / HARTMANN, Valerian (s. Anm. 187), 240–242; MOLTHAGEN, Staat (s. Anm. 1), 85–100; R. SELINGER, The Mid-Third Century Persecutions of Decius and Valerian, Frankfurt a.M. 2004^2, 83–95.

190 Vgl. FREND, Martyrdom (s. Anm. 1), 422f.; GOLTZ / HARTMANN, Valerian (s. Anm. 187), 240f.

191 Vgl. CHR. T. HAAS, Imperial Religious Policy and Valerian's Persecution of the Church. A.D. 257-260 (ChH 52 [1983], 133–144), 136–138; BARCELÓ, Reich (s. Anm. 170), 24.

192 Ob er aktiv an der Umsetzung des decischen Opferbefehls beteiligt war, ist unklar. Sicher hat er sie aber bewusst wahrgenommen, vgl. GOLTZ / HARTMANN, Valerian (s. Anm. 187), 242.

nahmen gegen die Christen im Sommer 257.[193] Nach eigener Aussage erfährt er von ihnen direkt aus dem Mund des stellvertretenden ägyptischen Präfekten L. Mussius Aemilianus. Weitere Informationen aus Nordafrika bestätigen und ergänzen das Bild.[194] Demnach werden Bischöfe, Presbyter und (zumindest in Ägypten) Diakone, also der gesamte gemeindeleitende Klerus, zum Opfervollzug verpflichtet. Sie sollen die allgemein bekannten Gottheiten, wie es ganz »natürlich« ist, verehren und die »römischen Riten anerkennen«.[195] Wer das Opfer verweigert, wird in die Verbannung geschickt. Es hat den Anschein, als seien dafür schon im Vorhinein Verbannungsorte festgelegt worden. Weiterhin wird das Verbot ausgesprochen, Versammlungen abzuhalten und die Coemeterien (Begräbnisstätten) zu betreten.[196] Man will mit diesen Maßnahmen offenbar die Strukturen der christlichen Gemeinschaften zerstören und das Gemeindeleben unterbinden.[197] Es wird jetzt gezielt nach dem christlichen Klerus gefahndet. Auch der karthagische Bischof Cyprian wird ergriffen und vor den nordafrikanischen Prokonsul Paternus geführt. Das Verhör ist in den Prokonsularischen Akten Cyprians überliefert. Der Statthalter verweist einleitend auf die schriftlichen Anweisungen (litterae) des Valerian und Gallienus, nach denen alle, die nicht die römische »religio« pflegen und ehren, »die römischen Riten (Romanas caeremonias) anerkennen«, d.h. praktisch ausführen müssen.[198] Der Bischof bekennt sich mit den Worten: »Ich bin Christ

---

193 Vgl. Eus., h.e. 7,11,2–11, dazu Glas, Valerian (s. Anm. 168), 279–282.

194 Vgl. K. Pietzner, Die Christen, in: Johne / Hartmann / Gerhardt, Soldatenkaiser [s. Anm. 152], 2,973-1007, 1000f.; G. W. Clarke, The Letters of St. Cyprian of Carthage 4 (ACW 47), New York 1989, 8–14.

195 Vgl. Eus., h.e. 7,11,7; acta Cypr. 1,1.

196 Nicht geklärt ist die Frage, ob dieses Verbot allein den Klerus betraf oder auch die Laien; für ein allgemeines Verbot plädieren u.a. Clarke, Third-century Christianity (s. Anm. 70), 641; Moreau, Christenverfolgung (s. Anm. 1), 90; Vogt, Christenverfolgung I (s. Anm. 1), 1187; für die Beschränkung auf den Klerus Glas, Valerian (s. Anm. 168), 278, zum Verhör des Dionysios a.a.O. 281. Es gibt kaum belastbare Hinweise, dass auch Laien grundsätzlich verfolgt werden. Wahrscheinlich handelt es sich um Einzelfälle.

197 Vgl. Pietzner, Christen (s. Anm. 194), 1001.

198 Zu Recht betont Glas, Valerian (s. Anm. 168), 275f, dass aus der Formulierung kein Gegensatz zwischen »Romana religio« und »Romanae caeremoniae« abzuleiten ist. Es wird weder ein Gegensatz (etwa durch »tamen«) noch eine inhaltliche Differenzierung (im Sinne einer Minderung, z.B. »quidem«) deutlich gemacht. Daher liegt die Annahme einer variatio nahe, wobei die zweite Wendung durch den Plural deutlicher auf einzelne praktische Handlungen abhebt (»colere« schließt durchaus den Aspekt der Ausübung ein). Die Annahme einer Umformulierung aus christlicher Sicht (Glas, ebd.) ist daher nicht zwingend.

und Bischof. Ich kenne keine anderen Götter außer dem einen und wahren »Gott, der Himmel und Erde, das Meer und alles, was darin ist, geschaffen hat«. Diesem Gott dienen wir Christen, zu ihm beten wir Tag und Nacht für euch und für alle Menschen und für das Wohlergehen der Kaiser.«[199] Cyprian eröffnet also auf den Hinweis des Prokonsuls, er habe über sein »nomen« Nachforschungen angestellt, seine Aussage mit dem Bekenntnis des »nomen christianum«, das seit Trajan als Schuldeingeständnis gewertet wird, und ergänzt es durch seine Amtsbezeichnung. Er verweist dann auf seine gottesfürchtige Praxis, die jedoch exklusiv auf den einen Gott gerichtet ist. Dies schließt unausgesprochen den Opfervollzug aus. Die staatliche Reaktion besteht im ersten Schritt darin, die Opferverweigerer von den Gemeinden getrennt an bestimmten Orten festzusetzen. Das Vorgehen erinnert an Decius, der ebenso in einem ersten Schritt durch Zwangsmaßnahmen Druck auszuüben versuchte, um den Opfervollzug zu erzwingen. So scheint auch hier die Eingliederung von Abweichlern in die politische Gemeinschaft das eigentliche Ziel zu sein.[200] Die Behandlung der Betroffenen differiert nach der personenrechtlichen Stellung. Wer wie Cyprian den höheren Ständen angehört, wird auf dieser ersten Stufe verbannt.[201] Die Nachfrage des Prokonsuls, ob Cyprian bei seiner Position bleibe[202], oder auch die Erklärung des Präfekten gegenüber Dionysius und den Mitangeklagten, dass sie doch nur ihren Gott in die Welt der »natürlichen«, allen bekannten Götter einreihen und sie gemeinsam verehren müssten[203], zeigt erneut das Bemühen, doch noch den Opfervollzug zu erreichen. Andere werden zur Bergwerksarbeit gezwungen. Gerade hier gibt es unter den äußerst harten Bedingungen Todesopfer.[204] Unter den Opfern dieser ersten valerianischen Maßnahmen befindet sich auch der römische Bischof Stephanus.[205]

---

[199] Acta Cypr. 1,2.

[200] Vgl. E. Herrmann-Otto, Vernichtung – Anerkennung und Duldung – Gleichstellung. Der Weg von Christentum und Kirche unter den Kaisern Diokletian, Galerius und Konstantin, in: Felber, Toleranz (s. Anm. 167), 15–40), 19: »Die Organisation sollte lahmgelegt werden mit dem Ziel, den Klerus doch noch zum Opfer zu bewegen.«

[201] So Cyprian in das nordafrikanische Curubis, Dionysios mit den anderen Klerikern nach Kephro in Libyen. Zur strafrechtlichen Differenzierung vgl. o. Anm. 150.

[202] Acta Cypr. 1,3 (»In hac ergo uoluntate perseueras?«) – auch Cyprian ist ein Beispiel der unbelehrbaren christlichen »Hartnäckigkeit«, vgl. o. Anm. 39.

[203] Vgl. Eus., h.e. 7,11,7.

[204] Vgl. Cypr., ep. 76–79.

[205] Vgl. J. Rüpke / A. Glock, Fasti sacerdotum. Die Mitglieder der Priesterschaften und das sakrale Funktionspersonal römischer, griechischer, orientalischer und

Die Absicht, die christliche Organisationsstruktur durch gezieltes Vorgehen gegen den Klerus zu zerschlagen, wird noch klarer, wenn man das zweite Edikt betrachtet, welches Valerian im Sommer 258 n. Chr. herausgibt.[206] Sein Inhalt ist durch einen Brief Cyprians vom August (bis Anfang September) dieses Jahres ziemlich genau bekannt; die Angaben werden durch weitere Quellen bestätigt werden.[207] Bischöfe, Presbyter und Diakone sollen jetzt unverzüglich abgeurteilt und hingerichtet werden.[208] Märtyrerakten aus Nordafrika bestätigen, dass es wesentlich auf die Zugehörigkeit zum Klerus ankommt.[209] Der Kreis der Betroffenen wird jetzt aber gezielt auf gesellschaftlich einflussreiche und wohlhabende Gruppen erweitert. Senatoren und Ritter verlieren ihren Stand, der insbesondere mit strafrechtlichen Privilegien verbunden ist, und werden enteignet; falls sie weiterhin am Christentum festhalten, sollen auch sie hingerichtet werden. Hochgestellte Frauen (matronae) aus denselben gesellschaftlichen Kreisen verlieren ihren Besitz und werden verbannt. Christliche Bedienstete des Kaiserhauses (Caesariani) werden ebenfalls enteignet und dann zur Zwangsarbeit auf kaiserlichen Besitzungen gezwungen.[210] Steckt hinter diesen Maßnahmen vielleicht auch ein wirtschaftliches Kalkül, um an zusätzliche Mittel für die kostspieligen Feldzüge des Kaisers im Osten des

---

jüdisch-christlicher Kulte in der Stadt Rom von 300 v.Chr. bis 499 n.Chr. 2. Biographien (PAwB 12,2), Wiesbaden 2005, 1300 Anm. 2 (rechte Spalte).

[206] Vgl. GLAS, Valerian (s. Anm. 168), 287–296; BRENT, Cyprian (s. Anm. 40), 18–20; SELINGER, Persecutions (s. Anm. 189), 89–94.

[207] Vgl. Cypr., ep. 80,1, dazu GLAS, Valerian (s. Anm. 168), 287–291; CLARKE, Letters 4 (s. Anm. 194), 296–310.

[208] Zu »in continenti animaduertantur« (Cypr., ep. 80,1,2) vgl. CLARKE, Letters 4 (s. Anm. 194), 301f; GLAS, Valerian (s. Anm. 168), 289f. Es geht grundsätzlich eine erneute kurze Verhandlung mit formellem Urteil voraus. Cyprian wird vom Prokonsul nochmals die Möglichkeit des Opfervollzuges eingeräumt, obwohl doch die Stellung als Bischof die Verurteilung fordert; möglicherweise resultiert dies aus seiner hohen gesellschaftlichen Stellung, aufgrund der er eine besonders ehrenvolle Behandlung erfährt, oder dies lag im Gestaltungsspielraum des jeweiligen Gerichtsherrn. Vielleicht muss man sich das Szenario aber auch so denken: Der Senat fragt nach Jahresfrist nach, wie mit den seit dem ersten Edikt festgesetzten Klerikern zu verfahren ist; vielleicht wirft er zudem das Problem höhergestellter Christen auf, die sich in nahestehenden Kreisen oder gar in den eigenen Reihen befinden. Der Kaiser antwortet (rescripsit!) darauf mit dem Befehl, »umgehend«, d.h. ohne weiteres Abwarten, Todesurteile zu vollstrecken. Unter diesen Voraussetzungen erklärt sich, warum Cyprian die zweite Verordnung des Kaisers als »Reskript« bezeichnet und warum z.B. Cyprian nochmals zum Opfervollzug aufgefordert wird.

[209] Vgl. GLAS, Valerian (s. Anm. 168), 291f.

[210] Vgl. Cypr., ep. 80,1,2.

Reiches zu gelangen? Das ist zumindest sehr gut vorstellbar.[211] Man wird aber hierin nicht den einzigen Grund sehen.[212] Offenbar hatte die erste Stufe nicht den gewünschten Effekt. Die zunächst verhängten Zwangsmaßnahmen führen nicht zum Nachgeben der widerständischen Kleriker, der Kaiser will jetzt die Entscheidung erzwingen und hartnäckige Illoyalität bestrafen.[213]

Valerians Maßnahmen stellen im Hinblick auf die christliche Kirche eine Weiterentwicklung der decischen Religionspolitik und gegenüber Trajan eine grundlegende Veränderung der Rechtslage dar. Durch die Ereignisse unter Decius sind Christen als Problemgruppe mit großer Anhängerzahl klar identifiziert. Die »expandierenden christlichen Gemeinden (erscheinen) aufgrund ihrer effizienten Organisation und ihrer straffen Führung als Bischofskirche wie abgeschottete Sozialkörper.«[214] Offenbar verfügen staatliche Stelle zur Zeit Valerians über genaue Kenntnis dieser kirchlichen Strukturen. Valerian weiß, dass man das Problem der illoyalen Christen, die in den Augen der Römer eine Gefahr für die kultische sowie gesellschaftliche Einheit des Reiches sind und einen politische Unsicherheitsfaktor darstellen, vom Kopf her anpacken muss. Deshalb zielt er mit seinen Anordnungen ganz bewusst auf die christliche Führungsschicht ab. So können die Maßnahmen Valerians gegen die Christen zurecht als »der erste systematische Angriff auf die Institution der Kirche«[215] bezeichnet werden.

Die Liste der Opfer dieses zweiten Edikts ist lang. Unter den Hingerichteten befinden sich am 14. September 258 der karthagische Bischof Cyprian wie bereits einen Monat zuvor sein römischer Amtskollege Six-

---

[211] Vgl. GUYOT / KLEIN, Verfolgung (s. Anm. 13), 1,387 Anm. 24. Auffällig ist jedenfalls, dass es solche Menschen sind, auf deren Vermögen der römische Staat direkt zugreifen kann.

[212] P. KERESZTES, Imperial Rome and the Christians. From the Severi to Constantine the Great II, Lanham / London 1989, 80 äußert sich kritisch, dass diese Maßnahmen gegen die christliche Führungsschicht in Anbetracht der Schwierigkeiten überhaupt einen signifikanten Effekt für die Verbesserung des Staatshaushaltes haben. Absicht der kaiserlichen Edikte ist für ihn ganz eindeutig die Lähmung der kirchlichen Organisation.

[213] Vgl. SELINGER, Persecutions (s. Anm. 189), 95: »whereas the first Valerian law ordered loyality, the second punished disloyality.«

[214] BARCELÓ, Reich (s. Anm. 170), 23.

[215] PIETZNER, Christen (s. Anm. 194), 1004. Vgl. HERRMANN-OTTO, Vernichtung (s. Anm. 200), 19.

tus.[216] Nach der Niederlage gegen die Perser und der Gefangennahme des Valerian beendet Gallienus die Verfolgungen.

5. Diokletian – der misslungene letzte Versuch der Vernichtung des Christentums

In den nächsten vier Jahrzehnten kann sich das Christentum wieder nahezu ungehindert entfalten. Diese lange »Friedenszeit« verschärft aus Sicht des Staates die Problematik, auf die bereits Valerian reagiert hatte: weiter steigende Anhängerzahlen auch in gesellschaftlich einflussreichen Kreisen bis in die kaiserliche Zentrale und Reichsverwaltung, Konsolidierung und Ausbau der innerchristlichen Strukturen auf der Grundlage eines professionalisierten Klerus, des einheitlich durchgesetzten Monepiskopats und dessen überregionaler Vernetzung, vermehrt Führung von Gemeinden durch gebildete Persönlichkeiten, die aus höheren gesellschaftlichen Kreisen stammen und mit ihren nichtchristlichen Standesgenossen verbunden bleiben. Die Ausbreitung führt auch dazu, dass das Christentum in der Öffentlichkeit deutlicher erkennbar ist. Die Behörden sind offenbar darüber unterrichtet (oder können ohne Probleme in Erfahrung bringen), wo sich die Christen versammeln. Dies ist die Voraussetzung dafür, dass Diokletian als erste Verfolgungsmaßnahme die Zerstörung der »Kirchen« (ἐκκλησίαι, ecclesiae) anordnen kann.[217] Wie solche Kirchengebäude in vorkonstantinischer Zeit genau aussehen, ist unklar. Die einzig sicher archäologisch nachgewiesene Kirche vorkonstantinischer Zeit ist die von Dura Europos, einer Stadt an der südöstlichen Grenze des römischen Reiches. Die Reste bezeugen eine »Hauskirche«, d.h. ein Privathaus, das für die Zwecke der Gemeindeversammlung umgebaut worden ist. Man muss davon ausgehen, dass dies in vorkonstantinischer Zeit der Regelfall war. Bestehende Gebäude werden nach den Erfordernissen der Gemeinden verändert, bleiben allerdings »im Bereich der privaten Profanarchitektur«[218]. Bei

---

216 Vgl. Cypr., ep. 80,1,4. Zu den karthagischen Märtyrern Lucius und Montanus vgl. X. DUPUIS, Hagiographie antique et histoire: l'exemple de la *Passion de Lucius et de Montanus* (REAug 49, 2003, 253–265).

217 Vgl. Eus., h.e. 8,2,4; Lact., mort. 12,2–5. Laktanz (12,3) lässt die Kaiser die Plünderung und Zerstörung der Kirche beobachten. Die Kirche in Nikomedien habe umgeben von vielen großen Häusern auf einer Anhöhe gelegen; sie sei sehr hoch und vom Kaiserpalast aus zu sehen gewesen. Die Darstellung der Ereignisse ist allerdings insgesamt »von Laktanz sicherlich stilisiert« (GUYOT / KLEIN, Verfolgungen [s. Anm 13], 1,404 Anm. 63). Die »gesta ad Zenophilum« geben für das nordafrikanische Cirta einen Eindruck von der Durchsuchung der dortigen Kirche und von der Konfiszierung von Kirchenbesitz im Jahre 303.

218 S. DE BLAAUW, Art. Kultgebäude (Kirchenbau), (RAC 22, 2008, 227–393), 284.

entsprechendem Bedarf können auch große Häuser oder Wirtschaftsgebäude zu Versammlungsstätten umgestaltet werden, deren Kern eine große, gestreckte Halle bildet.[219] Möglicherweise kommt es in der Konsolidierung seit Gallienus bereits zu Beginn des vierten Jahrhunderts ähnlich wie bei Synagogen- und Vereinsgebäuden zu ersten »monumentalen Kirchentypen«.[220] Dies bedeutet auch, dass Gemeinden zumindest faktisch in einem rechtlichen Graubereich über Vermögen einschließlich Immobilien verfügt haben.[221]

Aus den Erfahrungen der Soldatenkaiserzeit zieht Diokletian die Konsequenz, dass die eigene Herrschaft und der Staat insgesamt nur durch umfassende Reformen konsolidiert werden können. Grundlegend ist das Konzept der Aufteilung der Herrschaft, zunächst als Dyarchie, dann bald als Tetrarchie, in der zwei Augusti mit je einem Caesar bei klaren Absprachen über die Zuständigkeiten und nach vereinbarten »Spielregeln« – insbesondere im Blick auf die Nachfolge – miteinander das Reich leiten. Hinzu kommen die Neuordnung der Provinzstrukturen und -verwaltung sowie im wirtschaftlichen Bereich eine Finanz- und Steuerreform. Schließlich geht Diokletian das Christenproblem an. Man kann seine christenfeindlichen Maßnahmen als letzten Teil seines Reformpakets verstehen, der darauf abzielt, die traditionelle römische Religion wiederherzustellen und das Christentum als starke Fremdreligion zu beseitigen.

Das Bild der Maßnahmen bleibt unsicher.[222] Die wichtigsten Quellen, nämlich Eusebius und Laktanz, schildern die Ereignisse aus christlicher Perspektive und unterscheiden sich zudem signifikant. Während bei Laktanz lediglich eine umfassende kaiserliche Anweisung erkennbar ist[223], un-

---

[219] Vgl. DE BLAAUW, Kultgebäude (s. Anm. 218), 284; erläuternd fügt sie hinzu: »Damit ist eine Verwandtschaft mit dem halböffentlichen Vereinsgebäude der scholae gegeben, wo allerdings das Kultzentrum sich in einem kleinen Haustempel u. nicht im Versammlungssaal befindet«.

[220] DE BLAAUW, Kultgebäude (s. Anm. 218), 286. Dies könnte den Hintergrund für die (übertreibende) Notiz des Eusebius (h.e. 8,1,5f.) bilden, dass in »allen« Städten wegen der »tausendköpfigen« Versammlungen neue geräumige Kirchen errichtet wurden. Das »tägliche Wachsen an Stärke und Größe« habe den Neid erregt, der sich dann unter Diokletian Bahn bricht. Vgl. weiter R. WARLAND, Von der Hauskirche zur Säulenbasilika. Wachsende Präsenz der Christen im städtischen Raum, in: BADISCHES LANDESMUSEUM KARLSRUHE (Hrsg.), Imperium der Götter. Isis – Mithras – Christus. Kulte und Religionen im Römischen Reich, Darmstadt 2013, 345–351, 346–349; BARCELÓ, Reich (s. Anm. 170), 34–37.

[221] Vgl. HERRMANN-OTTO, Vernichtung (s. Anm. 200), 30f.

[222] Vgl. dazu ausführlich W. KUHOFF, Diokletian (s. Anm. 90), 246–297.

[223] Vgl. Lact., mort. 13,1 mit den Einzelbestimmungen: Verlust von Ämtern und Stand, Anwendung von Folter, teilweiser Verlust der Rechtsfähigkeit (Christen

terscheidet Eusebius mehrere Verfolgungsedikte.[224] Darstellungen folgen zumeist den Angaben des Eusebius. Demnach ordnet Diokletian – nach einem ersten Opferbefehl für die Mitglieder des kaiserlichen Hauses und des Militärs i.J. 299 – im März (bei Laktanz im Februar) 303 an, alle Kirchen zu zerstören und die heiligen Schriften zu verbrennen; Bedienstete am kaiserlichen Hof sollen ihre Ämter verlieren, Freigelassene beim Festhalten am Bekenntnis wieder in den Sklavenstand versetzt werden.[225] Mit dem zweiten Edikt vom April verfügt der Senioraugustus, dass überall sämtliche Gemeindeleitungen, d.h. alle Kleriker inhaftiert werden sollen.[226] Bald darauf verpflichtet ein drittes Edikt die Inhaftierten zum Opfer; bei Vollzug wird Freilassung gewährt, andernfalls Folter angewandt.[227] Schließlich verfügt das vierte Edikt einen allgemeinen Opferbefehl.[228]

Über Diokletians Motive ist in der Forschung viel gerätselt worden.[229] E. Hermann-Otto fasst die Ansätze schlaglichtartig zusammen: »politisch-religiöse Gründe«, d.h. Loyalitätsbeweis gegenüber der tetrarchischen Herrschaft, Erneuerung der alten Sitten und Religion, Unruhen innerhalb des Christentums, die sich auf den gesellschaftlichen Frieden negativ auswirken, schließlich »tiefste Ablehnung und Misstrauen gegenüber dem christlich-fundamentalistischen Rigorismus«.[230] Zur Klärung zieht sie das »Toleranzedikt« des Galerius[231] heran, der an den tetrarchischen Verfol-

---

können verklagt werden, haben aber kein Recht zur Verteidigung). Die Zerstörung der Kirche in Nikomedia samt Heiligen Schriften und Inventar geht voraus.

224 Nach Eusebius werden gewöhnlich vier Edikte unterschieden.

225 Vgl. Eus., h.e. 8,2,4f.; mart. Pal. pr.; Laktanz (mort. 12,2) berichtet von der Plünderung der Kirche in Nikomedia.

226 Vgl. Eus., h.e. 8,2,5; nach 8,6,8f sind die Gefängnisse überfüllt mit Bischöfen, Presbytern, Diakonen, Lektoren und Exorzisten.

227 Vgl. Eus., h.e. 8,6,10.

228 Vgl. Eus., mart. Pal. 3,1.

229 Vgl. bes. W. PORTMANN, Zu den Motiven der Diokletianischen Christenverfolgung (Historia 39, 1990, 212–248); KUHOFF, Diokletian (s. Anm. 90), 250ff, bes. 273-280; W. A. LÖHR, Some Observations on Karl-Heinz Schwarte's ›Diokletian's Christengesetz‹ (VigChr 56, 2002, 75–95); Ph. AUBREVILLE, Zur Motivation der tetrarchischen Christenverfolgung (ZAC 13, 2009, 415–429).

230 HERRMANN-OTTO, Vernichtung (s. Anm. 200), 22 Anm. 21 mit den entsprechenden Literaturverweisen.

231 Vgl. Lact., mort. 34. HERRMANN-OTTO, Vernichtung (s. Anm. 200), 28 präzisiert: Das Galerius-Edikt »darf daher nicht als ein Toleranzedikt im Sinne einer Anerkennung des Christentums als *religio licita* missverstanden werden, sondern bedeutete lediglich die Aufhebung einer obsolet gewordenen polizeilichen Zwangsmaßnahme und damit die Wiederherstellung des alten *status quo ante*« (sc. vor den valerianischen Edikten). Vgl. dagegen in herkömmlicher Deutung J. KRANJC, Die religiöse Toleranz und die Glaubensfreiheit – das Beispiel des Ediktes von Nikomedia

gungsmaßnahmen wesentlichen Anteil hatte. Einleitend betont der Kaiser wiederum das Selbstverständnis, zum Wohl des Staates auch für den religiösen Bereich sorgen zu müssen. Als primäres Motiv der Verfolgung wird die Restauration der traditionellen Religion betont, zu der auch die Christen zurückgeführt werden sollen.[232] Wie in der Maecenasrede wird unterstrichen, dass mit der neuen Religion veränderte Denkweisen und Lebensformen verbunden sind, die der römischen Lebensweise widersprechen und die sich die Menschen nach eigenem Urteil und Belieben geben. Darin sieht der Kaiser offenbar einen Grund für die bedenkliche Ausbreitung. Sie sollen zu den »alten Gesetzen« (veteres leges) und zur öffentlichen Ordnung (publica disciplina) zurückkehren. Darüber hinaus fällt die römische Abneigung gegen die altbekannten Charakteristika der Christen auf: Dummheit (stultitia; sie müssen zu »bonas mentes« zurückgeführt werden), Eigenwille (voluntas) und Hartnäckigkeit (perseverantia). Das hartnäckige Bekenntnis zu dem einen Gott widerspricht dem Anliegen der Tetrachen, den offiziellen alten Staatskult wieder zu beleben. Diokletian nennt sich »Iovius«, Galerius »Herculius« und insbesondere Diokletian ist offenbar von einer traditionellen Religiosität geprägt, die das Wohl des Reiches und der Gesellschaft von der richtigen Götterverehrung abhängig sieht.[233] Das immer wieder erschütterte, unruhige Reich damit auch das eigene Herrschaftssystem sollen stabilisieren werden. Durch die Rückbindung an die Götterwelt wird zugleich ein Ordnungsentwurf etabliert, der gemeinsame Identität schafft, die wiederum stabilisierend wirkt. Durch die Ausgrenzung der fundamental widersprechenden Christen wird die eigene Identität nochmals unterstrichen und geschärft.[234]

Galerius hatte die Maßnahmen Diokletians mitgetragen und entschlossen umgesetzt, nach Laktanz war er sogar die treibende Kraft. Er muss schließlich feststellen, dass der Versuch, das Christentum zu beseitigen, fehlgeschlagen ist. Christen geben unter massivem staatlichen Druck äußerlich die Verehrung ihres Gottes auf, weigern sich aber beharrlich, zum alten Götterkult zurückzukehren. Bevor sie keiner Religion nachgehen, sollen sie dann lieber ihren Gott verehren, der jetzt in das römische Pantheon integriert wird. Die Gründe für das Scheitern der Verfolgung sind vielfältig. Galerius selbst deutet in seinem Edikt die Entschlossenheit vieler

---

und des Mailänder Edikts, in: FELBER / GROEN / SOHN-KRONTHALER, Toleranz (s. Anm. 167), 57–75, 65–68; KUHOFF, Diokletian (s. Anm. 90), 871–876.

232 Vgl. Lact., mort. 34,1.3. Vgl. BARCELÓ, Reich (s. Anm. 170), 30–32.

233 Vgl. KUHOFF, Diokletian (s. Anm. 90), 273–275; LÖHR, Observations (s. Anm. 229), 94.

234 Hierin sieht AUBREVILLE, Motivation (s. Anm. 229), 422–428 ein wesentliches Motiv der Tetrarchen.

Christen an, selbst bei massiver physischer Bedrohung, unter Folter, Zwangsarbeit und öffentlicher Hinrichtung an ihrer Überzeugung festzuhalten. Im Hintergrund steht sicherlich die christliche Hoffnung auf ein Weiterleben nach dem Tod mit der Aussicht, als Märtyrer unmittelbar an die Seite des in Herrlichkeit herrschenden, richtenden und eschatologisch wiederkehrenden Herrn erhoben zu werden. Die kirchliche Gemeinschaft wird als Heilsgemeinschaft anerkannt. Daraus ergibt sich die hohe Bindungskraft christlicher Gemeinden, die sich schon unter Decius im Lapsi-Problem gezeigt hatte. Nur wer der einen wahren Kirche Jesu Christi angehört, ist in der Heilsgemeinschaft und hat Zugang zum Heil. Dass die in der Verfolgung Gefallenen sogleich dringend um die Wiederaufnahme bitten, macht deutlich, wie hoch das Bedürfnis nach Zugehörigkeit zu dieser Heilsgemeinschaft ist. Hinzu kommen weitere attraktive Merkmale der christlichen Gemeinden, insbesondere die Caritas mit der Unterstützung in Notlagen, die Solidarität der Gemeinschaft, die Aussicht auf ein würdiges Begräbnis usw. Im Taufstreit, der insbesondere zwischen der nordafrikanischen und (stadt-)römischen Kirche geführt wurde, betonte vor allem Cyprian sehr deutlich, dass sich die Zugehörigkeit zur Kirche konkret an der Gemeinschaft mit dem rechtmäßigen Bischof entscheidet. Die innerkirchliche Organisation ist zur Zeit Diokletians weit entwickelt und stabil. Der Monepiskopat mit differenziertem Ortsklerus ist grundsätzlich einheitlich in allen Gemeinden durchgesetzt, die Bischöfe sind überregional miteinander vernetzt, sie stehen in geregelter Kommunikation, tauschen Informationen aus und vereinbaren insbesondere durch Synoden gemeinsame Verfahrensgrundsätze. Die innere Organisation ist so weit ausgebaut und gefestigt, dass es dem Staat jetzt auch mit gezieltem Angriff nicht mehr gelingt, sie zu zerstören. Selbst wenn große Teile des gemeindeleitenden Klerus den Gemeinden entzogen werden, sind sie damit noch nicht beseitigt. Hinzu kommt schließlich von staatlicher Seite, dass nicht alle Tetrarchen mit gleicher Intensität gegen das Christentum vorgehen. Im Westen sind der Druck und die zerstörerische Wirkung offenbar geringer.

6. Schluss

Im Rückblick zeigt sich eine deutliche Entwicklungslinie des Konfliktes zwischen antikem Christentum und römischem Staat bzw. gesellschaftlichem Umfeld. Voraussetzung des Konfliktes ist zunächst eine entsprechende Ausbreitung und zugleich die Entwicklung einer eigenen, von außen erkennbaren Identität der Christusgläubigen, die sie von anderen jüdischen Gruppierungen unterscheidet. Bereits zu einem recht frühen Zeitpunkt müssen gegenüber dieser neuen Gruppierung Irritationen, Argwohn, Gerüchte und Verdächtigungen aufgekommen sein. Hierzu trägt sicherlich bei, dass es sich um eine neue religiöse Bewegung aus dem Osten handelt, die verhältnismäßig schnell wächst, ihre Praxis und Riten geheim hält und nachts »im Dunkeln« ausübt. Ihr Gott und Kult sind nicht fassbar. Außerdem sind sie offenbar mehrfach Grund zu Unruhen insbesondere im jüdischen Kontext. Das gesellschaftliche Umfeld registriert eine Distanzierung und Abkapselung dieser Gruppierung. Die Abgrenzung ist im Kern religiös motiviert. Der Monotheismus markiert eine entscheidende religiöse Differenz gegenüber den verbreiteten religiösen Strömungen – mit Ausnahme des Judentums, das aber ethnisch gebunden ist, keine Mission betreibt und daher auch zahlenmäßig begrenzt bleibt. Zudem entwickelt das Christentum eine spezifische Ethik, die bei konsequenter Einhaltung eine »weltdistanzierte« Richtung hat. In jedem Fall bilden in der Bevölkerung verbreitete Vorbehalte gegenüber Christen die Voraussetzung dafür, dass Nero sie für den Brand Roms verantwortlich machen und an ihnen öffentlich grausame Exempel statuieren kann. Damit ist ein grundsätzlicher Vorentscheid über ihren potentiell verbrecherischen Charakter getroffen. Trajan teilt offenbar diese Einschätzung und schreibt sie rechtlich fest, wenn er das «nomen ipsum«, d.h. das Bekenntnis, Christ zu sein, als hinreichenden Schuldgrund definiert. Damit ist das Christentum kriminalisiert. Spätestens an diesem Punkt erreicht ein – insbesondere von den lokalen Eliten getragener – gesellschaftlicher »Ausgrenzungsdiskurs« den Punkt, an dem die »›bürgerliche Kritik‹ in Kriminalisierung um(schlägt)« und sich strafrechtlich manifestiert.[235] Allerdings setzt Trajan dem Vorgehen gegen Christen Grenzen, indem er ein förmliches Gerichtsverfahren aufgrund einer namentlichen privaten Anklage voraussetzt und staatliche Fahndung ausdrücklich unterbindet. Die Initiative liegt also nicht auf Seiten des Staates, es wird nicht flächendeckend gegen das Christentum insgesamt, sondern lediglich gegen Einzelpersonen vorgegangen. Insofern kann man nicht von »Christenverfolgung« im Sinne der eingangs genannten Definition sprechen. Wenn Kaiser bis zum Beginn des dritten Jahrhunderts strafrechtliche Grundlagen für ein Vorgehen gegen Christen schaffen und römische Amtsträger, vor allem Provinzgouverneure, im Rahmen ihres Entscheidungsspielraums aktiv werden, liegt offenbar das wesentliche Motiv in der abweichenden religiösen Position mit der Ablehnung der römischen Götterwelt und des Kaiserkultes. Sie trägt entscheidend zur gesellschaftlichen Desintegration bei und schürt den Verdacht einer grundlegenden Opposition gegen Staat und Gesellschaft. Wie vielleicht bei Domitian kann der Vorwurf des Christseins auch genutzt werden, um unliebsame Personen auszuschalten.

---

[235] Rüpke, Aberglauben (s. Anm. 12), 146f.

In der Folgezeit nehmen die Spannungen zwischen Christen und gesellschaftlichem Umfeld sowie staatlichen Stellen weiter zu. Von zentraler Bedeutung dürfte auch hier die durchaus noch wachsende gesellschaftliche Desintegration sein, die mit dem weiteren Anstieg der Anhängerzahlen und dem Ausbau der internen Organisation gekoppelt ist. Eine besondere Rolle kommt dabei sicherlich dem Kaiserkult zu, der gerade in den Provinzen ein Mittel der politischen Loyalitätsbekundung darstellt, gesellschaftlich sowie ideologisch integrierende Funktion hat und besonders im zweiten und dritten Jahrhundert wesentlicher Bestandteil »sich ausdehnender religiöser Normierungen«[236] ist. Distanzierung schürt zugleich den Verdacht politischer Unzuverlässigkeit und Opposition. Dieser Prozess wird für Christen umso gefährlicher, als das Reich politisch, wirtschaftlich und militärisch verstärkt unter Druck gerät. Schnelle Herrscherwechsel, die nahezu regelmäßig mit Bürgerkrieg verbunden sind, kurze Regierungszeiten und das gewaltsame Ende fast aller Soldatenkaiser machen die Instabilität und permanente Herrschaftsbedrohung bewusst. Decius versucht dies durch den allgemeinen Opferbefehl zu durchbrechen. Der Opfervollzug ist bei ihm offenbar zugleich politisch wie auch ideologisch-religiös motiviert. Das Opfer für die Götter, die den Staat groß gemacht haben und das Wohl der Gesellschaft garantieren, soll das Wohlwollen der Götter zurückgewinnen. Es demonstriert zugleich die Loyalität gegenüber der Bürgergemeinschaft, dem Staat und seinem Herrscher. Diese doppelte Loyalitätsbekundung wird jetzt staatlich eingefordert und im Vollzug überwacht. Christen erweisen sich hier erneut und in verschärftem Maß als Abweichler. Auch wenn viele von ihnen dem Opferbefehl nachkommen, stellen dennoch Christen die entscheidende Problemgruppe. Es ist daher nur konsequent, wenn Valerian bewusst und gezielt gegen die Christen vorgeht. Aufgrund genauer Kenntnis der inneren christlichen Organisationsstrukturen fokussiert er sich dabei auf den Klerus, um den Gemeinden die Führung zu nehmen und das Gemeindeleben lahm zu legen. Dennoch ist auch in Valerians Vorgehen noch zu erkennen, dass das primäre Ziel die Integration ist: Wie Decius versucht er zunächst, den Opfervollzug mit Zwangsmaßnahmen zu erzwingen. Vielleicht ist ihm sogar nach den Erfahrungen aus der Zeit des Decius bewusst, dass derjenige, der das Opfer vollzieht, kaum noch in der Gemeindeleitung akzeptiert wird. Mit Valerian beginnt also die Phase der »Verfolgung« im Sinne eines gezielten reichsweiten staatlichen Vorgehens mit dem Ziel, das Christentum in seinem Bestand zu gefährden oder zu beseitigen, wenn es die gesellschaftlich-politische Ordnung nicht durch die Tat anerkennt und somit die Integration verweigert.

---

[236] RÜPKE, Aberglauben (s. Anm. 12), 152.

Diokletian führt dies fort. Hier ist offenbar die Eliminierung des Christentums das eigentliche Ziel, Angebote zur gesellschaftlichen Integration sind nicht mehr zu erkennen.

Klaus Fitschen

Christentum und totalitärer Staat im 20. Jahrhundert

Von den antiken Christenverfolgungen bis zu denen des 20. Jahrhunderts – und man könnte sagen: auch denen des 21. Jahrhunderts – ist es ein großer Zeitsprung. Freilich ist der auf der Tagung schon gegebene Rückblick auf die Antike unmittelbar wichtig für die gesamte Thematik, weil hier schon Grundkonstellationen und Grundmotive sichtbar werden, die für die Verfolgungsgeschichte des Christentums insgesamt von Bedeutung sein können. Dies gilt dann allerdings auch für den christlichen Umgang mit Abweichlern, also Ketzern, und mit Andersgläubigen.

Wichtig ist der Rückblick auch insofern, als in der Antike, während der Zeit der Verfolgungen wie auch unmittelbar danach – also nach der Konstantinischen Wende – das Selbstverständnis eines Christentums entstand, dessen extreme Existenzform das Martyrium sein könne oder gar müsse. Die Geschichte von Verfolgung und Martyrium ist denn auch ein zentraler Erzählstrang der Geschichte des Christentums geworden. Dies hat seinen Grund nicht nur in der Geschichte der Verfolgungen selbst, sondern auch darin, dass es die theologische Aufgabe aller Konfessionen ist, der Verfolgten und der Märtyrerinnen und Märtyrer zu gedenken, die es in allen Konfessionen gibt. Die Wiederentdeckung der Märtyrerinnen und Märtyrer im 20. Jahrhundert – theologisch für den Protestantismus kein ganz leichtes Thema – wird sich auf dieser Tagung in einem Vortrag noch widerspiegeln.

Schlägt man den weiten Bogen von der Antike bis heute, wird man also auf Aspekte stoßen, die die Geschichte des Christentums durchziehen. Freilich ist zu bedenken, dass die Dimensionen der Verfolgung, die Zahl der Opfer – wenn sie denn überhaupt messbar ist – und der Terror der Verfolgung in der Neuzeit von ganz anderen Ausmaßen sind als in der Antike. Angesichts dessen könnte man sich als Theologe, der ich bin, fragen, ob nicht der erste Zugang zu den Christenverfolgungen der Gegenwart ein ganz anderer als ein historischer sein müsste, nämlich ein Zugang der

Klage und der Fürbitte. So hat auch die Evangelische Kirche in Deutschland den Sonntag Reminiscere, der in diesem Jahr 2013 auf den 24. Februar fällt, zum Sonntag der Fürbitte für bedrängte und verfolgte Christen bestimmt. Als Länderbeispiel für dieses Jahr ist von der EKD Indonesien gewählt worden, ein Land, das ja auch auf dieser Tagung noch Thema sein wird.

Die Geschichte des Christentums ist also auch eine Geschichte der Verfolgung. Freilich zeigt die Architektur der Tagung, wie komplex diese Geschichte ist, denn es gab ja auch, wie bereits angedeutet, Gewalt von Christen gegen Christen. Komplex wird die Geschichte schon dadurch, dass das Christentum im 20. Jahrhundert zur globalen Erscheinung wurde, dass es sich in den unterschiedlichsten Kulturen und religiösen Gemengelagen beheimatete, dass es mit den unterschiedlichsten politischen Rahmenbedingungen zurechtkommen musste und dies letztlich zumeist auch wollte. Diese Tagung, so mein Eindruck, hat den Anspruch, diese Komplexität einzufangen und vielleicht sogar auf einen gemeinsamen Nenner zu bringen, wobei ich eher skeptisch bin, ob sich eine Summe aller Fallbeispiele ziehen lässt. Immerhin ließe sich vermuten, dass das Thema Verfolgung für das Christentum so hochaktuell geworden ist, weil es sich als globale Religion in der Neuzeit etabliert hat und weil es sich in einigen Regionen der Welt dynamisch ausgebreitet hat und noch ausbreitet und somit zur Herausforderung geworden ist für andere Religionen oder bestimmte politische Systeme. Beispielhaft zu nennen wären hier China oder auch afrikanische Länder. Was die westliche Mission im 19. und 20. Jahrhundert nicht schaffte, das gelingt nun ganz von selbst. Dennoch gilt das Christentum in vielen Teilen der Welt als westliche Religion, als kolonialistisch, als fremd, obwohl ihm eine hohe Inkulturationsfähigkeit zu eigen ist.

Nun ist es meine Aufgabe, aus christentumsgeschichtlicher Sicht etwas zum Thema »Christentum und totalitärer Staat im 20. Jahrhundert« zu sagen. Ich bleibe bei dieser Themenstellung, weil sie dabei hilft, das große Themenfeld der Christenverfolgungen im 20. Jahrhundert etwas zu sortieren. Auch dieser Beitrag soll also trotz der allgemeinen Erwägungen zu Beginn eher eine Fallstudie sein. Es geht in meinem Beitrag also um den totalitären Staat als Akteur oder als übergeordnete Bezeichnung für Akteure, die für Christenverfolgungen verantwortlich sind. Demnach geht es mir hier weniger darum, nach Mentalitäten zu fragen oder religiösen Konfliktkonstellationen, für die die politischen und ideologischen Rahmenbedingungen eines politischen Systems nicht primär ausschlaggebend sind. Die auf dem Symposium vorgestellten Fallbeispiele werden vieles aus diesem Bereich zeigen: den Grund für Hass gegen Christen, die Umstände von Pogromen und Diskriminierungen im lokalen und regionalen Rahmen, ohne dass dahinter ein totalitärer Staat steht, zu dessen Programm es gehört, das Christentum und seine Institutionen zu verdrängen oder wenigstens gleichzuschalten.

Was aber heißt nun »totalitärer Staat«? Wer diesen Begriff benutzt, müsste sich eigentlich mitten hinein in die Totalitarismus-Debatten der letzten Jahrzehnte begeben. »Total« und »totalitär« sind Begriffe, die im Umkreis des italienischen Faschismus, der Mussolini-Diktatur also, entstanden sind, und die dann auch auf den Nationalsozialismus und den Kommunismus angewendet wurden. Nach dem Zweiten Weltkrieg entfaltete sich eine Totalitarismus-Debatte, die auf einen Diktaturvergleich von Nationalsozialismus und Kommunismus aus war, die sich aber mit der anwachsenden zeitlichen Entfernung vom Nationalsozialismus abschwächte. Einen kurzen, eruptiven Aufschwung erlebte diese Debatte im »Historikerstreit« der Jahre 1986/87, die der Historiker Ernst Nolte entfachte und die sehr schnell unter dem Vorzeichen der Frage einer Relativierung des Holocaust geführt wurde: Konnte man Auschwitz und den Gulag vergleichen? Konnte man davon reden, Hitlers Angriffskrieg in Richtung Osten sei eine Folge auf Stalins Aggression gewesen? Trotz ihrer Aufgeregtheit verebbte diese Debatte schnell, und nach dem Ende des sowjetischen Imperiums wurde sie in anderer Form zwar noch einmal aufgenommen, schwand aber genauso schnell wieder dahin.

Warum aber taugt der Begriff totalitär für das Thema der Verfolgungen? Ein Rückblick auf die totalitären Systeme des 20. Jahrhunderts ist erst nach 1989 wirklich möglich gewesen, da sich erst dann die Archive in den ehemals kommunistischen Ländern der Forschung geöffnet haben und ein Blick hinter die Kulissen totalitärer Herrschaft möglich war. Bedeutsam ist an diesen Systemen, dass sie unvergleichlich sind und gänzlich neu. Die Frage ist, ob sie nur ein Geburtsfehler der Moderne sind oder sozusagen ihre dunkle Seite – die gleiche Geschichtsepoche, die Demokratie, Pluralismus und Religionsfreiheit ermöglicht, ermöglicht eben auch Diktatur, ideologische Gleichschaltung und Gewissenszwang. Ob das 20. Jahrhundert tatsächlich, wie der Philosoph und Politikwissenschaftler Henning Ottmann sagt, »das Jahrhundert ist, in dem der Totalitarismus überwunden worden ist«[1], scheint mir doch sehr fraglich. Allerdings müsste man wohl sagen, dass totalitäre Systeme eine typisch europäische Erscheinung sind und dass sie geboren sind aus dem Kampf politischer Macht mit religiösen Wahrheitsansprüchen und kirchlichen Organisationsformen. Der totale Staat findet dann nach der Vernichtung aller politischen und weltanschau-

---

[1] H. Ottmann, Geschichte des politischen Denkens, Bd. 4. Das 20. Jahrhundert, Teilbd. 1 Der Totalitarismus und seine Überwindung, Stuttgart/ Weimar 2010, V.

lichen Gegner nur noch eine letzte Gegenmacht, und das ist die Kirche, meistens die katholische.

Totalitäre Systeme lassen sich somit auch als Weltanschauungsdiktaturen definieren, für die die ideologische Gleichschaltung und die Vereinnahmung der Gewissen wie die Gleichschaltung und Unterdrückung von Kirchen ein wesentliches Ziel ist. Anders als Diktaturen, die die Privatsphäre relativ unangetastet lassen, kennen solche totalitären Diktaturen keine Freiräume. Damit ist die Sphäre der Religion natürlicherweise berührt: Wo es nur eine Wahrheit gibt, die einer Partei oder eines Diktators, darf es eine andere noch nicht einmal im Herzen geben. Mit dem Politikwissenschaftler Lothar Fritze, einem Mitarbeiter am Hannah-Arendt-Institut für Totalitarismusforschung in Dresden, und seinem jüngst erschienenen Buch »Anatomie des totalitären Denkens« ließe sich festhalten, dass es für Weltanschauungsdiktaturen charakteristisch ist, »dass die solchem [totalitärem] Handeln zugrundeliegenden Denkfiguren und Rechtfertigungsargumente sich aus den verbindlichen Systemideologien ableiten lassen«.[2]

Für Religionsgemeinschaften und Religionen, in unserem Falle für Kirchen und das Christentum, hat dies unmittelbare Bedeutung, denn für sie ist in solchen System kein Platz oder nur der, der ihnen zugewiesen wird. Für die europäische Geschichte ist dies eine dramatische Entwicklung, hatte doch das Christentum in Europa bis zur Französischen Revolution eine unangefochtene Stellung. Auf die Verfolgungen in der Revolution folgte in Frankreich und anderen Ländern im 19. Jahrhundert eine Phase der Spannungen in manchen Staaten, die aber vor allem das Verhältnis zur katholischen Kirche betrafen: Antiklerikalismus und Kulturkampf waren die Signaturen der zweiten Hälfte des 19. Jahrhunderts, deren Ergebnis eine Entflechtung von Staat und Kirche oder auch die institutionelle Trennung waren. Damit war aber innerhalb weniger Jahrzehnte in Europa eine Dynamik erwachsen, die die bisherigen Rahmenbedingungen für das Christentum völlig veränderte oder gar zerstörte.[3] Ob das schon Verfolgung war, kann man fragen – Katholiken sahen sich in dieser Zeit unterdrückt, viele Geistliche wurden Opfer staatlicher Maßregelungen. Das alles spielte sich in Deutschland vor und nach der Gründung des Deutschen Kaiserreiches ab, in einem Staat, der sich als modern und als Rechtsstaat

---

[2] L. FRITZE, Anatomie des totalitären Denkens. Kommunistische und nationalsozialistische Weltanschauung im Vergleich, München 2012, 25.

[3] L. LUKS (Hrsg.), Das Christentum und die totalitären Herausforderungen des 20. Jahrhunderts: Rußland, Deutschland, Italien und Polen im Vergleich, Köln/ Weimar/ Wien 2002, 9.

verstand.

Von Verfolgung in einem totalitären Sinne lässt sich dann erst mit dem Sieg des Kommunismus in Russland reden, und so beginnt 1917 auch in Europa eine Geschichte der Christenverfolgung im Rahmen totalitärer politischer Systeme. Zu den Komplexitäten dieser Geschichte gehört dann aber, dass in diesen Verfolgungen Christen sowohl zu Opfern wie zu Tätern werden konnten, jedenfalls insofern sie die zur Etablierung totalitärer Herrschaft notwendigen Systemveränderungen mittrugen und den Verheißungen politischer Heilslehren glaubten. Dies wurde dadurch begünstigt, dass die totalitären Systeme in ihrer Etablierungsphase auch mit Versprechungen warben und versuchten, Gutwillige für sich einzunehmen. Der Historiker Hartmut Lehmann hat darum von einer »Komplizenschaft vieler Christen mit autoritären Regimen« gesprochen.[4] Die Kirchen sollten je nach System auch nicht einfach vernichtet, sondern vereinnahmt, ruhig gestellt und gleichgeschaltet werden. Wenn von Christenverfolgungen zu reden ist, dann also auch davon, dass nicht notwendigerweise alle Christen verfolgt wurden und werden, sondern eventuell nur Angehörige einer Konfession, nur die, die nicht systemkonform sind oder auch nur die Geistlichen oder einzelne von ihnen.

Zu berücksichtigen ist eben auch, dass es »das Christentum« eigentlich nicht gibt, weder in Europa noch in der globalisierten Welt, sondern unterschiedliche Ausprägungen davon, unterschiedliche Konfessionen, unterschiedliche historische Erfahrungen mit Unterdrückung und Verfolgung, unterschiedliche Einstellungen gegenüber totalitären Systemen, unterschiedliche Korrumpierbarkeit kirchlicher Eliten, unterschiedliche Unterwanderung durch totalitäre Systeme, unterschiedliche Intensitäten von Kollaboration. Insofern sind einzelne Fallbeispiele von hohem Erkenntniswert.

Nach dieser Eingrenzung auf totalitäre Systeme und letztlich auf Europa lässt sich fragen, was denn die Gründe für Christenverfolgungen im 20. und auch im 21. Jahrhundert waren. Ich bleibe bei meiner schlichten Antwort: Der totale Staat duldet keine Organisationen oder Institutionen wie die Kirchen, er duldet auch keine Religion, da diese bestimmte Bereiche von Gesinnungen und Mentalitäten, aber auch bestimmte Bereiche der Öffentlichkeit gegen seinen Zugriff abgrenzt. Ausnahmen wie der italienische Faschismus lassen sich nennen, doch stellt sich hier die Frage nach seiner Totalität. Nicht ohne Grund ist deshalb auch der Gedanke entstanden, totalitäre Systeme seien eigentlich als politische Religionen zu be-

---

4 H. Lehmann, Das Christentum im 20. Jahrhundert: Fragen, Probleme, Perspektiven (Kirchengeschichte in Einzeldarstellungen IV/9), Leipzig 2012, 19.

schreiben. Dann hätte man es in Europa mit einem Kampf zwischen einer ideologisch entarteten Moderne und dem Christentum zu tun, und die politischen Ideologien wären das, was in anderen Gegenden der Welt konkurrierende Religionen wären. Der Vorreiter für die Rede von der politischen Religion war Hans Maier, Politikwissenschaftler und engagierter Laienkatholik,[5] der Begriff selbst aber stammt, wie der des Totalitarismus, schon aus den 1930er Jahren und scheint mir der Idee nach stark verwandt mit der zeitgleichen Rede vom »Weltanschauungskampf«. Einwenden könnte man gegen diesen Versuch einer Ursachenbeschreibung, dass er totalitäre Systeme als eine Art Gegenkatholizismus ansieht, wenn etwa von reinen Lehren, Reliquien, Ketzern und Inquisition die Rede ist und Aufmärsche mit Gottesdiensten verglichen werden.

Hier bietet sich die Zwischenfrage an, was denn überhaupt eine Verfolgung sei. Die Bandbreite reicht vom Massenmord in der Frühzeit der Sowjetunion über die Verhaftung missliebiger Pfarrer im Nationalsozialismus bis zur Ausgrenzung christlicher Kinder im Bildungssystem der DDR. Das Tagungsprogramm setzt Verfolgung mit Gewalt gleich, wobei Gewalt ja, denkt man wiederum an die Gewaltdiskurse der vergangenen Jahrzehnte, auch strukturelle Gewalt sein kann, also systematische Benachteiligung und Ausgrenzung. Verfolgung wird also nicht allein wirksam durch direkte Gewaltanwendung, sondern auch in und durch Politik, Recht, Verwaltung, Bildungswesen und Alltagsleben. Sie kann Christen treffen, eben weil sie Christen sind, sie kann aber auch nur ein bestimmtes Segment von Christen treffen, weil sie nicht mit dem System kollaborieren. Die Ausübung von verfolgender Gewalt kann also nicht nur darauf gerichtet sein, das Christentum zu vernichten oder zu marginalisieren, sondern auch darauf, Christen dazu zu veranlassen, Einverständnis mit dem politischen System zu bekunden. Verfolgung kann auf die »Bekehrung« von Christen zur Staatsideologie zielen und im Extrem auf den Abfall vom Glauben, sie kann aber auch unentrinnbar sein, wenn damit – was in Europa nun weniger der Fall ist – Christsein auch die Zugehörigkeit zu einer bestimmten Ethnie bedeutet.

In der europäischen Geschichte des 20. Jahrhunderts lässt sich, wie schon gesagt, eigentlich nur für Russland von dem Versuch einer totalen Verfolgung, Unterdrückung und Ausrottung des Christentums reden. Dies ist bis heute spürbar, wenn auch nicht am Leben der orthodoxen Kirche, sondern am russischen Protestantismus, der sich nie wieder vom stalinistischen Vernichtungsfeldzug erholt hat, und am Katholizismus, der vonsei-

---

5 H. Maier, Politische Religionen. Die totalitären Regime und das Christentum, Freiburg 1995.

ten des Staates wie auch der orthodoxen Kirche argwöhnisch beobachtet wird. In allen anderen kommunistischen Staaten Europas verliefen Verfolgungen, Repressionen und Marginalisierungen anders, freilich begannen diese kommunistischen Diktaturen auch erst nach 1945 bzw. 1948 und erreichten nicht mehr die durchgreifende Aggressivität der russischen 1920er und 1930er Jahre. Dennoch waren sie nach wie vor von äußerster Gewalt geprägt, das Fallbeispiel der Tschechoslowakei wird auf dieser Tagung ja auch noch bearbeitet werden. Die Tschechoslowakei wäre dann aber auch ein Beispiel dafür, wie unterschiedlich Konfessionen auf Repressionen und Verfolgung reagieren.

Um das Thema noch besser zu fokussieren, wende ich mich aber einem Land zu, das auf dieser Tagung ausdrücklich gar keine Rolle spielt, Deutschland nämlich, immerhin ein Land, das mit der nationalsozialistischen und der kommunistischen Diktatur zwei Systeme erlebte, die totalitär zu nennen sind, auch wenn man das für die DDR gelegentlich nicht mehr für die Spätzeit gelten lassen möchte. Beide Systeme haben Christen nicht durch radikale Ausrottungsmaßnahmen verfolgt, sondern in einem subtileren und komplexeren Sinne, aber doch so, dass erkennbar wird, dass das Christentum in bestimmten Ausprägungen als systemwidrig angesehen wurde.

In den 1950er Jahren haben Christen und Kirchenvertreter in der DDR von einem »zweiten Kirchenkampf« und einer Christenverfolgung gesprochen. Sie taten dies in dem Bewusstsein, Ähnliches oder gar Gleiches schon einmal erlebt zu haben, nämlich im Nationalsozialismus. Dabei war der »Zweite Kirchenkampf« im Zeichen des Stalinismus ungleich härter und nachhaltiger als es der erste war, und er kam auch eher einer Verfolgung in einem umfassenden Sinne nahe als es die nationalsozialistische Kirchenpolitik getan hatte. Dennoch lassen sich einige gemeinsame Strukturelemente im Diktaturvergleich ausmachen, denen ich weiter nachgehen werde und die vielleicht auch für einen globalen Vergleich taugen.

1. Die Verfolgung von Christen zielt in totalitären Systemen auf ihre Benachteiligung im Bildungswesen

Bekanntermaßen ist die Jugend in Diktaturen, aber nicht nur in ihnen, diejenige Zielgruppe der Bevölkerung, die als am ehesten beeinflussbar und formbar gilt. HJ und FDJ dienten den gleichen Zwecken und nutzten die gleichen Formen. Im Vergleich der nationalsozialistischen mit der kommunistischen Diktatur zeigt sich hier wie auch sonst, dass der Zugriff der zweiten deutschen Diktatur ungleich härter war, schon, weil sie länger dauerte und weil sie sich offen atheistisch positionierte, was der Nationalsozialismus im Ganzen nicht tat. Die Gründe dafür liegen einerseits in der schon bestehenden Schwächung der evangelischen Kirche im und durch den Nationalsozialismus, andererseits im Fehlen eines starken katholischen Bevölkerungsanteils in der DDR. Das politische Ziel bestand in beiden Diktaturen in einer ideologischen Konformisierung der Jugend durch Schule und staatliche Jugendorganisationen. Trotz aller Beschönigungen hielt dies bis zum Ende der DDR an und es war typisch für alle kommunistischen Diktaturen bis 1989.

2. Die Verfolgung von Christen zielt in totalitären Systemen auf die Ausschaltung nichtkonformer und auf die Installierung konformer Kirchenvertreter

Hieran wird deutlich, dass Verfolgung nicht nur auf Verdrängung oder gar Vernichtung zielen kann, sondern auf die Formierung einer staatskonformen Kirchenorganisation. Dies funktionierte im Nationalsozialismus, jedenfalls im Protestantismus, ungleich besser als im Kommunismus – die protestantischen Kirchen in Osteuropa bieten hier freilich ein anderes, wesentlich angepassteres Bild. Die Anhängerinnen und Anhänger des staatskonformen Klerus konnten als Kronzeugen benannt werden, wenn es um die Frage von außen ging, ob Religionsfreiheit herrsche und ob Christen benachteiligt wurden. Die staatskonformen Christen wurden es eben offiziell nicht, wenn auch faktisch doch.

3. Die Intensität der Verfolgung von Christen ist abhängig von inneren und äußeren politischen Rahmenbedingungen

Die beiden deutschen Diktaturen, aber auch die kommunistischen Diktaturen Osteuropas spielten sich unter den Augen der westlichen Öffentlichkeit ab, auch wenn man vieles nicht sehen konnte, was erst nach 1989 sichtbar wurde. Die nationalsozialistische Diktatur war nicht gänzlich frei von Respekt gegenüber der »Auslandspresse«, die die kirchenpolitischen Vorgänge in Deutschland beobachtete, und der SED-Diktatur kam es durchaus darauf an, nicht zu oft durch offene Menschenrechtsverletzungen aufzufallen. Öffentliche Inszenierungen dienten der Erzeugung eines guten Ansehens, während sich im Inneren die Repression subtil fortsetzte.

4. In der Verfolgung stellt sich die Frage nach der Legitimität von Widerstand und Gegengewalt

Das Thema Christenverfolgungen schneidet sich mit einem anderen, in den letzten Jahren und Jahrzehnten viel debattierten Thema, nämlich dem des christlichen Widerstandes. Dieses Thema ist älter, als man denken mag, es kommt zum ersten Mal auf im 16. Jahrhundert, als Protestanten sich die Frage stellen, ob sie sich gegen staatliche Verfolgungsmaßnahmen wehren sollen und dürfen. Freilich ist Widerstand oft gar nicht möglich, und es bleibt nur das ohnmächtige Erleiden von Verfolgung und Benachteiligung oder unter bestimmten Bedingungen auch der Abfall vom Glauben. In den beiden deutschen Diktaturen hat es eine offene Debatte um Widerstand nicht geben können, allerdings gab es unterschiedliche Optionen, Gewaltmaßnahmen zu begegnen und Schutz für Verfolgte zu bieten. In der Zeit des Nationalsozialismus war es immerhin möglich, die innerkirchliche Öffentlichkeit zu nutzen, um Verhaftungen von missliebigen Pfarrern bekannt zu machen. Unter staatlicher Aufsicht war es einige Jahre lang möglich, Christen mit jüdischen Vorfahren die Auswanderung zu ermöglichen. In der SED-Diktatur konnten in Gesprächen von Kirchenvertretern mit Staatsvertretern einzelne Personen wieder aus dem Zugriff des Staates gelöst werden. Einen eigenen Aspekt bilden in diesem Zusammenhang die Kirchen als Institutionen, die ja ebenso wie einzelne Christen von Verfolgung betroffen waren und sind. Christen in der Zeit des Dritten Reiches und in der DDR, aber auch Christen in den anderen kommunistischen Diktaturen waren Teil der Ökumene, die katholischen Teil der katholischen Weltkirche, die evangelischen Teil der protestantisch-orthodoxen Ökumene. Freilich erwies sich die protestantische Ökumene im Nachhinein als wenig tragfähig, was Solidarität mit Verfolgten anging. Der Ökumenische Rat schwieg nach 1948, wo er hätte reden müssen, und das auch aus Rücksichtnahme gegenüber den orthodoxen Kirchen, die zu Handlangern der kommunistischen Diktaturen geworden waren, wie auch die evangelischen Kirchen in Osteuropa ihre Stimme nicht gegen die eigene Unterdrückung erhoben, weil sie überwacht oder gleichgeschaltet waren.

5. Formen, Gründe und Hintergründe von Gewalt gegen Christen lassen sich auch unter den Bedingungen totalitärer Systeme nicht eindeutig definieren, da Gewaltausübung auch in solchen Systemen delegiert wird und sie in verschiedenen, auch subtilen Formen auftritt

Gewalt gegenüber Christen ist in den totalitären Systemen des 20. Jahrhunderts, sei es in Deutschland oder in Europa, in vielfältiger Weise ausgeübt worden. Diese Gewalt konnte struktureller Natur sein und durch Angst und Schrecken Christen dazu bringen, Einverständnis mit dem politischen System zu bekunden und die eigene Religiosität nicht mehr öffentlichkeitswirksam werden zu lassen. Die Kirchen, die sich das am wenigsten bieten ließen, war die katholische Kirche im Dritten Reich und die evangelische Kirche in der DDR. Die Gründe für die Ausübung solcher Gewalt lagen im totalen Herrschaftsanspruch der jeweiligen politischen Machthaber und in einem totalen Anspruch der von ihnen vertretenen Ideologie, was freilich mehr für die SED-Diktatur als für den ideologisch diffuser auftretenden Nationalsozialismus gilt. Opfer von Repression und Gewalt konnten Christen in vielen Bereichen werden: in der Schule, im

Berufsleben und im Äußersten da, wo das eigene Leben geopfert wurde. Was die Repression gegenüber Christen in der DDR angeht, scheint mir im Übrigen eine Art von kollektivem Vergessen Einzug gehalten zu haben. Versöhnung hat es hier nie gegeben und kann es wohl auch nicht geben in einer Gesellschaft, die den Atheismus für den Normalfall hält und Religion für ein Defizit an Wissen. Wenn es Aufarbeitung der Folgen der SED-Diktatur geben soll, dann müsste das eigentlich ein Teil der Aufarbeitung sein, über die Arbeit der Enquete-Kommission des Deutschen Bundestages hinaus, die zu wenig öffentliche Aufmerksamkeit gefunden hat.

Die Ausübung von Gewalt gegen Christen, und damit schließe ich, ist ein Teil der jüngeren deutschen und europäischen Geschichte, sie war Bestandteil aller kommunistischen Diktaturen und, wenn auch in anderer Dimension, auch Teil der nationalsozialistischen Diktatur. Das christliche Gewissen, der christliche Anspruch auf Weltgestaltung, die Existenz christlicher Kirchen ist für alle politischen Systeme und Weltanschauungen mit Totalitätsanspruch eine zutiefst irritierende Herausforderung. Die christlichen Kirchen haben selbst erst lernen müssen, für Demokratie, Toleranz und Pluralismus einzutreten und einen weltanschaulich neutralen Staat hoch zu schätzen. Sie sind in Deutschland und Europa in den letzten Jahrzehnten unter der Verfolgung einen Weg gegangen, der Widerstand ebenso wie Anpassung umfassen konnte. Unter den nach 1989 veränderten Bedingungen kommt ihnen im Blick auf die Solidarität mit verfolgten Christen in anderen Ländern eine besondere Aufgabe zu.

Tomáš Petráček

Verfolgung von Christen in der Tschechoslowakei im 20. Jhdt.

1. Einführung

Sicherlich ist es wichtig, dass die Tschechoslowakei die meiste Zeit des 20. Jhdts. als ein gemeinsamer Staat der Tschechen und Slowaken sowie bis zum Jahre 1945 der drei Millionen deutschsprachigen Bürger und auch der jüdischen und ungarischen Minderheit existierte. Ich begrenze mich thematisch auf die Geschichte der böhmischen Länder und der tschechischsprachigen Bevölkerung. Obwohl die Geschichte der Verfolgung von Christen, die anderen ethnischen und sprachlichen Gruppen angehörten, bestimmt interessant wäre, bleibt uns nicht genügend Zeit für sie übrig und sie spiegelt auch im Großen und Ganzen die Entwicklung der tschechischen Bevölkerung wider. Die Geschichte der deutschsprachigen Bevölkerung, darunter das Schicksal der christlichen Kirchen, endet tragisch mit der Vertreibung von 1945 bis 1947. Die Geschichte des slowakischen Christentums verläuft dann ganz anders, dank einer stärkeren Durchwurzelung der slowakischen Kirche in das slowakische nationale Bewusstsein.

Aus gleichen Gründen stelle ich in den Mittelpunkt meines Beitrages die Geschichte der bedeutendsten tschechischen Kirche, die die katholische Kirche ist. Kurz vor der Entstehung der Tschechoslowakischen Republik im Jahre 1918 gehörte zu ihr, zwar oft nur formell, 90 % der Bevölkerung. Gerade wegen ihrer Größe wurde sie zum wichtigsten Ziel der Verfolgung nicht nur während des kommunistischen Regimes. Ihre Geschichte der Verfolgung hat sie schon während der Nazi-Herrschaft im Protektorat Böhmen und Mähren erlebt und wurde zum Ziel von Angriffen bereits in der Zwischenkriegszeit. Daher wird unsere Studie als Geschichte des Schicksals von der tschechischen katholischen Kirche im 20. Jhdt., das als eine Zeit der Verfolgung verstanden werden kann, konzipiert. Obwohl es sich bis 1918 um eine Staatskirche handelte, nahm sie sich doch selbst als bedroht wahr, was die Ereignisse unmittelbar nach 1918 bestätigen sollten.

Zwar gab es Versuche, die Verfolgung der christlichen Kirchen in der kommunistischen Tschechoslowakei schon in jener Zeit darzustellen[1], die Unterdrückung der Religion durch das kommunistische Regime konnte aber erst nach 1989 verarbeitet werden. In den vergangenen vierundzwanzig Jahren entstand eine Reihe von bemerkenswerten Arbeiten, von Teilstudien, umfassenden Monografien bis zu den Sammelbänden von Konferenzen, die zum Beispiel die Verfolgung von religiösen Frauenkongregationen dargestellt haben. Mehr und mehr gelingt es, die Archive der kommunistischen Staatssicherheit zu verarbeiten und Erinnerungen der verfolgten Christen zu sammeln[2]. Man verfügt auch über fortgeschrittene Kenntnisse des Schicksals von der »verborgenen« Kirche. Auch internationale Vergleiche der kommunistischen Repression des religiösen Lebens im Ostblock haben wesentlich zu unserem Wissen beigetragen. Dies macht es möglich, diese Studie auf einer solideren Grundlage aufzubauen, als es noch zum Beispiel vor zehn Jahren möglich gewesen wäre.

2. Die Position der tschechischen katholischen Kirche an der Schwelle des 20. Jahrhunderts

Obwohl ich bereits in der Einleitung erwähnt habe, dass die tschechische katholische Kirche die Kirche der überwältigenden Mehrheit war, bedeutet das sicherlich nicht, dass ihre Position in der tschechischen Gesellschaft völlig problemlos wäre oder sogar, dass sie als eine Säule und Stütze der Gesellschaft wahrgenommen würde, ähnlich wie es in dem polnischen, slowakischen oder dem irischen Fall war[3]. Nach der Mitte des 19. Jhdts. verschwand diese natürliche Symbiose zwischen Katholizismus und dem Tschechentum. Bis zu diesem Zeitpunkt war die katholische Geistlichkeit eine Stütze den nationalen Emanzipationsbestrebungen. Der Kult der nati-

---

1 Vgl. J. STŘÍBRNÝ, Katolická církev v českých zemích v čase dvou totalit, in: LIBOR JAN (Hrsg.), České církevní dějiny ve druhé polovině 20. století, Brno 2000, 78-115, 91ff.

2 Vgl. z.B. die sog. »Mosaiksteinchen« (»kamínky«), die der Bischof von Königgrätz Karel Otčenášek sammelte und editierte und die auch deutsch herausgegeben wurden. Mosaiksteinchen. Kleine Zeugnisse über die Christenverfolgung in der Zeit der kommunistischen Totalität und über ihre Bemühungen um die Freiheit und das Wohl des Vaterlands, hg. von K. OTČENÁŠEK, Hradec Králové 2004. Ins Deutsche übersetzt von Wilhelm Sitte.

3 Eine kurze Übersicht der komplizierten Kirchengeschichte der tschechischen Länder auf deutsch- vgl. T. PETRÁČEK, Inkulturation und Rezeption des Christentums am Beispiel der tschechischen Geschichte, in: M. LUBER (Hrsg.), Kontextualität des Evangeliums. Weltkirchliche Herausforderungen der Missionstheologie, Regensburg 2012, 103-117.

onalen und Landesheiligen wie St. Wenzel und St. Johannes von Nepomuk bildete die Achse der nationalen und landesbezogenen Identität und nichts wies darauf hin, dass die tschechischen Länder nur 150 Jahren später als ein Beispiel des säkularsten, atheistischsten Landes der Welt präsentiert würden und dass die Glaubenslosigkeit als ein geschätztes Indentifizierungselement vom modernen Tschechen gesehen wird.[4]

Zum Verständnis der weiteren Geschichte der tschechischen Kirche und vor allem der gewissen Leichtigkeit, mit der in erster Linie das kommunistische Regime die Kirche unterdrückte[5], müssen wir zurück in die zweite Hälfte des 19. Jahrhunderts. Sicher, in vielerlei Hinsicht kopierte die Entwicklung der tschechischen Gesellschaft die allgemeine Geschichte der europäischen Säkularisierungsprozesse. Die relativ rasche Industrialisierung und Urbanisierung zersetzte den Glauben der Landbewohner, die in die dynamisch wachsenden Städte einzogen. Die Kirche verlor schnell die Unterstützung von den Intellektuellen und der Bourgeoisie. Das traditionelle Gebiet der Konflikte war das Verhältnis vom Klerus und dem Lehrerstand, der sich dank der Maßnahmen der österreichischen Regierung von der Aufsicht der katholischen Kirche emanzipiert hatte. Er vollzog der Kirche gegenüber einen »Gegen«-Angriff, sowohl für echte als auch vermeintliche Ungerechtigkeiten, die die Priester gegenüber den Lehrern angeblich begingen.

Die Position der tschechischen Kirche gegenüber der sich säkularisierenden Gesellschaft war schlechter als in anderen Ländern in zweierlei Hinsicht. Die erste Komplikation war ihre Position »zwischen zwei Stühlen«. Wie in anderen Ländern der Habsburger Monarchie lebte die katholische Kirche fest in den Händen des Staates. Sie war tief mit ihm verbunden, ihre Führer wirkten loyal gegenüber der herrschenden Dynastie und sie war eine der sozialdisziplinierenden Institutionen der österreichischen Monarchie, die zum Gehorsam und Loyalität erzog. Das Problem lag in der Tatsache, dass oft, wenn die Gesetzgebung der Monarchie die Menschen zu einem formal konformen Handeln zwang, wie z.B. die obligatorische Teil-

---

4 Als Beispiel kann die Reaktion auf die Bekanntmachung von einem der größten »Idolen« der tschechischen Nation, dem berühmten Eishockeyspieler Jaromír Jágr, der sich zu seinem christlichen Glauben bekannte und sagte, dass der Glaube seiner Meinung nach seine erfolgreiche Karriere ermöglichte, was von einigen Medien als eine Enttäuschung und Haltung bezeichnet wurde, die nicht würdig des Menschen des 21. Jhdts. sei.

5 Einen wirklichen Widerstand gegen Abschaffung von Klöstern und Verschleppung der Priester und Mönche durch die kommunistischen bewaffneten Kräfte finden wir in einigen Fällen in den religiösen Gebieten von Mähren und v. a. in der Slowakei. Es handelt sich jedenfalls um kein bedeutendes Phänomen.

nahme an der Messe für Lehrer und Offiziere, entsprach dies schon längst nicht der Gesinnung dieser Schichten. Anstatt gewünschter Einstellungen brachte es überzeugte Antiklerikale hervor.

Noch absurder wurde das Festhalten der Kirche an der engen Verbindung mit dem Staat zu einem Zeitpunkt, als sich sogar die Eliten der Monarchie mindestens seit den Siebzigerjahren des 19. Jahrhunderts von der Kirche trennten und allmählich die feste Kontrolle der Kirche über Bildung, Familie und anderen Bereichen des gesellschaftlichen Lebens lockerten. Die Kirche war also ein Bestandteil des Staatsapparates, das an sich schon damals von einem Teil der Gesellschaft negativ wahrgenommen wurde.

Der zweite wesentliche Bestandteil einer zukünftigen Verschlechterung der Lage der tschechischen Kirche beruhte auf einer symbolischen Ebene. Obwohl die österreichische Monarchie der tschechischen Nation gute Bedingungen für ihre Gesamtentwicklung bot, waren die nationalen Eliten mit ihrer Beteiligung an der Führung des Landes und mit der kleinen Rolle der tschechischsprachigen Eliten unzufrieden. Gerade das 19. Jahrhundert war nicht nur das Jahrhundert nationalistischer Bewegungen, sondern auch eine Zeit des Historismus, indem sich politische Forderungen auf historischen Argumenten stützten. In der Mitte des 19. Jhdts. erschien die Schrift liberalen protestantischen Historikers und Politikers František Palacký, Geschichte des tschechischen Volkes, die in deutscher und tschechischer Ausgabe publiziert wurde und wurde zu einem wertvollen konzeptionellen Werkzeug tschechischer bürgerlicher Eliten in ihrem Kampf für einen größeren Anteil an der Verwaltung des Landes gegen die österreichischen regierenden Eliten.

Wir können hier nicht ins Detail gehen, aber die Zeit der Hussiten (1419–1434) wird in dem Werk von Palacký als Höhepunkt der tschechischen Geschichte gesehen, sowie die Werke von Jan Hus und die nachfolgenden zwei Jahrhunderte bis zu der Schlacht am Weißen Berg im Jahre 1618. Diese Schlacht wird dann schon mit der Festigung der Habsburgischen Herrschaft in den böhmischen Ländern und mit der Rekatholisierung und viel später auch Germanisierung der tschechischen Gesellschaft verbunden. Palacký brachte sein Buch nur bis 1526, aber der Kampf der demokratischen slawischen Ordnungen gegen die germanischen, feudalen, undemokratischen Elemente bildet schon bei ihm die Achse der ganzen tschechischen Geschichte. Besonders in den Werken seiner Nachfolger und Epigonen wird die katholische Kirche zu einer unzureichend national bewussten und sogar gegenüber der Nation feindlichen Organisation. Sie hatte doch einen der größten tschechischen Männer, Jan Hus, verurteilt und später auch das weitere »Idol« der nationalistischen Bewegung, den

Bischof der Böhmischen Brüder, Johann Amos Comenius, ins Exil (1627) gezwungen[6].

Die tschechische Gesellschaft geriet so in eine besondere schizophrene Situation, in der zwar ein großer Teil der Bevölkerung noch formal der katholischen Kirche angehörte, aber man stellte die katholische Kirche bei politischen Versammlungen und im Kulturbereich als einen Feind des Fortschritts und einen langjährigen Gegner der Nation vor. Dies bedeutete jedoch nicht, dass die Menschen zu protestantischen Kirchen neigten, sie fanden eher ihre Ersatzreligion im Nationalismus und dem politischen Aktivismus. Evangelische Kirchen blieben in den tschechischen Ländern weiter zahlenmäßig unbedeutend. Diese Trends fanden ihren äußerlichen Ausdruck erst nach 1918. Sie drückten sich bis jetzt nur in einer Reihe von neuen Statuen von Jan Hus, von Hussitenheerführer Jan Žižka und vom Bischof der Brüdergemeinde Comenius aus. Diese Statuen stehen als Symbole der tschechischen nicht-katholischen Tradition neben den barocken Statuen der katholischen Heiligen auf den Straßen und Plätzen der tschechischen Städten.

3. Die problematische Lage der Kirche in der Zwischenkriegszeit

Der Beginn der ersten Tschechoslowakischen Republik brachte mit sich die ersten Erfahrungen mit offener Feindseligkeit. Man könnte zwar argumentieren, dass es sich um keine Feindseligkeit gegenüber Christen wegen ihrer Religion handelte, sondern eher um eine antiklerikale Haltung gegenüber der Rolle der katholischen Kirche in der österreichischen Monarchie. Beides ist aber in einzelnen Argumentations- und Ausdruckformen voneinander schwer zu unterscheiden. Bereits kurz nach der Gründung der Republik am 28. Oktober 1918 kam es am 3. November 1918 zum Abriss der alten barocken Mariensäule[7] auf dem Hauptplatz von Prag. Diese Säule befand sich gleich neben der Statue von Jan Hus, die hier erst drei Jahre, seit 1915, stand. Der Abriss bedeutete eine symbolische Abrechnung mit der katholischen Tradition des tschechischen Volkes. Priester wurden verbal, als auch körperlich auf den Straßen angegriffen und es herrschte das Schlagwort »Nach Wien muss auch Rom vors Gericht ge-

---

[6] Vgl. PETRÁČEK, Inkulturation (s. Anm. 3), 112–115.

[7] Es handelt sich um ein bedeutendes Werk der barocken Architektur, das als Danksagung für das Ende der Gräuel des dreißigjährigen Krieges gebaut wurde. In der gegenwärtigen Zeit hat der Bürgermeister von Prag entschlossen, dass die Säule auf dem gleichen Platz wiederaufgebaut wird.

bracht und verurteilt werden«. Der Staat enteignete auch einen großen Teil des kirchlichen Eigentums in der Bodenreform[8].

Die anti-katholische Atmosphäre äußerte sich jedoch keineswegs automatisch in einem Wachstum von Mitgliederanzahl der existierenden nicht-katholischen Kirchen. Dies zeigten nachfolgende Ereignisse, wenn sich etwa 200 katholische Priester im Jahr 1920 trennten, um eine neue nationale Kirche in der Tschechoslowakei zu gründen. Die Tschechoslowakische (von 1971 auch Hussitische) Kirche führte das Tschechische als die liturgische Sprache ein und baute auf einer liberalen theologischen Linie und auf der nicht-katholischen Tradition der tschechischen Nation.[9] In den Jahren 1920–1923 verlief die sogenannte Abfallbewegung. Die neu gegründete Tschechoslowakische Kirche, die evangelische Kirche der Böhmischen Brüder und die atheistische Bewegung der Freidenker »Volná myšlenka« (Der freie Gedanke) versuchten während gemeinsam organisierter Veranstaltungen möglichst viele Bürger zum Austritt aus der katholischen Kirche und zum eventuellen Eintritt in eine der nicht-katholischen Kirchen zu bewegen. Die Zahl der Katholiken wurde damit auf 70% der Bevölkerung reduziert. Eine größere Anzahl von Mitgliedern brachte dies jedoch nur der Tschechoslowakischen Kirche, in die rund 1,5 Millionen der bisherigen Matrikelkatholiken eintraten.

Die Kritik der katholischen Kirche trug aber oft Züge der Kritik des Christentums an sich. Der einflussreiche Dichter und Politiker, der Generalinspekteur der tschechoslowakischen Armee, Josef Svatopluk Machar (1864–1942), hält das Christentum in seinem Gedichtband *Gift aus Judäa* für ein raffiniertes Mittel einer jüdischen Verschwörung, die die Welt zu beherrschen versucht. In seinem Werk *Golgota* kritisiert er den Missbrauch von Religion, die ihm als eine überwundene Stufe der menschlichen Entwicklung erscheint. Die Mission der Eliten ist es gerade, den Massen zu helfen, das Stadium des religiösen Glaubens zu überwinden und sie zu befreien. Stattdessen ist es notwendig, zu den Idealen der alten vorchristlichen Gesellschaft und den gesunden natürlichen Tugenden der ursprünglichen Völker zurückzukehren.

Obwohl es zu keiner Trennung von Kirche und Staat kam, war der Status der Kirchen in der Gesellschaft vor allem in den Städten und innerhalb der intellektuellen Eliten relativ schwach. Auch auf der offiziellen Ebene

---

[8] Diese Reform sollte die Schicht der kleinen selbstständigen Landwirtschaftler bestärken und sie betraf v. a. den Adel. Die Enteignung wurde selbstverständlich im Unterschied zur kommunistischen Zeit durch einen Geldersatz begleitet.

[9] Vgl. R. URBAN, Die Tschechoslowakische hussitische Kirche, Marburg/ Lahm 1973.

hatte die Tschechoslowakische Republik kein Konkordat mit dem Vatikan geschlossen. Viele Konflikte wurden in breiter Öffentlichkeit diskutiert. Der berühmteste Vorfall passierte im Jahre 1925, als ein neuer nationaler Feiertag von Meister Jan Hus am Jahrestag seiner Verbrennung gesetzlich festgelegt wurde. Der Präsident Tomáš G. Masaryk hängte an jenem Tag am Sitz des Präsidenten an der Prager Burg eine schwarze hussitische Fahne mit dem roten Kelch aus. Aus Protest verließen vorübergehend das Land nicht nur der päpstliche Nuntius, sondern auch einige bedeutende Prälaten. Die Absicht von Masaryk, das Austreten aus der katholischen Kirche zu fördern, wurde zwar nicht erfüllt, aber der Nachgeschmack vom Konflikt und Missverständnis blieb anwesend.

In den Dreißigerjahren verbesserte sich die Situation rasch dank der Anpassung der Kirche an das neue Regime, dank des Antritts neuer christlicher, katholischer Priester- und Laieneliten, die sich mit dem neuen Staat schon als seine Bürger identifizierten. Das symbolische Moment war das »Millennium« vom Tod des Hl. Wenzels, des ewigen Fürstens und Schutzpatrons des böhmischen Landes, und die damit verbundene Fertigstellung des Veitsdomes in Prag im Jahr 1929. Die Wirtschaftskrise und das soziale Engagement der Kirchen, sowie die Bedrohung des Landes durch Nazi-Deutschland, verwischte die ideologischen Zwiespalte und trug dazu bei, dass sich die Christen in Gesellschaft, die eher fortschrittlich, säkular und agnostisch als direkt atheistisch gesinnt war, einigermaßen integrieren konnten.

4. Zeit des Protektorats Böhmen und Mähren

In den Jahren 1938–1945 wurden zwei wichtige Momente in die gegenseitige Beziehung der Kirche, des Staates und der Gesellschaft gebracht. Unmittelbar nach dem Münchner Abkommen und dem Rücktritt der tschechischen Grenzgebiete an Nazi-Deutschland herrschte in der Tschechoslowakei verständlicherweise eine Enttäuschung und Skepsis. Im katholischen Umfeld nahm sie die Gestalt des Aufwachens der »ultramontanen« und autoritären Instinkte bei einem Teil von den intellektuellen Eliten an. Die Krise des tschechoslowakischen Staates nahmen sie als Folge seines Antiklerikalismus und demokratischen Liberalismus wahr und sie schwärmten für einen auf die Kirche orientierten konfessionellen Ständestaat. Sie kritisierten oft taktlos und sogar mit antisemitischen Äußerungen prominente Persönlichkeiten, die die Zwischenkriegszeit profilierten. Obwohl diese Periode nur ein paar Monate dauerte, belastete und kompromittierte sie beachtlich die Sache des Christentums[10].

---

10 Vgl. J. MED, Literární život ve stínu Mnichova (1938–1939), Prag 2010.

Nach der Besetzung und Errichtung des Protektorats Böhmen und Mähren änderten sich die Verhältnisse. Gleich wie in Deutschland, gab es auch hier massive Eingriffe gegen religiöse Orden und Institutionen, die Beschlagnahme von Gebäuden, das Abführen von Seminaristen zur Zwangsarbeit ins Reich. Die Tätigkeit der Kirchen wurde in vielen anderen Hinsichten eingeschränkt. Dazu kam noch die Tatsache, dass der katholische Klerus, wie in anderen besetzten Ländern, auch hier als ein wesentlicher Teil der nationalen Eliten wahrgenommen wurde. Die tschechische Bevölkerung sollte nur zu einer Masse der Arbeiter und Bauern, die zum Wohl der Kriegsbestrebungen des Reiches arbeiten, umgeformt werden und angesichts dieser Pläne stand die geistliche Schicht den Nazis in dem Weg. Die Nazis schlossen gleich im November 1939 die Hochschulen, sie schränkten wesentlich das Mittelschulwesen ein, sie schufen Jesuitengymnasien in Prag und Velehrad ab und es begann auch die Verfolgung von Christen, sowohl individuell als auch kollektiv.

In die nazistischen Gefängnisse und Konzentrationslager wurden von der katholischen Geistlichkeit fast 500 Priester verbracht. 76 Menschen starben während der Verhaftung oder kurz danach. Einige von ihnen wurden im Konzentrationslager Dachau inhaftiert, wo es 143 tschechische katholische und 16 protestantische Geistliche gab. Unter ihnen können wir den späteren Prager Erzbischof, Josef Beran, oder den späteren Bishof von Litoměřice (Leitmeritz), Štěpán Trochta, erwähnen. Schwer betroffen wurden auch religiöse Gemeinschaften, z.B. die Benediktiner aus dem Emmauskloster wurden in ein Konzentrationslager deportiert, wo der Abt Arnošt Vykoukal und Pater Vavřinec Filip starben. Das gleiche Schicksal traf acht Barmherzige Brüder aus dem Prager Kloster und dem Krankenhaus »Na Františku«, von denen drei aus dem KZ nicht zurückkehrten. Desgleichen wurden aufgrund falscher Anschuldigung auch Prämonstratenser aus der Kanonie Nová Říše im tschechisch-mährischen Grenzgebiet inhaftiert. Die Gestapo wählte ihre Opfer auch unter deutschsprachigen Kommunitäten wie z.B. den Benediktinern von Broumov (Braunau) und den Zisterziensern von Vyšší Brod (Hohenfurth), die Adolf Hitler offiziell zu begrüßen abgelehnt hatten und deren Abt kein Hehl aus seiner Ablehnung der Nazi-Ideologie machte.[11] Es ging also nicht nur um nationale und politische Aspekte. Insgesamt wurden 195 der deutschsprachigen Priester aus den tschechischen Ländern verfolgt und 23 von ihnen starben dabei.[12]

---

[11] Eine Übersicht von der Erinnerungsliteratur der Verfolgung der Geistlichen während der Nazi-Zeit gibt STŘÍBRNÝ, (s. Anm. 1) 88f.

[12] STŘÍBRNÝ, (s. Anm. 1) 81. Auf der Seite 89 gibt er eine Übersicht der deutschen Arbeiten zu diesem Thema, z.B. Zeugen für Christus. Das Deutsche Martyrologium

Zu einem bekannten Beispiel wurde Pfarrer Josef Štemberka, der im Begriff war, in die Rente zu gehen und gerade seinen Nachfolger im Dorf Lidice vertrat, als das ganze Dorf als Vergeltung für die Ermordung des Reichsprotektors ausgerottet wurde. Der Pfarrer lehnte das Angebot ab, wegen seines Alters und des Priesterstandes die Männer von Lidice zu verlassen, sondern folgte ihnen freiwillig auf der Stelle in die Massenexekution. Eine bedeutende Figur war Augustiner Augustin Schubert OSA, der als einer der wenigen Mitglieder der deutschsprachigen Kommunität der Nazi-Ideologie »Heim ins Reich« nicht erlag und die Aufrechterhaltung der demokratischen Tschechoslowakei und die tschechisch-deutsche Versöhnung verteidigte. Für seine Kritik an der neo-heidnischen Ideologie des Dritten Reiches wurde er verhaftet und starb am 28. Juli 1942 in Dachau.

Wir könnten noch weitere Fälle der Verfolgung von Christen durch das Nazi-Regime erwähnen. Stellen wir uns aber jetzt die Frage, ob es sich hier wirklich um Märtyrer des Glaubens nach der traditionellen katholischen Definition handelt. Obwohl die nationalen oder staatspolitischen Aspekte natürlich eine Rolle spielten, die Hauptursache des Widerstands der tschechischen und deutschsprachigen Christen gegen das NS-Regime und der anschließenden Repression gegen sie war ihre Ablehnung der Nazi-Ideologie, des Rassismus, der totalitären Machtausübung und der inakzeptablen Konzeption des Staates und des Menschen. Gerade wegen dieses fundamentalen und unversöhnlichen Widerspruchs in der Sicht auf den Menschen unterdrückte das Nazi-Regime von Anfang an systematisch die tschechischen Kirchen und versuchte, sie zu schwächen und unter Kontrolle zu bringen. Auch wenn die Verfolgung massiv und grausam war, dauerte sie doch nur sechs Jahre. Allerdings, wenn man einen Überblick über die Verfolgung von Christen in den tschechischen Ländern im 20. Jhdt. geben soll, kann man dieses Kapitel nicht überspringen.

5. Jahre der begrenzten Demokratie mit autoritären Elementen 1945–1948

Um die Ernennung einer ungeeigneten Kandidaten zu verhindern, ließ der Vatikan nach dem Tod von Kardinal Kašpar im Jahr 1941 den Prager Erzbischofsthron lieber unbesetzt. Durch das gemeinsam erfahrene Leiden der Okkupation kamen in Tschechien die einzelnen Gruppen der Bevölkerung einander näher. Der gemeinsame Aufenthalt in den Lagern führte auch zu einer gewissen Versöhnung zwischen Christen und z.B. den Vertretern der Linksparteien. In die Führungspositionen innerhalb der kirchlichen Orga-

---

des 20. Jahrhunderts, hg. von MOLL HELMUTH, Paderborn 1999. Siehe auch F. VAŠEK/ Z. ŠTĚPÁNEK, Trnitá cesta moravského duchovenstva (1938–1945), Brno 2003.

nisationen trat eine neue Generation ein, oft Menschen, die sich während der Besatzungszeit bewährt hatten und inhaftiert worden waren. Das Ansehen der Kirche, aus deren Reihen viele Widerstandskämpfer und Opfer des Systems kamen, war recht hoch.[13] Doch auch in dieser Zeit gab es Anzeichen für zukünftige Probleme.[14]

Für eine Gewalt gegen Christen kann man zweifellos die wilde und auch die organisierte Vertreibung der deutschsprachigen Bevölkerung der tschechischen Länder halten. Außer den ausgewiesenen Antifaschisten unterlag die ganze deutschsprachige Bevölkerung einem Zwangstransfer nach Deutschland und Österreich. Gerade die ersten Monate nach dem Ende des Krieges wurden von einem hohen Maß an Gewalt begleitet, und zwar einschließlich Morden an den deutschsprachigen Priestern, Mönchen und Nonnen. Ein bekanntes Beispiel ist die Ermordung von zwei Benediktinern aus Broumov (Braunau), die von Mitgliedern der Revolutionsgarden im Dorf Šonov im Sommer 1945 getötet wurden. An ihrem Fall und an vielen anderen ist es offensichtlich, dass sie das Ziel einer brutalen Gewalt nicht nur als Angehörige der deutschen Nation wurden, sondern dass der Hass auch vom Groll gegen das Christentum und die Kirche motiviert wurde. Durch Weggang von tausenden Priestern und Nonnen deutscher Sprache, sowie der Gläubigen, angesichts der Tatsache, dass die deutschsprachigen Gebiete einen höheren Grad an Religiosität als die tschechischen hatten, wurde nicht nur die katholische Kirche sehr geschwächt, sondern das Christentum in diesem Land als solches. Die neu kolonisierten Gebiete haben sich bis jetzt noch nicht sozial, wirtschaftlich, kulturell und religiös erholt.

Für die Kirche war ein Problem, Klöster, die früher von deutschen Mönchen bewohnt waren, zu bewahren, aber allmählich hat sie ihre Position stabilisiert. Auch die Bodenreform und die damit verbundene Einziehung von landwirtschaftlichen Besitz[15] stellte kein großes Problem dar, obwohl man in der politischen Kampagne mit antikirchlichen, »historisch« motivierten Parolen arbeitete. In der Begeisterung der Nachkriegszeit übersah man diese warnenden Elemente. Die Bischöfe versuchten, eine strikte politische Neutralität zu halten und sich nicht in den politischen

---

[13] S. BALÍK / J. HANUŠ, Katolická církev v Československu 1945–1989, Brno 2007, 15.

[14] Vgl. V. VAŠKO, Neumlčená. Kronika katolické církve v Československu po druhé světové válce (I–II), Praha 1990.

[15] Vgl. Katolická církev a pozemková reforma 1945–1948. Dokumentace. Praha/ Brno 1995.

Kampf dieser Jahren einzumischen, in dem entschieden werden sollte, ob die Tschechoslowakei zum Ostblock oder nicht gehören wird. Im Land war die russische Armee nicht mehr anwesend und es regierte eine Koalitionsregierung von vier Parteien, einschließlich der Christlich-Sozialen Volkspartei. Kirchliche Eliten außer einer Reihe von Intellektuellen traten jedoch lieber nicht in den ideologischen Kampf, teilweise aus der Überzeugung, dass man ein entwickeltes Land wie die Tschechoslowakei nicht sowjetisieren kann.

6. Verfolgung der Kirche während der kommunistischen Herrschaft

Die Situation ändert sich schnell nach dem kommunistischen Putsch im Februar 1948, danach begann die Zeit des totalitären Staates. Das kommunistische Regime brauchte einige Zeit, um seine Position zu stabilisieren. Zunächst rechnete es mit seinen politischen Gegnern ab und schuf ein Machtmonopol durch Ergreifung von Staat, Politik und Streitkräften. Wenn ihm das gelang, kam die Zeit der Verfolgung nach der kurzen Periode von einer vorgetäuschten Toleranz symbolisiert, durch die Anforderung des kommunistischen Präsidenten Klement Gottwald, einen feierlichen Te Deum-Gottesdienst bei seinem Amtsantritt zu haben. Der Grund war einfach, die Kirchen repräsentierten den einzigen Teil der Gesellschaft, der der Überwachung und Kontrolle des kommunistischen Staates immer noch nicht unterlag. Sie waren auch die einzigen legal bestehenden Institutionen und Organisationen, die das kommunistische ideologische Monopol störten.[16]

Der Angriff auf die katholische Kirche kam in mehreren Wellen und aus verschiedenen Richtungen. Um die katholische Kirche zu bekämpfen, wurde eine spezielle Kommission, die sogenannte »kirchliche Sechs«, wo die die meisten Minister der kommunistischen Regierung waren, gegründet.[17] Anschließend wurde das Staatsamt für kirchliche Angelegenheiten geschaffen.[18] Der Angriff sollte gemeinsam von allen Machtkomponenten des kommunistischen Regimes geführt werden. Die wichtigsten Träger waren die Parteiorgane und natürlich die kommunistische Geheimpolizei. Im Jahr 1956 wurde das Staatsamt aufgehoben und sein Kompetenzbereich wurde an das Ministerium für Bildung und Kultur übertragen, insbesonde-

---

[16] Zu der Beziehung siehe K. KAPLAN, Stát a církev v Československu v letech 1948–1953, Praha/ Brno 1993.

[17] Vgl. Církevní komise ÚV KSČ 1949–1951. Edice dokumentů. I. Církevní »šestka« (duben 1949–březen 1950), hg. von M. BULÍNOVÁ / M. JANIŠOVÁ / K. KAPLAN, Praha/ Brno 1994.

[18] BALÍK/ HANUŠ, Katolická církev v Československu (s. Anm. 12), 20f., 29–34.

re an das Netzwerk der kirchlichen Landkreis- und Bezirkssekretären, die eigentlich über die Erteilung von Staatsgenehmigung für Geistlichen und über Besetzung der Stellen in kirchlichen Verwaltung entschieden.

Allmählich gelang es, die ganze Kirche unter Kontrolle zu bringen und die Geistlichkeit wurde aus Perspektive des totalitären Staates in drei Kategorien unterteilt. »Progressive« Priester, die bereit waren, mit dem Regime in offiziellen kollaborierenden Verbänden zusammenzuarbeiten, die allmählich aber schnell offizielle Posten in Kirchenleitung, an Fakultäten und in Kapiteln übernahmen. Die schweigende Mehrheit der Priester, die ihre priesterliche Sendung erfüllen wollten und die dazu notwendige Kompromisse zu machen bereit waren.[19] Mit denen sollte man durch den Weg des Zwanges und der Versprechungen arbeiten, damit sie zur Erfüllung der kommunistischen Politik manipuliert wurden. Und schließlich zum Dritten diejenigen, die dem Machtdruck nicht nachgeben wollten. Für sie bereitete das Regime Internierung, Konzentrations- und Arbeitskloster, manipulierte Gerichtsprozesse, harte Strafen in Gefängnissen und auch Todesstrafen vor. Die Staatssicherheit bemühte sich, in allen drei Priesterkategorien genug Informanten und Agenten zu haben.[20]

Das Erste, was das Regime versuchte, war eine nationale von Rom abgelöste Kirche zu bilden, die leichter manipuliert werden könnte. Man gab ihr den Namen »Die katholische Aktion«, um den Klerus und die Gläubigen durch die Ähnlichkeit mit der Zwischenkriegsinitiative von Papst Pius XI. zu verwirren, aber diese Operation gelang auch nicht sehr. Erfolgreicher die Schaffung kollaborierender Vereinigungen von Priestern, die aus Furcht, Opportunismus, Karrierismus oder aus einer pastoralen Verantwortung die Mitgliedschaft annahmen. Als Beispiel dieser Organisationen kann die ab 1950 existierende *Friedensbewegung der katholischen Geistlichkeit* dienen, die später seit 1969 durch den *Verband des katholischen Klerus Pacem in Terris* ersetzt wurde. Die berühmteste Gestalt ist Priester Josef Plojhar, der sich an der »Pazifizierung« der christlichen Volkspartei, deren Vorsitzender er auch war, beteiligte. Er ist auch bekannt als der am längsten dienende Minister der kommunistischen Regierung in der Tschechoslowakei (1948–1968), in dessen Funktionszeit das liberale Abtreibungsgesetz im Jahr 1957 verabschiedet wurde. Obwohl er von kanoni-

---

[19] Ab 1949 musste man z.B. den »Eid der Treue der Republik und ihrer volksdemokratischen Verfassung« ablegen.

[20] Zu einzelnen Varianten und Motivationen der Mitarbeit der Priester mit dem kommunistischen Regime, einschließlich eines internationalen Vergleiches vgl. einzelne Studien in der monothematischer Ausgabe der Zeitschrift Salve. Revue pro teologii a duchovní život (21.01.2011).

schen Sanktionen, einschließlich Exkommunikation, betroffen wurde, trat er weiter als Priester auf und Bischöfe waren nicht imstande, seine Abschaltung zu erzwingen.[21]

Das kommunistische Regime begann zuerst eine Reihe von scheinbaren Verhandlungen über die künftigen Beziehungen von Kirche und Staat. Nachdem die Bischöfe festgestellt hatten, dass sie bei einer gemeinsamen Sitzung abgehört worden waren, und nach den ersten Repressionen, der Begrenzung von kirchlichen Schulen und der Presse und anderen Feindseligkeiten, gaben sie den Hirtenbrief »In der Stunde der großen Prüfung« heraus, den aber nur eine Minderheit der eingeschüchterten Priester lesen konnte.[22] Mit der Kenntnis der Struktur und Mentalität der Kirche beschlossen die Kommunisten, dass einer der ersten Schritte die Beseitigung der Bischöfe sein muss. Weil sie weder die Aufmerksamkeit auf die einzelnen Bischöfe durch irgendeinen Monsterprozess ziehen, noch aus ihnen Märtyrer machen wollten, verwendeten sie eine Methode der langfristigen Internierung von nahezu allen Diözesanbischöfen, die vollständig von ihren Kollegen in unbekannten Orten, die darüber hinaus wechselten, isoliert wurden.[23] An ihrer Stelle installierten die Kommunisten dann nachgiebige Kapitularvikare. Die kommunistischen kirchlichen Sekretäre führten jedoch in Wahrheit das Amt und entschieden die Personalfragen. Nach einer Reihe von Provokationen erreichten die Kommunisten auch den Abbruch der diplomatischen Beziehungen mit dem Heiligen Stuhl und die Ausweisung seiner Vertreter in der Tschechoslowakei im März 1950.[24]

Ein wichtiger Schritt war die Einziehung von dem ganzen kirchlichen Besitz außer Kirchen und Pfarrhäusern. Es folgte dann ein spezielles Gesetz über die materielle Absicherung der Kirchen, in dem sich das Regime zur Finanzierung der materiellen Bedürfnisse der Kirche verpflichtete. Durch das Gesetz über die materielle Absicherung der Kirchen von 1949 wurden Priester völlig abhängig von dem kommunistischen Staat, der durch die sogenannte staatliche Genehmigung zur Ausübung des geistlichen Dienstes immer imstande war, ihnen den Lohn zu nehmen und sie aus der kirchlichen Arbeit auszuschließen. Wenn jemand unabhängig von den offiziellen staatlichen Strukturen tätig war, konnte er für Vereitelung

---

21 Vgl. BALÍK / HANUŠ, Katolická církev v Československu (s. Anm. 12), 124–152.

22 BALÍK / HANUŠ, Katolická církev v Československu (s. Anm. 12), 23. Stát a církev v roce 1950, hg. von J. HANUŠ / J. STŘÍBRNÝ, Brno 2000.

23 In seiner Residenz in Hradec Králové (Königgrätz) blieb bis 1956 vereinsamt nur der kranke Mořic Pícha als der einzige nicht aussiedelte Bischof in den tschechischen Ländern.

24 Siehe F. X. HALAS, Fenomén Vatikán. Idea, dějiny a současnost papežství. Diplomacie Svatého stolce. České země a Vatikán, Brno 2004, 595–600.

der staatlichen Aufsicht über den Kirchen eingesperrt werden.[25] In den fünfziger und sechziger Jahren war das oft mit der Beschuldigung von Spionage für den Vatikan verbunden und konnte mit den höchsten Strafen, der lebenslangen Haft und sogar mit der Todesstrafe enden.

Bis Herbst 1949 bereitete das Regime eine Gesetzgebung vor, die die Kirchen vollständig dem Staat unterordnete und die Eingriffe in sein inneres Leben ermöglichte. Angesichts der absoluten Kontrolle der Justiz und des ganzen Sicherheitsapparates gab es keine Möglichkeit der Berufung oder der Revision gegen das kommunistische Unrecht. Der päpstliche Nuntius wurde ausgewiesen und die diplomatischen Beziehungen wurden abgebrochen. Theologische Fakultäten und Diözesanseminare wurden abgeschafft, darunter zahlreiche Klosterschulen wie die der Redemptoristen und der Salesianer. Es blieb nur eine staatlich kontrollierte theologische Fakultät für die tschechischen Länder, die auch symbolisch aus dem Verband der Karlsuniversität ausgeschlossen wurde und die man in die Grenzstadt Litoměřice (Leitmeritz) umzog. Man schränkte sie nicht nur durch eine maximale Zahl der Theologen bzw. Seminaristen (numerus clausus) ein, sondern auch durch kollaborierende Lehrkräfte, so dass Bischöfe und Ordensoberen zunächst das Studium an dieser Schule streng verboten.

Ein weiterer Angriff folgte am Anfang des Jahres 1950, als das kommunistische Regime ein mysteriöses Ereignis missbrauchte, bei dem in einer unbedeutenden ländlichen Pfarrei Číhošť während der Predigt des hiesigen Pfarrers im Dezember 1949das Kreuz auf dem Altar ohne erklärbare Ursache in Schwung gebracht wurde. Nach einer kurzen Zeit begann die geheime Staatspolizei eine Untersuchung, deren einen Monat dauernde Verhöre am 25.02.1950 mit dem Totschlagen des unschuldigen Priesters Josef Toufar endeten. Er selbst hatte jenes »Wunder«, dessen Natur bis heute ohne Erklärung geblieben ist, nicht einmal gesehen.[26] Bei dieser Aktion wurden mehrere andere bedeutende Kirchenführer verhaftet, die wegen der Manipulation der Gläubigen im Dienste des Vatikans und der CIA angeklagt und zu langen Haftstrafen verurteilt wurden.

Ebenso wurden drei unschuldige katholische Priester während der sog. »Babice-Affäre« zum Tode verurteilt, nachdem ein Agent der Geheimpolizei

---

[25] BALÍK / HANUŠ, Katolická církev v Československu (s. Anm. 12), 26–33.

[26] Das Ereignis inspirierte schon zehn literarische Verarbeitungen und sogar einen Fernsehfilm. Die letzte und vollständigste Verarbeitung der kritischen Biografie von Pfarrer Toufar gewann den Titel Buch des Jahres 2012 und ist bis jetzt schon in seinem siebten Nachdruck zu lesen, vgl. MILOŠ DOLEŽAL, Jako bychom dnes měli zemřít, Pelhřimov 2012.

die Entstehung einer Widerstandsgruppe der lokalen Bauern und später auch wieder in Region Vysočina (Hochland) im Juli 1951 den Totschlag eines kommunistischen Funktionäs provoziert hatte.[27] Der Grund für diese Provokationen der Staatspolizei war die Bemühung, die Verbindungen zwischen lokalem Klerus und Bauern während der Zwangskollektivierung des Landes zu brechen. Die Kommunisten zwangen alle privaten Bauern, auf ihr Land zu verzichten und in die Kolchosen der sowjetischen Art einzutreten. Weil die katholische Geistlichkeit eine natürliche moralische Autorität der ländlichen Klassen darstellte, wurde sie kriminalisiert und viele Priester endeten im Gefängnis oder in manuellen Berufen in den Städten.

Gegen die katholische Kirche wurde eine skrupellose Werbekampagne durch Presse, Literatur, Bildung, Rundfunk, Film und später auch Fernsehen geführt. Kommunisten benutzten nicht nur Elemente, die typisch für den kommunistischen Kampf gegen christliche Kirchen in allen Ländern, wo sie die Regierung übernahmen, waren, aber sie nutzten auch jene Linie der Interpretation der tschechischen Geschichte, die wir in der Einleitung erwähnt haben. Sie zeigten die katholische Kirche als einen erblichen ewigen Feind der Nation, den Träger reaktionärer Ideen, den Verbündeten von Aristokratie und Deutschtum. Die katholische Kirche, der Adel und die Deutschen wurden zu größten Feinden des tschechischen Volkes mit diabolischen Zügen, vor denen die Bevölkerung nur die kommunistische Partei und die leistungsstarke Sowjetunion schützen kann.

Aber die Folgen betrafen nicht nur die katholische Kirche, sondern auch das Christentum und Religion als Ganzes. Auch so eminent religiöse Figuren wie Jan Hus und Jan Amos Comenius wurden ja ohne christliche Dimension vorgestellt, der erste als Sozialreformer und Nationalist, der zweite als ein pantheistischer Humanist. Die Tatsache, dass diese Persönlichkeiten Christen waren, war nur historisch bedingt, heute wären sie sicherlich Kommunisten, das behauptete die kommunistische Propaganda. In gleicher weise wurden Hunderte von in der nationalen und sozialen Emanzipationsbewegung engagierten Priestern des 19./20. Jahrhunderts bewertet, die durch Benennung »der patriotische Priester« von anderen unterschieden wurden.

Im April 1950 verlief auch die berühmte »Aktion K.«, d.h. Klöster.[28] Innerhalb eines Tages waren mit Ausnahme der Barmherzigen Brüder alle in den Klöstern wohnenden Mönche verhaftet. Es handelte sich um eine logistisch anspruchsvolle Festnahme von insgesamt 1240 Mönche, an der

---

27 BALÍK / HANUŠ, Katolická církev v Československu (s. Anm. 12), 119–121.

28 Dazu die Quellenedition Akce K– likvidace klášterů v roce 1950. Dokumenty a přehledy 1, 2. Praha 1993.

sich mehrere bewaffnete Kräfte des kommunistischen Staates beteiligten und die mit einer zynischen Rechtfertigung des Schutzes gegen den »Zorn des Volkes« verlief. Es ging nicht nur um eine ideologische Frage, der Kirche einen erheblichen Teil seiner Eliten wegzunehmen, sondern auch um die wirtschaftliche Frage, denn die Kommunisten beschlagnahmten die Klostergebäude und anderes Eigentum der Orden, und sie zwangen die Mönche zur zeitlich unbegrenzten Zwangsarbeit in Konzentrationsklöstern oder später innerhalb der PTP-Strafbataillone (Pomocný Technický Prapor – Technisches Hilfsbataillon) der tschechoslowakischen Armee, wo sie drei bis vier Jahre zugunsten des kommunistischen Regimes schufteten.

Um diese Politik ideologisch zu rechtfertigen, organisierten die Kommunisten nach stalinistischem Muster einen von den drei größten Schauprozessen damaliger Zeit, in dem die Ordensoberen und bedeutende Persönlichkeiten der männlichen Orden beschuldigt wurden. Insgesamt zehn hohe Ordensobere wurden verhaftet und gefoltert, einschließlich der Verwendung von halluzinogenen Stoffen, und schließlich wurden sie aufgrund erzwungener Geständnisse in einem der größten politischen Monsterprozesse wegen Hochverrats und Spionage, zu hohen mehrjährigen Strafen im Gefängnis, einschließlich lebenslanger Haft, verurteilt. Die Urteile wurden genau eine Woche vor der oben genannten Aktion gegen alle tschechischen Männerklöster gefällt.[29]

Langsamer, aber konsequent war das Vorgehen gegen die weiblichen Klöster. In den tschechischen Ländern waren über 7.500 Nonnen in mehr als 500 Häusern. Aufgrund der Tatsache, dass ihre Arbeit oft nicht durch ziviles Personal ersetzbar war und dass sie nicht so gefährlich wie bei den männlichen Orden zu sein schien, gingen die Kommunisten so vor, dass sie sie zunächst von Bildung und Erziehung verdrängten, und dann versuchten sie sie zu zersetzen und zum Austritt aus dem Orden zu bewegen. Bemerkenswert ist eine immense Hingabe der Nonnen an die Kirche, man kann fast von einer Absenz der Konfidenten der Geheimpolizei in ihren Reihen sprechen. Doch die Aktion Ř (Ordenfrauen) führte zur Ausräumung von Konventen, die sich nicht der karitativen Arbeit gewidmet hatten. Über 4.000 Ordensschwestern wurden von Juli bis September 1950 in Konzentrationszentren interniert, in denen sie in der Landwirtschaft und der Industrie schufteten. Die weiblichen im Gegensatz zu männlichen Orden wurden nicht direkt verboten, aber sie lebten in einem gewissen Rechtsvakuum und hatten Schwierigkeiten bei der Aufnahme neuer Kandidatinnen in das Noviziat. Neben den offiziellen Ordensstrukturen gab es

---

[29] Zusammenfassend V. VLČEK, Perzekuce mužských řádů a kongregací komunistickým režimem 1948–1964, Olomouc 2004.

in der Zeit der kommunistischen Unterdrückung auch geheime Strukturen, Noviziate und »Klöster«.[30]

Eine der Folgen der kommunistischen Politik war es, dass jede Form des religiösen Lebens in die Kirchen und in den privaten Sektor verdrängt wurde. Das Regime setzte sein Machtmonopol in der öffentlichen und symbolischen Sphäre durch und Religion wurde zu einer tolerierten Angelegenheit der Befriedigung individueller Bedürfnisse bei der politisch und ideologisch weniger bewussten Bevölkerung. Allmählich setzte sich auch das Verbot von öffentlichen Festen, wie z.B. des Fronleichnamsfests durch. Es wurden die immer beliebten Mitternachtsgottesdienste zu Weihnachten eingeschränkt. Das Regime ersetzte systematisch das christliche Feiern durch eigene Zeremonien, es führte die Begrüßung von neuen kleinen Bürgern oder die obligatorische Zivilehe ein. Bei Weihnachten und Ostern wurden angebliche und auch tatsächliche heidnische Wurzeln betont. Die traditionelle Gewohnheit, dass die Weihnachtsgeschenke das Christkind bringt, sollte von dem russischen Väterchen Frost unterdrückt werden. Die sowjetische Politik der Beseitigung der Religion aus der Öffentlichkeit wurde als ein Vorbild treu befolgt.

Die Verfolgung betraf natürlich auch die Laien, die keinen Zugang zu pädagogischen und ähnlichen Berufen hatten und ständig mit Drohungen von Sanktionen auch gegenüber ihren Kindern konfrontiert wurden. Im Jahr 1950 führte man obligatorische Zivilehe ein und der Staat ersetzte systematisch den ursprünglichen christlichen Rahmen des täglichen Lebens und der Festlichkeit durch Ersatzrituale und Symbole, die mit der kommunistischen Ideologie gefüllt waren. Am schwersten wurden wahrscheinlich die gläubigen Bauern auf dem Lande betroffen, wenn das Regime sie oft nach Einziehung ihres Bauernhofes in die Grenzgebiete aussiedelte, sowie die katholische Intelligenz, die sich mit manuellen Arbeitsplätzen abfinden musste, falls sie nicht gleich ins Gefängnis eingesperrt wurde, was den meisten katholischen Schriftstellern und Dichtern passierte. Auf eine professionelle Selbstverwirklichung, zum Beispiel an Universitäten, mussten sie völlig verzichten, außer den technischen oder naturwissenschaftlichen Disziplinen.

In einer anderen Position waren die evangelischen Kirchen. Angesichts der Tatsache, dass sie viel weniger Gläubiger und überdies eine nicht so stark antikommunistisch profilierte Führung wie die katholische Kirche des Pontifikats von Pius XII. hatten, brauchten die Kommunisten gegen sie nicht so hart aufzutreten. Sie spielten mit ihnen zunächst sogar

---

30 Vgl. V. VLČEK (Hrsg.), Ženské řehole za komunismu 1948–1989, Olomouc 2003.

ein doppeltes Spiel, und mit der Zusage, dass sie die Hauptrolle der nationalen Kirche einnehmen könnten, gewann das Regime sie zur Mitarbeit. Es gelang ihnen ganz im Falle der Tschechoslowakischen Kirche, deren Vertreter die Maßnahmen des Regimes unterstützten und sogar in die Kommunistische Partei eintraten. Der Grund dafür war nicht nur Angst oder Opportunismus, sondern auch eine utopische Vision, dass es ihnen gelingt, die kommunistische Bewegung zu »taufen«, eine höhere Synthese zwischen Christentum und Kommunismus zu bilden. Unmittelbar nachdem das Regime seine Position um 1952 gefestigt hatte, schnitt es jedoch diese Illusionen rücksichtslos ab, und die Kirche musste sich ihm völlig unterordnen.[31]

Die evangelischen Kirchen spielten aber immer noch nach Außen die Rolle eines Beweises dafür, dass es in der Tschechoslowakei keine Unterdrückung der Religionsfreiheit gibt. Man unterstützte auch aus nachrichtendienstlichen Gründen Mitgliedschaft in ökumenischen Organisationen und tolerierte Studienaufenthalte in Ausland. Die berühmteste Gestalt ist Josef Lukl Hromádka, der wichtigste evangelische Theologe und Denker jener Zeit, der oft die moderne kapitalistische Konsumgesellschaft kritisierte und dessen Neigung zu den Ideen des Kommunismus ehrlich war. Das bedeutet aber nicht, dass die Mehrheit der protestantischen Kirchen und ihrer Geistlichen nicht in stiller Opposition gegen das Regime gestanden hätte. Eine kleine Gruppe von evangelischen Geistlichen und Intellektuellen nahm später z.B. an der Charta 77 und anderen Aktivitäten der Opposition teil.

Das Leben der Kirche war durch die Verfolgung verständlicherweise nicht völlig abgetötet. Innerhalb der offiziellen Strukturen verlief weiter die traditionelle Seelsorge, wenn auch mit einer ständig rückläufiger Anzahl von Gläubigen und auch von grundlegenden sakramentalen Handlungen wie Taufen und Hochzeiten. Der Religionsunterricht fiel ebenfalls schnell zurück. Die Eltern wollten ihren Kindern nicht Schaden zufügen, denn die Teilnahme an dem offiziellen Religionsunterricht konnte verursachen, dass ihre Kinder dann später die Hochschulen und manchmal auch die Mittelschulen nicht besuchen durften, wenn es noch mit einer größeren Engagiertheit der Eltern verbunden war. Andere Bestandteile des

---

[31] Dazu neue bedeutende Monographien: J. Hrdlička, Život a dílo prof. Františka Kováře. Příběh patriarchy a učence. Brno 2007, Ders. Patriarcha Dr. Miroslav Novák. Život mezi svastikou a rudou hvězdou. Brno 2010. Diese Arbeiten zeigen jedoch, dass auch eine Reihe von den Geistlichen der Tschechoslowakischen Kirche Opfer des kommunistischen Regimes waren oder dass sie gegen ihm sogar aktiv auftraten.

kirchlichen Lebens wie Presse und karitative Aktivitäten verkümmerten eher, als dass es sich wirklich um aktive Segmente gehandelt hätte.

Christentum lebte jedoch aus der Erfahrung der Verfolgung, die interessante Menschen quer durch das religiöse und konfessionelle Spektrum und quer durch verschiedene Denkströmungen zusammen brachte. Die bittere, harte und gewaltsame Trennung von der funktionierenden Strukturen und Organisationsformen bewegte die eingesperrten Eliten der tschechischen katholischen Kirche zum neuen Überdenken des Kerns des Christentums, was in Vielem das Ergebnis des Zweiten Vatikanischen Konzils vorwegnahm. Nach der Rückkehr aus dem Gefängnis, vor allem nach Amnestien in den Jahren 1960, 1962 und 1964, entwickelten sich parallele Ordens- und kirchliche Kreisen und Strukturen, die das Leben der Kirche weiter fortsetzen wollten. Praktisch keines ihrer Mitglieder konnte im offiziellen Seelsorgebereich tätig sein, sondern sie mussten manuelle Arbeiterberufe ausüben. Mit den sog. mexikanischen Fakultäten kommt es auch im Gefängnis und später auch im Ausland zu Weihen von neuen Geistlichen, vor allem im Fall von Seminaristen und Ordensleuten, deren Bildung im 1949/ 1950 unterbrochen wurde.

Im ausländischen Exil entstanden einige katholische Zentren gleich nach 1948. Sie beteiligten sich intensiv in der geistlichen und materiellen Unterstützung nicht nur der Emigranten, sondern auch der inländischen Katholiken, was natürlich sehr riskant und mit einer möglichen Beschuldigung wegen Spionage verbunden war. Besonders bedeutsam war das Zentrum um das Päpstliche Collegium Nepomucenum, wo in normalen Zeiten ab dem späten 19. Jhdt. die künftigen Eliten der tschechischen Kirche an den päpstlichen Universitäten vorbereitet wurden. Nach 1948 blieb da eine Reihe von bedeutenden Persönlichkeiten wie Karel Vrána oder Tomáš Špidlík hängen, die der tschechischen Kirche beispielsweise durch Herausgeben und Schmuggeln von religiöser Literatur zu helfen versuchten. Eine große Bedeutung hatten nicht nur die Rundfunksendungen von Radio Vatikan, sondern auch Voice of America aus Wien und Radio Free Europe aus München, die alle ihre religiösen Sektionen hatten.

Eine kurze Zeit vom »Auftauen« des kommunistischen Regimes verlief um 1968, was viele Katholiken mit Argwohn betrachteten, denn nur vor kurzer Zeit kehrten die letzten Gefangenen nach 15–20-jährigen Freiheitsstrafen zurück. Zusammen mit der Rückkehr dieser Menschen spielten eine Rolle bei der Revitalisierung der lokalen Gemeinden weitere zwei Umstände. Das Regime ließ tatsächlich doch bei seinem Druck nach und erlaubte dank der vatikanischen Diplomatie die Rückkehr von einigen Diözesanbischöfen ins Amt. Kardinal Beran ging zwar im Jahre 1965 nach Rom und kam nie wieder, aber Bischof Trochta konnte das Bischofsamt in Liroměřice (Leitmeritz) und Bischof Hlouch in České Budějovice (Budweis) übernehmen. In Prag wurde zum Administrator der Kompromissbischof František Tomášek.[32] Bischof Karel Otčenášek kehrte in sein Bischofsamt in Hradec Králové nach der sowjetischen Invasion von 1968 nicht zurück.

Der zweite Faktor war die Begeisterung über leichte Lockerung der politischen Spannungen, verbunden mit der Annahme des Zweiten Vatikanischen Konzils. Eine Reihe von dessen Impulsen war im Einklang mit der Glaubensreflexion der gefangen gehaltenen Theologen und Priester wie Josef Zvěřina, Antonín Mandl oder Bonaventura Bouše. Es entstand »Das Werk der konziliaren Erneuerung«, das durch die Zeitschrift »Via« getragen wurde. Es vermittelte nicht nur das westliche theologische Denken, aber auch bis heute interessante und wertvolle originäre Reflexionen über das Leben der Kirche in der veränderten Gesellschaft.[33] Auch hier machte der Einmarsch russischer Panzer und anschließende Verschärfung des kommunistischen Regimes in der Form der sog. »Normalisierung« ein schnelles Ende. Von den Früchten bleibt jedoch eine relativ schnelle und erfolgreiche Umsetzung der Liturgiereform, deren glatte Annahme von Priestern und Gläubigen zeigt, dass die Zeit für sie mehr als reif war. Die kurze Erfahrung einer relativen Freiheit, die Möglichkeit vom Wirken origineller Persönlichkeiten an theologischen Fakultäten und eine Reihe von in den Jahren 1967–1970 herausgegebenen Büchern, half der tschechischen Kirche die folgende dunkle Periode zu überleben.

Nach der Konsolidierung des Regimes am Anfang der Siebzigerjahre kam es zu einer neuen Phase der Verfolgung der Kirche mit dem Ziel, das Christentum in der kommunistischen Tschechoslowakei vollständig auszurotten. Während man in Polen über einen *Modus Vivendi* sprach, sollte die tschechische Kirche in einer Generation einen *Modus Moriendi* erleben. Wieder wurde das Wirken der Kirche gehemmt. Nach dem Tod von Bischof Trochta und Hlouch blieben ihre Positionen nur mit kollaborierenden Kapitularvikaren besetzt. Der kollaborierende *Verband des katholischen Klerus Pacem in Terris* wurde wieder belebt. Vom Vatikan wurden Kompromisse mit der kommunistischen Macht z.B. bei Ernennung vom Administrator in Olomouc (Olmütz) Bischof Vrána als schlecht betrachtet.

Die Verfolgungserfahrung der Fünfzigerjahre, bestärkt durch die russische Invasion und Besatzung[34], rief in einem Teil der Kirche die Befürch-

---

32 Zur Änderungen der kommunistischen Politik in dieser Hinsicht siehe J. Cuhra, Církevní politika KSČ a státu v letech 1969–1972. Reihe Sešity, Band 32. Praha 1999.

33 Balík / Hanuš, Katolická církev v Československu (s. Anm. 12), 44–47.

34 Die Nachkriegstschechoslowakei hatte als das einzige Land im Ostblock bis 1968 keine sowjetische Garnison.

tung hervor, dass das Regime eine Endlösung des religiösen Problems anstrebt, einschließlich der Deportation von Priestern und Laien in die Sowjetunion und der Zerstörung aller Formen des religiösen Lebens. Es bildete sich um den geheim geweihten Bischof, den langjährigen politischen Häftling Felix Davídek, eine Untergrundkirche mit parallelen Strukturen von Bildung, Verwaltung und sakramentalem Dienst. Davídek argumentierte erneut mit den sog. mexikanischen Fakultäten, die er als ein von Teilhard de Chardin beeinflusster Theologe »evolutionär« weiterdachte. Um die kommunistische Staatssicherheit zu verwirren und die Kontinuität des sakramentalen Dienstes sicherzustellen, weihte er allmählich Dutzende verheirateter Männer zu Priestern und sogar zu Bischöfen[35].

Rasch etablierten sich zwei weitere Zentren, die sog. Prager Gemeinde um den Bischof Jan Konzal und die ostböhmische Gemeinde, die Fridolín Zahradník leitete.

Als ein Mann, der sich an Grenze der Genialität bewegte, wagte Davídek schließlich eine revolutionäre Tat, und zwar die Frauenordination, als er Jarmila Javorová sogar zu seiner Generalvikarin ernannte[36]. Daraus ergab sich eine Spaltung, die die geheime Kirche intern beschädigte. Ihre Tätigkeit überdauerte jedoch in allen drei Brennpunkten die ganzen 20 Jahre des kommunistischen Terrors und bildete ein heroisches Kapitel in der Geschichte der tschechischen Kirche. Die geheime Kirche war jedenfalls nicht völlig von offiziellen und semioffiziellen Strukturen der katholischen Kirche getrennt, eine wichtige Vermittlerrolle spielte ein weiterer geheimer Bischof: Stanislav Krátký. Langjährige Verfolgung und einigermaßen unempfindliches Verhalten der tschechischen Bischöfe und auch des Vatikans nach 1989 führte dazu, dass nur ein kleinerer Teil dieser geheimen Kirche in die Dienste der tschechischen Kirche integriert wurde.

Neben diesen geheimen Gemeinden existierte während der ganzen Normalisierungszeit ein ausgedehntes Netz von anderen kirchlichen Aktivitäten. Orden verfügten über ihre geheimen Noviziate und Studien, dank deren sie sich nach 1989 schnell wieder aufbauen konnten. Die Provinz der Salesianer entwickelte eine einzigartige umfangreiche Tätigkeit der sog. »Ferienhäuser« (chaloupky), bei der die Jugend unter dem Deckmantel

---

[35] Dazu z. B, F.GANSRIGLER, Jeder war ein Papst. Geheimkirchen in Osteuropa, Salzburg 1991. F. CORLEX, The Secret Clergy in Communist Czechoslovakia (in: Religion, State and Society 21, 1993, n. 2, 171–193). Wesentlich vollständiger sind die neuen Arbeiten: P. FIALA / J. HANUŠ, Koinótés. Felix M. Davídek a skrytá církev, Brno 1994. DIES., Skrytá církev. Felix M. Davídek a společenství Koinótes, Brno 1999. O. LIŠKA, Církev v podzemí a společenství Koinótes, Brno 1999.

[36] Zu ihrer Person M. T. WINTER, Out of the Depts. The Story of Ludmila Javorova ordained roman catholic Priest, New York 2001.

der Sommerlager in christlichen Werten erzogen wurde. Salesianer hatten mehrere pastorale Programme für die Jugend. Ehemalige politische Gefangene, jetzt pensionierte Priester ohne staatliche Genehmigung, wie Josef Zvěřina und Oto Mádr, bildeten geheime Kreise von Laien in den tschechischen Ländern aus und veröffentlichten heimlich, mimeographisch vervielfältigte, christliche Literatur. Vor allem in den Achtzigerjahren kam die tschechische Kirche wieder zu Atem, obwohl die Verfolgung fortsetzte, Priester und Gläubigen immer weniger wurden, Kirchengebäude weitere Verwüstungen erlitten und Tausende von Kulturdenkmälern für immer verschwanden.

Viele Priester beteiligten sich auch in dem bürgerlichen Kampf für die Menschenrechte in der Charta 77. Kirchliche und religiöse Forderungen fanden auch ihren Ausdruck. Vielleicht am bedeutendsten ist die Petition für Religionsfreiheit, in der ein einfacher Bauer aus Mähren, Augustin Navrátile, im Jahr 1987 31 Punkte bzw. Forderungen, wie z.B. Religionsfreiheit, Trennung von Kirche und Staat oder Rückgabe des kirchlichen Eigentums, formulierte. Diese Petition unterzeichneten über 600.000 Gläubige. Zu einer ebenso wichtigen Manifestation des Lebens der Kirche und des Willens, sich nicht dem kommunistischen Regime zu fügen, wurde die Wallfahrt nach Velehrad (Welehrad) am Jahrestag des Todes von St. Methodius im Jahre 1985. Es versammelten sich bis zu 200.000 Gläubigen, die die anwesenden kommunistischen Funktionäre ausbuhten und sie daran hinterten, ihre ideologischen Ansprachen vorzutragen. Anzeichen der Erneuerung der Kirche vermehrten sich in den Achtzigerjahren weiter, z.B. durch das Veröffentlichen von Samisdat-Zeitschriften[37].

In den Achtzigerjahren erlebte auch der Erzbischof von Prag, Kardinal Tomášek[38], eine persönliche Verwandlung. Er bildete um sich eine Gruppe von Priestern, die gegenüber dem Regime in Opposition standen. Aus der älteren Generation waren es z.B. Zvěřina und Mádr, aus der jüngeren z.B. heimlich geweihte Priester wie Tomáš Halík oder Petr Piťha. Zusammen mit ihnen bereitete er vor und kündigte das Programm »Das Jahrzehnt der geistigen Erneuerung der Nation« an, bei dem jedes Jahr einem Thema gewidmet werden sollte, wie z.B. der Bildung, und das immer unter der Schirmherrschaft eines der tschechischen Heiligen stand. Ein unerwarteter Höhepunkt war die Heiligsprechung von St. Agnes von Böhmen zwei Wo-

---

37 BALÍK / HANUŠ, Katolická církev v Československu (s. Anm. 12), 56–59.

38 Vgl. den bezeichnenden Namen von seiner Monographie (s. u.) – Kardinal Tomášek. Ein Zeugnis von einem guten Katecheten, ängstlichen Bischof und tapferen Kardinal. J. HARTMANN / B. SVOBODA / V. VAŠKO, Kardinál Tomášek. Svědectví o dobrém katechetovi, bojácném biskupovi a statečném kardinálovi. Praha 1994.

chen vor dem Fall des Kommunismus, als ob sich alte Prophezeiungen erfüllen würden, die eine nationale Rettung mit der Heiligsprechung dieser Přemysliden-Prinzessin verknüpften. Kardinal Tomášek wurde dann auch wegen seiner festen Haltung, als er sich von dem zusammenbrechenden Regime nicht missbrauchen ließ, zu einem der Symbole der demokratischen Revolution von 1989[39]. Wie nach dem Zweiten Weltkrieg kommt die Kirche aus der Zeit der Verfolgung, obwohl persönlich und institutionell geschwächt, mit großem Prestige heraus.

7. Geschichte der tschechischen Kirche als die Geschichte der Verfolgung?

Unser kurzer Überblick zeigt, dass es möglich wäre, die Kirchengeschichte des 20. Jhdts. in den tschechischen Ländern als eine Geschichte der Verfolgung zu interpretieren. Vor allem, wenn man bedenkt, dass die Kirche von der Verfolgung extrem geschwächt und beschädigt herausgekommen ist und dass ihre gegenwärtige Position in der tschechischen Gesellschaft unsicher und bedroht ist. In der öffentlichen Meinung genießt die Kirche keinen guten Ruf und vor allem die katholische Kirche ist oft ein beliebtes Ziel heftiger Kritik. Das Gesetz über die partielle Restitution des kirchlichen Eigentums und über neue Formen der gegenseitigen Beziehung von Kirche und Staat aus dem Jahr 2012 rief viele negative Gefühle gegenüber dem Christentum und den Kirchen hervor und politische Parteien wie die Sozialdemokraten haben der Versuchung, ihre Wähler durch eine antiklerikale Rhetorik zu mobilisieren, nicht widerstanden.

Es ist sicher, dass die kommunistische Verfolgung der Kirchen die schlimmste war, sie dauerte am längsten und war am konsequentesten. Es wurde eine vom Staat geplante, ideologisch motivierte, mit allen Machtinstrumenten durchgeführte Bemühung, ein ursprünglich ganz christliches Land zu entchristianisieren. Die Kommunisten verschlechterten und beschleunigten allerdings die Tendenzen, die hier schon auch früher anwesend waren, und die auch die religiöse Praxis in westlichen Ländern zur gleichen Zeit erheblich schwächten. Zeit der kommunistischen Indoktrination hat dennoch erhebliche Residuen im Denken, Schulwesen und in der öffentlichen Meinung hinter sich gelassen.

Bisher redet man über die Verfolgung der tschechischen Kirchen eher vom Gesichtspunkt der Märtyrer-Kirchengeschichte. Aber es gibt auch andere historische und theologische Interpretationen, die die Zeit vom Kommunismus und Nazismus nicht nur aus der Sichtweise der Opfer sehen,

---

39 Vgl. Význam kardinála Tomáška v období normalizace a přechodu k demokracii, Praha 2000.

sondern auch als Folge oder Strafe für die Unzulänglichkeit des christlichen Zeugnisses der christlichen Kirchen, sowie auch als Kairos, der den Kirchen ermöglichte, das historisch Kontingente, den aufgeschichteten Ballast loszuwerden und so besser zum Kern des christlichen Glaubens einzudringen. Zu tieferen Ebenen der Interpretation und der Einsicht müssen wir jedoch noch heranreifen.

Tessa Hofmann

Christenverfolgung in Armenien (1894–1941)

Die Synergie von nationalistischem Völkermord und stalinistischer Religionsunterdrückung

Dieser Beitrag handelt vom Zusammenwirken zweier ursächlich unabhängiger historischer Vorgänge: 1) den Verfolgungen von Christen osmanischer Staatszugehörigkeit an der Wende des 19. zum 20. Jh., die während der letzten Dekade osmanischer Herrschaft (1912–1922) in einem Genozid gipfelten, sowie 2) der antireligiös motivierten Verfolgung von Christen in der Sowjetunion der 1920er und 1930er Jahre. So unterschiedlich in beiden Fällen die Motive der Verantwortlichen waren, besitzen sie doch jeweils in der Transformation eines feudalen Vielvölkerstaates – des Osmanischen sowie des Russischen Reiches – einen gemeinsamen historischen Rahmen.

Beide benachbarte Staaten – das Osmanische und das Russische Reich -trugen autoritäre Züge, die von den in den 1920er Jahren etablierten Nachfolgestaaten totalitaristisch erweitert werden. Hierzu gehören Ein-Parteien-Regime ebenso wie der auch im Europa der ersten Hälfte des 20. Jhs. verbreitete Führerkult, der in der Türkei als Kult um den Staatsgründer Mustafa Kemal bis heute andauert.

Bevor wir uns dem Verlauf und den Ergebnissen des Zusammenwirkens von Genozid und stalinistischer Verfolgung in der Geschichte Armeniens zuwenden können, ist kurz nach den Hauptwesenszügen der armenischen Geschichte und der Bedeutung der Christianisierung Armeniens zu fragen, denn nur so kann die Schwere des Verlustes ermessen werden.

1. »Geographie ist Schicksal«

Mit dem Napoleon Bonaparte zugeschriebenen Spruch lässt sich die nicht zu überschätzende Bedeutung der geostrategischen Lage Armeniens treffend zusammenfassen. Im Altertum und Mittelalter, als der Landhandel noch eine exklusive Rolle spielte, bildeten die sich im Armenischen Hochland kreuzenden Fernhandelsrouten, darunter die Seidenstraße, einen Hauptgrund für die Vormachtkämpfe, die sich die benachbarten Großreiche der Perser mit dem *Imperium Romanum*, gefolgt von Byzanz, auf armenischem Siedlungsgebiet lieferten; in ihrer Nachfolge standen im Osten ab 1827 das Russische Reich, im Westen nach dem Untergang von Byzanz das Osmanische Reich, das nach zwei Jahrhunderten der Vormachtkämpfe gegen den Iran mit dem Friedensschluss von Diyarbakır (1639) neun Zehntel des Armenischen Hochlandes kontrollierte. Vormachtkämpfe, Fremdherrschaft und die viermalige Teilung des Landes zwischen den rivalisierenden regionalen Hegemonialmächten zogen seiner Eigenstaatlichkeit enge Grenzen. Mit Ausnahme einer nur drei Jahrzehnte währenden Periode im ersten vorchristlichen Jahrhundert gelang es in späteren Jahrhunderten nie wieder, den gesamten Siedlungsraum unter einer zentralen Eigenherrschaft zu vereinen.

2. Armenier sein heißt (armenisch-apostolischer) Christ sein

Unter Berufung auf das Apostolat und den Märtyrertod der Jünger Judas Thaddeus und Bartholomäus in Armenien nennt sich die armenische Kirche offiziell »Rechtgläubige Apostolische Kirche der Armenier«. Elf Jahre vor dem Mailänder Toleranzedikt und 79 Jahre vor der Erhebung des Christentums zur römischen Staatsreligion erklärte nach armenischer Kirchenüberlieferung König Trdat III. im Jahr 301 das aus Kappadokien übernommene, später nach syrischen Vorbildern weiter entwickelte Christentum zur armenischen Staatsreligion. Sie bildet damit die älteste bestehende Nationalkirche der Welt. Seit dem ersten großen Schisma der Kirchengeschichte auf dem Konzil von Chalcedon (451) gehört Armenien mit der Syrisch-Orthodoxen, der Koptischen sowie Äthiopischen Kirche zur Gemeinschaft der altorientalischen bzw. vorchalcedonensischen Kirchen und geriet in verhängnisvolle Opposition zur byzantinischen, später russischen Orthodoxie.

Die Christianisierung bildete einen nachhaltigen Kulturimpuls, dem Armenien unter anderem die Schaffung eines nationalen Vollalphabets im Jahr 405 sowie im Jahr 433 eine frühe Übersetzung der gesamten Heiligen Schrift in die Landessprache verdankt – ein Jahrtausend, bevor in Deutschland die ersten Teilübersetzungen erfolgten. Trotz mannigfaltiger Impulse aus dem benachbarten Byzantinischen Reich sowie aus der syrisch-orthodoxen Buchmalerei entwickelte Armenien eine unverkennbare eigene christliche Formensprache in der Buchillumination sowie Sakralarchitektur. In den langen Jahrhunderten fehlender Souveränität bildete die Armenisch-Apostolische Kirche einen wirksamen Staatsersatz und für die sich seit dem 11. Jahrhundert herausbildende Diaspora eine weltweite Integrationsinstanz. Ähnlich wie im Judentum verschmolzen auch bei den Armeniern religiöses Bekenntnis und Volkstum schon früh zu einer untrennbaren Einheit. Diese an der Wende der Spätantike zum Frühmittelalter geprägte und gefestigte nationalkirchliche Identität firmte das Volk vor den Missions- und Assimilationsversuchen seiner Eroberer und Fremdherrscher.

3. Ambivalenzen: Das Verhältnis zum Islam

Vom Herbst 640 bis zum Jahr 875 geriet Armenien unter die Herrschaft des Arabischen Kalifats und damit des Islam. Einer relativ liberalen Anfangsperiode mit Duldung des indigenen Geschlechteradels folgte nach der Konsolidierung der arabischen Herrschaft die Steigerung der Frondienste sowie wachsender Steuerdruck, zumal die muslimischen Herrscher an die Stelle der bisherigen Haushalts- bzw. Herdsteuer eine Kopfsteuer pro erwachsenem männlichem Christen setzten. Ab dem Jahr 705 kam es daher zu Erhebungen gegen die Araberherrschaft. Eine wesentliche Reaktion auf die islamische Vorherrschaft bestand im dauerhaften Verzicht der armenischen Kirche auf Mission. Das förderte ein Duldungsverhältnis seitens der muslimischen Herrscher unter wechselnden Dynastien und Reichen und sogar Allianzen zwischen der armenischen Kirchenführung und muslimischen Herrschern. Sie richteten sich nicht nur gegen christlich-gnostizistisch inspirierte »Sekten« – vom Standpunkt der armenischen Kirche »Häretiker« –, sondern unter osmanischer Sultansherrschaft auch gegen den westkirchlichen Proselytismus.

Im Osmanischen Reich bildeten die armenisch-apostolischen Christen die *Ermeni Millet-i*[1], die armenische Glaubensnation, der Eigenverwaltung und ab 1864 im Ergebnis von Reformen der *Tanzimat*-Periode (1839–1876) eine auch vom Sultan anerkannte innere Verfassung mit weitreichender Laienbeteiligung zugestanden wurde. Die osmanische Verfassung von 1876 brachte zwar zumindest auf dem Papier die rechtliche Gleichstellung der nicht-muslimischen Bürger, wurde jedoch fast umgehend von Abdülhamit II. (1876–1909) bis zum 24.07.1908 außer Kraft gesetzt, als der Sultan sie auf Verlangen nationalistischer Umstürzler – der in Europa sogenannten Jungtürken – wieder einsetzte. Neun Monate darauf erzwangen nach einem gescheiterten Putschversuch konservativer Soldaten die regierenden Nationalisten die Abdankung Abdülhamits. Im Verlauf des Putsches kam es in der Provinz Adana (Kilikien) zu einem weiteren Massaker,

---

1 Auf Verlangen der katholischen Staaten Frankreich und Österreich erkannte der Sultan 1831 eine *Katolik Millet-i* an, der auch die unierten armenischen Katholiken angehörten. 1850 folgte eine *Protestant Millet-i* für evangelische Christen.

an dem sowohl die Putschisten, als auch aufseiten der Jungtürken stehende Regierungsstreitkräfte beteiligt waren.[2] Es bewies den osmanischen Armeniern, dass die Jungtürken eine ähnlich blutige, gegen die einheimischen Christen gerichtete Politik verfolgten wie der »rote Sultan«.

4. Nationalismus und Islam

Die Machtergreifung durch Nationalisten, von denen etliche Wortführer irreligiös waren, wirft die Frage nach der Bedeutung des Islam im Ideengebäude und vor allem in der politischen Praxis der Jungtürken oder Unionisten auf, wie die Anhänger der führenden nationalistischen Partei *Ittihat ve Terakki Cemiyeti* (»Komitee für Einheit und Fortschritt«) in Europa genannt wurden. Im Unterschied zu europäischen Nationalismen fehlte und fehlt dem türkischen *mainstream*-Nationalismus die Berufung auf eine gemeinsame Herkunft. Die osmanischen Meinungsbildner und Ideologen standen an der Wende des 19. zum 20. Jh. vor der Grundsatzentscheidung, ob der Staat künftig auf einer gemeinsamen bzw. einzigen Volksgruppenzugehörigkeit aufbauen sollte – zum Beispiel dem Türkentum –, auf dem freiwilligen Zusammenschluss aller »Osmanen« ungeachtet ihrer Volksgruppenzugehörigkeit (»Osmanismus«) oder auf der Mehrheitsreligion, dem Islam. Der niederländische Turkologe Eric Jan Zürcher beschreibt die damaligen Verhältnisse zutreffend als Entscheidung für eine »Art von osmanisch-muslimischem Nationalismus, in dem die dominante Stellung der Türken als gegeben vorausgesetzt wurde. Zwar gab es ein wachsendes Bewusstsein für das Türkentum, doch für die meisten Jungtürken blieb dies eine Facette innerhalb einer komplexen Identität, bei der es gleichermaßen wichtig war, Osmane und Muslim zu sein. Von Beginn an öffneten sich daher die Organisatoren der Revolution von 1908 für nicht-türkische Muslime, aber nicht (oder zumindest nicht automatisch) für Nicht-Muslime.«[3]

Seit dem späten 19. Jahrhundert oszillierte der türkische Nationalismus zwischen den Extremen eines antiimperialistisch begründeten Panislamismus und eines säkularen Nationalismus. Mit Ausnahme von rassistischen Nebenströmungen verzichtete allerdings der türkische Nationalismus nie vollständig auf den Islam, der neben der türkischen Sprache zum Hauptbestandteil nationaler Identität erhoben wurde. Die Entscheidung für die Religion anstelle säkularer Komponenten zeigt sich – beson-

---

[2] Z. D. FERRIMAN The Young Turks and the Truth about the Holocaust at Adana in Asia Minor, During April, 1909, London 1913.

[3] E.-J. ZÜRCHER, The Ottoman Legacy of the Kemalist Republic, in: T. ATABAKI (Ed.), The State and the Subaltern. Modernization, Society and the State in Turkey and Iran, London 2007, 95–110, 107.

ders auch in dem hier infrage stehenden Zeitraum des ersten Viertels des 20. Jhs. – in der Ausgrenzung der indigenen Christen. Zugleich ermöglichte die Islamisierung des *mainstream*-Nationalismus und der Nationalstaatsbewegung das politische und militärische Bündnis zwischen Türken und Kurden als den beiden quantitativ größten muslimischen Ethnien des Osmanischen Reiches. Diese »islamische Union« diente sowohl der Neutralisierung des kurdischen Sezessionismus und der kurdischen Nationalbewegung, als auch der Aktionseinheit bei der Vernichtung der beiden quantitativ größten christlichen ethnoreligiösen Gemeinschaften des Osmanischen Reiches, der Armenier und der Griechisch-Orthodoxen. Als das Bündnis ausgedient hatte, rückte an seine Stelle in den 1920er Jahren ein verstärkt säkular und ethnisch, teilweise sogar rassistisch argumentierender Nationalismus[4], der aber spätestens nach dem Militärputsch von 1980 der Rückkehr zum islamisch dominierten Nationalismus weichen musste. Unter dem Schlagwort der »islamisch-türkischen Synthese« (Türk-Islam Sentezi) erfolgte der Rückgriff auf konservativ-religiöse Komponenten, bis sich in den 1990er Jahren unter dem kurdischstämmigen Turgut Özal ein Neo-Osmanismus abzeichnete, den die seit zehn Jahren regierende *Adalet ve Kalkınma Partisi* (AKP; *Wohlfahrtspartei*) zur Staatsdoktrin erhob.[5] Damit greift das gegenwärtige türkische Nationsverständnis zwar über die aktuellen Staatsgrenzen in den historischen osmanischen Raum aus, klammert aber andererseits türkische Bürger christlichen Glaubens aus der türkischen Staatsnation aus.

5. Vom panislamischen Christenmassaker zum nationalistischen Völkermord an Christen: Gründe und Hintergründe

Die erste kurdisch-türkische Tätergemeinschaft im Namen des Islam, die sich gegen die indigene christliche Bevölkerung richtete, erfolgte, als in

---

4 Der türkische Regierungschef Ismet Inönü erklärte 1930 in diesem Sinn: »Nur die türkische Nation darf völkische und rassische Rechte in diesem Land haben [...] Der Türke ist der einzige Herr, der einzige Gebieter dieses Landes; jene, die nicht rein türkisch sind, haben nur ein Recht: das Recht, Knechte zu sein, das Recht, Sklaven zu sein.« – Zitiert nach: P. ROEHSE, Der Kampf der Kurden um Selbstbestimmung in der Türkei, in: J. SIEGELBERG (Hrsg.), Die Kriege 1895–1990: Analyse ihrer Ursachen, Münster 1991 (Kriege und militante Konflikte, 2), 250–267, 255.

5 TURGUT ÖZAL fasste diese Vision eines neuerlichen Panislamismus in die Worte: »[...] Der Islam ist ein mächtiger Zement der Ko-Existenz und Zusammenarbeit unter verschiedenen muslimischen Gruppen [...] Ein Türke im ex-osmanischen Raum sein bedeutet ein Muslim sein und umgekehrt.« Zitiert nach: M. H. YAVUZ, Turkish identity and foreign policy in flux: The rise of Neo-Ottomanism, in: Critical Middle East Studies, Spring 1998, 19–41, 24.

der südarmenischen Gebirgsregion Sassun reguläre osmanische Streitkräften sowie irreguläre kurdische, nach Sultan Abdülhamit so genannte Hamidiye-Einheiten vom 18. August bis 10. September 1894 den Aufstand armenischer Bauern niederschlugen, mit 14.000 Opfern aufseiten der Armenier. Auslöser der Unruhen war die anhaltende faktische Doppelbesteuerung der Bauern durch den Staat und lokale Kurden. »The Sassoun episode epitomizes the economic aspects of a political conflict culminating in massacre«[6], schlussfolgerte der US-armenische Historiker Vahakn N. Dadrian.

Einen tieferen innenpolitischen Grund für das antiarmenische Vorgehen und die panislamische Kurdenpolitik seit den 1880er Jahren nennt ein osmanisches Dokument: »Die Armenische Frage[7] gleicht jedoch nicht der bulgarischen oder serbischen, da sie in Anatolien entsprang, dem Schmelztiegel des osmanischen Staates.« Eine Loslösung oder auch nur Verwaltungsautonomie, wie sie das Diktat des Berliner Vertrages vorsah, »musste um jeden Preis verhindert werden. Zu diesem Zweck sollte die kurdische Bevölkerung Anatoliens für die Seite dessen gewonnen werden, was als der ›offizielle Islam‹ bekannt geworden ist.«[8] Das Zitat belegt unter anderem, dass den osmanischen Christen schon damals die Intervention Europas zur Last gelegt wurde. Das galt besonders für die Armenier, deren Massaker 1894-96 und 1909 die Unterzeichner des Berliner Vertrages, namentlich Großbritannien, Frankreich und 1913 vor allem Russland und Deutschland auf den Plan gerufen hatten. Nach Meinung des evangelischen Theologen Dr. Johannes Lepsius war es der 1913 dem Osmanischen Reich während einer innen- und außenpolitischen Krise aufgezwungene Reformplan, der vollends den Vernichtungsentschluss auslöste: »Ich war 1913 in Konstantinopel. Während der Verhandlungen waren die Jungtürken aufs äußerste erregt darüber [...]. Damals wurde von jungtürkischer Seite geäußert: Wenn Ihr Armenier von den Reformen nicht die Finger

---

[6] V. N. DADRIAN, The 1984 Sassoun Massacre: A Juncture in the Escalation of the Turko-Armenian Conflict, in: Armenian Review, 47, 2001, 1-2, 5-39, 34.

[7] »Armenische Frage« umschrieb im Zeitraum 1878 (Berliner Kongress bzw. Vertrag) bis 1914 im allgemeinen Sprachgebrauch die Einführung von Verwaltungsreformen in den »von Armeniern bewohnten Gebieten« (§61 Berliner Vertrag); gemeint waren damit die »sechs Provinzen« (vilayet_i sitte).

[8] S. DERINGIL, »The Armenian Question Is Finally Closed«: Mass Conversions of the Armenians in Anatolia during the Hamidian Massacres of 1895-1897, in: Comparative Studies of Society and History 51 (2), 2009, 344-371, 349f.

lasst, wird etwas passieren, demgegenüber die Massakers Abdul Hamids ein Kinderspiel waren.«[9]

Ausländische Interventionen sowie armenische Protestdemonstrationen in der osmanischen Hauptstadt Konstantinopel (türk.-osman. Konstantiniye) dienten schon Ende des 19. Jhs. als Anlass für weitere Massaker (September 1895, August 1896), die auf zahlreiche andere Städte (u. a. Erzurum, Oktober 1895; Urfa, Dezember 1895; Van, Akn Juni 1896; Niksar September 1896) sowie Dörfer übergriffen. Ganze Landstriche verelendeten, weil die Ernte nicht eingebracht werden konnte oder Felder niedergebrannt wurden. Etwa 300.000 Armenier starben bei Massakern oder infolge des durch sie ausgelösten Hungers, 100.000 weitere emigrierten.[10] In der zeitgenössischen amerikanischen und europäischen Publizistik kam der Begriff *Holocaust* (»Ganzopfer«) als Synonym für die Massenvernichtung osmanischer Christen auf, die häufig als Lebendverbrennung erfolgte, so etwa in Urfa, wo sich Ende 1895 3.000 Armenier in ihre Kathedrale geflüchtet hatten. Die US-amerikanische Missionarin Corinna Shattuck bezeichnete als Augenzeugin diesen Massenmord als Holocaust. Winston Churchill wandte den Begriff auf die gesamte Vernichtung der Armenier im Ersten Weltkrieg an (»administrativer Holocaust«). Europäische Zeit- und Augenzeugen vertraten die Auffassung, dass es sich bei den Massakern, Brandschatzungen und Plünderungen um keinen spontanen Ausbruch von Volkszorn, sondern um zentral sowie landesweit organisierte Vorgänge handelte, für die einzig die Sultansregierung die Verantwortung trug.[11]

Massenhafte Übertritte zum Islam bildeten eine signifikante Begleiterscheinung der Massaker. Obwohl die im Zuge des *tanzimat* eingeführten Bestimmungen vorsahen, dass jeder Übertritt zum Islam »entsprechend eingeführter Praxis und Bestimmungen« erfolgen müsse und dass die örtliche religiöse Gerichtsbarkeit die Freiwilligkeit dieses Übertritts in jedem Einzelfall zu prüfen hatte, erfolgte ein solches kritisches Prüfverfahren in keinem der zahlreichen Übertritte ab 1895.[12] Offensichtlich unter dem Eindruck von »Feuer und Schwert« erzwungener Glaubenswechsel ganzer Dorfgemeinschaften wurde behördlicherseits als »freiwillig« qualifiziert

---

9 T. HOFMANN (Hrsg.), Der Völkermord an den Armeniern vor Gericht: Der Prozess Talaat Pascha (Berlin 1921), Göttingen/ Wien 1985, 60.

10 G. KOUTCHARIAN, Der Siedlungsraum der Armenier unter dem Einfluss der historisch-politischen Ereignisse seit dem Berliner Kongress 1878: eine politisch-geographische Analyse und Dokumentation, (Abhandlungen des geographischen Instituts / Anthropogeographie, Vol. 43), Berlin, 1989, 103ff.

11 KOUTCHARIAN (s. Anm. 10), 96f.

12 DERINGIL, (s. Anm. 8), 347.

oder, schlimmer noch, die offizielle Anerkennung wurde verschleppt, was die »armenischen muslimischen Neophyten in einen gefährlichen Schwebezustand versetzte, in dem sie für den Vorwurf der Apostasie anfällig waren«.[13]

Das vorerwähnte Adana-Massaker (1.–14. April 1909) bezeichnet den nahtlosen Übergang von Verbrechen des Sultanregimes bzw. seiner Anhänger (»Alttürken«) zu Verbrechen, die bereits in die Verantwortung der Jungtürken fielen. Im Juni desselben Jahres drohte der osmanische Oberbefehlshaber Mahmut Şevket gegenüber dem Ökumenischen Patriarchen wegen der angeblich irredentistischen griechischen Bewegung: »Wir werden euch alle vernichten! Entweder werden wir untergehen oder ihr!«[14] Es handelte sich um eine verbreitete Denkweise, die sich nach den Balkankriegen von 1912/ 3 und den damit verbundenen osmanischen Territorialverlusten zur Leitidee eines »präventivem Völkermord« steigerte, wie die türkische Frauenrechtlerin, Schriftstellerin und Nationalistin Elide Hadip Ad·var (1884–1964) in ihrer Autobiografie (1926) hervorhob; sie warf Europa mit Blick auf die Massaker an Türken Doppelmoral vor sowie auch die Schuld am aufkommenden Genozidkonzept vor: »[...] die Massaker [während der Balkankriege, T.H.] riefen nicht ein Viertel der Empörung wie bei den armenischen Massakern hervor. Ich glaube, dass dieses Doppelmaß, das Europa an die muslimischen Türken und an die christlichen Völker der Türkei anlegte, den Nationalismus in der Türkei stark entfacht hat. Es rief außerdem das Gefühl hervor, dass die Türken andere vernichten mussten, um nicht selbst vernichtet zu werden.«[15]

Im Sommer 1914 trat die antichristliche Rhetorik in die Phase der Dehumanisierung, wie der Völkermordforscher Gregory Stanton die dritte Stufe seines achtstufigen Modells der verhängnisvollen »Straße zum Völkermord« nannte.[16] Eşref Kuşçubaşı, einer der Führer der berüchtigten *Sonderorganisation* (Teşkilat-i Mahsusa), schrieb über die überwiegend von Christen bewohnte ionische Hauptstadt Smyrna: »Das Gerede über das

---

[13] DERINGIL, (s. Anm. 8), 351.

[14] Politisches Archiv des Auswärtigen Amts (PA/AA), Türkei Nr. 168, Bd. 6, 7, Brief vom 26.06.1909. Zitiert nach: K. FOTIADIS (Hrsg.), Der Genozid an den Pontosgriechen. Bd. 12: Unveröffentlichte Dokumente aus den Archiven der Außenministerien Deutschlands, Österreichs, Italiens und des Vatikans. Thessaloniki, 2003, 56–57.

[15] H. EDIB, Memoirs of Halide Edip London (1926) 2005, 333.

[16] STANTON, G., The 8 Stages of Genocide; briefing paper at the US State Department in 1996, http://www.genocidewatch.org/genocide/8stagesofgenocide.html (19.02.2013) – Die übrigen Stufen sind bezeichnet als »Classification, Symbolization, Organization, Polarization, Preparation, Extermination, Denial«.

‚ungläubige [gavur] Izmir' bildete nicht bloß eine Metapher. Wir waren dort nicht wirklich Herr und Meister, nicht einmal Wächter. [...] Es ging alles darum, das Land von seinen inneren Tumoren zu befreien, die die internationale Aufmerksamkeit auf Izmir lenkten.«[17] Der Vergleich der Armenier mit Mikroben, Bakterien oder Viren im imaginierten türkischen Volkskörper findet sich besonders bei den medizinisch ausgebildeten jungtürkischen Funktionären. Der im Kaukasus geborene tscherkessische Provinzgouverneur von Diyarbakır, Dr. med. Mehmet Reşıt (1873-1919)[18] äußerte im Gespräch: »I came into this world a Turk. My national identification takes precedence over everything els [...] Armenian traitors had found a niche for themselves in the bosom of the fatherland; they were dangerous microbes. Isn't it the duty of a doctor to destroy these microbes? Either the Armenians would liquidate the Turks and become proprietors of this land or they would be liquidated by the Turks. I couldn't possibly hesitate as a to my option, and I opted. My Turkishness prevailed over my medical calling.«[19]

6. Bevölkerungspolitische Aspekte

Ab der 2. Hälfte des 19. Jhs. zeichnete sich die Islamisierung Kleinasiens, namentlich der armenischen Haupt-Siedlungsgebiete und später auch der osmanischen Küstengebiete, als Ziel der osmanischen Bevölkerungspolitik ab. Diesem Ziel dienten:

- Die Aufnahme von 5-7 Millionen muslimischer Glaubensflüchtlinge *(muhacirler)* vom Balkan und Kaukasus bei gleichzeitigen Gebietsverlusten, d.h. Verknappung des Siedlungsraums seit Ende des 18. Jhs. Allein die Balkankriege entwurzelten an die 800.000 Menschen, davon etwa die Hälfte Muslime: In Thrakien und Makedonien sank die muslimische Bevölkerung 1912/3 von 2,3 auf 1,4 Mio., von denen 623.000 (=27 %) bei Massakern, an Fluchtstrapazen oder Seuchen starben.[20]

---

[17] H.-L. KIESER / D. SCHALLER, Völkermord im historischen Raum 1895-1945, in: H.-L. KIESER / D. J. Schaller (Hrsg,), Der Völkermord an den Armeniern und die Shoah - The Armenian Genocide and the Shoah, Zürich 2002, 11-80, 20.

[18] Zur Biographie vgl. H.-L. KIESER, Dr Mehmet Reshid (1873-1919): A Political Doctor, in: H.-L. KIESER / D.J. SCHALLER (Hrsg.), Der Völkermord an den Armeniern und die Shoah - The Armenian Genocide and the Shoah, Zürich 2001, 245-280, 246f.

[19] V. N. DADRIAN, The Role of Turkish Physicians in the World War I Genocide of the Ottoman Armenians, in: Holocaust and Genocide Studies 1, 2, 1986, 169-192, 175.

[20] Laut Bericht der privaten US-amerikanischen Carnegie-Stiftung vom Sommer 1914. - Vgl. M. SCHWARTZ, Die Balkankriege 1912/13: Kriege und Vertreibungen in

- Die überlebenden Muslime ließen sich zunächst in der Hauptstadt Konstantinopel nieder, was jedoch unerwünscht war. Anfang 1914 entstand daher ein *Direktorium zur Ansiedlung von Stämmen und Einwanderern*, das die Flüchtlinge gezielt in christlichen Mehrheitsgebieten ansiedelte. Zu seinen vier Zuständigkeiten gehörten u. a. Deportation (Zwangsumsiedlungen) und die Ausspähung der ethno-religiösen Minderheiten (Anzahl, soziale Situation, Verbreitung).
- Systematische Einschüchterung, Vertreibung, Enteignung und Aussiedlung von Christen
- Administrativer Zusammenschluss heterogener ethnischer Siedlungsgebiete (»Gerrymandering«)
- Vor allem seit 1878 statistische Manipulationen: Herunterrechnen des christlichen Bevölkerungsanteils.[21]
- Ab dem 19. Jahrhundert zunehmende Ansiedlung kurdischer Stämme auf Kosten der christlichen Landbevölkerung Anatoliens, deren fast vollständige Enteignung bis zum Ersten Weltkrieg weitgehend abgeschlossen war. Zahlreiche Christen wichen in das südlich angrenzende Kilikien aus, was wiederum Spannungen mit der dortigen altansässigen Bevölkerung auslöste.[22]

Die von der armenischen Abgeordnetenkammer gegründete *Kommission für beschlagnahmtes Land* stellte 1909 fest, dass 741.000 ha armenisches Ackerland von Muslimen besetzt oder beschlagnahmt worden war, was zur Massenemigration von etwa 100.000 Armeniern seit 1870 geführt hatte. Infolge des Zusammenwirkens der oben erwähnten Maßnahmen mit den Massakern von 1894–1896 (150.000–300.000 Todesopfer) und 1909 (bis zu 30.000 Opfer) war schon Anfang des 20. Jhs. der Anteil der Christen von einem Drittel auf fast ein Viertel (5–6 Mio.) der kleinasiatischen Gesamtbevölkerung von 21 Mio. gesunken, davon 2,5–3 Mio. Griechisch-Orthodoxe sowie 2,5 Mio. Armenier. Im Geheimbericht eines Provinzgouverneurs an Sultan Abdülhamit II. hieß es entsprechend mit Blick auf die demographischen Änderungen im Ergebnis der Massaker 1895/6: »Dank der weisen Vorkehrungen Eurer Majestät ist jetzt überall die Mehrheit [der Bevölkerung] für die Muslime gesichert.«[23]

Südosteuropa in: Militärgeschichte – Zeitschrift für historische Bildung, 2008, 2, 4–9, 9.

21 KOUTCHARIAN (s. Anm. 10), 80–87.

22 S. ASTOURIAN, The Silence of the Land: Agrarian Relations, Ethnicity and Power, in: R. G. SUNY, F. M. GÖÇEK, N. M. NAIMARK (Hrsg.), A Question of Genocide: Armenians and Turks at the End of the Ottoman Empire, Oxford, New York 2011, 55–81.

23 ASTOURIAN, (s. Anm. 22) 65f.

Auf den Jahresparteitagen der Jungtürken in der nordgriechischen Hauptstadt Saloniki (türk. Selanik) wurden 1910 und 1911 die forcierte Türkisierung bzw. Zwangsassimilation der Nichttürken als Gegenmaßnahme zum ethnischen Sezessionismus erörtert. Britischen Quellen zufolge gab Mehmet Talat, der Hauptverantwortliche für die Vernichtung der Armenier im Ersten Weltkrieg, bereits auf dem Jungtürken-Parteitag von 1910 die Losung einer »Türkei der Türken« aus, meinte aber damit möglicherweise zunächst nur die Durchsetzung der türkischen Führungsmacht in der bis dahin von Nicht-Muslimen dominierten osmanischen Wirtschaft.[24] Sozialneid auf wohlhabende Christen und Hass auf Christen als vermeintliche Blutsauger der Muslime bildeten ein weiteres Motiv für die wachsende Vernichtungsbereitschaft. Der folgende Parteitag beschloss Anfang Oktober 1911 die »Osmanisierung« mit Waffengewalt, da Überzeugungsarbeit gescheitert sei. Derartige Überlegungen waren integraler Bestandteil umfassender bevölkerungspolitischer Konzepte mit dem Ziel einer weiteren drastischen Senkung des Anteils indigener Christen namentlich in Ostanatolien. Hauptmittel dieser Politik eines »demographischen Ingenieurswesens« war die Deportation aller nichttürkischen Volksgruppen und ihre Zersiedlung unter anderen Volksgruppen nach unterschiedlichen ethnischen Schlüsseln (z.B. Kurden nicht über 5 %, Armenier ortsabhängig zwischen 0,0–10 % der lokalen oder regionalen Gesamtbevölkerung[25]) sowie eine gezielte Umerziehung der Entwurzelten, deren Grundlagen die türkische Sprache und Kultur sowie der Islam bilden sollten.

7. Durchführung eines Genozids

Monate vor dem Ausbruch des Ersten Weltkrieges und dem osmanischen Kriegseintritt (29.10.1914) wurden im Mai, Juni und August 1914 auf Geheimtreffen im osmanischen Verteidigungsministerium die fatalen Pläne

---

[24] U. ÜNGÖR, »Turkey for the Turks«: Demographic Engineering in Eastern Anatolia, 1914–1945, in: R. G. SUNY, F. M. GÖÇEK, N. M. NAIMARK (Hrsg.), A Question of Genocide: Armenians and Turks at the End of the Ottoman Empire, Oxford/ New York 2011, 294. – Die nichtmuslimische Dominanz in der osmanischen Industrie und in der Finanzwirtschaft bildete ein Analogon zur jüdischen Stellung im mittelalterlichen christlichen Europa. In beiden Fällen wurden unter Berufung auf religiöse Verbote von Zinsgeschäften die jeweiligen religiösen Minderheiten in diese Wirtschaftsnischen gedrängt, bei gleichzeitigem Ausschluss dem Staats- und Militärdienst.

[25] In den »sechs Provinzen« ihres Hauptsiedlungsgebiets sollte ihr Anteil auf null, in den übrigen Provinzen Anatoliens auf 5% sowie in Aleppo auf 2% reduziert werden. – F. DÜNDAR, Crime of Numbers: The Role of Statistics in the Armenian Question (1878–1918), New Brunswick/ London, 2010, 103ff.

zur »Vernichtung der nicht-türkischen Rassen« gefasst. Sie richteten sich in erster Linie gegen die osmanischen Christen (Armenier, Syrer und Griechen), betrafen aber auch nichttürkische Muslime.[26] Deportationen von 300.000 Kurden[27] erfolgten bereits ab 1916 und setzten sich bis weit in die Geschichte der Republik Türkei fort.

Der osmanische Kriegseintritt bot die ideale Nebelwand, hinter der das jungtürkische Regime seine von langer Hand geplanten und vorbereiteten Verbrechen an der eigenen Bevölkerung begehen konnte. In den Etappen des Ablaufs zeigt sich die Planmäßigkeit:

Entwaffnung: In einer Vorbereitungsphase erfolgten seit 1913 Hausdurchsuchungen nach Waffen (einschließlich Küchenmessern) und Sprengstoff, die als »Beweis« für einen angeblich geplanten Aufstand der osmanischen Armenier dienen sollten. Vorausgegangen war 1909 die Aufhebung des Waffenverbots für Nichtmuslime und die Aufforderung der Regierung an die christliche Bevölkerung, sich Waffen zu besorgen, da die Regierung sich außerstande sah, selbst für den Schutz der Christen zu sorgen. Vielerorts gingen die Waffenrequisitionen des Jahres 1914 mit Übergriffen auf Armenier einher, die oft gezwungen wurden, Waffen eigens für die Beschlagnahmungen zu kaufen, falls die willkürlich festgesetzten Quoten der abzuliefernden Waffen nicht groß genug war.[28]

Schaffung von Todessschwadronen: Die unter dem Befehl des Innenministers Talat stehende irreguläre *Teşkilat-i Mahsusa*[29] (*Sonderorganisation*[30]) erhöhte ihre irregulären Einheiten seit Mitte August 1914 durch die Rekrutierung von Strafgefangenen auf eine Gesamtstärke von 30.000 Mann (1915)[31]. Zu diesem

---

[26] ÜNGÖR (s. Anm. 24), 295.

[27] J. KÜNZLER, Im Lande des Blutes und der Tränen: Erlebnisse in Mesopotamien während des Weltkrieges, Potsdam 1921, 79f.

[28] G. KOUTCHARIAN, Der Völkermord an den Armeniern (1915–1917), in: T. HOFMANN (Hrsg.), Verfolgung, Vertreibung und Vernichtung der Christen im Osmanischen Reich 1912–1922, Berlin, 2007[2], 63–83, 66f.

[29] Ursprünglich ein Geheimdienst, dessen Vorläufer die *Organisation der Fedajin* (gegr. 1906–1911 war. Seit 1911 mit den Funktionen: a) Todesschwadron des Zentralkomitees der »Ittihat ve Terraki Cemiyeti« und zuständig für Meuchelmorde an politischen Gegnern; b) 1906–1911 Kontraguerilla im Kampf gegen bulgarische Partisanen: Ermordung und Verschleppung christlicher Wortführer in Makedonien und Serbien; 1912/13 (Balkankriege): Morde und Massaker an Griechen und Bulgaren.

[30] V. N. DADRIAN, The Role of the Special Organization in the Armenian Genocide during the First World War, in: P. PANAYI (Ed.), Minorities in Wartime, Oxford / Providence, 1993, 50–83.

[31] A. AVAKJAN, Genocid 1915: Mechanizmy prinjatija I ispolnenija rešenij, Erevan, 1999, 78.

Behufe arbeiteten reguläre Ministerien, vor allem das der Justiz, der *Sonderorganisation* zu. Ab November 1914 beteiligten sich sowohl das Kriegs-, als auch das Innenministerium an der Bildung irregulärer Einheiten (çeteler). Zugleich wurde die Entlassung von Zuchthäuslern beschleunigt, wobei vorzugsweise solche Kriminelle rekrutiert wurden, die »häufig mit Mord und Diebstahl befasst waren«[32]. Ein Anfang Dezember 1914 erlassenes Gesetz legalisierte die Rekrutierung der Schwerverbrecher, die der Generalsekretär des *Komitees für Einheit und Fortschritt*, Midhat Şükrü, *a posteriori* als »respektable Personen« (namuslu) bezeichnete, weil sie »armenische Frauen und Kinder massakriert hatten, um dem Vaterland zu dienen«.[33] Die kurdischen Stämme sowie muslimische Flüchtlinge vom Balkan und aus dem Nordkaukasus bildeten weitere Rekrutierungspotenziale.[34]

Zwangsarbeit: Von Sommer 1914 bis März 1915 wurden osmanische Christen im wehrpflichtigen Alter zwischen 15 bis 45 Jahre eingezogen, teils in reguläre Einheiten, vor allem aber in 120[35] so genannte »Arbeiterbataillone« (amele taburları) zum Straßenbau und Lastentragen, wo sie bei völlig unzureichender Ernährung und Unterkunft bis zu 14 Stunden täglich schuften mussten, mit einer entsprechend hohen Todesrate an Entkräftung und Seuchen. Die überlebenden Soldaten wurden in der Regel nach Abschluss ihrer Arbeiten massakriert.

»Enthauptung«: In der Nacht vom 11./24. April bis 13./26. April 1915[36] erfolgte Konstantinopel die Festnahme von 2.345[37] führenden armenischen Persönlichkeiten - faktisch die gesamte geistige und geistliche Elite mit zahlreichen Schriftstellern, Publizisten, Lehrern, aber auch Unternehmer, Politiker und Kleriker. Sie wurden per Bahn in das Landesinnere (Provinz Angora/Ankara) deportiert und nach monatelangen Verhören und Untersuchungen wegen angeblichen Landesverrats hingerichtet oder weiter in das Landesinnere deportiert und unterwegs ermordet. Die Festnahmeliste für den Konstantinopler Polizeipräsidenten Osman Bedri hatte der armenische Stadtteilvorsteher (Muhtar) Artin Mkrttschjan erstellt.

---

[32] R. KÉVORKIAN, The Armenian Genocide: A Complete History. London/ New York, 2011, 183.

[33] KÉVORKIAN (s. Anm. 32), 184.

[34] T. AKÇAM, Armenien und der Völkermord; Die Istanbuler Prozesse und die türkische Nationalbewegung, Hamburg 1996, 58.

[35] Bis April 1915. - J. POMIANKOWSKI, Der Zusammenbruch des Ottomanischen Reiches, Zürich/ Leipzig/ Wien 1928, 93.

[36] Nach julianischem und gregorianischem Kalender. Die alte (julianische) Zeitrechnung war die im Osmanischen Reich übliche Zeitrechnung im Verkehr mit der nicht-islamischen Außenwelt bzw. Publizistik.

[37] Laut offizieller Erklärung vom 24. Mai 1915. - AKÇAM, (s. Anm. 34), 52.

Deportation der übrigen Bevölkerung: Erste Deportationen von Armeniern fanden Ende März 1915 in der Provinz Erzurum sowie in Kilikien in den für ihren Widerstandsgeist besonders bekannten Gebirgsstädtchen Zejtun und Dörtyol statt. Diese Deportierten wurden zunächst in die Sümpfe der Provinz Konya bzw. in die anatolischen Konzentrationslager Konya, Eskişehir und Eregli verschickt. Einen Monat darauf legte Innenminister Talat die Region zwischen der nordostsyrischen Stadt Dair-az-Zaur (armenisch Der Sor) am Euphrat und dem nordirakischen Mossul am Tigris als allgemeines Deportationsgebiet fest.

Welche Bewandtnis hatte es mit diesem Bestimmungsziel? Bereits Mitte des 19. Jhs. waren Pläne aufgekommen, die unkontrollierbaren Beduinenstämme dieser Region durch Ansiedlung muslimischer Flüchtlinge zu befrieden; 1891 wurden entsprechend zwei tscherkessische Stämme angesiedelt. Weitere Ansiedlungspläne gelangten jedoch nicht zur Ausführung. Die Gründe lassen sich der Parlamentsdebatte vom 6. Juli 1914 entnehmen, die der griechisch-osmanische Abgeordnete für Aydın, Emanuel Emanuelidis, ausgelöst hatte: Er beschwerte sich bei Innenminister Talat über die gezielte Ansiedlung muslimischer Balkanflüchtlinge in den griechischen Dörfern und Städten Ioniens, was dort häufige Übergriffe auf die christliche Bevölkerung provoziere. Emanuelidis schlug alternativ die Ansiedlung der Flüchtlinge in unbesiedelten Regionen vor.[38] Talat gab zu, dass die Flüchtlinge – infrage stand damals nur ein Kontingent von 270.000 Personen – in unbesiedelten Regionen »sämtlich verhungern« müssten, da es an Mitteln zu deren Erschließung mangele. Trotz oder wegen dieser Erkenntnis beschloss Talat nur zehn Monate später, anderthalb Millionen Armenier in die unerschlossenste Hungerregion des Reiches zu senden.[39] Im anatolischen Ursprungsgebiet durften nur armenische Handwerker- und Soldatenfamilien verbleiben, ferner armenische Katholiken und Protestanten sowie Waisen und alleinstehende Frauen. Zum Islam konvertierte Armenier blieben allerdings nur einige Wochen von der Deportation verschont (mit Ausnahme konvertierter Armenierinnen, sofern sie einen Muslim geheiratet hatten). Am 13. Juli 1915 erklärte Talat unmissverständlich gegenüber dem Direktor der staatlichen *Kommission für*

---

[38] F. DÜNDAR, Pouring a People into the Desert: The »Definitive Solution« of the Unionists to the Armenian Question, in: R. G. SUNY, F.M. GÖÇEK, N. M. NAIMARK (Hrsg.), A Question of Genocide: Armenians and Turks at the End of the Ottoman Empire, Oxford/ New York 2011, 276–284, 280.

[39] Ebd.

verlassenes Vermögen und Grundstücke[40], dass die Deportation als »Endlösung der Armenischen Frage« durchzuführen sei.[41]

Die nachgeschobene rechtliche Grundlage für die fast vollständige[42] Deportation bildete das »Provisorische Gesetz über die Verschickung verdächtiger Personen« (Takvim-i Vekayi) vom 14./27.05.1915, das der Regierungschef (Großwesir) am 29.05.1915 bestätigte und am 30.05.1915 durch das Parlament peitschte. Der deutsche Vize-Konsul zu Samsun, Adam Kuckhoff, erkannte: »[...] Ausweisung und Ausrottung sind türkisch gleiche Begriffe, denn wer nicht umgebracht wird, verfällt meist den Krankheiten oder dem Hungertode [...]«[43] Dass die Deportationen als Todesmärsche gemeint waren, zeigen auch die Details ihrer Durchführung, die im Übrigen in den Händen der jeweiligen Provinzverwaltungen lag und deshalb uneinheitlich ausfiel. Diese wurden durch eigens aus der Hauptstadt entsandte »Deportationskommissare« darüber informiert, dass mit der »Umsiedlung« Todesmärsche gemeint waren. Beamte, die sich aus religiösen oder humanistischen Gründen weigerten, die Zwangsumsiedlung ohne Rücksicht auf Alter und Geschlecht so brutal wie möglich durchzuführen, wurden ihres Amtes enthoben oder ermordet. Oft blieb den Armeniern nach Bekanntgabe des Deportationsbefehls keine Zeit oder nur wenige Stunden, um ihre Angelegenheiten zu regeln und sich vorzubereiten. Schon bald nach Aufbruch riss man die Familien auseinander, Frauen und Männer wurden getrennt, letztere ermordet. Die Frauen, Kinder und Alten waren fortan ihren berittenen Begleitmannschaften aus den Reihen der *Sonderorganisation* gnadenlos ausgeliefert. Diese bestimmten das Marschtempo, die Häufigkeit und Dauer der Rast. Sie ließen sich von den Deportierten dafür bezahlen, dass sie sie nicht bewaffneten Banden örtlicher Muslime auslieferten. Dennoch waren Vergewaltigungen, Zwangsprostitution, der Raub oder Handel mit Frauen und Kindern sowie Massaker an

---

40 Diese Körperschaft konfiszierte und verwaltete das mobile und immobile Vermögen der Deportierten einschließlich ihrer Einlagen bei osmanischen Banken.

41 DÜNDAR (s. Anm. 38), 284.

42 Mit Ausnahme der armenischen Bevölkerung der Städte Alexandropol, Smyrna (Izmir) und Konstantinopel, wo mit Rücksicht auf die ausländischen Vertretungen »nur« die nicht in der osmanischen Hauptstadt geborenen deportiert wurden – immerhin 10.000–30.000 Menschen. – T. HOFMANN, Deutsche Quellen und Augenzeugenberichte zum Völkermord an den Armeniern 1915/16, in: T. HOFMANN (Hrsg.), Das Verbrechen des Schweigens: Die Verhandlung des türkischen Völkermords an den Armeniern vor dem Ständigen Tribunal der Völker. Göttingen/ Wien 1984, 92–124, 104.

43 Telegramm vom 16.06.1916 aus Sinope. Zitiert nach: FOTIADIS (s. Anm. 14), 114.

den Wehrlosen häufig. Die Deportation erfolgte zudem während der heißesten Jahreszeit und weitgehend zu Fuß. Lasten- und Reittiere wurden spätestens bei der ersten Gebirgsstrecke fortgenommen. Die Routen wurden absichtlich anstrengend gewählt, über Gebirgspässe und oft im Kreis.

Noch vor dem offiziellen Deportationsgesetz schuf ein Gesetz vom 16.5.1915 (Emval-i Metrukeh) die rechtliche Voraussetzung für die Ansiedlung von insgesamt 750.000 muslimischen Glaubensflüchtlingen auf dem immobilen Besitz der Armenier, vorzugsweise in Kilikien sowie in der Provinz Sivas.[44] Oft standen während der Massaker und Deportationen die *muhacirler* bereits wartend im Hintergrund. Ab Juni 1915 ordnete das Deportationsdirektorium die »verteilte Ansiedlung« albanischer Muslime im gesamten Reich an, »damit ihre Muttersprache und nationalen Traditionen schnell verlöschen«, am 01.7.1915 die Ansiedlung von ethnischen Türken aus Bulgarien und Griechenland.[45] 151 bosnisch-muslimische Familien werden am 30.06.1915 von Konya in die Provinz Diyarbakır geschickt und in entleerten armenischen u. aramäischen Dörfern angesiedelt, bis zu 25.000 hatten sich in Zeytun angesiedelt.[46]

Von schätzungsweise zwei Millionen deportierter Armenier erreichen 1915 nur 870.000 Mesopotamien. Im »Ansiedlungsgebiet« war jedoch nichts für ihre Aufnahme vorbereitet. Während des Ersten Weltkrieges befiel zudem die unter dem Befehl des jungtürkischen Triumvir Ahmet Cemal stehende Provinz Syrien (zu der auch der Libanon, Irak und Palästina zählen) eine von Menschen zu verantwortende Hungersnot. Ihre Ursache bildeten einerseits die von den Entente-Staaten verhängte Seeblockade, andererseits die Weigerung der osmanischen Regierung, Nahrungsvorräte an die Bevölkerung zu verteilen, bei gleichzeitigem Jagd- und Fischverbot.[47] In Syrien und Libanon verhungerten deshalb 1914–18 bis zu 350.000 Einheimische, vor allem Christen. Die obdachlosen und verelendeten Armenier bildeten die schutzloseste Bevölkerungsgruppe in dieser Region. Sie wurden in Konzentrationslagern entlang der Bagdadbahn »angesiedelt« – ohne Ernährung und Unterkunft, sodass es zu Kannibalismus kam. Als das Deportationsdirektorium im Frühjahr 1916 erkannte, dass sich in Aleppo und Dair-az-Zaur Hunderttausende Armenier niedergelas-

---

44 KOUTCHARIAN (s. Anm.10), 123.

45 KOUTCHARIAN (s. Anm.10), 122f.

46 J. LEPSIUS, Der Todesgang des armenischen Volkes: Bericht über das Schicksal des armenischen Volkes in der Türkei während des Weltkrieges, (Potsdam 1919); Heidelberg, 1980[4], 8f.

47 R. RUMMEL, Statistics of Genocide: Genocide and Mass Murder since 1900, Münster, 1998, 82.

sen hatten, wurden der Gouverneur bzw. Mutasarrıf ausgewechselt, um die Weiterschickung, Zersiedelung und Vernichtung voranzutreiben. Gleichzeitig begann die sukzessive Liquidierung der Konzentrationslager entlang der Bagdadbahn durch systematische Massaker sowie Massenverbrennungen in erdölhaltigen Höhlensystemen. Von insgesamt 870.000 Deportierten in der Region kamen 1915/16 630.000 um, davon 200.000 bei Massakern.[48]

Eine umfragegestützte Hochrechnung der deutschen Botschaft kam Anfang Oktober 1916 zu dem Ergebnis, dass von zwei Millionen deportierten Armeniern drei Viertel – anderthalb Millionen – umgekommen seien.[49] Mindestens 600.000 Opfer, davon die meisten Männer, waren bei Massakern vor oder während der Deportationen getötet worden.[50]

Zu den besonders Gefährdeten gehörten Kinder[51], alte Menschen, Schwangere oder Wöchnerinnen. Da Letztere sichtbar die Fertilität und Reproduktionskraft der zu vernichtenden Ethnie repräsentierten, zogen sie, wie aus zahlreichen Augenzeugenberichten hervorgeht, die Grausamkeit ihrer Bewacher besonders auf sich. Ähnliches galt für armenische Geistliche aller Denominationen, die die Spiritualität der Opfergruppe verkörperten. Von 5.000 armenisch-apostolischen Geistlichen lebten 1923 nur noch 400, d.h. weniger als ein Zehntel; von den 17 Prälaten, deren Schicksal 1916 bekannt war, wurden sieben deportiert, drei eingekerkert, drei gehenkt, drei ermordet sowie einer lebendig verbrannt.[52]

8. Islamisierung

Seit Beginn der Deportation wurden vor allem die an der Schwarzmeerküste lebenden Armenier vor die Wahl gestellt, den Islam anzunehmen oder deportiert zu werden. Die von der muslimischen Bevölkerung verschleppten Kinder und Frauen sowie die in sogenannten Regierungswaisenhäusern gesammelten Kinder trafen unausweichlich die Islamisierung und der

---

48 R. KÉVORKIAN, Ahmed Djémal et le sort de déportés arméniens de Syrie-Palestine, in: H.-L. KIESER, D.J. SCHALLER (Hrsg,), Der Völkermord an den Armeniern und die Shoah, Zürich 2002, 197–212, 207.

49 Telegramm des Botschafters Radowitz an den Reichskanzler von Bethmann-Hollweg, 4.10.1916. – Politisches Archiv des Auswärtigen Amtes (PA/AA), Botschaft Konstantinopel, Armenien 101, Mikrofiche Nr. 7596. Veröffentlicht u. a. in: W. GUST (Hrsg.), Der Völkermord an den Armeniern 1915/16: Dokumente aus dem Politischen Archiv des deutschen Auswärtigen Amts, Springe 2005, 516ff.

50 KOUTCHARIAN (s. Anm. 10), 129.

51 V. N. DADRIAN, Children as Victims of Genocide: The Armenian Case, in: Journal of Genocide Research, 5, 2003, 3, 421–437.

52 LEPSIUS (s. Anm. 46), 173.

damit verbundene Identitätsverlust. Frauen armenischer Soldaten wurden zwangsweise mit Muslimen verheiratet.[53] Am 4.12.1915 informierte der Direktor des evangelischen *Hülfsbundes für christliches Liebeswerk im Orient*, Schuchardt, das deutsche Auswärtige Amt über Pläne der osmanischen Regierung, »die Überreste des armenischen Volkes gewaltsam zum Islam zu bekehren«[54], doch bestritten nach Protesten des deutschen Botschafters der Großwesir sowie das jungtürkische Triumvirat aus Talat, Enver und Cemal, dass eine zentrale Islamisierungspolitik existiere.[55] Tatsächlich blieb die Islamisierungspolitik in der Spätphase des Völkermords inkonsistent[56]: Vielerorts rettete nicht einmal ein Übertritt zum Islam vor der Deportation.[57] Nichttürkische Muslime lehnten zudem die unter Todesdrohungen erzwungenen Übertritte ab, wie der armenische Deportierte Jerwand Otjan in Hama (Syrien) feststellte: »Dieses von der Ittihat begangene Verbrechen ärgerte die örtlichen Araber, die meinten, dass es gegen die Gebote des Propheten verstoße, Menschen auf diese Art zu Muslimen zu machen. [...] Sie ließen es nicht einmal zu, als einige wenige Armenier die Moschee betreten wollten.«[58]

Die von deutschen Hilfswerken in Urfa und Aleppo betreuten armenischen Waisen führte die Regierung im Januar 1916 bzw. ab dem 13.02.1917 dem Islam zu, indem die Knaben bis 13 Jahre in staatlichen Waisenhäuser übernommen, die Mädchen in muslimische Familien gesteckt bzw. ab 13 Jahren mit Muslimen zwangsverheiratet wurden; ältere Knaben wurden deportiert. In den Regierungswaisenhäusern lag die Sterblichkeit der Kinder bei 50%.[59] J. Lepsius schätzte 1919 die Zahl der »islamisierten Armenier« bzw. der »verkauften Frauen, Mädchen und Kinder« auf insgesamt »noch 200.000«.[60]

Der in Smyrna bis 1922 tätige US-Diplomat George Horton erwähnte 550 Dörfer, »deren überlebende Einwohner mit Feuer und Schwert zum Islam bekehrt wurden« sowie 568 Kirchen, »die vollständig geplündert, zerstört und dem Erdboden gleichgemacht wurden«, von »21 protestantischen

---

[53] LEPSIUS (s. Anm. 46), 253.

[54] J. LEPSIUS, Deutschland und Armenien 1914–1918: Sammlung diplomatischer Aktenstücke, Potsdam 1919, 205.

[55] LEPSIUS (s. Anm. 54), XXXVII.

[56] KOUTCHARIAN (s. Anm. 10), 121.

[57] LEPSIUS (s. Anm. 46), 229.

[58] Y. ODIAN, Accursed Years: My Exile and Return from Der Zor, 1914–1919, London, 2009, 116.

[59] T. HOFMANN, Ausweglose Lagen: Frauen und Kinder im Genozid, in: Armenisch-Deutsche Korrespondenz 157, 2012, 41–44, 43f.

[60] HOFMANN (s. Anm. 59), 44.

Predigern und 170 gregorianischen Geistlichen, die nach unaussprechlichen Qualen ermordet wurden, weil sie sich geweigert hatten, den Islam anzunehmen.«[61] Die überlebenden Zwangsarbeiter in Aleppo wurden Ende Februar 1916 zum Glaubenswechsel gezwungen.[62] In Ankara feierte man den Geburtstag des Sultans mit der Beschneidung von 100 vorwiegend armenisch-unierten Knaben.[63] Zeitgleich wurden armenische Kirchen in Moscheen umgewandelt oder entweiht wie die als Abort missbrauchte armenische Kirche von Erzincan.[64] Weitaus mehr Kirchen wurden jedoch zerstört: Nach Angaben des armenisch-apostolischen Patriarchats zu Konstantinopel gab es vor dem Ersten Weltkrieg im osmanisch beherrschten Teil Armeniens 2.200 Kirchen und Klöster, von denen mindestens 2.150 während des Völkermords geplündert und niedergebrannt wurden, darunter herausragende Beispiele frühchristlicher Sakralarchitektur aus dem 7. Jh. Bei den Brandschatzungen wurden über 20.000 armenische Handschriften und Frühdrucke in Kirchen und Klosterbibliotheken vernichtet.[65]

Zur Islamisierung Kleinasiens und des armenischen Siedlungsraumes trug auch die unter Mustafa Kemal mit Sowjetrussland vereinbarte Ansiedlung von weiteren 600.000 muslimischen Bauern in der Türkei bei: Bis Oktober 1922 wurden in der Provinz Sivas, den Bezirken Harput und Kayseri sowie um Maraş jeweils 150.000 Muslime auf ehemals christlichen Grundstücken angesiedelt.[66]

9. Sowjetisches Nachspiel

Bis zu 301.500 Armenier hatten sich vor allem aus den osmanischen Grenzprovinzen Van und Erzurum in den bis zur Oktoberrevolution 1917 russisch beherrschten Südkaukasus flüchten können, davon etwa ein Drittel in die Araratebene nach Jerewan und Etschmiadsin, wo sie Zuflucht am Sitz des geistlichen Oberhaupts (Katholikos) suchten. Hinzu kamen im Zeitraum 1921 bis 1936 42.300 so genannte Repatrianten, die zwischenzeitlich in den Nahen Osten oder nach Griechenland geflüchtet waren.[67] Das Misstrauen des Sowjetregimes gegenüber diesen vormals osmanischen Staatsangehörigen zeigte sich in politischen Verfolgungen sowie in der Deportation der »Repatrianten« (1947).

---

61 G. Horton, The Blight of Asia: An Account of the Systematic Extermination of Christian Populations by Mohammedans and of the Culpability of Certain great Powers; With the True Story of the Burning of Smyrna, Indianopolis 1926, 263.

62 Lepsius (s. Anm. 46), 249.

63 Lepsius (s. Anm. 46), 258.

64 Ebd.

65 Koutcharian (s. Anm. 28), 72.

66 P. du Veou, La Passion de la Cilicie 1919–1922, Paris 1937, 304.

67 G. Avagyan, Haykakan SSH bnakč‘owt‘ownę, Erevan 1975, 121.

Die so genannte »Großen Säuberung« (1936–39) richtete sich in Sowjetarmenien seit Ende 1937 gegen höchste Parteikader, die bezichtigt wurden, in nationalistische Verschwörungen verstrickt zu sein.[68] Unter den in Armenien verhafteten, deportierten und ermordeten Opfern findet sich ein überproportionaler Anteil von Intellektuellen, die aus Westarmenien bzw. dem Osmanischen Reich stammten und der »Säuberung« den Charakter einer zweiten »Enthauptung« der armenischen Nation binnen 21 Jahren verleihen. Die prominentesten Beispiele bilden der aus Kars gebürtige Dichter Jerische Tscharenz (1897–1936), der aus Elâzığ / Mezre stammende Prosaautor Wahan Totowenz (1889–1937) und seine Kollegen Gurgen Mahari (1903, Van – 1969, Palanga/Litauen) sowie Sapel Jessajan (1878, Konstantinopel – 1943, Sibirien).

Die atheistische und antiklerikale Religionspolitik der Sowjetunion traf in Armenien eine durch die Verfolgung im Osmanischen Reich bereits schwer in Mitleidenschaft gezogene Kirche und ihre Gläubigen.[69] Von Beginn der Sowjetisierung Armeniens an, d.h. seit Ende 1920 wurde ihr Handlungsradius systematisch eingeschränkt und ihr durch Beschlagnahmungen und Enteignungen die wirtschaftliche Existenzgrundlage entzogen. Entsprechende Maßnahmen richteten sich besonders gegen den »Vatikan« der Armenier, das Großkloster Etschmiadsin. Die erste sowjetarmenische Verfassung vom 4. Februar 1922 enthielt nach sowjetrussischem Vorbild die Trennung von Kirche und Staat bzw. Schule und besiegelte die Bodenenteignungen.[70] Schulischer Religionsunterricht wurde gesetzlich ebenso verboten wie die pädagogische Tätigkeit von Mönchen und anderen Klerikern. Der Verfassungsartikel 71d entzog Geistlichen das aktive sowie passive Wahlrecht. Als »lišency« (Russisch für »verlustig Gegangene«) waren christliche Kleriker und Rabbiner zur Stalinzeit grundsätzlich vom Militärdienst sowie der Mitgliedschaft in Gewerkschaften und gesellschaftlichen Organisationen ausgeschlossen sowie steuerlich, sozial und wirtschaftlich erheblich benachteiligt, was Verarmung und ein Leben am Rande des Existenzminimums für die Betroffenen und ihre Familien nach sich zog. Mit der Aberkennung ihres Status als juristischer Person war die Kirche seit 1922 *de jure* nicht mehr existent.

---

[68] M. Matossian, The Impact of Soviet Policies in Armenia, Leiden 1962, 157.

[69] H. R. Gazer, Die Armenische Kirche in Sowjetarmenien zwischen den Weltkriegen: Anatomie einer Vernichtung, Münster 2001.

[70] H. R. Gazer, Die Armenische Apostolische Kirche in der Sowjetunion in den Jahren 1917–1941, in: Ch. Gassenschmidt / R. Tuchtenhagen (Hrsg.), Politik und Religion in der Sowjetunion: 1917–1941, Wiesbaden 2001, 87–108, 97.

Während der »Großen Säuberungen« fand auch die Verfolgung der armenisch-apostolischen Kirche ihren traurigen Tiefpunkt: Von den etwa 800 Kirchen und Klöstern, die Anfang des 20. Jhs. auf dem Gebiet des späteren Sowjetarmenien bestanden, standen im Frühjahr 1938 nur noch vier offen.[71] An die 2.000 armenisch-apostolische Geistliche wurden deportiert oder ermordet. In der Nacht auf den 6. April 1938 erdrosselte ein Mitarbeiter des sowjetischen Volkskommissariats für Innere Angelegenheiten (NKWD) den erst sechs Jahre zuvor gewählten Katholikos Choren I. Muradbekjan (1873–1938). Der als »Daschnakenkatholikos« Geschmähte hatte sich geweigert, den Tresorschlüssel des Katholikats herauszugeben.[72] Nicht einmal ein Begräbnisgottesdienst für den nach offizieller Version am Schlaganfall Verstorbenen wurde gestattet. Erst 2006 wagte die armenisch-apostolische Kirche, ihn zum Märtyrer zu erklären.

---

71 GAZER (s. Anm. 70), 104f.

72 GAZER (s. Anm. 70), 104.

Ravinder Salooja

Orissa 2008 – Gewalt gegen Christen im Kontext Indiens

Am 23. August 2008 wurde der Hindu-Führer Lakshmanananda Saraswati in seinem Ashram in Jalaspeta im Distrikt Kandhamal im indischen Bundesstaat Orissa ermordet. In den folgenden vier Monaten ging eine Welle gewalttätiger Übergriffe vor allem gegen Christen durch einen Mob durch dieses Gebiet. Obwohl bestimmte politische Gruppen – Maoisten, wie es heißt – sofort die Verantwortung für den Mord übernahmen, wurde die Gewalt gegen Christen dennoch mit der Ermordung des Hinduführers legitimiert. Diese trügen die Schuld am Mord. – Ist Indien ein Land, in dem Christen bedroht sind? Können Christen in Indien ihren Glauben nicht frei leben? Gibt es gar eine Christenverfolgung in Indien?

Meine Ausführungen beruhen auf einer Untersuchung, die ich 2010 im Kontext der EKD-Publikation »Gebetstag für verfolgte und bedrängte Christen« erstellt habe[1].

1. Zahlen, Fakten, Daten

Über die Anzahl der Opfer und Zerstörungen gibt es ganz unterschiedliche Angaben: So schwankt die Gesamtanzahl der von der Gewalt betroffenen Menschen zwischen 20.000 wenige Tage nach den Ereignissen[2] und 54.000 Anfang 2009[3]. Auch bei den anderen Nennungen (zerstörte Häuse, Kir-

---

1 Für die Veröffentlichung wurde der Vortrag in diesem Teil gekürzt. Vgl. die ausführliche Darstellung und Analyse der Situation bei Salooja 2010.

2 National Commission for Minorities, Report on the Visit of the Vice Chairperson, NCM to Orissa – 11th to 13th September, 2008, 4, http://ncm.nic.in/doc/Tour%20Report%20VC%20Orissa%20Sep.%2008.doc (09.06.2013).

3 J. Dayal, Update on Orissa. From AICC Sec-Gen, 2009, http://indianchristians.in/news/content/view/2800/45 (09.06.2013).

chen, Einrichtungen usw). weichen die Angaben voneinander ab. Ein Grund liegt darin, dass die Zahlen zu unterschiedlichen Zeitpunkten erhoben wurden. Ein weiterer Grund liegt in verschiedenen Definitionen dessen, was zu zählen ist.[4]

Unabhängig von ihrer Größe deuten die Zahlenangaben darauf hin, dass es sich um Hochrechnungen handelt. Ich vermute zwei Berechnungsgrößen: a) die Anzahl zerstörter Häuser und Dörfer; b) die Anzahl und Kapazitäten der Flüchtlingslager. Es ist aber nicht unwahrscheinlich, dass bis zu 60.000 Menschen direkt und indirekt von der Gewalt betroffen waren: Die Menschen, die aus ihren Dörfern flüchten, leben über Tage und Wochen hinweg versteckt in den Wäldern, bis sie in die Flüchtlingslager kommen. Dort müssen sie noch monatelang bleiben, obwohl die direkte Gewaltwelle bereits beendet ist. Abgesehen davon, dass ihre Häuser zerstört sind, trauen sich die Menschen lange nicht zurück in ihre Dörfer.[5]

2. Der erweiterte Kontext

2.1 Die Beteiligten

Betroffen und beteiligt sind auf der einen Seite Adivasi vom Stamm der Kondhs. Als Adivasis wird die ursprünglich im Wald lebende, indigene Bevölkerung Indiens bezeichnet. Diese steht außerhalb des Kastensystems und ist in Stammesstrukturen organisiert. Rechtlich sind den Adivasi traditionelle Gemeinnutzungsrechte am Boden eingeräumt; rechtliche Regelungen sichern ihnen Schutzräume in ihren Wohngebieten zu, und die Mitglieder haben als Angehörige der *scheduled tribes* Anspruch auf Fördermaßnahmen im Zuge der positiven Diskriminierung. Betroffene und Beteiligte auf der anderen Seite sind Dalits von der Kaste der Panos. Dalit ist die Selbstbezeichnung derjenigen Inder, die einerseits im kleinteiligen *jati*-Kastensystems Indiens einer bestimmten Geburtskaste angehören (in diesem Fall der der Panos), die aber andererseits vom Grobschema der vier *varna*-Kasten (Brahmanen, Kshatriyas, Vaishyas und Shudras) ausgeschlossen (=*a-varna*) sind. Als solche sind sie die sog. Kastenlosen. Wie die Adivasi als *scheduled tribes* kommen auch sie als *scheduled castes* in den Genuß von Fördermaßnahmen im Zuge der positiven Diskriminierung.

Die Gewalt in Orissa 2008 fand im Kern zwischen *Kondh*-Adivasi und *Pano*-Dalits statt.[6] Insofern Dalits ebenso wie Adivasi in Indien marginali-

---

4 S. Anm. 3.

5 Unter den Opfern sind auch bis zu 120 Todesfälle, zwei Vergewaltigungen sowie Zwangskonversionen zum Hinduismus zu nennen; vgl. SALOOJA 2010, 1.

6 G. BHARATI, Was ist los in Kondhamal? Südasien 28, 2008, 26–29, 2008;

sierte und diskriminierte Gruppen, ist es interessant wahrzunehmen, dass hier zwei marginalisierte Gruppen bzw. ihre Angehörigen in einem gewaltvollen Konflikt gegeneinander standen.

Schließlich gehört zum Kontext von Orissa 2008 auch die Tätigkeit fundamentalistischer Hindugruppen aus dem Sangh-Parivar-Verband hinzu[7]. Der ermordete Hindu-Führer Lakshmanananda Saraswati war nicht nur irgendein Hindu-Geistlicher, sondern der herausragende Hindutva-Aktivist in der Region seit Mitte der 60er Jahre.[8] Augenfällig wird die Hindutva-Aktivität an der Überführung des Leichnams von Lakshamananda Saraswati. Statt dass der Prozessionszug eine direkte Route nahm, wurde der Leichnam durch den ganzen Distrikt geführt, was so verstanden wurde, wie es verstanden werden sollte: als Demonstration und Prozession zur Erregung der Gemüter gegen die sofort benannten, angeblichen Täter, die Christen.[9]

K. Balagopal / N. Babaiah / K. Chaitanya / P. A. Sebastian, From Kandhamal to Karavali: The Ugly Face Of Sangh Parivar. A fact finding report of nine Human Rights Organisations that visited Orissa & Karnataka in Sep.-Oct. 2008, 2009, http://www.pucl.org/Topics/Religion-communalism/2009/Attacks_on_Christians.pdf (10.06.2013), 14f., 19; Kashipur Solidarity Group (KSG), Crossed and Crucified. Parivar's War Against Minorities in Orissa. A Report, Delhi, 2009, 28ff., (http://www.pucl.org/Topics/Religion-communalism/2009/Crossed_and_crucified.pdf.

7 Im Rahmen der »Hindutva«-Ideologie propagieren die Hindu-Fundamentalisten der Sangh-Parivar-Organisationen ein »Indien nur für Hindus«. In der Rashriya Swayamsevak Sangh (RSS) werden Schläger- und Kampfgruppen im gemeinen Volk gebildet. Die Bharatiya Janata Party (BJP) ist der politische Arm der Bewegung; weiterhin gehören gebildete ebenso wie wirtschaftlich potente Personen zur Sangh Parivar wie auch eine Vielzahl von Organisationen unterschiedlichster Struktur, Ausrichtung und Gestalt.

8 Kashipur Solidarity Group (KSG), Crossed and Crucified. Parivar's War Against Minorities in Orissa. A Report, Delhi, 2009, 33, (http://www.pucl.org/Topics/Religion-communalism/2009/Crossed_and_crucified.pdf (2009); s.a.: A. Chatterji, Orissa. A Gujarat in the Making, Communalism Combat 10, 2003. A. Chatterji, To The Commission of Inquiry of Honourable Justice Panigrahi / Re. Kandhamal, Orissa. Sworn Statement of Fact/Affidavit on the Violence in Kandhamal District in Orissa that Ensued in December 2007, 2008, http://www.sacw.net/DC/CommunalismCollection/ArticlesArchive/angana_may2008.html; A. Chatterji, Orissa: Hindutva's Violent History (Tehelka - The Peoples Paper 5, 2008.

9 Janvikas, Kandhmal in Chaos. An Account of facts. A document on janvika's initiative in Kandhmal district of Orissa, educational material for private circulation only, Ahmedabad, 2009,10.

2.2 Die Geschichte der Gewalt

Die Geschichte der Gewalt gegen Christen in Orissa begann nicht erst im August 2008, sondern hat eine Vorgeschichte. Dazu zählt auch die Ermordung des australischen Missionars Graham Staines und seiner zwei Söhne 1999. Quasi ein Vorbote der Gewalt vom August 2008 waren die Ereignisse vom Dezember 2007. In bewußter Provokation gegen die Weihnachten feiernden Christen riefen Hindu-fundamentalistische Gruppen am 25. und 26. Dezember 2007 zu einem Generalstreik auf, u.a. mit dem Slogan »Stoppt die Christen, tötet sie!«.[10]

In den erweiterten Kontext in Orissa gehört auch die Gewalt gegen Muslime ab Ende der 90er Jahre bis Anfang der 2000er Jahre.[11] Diese Gewaltakte wirken im Vergleich zu denen gegen die Christen nicht so umfangreich. Aber sie machen deutlich, dass in demselben Gebiet bereits einige Jahre zuvor Angehörige einer anderen religiösen Minderheit Opfer von Gewalt geworden waren. Deutlicher wird dieses noch, wenn man den Blick auf andere Gegenden Indiens richtet: Im Jahr 2002 gab es im Bundesstaat Gujarat die Welle der Gewalt eines Mobs gegen Muslime mit 2.000 Todesopfern – im Vergleich mit den Zahlen der Todesopfer unter den Christen 2008 also um den Faktor 10 erhöht.

3. Religionsfreiheit in Indien

3.1. Statistische Angaben

Grundlage sind die Volkszählungen von 1991 und 2001; der Zensus 2011 ist noch nicht umfassend ausgewertet bzw. dessen Daten waren für mich im Februar 2013 noch nicht greifbar. Danach sind die größte Minderheitengruppe die Muslime mit 12,2% (1991) bzw. 13,4% (2001). Der Anteil der Christen bleibt mit 2,3% gleich, ebenso der der Sikhs (1,9%) und Buddhisten. Weitere Minderheiten sind Jains, Parsis, Bahais und Juden.[12] Die Anzahl der Hindus ergibt sich durch Subtraktion: 100% minus Minderheiten

---

[10] Vgl. A. CHATTERJI, To The Commission of Inquiry of Honourable Justice Panigrahi / Re. Kandhamal, Orissa. Sworn Statement of Fact/Affidavit on the Violence in Kandhamal District in Orissa that Ensued in December 2007, 2008, http://www.sacw.net/DC/CommunalismCollection/ArticlesArchive/angana_may2008.html (2008b); A. CHATTERJI, Orissa: Hindutva's Violent History. Tehelka - The Peoples Paper 5, 2008.

[11] Vgl. A. CHATTERJI, Orissa: Hindutva's Violent History. Tehelka - The Peoples Paper 5, 2008.

[12] Vgl. J. MASSEY, Minorities and religious freedom in a democracy, New Delhi 2003, 27ff.

ergibt die Anzahl der Hindus, nämlich 1991 82% und 2001 80,5%[13]. Hindus sind also Inder, die zu keiner der Minderheitenreligionen gehören. Was aber ist mit den Indern, die weder zu einer Minderheitenreligion gehören, dennoch aber Hindu-Tempel nicht betreten dürfen? Ich komme später darauf zurück.

3.2 Religionsfreiheit nach der indischen Verfassung

In Indien herrscht Religionsfreiheit. Nach den Rechten auf Freiheit, Gleichheit und Schutz vor Ausbeutung folgt in der Verfassung in Artikel 25 die Freiheit des Gewissens und der freien Religionsausübung, »the right to freely profess practice and propagate religion«[14]. In Artikel 26 folgen das Recht, religiöse Einrichtungen zu errichten, zu unterhalten und die religiösen Angelegenheiten selber zu ordnen, sowie das Recht, bewegliches und unbewegliches Gut zu erwerben und dieses auch selber zu verwalten.[15]

In Artikel 25 sind die Worte »profess«, »practice« und »propagate« eigentlich die wichtigsten Bestimmungen.[16] Sie beschreiben in einem umfassenden Sinne Religionsfreiheit: es wird nicht einfach nur gesagt, dass jeder glauben darf, was er will, sondern explizit wird das Recht auf freie Religionsausübung eingeräumt sowie das Recht, die eigene Religion zu propagieren. Um dieses Wort »to propagate« ist im Werden der indischen Verfassung in den Jahren 1946–1949 ausführlich gestritten worden: Zunächst hat sich die entsprechende Kommission der verfassungsgebenden Versammlung nach langen und intensiven Diskussionen dafür entschieden, das Wort ›propagate‹ aufzunehmen; dieses wurde in der gesetzgebenden Versammlung selbst hinterfragt, neu diskutiert und am Ende per Abstimmung erneut bestätigt.[17] Eines der Argumente damals war, das ›propagation‹ im allgemeinen Sprachgebrauch nicht auf eine einzige Religion beschränkt ist und beschränkt sein soll, beispielsweise auf das Christentum, sondern allen Religionen erlaubt ist, also auch den Hindus und missionarisch sehr aktiven neohinduistischen Gruppen wie etwa dem Arya Samaj[18]. Das Recht auf ›propagation‹ der eigenen Religion ist also allen Religionen in Indien verfassungsmäßig zugestanden.[19]

---

13 Ein Presseartikel (PREMSINGH, JAGANNATHAN 2011) zur Volkszählung von 2011 läßt die hinduistische Panikgrenze von 80% deutlich werden.

14 wiedergegeben bei J. MASSEY, Minorities and religious freedom in a democracy, New Delhi 2003, 46.

15 Vgl. Übersicht, ebd., 44f.

16 Ebd., 84.

17 Ebd., 69ff.

18 Ebd., 78f.

19 Ebd.

Des Weiteren wurde die Aufnahme des Begriffs ›propagate‹ begründet mit der Anerkennung, dass ›propagation‹ ein Teil des Selbstverständnisses und Wesens einiger der Minderheitenreligionen Indiens sei.[20] Diese sollten als Religionen von Indern in ihrem Selbstverständnis anerkannt werden, weil man Indien hinsichtlich seiner religiösen, linguistischen und kulturellen Vielfalt (an)erkannte[21] und die Minderheiten als solche stärken wollte.

Schließlich wird ›propagation‹ als Voraussetzung der Religionsfreiheit verstanden, indem es Wissen und Kenntnis vermittelt, auf deren Grundlage eine freie Entscheidung des Gewissens fundiert möglich ist.[22]

Ebenso wurde das Recht der Konversion als Akt der Gewissensfreiheit des Einzelnen anerkannt, weshalb Art. 25 auch in genau dieser Reihenfolge Gewissensfreiheit und nachfolgend Religionsfreiheit benennt.[23] Die nachfolgende Diskussion ergibt die Auslegung, dass es zwar das Recht des Einzelnen gibt, selber den Glauben zu wechseln, aber nicht das Recht, jemand anderes zu konvertieren.[24] Der Satz »The missionary preaches, it is the individual who converts«[25] gibt diesen Zusammenhang wieder.

3.3 Minderheitenschutz nach der indischen Verfassung

In Zusammenhang mit den religiösen Minderheiten sind als weiteres die beiden Artikel 29 und 30 der indischen Verfassung wichtig zu erwähnen. Nach ihnen hat jeder Bürger Indiens, der eine eigene Sprache, Schrift oder Kultur hat, das Recht darauf, dass diese bewahrt wird. Auch soll niemand soll aufgrund seiner Sprache, Religion, Kaste oder Rasse gehindert werden, Bildungseinrichtungen zu besuchen, die vom Staat getragen oder vom Staat bezuschusst werden. Artikel 30 bestimmt, dass alle alle anerkannten, sprachliche und religiöse Minderheitengruppen das Recht haben, eigene Bildungseinrichtungen zu errichten und auch zu führen.[26]

Über die verfassungsmäßige Bestimmung von Religionsfreiheit und Minderheitenschutz hinaus wird die Wahrnehmung der entsprechenden Rechte auch praktisch gewährleistet, und zwar durch die Nationale Kommission für Minderheiten, die 1978 eingerichtet wurde und seit 1992 umfassende verfassungsbezogene Vollmachten besitzt.[27] Als weiteres gibt es seit 1989 die National Scheduled Caste and Tribe Finance and Develop-

---

[20] Ebd., 71, 79.
[21] Ebd., 44.
[22] Ebd., 85f.
[23] Ebd., 86, vgl. 79.
[24] Ebd., 86.
[25] Zitiert bei ebd., 87.
[26] Vgl. ebd., 117ff., 26ff.
[27] Ebd., 157.

ment Corporation als Staatsunternehmen. Unter Anerkennung der fortgesetzten wirtschaftlichen Benachteiligung besteht ihre Aufgabe in der Unterstützung von Unternehmen von Mitgliedern der als Scheduled Castes und Scheduled Tribes klassifizierten Gruppen.[28]

3.4 Die »Freedom of Religion«-Gesetze in verschiedenen Bundesstaaten

Seit 1967 sind in mittlerweile sieben Bundesstaaten sog. Freedom of Religion«-Gesetze verabschiedet worden. Es handelt sich um Gesetze, die Konversionen unter Strafe stellen, die mithilfe von Zwang, Verführung oder Vortäuschung falscher Tatsachen erfolgten. Die verschiedenen Gesetze sind zum Teil identisch, zum Teil aber auch in abweichenden Formulierungen und in unterschiedlichem Umfang.[29] Obwohl sie allgemein gehalten sind, zielen sie auf das Verbot der Konversion zum Islam und vor allem zum Christentum.

Verabschiedet wurden sie in der Regel dann, wenn die hindu-fundamentalistische Bharatiya Janata Party (BJP) an der Regierung beteiligt war. Entsprechend wird das Gesetz als Drohgebärde gegen Christen und Kirchen genutzt, nicht aber auf die tatsächlich erfolgenden Zwangskonversionen von Christen zum Hinduismus angewendet. Argumentiert wird dabei von den hindu-fundamentalistischen Gruppen, dass die Existenz von Christen bereits ein unrechtmäßiger Zustand sei und die Konversion als Re-Konversion nur einen ursprünglichen Rechtszustand wieder herstelle. Argumentativ also wird die Gültigkeit des Gesetzes gerade für die im Zuge der Gewalttaten von Orissa 2008 erfolgten Zwangskonversionen von Christen zum Hinduismus bestritten.[30] Nicht bekannt ist mir, ob entsprechende Klagen anhängig sind.

Nach den Ereignissen von Orissa im Dezember 2007 stellte die National Commission for Minorities fest, dass es in den fast 30 Jahren, in denen das Gesetz in Orissa existiert, in keinem Fall zu einem Verfahren gegen

---

[28] S. THORAT / N. S. SABHARWAL, Dalits und privates Unternehmertum. Über die Folgen historischer Beschränkungen und staatlicher Maßnahmen, Südasien 33, 2013, 26–29.

[29] J. MASSEY, Minorities and religious freedom in a democracy, New Delhi 2003, 90f.

[30] K. BALAGOPAL / N. BABAIAH / K. CHAITANYA / P. A. SEBASTIAN, From Kandhamal to Karavali: The Ugly Face Of Sangh Parivar. A fact finding report of nine Human Rights Organisations that visited Orissa & Karnataka in Sep.-Oct. 2008, 2009, 14f., http://www.pucl.org/Topics/Religion-communalism/2009/Attacks_on_Christians.pdf (10.06.2013).

die Kirchen kam, wonach sie eine dem Gesetz nach als unrechtmäßige Konversion zum Christentum durchgeführt hätte.[31]

Letztlich sind es aber auch nicht diese Gesetze, die problematisch sind, sondern es ist die alltägliche Beugung der Rechte religiöser Minderheiten. Als faktische Beschwernisse werden genannt: die Einmischung verschiedener Verwaltungen in die Angelegenheiten der Bildungseinrichtungen von Minderheiten; die illegale Beschlagnahme von Land, das Minderheiten gehört, durch reiche Grundbesitzer oder durch Regierungsbehörden; das Versagen einzelner, gesetzlich vorgeschriebener Handlungen, etwa die Gewährung von Altersunterstützung oder Benachteiligung in Bewerbungsverfahren; schließlich auch Gewalt gegen Personen und Gebäude usw..[32]

4. Christen und Dalits

In Indien teilen sich Christen in verschiedene Gruppierungen auf. Da sind zum einen die klassischen Denominationen evangelisch, katholisch, syrisch, anglikanisch usw. Daneben aber gibt es noch weitere, nämlich soziokulturelle und ethnische Trennungen: anglo-indische Christen, Christen aus den oberen Kasten, Christen mit scheduled-tribe Hintergrund (christliche Adivasi) sowie Christen mit scheduled-caste-Hintergrund.[33] Letztere sind die Dalit-Christen, die ca. 75% der indischen Christen ausmachen.

Oben benannte ich die Inder, die keiner Minderheitenreligion angehören, die also quasi Hindus sind, denen es aber traditionell verboten ist, Hindu-Tempel zu betreten. Das sind die Dalits, die sogenannten Kastenlosen. Sie sind für die statistischen Angaben hinsichtlich der Religionszugehörigkeit und in »politischer« Perspektive die eigentlich interessanteste Gruppe. Denn wenn man prinzipiell die heiligen Stätten seiner Religion nicht betreten darf, die anderen Angehörigen derselben Religion aber offen steht, ist man dann wirklich Mitglied dieser Religionsgemeinschaft? Zu der Gruppe der Dalits zählen 15–25% der indischen Bevölkerung; nur ein Bruchteil davon sind bisher Christen. Aber die sozial befreiende Tätigkeit der Kirchen, wenn sie diese Menschen anspricht, ihnen Selbstwertgefühl vermittelt und sie über den Weg der Konversion (theoretisch) aus dem Gefüge des hinduistischen Kastensystems herauslöst, wird unweigerlich eine Reaktion der Hindu-Fundamentalisten bewirken, wenn diese fürchten müs-

---

31 NATIONAL COMMISSION FOR MINORITIES, Report on the Visit of the Vice Chairperson, NCM to Orissa – 11th to 13th September, 2008, 11, http://ncm.nic.in/doc/Tour%20Report%20VC%20Orissa%20Sep.%2008.doc (09.06.2013).

32 J. MASSEY, Minorities and religious freedom in a democracy, New Delhi 2003, 96ff.

33 Ebd., 139ff.

sen, dass diese 25% der Bevölkerung – immerhin 300 Millionen Menschen – vielleicht alle einmal Christen sein werden.

In der indischen Verfassung ist die positive Diskriminierung der Dalits mit dem Ziel der Überwindung ihrer Benachteiligung zwar festgeschrieben. Wer genau aber dazu zu rechnen ist, bleibt in der Verfassung aber offen und sollte durch einen Präsidialerlass bestimmt werden. Dieser erfolgte 1950 als »Constitution (Scheduled-Caste) Order«[34] und nennt in Abschnitt III, dass »no person who professes a religion different from Hindu, shall be deemed to be a member of a ›Scheduled Caste‹«[35] Nur Hindus können also Dalits sein und in den Genuß von Fördermaßnahmen im Zuge der positiven Diskriminierung gelangen. 1956 wurde diese Bestimmung durch Parlamentsbeschluß auf die Sikhs und 1990 auf die Buddhisten ausgeweitet.[36] Nach Festlegung durch den Präsidenten konnte dessen Definition wiederum nur durch Parlamentsbeschluss verändert werden im Vollzug demokratischer Verfahren (Mehrheitsbildung); mit Blick auf die Christen konnte eine entsprechende Mehrheit noch nicht erlangt werden.

Hintergrund der präsidialen Entscheidung von 1950 ist die Übernahme einer Definition der Briten von 1936.[37] In ihrem Kontext tauchte nach verschiedenen Bezeichnungen der Begriff ›scheduled castes‹ als erste auf. Die Christen waren schon im britischen Sprachgebrauch nicht in den Begriff ›schedulde castes‹ eingeschlossen; sie profitierten aber von anderen Rechtstiteln, etwa als ›Anglo-Inder‹. Im Zuge des indischen Verfassungsprozesses verzichteten die Angehörigen der indischen Christen im Parlament auf die entsprechenden Schutzbestimmungen, wohl um des größeren Ganzen der Einheit im neuen Indien willen, vielleicht auch wegen Abstreifens einer kolonialen Vergangenheit[38] und wohl auch deshalb, weil sie selber höheren Kasten angehörten und so die Diskriminierung, der Dalit-Christen ausgesetzt waren, gar nicht wahrnahmen. Mit In-Kraft-Treten der indischen Verfassung und der späteren Definition der ›scheduled castes‹ unter Absehung von Christen stehen diese nun ohne den Zugang zu Fördermaßnahmen da. Als es 1990 um die Aufnahme der buddhistischer Dalits in die Bestimmung als ›scheduled castes‹ ging, argumentierte der

---

34 Ebd., 88f.

35 wiedergegeben bei ebd.,145.

36 Ebd., 89, 145

37 Ebd., 88f.

38 Darauf deutet das bei bei MASSEY 2003, 77 wiedergegebene Zitat aus den Dokumenten zum verfassungsgebenden Prozess von L. Krishnaswami Bharati: »[...] this great Christian community which is willing and ready to assimilate itself with the general community, which does not want reservation or other special privileges [...]«.

Sozial- und Arbeitsminister Ram Vilas Paswan, dass die Bekehrung die soziale und ökumenische Situation der buddhistischen Dalits in keinster Weise verändert habe.[39] Dieses gilt mutatis mutandis auch für die Christen: Auch wer Christ wird, bleibt seinem Stand im Sozialgefüge des feingliedrigen *jati*-Kastensystems verhaftet. Auf dem Dorf bedeutet dieses für christliche Dalits eine fortdauernde Diskriminierung als Dalits, nun aber ohne den Zugang zu Fördermaßnahmen der positiven Diskriminierung.

5. Orissa 2008 im Kontext betrachtet

Im ursächlichen Konflikt in Orissa im Jahr 2008 ging es um eine Frage der Anteilhabe an Fördermaßnahmen der positiven Diskriminierung: Eine kuisprechende Gruppe von Pano-Dalits forderte die Angerkennung als »Kui«-scheduled-tribe-Gruppe. Kui war eine Sprache mancher Kondh-Adivasis. Im Jahr 2002 war »kui« überhaupt erst als scheduled-tribe-Gruppe festgestellt worden. Nun gibt es aber gar keine Ethnie ›Kui‹, sondern eben nur die entsprechende Sprache, die aber von Adivasi ebenso wie von Dalits gesprochen wurde.[40] Christliche Dalits, die keinen Anspruch auf Fördermaßnahmen hatten, forderten nun, da sie kui-sprachig waren, eine Anerkennung als kui und damit einen Anspruch auf Fördermaßnahmen. Gegen diesen Anspruch wandten sich die Adivasi, weil dadurch ihr eigener Anteil am entsprechenden Förderkontingent an Zugang zu Bildung, günstigen Krediten und allgemein Unterstützung geschmälert worden wäre.[41]

Es kommt eine weitere Rivalität dazu, die dadurch entstanden war, dass die 200 Jahre zuvor aus den Ebenen in das bergige Gebiet der Kondh-Adivasi zugewanderten Pano-Dalit als deren inferiore Mittler zur indischen Mehrheitgesellschaft zu eigenständigem Status mit Wohlstand und Macht auch über die Adivasi aufgestiegen waren.[42]

In diesem Kontext nun war es den Hindu-Fundamentalisten ein leichtes, den glimmenden Span des Neids in die Situation zu werfen, die christlichen Dalits als »Ausbeuter« darzustellen und so die Gewalt zu entfa-

---

39 Zitiert bei ebd., 146

40 K. Balagopal / N. Babaiah / K. Chaitanya / P. A. Sebastian, From Kandhamal to Karavali: The Ugly Face Of Sangh Parivar. A fact finding report of nine Human Rights Organisations that visited Orissa & Karnataka in Sep.-Oct. 2008, 2009, 18, (http://www.pucl.org/Topics/Religion-communalism/2009/Attacks_on_Christians.pdf (10.06.2013)

41 Ebd., 19.

42 Ebd., 14ff.; Kashipur Solidarity Group (KSG), Crossed and Crucified. Parivar's War Against Minorities in Orissa. A Report, Delhi, 2009, 30, http://www.pucl.org/Topics/Religion-communalism/2009/Crossed_and_crucified. pdf

chen.[43] Die National Commission for Minorities stellt in einem Bericht zu den vorausgehenden Unruhen vom Dezember 2007 fest, dass in einer Stadt nicht das Viertel armer christlicher Dalits zerstört wurde, sondern nur das von reichen christlichen Dalits.[44] Diese waren offensichtlich als Händler anderen Händlern -Hindus- zu Konkurrenten herangewachsen, die es in diesem Konflikt gezielt oder als willkommenen ›Kollateralschaden‹ zu beseitigen galt.

6. Thesen: Gewalt gegen Christen im Kontext Indiens

1. Die Gewalt gegen Christen in Orissa 2008 fand im Kontext eines vielschichtigen, wirtschaftlichen, gesellschaftlichen und politischen Gewebes statt. Eine Analyse, die nur das Merkmal »Religion / Christen unter Druck« beachtet, erkennt nicht die Ursachen des Problems. Basieren aber die Lösungsvorschläge auf dieser defizitären Analyse, dann greifen sie zu kurz. – Das ist wie bei einem Patienten, bei dem man »Fieber« diagnostiziert und dieses mit »Aspirin« bekämpft; die Krankheit selbst mit ihren Ursachen ist damit noch lange nicht im Blick.

2. Die Gewalt gegen Christen in Indien ist zu sehen im Kontext von Gewalt gegen verschiedene Minderheiten, z.B. Muslime in Orissa in den Vorjahren ebenso wie 2002 in Gujarat. Für die Tätergruppen aus dem Spektrum der Hindu-Fundamentalisten sind die aktuellen Opfergruppen als solche egal, Hauptsache, die Auswahl erfüllt ihren Zweck. Christen sind also nur mittelbar als Ziel der Gewalt im Blick.

3. Indien garantiert nicht nur umfassende Religionsfreiheit, sondern sichert sie auch durch verschiedene Maßnahmen. Jeder Inder hat das Recht, seinen Glauben nicht nur zu bekennen und auszuüben, sondern auch, ihn zu propagieren. Darüber hinaus können die Minderheitengruppen Bildungseinrichtungen errichten, die ihren Fortbestand sichern helfen. Eine Nationale Kommission für Minderheiten soll die Realisierung der verfassungsmäßigen Rechte auch im Alltag garantieren.

4. Allerdings – und das ist eines der Probleme Indiens – ist der indische Staat in seinem Gesamtgefüge gegenüber Eigeninteressen nur schwach geschützt. Das heißt, die Möglichkeiten, Gesetze zu unterlaufen, sie zu beugen und zu brechen, sind unheimlich groß, und wo kein Kläger

---

43 KASHIPUR SOLIDARITY GROUP (KSG), Crossed and Crucified. Parivar's War Against Minorities in Orissa. A Report, Delhi, 2009, 30, http://www.pucl.org/Topics/Religion-communalism/2009/Crossed_and_crucified. pdf

44 NATIONAL COMMISSION FOR MINORITIES, Report on the Visit of the Vice Chairperson, NCM to Orissa 21–24th April 2008, http://ncm.nic.in/pdf/VC%20Tour%20Report%20of%20Orissa.pdf (11.06.2013).

ist, ist auch kein Richter: Wenn die Polizei in einem Dorf sich weigert, einen Gewaltakt zu registrieren, dann wird der ganze Prozess gesetzlicher Verfahren nicht in Gang gesetzt. – Ich hörte einmal den Satz, dass »only in emergency the trains ran in time«: Als Indira Gandhi die Verfassung außer Kraft setzte und mit Notstandgesetzen regierte, wagte es niemand, gegen seine Pflichten zu verstoßen, so dass alle Züge pünktlich fuhren. Damit will ich nicht den Zeiten der Notstandsregierung Indira Gandhis das Wort reden. Aber dieser Satz macht das angesprochene Problem Indiens als eines tendenziell schwachen Staates deutlich.

5. Aus meiner Sicht dient die Gewalt gegen Christen in Indien politischen Interessen. Wenn Hindu-Fundamentalisten Gewalt gegen Christen oder gegen Muslime initiieren, dann verfolgen sie damit wirtschaftliche und politische Ziele. Worum es nicht geht, ist, das Glaubensbekenntnis der Christen zu verhindern; der Fokus auf die Religion ist (nur) Mittel zum Zweck.

Interessant ist für mich in diesem Zusammenhang allerdings auch die Frage, ob nicht und inwiefern die Rede von »Christenverfolgung« hier bei uns ebenso politischen Interessen unterworfen ist: Welche Ziele der politischen Agenda werden verfolgt, wenn in einem sog. »Weltverfolgungsindex« dargestellt wird, dass Christen (und interessanterweise sind es nur ihre Kontexte, die hier Berücksichtigung finden!) vor allem in muslimischen und (post-)kommunistischen Ländern Unterdrückung erfahren? Welche Ziele verfolgte das Evangelische Gemeindeblatt für Württemberg (Ausgabe 5/2013) mit dem Titelfoto einer jungen Frau und der Schlagzeile »Vom Islam zum Christentum: Seit sie konvertierte, wird sie verfolgt«?

Mit Blick auf Indien und besonders die Ereignisse in Orissa im Herbst 2008 kann von »Christenverfolgung« nicht die Rede sein. Damit soll das Leid der Opfer weder minimiert noch geleugnet werden. Aber wenn die Therapie der Heilung dienen soll, bedarf es einer genaueren Analyse der Ursachen und Zusammenhänge.

Als Menschen, die sich einer Religion verpflichtet fühlen, ist m.E. außerdem eine solidarische Haltung denjenigen gegenüber erforderlich, die ihren Religion nicht frei ausüben können und Gewalt (von Anfeindung bis hin zu Übergriffen auf Leib und Leben) erfahren, hier bei uns ebenso wie in Indien, unabhängig davon, ob die Opfer unserer eigenen oder eben einer anderen Religionsgemeinschaft angehören. Auch in diesem Sinne ist das Menschenrecht auf Religionsfreiheit unteilbar.

Literatur

K. BALAGOPAL / N. BABAIAH / K. CHAITANYA / P. A. SEBASTIAN, From Kandhamal to Karavali: The Ugly Face Of Sangh Parivar. A fact finding report of nine Human Rights Organisations that visited Orissa & Karnataka in Sep.-Oct. 2008, 2009 (http://www.pucl.org/Topics/Religioncommunalism/2009/Attacks_on_Christians.pdf (10.06.2013).

G. BHARATI, Was ist los in Kondhamal? (Südasien 28, 2008, 26–29) (2008).

A. CHATTERJI, Orissa. A Gujarat in the Making (Communalism Combat 10, 2003).

A. CHATTERJI, Orissa: Hindutva's Violent History (Tehelka - The Peoples Paper 5, 2008) (2008a).

A. CHATTERJI, To The Commission of Inquiry of Honourable Justice Panigrahi / Re. Kandhamal, Orissa. Sworn Statement of Fact/Affidavit on the Violence in Kandhamal District in Orissa that Ensued in December 2007, 2008, http://www.sacw.net/DC/CommunalismCollection/ArticlesArchive/angana_may2008.html.

J. DAYAL, Update on Orissa. From AICC Sec-Gen, 2009, http://indian-christians.in/news/content/view/2800/45 (09.06.2013).

JANVIKAS, Kandhmal in Chaos. An Account of facts. A document on janvika's initiative in Kandhmal district of Orissa, educational material for private circulation only, Ahmedabad, 2009.

KASHIPUR SOLIDARITY GROUP (KSG), Crossed and Crucified. Parivar's War Against Minorities in Orissa. A Report, Delhi, 2009 (http://www.pucl.org/Topics/Religion-communalism/2009/Crossed_and_crucified.pdf (2009).

J. MASSEY, Minorities and religious freedom in a democracy, New Delhi 2003.

NATIONAL COMMISSION FOR MINORITIES, Report on the Visit of the Vice Chairperson, NCM to Orissa – 11th to 13th September, 2008, 2008, http://ncm.nic.in/doc/Tour%20Report%20VC%20Orissa%20Sep.%2008.doc (09.06.2013).

NATIONAL COMMISSION FOR MINORITIES, Report on the Visit of the Vice Chairperson, NCM to Orissa 21–24th April 2008, 2008, http://ncm.nic.in/pdf/VC%20Tour%20Report%20of%20Orissa.pdf (11.06.2013).

M. PREMSINGH / R. JAGANNATHAN, Hindu population set to fall below 80% in Census 2011, 2011, http://www.firstpost.com/economy/hindu-popu-lation-set-to-fall-below-80-in-census-2011-10765.html (11.06.2013).

R. SALOOJA, Die Welle anti-christlicher Gewalt in Orissa (Indien) im Herbst 2008. Darstellung und Analyse der Situation und ihrer Hintergründe. Hintergrundinformationen zur EKD-Fürbitte für bedrängte und verfolgte Christen / Reminiszere 2011, Hannover 2010, http://www.ekd.de/download/hintergrund-informationen_antichristliche_gewalt__orissa 2008. pdf (09.06.2013).

S. THORAT / N. S. SABHARWAL, Dalits und privates Unternehmertum. Über die Folgen historischer Beschränkungen und staatlicher Maßnahmen (Südasien 33, 2013, 26–29).

Hanspeter Jecker

»DISES UNKRAUT IN UNSEREN LANDEN AUSSWURTZLEN«
Einige Anmerkungen zum anvisierten Ekklesiozid des Täufertums*

1. Vorbemerkungen

Angebliches oder tatsächliches Versagen christlicher Kirchen und Einzelpersonen in der Vergangenheit ist zweifellos wesentlich daran schuld, dass christlicher Glaube heute in einer breiten Öffentlichkeit eine meist schlechte Presse hat.

Angesichts der m.E. effektiv zahlreichen kirchlichen Fehlentwicklungen in den letzten Jahrhunderten ist dieses schlechte Image durchaus nicht verwunderlich, sondern mehr als verständlich.[1] Dass im Namen von Gott, Bibel und christlicher Kirche in der Vergangenheit und bis in die Gegenwart auch die Anwendung von Gewalt gegen Menschen nicht nur legitimiert, sondern regelmäßig auch gefordert worden ist, stellt wohl nicht nur aus friedenskirchlicher Optik[2] einen Skandal dar. Ich kann darum sehr

---

* *Die gesprochene und etwas persönlichere Form ist im nachfolgenden Beitrag weitgehend beibehalten worden!*

1 Die wohl bekannteste und polemischste Auflistung solcher »Fehlentwicklungen« befindet sich in der umfangreichen Zusammenstellung von K. DESCHNER, »Kriminalgeschichte des Christentums« (Hamburg 1986–2013), deren letzter Band soeben erschienen ist.

2 Der Begriff »Friedenskirchen« stammt maßgeblich von den als »Historische Friedenskirchen« bezeichneten Bewegungen, für die Gewaltfreiheit ein zentrales Merkmal ihrer Identität darstellt. Zu ihnen gehören die Mennoniten (hervorgegangen aus der Täuferbewegung der Reformation im 16. Jh.), die Gesellschaft der Freunde, bisweilen auch als »Quäker« bezeichnet (entstanden aus dem englischen Puritanismus im 17. Jh.), sowie die »Schwarzenauer Täufer«, heute als Church of the Brethren bekannt (hervorgegangen aus dem Radikalen Pietismus des frühen

gut verstehen, wenn Zeitgenossen allein schon darum auf kritische Distanz gehen zu allem Christlichen.

Dass heute weltweit tatsächlich auch wieder ein Ansteigen der Gewaltanwendung gegen Christen zu beobachten ist, ist effektiv beunruhigend.[3] Und es ist zu begrüßen, dass das Siegener Symposium 2013 just diese Thematik ins Blickfeld rückt. Leider muss dazu allerdings festgehalten werden, dass zwar nicht alles, aber doch etliches, was bis in die Gegenwart an Gewalt gegen Christen verübt wird, seitens von Menschen erfolgt, die sich selber als in einer Tradition stehend begreifen, welcher seitens sogenannt *christlicher* Völker und Institutionen jahrhundertelang Unrecht und Gewalt zugefügt worden ist und die nun zu einem umfangreichen Zurückschlagen ausgeholt hat.

Auch wenn diese Zusammenhänge bisweilen verborgen und unbewusst sein mögen, auch wenn sie im regionalen Einzelfall historisch vielleicht nicht einmal belegbar sind – *dass* im Namen christlicher Kirchen Unrecht und Gewalt ausgeübt worden ist, bleibt ein Fakt. Dies immer wieder einzugestehen und (wo dies nötig und sinnvoll erscheint) in Wort und Tat um Verzeihung zu bitten, ist m. E. unverzichtbare Voraussetzung für jeden Diskurs über aktuelle Gewalt gegen Christen. Nichts ist so fehl am Platz wie Entsetzen und Polemik ohne vorgängiges selbstkritisches Eingeständnis von Schuld, welches christliche Kirchen auf sich geladen haben.

Die zur Gewaltanwendung bereite Linie stellte spätestens seit dem 4. Jahrhundert zunehmend die große Mehrheit innerhalb der Christenheit dar. Sie sah sich in ihrer Geschichte aber immer wieder herausgefordert durch kleine Minderheiten, welche mehr oder weniger konsequent auf die Anwendung von Gewalt verzichten wollten. Bis in die neueste Zeit hinein schenkte man diesen Stimmen allerdings kaum Gehör – im Gegenteil: Man versuchte sie zu isolieren oder gar im Namen Gottes auszumerzen.[4]

---

18. Jh.). Wichtige friedenskirchlich-ökumenische Netzwerke sind heute z.B. »Church & Peace« (http:// www.church-and-peace.org/).

3 Vgl. dazu den jährlich publizierten Weltverfolgungsindex der Organisation »Open Doors« (http://www.opendoors.de/verfolgung/), aber auch die diversen Berichte des Sonderberichterstatters für Religions- und Weltanschauungsfreiheit des UN-Menschenrechtsrats, Heiner Bielefeldt (http://www.ohchr.org/EN/Issues/FreedomReligion/Pages/FreedomReligionIndex.aspx; vgl. dazu auch sein Referat am Siegener Symposium 2013).

4 Vgl. dazu J. YODER, Christian Attitudes to War, Peace and Revolution, Grand Rapids 2009^2. Zur aktuellen Auseinandersetzung mit den Positionen Yoders vgl. P. LEITHART, Defending Constantine – The Twilight of an Empire and the Dawn of Christendom, Downers Grove 2010.

Damit sind wir bei der uns beschäftigenden Teil-Thematik des Siegener Symposiums von 2013 angelangt: *Gewalt von Christen gegen Christen.* Aus der Optik der hier zu portraitierenden Protagonisten müsste man jedoch mit Gänsefüßchen operieren und sagen: Gewalt von »Christen« gegen Christen bzw. von Christen gegen »Christen«. Denn in der Regel war ja weder die gewaltbejahende noch die gewaltverweigernde Gruppe bereit, der jeweils andern genuines Christsein zuzugestehen. Für die gewaltbefürwortende Mehrheit bestand die Minderheit aus Ketzern, Rebellen und Verführern, umgekehrt sah die pazifistische Minderheit in der Gegenseite bloße Namenschristen.

Am Beispiel der Täufer soll nachfolgend skizziert werden, wie diese Gewalt von Christen gegen Christen aussehen und wie sie »zum versuchten oder auch teilweise vollendeten Ekklesiozid«[5] führen konnte – und was aus den Ereignissen und Entwicklungen der Vergangenheit allenfalls für die aktuelle Gegenwart zu lernen sein könnte.

2. Wer sind die Täufer? Ein kurzer Überblick zur Geschichte

Die Anfänge der Täuferbewegung liegen in der Reformationszeit im 16. Jahrhundert.[6] Es überrascht darum nicht, dass die Täufer viele Überzeugungen mit den reformatorischen Kirchen teilen. Dazu gehört die hohe Wertschätzung für die Schrift sowie die Zentralität der Gnade Gottes. Aber anders als das mit Zwang durchgesetzte Modell der Volkskirche schwebte den Taufgesinnten eine auf freiwilliger Mitgliedschaft basierende, obrigkeitsunabhängige Gemeinde vor. 1525 begannen ehemalige Mitarbeiter Zwinglis in Zürich mit der Taufe von Erwachsenen, welche auf diese Weise freiwillig ihren Glauben bezeugten. Etwa gleichzeitig zum Schweizer Täufertum entstanden auch andernorts in Europa ähnliche Bewegungen. Aus ihnen entwickelten sich in der Folge als größte Gruppen die niederländischen Doopsgezinden und die Hutterer in Mähren heraus.

Durch ihre Kritik an einer in ihren Augen unheilvollen Allianz von Kirche und Obrigkeit zogen die Täufer bald den Zorn der Mächtigen auf sich.

---

5 W. KRAUSS, Sieben Thesen über Schuld, Versöhnung und Wiedergutmachung (http://www.der-nachfolger.ch/content/e164/e772/e804/e859/index_ger.html). Meines Wissens wurde der »Ekklesiozid«-Begriff erstmals von Wolfgang Krauss auf die Täuferverfolgung angewandt, und zwar im Rahmen einer Veranstaltung zum 500. Geburtstag des Zürcher Reformators Heinrich Bullinger (1504–1575) im Jahr 2004.

6 Zu Entstehung und Frühzeit des Täufertums in Europa vgl. J. ROTH / J. STAYER (Hrsg.), A Companion to Anabaptism and Spiritualism, 1521–1700, Leiden 2007. Zur späteren Geschichte seit 1800 vgl. A. HOEKEMA / H. JECKER (Hrsg.), Testing Faith and Tradition. Global Mennonite History Series: Europe, Kitchener, Ont. Can. 2005.

Trotz rasch einsetzender Verfolgung verbreitete sich die nach einem ihrer Leiter – dem Niederländer Menno Simons (1496–1561) – zunehmend auch als »Mennoniten« bezeichnete Bewegung vorerst rasch quer durch Europa. Systematisch verschärfte Repression trieb das Täufertum überall, aber vor allem und besonders lang anhaltend in der Schweiz, in Süddeutschland und in Frankreich immer mehr in die Isolation. Dies half mit, den Boden zu bereiten für wachsende gesellschaftliche Absonderung und eine bisweilen auch theologische Enge mit teils schmerzhaften Fehlentwicklungen. Immer wieder führten inner-täuferische Konflikte zu schmerzhaften Trennungen und zur Entstehung neuer Gruppierungen, so etwa der Amish (1693). Es gab aber auch in Europa Regionen, wo das Täufertum schon seit dem Beginn des 17. Jahrhunderts in weitgehender Freiheit leben konnte, so in den Niederlanden und manchen norddeutschen Städten. Hier machten die separatistischen Akzente täuferischen Glaubens zunehmend Modellen der Integration und Kooperation mit der umgebenden Gesellschaft Platz.

Intensive Verfolgung hat das Täufertum bis 1700 in manchen europäischen Regionen fast völlig ausgemerzt.[7] Erst mit Aufklärung und Französischer Revolution begann der äußere Druck generell nachzulassen. Einflüsse aus Pietismus und Erweckungsbewegungen im 18. und 19. Jahrhundert liessen die Gemeinden regional anwachsen und zu neuem Leben finden. Es entstanden aber auch neue und eigenständige, dem älteren Täufertum verwandte Kirchen: zum Beispiel die *Baptisten* (1610ff.), die Schwarzenauer Täufer (1708ff., Church of the Brethren) und die *Evangelischen Täufer-Gemeinden/* Apostolic Christian Church (1830ff.).

Spuren täuferischen Glaubens ziehen sich seit dem 17. Jahrhundert von den ursprünglichen Entstehungsorten in Europa via Mission, Auswanderung und Flucht zunehmend auch in andere Kontinente. Neue Impulse durch nordamerikanische Mennoniten und deren ›Rediscovery of the Anabaptist Vision‹ führten im 20. Jahrhundert weltweit zu einer Rückbesinnung auf die eigenen Wurzeln. Eine Ausweitung der Missions-, Friedens- und Entwicklungszusammenarbeit hatte zur Folge, dass die im 19. Jahrhundert einsetzenden Gründungen von mennonitischen Kirchen in Afrika, Asien und Lateinamerika weitergingen und auch hier die Frage nach einer

---

[7] Vgl. zur Rechtsgeschichte die ältere Darstellung von H. Schraepler, Die Rechtliche Behandlung der Täufer in der Deutschen Schweiz, Südwestdeutschland und Hessen 1525–1618, Tübingen 1957, sowie zu einer neueren Gesamtschau A. v. Schlachta, Gefahr oder Segen? Die Täufer in der politischen Kommunikation, Göttingen 2009, ferner generell S. Menchi / H. Guggisberg / B. Moeller (Hrsg.), Ketzerverfolgung im 16. und frühen 17. Jahrhundert, Wiesbaden 1992.

gemeinsam prägenden theologischen Kraft der »täuferischen Tradition« inmitten aller kulturellen Unterschiede wach hielt.

3. Die theologischen Hauptakzente des Täufertums als zentrale Konfliktpunkte mit politischen und kirchlichen Obrigkeiten

»*DIE* Täufer« gab es nie – es war stets eine vielgestaltige und bunte Bewegung.[8] Gleichwohl lassen sich im Verlauf der Geschichte einige Hauptakzente herausschälen. Sie bilden den Kernbestand dessen, was sich quer über Jahrhunderte und geografische Räume hinweg immer wieder als Kennzeichen täuferischer Präsenz manifestiert hat. Gleichzeitig sind diese täuferischen Akzente auch Ausgangspunkte des Widerstandes, welcher der Bewegung seitens zeitgenössischer Obrigkeiten und Groß-Kirchen europaweit sehr rasch und sehr umfassend erwachsen ist und zu anhaltender Repression und Verfolgung geführt hat.

a. Die Zentralität der Schrift:

- Die Gemeinsamkeit von Reformation und Täufertum kommt am klarsten zum Ausdruck bei der Zentralität der Schrift. Die Bibellektüre ist Ausgangspunkt für Glaube und Leben.
- Diese Bibellektüre erfolgt erwartungsvoll und – dies ist spezifisch täuferisch – in Gemeinschaft.
- Diese gemeinschaftliche Bibellektüre ist stark am Neuen Testament und zentral an Jesus Christus als der in täuferischer Optik deutlichsten Offenbarung Gottes orientiert.
- Täuferische Bibellektüre impliziert ein hohes Maß an Bereitschaft zur konkreten Umsetzung des gemeinsam (!) Erkannten als konstitutivem Element der Nachfolge Jesu – auch wenn dies in Konflikte mit geltenden Praktiken in offizieller Kirche und Gesellschaft führen kann. Damit ist ein erster Konfliktpunkt mit zeitgenössischer Obrigkeit und offizieller Kirche gegeben.
- Täuferische Bibellektüre rechnet sowohl für die Schriftauslegung als auch für die praktische Anwendung mit der Leitung des Geistes.

b. Die Freiwilligkeit des Glaubens und der Kirchenmitgliedschaft:

- Auf die Ablehnung der obligatorischen Säuglingstaufe folgt die Praxis der freiwilligen Gläubigentaufe.

---

8 Für einen aktuellen Gesamtüberblick in deutscher Sprache vgl. H.GOERTZ, Art. Täufer / Täuferische Bewegungen, in: Mennonitisches Lexikon, Bd. V (derzeit erst in der online-Version verfügbar: http://www.mennlex.de/doku.php?id=top:/taeufer, 10.04.2013).

- Dem obrigkeitlich erzwungenen Kirchgang mit Besuch von Gottesdienst und Teilnahme am Abendmahl wird keine Folge geleistet – ein zweiter offensichtlicher Konfliktpunkt.
- Dem Nein zu jedem Zwang in Fragen von Glaube und Kirchenmitgliedschaft folgt die Forderung nach Glaubens- und Gewissensfreiheit – für sich selber und andere.

c. *Das Streben nach authentischem persönlichen Glauben:*

- Empfang und Aneignung des Heils geschieht aus täuferischer Optik nicht durch Vermittlung der Kirche, nicht durch Sakramente, nicht durch bloßes Fürwahrhalten der »Rechtfertigung aus Gnade« durch Glauben aufgrund des bloßen Buchstabens der Schrift, sondern durch eine vom Geist Gottes gewirkte persönliche Gottesbegegnung und »Herzensveränderung« und daraus folgende Transformation des Lebens.
- Ausgangspunkt ist die »Nicht-Selbstverständlichkeit des Christseins«: Darum ist der Ruf zu Umkehr und Glaube und in die »Nachfolge Jesu« zentral.
- Da in der Sichtweise der Täufer dies in den offiziellen Kirchen nicht oder nicht nachhaltig genug gelehrt und gelebt wird, wenden sie sich von ihnen ab. Damit ziehen sie den Vorwurf des Separatismus und elitärer Selbstgerechtigkeit auf sich.

d. *Aufbau eigener obrigkeitsunabhängiger »frei-kirchlicher« Kirchgemeinden:*

- In allen Fragen des Lebens und Glaubens gebührt Gott und seinem Reich in täuferischer Optik die oberste Loyalität.
- Angesichts der damit konkurrierenden Prioritätsansprüche und Vereinnahmungsversuche irdischer »Mächte und Gewalten« (Nation, Kultur, Zeitgeist etc.) ist es für die Täufer unverzichtbar, ihnen gegenüber eine kritisch prüfende Distanz einzunehmen.
- Diese kritisch prüfende Distanz der Täufer zu manchem, was zwar gesellschaftlich gefordert, aber mit ihrem Glauben unvereinbar war, hat ihnen immer wieder Probleme beschert. Nicht *dass* ihr Glaube in Konflikt mit herrschenden Vorstellungen geriet, hat sie aber am meisten irritiert, sondern die Frage, *was* aus der Optik des Glaubens bei anhaltenden existenziellen Schwierigkeiten für ein Verbleiben, und was für ein Verlassen ihrer Heimat sprach. Gehen oder Bleiben ist damit eine der zentralsten Herausforderungen täuferischen Glaubens geworden.

e. Aufbau lokaler geschwisterlicher Gemeinschaften:

- In der Gemeinschaft freiwillig Glaubender verfügt laut täuferischer Überzeugung niemand über *alle* Einsichten und Gaben, aber alle über *etwas* davon.
- Das Eingeständnis der Ergänzungsbedürftigkeit aller fördert die Entstehung von Gefäßen, wo die Gaben der Einzelnen zum Wohle aller zum Tragen kommen können (z.B. bei der Bibelauslegung oder der Enscheidungsfindung).
- Das führt zu Aufwertung und Wertschätzung der »Unscheinbaren«, aber auch zur Entlastung und Korrektur der »Starken«.
- Gegenseitige Ermutigung und Ermahnung stellen Eckpfeiler des Strebens nach gemeinsamer Entscheidungsfindung, Konfliktlösung und versöhnter wie auch versöhnender Gemeinschaft dar.
- In diesem Ansatz der Aufwertung von benachteiligten Bevölkerungsgruppen (soziale Unterschichten, Frauen etc.) liegt ein Grund für die Attraktivität des Täufertums. Implizit ist damit auch eine Kritik am Machtmonopol der Gebildeten, Reichen und Mächtigen enthalten. Zusammen bildet dies einen weiteren Anlass zum Konflikt mit Obrigkeit und Kirche.

f. »Früchte der Buße«:

- Aus täuferischer Optik sind konkrete und auch für Außenstehende erfahrbare Konsequenzen des Glaubens eminent wichtig. Sie sind Ausdruck der Dankbarkeit für Empfangenes – und wollen nicht einer neuen Werkgerechtigkeit das Wort reden.
- Die Übereinstimmung von Wort und Tat unterstützt die Glaubwürdigkeit der eigenen Positionen.
- Dort, wo »Früchte der Buße« als Konkretionen der Nachfolge Jesu auf Widerstand stoßen, gilt es gemäß Überzeugung der Täufer, sich von Christus her Zivilcourage, Mut zum Nonkonformismus, aber auch Leidensbereitschaft schenken zu lassen.
- »Früchte der Buße« beinhaltet in der Geschichte des Täufertums immer wieder auch eine veränderte Einstellung zu Menschen außerhalb der eigenen Gemeinden: Solidarisches Offensein und Einstehen für Bedürftigkeiten anderer – zuerst zwar innerhalb der Gemeinde, dann aber auch darüber hinaus, bis hin zu den eigenen Gegnern – ist wichtig, getreu dem Motto »Suchet der Stadt Bestes!« (Jer 29).[9]

---

[9] Zur erstaunlichen Tätigkeit von Täuferinnen und Täufern zugunsten ihrer Nachbarschaft im medizinischen Bereich vgl. H. JECKER, Ketzer, Rebellen, Heilige. Das Basler Täufertum von 1580–1700, Liestal 1998, 412–414, sowie DERS., Von Pie-

g. Feindesliebe und Gewaltverzicht

- Hier geht es aus täuferischer Optik um das Wachhalten der Erinnerung an einen Gott, der in Jesus lieber sich selbst seinen Gegnern dahingab, als diese mit Macht und Gewalt zu vernichten.
- Feindesliebe, Versöhnung und Gewaltverzicht sind für die Täufer mehr als bloße »Früchte der Buße«. Sie sind auch nicht neue Gesetzlichkeit, sondern zentrales Wesensmerkmal Gottes und seines Volkes: Die Überwindung des Bösen nicht durch Böses, sondern durch Gutes ist nach Römer 12 explizit denen aufgetragen, die Jesus nachfolgen und als Christen seinen Namen tragen.
- Nachfolge Jesu beinhaltet für die Täufer maßgeblich auch einen veränderten Umgang mit Krieg und Gewalt: Die Verweigerung von Eid und Kriegsdienst sowie die Nicht-Kooperation bei Todesstrafe und anderen Formen der Vernichtung von Leben ist in der Geschichte des Täufertums oft zu einem der wichtigsten Merkmale ihres Glaubenszeugnisses geworden – gleichzeitig aber auch zum am häufigsten und längsten genannten Grund ihrer Repression.

Ich habe nun in sieben Punkten die wichtigsten Akzentsetzungen von Lehre und Leben des Täufertums skizziert. Dies ist durchaus mit Wohlwollen geschehen und es erfolgt in der Überzeugung, dass in diesen Akzentsetzungen eine Form von christlicher Präsenz durchscheint, der m. E. bis heute die biblisch-theologische Legitimität, die Glaubwürdigkeit und eine gewisse Nachhaltigkeit nicht abgesprochen werden darf. Ich habe dabei auch skizziert, warum und inwiefern diese von mir durchaus idealtypisch portraitierten Akzentsetzungen auf Widerstand seitens von politischen und kirchlichen Obrigkeiten gestoßen sind. Dabei soll durchaus nicht verschwiegen werden, dass täuferischerseits diese Akzente zum einen oft nicht so klar und rein praktiziert worden sind, wie ich sie hier geschildert habe und dass zum andern all diese Akzente auch Schattenseiten und Schwachstellen aufweisen.[10] Dies ist mit zu berücksichtigen, wenn nachfolgend die obrigkeitliche Repression gegen das Täufertum etwas näher ins Auge gefasst wird.

Zusammenfassend lässt sich die Kritik am Täufertum demnach mit folgenden Punkte bilanzieren:

---

tisten, Separatisten und Wiedertäufern. Ungereimte Geschichten aus dem Baselbiet, Basel 2003, 49–51.

10 Vgl. dazu die Ausführungen zu den Schwachstellen täuferischer Akzentsetzungen in P. BÜHLER, E. GEISER, N. GERBER-GEISER, R. HEINZER, H. JECKER, M. SALLMANN, E. SCHWEIZER (Hrsg.), Christus ist unser Friede. Schweizer Dialog zwischen Mennoniten und Reformierten 2006–2009, Bern 2009, v. a. 63–65.

Erstens ist es der Vorwurf der kirchlichen Irrlehre und Ketzerei. Bis ins 18. Jahrhundert war es in Europa kaum denkbar, dass religiöse Wahrheit vielgestaltig und mehrdimensional sein konnte. Entsprechend waren Abweichungen von der einen erkannten Wahrheit heilsgefährdend – natürlich für den Abweichler selbst, dann aber auch für das große Ganze und deren normenkonforme Glieder, insofern sie es nicht schafften, zur »Ehre Gottes« ihr eigenes Gemeinwesen rein und untadelig zu halten, und damit kollektiv den Segen Gottes aufs Spiel setzten.

Je mehr seit dem 18. Jahrhundert dieser zentrale Stellenwert der religiös-kirchlichen Wahrheit verschwand, desto stärker rückten die politischen, sozialen und gesellschaftlichen Konsequenzen einer nonkonformistischen religiösen Überzeugung ins Blickfeld: Anfangs noch stärker als Einheit gesehen, verselbstständigte sich dieser Vorwurf zusehends zu einer eigenständigen zweiten Kategorie: Dem Vorwurf von Aufruhr und Rebellion.

Eine dritte Kategorie sei hier bloß am Rande genannt: Der Vorwurf einer pathologisch-krankhaften Spinnerei, die aufgrund einer ihr innewohnenden Verführungskraft einzelne Teile der Gesellschaft zu blenden und zu verführen vermöge, und den Eindruck einer vorbildlichen Heiligkeit erwecke, wo es doch um eine gefährliche Schein-Heiligkeit gehe.

4. Gewalt gegen die Täufer : Das Beispiel von Bern

Europaweit geht die Forschung heute von einer Zahl von insgesamt mindestens 2500 Hinrichtungen sowohl in katholischen als auch protestantischen Territorien aus, wobei diese Zahl wohl eher zu klein als zu gross sein dürfte.[11] Nicht mitgerechnet sind hier all die viel zahlreicheren Todesfälle von Täuferinnen und Täufern infolge von Entkräftung infolge von permanentem Herumgehetztsein und jahrelanger Flucht, von Folter, von »ewiger Haft« etc., die in keiner Exekutionsstatistik auftauchen.

Bekanntlich hat die Repression gegen täuferische Gruppen europaweit sogleich nach deren erstem Auftreten seit 1525 eingesetzt. Am längsten und umfassendsten gewährt hat die von politischen und kirchlichen Obrigkeiten gegen das Täufertum sanktionierte Gewalt im frühneuzeitlichen Europa wohl auf dem Gebiet der schweizerischen Eidgenossenschaft, und hier vor allem in Bern. Anhand dieses markanten, aber keineswegs völlig

---

[11] Vgl. dazu J. SEILING, Art. Verfolgung, in: Mennonitisches Lexikon, Bd. V (wie Anm. 8).

singulären Beispiels möchte ich nun kurz darstellen, welche Formen die Gewalt gegen die Täufer annehmen konnte.[12]

Charakteristisch für die Auseinandersetzung der bernischen Obrigkeit mit dem Täufertum war die enge Zusammenarbeit von kirchlichen und politischen Behörden. Bezeichnend ist die im Verlauf des 16. und 17. Jahrhunderts zunehmende Systematisierung der Repression, welche ihren Höhepunkt erreichte in der Schaffung eines stehenden Gremiums, der sogenannten »Täuferkammer«, welche von 1659 bis 1743 für die Eliminierung der Bewegung auf einheimischem Territorium zu sorgen hatte. Dabei fällt auf, dass auch in Bern seitens der politischen und kirchlichen Obrigkeit in der Regel eine Doppelstrategie angewandt wurde: Neben den eigentlichen Kampf gegen das Täufertum trat immer wieder der Kampf gegen die Missstände im eigenen Lager.

Man war sich durchaus bewusst, dass das Täufertum in der Öffentlichkeit wohl wenigstens so lange Zulauf haben wird, als es einerseits auf allgemein bekannte wunde Punkte und Defizite in Kirche und Gesellschaft hinweisen konnte, und sich andererseits als glaubwürdige und einladende Alternative dazu zu positionieren vermochte.

Damit zwang die täuferische Kritik manch eine frühneuzeitliche Gesellschaft zu einem intensivierten obrigkeitlichen Kampf gegen soziale Missstände, Laster und Unmoral und trug damit zu einem Ausbau der »Sozialdisziplinierung« bei.

Die Hauptlast des bernischen Kampfes gegen das Täufertum lag allerdings nicht in der selbst-kritischen Behebung von Missständen im eigenen Lager, sondern in der Repression durch eine Vielzahl von »Täufermandaten«.[13] Nach deren inhaltlichen Stoßrichtung lassen sich die folgenden Akzentsetzungen dieser Mandate nennen:

a. Aufspüren der TäuferInnen

---

[12] Zur Geschichte des Täufertums in Bern vgl. R. Dellsperger / H. Lavater (Hrsg.), Die Wahrheit ist untödlich. Berner Täufer in Geschichte und Gegenwart (= Mennonitica Helvetica 30, 2007), Bern 2007. Darin zur Repression des Täufertums in Bern v. a. H. Jecker, »Biss das gantze Land von disem Unkraut bereinigt sein wird.« Repression und Verfolgung des Täufertums in Bern – ein kurzer Überblick zu einigen Fakten und Hintergründen, 97–131. Ferner auch ders., Von der »Ausschaffung kriminalisierter Einheimischer« zur »Endlösung in der Täuferfrage«. Zum 300. Jahrestag einer missglückten Deportation (Mennonitica Helvetica 32/33, 2009/2010, 237–258) sowie Ders., Der Grosse Berner Täufer-Exodus von 1711 (Mennonitica Helvetica 34/35, 2011/2012, 115–174).

[13] Vgl. die Publikation der wichtigsten Mandate in H. Rennefahrt (Hrsg.), Die Rechtsquellen des Kantons Bern. 1. Teil: Stadtrechte. Bd.6: Kirche und Staat (= Sammlung Schweizerischer Rechtsquellen, Abteilung II), Aarau 1960f.

- Ausgangpunkt war die Kontrolle der Beteiligung an Gottesdienst und Abendmahl, und dass man die eigenen Kinder offiziell taufen und die Ehen offiziell ausrufen und segnen ließ.
- Wichtig waren regelmäßige Hausbesuche mit Literaturkontrolle und Erstellen von Listen mit Verdächtigen, welche dem Amtmann zu melden waren.
- Speziell angeordnete und systematisch beobachtete Huldigungen mit obligatorischem Eidschwur sowie militärische Musterungen stellten weitere beliebte Mittel zum Aufspüren von Täufern dar.
- Ein wichtiges Hilfsmittel war dabei die Ermutigung der nachbarschaftlichen Denunziation, sowie die Anwerbung von Spitzeln und »Täuferjägern«.

b. Bestrafung

- Hohe Geldstrafen waren oft ein erstes Mittel der Sanktionen gegen das Täufertum.
- Als Zweites erfolgte die Inhaftierung, wobei die Auslagen für Behändigung und Unterhalt zulasten der Inhaftierten und deren Familien gingen.
- Üblich waren ferner Bekehrungsversuche durch Geistliche und Befragungen unter Folter.
- Zunehmend systematisch wurde sodann die Güterkonfiskation praktiziert.
- Bei Erfolglosigkeit der obrigkeitlichen Bekehrungsversuche stellten ewige Ausweisung (meist ohne Gütermitnahme!), Ausschaffung oder Deportation eine sehr oft gewählte Variante der Bestrafung dar.
- »Ausschmeitzen« und »Zeichnen« (Brandmarken) waren dabei oft begleitende Maßnahmen.
- Regelmäßig wurde die Verbannung auf die Galeeren nicht nur angedroht, sondern auch vollzogen, was in der Regel einem Todesurteil gleichkam (so geschehen 1648, 1671, [1695ff. ausführlich angedroht,] 1714, 1734).
- Offizielle Hinrichtung gab es bis 1571, sie umfassen insgesamt in Bern etwa 30–40 Personen.

c. Weitere Maßnahmen

- Verbreitet war die Bestrafung von Täufer-Beherbergungen und »Platzgebern« für täuferische Versammlungen.
- Zunehmend wurde auch ein Verbot des Handels mit Täufern (v. a. Kauf ihrer Güter) durchgesetzt, um diese gesellschaftlich und wirtschaftlich weitestgehend zu isolieren.

- Immer wieder wurden neue Verbote von Herstellung, Vertrieb, Besitz und Lektüre täuferischer Literatur erlassen.
- Seit den 1690er Jahren wurde die grundsätzliche Erbunfähigkeit von Kindern aus täuferischen Ehen durchgesetzt.
- Mit der ab 1670 systematisch eingeführten Geiselhaft von Bewohnern aus Dörfern mit flüchtigen TäuferInnen verfolgte man das Ziel der Zerschlagung dörflicher Solidarität, welche lange Zeit diesen Nonkonformisten einen gewissen Schutz geboten hatte.
- Schließlich setzte man Kopfgelder als Belohnung pro eingelieferte Täuferinnen und Täufer aus.

5. Die täuferischen Antworten auf Gewalt

a. Antwort auf angedrohte und zugefügte Gewaltanwendung

Es muss an dieser Stelle darauf hingewiesen werden, dass der Verzicht auf Gewaltanwendung seitens der vor allem in den Anfangsjahren sehr heterogenen Täuferbewegung zwar von allem Anfang an präsent, jedoch keineswegs eine gemeinsame Überzeugung war. Allerdings verschwand die anfängliche Offenheit bei einzelnen Gruppen der Frühzeit für eine Durchsetzung eigener Überzeugungen mit Gewalt bis 1550 fast völlig von der Bildfläche.[14]

Wo Zurückschlagen nicht länger eine Option darstellte, da konzentrierte sich die täuferische Antwort auf angedrohte sowie zugefügte Gewalt auf die Alternative »Gehen oder Bleiben«.[15]

Immer wieder stellte das Verlassen der eigenen Heimat – teils obrigkeitlich erzwungen durch Ausschaffung und Verbannung, teils schweren Herzens selber gewählt – einen Ausweg aus einer aussichtslosen Situation der Verfolgung dar. Biblisch begründet wurde diese Option regelmäßig mit Verweis auf diejenige Passage in den Evangelien, wo Jesus seine Jüngerinnen und Jünger ermutigt, eine Stadt zu verlassen, in der sie nicht willkommen sind (Mt 10,14). Mit Verweis auf die Fremdlingsschaft des Gottesvolkes auf Erden wurden auch täuferischerseits die zahlreichen weltweiten und jahrhundertelangen Wanderungs- und Fluchtbewegungen gedeutet.

Die Option des Weggehens war aber kaum je unbestritten in der täuferischen Geschichte. Namentlich Teile des schweizerischen Täufertums sahen darin eher eine feige Flucht vor Schwierigkeiten und setzten sich wie-

---

14 Vgl. zu den Positionen eines Balthasar Hubmaier oder der niederländischen Gruppe der Batenburger die Ausführungen in J. STAYER, Anabaptists and the Sword, Lawrence, KS (USA) 1976.

15 Vgl. dazu H. JECKER 2011/ 2012 (wie Anm. 12), 136ff.

derholt für ein Verbleiben im Land ein. Sie argumentierten immer wieder mit Ps 24,1, wonach die Erde und alles was darinnen ist, des Herrn sei. Wo Gott das Sagen hat, da hat keine irdische Obrigkeit das Recht, Menschen wegzuweisen, die sich von just diesem Gott in ihre Dörfer und Kontexte gestellt und berufen sehen, um eine alternative Form christlichen Glaubens zu bezeugen. Diese fundamental obrigkeitskritische Interpretation von Ps 24 durch die Täufer war selbstverständlich immer wieder Anlass zu hitzigen Debatten.

Wer sich trotz angedrohter und zugefügter Gewalt weiter im Land aufhielt, der tat dies zum einen oft in der Hoffnung auf baldige bessere Zeiten und auf ein Abflauen der Repression. Wo dies dann allerdings ausblieb, da wählten immer wieder etliche den Weg des Widerrufs und leisteten den erwarteten Gehorsam. Andere versuchten Kompromisse zu finden, entweder indem sie sich äußerlich weitgehend anpassten und ihre täuferischen Überzeugungen nikodemitisch verinnerlichten, oder indem sie Konfrontationen möglichst lange zu verhindern suchten, ohne deswegen allerdings notwendigerweise unwahrhaftig zu werden, getreu dem Motto »klug wie die Schlangen, aber ohne Falsch wie die Tauben« (Mt 10,16).

Für viele bedeutete das Bleiben nicht nur die *Bereitschaft* zum Tragen der Konsequenzen, sondern früher oder später auch das handfeste *Erleiden* der Strafmaßnahmen in der Form von Gewalt an Hab und Gut, an Leib und Leben. Viele Täuferinnen und Täufer sahen im eigenen Leiden die Kontinuität zum Leiden Christi und interpretierten es als bisweilen unausweichlich gewordene Konsequenz einer radikalen Nachfolge Jesu, die es in Gehorsam und Gelassenheit zu tragen galt.[16]

b. Antwort auf anbefohlene Gewaltausübung

Wie bereits erwähnt setzten sich bis zur Mitte des 16. Jahrhunderts innertäuferisch diejenigen Gruppen durch, die selber auf die Anwendung von Gewalt zur Durchsetzung ihrer Ideen oder auch zur Verteidigung ihrer

---

[16] Man denke dabei etwa an die zahlreichen Hinweise im »Ausbund«, dem jahrhundertelang verwendeten täuferischen Liederbuch: Vgl. dazu M.BICK, Art. Liederdrucke der Täufer, in: Mennonitisches Lexikon, Bd. V (wie Anm. 8). Ferner auch B. GREGORY, Anabaptist Martyrdom: Imperatives, Experience, and Memorialization, in: ROTH / STAYER (wie Anm. 6), 467–506, ferner J. OYER, ›They Harry the Good People Out of the Land‹: Essays on the Persecution, Survival and Flourishing of Anabaptists and Mennonites, hg. von J. ROTH, Goshen IN (USA) 2000. Zur Frage einer Theologie des Märtyrertums bei den Täufern vgl. R. FRIEDMANN, Art. Martyrdom, Theology of, (Mennonite Encyclopedia, Scottdale 1955–1959, Vol. 3, 519–521, auch unter http:// www.gameo.org/encyclopedia/contents/M37856.html, 09.04. 2013).

Überzeugungen verzichten wollten. Parallel setzte sich auch die Position durch, die nicht bereit war, Gewalt im Namen und Auftrag der eigenen Obrigkeit auszuüben.

Dies führte täuferischerseits zu einer vorerst immer konsequenter gehandhabten Verweigerung von Kriegsvorbereitungs- und Kriegsdienstpflichten sowie zur Verweigerung von jeder Beteiligung an der Ausübung der Todesstrafe.

Uneinheitlicher fiel die täuferische Haltung bei der Frage aus, ob eine explizit für kriegerische Zwecke erhobene Steuer zu bezahlen sei oder nicht.

Ab dem 18. Jahrhundert begann die täuferische Gewaltverzichtsposition regional ihre frühere Kompromisslosigkeit bzw. Schroffheit zu verlieren. Dies galt namentlich in denjenigen Gegenden Europas, wo täuferische Lebens- und Glaubensformen auf separatistische Elemente zunehmend verzichteten zugunsten von stärkerer gesellschaftlicher Integration und Kooperation, etwa in den Niederlanden oder in norddeutschen Stadtgemeinden.

Täuferinnen und Täufer, die sich dem europaweit wachsenden politischen und gesellschaftlichen Druck zur Anpassung entziehen wollten, weil sie dadurch die Integrität und Ausübung ihres Glaubens gefährdet sahen, wanderten seit dem Ende des 17. Jahrhunderts wellenweise in teils großer Zahl nach Nordamerika aus. Eine zentrale Rolle spielte dabei auch die immer konsequenter gehandhabte Durchsetzung der allgemeinen Wehrpflicht in Europa. Wer in dieser Frage zu keinen Kompromissen bereit war, wanderte über kurz oder lang in die Vereinigten Staaten und später auch nach Kanada aus. Dies führte zu einer theologisch-kirchlichen Selektion, welche das friedenskirchliche Element in täuferisch-mennonitischen Gemeinden in Europa stark schwächte, es hingegen in Nordamerika immer wieder neu belebte und stärkte.

So ist es denn auch kein Zufall, dass wesentliche Impulse für die auch seitens der europäischen Mennoniten vor allem seit dem Zweiten Weltkrieg einsetzende Wiederentdeckung des eigenen friedenskirchlichen Erbes von nordamerikanischen Geschwistern ausgingen. Eine zentrale Figur ist in diesem Zusammenhang sicher der wohl bekannteste mennonitische Theologe des 20. Jahrhundert, John H. Yoder (1927–1997).[17] Zu einem der

---

[17] Über ihn vgl. M. HOFHEINZ, Art. Yoder, John Howard (Biographisch-Bibliographisches Kirchenlexikon, Bd. 31, Nordhausen 2010, 1509–1534). Zur Aktualität seines Werkes vgl. die beiden Neuerscheinungen J. YODER, Die Politik Jesu, Schwarzenfeld 2012 sowie DERS., Die Politik des Leibes Christi. Als Gemeinde zeichenhaft leben, Schwarzenfeld 2011.

wichtigsten Impulsgeber friedenskirchlicher Theologie im deutschsprachigen Raum mit Ausstrahlungen in die weltweite Ökumene ist in den letzten Jahren Fernando Enns (geb. 1964) geworden, von dem im wesentlichen ja auch die Anregung zur Dekade zur Überwindung von Gewalt (2001–2010) ausging.[18]

c. Antwort auf anderen zugefügte und andern befohlene Gewaltanwendung

Täuferisch-mennonitische Theologie hatte sich in der Gewaltfrage lange Zeit darauf konzentriert, wie einzelne Christen oder christliche Gemeinden – vorwiegend aus der eigenen Denomination – handeln sollten, wenn *ihnen* Gewalt zugefügt oder *ihnen* die Ausübung von Gewalt abverlangt wird. Nur wenig wurde vorerst darüber nachgedacht, ob und inwiefern aus friedenskirchlicher Optik auch etwas dazu zu sagen sei, wie ein *säkularer Staat* handeln solle oder was zu tun sei, wenn *andere Menschen* Opfer von Gewalt werden.

Eine Erweiterung des Blickwinkels erfolgte primär erst in der zweiten Hälfte des 20. Jahrhunderts. Eine Rolle spielte dabei die wachsende Integration von Gliedern täuferisch-mennonitischer Gemeinden in Politik, Wirtschaft und Gesellschaft in ihren jeweiligen Heimatländern. Wichtig waren aber auch die Erfahrungen zahlreicher jüngerer und älterer Personen im Rahmen von Einsätzen in mennonitischen Hilfswerken und Missionen an Brennpunkten der Not und in direktem Kontakt mit diskriminierten Minderheiten, mit heimatlosen Flüchtlingen, mit traumatisierten Kriegsüberlebenden. Diese Eindrücke wurden auch theologisch reflektiert und riefen nach Antworten, wie auch dort Gewalt verhindert, eingedämmt und überwunden werden kann, wo man zwar nicht selber direkt involviert ist, wo der eigene Glaube aber um der Mitmenschen willen nicht länger schweigen oder sich zurückziehen durfte.

Diese Reflexion führte in täuferisch-mennonitischen Kreisen spätestens seit den 1970er Jahren zu umfangreichen Neuorientierungen und Perspektivenausweitungen, was Inhalt und Form des eigenen Einsatzes gegen Gewalt anging. Bezeichnend ist dabei ein Wandel in der Begrifflichkeit: Die Rede von der täuferischen Wehrlosigkeit machte zunehmend einem Nachdenken über gewaltlose Formen des Einsatzes zugunsten von Frieden und Gerechtigkeit Platz. Namentlich nordamerikanische Mennonitinnen und Mennoniten steuerten dabei zur damals eben gerade angelaufenden Debatte um Themen wie »Christian Peacemaker Teams« (Ron Sider), Mediation

---

[18] F. ENNS, Friedenskirche in der Ökumene. Mennonitische Wurzeln einer Ethik der Gewaltfreiheit, Göttingen 2003, ferner DERS., Ökumene und Frieden. Theologische Anstöße aus der Friedenskirche, Neukirchen-Vluyn 2012.

und Konflikttransformation (John Paul Laederach), Täter-Opfer-Ausgleichsprogramme (Victim-Offender-Reconciliation-Program VORP) und »restorative justice« (Howard Zehr), sexuelle Gewalt, geistlicher Missbrauch etc. teils wichtige und wegweisende Impulse bei.[19]

6. Schluss

In den Debatten zwischen Täufertum und den protestantischen bzw. katholischen Großkirchen ging es in der Regel um zentrale Anliegen des Christseins und des Kirche-Seins. Beide Seiten haben biblisch wichtige Akzente gesetzt, die von der Gegenseite mit zunehmender Entfremdung aber immer weniger gehört worden sind. Prompt haben beide Konzepte Schlagseiten entwickelt infolge mangelnder Ergänzung und Korrektur. Wo stehen wir damit heute? Was kann daraus von beiden Seiten für heute gelernt werden?

Es ist erfreulich, dass in den letzten Jahrzehnten aus einem jahrhundertelangen Gegeneinander und nach einer Phase des Nebeneinanders manchenorts ein Miteinander geworden ist. Zahlreiche nationale und internationale Dialogprozesse bezeugen dies, auf internationaler Ebene zum Beispiel der Dialog zwischen Katholiken und Mennoniten (1998–2003) oder derjenige zwischen Lutheranern und Mennoniten (2005–2008).[20]

Wenn bilaterale Dialoge zwischen Kirchen, wenn sogenannte »Versöhnungsprozesse« aber nachhaltig Sinn machen sollen, dann wird es immer auch um theologische Inhalte gehen. Dabei können Annäherung und Versöhnung durchaus auch dort geschehen, wo man in einzelnen Fragen weiterhin nicht gleicher Meinung ist. Aber die Fragen, die damals zu Spannungen, ja Zerwürfnissen und Spaltungen geführt haben, werden erneut angesprochen werden müssen. Zumal dann, wenn es nicht einfach »nur« um formale Schulterschlüsse geht, sondern um ein glaubwürdigeres, aber auch um ein gemeinsameres Christuszeugnis heute. Und da werden die christlichen Kirchen nicht darum herumkommen, auch gerade die Gewaltfrage erneut zu thematisieren, inklusive die oft leidvolle Geschichte der innerchristlichen Beziehungen – mitsamt allfällig versuchten oder vollendeten Ekklesioziden.[21]

---

[19] Vgl. dazu H. GERBER, Die Mennoniten weltweit – eine Friedenskirche in der Ökumene, in: DELLSPERGER / LAVATER (wie Anm. 12), 289–312. Sodann auch E. STUTZMAN, From Nonresistance to Justice. The Transformation of Mennonite Church Peace Rhetoric 1908–2008, Scottdale 2011.

[20] F. ENNS (Hrsg.), Heilung der Erinnerungen – befreit zur gemeinsamen Zukunft. Mennoniten im Dialog. Berichte und Texte ökumenischer Gespräche auf nationaler und internationaler Ebene, Frankfurt/ Paderborn 2008.

[21] W. KRAUSS (wie Anm. 5).

Die Stärken und Schwächen der eigenen Tradition neu zu entdecken und sie im Gespräch mit der Partnerkirche und deren Stärken und Schwächen zu einer neuen und besseren, hoffentlich auch gemeinsameren Synthese werden zu lassen, genau darum geht es auch in der Gewaltfrage. Und möge es besser als in früheren Zeiten gelingen, miteinander im Blickfeld zu behalten, dass alles eigene theologische Erkennen, alle eigenen geistlichen Erfahrungen und alle eigenen kirchlichen Lebens- und Frömmigkeitsformen bloß Stückwerk sind – und es (nach 1 Kor 13) letztlich durchaus auch sein dürfen. Gerade diese Einsicht könnte uns frei machen, von anderen zu lernen und unser jeweiliges Anderssein weder als Bedrohung zu sehen noch es gegeneinander auszuspielen, sondern als kritische Herausforderung und hilfreiche Ergänzung füreinander und miteinander zu leben.

Ich bin überzeugt: Größere Einmütigkeit seitens christlicher Kirchen in der Gewaltfrage würde (um es bewusst sehr zurückhaltend auszudrücken) sowohl ihrem Ringen um ein glaubwürdigeres und gemeinsameres Christuszeugnis guttun als auch im Dialog mit anderen Religionen und Weltanschauungen hilfreich sein.

Ich schließe mit einem Zitat von Andrea Lange: »Kirche ist entweder Friedenskirche – oder sie ist nicht Kirche.«[22] Und ich sage dies auch als Mitglied einer sogenannt »Historischen Friedenskirche« bewusst mit Verweis auf den Apostel Paulus in Phil 3,12: »Nicht, dass wir es bereits erreicht hätten, aber wir strecken uns [mit andern zusammen] aus, es zu werden und zu sein.«

---

22 A. LANGE, Die Gestalt der Friedenskirche. Öffentliche Verantwortung und Kirchenverständnis in der neueren mennonitischen Diskussion, Weisenheim/ Berg 1988, 13.

Daniela Müller

Gewalt von Christen gegen Christen

Das Fallbeispiel der Katharer

Im 5. Jahrhundert äußerte der Kirchenvater Salvian von Marseille in seinem Hauptwerk ›De gubernatione Dei‹, dass es für die Goten schlimmer sei Ketzer zu sein denn Heiden, da sie ja das Wort Gottes kennen würden und somit keine Entschuldigung dafür hätten, so verkehrt in ihrem Glauben zu sein.[1]

Salvian lebte und schrieb in den schwierigen Zeiten des Ansturms der germanischen Völker auf das Imperium – und seine Wahrnehmung dieser Zeitumstände bestimmte nicht unerheblich seine Schilderung mit – doch seine Einschätzung von der Verderblichkeit der Ketzer spiegelt dabei auch die herrschende kirchliche Richtung wider, die sich im frühen Mittelalter[2] verfestigte und sich schließlich im hohen Mittelalter etablierte.

1. Methodische Präliminarien

Wenn es um Ketzer im Mittelalter geht, ist es noch immer vorherrschende Meinung, dass ab dem 11. Jh. die Häresie, also die von einer kirchlichen Autorität festgestellte Abweichung von einem als allgemein christlich angenommenen Glaubensgut, in Westeuropa zu einer Art »Massenphänomen« wurde, das die Stellung und die Macht der römischen Kirche massiv bedrohte. Dieses Bild verdankt sich vor allem der Übernahme der Perspektive der zeitgenössischen kirchlichen Chronisten, und vermehrt hinterfra-

---

1 Salvian, De gubernatione Dei, V.2, ed. F. Pauly (CSEL 8), Wien 1883, 102.

2 Vgl. etwa den pointierten Beitrag von H.-W. Goetz, Was wird im frühen Mittelalter unter ›Häresie‹ verstanden? Zur Häresiewahrnehmung des Hrabanus Maurus, in: A. Aurast / H.-W. Goetz (Hrsg.), Die Wahrnehmung anderer Religionen im fühen Mittelalter. Terminologische Probleme und methodische Ansätze (Hamburger geisteswissenschaftliche Studien zu Religion und Gesellschaft 1), Berlin 2012, 47–89.

gen Historiker diese Sichtweise. Ging es nicht in erster Linie um soziale Zuschreibungsprozesse in den Köpfen der Kirchenmänner, die damit letztlich erst den Schrecken, den sie fürchteten, erschufen? Die Frage nach der Ketzerei im Mittelalter stellt sich somit schnell als methodische Herausforderung dar, die sich besonders in der jüngsten Forschung zu den Katharern niederschlägt: Gab es denn überhaupt Katharer oder handelt es sich um ein Konstrukt von angstbesessenen Theologen und Inquisitoren[3], die der christlichen *civitas dei* eine teuflische Gesellschaft gegenüberstellten, nicht zuletzt um die römische Kirche als sicheren Hort des Heils unterstreichen zu können.

Bei der »Lösung« dieses methodischen Dilemmas könnte ein neuer Ansatz in der Geschichtswissenschaft helfen, der vermehrt den Aspekt der »Wahrnehmung« herausstellt. Allgemein wird mit dem Begriff ›Wahrnehmung‹ angedeutet, dass es nicht um die reine Faktenebene der Geschichte geht, sondern dass vor allem die eingenommenen Perspektiven, besonders der Quellenautoren, auf dem Prüfstand der Historiker untersucht werden sollen. Damit erhält die Frage nach der Wahrnehmung historischer und religiöser Prozesse eine neue Wertung: Wie nämlich nahm der zu untersuchende Autor das beschriebene Geschehen wahr? Wie stellte er es dar, oder zugespitzt: Wie konstruierte er es?

Auch wenn schon im 19. Jh. die ›Perspektivität‹ der Quellen ein Anliegen der Geschichtswissenschaft war, so ist heute eine veränderte Zielvorgabe entscheidend: im Zuge der postmodernen Erkenntnistheorien ist das Anliegen nicht mehr, aufgrund der ›Rekonstruktion‹ der Konstruktion Aussagen über Fakten einerseits und Zuschreibungen andererseits zu treffen, also zu glauben, dass eine als Gegensatz wahrgenommene Kluft zwischen Realität und Wahrnehmung nivelliert werden könne. Nun wird vielmehr – auch dank der Übernahme neurobiologischer Erkenntnismodelle der Gedächtnisforschung – der Standpunkt eingenommen, dass sich Realität letztlich immer allein durch Wahrnehmung konstituiert. Mit dem Konzept der Wahrnehmung, wie es unter Leitung von Hans-Werner Goetz Niederschlag in dem Forschungsprojekt »Perception of Other Religions« fand[4], könnte nun an die Stelle einer schroffen Kontrastierung die Sicht

---

3 Um nur zwei der neueren Vertreter dieser Richtung zu nennen: M. PEGG, A most holy war. The Albigensian Crusade and the battle for Christendom, Oxford 2008 oder U. BRUNN, Des Contestataires aux »Cathares«. Discours de réforme et propagande antihérétique dans les pays du Rhin et de la Meuse avant l'inquisition (Collection des Etudes Augustiniennes, série Moyen Age et Temps Modernes 41), Paris 2006.

4 Vgl. zum Forschungsprojekt die Internet-Adresse: http://www.geschichte.uni-hamburg.de/personal/ERC-Projekt.html.

auf die realitätsbegründende Wahrnehmung treten. Der Blick kann dann verstärkt auf die Wechselwirkung zwischen Fakten und Zuschreibung gerichtet werden.

Gewalt von Christen gegen Christen ist denn auch nur zu verstehen vor dem Hintergrund der zeittypischen Modelle, die das Weltbild der Akteure bestimmten und ihren Wahrnehmungshorizont lenkten.

Bevor die Gewaltmaßnahmen gegen eine bestimmte Gruppe von »Ketzern«, den sogenannten Katharern, behandelt werden, soll zunächst in gebotener Kürze der Verstehens- und damit Wahrnehmungshorizont der kirchlichen Leiter und der durchschnittlichen christlichen Bevölkerung angesprochen werden.

2. Ketzer – die Anhänger des Bösen

Wenn sich in der Spätantike der Vorwurf des Unglaubens zunächst gegen die »Heiden« richtete, so wurde doch der Begriff der »Ungläubigen« schnell zu einer Art Oberkategorie und umfasste neben den Heiden bald auch die Häretiker[5]. So waren schon die Aktionen der römischen Kaiser zu Beginn des 5. Jahrhunderts in auffallender Symmetrie stets gegen ›Donatisten‹ und ›pagani‹ gerichtet. Im Gegensatz zum Begriff der ›gentiles‹ wurden dabei in den Begriff der ›pagani‹ Kennzeichen aufgenommen, die vorher typisch für die ›barbari‹ gewesen waren: roh, ungebildet, dumm, nicht zuletzt unbelehrbar, also ›verstockt‹. Die Götter, die sie anbeteten, wurden als Dämonen, also Abgesandte des Teufels aufgefasst – und somit, in Anlehnung an das AT, als reale widergöttliche Mächte, keineswegs als menschliche Einbildungen.

Damit wiederum ist der Hang zu Magie und ›widernatürlicher‹ Moral erklärt[6]. Als Magie erschienen hierbei dann auch die in der römischen Religion tief verwurzelten Orakel und die Divination. Diese waren bereits von Kaiser Diokletian kriminalisiert worden. Denn die Interpretation, die Diokletian dem Kaisertum gab, war eine totale. Das Amt des Kaisers sollte keine anderen konkurrierenden Institutionen neben sich haben: Priester, deren Aufgabe es bislang gewesen war, durch Interpretation der Vorzeichen das Schicksal des Römischen Reiches und des Kaisers zu deuten, hatten lange eine vom Herrscher unabhängige moralische und politische Instanz dargestellt. Nun aber erhob der Kaiser universalen Anspruch auch auf die Deutung der metaphysischen Ebene des ›Allwissens‹. Christen, die

---

[5] Vgl. zu diesen Vorgängen in Kürze D. MUELLER, »Pagans«. An early Christian concept in the Middle Ages. Erscheint in der Publikation der Akten des Kongresses »Framing Classical Reception Studies«, gehalten in Nijmegen vom 6–8. Juni 2013.

[6] Vgl. H.-W. GENSICHEN, Art. Heidentum, in: TRE 14, 591–601.

sich (noch) an die Scheidung weltlicher und geistlicher Macht hielten, erschienen auch deshalb Konstantin die geeigneten Religionsanhänger zu sein, weil sie diese Auffassung, und damit die allumfassende Kaisermacht, unangetastet ließen[7].

Bei alledem hatte die Begriffsweite und die gerade nicht deutlich zu fassende Terminologie durchaus System, erlaubte sie doch, letztlich die Welt einzuteilen in nur zwei Kategorien: Christen und Nicht-Christen. Allerdings nahmen in gewissem Sinne die Juden daneben noch eine Art Sonderkategorie ein. Allen Nicht-Christen, auch den Juden, haftete dabei das Merkmal des Vorläufigen an, das es zu überwinden galt: Das Eschaton sollte gerade durch die Bekehrung aller, insbesondere aber der Juden und Heiden, eingeläutet werden.

Nachdem die westliche Welt weitgehend christlich geworden war, wurden die Kennzeichen, die von Beginn an transportabel zwischen den verschiedenen Kategorien der Ungläubigen verschoben werden konnten - wie ›verstockt‹, ›heimtückisch‹, ›unbelehrbar‹- problemlos auf die »Ketzer« übertragen.

Die hierfür entwickelten verbalen Bilder konnten deshalb überzeugend wirken, weil sie auf dem Hintergrund einer exegetischen Tradition entstanden, die seit Origenes anerkannterweise mit den Mitteln der Typologie und Allegorie arbeitete. Während die Typologie davon ausgeht, dass etwas, was sich in der ferneren Vergangenheit ereignet hat, in sich auf etwas anderes verweist, was ebenso historisch real ist, geht die Allegorie davon aus, dass neben dem wörtlichen Sinn auch ein spiritueller Sinn verborgen liegt, den es zu entdecken gilt. Wird die Typologie vorzugsweise herangezogen, um das Alte Testament in enge Verbindung mit dem Neuen Testament zu bringen, so findet die allegorische Interpretation überall statt: Hinter dem Wolf verbirgt sich also der Ketzer, der wiederum auf den Teufel als seinen Vater verweist. Dank dieser die Wahrnehmung leitenden Methode konnten auch und gerade inmitten der Gemeinschaft der Gläubigen diejenigen entdeckt werden, die nicht sind, was sie scheinen, sondern die als Vorboten des Antichrist zu bewerten sind[8].

---

7 Vgl. zu diesen Überlegungen maßgeblich das inspirierende Buch von M.-TH. FÖRGEN, Die Enteignung der Wahrsager. Studien zum kaiserlichen Wissensmonopol in der Spätantike, Frankfurt a. M. 1997, besonders 183–222.

8 Vgl. näheres bei D. MÜLLER, Our Image of ›Others‹ and the Own Identity, in: Iconoclasm and Iconoclash. Struggle for Religious Identity, ed. W. V. ASSELT / P. V. GEEST / D. MUELLER / TH. SALEMINK (Jewish and Christian Perspectives Series, vol. 14), Leiden/ Boston 2007, 107–125.

3. Die Katharer

3.1 Überblick

Die bekanntesten und als radikalste heterodoxe Strömung des mittelalterlichen Christentums geltenden Ketzer sind die Katharer. Ein notwendig kurzer Überblick mag hier genügen, um ihr Schicksal und ihre Anliegen zu schildern, vor allem, da die Literatur zu den Katharern mittlerweile ins Unübersehbare angewachsen ist[9].

Ab ca. 1143 waren die Katharer in den großen Handelszentren Europas aufgetaucht: im Rheinland, in Norditalien, in den Messestädten Nordfrankreichs. Der römischen Kirche galten sie als die teuflischsten Vertreter der von Satan geleiteten Häretiker. Sie sind auf dem Hintergrund der im Zuge der Gregorianischen Reform entstandenen Laienbewegungen zu sehen, deren Hauptanliegen Armut, Predigt und Kleruskritik waren. Denn längst waren die Laien nicht mehr generell ungebildet, sondern entwickelten durch gelehrte Studienaufenthalte an den neu entstandenen Bildungszentren des Mittelalters, den Universitäten, eigene Ideen über Heils- und Machtmonopol der Kirche.

Sich selbst bezeichneten die Katharer als »gute Christen« oder auch schlichtweg als »Christen«, was schon ihren Anspruch zeigt, die wahre Kirche Christi zu sein, mit Ämtern vom Ältesten bis zum Bischof. Am Anfang stand der Wunsch nach einer mit den Evangelien konformen Glaubenspraxis. Die Lehre ist regional und zeitlich zu differenzieren, ist also nicht als einheitlich zu betrachten[10]. Zwei Hauptströmungen lassen sich festmachen, die beide in einer bipolaren Grundüberzeugung wurzeln, dass nämlich die von Gott geschaffene jenseitige Welt des Geistigen in Gegensatz zu der von einem bösen Prinzips gemachten irdisch-materiellen Welt steht. Die Katharer kennen nur ein Sakrament, die Geisttaufe, von ihnen *consolamentum* genannt, durch welche Männer und Frauen vollwertige Mitglieder der *ecclesia Dei* werden. Das *consolamentum* verpflichtet zu strengstem asketischen Leben unter Einhaltung spezieller Speiseregeln, absolutem Schwur- und Tötungsverbot.

1140 werden Katharer erstmals im Rheinland identifiziert, wenig später tauchen sie in Nord-Frankreich, in Süd-Frankreich und Italien auf. Sie beeindrucken durch ihre Schriftkenntnis, Lebensführung und ihr Märty-

---

9 Zum Folgenden vgl. D. MÜLLER, Art. »Katharer«, in: RGG Bd. 4, 2001. Von theologischer Seite sind in deutsch vor allem die Studien G. ROTTENWÖHRERS zu nennen, vgl. jetzt etwa: Die Katharer. Was sie glaubten, wie sie lebten. Ostfildern 2013.

10 Deshalb auch wird neuerdings non »Katharismen« gesprochen, vgl. P. JIMENEZ-SANCHEZ, Les Catharismes. Modèles dissidents du christianisme Médiéval (XIIe-XIIIe siècle), Rennes 2008.

rertum[11]. Die zisterziensische Predigtoffensive bleibt ebenso erfolglos wie die juristischen Verurteilungen und ein erster Ketzerkreuzzug (1181), dem 1209–29 der eigentliche Albigenserkreuzzug folgt. Doch der Rückhalt in der Bevölkerung, vor allem bei Adel und Stadtpatriziat, hält an. Erst die unter Gregor IX. effizient gestaltete Inquisition zeitigt den nötigen Erfolg. Ab 1229 wird die Pyrenäenburg Montségur auf Betreiben des katharischen Bischofs Guilabert de Castres zum Fluchtort ausgebaut. 1244 aber nimmt das Heer des französischen Königs Montségur ein, über 200 Männer und Frauen entscheiden sich, vor die Wahl »Abschwörung oder Tod« gestellt, für den Scheiterhaufen. Montségur wird das Symbol für die Bewegung in Südfrankreich.

In Frankreich waren die Katharer bis zum Ende des 14. Jhds. ausgerottet, um so mehr, da sie kein apostolisches Sukkzessionsprinzip kannten. Um 1400 verschwinden sie auch aus Italien.

3.2 Die Denomination »Katharer«

Doch wie wurden die Katharer zu Katharern? Sie selbst hatten sich ja, wie gehört, einfach als »Christen« wahrgenommen. Ganz anders aber sahen dies ihre katholischen Gegner.

Begeben wir uns für einen kurzen Moment zurück ins Deutsche Reich, genauer gesagt, ins Rheinland: 1163, im selben Jahr, als in Paris der Grundstein für Notre Dame gelegt wird, lodern in Köln – erneut[12] – die Scheiterhaufen. In den Flammen außerhalb der Stadtgrenze, vor dem jüdischen Friedhof[13], sterben sechs Männer und zwei Frauen als Ketzer. Eck-

---

[11] Speziell zu diesem Aspekt wird 2014 eine Monographie von mir erscheinen: D. MUELLER, Von der ›Feuertaufe‹ zum ›Feuertod‹. Die Taufrituale der Katharer und ihr Tod auf dem Scheiterhaufen im Spiegel der Fremd- und Eigenwahrnehmung.

[12] Schon 1143 vermelden die Quellen erstmals Ketzerverbrennungen in der Stadt. Der Prämonstratenserabt Everwin von Steinfeld berichtet in seinem Briefwechsel mit Bernhard von Clairvaux darüber, ed. PL 182, col. 676–680. Vgl. etwa A. BRENON, La lettre d'Everwin de Steinfeld à Bernard de Clairvaux de 1143, Hérésis 25, 1995, 7–28).

[13] Sowohl in der Chronik von St. Pantaleon wie in dem Dialogus Miracolorum des Cäsarius von Heisterbach (ed. J. STRANGE, 2 Bde., Köln/Bonn 1851) findet sich dieser Hinweis, der dann auch später wiederholt von den christlichen Autoren aufgegriffen wird. Dies zeigt, dass mit der Wahl des Hinrichtungsortes sicher eine Signalwirkung verbunden wurde. Denn auch wenn schon die patristische Tradition gezielt Traktate gegen »Heiden«, Juden und Häretiker kannte, so wurde doch erst ab dem 11. Jh. eine gemeinsame Linie in der Bekämpfung der christlichen »Widersacher« erkennbar, sodass sich die kirchliche Polemik parallel gegen Juden und Häretiker richtete, der »andere« wurde immer weniger erträglich für und in der *christianitas*, vgl. MUELLER, Image, 107–125. Dazu passt, dass Eckbert von Schönau

bert von Schönau, Abt der Benediktinerabtei Schönau und eruditer Kenner der patristischen Tradition, ist wahrscheinlich Augenzeuge der Hinrichtung, und ohne Zweifel ist er sich der Rechtmäßigkeit sowohl des Tribunals wie des Urteils sicher. Diese Ketzer sind für ihn die bedrohlichsten, weil radikalsten Verfechter einer Kirchenreform, um die die neuen Orden der Zisterzienser und Augustinerchorherren mit den traditionellen Benediktinern ringen. Auf der Suche nach der *vita apostolica* waren Kleriker mit Laien Bündnisse eingegangen, hatten sich reformwillige Mönche gegen »Traditionalisten« des eigenen Ordens gestellt, wandten sich Kanoniker gegen Weltgeistliche, wurde der Häresievorwurf gezielt innerhalb ein und derselben Kommunität eingesetzt, um die eine Richtung als wahr, die andere als falsch denunzieren zu können. Häresie schien mehr ein Mittel im Streit miteinander rivalisierender christlicher Lebensmodelle denn Faktizität gewesen zu sein.

Die Konkurrenten in dem Streit um das Gesicht der »wahren« Kirche als Ketzer abzustempeln war nicht neu, doch erwies sich der mehr oder weniger globale Häresievorwurf als nicht sehr effizient. Um Macht über jemanden zu erringen galt es zunächst die Deutungshoheit zu erlangen, musste den Ketzern ein spezifischer Name gegeben werden, damit sie nun deutlich als geschichtliche Bedrohung der *ecclesia* wahrgenommen wurden, nicht nur allgemein als typologische Figur im endzeitlichen Ringen der Kirche Gottes.

Die vage und globale Allerweltsbezeichnung »Ketzer« (»haeretici«) scheint Eckbert jedenfalls zu wenig. Er, dank der Tradition seines Ordens mit den Schriften des Augustinus bestens vertraut, gleichzeitig Leitfigur in einem rheinisch-benediktinischen Netzwerk, dem seine Schwester Elisabeth von Schönau ebenso angehört wie Hildegard von Bingen oder Thierry von Deutz, gibt den Ketzern einen Namen: Katharer.

Zu Katharern wurden diese ›Alternativchristen‹, indem Eckbert drei Ketzergruppen der Alten Kirche zusammenfügt: zunächst die novatianischen *cathari*, die sich als Kirche der Reinen von der nizänischen Kirche abgespalten hatten. Dann die manichäischen *catharistae* als Inbegriff der dualistischen Weltsicht und letztlich die das weibliche Diakonat anerkennenden *cataphrygae*. Aus diesen Versatzstücken heraus schuf Eckbert die

---

in seinem Traktat gegen die Katharer auch bezüglich der Häretiker explizit von »Synagoge« spricht, also hier bereits deutlich eine Übertragung aus der antijüdischen Polemik auf die Häretiker findet, vgl. Eckbert von Schönau, *Liber contra hereses katarorum*, ed. PL 195, col. 52: »*Stuite ignem copiosum in medio synagogae vestra[...]*«

Ketzer von Köln als Katharer neu. Uwe Brunn[14] hat in seiner Studie diese Verflechtungen pointiert herausgearbeitet, wenn ich auch die allgemeinen Folgerung Brunns anzweifle, dass damit auch deutlich sei, dass es sich um eine reine »Zuschreibung« (*fabrication*) und keinesfalls um eine tatsächlich existierende Bewegung gehandelt habe. Denn auch wenn sich der Name »Katharer« als gezielte Konstruktion durch klerikale benediktinische Kreise erweist, bedeutet dies nicht, dass es nicht eine strukturierte Bewegung gegeben habe. Auch für ›reale‹ Gruppen muss ja ein Name gefunden werden.

Eckberts Namenskonstrukt hat sich wohl über die kaiserliche Gesetzgebung auch in Italien verbreitet, blieb aber vor allem in den nördlichen Ländern beheimatet. Dieser Erfolg in den nördlichen, oder genauer gesagt, deutschsprachigen Gebieten verdankt sich wohl noch einer weiteren Überlieferung, die im Volksglauben zuhause war: Noch bevor der Frühscholastiker Alanus ab Insulis die Katharer als obszöne Katzenküsser und damit Teufelsdiener kennzeichnete[15], erscheinen Katharer in Mainz in einem Exorzismus, der im Beisein von Hildegard von Bingen – und vielleicht auch in Anwesenheit von Eckbert von Schönau – ausgeführt wurde, als Verehrer der großen weißen Katze, unter deren Augen die schändlichsten Orgien ausgeführt werden[16]. Nur in den germanischen Sprachen, d.h. im Niederdeutschen, wie es auch im Rheinland im 12. Jh. gesprochen wurde, ist nun aber eine sprachliche Affinität zwischen kat und ka(e)tter zu finden, liegt also die Pseudo-Ethymologie »cattus« – »ka(e)tter« – »catharoi« auf der Hand und wurde so auch weiter gegeben[17]. Hiermit sind die vier Eckpunkte deutlich, die der Kennzeichnung der Katharer in der kirchlichen Polemik dienten: Kirchenspalter, Dualisten, Frauenfreunde und Teufelsdiener.

---

14 BRUNN, siehe dazu Rezension von D. MÜLLER in den Rheinischen Vierteljahrblättern, Jg. 73, 2009, 274–276.

15 Alanus, De fide cattolica contra haereticos, ed. MPL 210, Sp.: »*Hii dicuntur Cathari, id est diffluentes per vitia, a catha, quod est fluxus, vel cathari quasi casti, quia se castos et iustos faciunt. Vel Cathari dicuntur a cato, quia, ut dicitur, osculantur posteriora catti, in cuius specie, ut dicuntur, apparet eis Lucifer*«.

16 Vgl. B. KIENZLE, La Représentation de l'Hérétique par L'Imagerie Animale, in: Les Cathares devant L'Histoire. Mélanges offerts à J. Duvernoy, A. BRENON / CHR. DIEULAFAIT (Hrsg.), Sous la direction de M. Aurell, Cahors 2005, 181–197.

17 Diese »volkstümliche« Erklärung übernahm dann auch der viel gelesene Wilhelm Peyraut in seiner Schrift *De virtutibus*, pars III, tract. III (de temperantia), c.14, s. auch A. PATSCHOVSKY, Der Passauer Anonymus (Schriften der MGh 22), Stuttgart 1968, 96f.

Auffällig ist, dass der Begriff Katharer aber auch nach dem Mittelalter besonders bei deutschsprachigen Autoren Fuß fasste, im wissenschaftlichen Bereich etwa bei dem Elsässer Charles Schmitt in seiner *Histoire des Cathares*[18], dann vor allem bei Arno Borst in seiner Studie *Die Katharer*[19]. Danach wurde der Begriff Katharer in der Forschung allgemein üblich.

Und doch stellt sich bei all dem die Frage – die jedoch in der Literatur nie zur Diskussion gestellt wurde – warum Eckbert denn als Namen ausgerechnet *catharoi* wählte, nicht etwa *catharistae*? Sollte hier ein Hinweis zu finden sein, dass die in Köln verbrannten Männer und Frauen sich etwa doch selbst so genannt haben und dass Eckbert also eine noch subtilere Zuschreibung vornahm, indem er nämlich den Eigennamen seiner ursprünglich positiven Konnotationen entkleidete und ihn mit den Zuschreibungen versah, die bislang nur den Manichäern vorbehalten gewesen waren? Er selbst gibt ja an, dass der Name eine Eigenbezeichnung gewesen sei[20] – was Brunn geflissentlich übergeht. Dann hätte Eckbert den Ketzern zwar nicht den Namen gegeben, aber er hätte ihren Namen propagandistisch und für alle Zeiten umgedeutet. Aus einer ursprünglich positiven Konnotation war eine diffamierende geworden.

4. Die Verfolgung

Wir sehen jedenfalls im Wesentlichen, wie sich die Verfolgung Andersgläubiger ab dem 12. Jahrhundert radikalisiert:

Am Anfang standen die Predigtoffensive der Zisterzienser und die gelehrte Disputation, die natürlich auch bereits in sich den Keim der »Gewalt« trugen: die verbalen Attacken auf die Gegner kumulierten die angsteinjagendsten Bilder: Giftige Skorpione, Krebsgeschwür, Pest, Gift, Gesandte des Teufels, Gefolgsleute Satans und immer wieder Wölfe im Schafspelz machen den Kern der priesterlichen Warnungen aus[21]. Der Gegner

---

18 CH. SCHMITT, Histoire des et doctrine des Cathares ou Albigeois, Paris/ Genf 1848/49, Neudruck 1983.

19 A. BORST, Die Katharer (Schriften der Monumenta Germaniae historica 12) Stuttgart 1953.

20 ›*Hinc et hoc nomen sibi assumpserunt primi magistri vestry, ut se vocarent catharistas, id est purgatories, et catharos, id est mundos*‹, Eckbert, sermones, PL 195, col. 31. Es kann darüber nachgedacht werden, ob nicht zumindest die »magistri«, also die Leiter der Bewegung, sehr wohl mit der antiken Tradition der Novatianer vertraut waren – ungebildet dürften sie jedenfalls nicht gewesen sein.

21 Vgl. R. I. MOORE, »Heresy as disease«, in: W. LOURDAUX / D. VERHELST (Hrsg.), The Concept of Heresy in the Middle Ages, Leuven 1976, 2–11, sowie PH. WILLIAMS, Sickness and Sin: Medecine, Epidemics and Heresy in the Middle Ages, mit

wird quasi »entmenschlicht« um als dämonisiertes Wesen dem Inbegriff der Horrorvisionen des mittelalterlichen Klerus zu entsprechen: dem Anti-Christen. Die Drohung mit dem Verlust des Seelenheils nahm die entscheidende Funktion ein und übte dadurch Gewalt auf die Seelen aus.

Doch diese Form der verbalen Gewalt wich schon bald der konkreten Gewalt, vor allem in Form von Ketzerkreuzzug und staatlich sanktionierter Gewalt wie der Inquisition[22].

Bereits Bernhard von Clairvaux hatte in der »Ketzerfrage« für die Heranziehung des weltlichen Arms plädiert[23], doch wichtige Schritte für eine eindeutige rechtliche Behandlung von Ketzern und Ketzerinnen finden sich erst bei Gratian, der die kirchlichen Angelegenheiten zunächst streng von den weltlichen trennt.

Zurückgehend auf Hieronymus betrachtet er sogar die Bereiche Heirat, Rechtsprechung, Handel als *»concessio«* an die Laien, deren Erlösungsfähigkeit er im Zusammenhang mit ihren Abgaben an die Kirche sieht[24]. Sein gesamtes bedeutendes Kirchenrechtswerk hindurch verfolgt er die uneingeschränkte Trennung der Bereiche weltliche – geistliche Macht, da er ja, getragen vom Impetus der Gregorianischen Reform, die *»libertas ecclesiae«*, die Befreiung der Kirche von der weltlichen Macht propagiert. Nur in einem Punkt unterbricht er seine radikale Trennung: Auf dem Gebiet der Ketzer- und Ketzerinnenverfolgung.

Für unseren Zusammenhang sind vor allem Causa 23 und 24 heranzuziehen.

Causa 23 besteht, wie Henri Maisonneuve detailliert aufgeführt hat, aus 166 Kanones, von denen fast 3/4 patristischen Ursprungs, vor allem augustinischen, sind; der Rest setzt sich aus circa 20 Dekretalen, 12 Konzilskanones, drei mittelalterlichen Texten, einem Kapitular und einem Kanon, der drei römische Kaiserkonstitutionen enthält, zusammen.

---

neuerer Literatur: http://www.writerightnow.co.uk/wp-content/uploads/2012/11/DIS.pdf.

22 Vgl. zum Folgenden D. MÜLLER, Frauen vor der Inquisition. Lebensform, Glaubenszeugnis und Aburteilung der deutschen und französischen Katharerinnen. (Veröffentlichungen des Instituts für Europäische Geschichte Mainz, Abt. Abendländische Religionsgeschichte, Hg. von G. MAY, Bd. 166), Mainz 1996.

23 Sermo 66, n. 12, PL 183, 1102: *›Quoniam melius proculdubio gladio coercentur, illius videlicet qui non sine causa gladium portat quam si suum errorem multos trajecere permittantur‹.*

24 C. 12 q.1 c.7: *›His concessum est uxorem ducere, terram colere, inter virum et virum iudicare, causas agere, oblationes super altaria ponere, decimas reddere, et ita salvari potuerunt, si vicia tamen benefaciendo evitaverint‹.*

Auch bei den 87 Kanones der Causa 24 sind die Hälfte patristisch, wobei gleichfalls die meisten davon auf Augustinus zurückgehen; hinzu kommen 10 Dekretalen (echte und falsche), fünf Konzilskanones und vier mittelalterliche Texte[25].

In C. 23 q. 4 folgt Gratian nun zwar der augustinischen Toleranzforderung in Bezug auf die Behandlung von Abweichlern und Abweichlerinnen; aber im Folgenden billigt er Maßnahmen, die über rein geistliche Strafen weit hinausgehen:

So spricht er sich für Güterenteignung und körperliche Strafen aus, ja, zieht sogar die Todesstrafe in Betracht[26]. Dabei billigt er diese Maßnahmen nicht nur, sondern er verlangt sie, was bedeutet, dass er die weltliche Macht zu subsidiärer Hilfeleistung auffordert. Um diese Einstellung verstehen zu können, ist es nötig, Gratians Augustinus-Rezeption zu folgen.

Dessen Theorie des Nichtwiderstandes gegen das Böse kennt Ausnahmen: zwar muss Gott die Bestrafung der Sünde überlassen bleiben – aber nur, wenn die Menschen nicht anders können. Hierfür werden vier Bereiche genannt, so etwa der Fall, dass die Sünde nicht zur Jurisdiktion der Kirche gehört (das Beispiel der »Ungläubigen«)[27] oder wenn zwar Volk und/oder Fürst in das Böse verfallen sind, sie aber nicht ohne Gefahr für den Frieden der Kirche zu bestrafen wären[28]. Ansonsten aber wird die Sünde legitimerweise durch die Kirche bestraft.

Doch welche Mittel stehen der Kirche zur Bestrafung zur Verfügung? Zunächst soll die Besserung intellektuellen und moralischen Charakter haben: Sowohl das Wissen des Ketzers, seine Erkenntnis, soll erhellt wie auch sein Widerstand gebrochen werden. Somit stehen an erster Stelle *Argumentation* und *Disputation*. Führen diese zum Erfolg, unterwirft sich also der Ketzer, wird er wieder in die katholische Gemeinschaft aufgenommen. Weigert er sich aber weiterhin, muss man ihn durch kanonische Strafen, ja selbst durch körperliche Strafen, dazu zwingen.

---

25 Vgl. H. Maisonneuve, Etudes sur les origines de l'inquisition (L'Eglise et L'Etat au Moyen Age VII), 2. Aufl. Paris 1960, vor allem 66ff.

26 C. 23 q. 4 dictum post c. 54: ›*Ex his omnibus colligitur, quod vindicta est inferende non amore ipsius vindictae, sed zelo iusticiae; non ut odium exerceatur, sed ut pravitas corrigatur. Sed cum vindicta aliquando inferatur dampnis rerum, aliquando flagellis, aliquando etiam morte: queritur, an sit peccatum iudici vel ministro reos morti tradere*‹.

27 Vgl. C. 23 q. 4 dictum post c. 16: ›*[...] vel quia non sunt nostri iuris*‹.

28 Vgl. C. 23 q. 4 dictum post c. 17: ›*[...] quando multitudo est in scelere, nec salva pace ecclesiae mala puniri possunt, tolleranda sunt pocius, quam violata pace ecclesiae punienda*‹.

Als kanonische Strafen kennt Gratian die Ermahnung, die, wenn nötig, bis zu dreimal wiederholt wird, und die Exkommunikation[29], geht also mit Bernhard konform. Wenn aber diese kanonischen Strafen wirkungslos bleiben, müssen weltliche Strafen angewendet werden. Da jedoch den Priestern das Waffentragen untersagt ist, fordern bereits die patristische und die konziliare Tradition die Zusammenarbeit von Kirche und weltlicher Macht auf diesem Gebiet[30]. Die Strafen selbst lassen sich in Körper- und Sachstrafen unterteilen. Zur ersteren Klasse zählen etwa Rutenschläge, Degradation und Exil[31]. Die Todesstrafe ist unter zwei Bedingungen legitim:

1. Wenn derjenige, der sie verhängt, öffentliche Autorität besitzt und er
2. im Interesse des Allgemeinwohls handelt[32].

5. Ketzerkreuzzug

In diesem Zusammenhang greift auch die Idee des Ketzerkreuzzuges bereits Platz im Dekret. Es werden zwei diesbezüglich auslegbare Papsttexte widergegeben:

So verlangte Urban II., der ja die Kreuzzugsidee allgemein auf die Ebene der praktischen Ausführung beförderte[33], zwar nicht explizit den Tod der Ketzer, aber er verurteilte ihn auch nicht, wenn er feststellt, dass die, die aus Eifer für die Verteidigung der Kirche Exkommunizierte töten, keine Mörder sind[34]. Ähnliches hatte bereits Manegold von Lauterbach, ein Parteigänger Gregors VII., gemeint, indem er sagte, dass derjenige, der einen wegen Ketzerei Gebannten zur Verteidigung der Kirche töte, kein Mörder sei, da schließlich ein Ketzer kein Mensch, sondern der Antichrist schlechthin sei[35]. Auch der Text von Leo IV., der eigentlich über die Sarazenen handelt, die 846 die Peterskirche plünderten, der aber von Gratian in den Zusammenhang der Ketzerverfolgung gestellt wird, weist in die

---

[29] Vgl. C. 24 q. 3 c. 16.

[30] So etwa das Konzil von Tours 813 in can. 41: Die weltliche Macht muß die bessern, die die priesterliche Ermahnung unberührt gelassen hat, ed. Mansi 14, 89.

[31] C. 24 q. 1 c. 32.

[32] C. 23 q. 5 c. 8.

[33] Schon daraus wird deutlich, dass sich die Idee des Ketzerkreuzzugs mit der allgemeinen entwickelte, vgl. dazu auch H. THELOE, Die Ketzerverfolgungen im 11. und 12. Jahrhundert, Berlin/ Leipzig 1913, 118–122; speziell zum Ketzerkreuzzug H. PISSARD, La Guerre sainte en Pays Chrétiens, Paris 1912 und E.-D. HEHL, Kirche und Krieg im 12. Jahrhundert, Stuttgart 1980.

[34] C. 23 q. 5 c. 47.

[35] Manegoldi ad Gebehardum libri, cap. 33 (MG Lib. de lite I, 369ff.).

gleiche Richtung[36]. Wichtigste Folge des Kreuzzugs ist hierbei die Güterenteignung.

Die materiellen Strafen gründen in der augustinischen Lehre des Eigentumsrechtes: Der Besitz jedweden Gutes ist auf göttliches Recht gegründet, dem zufolge alles den Gerechten gehört, und auf menschliches Recht, das durch die Könige dieser Erde, also die Kaiser, bestimmt wird. Nun haben die (römischen) Kaiser mehrere Strafen gegen die Ketzer erlassen, unter anderem solche, die die Ketzer ihres Besitzes und ihres Kirchengutes entheben; also haben die Ketzer kein Recht auf Besitz, das Land, das sie besitzen, gehört in Wirklichkeit niemandem und jeder Katholik kann sich dessen bemächtigen[37].

Bei alledem ist es jedoch nicht sicher, ob die patristischen Texte in ihrem Kontext tatsächlich das aussagen und bezwecken, was Gratian durch seine Zusammenstellung daraus macht. Denn für ihn sind, wie Maisonneuve herausgearbeitet hat, drei Hauptanliegen kennzeichnend:

Da ist zunächst die Idee vom Allgemeinwohl, sodass die Sünde nur dort bestraft wird, wo sie einen schweren Angriff auf die dogmatische und soziale Struktur der Kirche darstellt.

Zum anderen verfolgt Gratian die Idee von der Unterwerfung der weltlichen Macht unter die spirituelle und lässt so den Staat nur noch als Diener der Kirche erscheinen.

Letztlich ebnet er der Idee des Kreuzzugs den Weg ins Kirchenrecht. Die antike Tradition aufgreifend, wird der Ketzer dem Ungläubigen assimiliert, der Kampf gegen ihn ist verdienstvoll, und der Tod des Gläubigen auf dem Schlachtfeld ähnelt dem Martyrium[38].

Hatte es auch bereits vor Gratian Konzilsentscheidungen gegeben, die für die Zusammenarbeit weltliche Macht – geistliche Macht eintraten, so ist doch gerade der Einfluss des Dekrets auf die kommende Entwicklung nicht zu unterschätzen. Das Decretum Gratiani hat ohne Zweifel die Gesetzgebung der Dekretalen und die Konzilsentscheidungen inspiriert, die letztlich zur Begründung der Inquisition führten.

Waren diese Verordnungen schon Ausfluss einer bestimmten Wahrnehmung, die seit der Antike die Menschen schematisch aufteilte in Christen und Nicht-Christen, so waren sie auch wegweisend für die Haltung der

---

36 C. 23 q. 5 c. 46.

37 C. 23 q. 7 c. 2.

38 Vgl. MAISONNEUVE, 79.

meist aus Nordfrankreich und den angrenzenden Ländern stammenden Kreuzrittern[39].

Den Geist der Ketzerkreuzzüge kennen wir aus den Quellen zur Genüge. Da den Kreuzfahrern nur für eine bestimmte Zeit Ablass gewährt wurde, mussten diese Unternehmungen unter großem zeitlichen Druck stattfinden. Als geeignete Methode erschien deshalb die Vernichtung der Felder und die bewusste Massakrierung der Bevölkerung, um so eine Demoralisierung und das Abschneiden der Lebensmittelzufuhr zu erreichen. Pardon wurde nicht gegeben. Wenn Zeit für eine Übergabe blieb, dann wurde im Schnellverfahren die katholische Einstellung geprüft: Die einzige relevante Frage war, ob die besiegten »Katharer« bereit waren, der Häresie abzuschwören oder nicht. Blieben sie bei ihrem Glauben, wurden sie verbrannt, aber auch besonders schimpflich hingerichtet, wie das Schicksal des Amaury de Montréal zeigt, der mit seinen Rittern den schmachvollen Tod des Erhängens erlitt. Seine Schwester Giralda hingegen wurde der Frauenstrafe der Steinigung unterzogen, allerdings in einer erfindungsreichen Variante: Sie wurde in den Brunnen ihrer eigenen Burg Lavaur geworfen und dort wurden Steine auf sie gehäuft[40].

Als die päpstliche Armee in Béziers, der ersten großen Stadt des Midi einfiel, die ihren katharischen Mitbewohnern Unterstützung gewährte, richteten die Kreuzfahrer, selbst gemessen an den Maßstäben der damaligen Zeit, eines der schlimmsten Massaker des gesamten Kreuzzugs an unter der Bevölkerung an. Aufmerksam gemacht, dass eine Unterscheidung zwischen katholischen und katharischen Bewohnern nicht möglich erschien[41], soll der geistliche Führer des Kreuzzugs, der päpstliche Legat Arnaud Amaury den Befehl gegeben haben, der sozusagen das Motto des Kreuzzugs wurde: Tötet sie, Gott wird die Seinen erkennen[42].

---

[39] Vgl. konkret zum Verlauf und den Hintergründen der Albigenserkreuzzugs W. WAKEFIELD, Heresy, crusade and inquisition in southern France: 1100–1250, Los Angeles 1974; J. R. STRAYER, The Albigensian Crusades, Ann Arbor / Michigan 1992; J. SUMPTION, The Albigensian Crusade, London 1978. J. OBERSTE, Der Kreuzzug gegen die Albigenser. Ketzerei und Machtpolitik im Mittelalter, 2003.

[40] Petrus Vallium Sarnaii monachus, Hystoria Albigensis, P. GUEBIN / E. LYON (Hrsg.) (Société de l'Histoire de France) 3 Bde., Paris 1926–1939, hier Bd. 1, 214; GUILLELMUS DE PODIO LAURENTII CHRONICA, HRG. J. DUVERNOY, PARIS 1976, 70.

[41] Dies wiederum könnte auch so interpretiert werden, dass eine genaue Grenzlinie zwischen Katholiken und Katharern auch nicht zu ziehen gewesen war; dass sich vielmehr allein durch die Haltung gegenüber Rom Orthodoxie oder Häresie erwies, je nachdem, ob man bereit war, Gehorsam zu leisten oder nicht.

[42] ›Caedite eos. Novit enim Deus qui sunt eius‹, so berichtet einige Jahre später der deutsche Zisterziensermönch Cäsarius von Heisterbach, Dialogus miracolorum,

Und auch einige der Illustrationen zeigen die ganze Brutalität der Ketzerkreuzzüge: Diese Miniaturen illustrieren die bereits erwähnte Causa 23 des Dekrets und zeigen die Vermengung der geistlichen mit der weltlichen Sphäre auf ungeschönte Weise[43].

6. Inquisition

Und doch, trotz dieses brutalen Gewalteinbruchs in das Alltagsleben der Menschen im Midi, wurde der katharische Glaube noch nicht ausgerottet. Dies sollte erst einer juridischen Institution vorbehalten bleiben, die in mehr als einer Hinsicht Maßstäbe für die Zukunft setzte: der Inquisition.

Ursprünglich waren ja die Bischöfe die legitimen Glaubenshüter, in deren Händen denn auch die Formen der frühen Ketzerbekämpfung gelegen hatten. Diese Funktion blieb ihnen auch immer erhalten, sie waren die *iudicii ordinarii*, die üblicherweise zuständigen Ketzerrichter, und blieben dies auch immer.

Doch wurde ihnen im 13. Jh. eine Einrichtung zur Seite gesellt, deren Mitglieder als *iudicii extraorinarii* den Bischöfen zunächst nur komplementär beigegeben waren: Die vom Papst einzig zum Zweck der Ketzeraufspürung und -verurteilung eingesetzten Inquisitoren. Damit hatte sich der Begriff der *inquisitio* verselbständigt, vom rein technischen Begriff der Aufspürung wandelte er sich zu einem spezifischen Verfahrensbegriff und der ihn Ausführende war nun nicht mehr primär der Bischof oder ein päpstlicher Legat, sondern ein genau bezeichneter »Inquisitor«.

Gregor IX. hatte 1231 erstmals bestimmte Männer mit der Durchführung der *inquisitio hereticorum* beauftragt. Sie sollten gezielt »Ketzer« aufspüren, die Verdächtigen einem Verhör unterziehen und gegen sie unter

---

distinctio V, capitulum XXI. Cäsarius war zwar nicht als Augenzeuge bei den Vorgängen dabei, aber dürfte über das zisterziensische Netzwerk gut unterrichtet gewesen sein, war vielleicht auch aus erster Hand durch heimkehrende Kreuzfahrer über die Geschehnisse informiert worden. Im Gegensatz zu den meisten Historikern geht eine jüngere Spezialstudie von der Faktizität des Ausspruchs aus, vgl. J. Berlioz, »Tuez les tous, Dieu reconnaîtra les siens« : la croisade des Albigeois vue par Césaire de Heisterbach. Toulouse, 1994. Lange Jahre wurde die Historizität dieses Ausspruchs bezweifelt, doch Berlioz gibt überzeugende Argumente für die Faktizität dieser Worte. Doch ob nun dieser Befehl tatsächlich gegeben wurde oder nicht: Kein besserer Ausspruch wäre geeignet, das ungeheure Abschlachten in Béziers zu verdeutlichen.

43 Siehe Melnikas, The Corpus Of the Miniatures in the Manuscripts of Decretum Gratiani, Vol. I-III, Roma 1975-1977. Allgemein zur Ikonographie der ›Ketzer‹ die herausragende Studie von A. Trivellone, L'Hérétique Imaginé. Hétérodoxie et iconographie dans l'occident médiéval, de l'époque carolingienne à l'inquisition (Collection dÉtudes Médiévales de Nice 10), Turnhout 2009.

Maßgabe der päpstlichen Gesetze vorgehen. Der Bekannteste von ihnen dürfte der Beichtvater der hl. Elisabeth v. Thüringen, Konrad von Marburg sein. Am 13. April 1233 vertraute der Papst dann diese Aufgabe für ganz Frankreich dem Orden der Dominikaner an, die dort schon seit einem Jahr in der Ketzeraufspürung tätig waren. Die beauftragten Inquisitoren waren jetzt allein den päpstlichen Weisungen unterworfen und waren ausschließlich für ein Delikt verantwortlich, für das der Ketzerei[44].

Zwar können wir aus diesem Vorgehen ein wichtiges Kennzeichen der mittelalterlichen Inquisition entnehmen, dass sie nämlich lokal beschränkt war. Aber wir können zu diesem Zeitpunkt noch nicht einmal von einem Amt des Inquisitors ausgehen.

Allerdings zeichnet sich hier schon das Wesentliche im Begriff des Amtes ab, dass nämlich ein mit delegierter Gerichtsbarkeit ausgestatteter Ketzerverfolgungsspezialist mit dem Titel *Inquisitor haereticae pravitatis* von Beginn bis zum Ende selbständig ein entsprechendes Verfahren durchführt, wobei ihm für seine Nachforschungen und Ermittlungen ein Stab von Mitarbeitern zur Seite steht. Doch da diese frühen Ernennungen immer noch unter der Maßgabe eines bestimmten Zeitraumes stehen, werden wir wohl erst ab 1235 die entscheidenden Schritte zum Verständnis der Inquisition als Amt sehen können. In diesem Jahr nämlich schrieb der Papst an den Ordensprovinzial der Dominikaner in Frankreich und verwendete nachdrücklich und an mehreren Stellen den Begriff *negotium inquisitionis*. Dessen Wortgeschichte ist wiederum eindeutig in den Zusammenhang des *negotium pacis et fidei* einzupassen, von dem bereits Innozenz III. wiederholt in Bezug auf Südfrankreich sprach, und dessen Wahrung bereits ein Anliegen von Dominikus selbst gewesen war. 1246 wurde die Verknüpfung von pax, fides und Ketzerbekämpfung auf dem Konzil von Béziers direkt vorgenommen. Gregor also benützt die Formulierung *negotium inquisitionis*, aber erst unter Innozenz IV. lässt sich das nun als *officium inquisitionis* bezeichnete Institut als Amt im Sinne einer Ketzerverfolgungsbehörde verstehen, wofür besonders die von ihm 1252 erlassene berüchtigte Bulle *Ad extirpanda*, in der gleichzeitig mit den Dominikanern den Franziskanern dieses »Amt« übertragen wird, als Beweis

---

[44] P. Frederique (Hrsg.), Corpus Documentorum Inquisitionis Haereticae Pravitatis Neerlandicae, Gent/ Den Haag 5 Bde., 1889–1903, hier Bd. I, Nr. 89; aus der Fülle der Literatur vgl. etwa den kompakten Überblick von G. Schwerhoff, Die Inquisition. Ketzerverfolgung in Mittelalter und Neuzeit, München 1004 oder die spezialisierten Beiträge in P. Segl (Hrsg.), Die Anfänge der Inquisition im Mittelalter (Bayreuther Historische Kolloquien 7), Köln 1993.

gelten kann[45]. Mit der gleichen Bulle fasste Innozenz IV. alle vorigen päpstlichen Gesetze zusammen und legitimierte den Gebrauch der Folter.

7. Der Januskopf der Inquisition[46]

Schon vom 13. Jahrhundert an zeigt der Ketzerinquisitionsprozess eine starke Ambivalenz: Einerseits wurde durch die Anwendung der summarischen Prozessform tatsächlich »kurzer« Prozess gemacht, was vor allem die Verteidigungsmöglichkeiten der Verdächtigten beschränkte. Kennzeichen für diesen summarischen Prozess waren das Geheimhalten der Namen der Belastungszeugen und des genauen Inhalts der Protokolle und der Verhöre sowie das Verlangen, um jeden Preis zu einem Geständnis zu kommen. Ein genau differenziertes System von präzisen Nuancierungen der verschiedenen Verdachtsstufen – wobei man letztlich auch allein auf Grund von Verdacht verurteilt werden konnte – gehört wohl ebenso zur Schattenseite der Inquisition. Andererseits garantierten Rationalität und rationale Beweismethoden (Geständnis, Zeugenaussagen von Tatzeugen) einen Prozess, in dessen Verlauf man die Wahrheit über die tatsächliche individuelle Schuld herausfinden wollte. Diese Schuld konnte letztlich entweder nur durch zwei übereinstimmende Zeugenaussagen – vorgebracht durch untadelige, vertrauenswürdige Männer – oder durch eigenes Geständnis bewiesen werden. Dadurch wurde das Ende von nicht rationalen Prozessformen wie Gottesurteil oder Reinigungseid eingeläutet – auch wenn diese noch lange Zeit weiterhin existierten und in den Hexenprozessen zu neuer »Blüte« kommen sollten. Auch das Rechtsprinzip, dass die Obrigkeit bei schweren Delikten ohne private Anklage eingreifen und jemanden beschuldigen kann, verdankt sich den Gegebenheiten der Inquisition. Ebenso modern mutet die Bemühung an, »Experten«, also Mitglieder theologischer oder juristischer Fakultäten, um Gutachten zu bitten.

Doch da das Delikt, worüber die Inquisition zu verhandeln hatte, das Delikt der Ketzerei war, es also um ein »Gesinnungsdelikt« ging, wofür nun einmal keine »harten« Beweisen erbracht werden können, erscheinen diese »modernen« Aspekte oft fragwürdig, vor allem da sie flankiert wurden von Methoden zur Geständniserzwingung wie Beugehaft, Bespitzelung, Täuschung und Folter.

---

[45] Vgl. hierzu etwa auch P. SEGL, Einrichtung und Wirkungsweise der Inquisitio Haereticae Pravitatis im Mittelalterlichen Europa, zur Einführung, in: DERS., Die Anfänge der Inquisition, s.o., 1–38, besonders 7–9.

[46] Vgl. zum Folgenden schon meine Ausführungen in MÜLLER, Frauen, v. a. 350–422.

Der Erfolg der Inquisition war ohne Zweifel nicht zuletzt in der Tatsache der Zusammenarbeit mit den weltlichen Mächten begründet. Diese waren ja verantwortlich für die Ergreifung, die Gefangennahme, die Bewachung und letztlich für die Durchführung der weltlichen Strafen, inklusive der Verbrennung.

Gegen die sich immer mehr verfeinernden Verhörmethoden und das sich immer differenzierter entwickelnde Beweisrecht halfen denn letztlich weder List noch Gewalt. Selbst die Ermordung von Inquisitoren musste letztlich »uneffizient« bleiben.

Besondere Mittel des »normalen« Verfahrens waren:

- Fangfragen
- Beugehaft
- Psychischer Druck, auch im Hinblick auf die Familie
- Finanzieller Anreiz für Denunzianten

Besonderen Eindruck machte das ausgeklügelte Strafen- und Begnadigungsrecht, mit dem die Inquisitoren individuell umgingen.

Die schwerste Strafe, die Verbrennung, traf zwei Gruppen von Ketzern:

a) Die Hartnäckigen
b) Die Rückfälligen

Mit dem Ketzereiverdikt verbunden war immer Güterkonfiskation, die bürgerliche Entehrung bis ins dritte Glied, und die Niederbrennung des Hauses.

8. Die Inquisitoren[47]

Doch auch und gerade diejenigen, die häufig als blutrünstige und fanatische Verfolger dargestellt wurden und werden, handelten aus einer tiefen Spiritualität heraus und sahen sich in der direkten Nachfolge der Märtyrer. Obwohl sie selbst die Spirale der Gewalt in Gang gesetzt hatten, begriffen sie sich als Opfer von Gewalt. Gewalt erzeugt letztlich neue Gewalt.

Die päpstliche Ketzeraufspürungsorganisation war bekanntlich dem Orden der Dominikaner anvertraut, die sich ja gerade im Zusammenhang mit der Auseinandersetzung mit den Katharern in Südfrankreich gebildet hatten. Die Dominikaner können als Verfechter des Papsttums gelten, die schon aufgrund ihrer Ordensstatuten bestens geschickt waren, um diese Aufgabe zu erfüllen: Sie waren ja direkt dem Papst unterstellt, ihre Leitung war straff gegliedert und sie kannten keine benediktinische *stabilitas loci*,

---

[47] Vgl. zum Folgenden D. MUELLER, ›*Inquisitor ac persecutor ac malleus hereticorum, vir sanctus*‹. Die Inquisitoren und die Entwicklung einer veränderten Schuldauffassung im 13. Jahrhundert, in: Recto Ordine Procedit Magister. Liber amicorum E. C. COPPENS, ed. L. BERKVENS e. a. Brüssel 2012, 221–243.

mussten also nicht in dem Kloster verbleiben, in das sie eingetreten waren. Über ihr Selbstverständnis gerade in Hinsicht auf ihre Inquisitorentätigkeit berichten verschiedene Ordenschroniken, von denen für uns besonders zwei von Bedeutung sind: die frühe Chronik des Guillaume de Pelhisson, der vor allem die Bedingungen in der ersten Dominikanerniederlassung in Toulouse ab 1248 schildert, sowie die Ordensgeschichte, die durch Bernard Gui um 1314 verfasst wurde.

In diesen Selbstzeugnissen, die natürlich keineswegs als »neutrale« Berichte genommen werden dürfen, stellen sich die Dominikaner als die Verfolgten dar.

Diese Perspektive verdankte sich der Tatsache, dass sie schon in ihren Anfangsjahren einer erheblichen Gegenwehr der Bevölkerung ausgesetzt waren, die sich gegen die dominikanischen Aufspür- und Verurteilungsaktionen zur Wehr setzte.

Dies begann schon sehr früh. Symptomatisch ist Vertreibung der Dominikaner aus Toulouse im Jahre 1234: Die Inquisitoren hatten den Auftrag gegeben, die Gebeine einer allseits geschätzten Bürgerin auszugraben und auf dem Scheiterhaufen zu verbrennen, nachdem sie posthum als Ketzerin verurteilt worden war. Die aufgebrachte Bevölkerung von Toulouse, die dies simpel als Leichenschändung betrachtete, vertrieb die Brüder mit Gewalt aus dem Kloster und erst zwei Jahre später konnten die Dominikaner wieder nach Toulouse zurückkehren.

Prägnant waren die fortgesetzten Attacken und gewaltsamen Übergriffe auf Inquisitoren, die auch in deren Ermordung gipfelten: so wurden 1242 die Inquisitoren mit ihrem Gefolge in Avignonet ermordet – was den Auftakt zur Erstürmung der letzten Katharerhochburg Montségur bildete – und 1252 ereilte Petrus von Verona in Italien dasselbe Schicksal. All dies erschien den Dominikanern Grund genug, sich selbst in die Rolle von Blutzeugen zu stilisieren. So wurde der ermordete Petrus von Verona schon ein Jahr später heilig gesprochen, und zwar genau mit dem Rekurs auf seine »Märtyrerschaft«. Und wenn Bernard Gui eindringlich die Leichenexhumierung seines Mitbruders Bernard de Caux 1304, rund 70 Jahre nach dessen Tod schildert, so wird deutlich, dass Gui – und mit ihm seine Toulouser Mitbrüder – in dem toten Inquisitorkollegen einen Heiligen sahen: die Leiche nämlich sei unversehrt von Verwesung gefunden worden, nur die Nase und sein »membrum virilis« waren abgebrochen, ansonsten habe der süße Duft der Heiligkeit ausgebreitet. Für Gui war Bernard de Caux ein Heiliger, der sich im Dienst seines schweren Amtes geduldig im Erleiden der Anfeindungen und Verfolgungen durch die Ketzer erwiesen hatte und der gerade als Inquisitor ein besonders vorbildhaftes Leben im Kampf um und für Christus geführt hatte.

Die Inquisitoren verstanden sich demnach als Verfolgte um des Glaubens willen, die bereit waren, ihr Blut zu geben für die Bewahrung und Verbreitung des wahren Glaubens. Hatten die frühen Märtyrer ihr Blut vergossen in der Blutfolge Christi um dem heidnischen Irrglauben zu widerstehen, so waren die Inquisitoren bereit sich zu opfern um der Verfälschung des wahren Glaubens Christi durch die Ketzer zu entgehen. Hatten die Ketzer – genauer die Katharer – in ihren zentralen Stellungen immer wieder auf ein immaterielles Leiden von Christus verwiesen – dem wirkliche Körperlichkeit und körperliches Leiden abgesprochen wurden – so unterstrichen die Inquisitoren gerade die körperliche Passion Christi, in dessen Leidensnachfolge sie sich sahen.

9. Strafe

Was andererseits die Folgen ihres Handelns für die betroffenen Katharer anging, waren die Inquisitoren nicht in der Lage, diese als von ihnen verhängtes Leiden und nicht nur als (gerechte) Strafe wahrzunehmen, obwohl sich mit der Errichtung der päpstlichen Ketzerverfolgungsbehörde auch der Charakter von Strafe verändert hatte.

Begriffe wie »Strafe« waren ja spätestens seit der Auslegung des Augustinus[48] im kirchlichen Bereich bekannt. Hier wurde, noch weit in das 13. Jahrhundert hinein, der »heilende«, sozusagen medizinische, bessernde Aspekt als spezifisch kirchlich gesehen, im Gegensatz zu den von der weltlichen Obrigkeit verhängten Strafen, die Vergeltungscharakter besaßen. Doch hatte bereits Augustinus die Weichen gestellt, um trotz des spezifisch kirchlichen Besserungsaspekts Strafe auch und gerade in der Zusammenarbeit mit der weltlichen Macht als für die Kirche legitimes Mittel herauszuarbeiten. Schon für ihn war das »Fallbeispiel« dabei das Delikt der Häresie: Gegenüber der Häresie und dem Schisma veränderte Augustinus nämlich sein Grundverständnis von *tolerantia* grundlegend. Hier war er der Überzeugung, dass, wenn der Normalfall der *tolerantia* nichts ausrichtete, um Häretiker von ihren irrigen Meinungen abzuhalten, Gewalt, ja *terror*, durchaus gerechtfertigt sei[49]. Von hier aus also bezogen die Dominika-

---

48 Vgl. zum Folgenden auch detailliert D. MUELLER, Der augustinische Häresiebegriff als Grundlage für die Ketzerverfolgung im Mittelalter, in: J. A. VAN DEN BERG u.a. (Hrsg.), In Search of Truth. Augustine, Manichaeism and other Gnosticism (Nag Hammadi and Manichaean Studies 74), Leiden 2010, 139–155).

49 Vor allem zu den Extremen »tolerantia« und »terror« vgl. die grundsätzlichen Überlegungen von KL. SCHREINER, »Duldsamkeit« (tolerantia) oder »Schrecken« (terror): Reaktionsformen auf Abweichungen von der religiösen Norm, untersucht und dargestellt am Beispiel des augustinischen Toleranz- und Gewaltkonzeptes, in: D. SIMON (Hrsg.), *Religiöse Devianz*, Frankfurt a. M. 1990, 159–210.

ner ihre Selbstbestätigung, wenn sie davon sprachen, »ad terrorem multorum« als Inquisitoren wirksam sein zu wollen. In dieser Tradition verstanden sie den von ihnen bewusst als Mittel eingesetzten Terror.

Mit Augustinus erkennen sie also Schrecken und Gewalt als legitime Mittel der Bekehrung an, da diese erschüttern und auf neue Wege leiten können. Durch sie würden Irrtum und Bosheit gereinigt, die Ketten der Verstocktheit gebrochen, würde der Weg zum Glauben geebnet. Durch Bestrafung wird Gelegenheit zur Besinnung gegeben. Strafe erscheint so als Form der Liebe, da sie den Bestraften besser und gläubiger mache[50]. Schrecken zu erzeugen diene letztlich der Rettung der Seelen der Irrenden und Verlorenen. Der von den Gesetzen ausgehende Schrecken (*legum terror*) ist für Augustinus eine heilsame Last (*medicinalis molestia*), die besonders Verstockten und Erkalteten helfe, die anders nicht zu bessern wären[51]. Somit sind Furcht und Schrecken nach Augustinus in der Lage, sittliche Voraussetzungen und geistige Dispositionen zu schaffen, die zu richtigen und guten Glaubensentscheidungen bewegen. Vor diesem Hintergrund nun kann auch eine Linie gezogen werden zu Überlegungen, dass auch die Folter im letzten »heilsam« sei, da sie die verstockt Leugnenden zurück auf den Weg der Wahrheit führe. Nur indem sie zum »Bekennen« der eigenen Verfehlungen gebracht werden konnten, schien Rettung (der Seelen) möglich. Und wie auch Paulus nur durch körperliche Strafe genötigt zum gläubigen Christen geworden sei[52], so diente letztlich der Zwang, der selbstverschuldete Hartnäckigkeit bricht, dem Heil des Irrenden. Gewissermaßen »spezialpräventiv« kann die Folter als Rettung der Seele verstanden werden, indem sie den Weg zum heilsnotwendigen Geständnis ebnet[53].

Flankierend wurde mit der Rezeption des römischen Rechts auch die Legitimierung der Kaisergesetze als Mittel der göttlichen Vorsehung übernommen: Hierdurch gewannen diese einen neuen Charakter: Die Gesetze stellten nun nicht mehr primär einen Strafkodex dar, sondern wurden als »heilende« Strafen mit dem Ziel der Bekehrung der Sünder angesehen. Damit aber hatte Augustinus nicht nur die Begrifflichkeit der Häresiebekämpfung vorgegeben, sondern auch die christliche Legitimierung der

---

[50] ep. 93, III.

[51] ep. 185, VII, 26.

[52] Augustinus, epist. 185, VII, 22.

[53] Zur Entwicklung der Folter auch unter dem Aspekt der Seelenrettung vgl. mit vielen Belegen M. Schmoeckel, Humanität und Staatsraison. Die Abschaffung der Folter in Europa im Rahmen der Entwicklung des gemeinen Starfprozeß- und Beweisrechts seit dem hohen Mittelalter, Wien 2000.

verfolgenden Strafinstanz – wobei sowohl Papst wie Kaiser sich in der Nachfolge der römischen Kaisertradition sahen.

Der Dominikaner Thomas von Aquin unterscheidet dann bravourös als Scholastiker drei Arten von Strafe: Die wiedergutmachende, die einfache und die medizinische[54]. Die Gesetzgebung gegen Ketzer diente als Einfallstor um den vindikativen Charakter von Strafe im kirchlichen Bereich stärker als bisher zu betonen: Die ersten Schritte, die gegen Ketzer und Ketzerinnen unternommen wurden, stellten den »Besserungsgrundsatz« noch deutlich dar; selbst die Exkommunikation wurde, etwa von Bernhard von Clairvaux, noch als Mittel gesehen, die Schuldigen zur Umkehr zu bewegen. Jedoch kann nicht übersehen werden, wie sehr sich im Laufe der Arbeit der Inquisitionstribunale auch der Strafcharakter änderte, bis kein qualitativer Unterschied mehr zum Verständnis von Strafe im weltlichen Recht zu erkennen war. Hören wir etwa den gerade erwähnten Thomas von Aquin: Ketzer verdienten es, ihrer »Sünde« wegen *»nicht nur durch Exkommunikation von der Kirche getrennt zu werden, sondern auch durch den Tod von der Welt«*[55].

Bei Sanktionen wie der Exkommunikation, der Kontumaxerklärung, der Güterenteignung und der Auslieferung an den weltlichen Arm – zwecks Ausführung der Todesstrafe – ist der Besserungsaspekt jedenfalls stark in den Hintergrund getreten. Die rechtlichen Konsequenzen betreffen zudem auch den Bereich der weltlichen Strafe. Bei allen anderen Sanktionen stand der Reue- und Sühnegedanke im Zentrum.

Nicht vergessen werden sollte allerdings, dass stets neben der päpstlichen Inquisition auch andere Tribunale mit der Ketzerverfolgung befasst waren. Zu erwähnen ist hier die bischöfliche Gerichtsbarkeit, deren bekanntester Vertreter spätestens seit dem internationalen Bestseller von Emmanuel Le Roy Ladurie Bischof Jacques Fournier war, der später als Papst Benedikt XII. in Avignon Karriere machte. Ebenso kam es immer wieder zu Verfahren vor den lokalen weltlichen Gerichtsbarkeiten, die von Beginn an ein lebhaftes Interesse an der Verfolgung und Unschädlichmachung der Ketzer und Ketzerinnen hatten, war doch die weltliche Macht

---

54 So in S. Th. II qu. 87. a. 8: *»[...] quod si loquamur de poena satisfactoria....si autem loquamur de poena pro peccato inflicta, inquantum habet rationem poenae...si autem loquamur de poena, quae habet rationem medicinae [...]«*

55 *»Ex parte quidem ipsorum est peccatum per quod meruerunt non solum ab Ecclesia per excommunicationem seperari, sed etiam per mortem a mundo excludi«*, S. Th. II–II q. 11 a. 3. Näheres zu seiner Straftheorie bei Harald Maihold, Strafe für fremde Schuld? (Konflikt, Verbrechen und Sanktion in der Gesellschaft Alt Europas, Symposien und Synthesen) Köln 2006, hier 152–169.

in ihrer Ausübung durch das theologische Konzept legitimiert, das dem König/Kaiser eine von Gott geschenkte Machtausübung zuerkannte.

10. Fazit

»Ketzer« waren keine Menschen »wie Du und ich«: Sie waren Männer und Frauen, die von tiefer Religiosität und dem Wunsch nach spiritueller Vervollkommnung getrieben waren und dabei die Verantwortung des einzelnen vor Gott anstatt der institutionellen Absicherung des Heils durch die Kirche betonten. Dabei spielten für sie weniger die Buchstaben des Glaubens als vielmehr die praktischen Konsequenzen daraus die übergeordnete Rolle. Lebenswege wollten sie finden, die sie zur Erlösung führten. Der durch Machtkämpfe und Ausschweifung korrumpierte Weg der hierarchischen Kirche erschien ihnen als zu lax. In ihrem Anliegen waren sie dabei nicht weniger radikal als ihre kirchlichen Gegner, ihre Kompromisslosigkeit macht oft betroffen. Sie wurden von der herrschenden Meinung, also der Meinung der Herrschenden, ins Abseits der Außenseiter gedrängt. Sie gingen den Streit um die Wahrheit an – und dieser Streit war oft tödlich.

Da für die katholische Kirche das Konzept der Einheit gerade im Mittelalter unter dem Begriff der *christianitas* soziale und politische Sprengkraft erfuhr, schienen Andersdenkende und Andersglaubende keinen Platz mehr in der christlichen Gesellschaft haben zu können. Mit allen Mitteln, von Propaganda in Wort und Bild, bis zu den organisierten Verfolgungen durch die Inquisition, kämpften Kaiser und Papst gegen die Vertreter eines alternativen Christentums, das auch die soziale Ordnung infrage gestellt hätte.

Doch mit der immer mächtiger werdenden Bildproduktion wurden auch immer mehr Ängste geschürt; der Teufel als der Vater der Ketzer war nun überall anwesend. Das »Erbe« der Ketzer war denn auch ein gesteigerter Teufelsglaube und eine gesteigerte Angst vor der Allmacht des Bösen.

Der von der Ketzerverfolgungsbehörde angewandte Prozess ging mit der fortschreitenden Akzentuierung des Delikts Häresie als »Magie« in die Hände der weltlichen Gerichtsbarkeit über, wo er in Gestalt des Hexenprozesses – unter weitergehender Einschränkung der Verteidigungsmöglichkeiten – eine neue, traurige Aktualität erfuhr.

Bei alledem kann nicht übersehen werden, dass Gewalt von Christen gegen Christen zwei spezifische Kennzeichen zeigt, die deutlich machen, dass diese Gewalt nicht ohne Verbiegungen »nur« als weitere Spielart politisch-sozialer Spannungen gesehen werden kann. Denn auch wenn uns Heutigen der genuin religiöse Rahmen vielfach fremd erscheint: Die Kompromisslosigkeit, mit der Christen gegen Christen vorgingen, verdankt sich konstitutiv der Sorge um das Seelenheil. Wir haben keinen plausiblen Grund anzunehmen, dass der ständig und in vielfältigem Kontext vorkommende Hinweis auf die »salus animarum« nur vorgeschoben gewesen sei. In einer solchen Unterstellung, die von den Quellen her keine Deckung erfährt, zeigt sich viel eher die »aufgeklärte« Mentalität des Westeuropäers, dem das – im Normalfall lange währende – irdische Leben als das höchste Gut erscheint, neben dem die Sorge um das längst nicht mehr als sicher angenommene Weiterleben im Jenseits verblasst und ganz sicher nicht mehr der letzte Grund des Daseins ist.

In der Auseinandersetzung mit den Katharern aber zeigt sich, dass beide Seiten – Kirche wie Ketzer, um es bei diesen Begrifflichkeiten zu lassen – weder vor Gewalt noch vor Tod zurückschreckten, um das ihrer Überzeugung nach wichtigste Gut zu retten: Die Seele.

Hiermit erklärt sich auch der andere genuine Aspekt in der Frage nach der Gewaltanwendung als religiöses Phänomen: Weil es um das höchste Gut ging, die Seele aber nicht direkt und materiell beeinflusst werden konnte, musste zu ihrer Rettung oft der Weg über den Körper genommen werden, denn wie schon die Scholastiker prägnant formulierten: *Anima forma corporis*[56]. Das aber bedeutete, in der Folge der augustinischen Lehre, dass die Seele zur Einsicht kommen und damit gerettet werden konnte, wenn der Körper misshandelt und auf dem Weg der Gewalt zur Umkehr veranlasst werden konnte. Gewalt war so gesehen nie Selbstzweck oder reiner »Bestrafungsimpuls«, sondern immer Mittel zum Zweck. Dass die ausschließliche Konzentration auf diesen Zweck oft genug aber das konkrete Leiden verdeckte, das dann im Dienste des »Höheren« gar nicht mehr wahrgenommen wurde, zeigt die Anfälligkeit und die Gefährlichkeit der Gewalt im religiösen Bereich.

---

[56] Vgl. D. Mueller, Askese und Ekstase. Im Körper Gott erfahren, in: Der Körper und die Religion. Das Problem der Konstruktion von Geschlechterrollen, E. Klinger/ St. Böhm / Th. Seidl (Hrsg.), Würzburg 2000, 185–205.

Petr Hlaváček

Zwischen Gewalt und Toleranz

Die unsichere Existenz der Brüderunität im spätmittelalterlichen Böhmen

Schon im 13. Jahrhundert tauchte im Milieu der politischen, kirchlichen und intellektuellen Eliten Böhmens eine Selbststilisierung auf, der zu Folge gerade die Tschechen (»sacrosancta natio bohemica«) das »neue Israel« seien, eine auserwählte Nation, die zur Erneuerung der Kirche und der ganzen Christenheit ausgewählt wurde. Dieses Phänomen können wir auch unter anderen politischen Nationen des Mittelalters und der Frühen Neuzeit feststellen, wie z.B. bei den Franzosen, Deutschen, Engländern, Schweden oder Polen. Die endlich vollbrachte »translatio imperii ad Bohemos« in der Zeit des böhmischen Königs und Kaisers Karl IV. festigte das Selbstbewusstsein der Tschechen als eine Reichsnation noch mehr. Dieser tschechische Messianismus mündete um 1400 in die böhmische Reformation und das Hussitentum, vor allem nach der Verbrennung des Prager Theologen und Predigers Jan Hus in Konstanz 1415.[1]

---

[1] Petr Hlaváček, Die Christenheit oder Europa. Zu konfessionell-geographischen Vorstellungen im Böhmen des 15. und 16. Jahrhunderts, in: Formierungen des konfessionellen Raumes in Ostmitteleuropa. Hg. v. Evelin Wetter, Stuttgart 2008 (Forschungen zur Geschichte und Kultur des östlichen Mitteleuropa, Bd. 33), 319–331; Ders., Christianity, Europe, and (Utraquist) Bohemia: The Theological and Geographic Concepts in the Middle Ages and Early Modern Times, in: The Bohemian Reformation and Religious Practice 7 (Filosofický časopis: Supplementum I). Eds. Zdeněk V. David/ David R. Holeton, Prague 2009, 19–41; Ders., Le Coeur de l'Europe? À la recherche d'un nouveau rôle ecclésiastique et culturel pour la Bohême au Moyen Âge et au début de l'époque moderne, in: Marie-Madeleine de Cevins (Hrsg.), L'Europe centrale au seuil de la modernité. Mutations sociales, religieuses et culturelles (Autriche, Bohême, Hongrie et Pologne, fin du XIVe-milieu du XVIe siècle), Rennes 2010, 37–56.

Im Böhmischen Königreich wirkte dann keine Inquisition; im Gegenteil: nach Böhmen wanderten viele christliche Nonkonformisten aus, sowohl aus den deutschen, österreichischen und polnischen Ländern als auch aus Frankreich und sogar aus England. »Die Offenbarung der Wahrheit des Kelches« gab der böhmischen Reformation mit der Entdeckung dieser altchristlichen Praxis ein sehr wichtiges Symbol der beabsichtigten Rückkehr zur »ecclesia primitiva«. Das christliche Europa warf sich diesen »ketzerischen« Tschechen (sog. Hussiten) entgegen, in vier Kreuzzügen allein zwischen 1420 und 1431. Diese Gewalt rief eine Gegenreaktion hervor: Jan Žižka von Trocnov, der sich zum neuen Judas Makkabäus stilisierte, führte einen gleich grausamen »heiligen Krieg« gegen die Römische Kirche als Antichrist.[2]

Die »Hussitenkriege« waren also voll von vernichtender Gewalt von beiden Seiten. Die römische Kirche, damals die Mehrheitskirche des Abendlandes, war jedoch mit ihren Kreuzzügen nicht erfolgreich; sie musste mit den Tschechen, die sich als »suprakatholisch« fühlten, verhandeln. Das Ergebnis war ein Kompromiss in Form der sog. Basler Kompaktaten aus dem Jahre 1436. Diese – aus gesamteuropäischer Sicht – frühzeitige Reformation war eigentlich siegreich. In den böhmischen Ländern etablierte sich in der Konsequenz eine autonome ekklesiale Einheit, nämlich die böhmische utraquistische Kirche. Die Utraquisten hielten sich für einen untrennbaren Bestandteil der alten Kirche, deren theologische Traditionen sie treu pflegten, und standen zugleich in diplomatischem Kontakt mit der griechischen sowie armenischen Kirche. Sie beharrten auf dem Laienempfang des Altarsakraments unter beiderlei Gestalt und der Kinderkommunion, neben dem Latein benutzten sie in der Liturgie auch Tschechisch und sie verehrten den heiligen Jan Hus als Märtyrer und Landespatron. Gleichzeitig plädierten sie sehr kritisch für eine neue Definition der Katholizität (d.h. Universalität) der Kirche, die nicht identisch mit der Konformität mit dem römischen Bischof sein sollte. Außer der böhmischen utraquistischen Kirche, die eine große Mehrheit der Bevölkerung in Böhmen umfasste, existierte dort zugleich eine kleine und theologisch sehr radikale Taboritenkirche. Diese eigentlich erste wirkliche Reformationskirche verabschiedete sich von den theologischen Postulaten der Römischen Kirche, besonders von der Camouflage der »suc-

---

[2] Dazu allgemein: FRANTIŠEK ŠMAHEL, Die Hussitische Revolution Bd. 1–3, Hannover 2002. Vgl. PETR HLAVÁČEK, Beginnings of Bohemian Reformation in the Northwest: The Waldensians and the Reformers in the Deanery of Kadaň at the Turn of the Fourteenth Century, in: The Bohemian Reformation and Religious Practice, Vol. 4 (Papers from the IV. International Symposium, Prague 2000) Hg. v. ZDENĚK V. DAVID / DAVID R. HOLETON, Prague 2002, 43–56.

cesio apostolica«. Die Taboritenkirche wurde jedoch 1452 unterdrückt und im Böhmischen Königreich kam es zur förmlichen Bestätigung der Bikonfessionalität.[3]

Um den Prager gewählten utraquistischen Erzbischof Jan Rokycana sammelte sich damals eine kleine Reformkommunität von Adel und Bürgertum. Ihre Anhänger strebten nach einer Erneuerung der Kirche, sie waren unzufrieden mit der theologischen Halbherzigkeit der Utraquisten gegenüber der Papsthegemonie. Die Kommunität blieb im Kontakt z.B. mit Peter Payne, dem Prager utraquistischen Theologen englischer Herkunft, und sie suchte auch Inspiration bei dem alten südböhmischen Taboritentheologen Petr Chelčický sowie bei den deutschsprachigen Waldensern. Im Jahre 1457 verließ sie auf Empfehlung von Rokycana und mit Unterstützung des Königs Georg von Podiebrad Prag, um sich in Kunwald in Ostböhmen zu niederlassen. Obwohl die neu gegründete Brüderunität damals eher eine fromme Reformkommunität der Brüder und Schwestern war, sahen viele Utraquisten und Katholiken in ihrer Existenz eine Verletzung der Basler Kompaktaten.[4]

Zur ersten Verfolgung der Brüderunität kam es schon 1460, und zwar auf Anregung des Königs Georg von Podiebrad. Der König selbst gehörte zu den Mitgliedern der böhmischen utraquistischen Kirche und er respektierte in den böhmischen Ländern auch die Römische Kirche, die in Böhmen nur eine kleine Minderheit bildete. Die Existenz der Brüderunität bedeutete jedoch ein kirchenpolitisches Problem, denn sie störte erneut die zerbrechliche Toleranz zwischen den beiden ofiziellen Konfessionen.[5] Mit der Persekution der Brüderunität wehrte sich König Georg gegen den Vorwurf der Ketzerei.[6] Besonders hart wurde 1461 gegen Brüder in der Prager Neu-

---

[3] PETR HLAVÁČÉK, Confessional Identity of the Bohemian Utraquist Church: the transfer of priests from the *sub una* to the *sub utraque* obedience. In: The Bohemian Reformation and Religious Practice, Vol. 6 (Papers from the Sixth International Symposium, Prague 2004). Hg. v. ZDENĚK V. DAVID / DAVID R. HOLETON, Prague 2007, 209-213.

[4] Zur Verfolgung der Brüderunität z.B. JOSEF MACEK, Víra a zbožnost jagellonského věku (Glaube und Frömmigkeit der Jagiellonenzeit), Praha 2001, 321-335; vgl. ERHARD PESCHKE, Die böhmischen Brüder im Urteil ihrer Zeit, Stuttgart 1964, 65-70.

[5] Zum allgemeinen Toleranzbegriff in der Geschichte z.B. HEINRICH SCHMIDINGER (Hrsg.), Wege zur Toleranz. Geschichte einer europäischen Idee in Quellen, Darmstadt 2002, 13-19. Vgl. FERDINAND SEIBT, Das Toleranzproblem im alten böhmischen Staat. In: Bohemia 16/1, 1975, 39-50.

[6] Dazu PETR HLAVÁČÉK, Im Dienst der Christenheit: Der Franziskaner und Diplomat Gabriel Rangoni von Verona (†1486) und seine Wirkung in Italien und Ostmitteleuropa, in: Hofkultur der Jagiellonendynastie und der verwandter Fürstenhäuser

stadt vorgegangen, wo die Anzahl ihrer Anhänger auch unter den Studenten der Prager utraquistischen Universität rasch wuchs. Der Stadtrichter sollte einige Brüder verhaften und sogar foltern. Bruder Řehoř Krajčí, der zur Kirchenleitung der Brüderunität gehörte, schrieb noch 1461 an Vaněk Valečovský, den königlichen Unterkämmerer und Ratgeber. Er bemühte sich ihm zu erklären, dass jede Glaubensverfolgung theologisch falsch wäre, und er verwies auf die religiöse Toleranz, die seiner Meinung nach im Römischen Reich oder im damaligen Polen oder sogar im Osmanischen Reich herrschte. Ähnlich schrieb der Priester Martin von Krčín 1463 aus dem Gefängnis an den Prager utraquistischen Erzbischof Rokycana. Krčín legte dar, dass die Brüderunität sich zwar in ihrer liturgischen Praxis von der böhmischen sowie der römischen Kirche unterschied, sich jedoch zum gleichen christlichen Glauben bekannte. Die gefangenen Brüder erwarteten, sie würden als Ketzer verbrannt, aber dazu kam es nicht. Sowohl König Georg von Podiebrad als auch der Prager utraquistische Erzbischof Jan Rokycana lehnten die Tötung dieser christlichen Nonkonformisten ab. Im Übrigen wäre nach den langen Hussitenkriegen eine Hinrichtung aus Glaubensgründen Mitte des 15. Jahrhunderts auch für die Mehrheit der böhmischen Gesellschaft nicht akzeptabel gewesen. Die Verfolgung mit ihrem Höhepunkt in den Jahren 1461 bis 1464 blieb daher eine eher formale Angelegenheit und stellte mehr einen Versuch dar, die Brüderunität zu marginalisieren, denn keines ihrer Mitglieder wurde hingerichtet.

Nach dem Jahre 1464 entwickelte sich die Brüderunität von der ursprünglichen Reformbruderschaft im Rahmen der böhmischen utraquistischen Kirche bewusst zu einer ganz selbstständigen eklesialen Entität. Als eine autonome Kirche konstituierte sie sich im Jahre 1467, als sie offiziell auf die so genannte »successio apostolica« verzichtete und ihre eigenen Bischöfe und Priester wählte und ordinierte. Für den höchsten Bischof der Kirche hielt die Brüderunität Christus selbst. In der gleichen Zeit musste sich das Böhmische Königreich gegen einen neuen Kreuzzug mit dem ungarischen König Matthias Corvinus an der Spitze verteidigen. Genau im Jahre 1467 wurde in Olmütz nach dreijähriger Haft Jakub Chulava, Mitglied der Brüderunität, auf Befehl des dortigen katholischen Bischofs, Prothasius von Boskovice, verbrannt.[7]

1468 bemühte sich die Brüderunität, auch dem utraquistischen Erzbischof Rokycana ihre Trennung von der Römischen Kirche zu erläutern, zu-

/ The Culture of the Jagellonian and Related Courts. Hg. v. Urszula Borkowska / Markus Hörsch (Studia Jagellonica Lipsiensia 6), Ostfildern 2010, 107–118.

7 Ferdinand Hrejsa, Dějiny křes'anství v Československu (Die Geschichte des Christentums in der Tschechoslowakei), Bd. III, Praha 1948, 218, 224.

nächst mittels einer Botschaft, nachfolgend in einer Reihe von Briefen. Ihre Entscheidung bezeichneten die Brüder als die »Flucht aus Babylon«. Rokycana wurde von ihrer theologischen Radikalität überrascht, trotzdem respektierte er ihren Standpunkt. In Juli 1468 entstand ein tschechischer »allgemeine(r) Brief an alle«, nämlich eine Erklärung der Brüderunität gegenüber König Georg von Podiebrad und der böhmischen Öffentlichkeit, vor allem den böhmischen Ständen. Darin forderte sie konfessionelle Toleranz. Jetzt reagierte der Erzbischof Rokycana mit einem Hirtenbrief »gegen Pikharten in Böhmen und Mähren«, in dem er die Theologie der Brüder und vor allem die formale Trennung auch von der böhmischen utraquistischen Kirche kritisierte. In Ostböhmen wurden einige Brüder verhaftet, vier von ihnen starben sogar im Gefängnis. Zur Verfolgung kam es jetzt in vielen böhmischen Städten, beispielsweise in Louny, Chrudim, Beroun, Čáslav, Prag, Königgrätz und Kuttenberg. Nach 1468 wurde der Priester Michal von Žamberk auf der Burg Brüx in Nordwestböhmen in Haft gehalten, der Mälzer Simon, gleichfalls Anhänger der Brüderunität, wurde in Poděbrady öffentlich verbrannt. Doch das war eine Ausnahme. Die Brüderunität wehrte sich gegen solche Maßnahmen durch weitere öffentliche Briefe und Schriften.[8]

In den Kriegswirren der Podiebrader- und Jagellonenzeit, als das Böhmische Königreich mit neuen päpstlichen Kreuzzügen und anderen antihussitischen Aktionen konfrontiert wurde, etablierte sich in den böhmischen Ländern eine konfessionelle Toleranz »aus der Notwendigkeit«, die nicht nur utraquistische und römische Kirche, sondern auch die Brüderunität umfasste. Im Jahre 1479 kamen sogar mehrere von der Inquisition verfolgte waldensische Familien aus Brandenburg nach Böhmen, und damit entstand auch der deutschsprachige Zweig der Brüderunität.[9] Kurz gesagt, Böhmen galt damals als ein Land der religiösen Freiheit, z.B. für mitteleuropäische sowie norditalienische christliche Nonkonformisten.

Die wichtigste Zäsur in der Geschichte der christlichen Toleranz im böhmischen Kontext bedeutete allerdings der Frieden von Kuttenberg aus dem Jahre 1485. Auf seiner Grundlage konnte sich in Böhmen jedermann – Adelige, Bürger sowie Untertanen – entscheiden, welcher Konfession er zuneig-

---

[8] Winfried Eberhard, Konfessionsbildung und Stände in Böhmen 1478–1530, München-Wien 1981, 41–73; dazu ergänzend Ders., Das Problem der Toleranz und die Entwicklung der hussitisch-katholischen Koexistenz im 15. Jahrhundert, in: Die Hussitische Revolution. Religiöse, politische und regionale Aspekte. Hg. v. Franz Machilek, Köln/ Weimar/ Wien 2012, 93–105.

[9] Dietrich Kurze, Märkische Waldenser und Böhmische Brüder: Zur brandenburgischen Ketzergeschichte und ihrer Nachwirkung im 15. und 16. Jahrhundert, in: Festschrift für Walther Schlesinger, Bd. 2, Hg. v. Helmut Beumann, Köln/ Wien 1974, 456–502

te, ob zur utraquistischen oder römischen Kirche. Die Brüderunität allerdings wurde erneut übergegangen, obwohl sie sich um die offizielle Tolerierung aller drei Konfessionen, resp. Kirchen seitens ihrer Vertreter bemühte. Ohnehin bis 1503 herrschte in den böhmischen Ländern insofern eine konfessionelle Aussöhnung insofern, als sich die Brüder, Utraquisten und Katholiken nur literarisch bekämpften.[10] In den Jahren 1500 bis 1505 wirkte zwar in Böhmen und Mähren der »berühmte« päpstliche Inquisitor Heinrich Institoris, der berüchtigte Autor der Schrift »Malleus Maleficarum«. Aber ist es symptomatisch, dass niemand seine Inquisitionsbemühungen ernst nahm, selbst die Katholiken nicht. Der »Brachium saeculare« stand ihm sozusagen nicht zur Verfügung und so musste der alternde Dominikanerinquisitor mit den Theologen der Brüderunität, z.B. mit Vavřinec Krasonický, regulär disputieren. In Mähren verspotteten ihn sogar die Franziskaner als einen »apostolus«, »sed non Christi«.[11]

Im Jahre 1503 verhandelten die Vertreter der böhmischen Stände mit dem böhmischen und ungarischen König Wladislaus Jagello in Buda die Angelegenheit der immer weiter erstarkenden Brüderunität. Die utraquistischen Aristokraten wie Vilém Kostka von Postupice, Vilém von Pernstein oder Albrecht Rendl von Oušava unterstützten die gewaltlose Behandlung gegen Brüder und ordentliche theologische Disputationen. Im Gegensatz dazu riefen die Katholiken mit Albrecht von Kolowrat und Peter von Rosenberg an ihrer Spitze nach ihrer physischen Liquidierung. Die Utraquisten bestanden auf Toleranz, und sie weigerten sich, die Brüderunität in ihrem Herrschaftsbereich zu verfolgen. Deshalb entschied sich König Wladislaus für die Verfolgung wenigstens in den eigenen königlichen Städten. Am 3. Juli 1503 ordnete er an, Anhänger der Brüderunität von dort zu vertreiben.

---

[10] Winfried Eberhard, Entstehungsbedingungen für öffentliche Toleranz am Beispiel des Kuttenberger Religionsfrieden von 1485, in: Communio Viatorum 29, 1986, 129–154; vgl. Petr Hlaváček, Die Franziskaner-Observanten zwischen böhmischer und europäischer Reformation. Ein Beitrag zur Religionsgeschichte Ostmitteleuropas, in: Kirchliche Reformimpulse des 14./15. Jahrhunderts in Ostmitteleuropa. Hg. von Winfried Eberhard / Franz Machilek (Forschungen und Quellen zur Kirchen- und Kulturgeschichte Ostdeutschlands, Band 36), Köln/ Weimar/ Wien 2006, 295–326; Ders., Catholics, Utraquists and Lutherans in Northwestern Bohemia, or Public Space as a Medium for Declaring Confessional Identity, in: Public Communication in European Reformation. Artistic and other Media in Central Europe 1380–1620. Hg. v. Milena Bartlová / Michal Šroněk, Prague 2007, 279–297.

[11] Petr Hlaváček, Die böhmischen Franziskaner im ausgehenden Mittelalter. Studien zur Kirchen- und Kulturgeschichte Ostmitteleuropas (Forschungen zur Geschichte und Kultur des östlichen Mitteleuropa, Bd. 40), Stuttgart 2011, 114–115.

Viele Brüdergemeinden zogen sich zurück, während die katholischen und auch einige utraquistische Priester gegen sie als Ketzer predigten. Lukas von Prag, der führende Theologe der Brüderunität, verfasste noch 1503 eine tschechische Apologie, die er dem König nach Ungarn schickte. Bald ereigneten sich einzelne fanatische Exzesse. Zum Beispiel ließ der katholische Adelige Christoph von Schwamberg sechs Anhänger der Brüderunität in Bor bei Tachau in Westböhmen verbrennen. Der konservative Utraquist Mikuláš Trčka von Lípa, ebenfalls Gegner der Brüderunität, veranstaltete wiederum in Leitomischl eine öffentliche Disputation mit Brüdern, da er Gewalt oder gar Tötung ablehnte. Desgleichen fand 1504 in Prag während einer utraqistischen Versammlung ein öffentliches Verhör der Vorsteher der Brüderunität statt.[12]

Vor allem in Nord- und Ostböhmen und in Mittel- und Südmähren lebten zahlreiche Brüdergemeinden weiter. Auf Initiative von König Wladislaus Jagello wurde im Jahre 1508 das sog. St. Jakob-Mandat proklamiert, das alle Brüdergemeinden aufheben sollte. Doch das Mandat, obschon noch 1602 formal verlängert, wurde niemals respektiert. Die Brüderunität befand sich zwar bis zum Jahre 1609 im Stand der Illegalität, aber sie blühte und bildete eine sehr wichtige kirchliche Entität im bunten böhmischen multikonfessionellen Milieu. Schon bald traten in diese kleine Kirche auch Adelige ein, wie die Edelfrau Johanna von Krajk, die im Jahre 1511 auf ihrer Herrschaft Jungbunzlau die Religionsfreiheit für die Brüderunität gewährte. Im selben Jahr schrieb der Utraquist Mikuláš Konáč eine literarische Disputation zwischen einem fiktiven Utraquisten, einem Katholiken und einem Bruder über den Glauben. Konáč lehnte Gewaltanwendung ab und verteidigte die Gewissensfreiheit.[13]

Als sich nach 1520 auch in den böhmischen Ländern die Lehren der westeuropäischen Reformatoren ausbreitete, wurde die konfessionelle Landkarte radikal verändert. Auf dem Territorium der Böhmischen Krone galt jedoch niemals die etwas buchhalterische Devise »cuius regio, eius religio«. Die konfessionelle Identität war eine persönliche Wahl, also eine Frage des persönlichen Gewissens. Mit seiner frühzeitigen Reformation

---

12 FERDINAND HREJSA, Dějiny křesťanství v Československu (Die Geschichte des Christentums in der Tschechoslowakei), Bd. IV, Praha 1948, 193–205.

13 EDUARDO FERNÁNDEZ COUCEIRO, Český utrakvistický humanismus v literárním díle Mikuláše Konáče z Hodiškova (Der tschechische utraquistische Humanismus im literarischen Werk von Mikuláš Konáč von Hodiškov), Praha 2011, 48–60; zur Streitigekeiten – PETR HLAVÁČEK, The Servants of Antichrist: the Denouncement of Franciscans on the Utraquist (Hussite) Pictures in Jena Codex (Bohemia, Around 1490–1510), in: IKON. Journal of Iconographic Studies, Volume 3 (Franciscan Iconography), Rijeka 2010, 239–245.

und der Idee der religiösen resp. konfessionellen Toleranz bildete Böhmen lange Zeit eine große Anomalie. Bis Anfang des 17. Jahrhunderts gehörten die böhmischen Länder gemeinsam mit Polen und Ungarn zu den europäischen Inseln der religiösen Freiheit. Es fehlen hier die typischen Merkmale der sogenannten Konfessionalisierung.[14] Gerade in Böhmen entstand erstmals das Bewusstsein, dass die Katholizität der Kirche nicht mit Uniformität identisch ist, und umgekehrt trotz verschiedener christlicher Traditionen immer auch das gemeinsame christliche Fundament existiert. Mit einer Hyperbel gesagt: Die Vorstellung der Brüderunität als einziger Kirche Christi, die sich aus vielen unterschiedlichen partikularen Kirchen zusammensetzt, gehörte zu den wichtigen Bausteinen des künftigen transkonfessionellen Ökumenismus.

[14] Zum Thema allgemein JOSEF VÁLKA, Die »Politiques«: Konfessionelle Orientierung und politische Landesinteressen in Böhmen und Mähren (bis 1630), in: Ständefreiheit und Staatsgestaltung in Ostmitteleuropa. Übernationale Gemeinsamkeiten in der politischen Kultur vom 16.–18. Jahrhundert. Hg. v. JOACHIM BAHLCKE / HANS-JÜRGEN BÖMELBURG / NORBERT KERSKEN, Leipzig 1996, 229–241. Vgl. PETR HLAVÁČÉK, Die Christenheit oder Europa. Zu konfessionell-geographischen Vorstellungen im Böhmen des 15. und 16. Jahrhunderts. In: Formierungen des konfessionellen Raumes in Ostmitteleuropa. Hg. v. EVELIN WETTER, Stuttgart 2008 (Forschungen zur Geschichte und Kultur des östlichen Mitteleuropa, Bd. 33), 319–331; DERS., Christianity, Europe, and (Utraquist) Bohemia: The Theological and Geographic Concepts in the Middle Ages and Early Modern Times, in: The Bohemian Reformation and Religious Practice 7 (Filosofický časopis: Supplementum I). Hg. v. ZDENĚK V. DAVID / DAVID R. HOLETON, Prague 2009, 19–41.

Robinson Butarbutar

Einschränkung in der Ausübung der Religionsfreiheit in Indonesien

1. Einheit in der Vielfalt ist in Gefahr

Indonesien ist ein Archipel von 13.000 Inseln, der sich über mehr als 5000 Kilometer zwischen dem indischen Ozean im Westen, dem südchinesischen Meer im Norden und dem Pazifik im Osten erstreckt. Basierend auf der 2010-Statistik der Regierung beträgt die gegenwärtige Bevölkerung 240 Millionen Menschen, die aus mehr als 360 verschiedenen Ethnien stammen, mit jeweils eigenen Kulturen, Wertesystemen und Weltsichten. Die Bevölkerung gehört zu verschiedenen Religionen: Islam (87%), Protestantismus (7%), Katholizismus (3%), Buddhismus (1%), Hinduismus (1,8%), und Konfuzianismus (0,2%). Indonesien hat sich vom Entwicklungsland (Soehartos Zeit, 1965–1988) zum Schwellenland (1998–2004, 2004–2012) entwickelt, aber nur mit dem Ausverkauf der Rohstoffe.

Nach 350 Jahren unter der Kolonialmacht Niederlande und 3,5 Jahre unter der Kolonialmacht Japan (1942–1945) fing für Indonesien seine Unabhängigkeit am 17. August 1945 unter der Leitung des ersten Präsident Soekarno (1965–1967) an, der sich für das Prinzip der Einheit in der Vielfalt des Landes einsetzte, was unter Soeharto, dem zweiten Präsidenten (1967–1998) mit Diktatur umgesetzt wurde, und was auch – seit seinem Fall in 1998 – in Gefahr ist. Seit dem Jahr 1998 ist Indonesien auf dem Weg von einer funktionellen Demokratie zu einer substanziellen Demokratie, auf dem verschiedene Stimmungen miteinander konkurriert haben, um die Frage zu beantworten, in welche Richtung das Land geführt werden soll. Die Stimme der radikalen Gruppe innerhalb des Islams ist lauter und kräftiger geworden, sie setzt sich sehr stark für den islamischen Staat ein, in dem das Leben der Gesellschaft von islamischen Regeln (*Syariah*) reguliert wird. Die moderate Stimme innerhalb des Islams, die besagt, dass der Islam in Indonesien einer ist, der im Land verankert ist und der die Existenz und die Identität der Vielfalt der Bevölkerung wahrgenommen hat, muss sich bis heute bemühen, der radikalen Stimmung zu widersprechen. In dieser Spannung leiden die Minderheiten, innerhalb des Islams und darüber hinaus, insbesondere die Christen, die merken, dass ihr Recht, ihre Religionsfreiheit auszuüben – das von der Verfassung garantiert wird –, von den radikalen Stimmen eingeschränkt wird und dass die regionale und zentrale Regierung ihre Aufgabe, das Recht der Bevölkerung zu schützen, nicht erfüllt – insbesondere in den Provinzen, in denen der Islam die Religion der Mehrheit ist.

Ich bin Pfarrer der Toba Batak Kirche (HKBP) in Indonesien, die 4,1 Millionen Mitglieder hat. Ich arbeite für die Vereinte Evangelische Mission als Leiter einer Abteilung, die ›Training and Empowerment‹ heißt. Als VEM unterstützen wir unsere Mitgliedskirchen in Indonesien, auch in ihrem Versuch, die Ausübung ihrer Religionsfreiheit zu verteidigen. Im Jahr 2010 haben wir in Zusammenarbeit mit der Evangelischen Kirche von Westfalen eine internationale Veranstaltung in Deutschland organisiert, wobei Religionsfreiheit als Menschenrecht und Wege der Menschenrechtsverteidigung in diesem Bereich diskutiert wurden.[1] Im Dezember 2011 haben wir in Zusammenarbeit mit der Evangelische Kirche im Rheinland und Herrn Professor Dr. Heiner Bielefeld die Kampagne für Religionsfreiheit begonnen. Zu diesem Thema haben wir Herrn Dr. Andreas Yewangoe, Vorsitzender der indonesischen christlichen Gemeinschaft (PGI), im November 2011 nach Deutschland eingeladen, um das Publikum hier über die Umstände der Religionsfreiheitsausübung zu informieren. Danach haben wir Lobbyarbeit für Religionsfreiheit in Indonesien im Mai 2012 in Zusammenarbeit mit dem PGI in Jakarta und einem Mitglied des deutschen Bundestages im Bereich Menschenrechte, Herrn Strässer, gestaltet. Das Ergebnis dieser Lobbyarbeit war die Bereitschaft der Bundeskanzlerin Frau Merkel, bei ihrem Besuch im Juli 2012 öffentlich über die Religionsfreiheit in Indonesien zu sprechen.

2. Zunehmende Einschränkung in der Ausübung der Religionsfreiheit

Am 1. Februar 2013 schrieb Theophilus Bela, Generalsekretär des indonesischen Friedensforums, in einer Email an mich und weitere Empfänger:

»Die evangelische Kirche auf Nias oder ›The Protestant Christian Church of Nias‹ in Bandung, Provinz West Java, wurde am Sonntag, den 27. Januar 2013 von radikalen Islamisten bedroht. Bereits am Freitag, den

---

1 JOCHEN MOTTE u.a. (Hrsg.): Religion(s)-Freiheit-Menschenrechte. Dokumente einer Tagung der Evangelischen Kirche von Westfalen und der Vereinten Evangelischen Mission von 8.–12. März 2010, Hannover 2010.

25. Januar hatte ich die schreckliche Nachricht bekommen, dass die Kirche am Sonntag, den 27. Januar während des Gottesdienstes von etwa 2.000 radikalen Islamisten angegriffen werden sollte. Daraufhin hatte ich die Polizei verständigt, die die radikalen Demonstranten von ihrem üblen Vorhaben abhalten konnte. Es kamen nur etwa 300 Demonstranten – meistens Frauen und Kinder, die nur vor der Tür der Kirche standen, welche massiv von der Polizei bewacht wurde.«

Ein solches Geschehen ist heutzutage normal, insbesondere in Provinzen wie Java und Aceh, wo der Islam die Religion der Mehrheit ist. Die Christen dort haben Schwierigkeiten, ihre Religionsfreiheit auszuüben. Unter Soekarnos Regierung (1945–1967) gab es nur 2 zerstörte Kirchengemeinden, unter Soehartos Regierung (1967–1998) 456 Kirchengemeinde, unter Habibies Zeit (1998–1999) 156, unter Abdulrahman Wahid (1999–2001) 232, unter Megawati (2001–2004) 92, und unter Yudoyono (2004–2012:) 422 Kirchen.[2] Angesichts dieser Entwicklung unter Yudoyonos Regierung, hat Andreas Yewangoe, der Vorsitzende der indonesischen Kirchengemeinschaft angefangen, eine Bücherserie zu schreiben, bei der er versucht, verständlich zu machen, dass die indonesischen Christen keine Schwarzfahrer in indonesischen Bussen sind, und dass es kein Ghetto in Indonesien gibt.[3] In seinen Vorträgen an verschiedenen Orten und Universitäten in Deutschland im November 2011 betonte Yewangoe, dass es an einigen Orten Widerstände gegen die Verfassung gibt, die die Religionsfreiheit jedes Bürgers garantiert.[4] Innerhalb der muslimischen Bevölkerung nahm die Ablehnung gegenüber dem Bau von Kirchen in ihrer Nachbarschaft von 51,4% im Jahr 2008 auf 57,8% im Jahr 2010 zu.[5]

Eigentlich ist die Religionsfreiheit in Indonesien seit der Verabschiedung der Verfassung im Jahr 1945 eingeschränkt. Diese Einschränkung hat mit der Spannung zwischen zwei Strömungen in der nationalen Geschichte zu tun: Die radikale islamische Strömung auf einer Seite, die für

---

[2] Siehe GOMAR GULTOM, »Data-data Penutupan dan Perusakan Gedung Gereja« (Die Daten für die Schließung und Zeströrung der Kirchengebäude), Unveröffentlicht, 4.05.2004; THEOPHILUS BELA EMAIL, Attack on Christian Churches in Indonesia in 2013, 1.02.2013, der General Sekretär des indonesischen Forums für Frieden): Im Jahr 2007 allein gab es 100 Kirchen, in Jahr 2008 40 Gemeinden, im Jahr 2009 9 Gemeinde, im Jahr 2010 Gemeinde, im Jahr 2011 64 Gemeinden, und im Jahr 2012 75 Gemeinden.

[3] A. YEWANGOE, Tidak Ada Penumpang Gelap (Es gibt keine Schwarzfahrer), und Tidak ada Ghetto (Es gibt kein Ghetto), 2010.

[4] ANDREAS A. YEWANGOE, »Über das Zusammenleben von Menschen verschiedenen Glaubens«, November 2011, 4.

[5] International Crisis Group 2010: 16, Anm. 113.

einen islamischen Staat kämpft – und auf der anderen Seite die nationalistische Strömung, die für einen säkularen Staat kämpft – unter ihnen die Christen. Mujiburrahman hat über diese Spannung in Soehartos Zeit in seiner Dissertation geschrieben.[6] Je mehr Einfluss die radikale Strömung hat, desto mehr wird die Religionsfreiheit der Minderheiten innerhalb der überwiegend islamistischen Gesellschaft eingeschränkt.

Die heutige Diskriminierung der Minderheiten ist das Ergebnis eines langen Prozesses der Einschränkung der Religionsfreiheit, der schon im Jahr 1965 zur Zeit Soeharto's mit dem sogenannten Blasphemie-Gesetz begonnen hat. Dieses Gesetz erkennt nur Islam, Protestantismus, Katholizismus, Hinduismus, Buddhismus und Konfuzianismus an. Der zweite Präsident des Landes, Soeharto (1967–1998) hat aber im Jahr 1967 den Konfuzianismus durch eine Anweisung aberkannt, und eine Anweisung des Innenministers hat dieses im Jahr 1978 bestätigt. Erst im Jahr 2006 wurde der Konfuzianismus von Präsident Abdulrahman Wahid wieder im öffentlichen Leben zugelassen. Im Jahr 2008 hat die Regierung eine Minderheitsgruppe innerhalb des Islams, Ahmadiyyah, durch ein Gesetz eingeschränkt, obwohl sie seit 1953 als legale Organisation anerkannt war. Die Regulierungen des Baus von Gebetshäusern durch ein Gesetz von 1969 und das Verbot von Gottesdiensten in Privathaushalten im Jahr 1975 werden häufig von der Mehrheit benutzt, um die islamischen Minderheiten und die Christen zu diskriminieren. Diese Gesetze wurden im Jahr 2006 durch Beschlüsse (Nr. 9 und Nr. 8) zwischen dem Religionsminister und dem Innenminister erneuert. Ein Bau eines Gebetshauses ist nur mit der Erlaubnis eines interreligiösen Harmonieforums in der Provinz oder in der Stadt und mit der Unterschrift von 90 Mitgliedern der religiösen Gemeinde und 60 andersgläubigen Anwohnern möglich. Trotz der Erfüllung dieser Vorgaben können viele christliche Gemeinden ihre Gebetshäuser nicht bauen, weil radikale Gruppe vor Ort und aus anderen Gegenden dies mit Gewalt verhindern.

In der Zeit der Reformation und funktionalen Demokratie, 14 Jahre nach dem Fall von Soeharto, ist der Einfluss der Islamisten-Gruppe stärker geworden. Martin Van Bruinessen[7] versucht zu argumentieren, dass diese Entwicklung mit dem Machtstreit am Ende von Soeharto's Regierungszeit, mit der internationalen Entwicklung und mit dem Versuch der radikalen

---

6 Mujiburrahman, Feeling Threatened. Muslim-Christian Relations in Indonesia's New Order. ISIM Dissertation, Leiden, Amsterdam University Press, 2006.

7 Martin Van Bruinessen, What happened to the smiling face of Indonesian Islam? Muslim Intellectualism and the conservative turn in post-Suharto Indonesia, Rajaratnam School of International Studies (RSIS) Singapura, 2011, 45.

Gruppe zu tun haben, sich gegen die Liberalen zu verteidigen, weil Letztere ihre Meinungen kritisiert haben.

Diese Gruppe setzt sich für einen islamischen Staat und gegen die Kultur der Toleranz ein. Unter ihnen leiden die Minderheiten innerhalb des Islams und darüber hinaus, insbesondere die Christen, die viele Schwierigkeiten haben, ihre Religionsfreiheit auszuüben. Dass, was die Zeit Soehartos von der Reformationszeit (1998-heute) unterscheidet, ist die Vermehrung der arabischen Unterstützung für die radikale Strömung des Islams in Indonesien und die mangelnde Bereitschaft der Regierungsbehörde, die Gewalttätigen vor Gericht zu bringen. Amanda Kovacs schreibt, »Religiöse Gewaltakteure werden von der Regierung häufig nicht konsequent an ihren Taten gehindert und bestraft. Im Jahr 2011 fanden die meisten Verletzungen von Religionsfreiheit seit der Amtszeit Yudhoyonos statt: 93 Fälle, ein Anstieg um 18% im Vergleich zum Vorjahr (64 Fälle). Die Kategorien dieser Fälle sind Einschränkung religiöser Pflichten, Einschüchterung durch den Staatsapparat, Zulassen von Gewalt, Gewaltanwendung und Zwang zur Übernahme eines Glaubens, Verbot von Gemeinschafts- oder Gebetshäusern und Kriminalisierung einer Glaubensrichtung.«[8]

Der Indonesische Präsident Soesilo Bambang Yudoyono selbst hat am 30. November 2012 anlässlich des vierten Welt Friedens Forum in Bogor, West Java vom 23.-25. November 2012 folgendes gesagt: »Wir haben die Prüfung des Zusammenlebens innerhalb einer Gesellschaft noch nicht bestanden, in der unterschiedliche Religionen wohnen.«[9] Dies passt zu dem, was die UN-Hochkommissarin für Menschenrechte Navanethem Pillay zum Abschluss ihres ersten Besuches in Indonesien am 15.11.2012 in Jakarta kritisiert hat: »Ich bin sehr erschüttert, von gewaltsamen Übergriffen, erzwungenen Umsiedlungen, Verweigerung von Ausweispapieren und anderen Formen der Diskriminierung zu hören und davon, dass die Polizei beim Schutz der Minderheiten versagt.«[10] Sie hat das gesagt, nachdem sie sich mit Vertretern der Ahmaddiyah, Schiiten und christlichen Gemeinden der GKI getroffen hatte.

Deshalb finde ich es richtig, dass Präses Nikolaus Schneider in seinem Grußwort zu der Fürbitte für bedrängte und verfolgte Christen in Indonesi-

---

[8] AMANDA KOVACS, Religiöse Diskriminierung in Indonesien – ambivalente Rechtslage und politische Passivität, in: GIGA Focus 11, 2012, 2.

[9] Wie berichtet von Theophilus Bela in seiner Email am 30. November 2012, The 4th World Peace Forum in Bogor, West Java, Indonesien, 23.-25. November 2012.

[10] Watch Indonesia Email am 17. November 2012, Uno kritisiert Diskriminierung religiöser Minderheiten, 1.

en geschrieben hat: »Seit vielen Jahren kommt es dort immer wieder zu Übergriffen durch radikale islamistische Kräfte, denen die Polizei und andere staatliche Stellen nicht mit der erforderlichen Entschiedenheit begegnen.«[11] Diese Fürbitte ist nicht ohne Grund.

3. Wie sieht die Zukunft aus?

Amanda Kovacs[12] hat geschrieben, dass es keine Veränderung in Indonesien gibt, ohne eine Reform des Rechts. In der oben genanten EKD-Fürbitte werden drei erforderliche Maßnahmen für Indonesien genannt: »Uneingeschränkte Ausübung der Religionsfreiheit, das Befolgen der rechtsstaatlichen Prinzipien von den indonesischen Amtsträgern, und die Initiation der notwendigen Gesetzesreformen.«

Besteht die Möglichkeit, dass diese drei Maßnahmen von der Regierung umgesetzt werden? Die Stimmung ist negativ. Im Jahr 2009 gab es einen Versuch von Menschenrechtsgruppen, Vertretern der indonesischen christlichen Gemeinschaft und Vertretern eines pluralismus-freundlichen Islamverständnisses, das Blasphemie-Gesetz von 1965 zu ändern. Leider wurde dies vom Verfassungsgericht abgelehnt. Mit diesem Ergebnis ist die Möglichkeit für eine Reform des Rechts sehr gering. Ob die nächste Wahl im Jahr 2014 eine Tür für einen Wandel in der Gesetzgebung öffnet, »ist noch nicht abzuschätzen,« wie Amanda Kovacs geschrieben hat .[13]

---

11 EKD Fürbitte für bedrängte und verfolgte Christen Sonntag Reminiszere, 24. Februar 2013, Länderbeispiel Indonesien.

12 AMANDA KOVACS, Religiöse Diskriminierung in Indonesien, 7.

13 AMANDA KOVACY, Religiöse Diskriminierung in Indonesien, 7.

Dirk Kuhlmann

FREMD GEWORDEN? – FREMD GEMACHT?

Konflikte zwischen Missionaren, Konvertiten und nicht-christlicher Bevölkerung im China des 19. Jh.

Ein prägender Begriff in der Historiographie des Christentums im China des 19. und frühen 20. Jahrhunderts ist *jiao'an* 教案. Wörtlich bezeichnet dieser Begriff »Akten über die Lehre«, oder etwas ausführlicher »Akten über Zwischenfälle aufgrund religiöser Lehren«. Mit der »religiösen Lehre« ist hier spezifisch das Christentum gemeint, unter diesen Akten wurden im Reich der letzten Dynastie Chinas, der Qing, Auseinandersetzungen zwischen Missionaren, Konvertiten auf der einen und der nicht-christlichen Bevölkerung auf der anderen Seite dokumentiert. Diese Aufzeichnungen umfassen ein Spektrum von Rechtstreitigkeiten bis zu gewalttätigen Übergriffen.[1] Sie legen nahe, dass die Verbreitung des Christentums im Qing-Reich ein hohes Konfliktpotential in sich trug.

Im Folgenden sollen jene Prozesse der Entfremdung und Verfremdung oder Abschottung und Ausgrenzung anschaulich gemacht werden, die diese Konflikte prägten und ihre Eskalation begünstigten. Zur Vorgeschichte dieser Konflikte gehören Topoi über das Christentum, die sich in der Phase seiner ersten größeren Verbreitung in China im Rahmen der katholischen Mission des 17. und 18. Jahrhunderts etabliert hatten.[2] In christentums-

---

[1] Siehe DABRINGHAUS, Geschichte Chinas 1279–1949 (Oldenbourg Grundriss der Geschichte), München 2006, 65 f.

[2] Hierzu gehörten die Schriften *Pixie ji* (*Ein Tatsachenbericht zur Abwehr der Irrlehre*) und *Pixie shilu* (*Wahrheitsgetreue Aufzeichnungen zur Abwehr der Irrlehre*) die nach dem 2. Opiumkrieg (1856–1860) und dem Taiping-Aufstand (1851–1864) besonders große Verbreitung fanden, siehe P. COHEN, China and Christianity: The Missionary Movement and the Growth of Chinese Antiforeignism, 1860–1870, Cambridge (Mass.) 1977[3], 45–60.

kritischen bis christentumsfeindlichen Schriften chinesischer Gelehrter jener Zeit erschien diese Lehre als politisch aufrührerisch, da sie zum Ungehorsam gegen den Kaiser aufrief, als kulturell fremdartig bis widernatürlich, da die Missionare selbst mutmaßlich in grundlegenden Verhaltensweisen von menschlichen Normen abwichen, und schließlich als sozial zersetzend, da sie die natürliche Ordnung der zwischenmenschlichen Beziehungen verwirrte.[3] Diese Vorwürfe umreißen politische, kulturelle, soziale Reibungspunkte zwischen dem Christentum und der traditionellen chinesischen Kultur. Als Einflussfaktoren für gewalttätige Auseinandersetzungen zwischen christlicher und nicht-christlicher Bevölkerung werde ich an den historischen Fallbeispielen des Taiping-Aufstandes von 1851–1864, der Morde von Tianjin (1870) und des Boxer-Aufstandes (1898–1901) veranschaulichen.

Prägend für diesen historischen Zeitraum der ausgehenden Qing-Dynastie (1644–1911) war ein dauerhafter Krisenzustand, der bereits im frühen 19. Jahrhundert seinen Anfang nahm: Die Bevölkerung wuchs innerhalb von hundert Jahren von 1700 bis 1800 von 275 Mio. auf 360 Mio. Menschen an. In Verbindung mit ökologischen Krisen aufgrund der Gewinnung ländlicher Nutzfläche durch Brandrodung und Eindeichungen führte dies zu einer wachsenden Verelendung und Hungersnöten, vor allem auf dem Land.[4] Zugleich wurde der Qingstaat immer handlungsunfähiger, da er die Zahl der Beamten nicht dem Bevölkerungswachstum anpasste, so dass schließlich auch eine Kontrolle der Beamten selbst schwierig wurde. Eine extreme konservative Politik des kaiserlichen Hofes verhinderte auch nach den ersten beiden Opiumkriegen von 1840–1842 und 1858–1860 eine Reform des Staates.[5] Die »Ungleichen Verträge«, die China im Rahmen dieser Kriege mit England, Frankreich und weiteren westlichen Großmächten schließen musste, machten das Reich außenpolitisch weitgehend vom Ausland abhängig.[6]

Ab der Mitte des 19. Jahrhunderts erschütterten aufgrund der Instabilität des Qing-Reiches diverse Aufstandsbewegungen das Land, deren größte, der Taiping-Aufstand, in den Jahren 1850–1864 geschätzt zwischen 20 bis 40 Millionen Todesopfer forderte und letztlich vor allem aufgrund der finanziellen und militärischen Unterstützung der Qing-Regierung durch die westlichen Großmächte nicht zum Sturz der Dynastie führte.[7]

---

3 COHEN, China and Christianity (s. Anm. 2), 20f. und 58ff.

4 DABRINGHAUS, Geschichte Chinas (s. Anm. 1), 46f. und 54f.

5 A. a. O., 55.

6 A. a. O., 56ff.

7 Für eine Gesamtdarstellung des Taiping-Aufstandes siehe P.R. BOHR, Taiping Religion and its Legacy, in: R. G. TIEDEMANN (Hrsg.), Handbook of Christianity in China. Volume Two: 1800 – present [Handbook of Oriental Studies/ Handbuch der Orientalistik, Section Four: China, vol. 15/2], Leiden/ Boston 2010, 371–395 und J.

Das katholische und protestantische Christentum bildete in diesem historischen Kontext zunächst eine »fremde Religion«. Die letzte Phase seiner Verbreitung in China hatte im Jahr 1724 mit dem Verbot der Ausübung des (katholischen) Christentums durch Kaiser Yongzheng ein Ende gefunden – gleichwohl bestanden einige katholische Gemeinschaften im Verborgenen fort.[8] Einen Wandel brachten die »Ungleichen Verträge«, mit denen alle Ausländer in China exterritorial waren, das heißt, sie unterlagen nicht der chinesischen Gerichtsbarkeit sondern der ihrer zuständigen ausländischen Gesandten. Missionsspezifische Zugeständnisse erzwangen die USA und Frankreich in ihren Verträgen der Jahre 1844/1845. Diese umfasste die Aufhebung des Christentumsverbots sowie die Erlaubnis der Mission und des Kirchenbaus in den für Ausländer geöffneten Vertragshäfen. Seit 1844 war Frankreich auch Schutzmacht der katholischen Mission in China. 1846 setzte es die Rückgabe von Kirchen aus der Zeit vor dem Verbot durch.[9] Der Vertrag von Tianjin von 1858, eröffnete Ausländern schließlich den freien Zugang in das chinesische Binnenland.[10] Bei den Verhandlungen zwischen dem Qingreich, Großbritannien, Frankreich und den USA nutzten die als Übersetzer beteiligten amerikanischen Missionare Samuel Wells Williams und W.A.P. Martin ihren Einfluss. Sie ließen den US-Gesandten eine allgemeine »Toleranzklausel« einfügen, nach der Missionare wie Konvertiten das Recht hätten, ich zitiere »die christliche

---

SPENCE, God's Chinese Son. The Taiping Heavenly Kingdom of Hong Xiuquan, New York/ London 1997.

8 E. MENEGON, Ancestors, Virgins and Friars. Christianity as a Local Religion in Late Imperial China (Harvard-Yenching Institute Monograph Series 69), Cambridge (Mass.)/ London 2009, 118–121. 1803 fand unter Leitung des Paters Jean-Gabriel-Taurin Dufresse (MEP) die erste Synode katholischer Priester und Bischöfe in China statt, siehe A. CAMPS, Foreign Missionaries and Chinese Catholic Communities During the Late Qing China (1800–1860) (*NZM* 60, 2004/4, 273–286), 275f.

9 Siehe J. SPENCE, In Search for modern China, New York/ London 1999, 162f., A. CAMPS, Foreign Missionaries and Chinese Catholic Communities (s. Anm. 8), 280 und P. A. COHEN, Christian Missions and their Impact to 1900, in: JOHN K. FAIRBANK/ LIU KWANG-CHING (Hrsg.), The Cambridge History of China, Vol. 10, London u.a. 1978, 543–590), 552f.

10 Der an der Übersetzung des Vertrages beteiligte katholische Missionar Louis Delmarre fügte in den chinesischen Vertragstext das Recht für Ausländer hinzu, im Landesinneren Gebäude und Ländereien zu erwerben, siehe Chen Xiaochun, Mission und Kolonialpolitik. Studie über die deutsche katholische Mission in Süd-Shandong, Hamburg 1992, 25.

Religion zu lehren und zu praktizieren ohne Einmischung durch die kaiserliche Regierung.«[11]

1. Politische Faktoren: Das Christentum als »aufrührerische Lehre«

Chronologisch vorgehend, möchte ich mit dem Taiping-Aufstand beginnen, um zunächst die Relevanz politischer Einflussfaktoren in den Konflikten zwischen der christlichen und nicht-christlichen Bevölkerung herauszustellen. Der Topos des »aufrührerischen Christentums« wurde wesentlich von der Begründung getragen, dass die christlichen Konvertiten und Priester die Oberhoheit des Kaisers nicht anerkannten, sondern in letzter Konsequenz den Gehorsam gegenüber Gott über dessen Herrschaftsanspruch setzten, sodass auch die Kirche eine eigenständige Kraft gegenüber dem Herrscher darstellt.[12] Demgegenüber stand das konfuzianische Staatsverständnis, nach dem der Kaiser Mittler zwischen den höchsten Mächten – Himmel und Erde – und den Menschen war.[13] Dies äußerte sich in den regelmäßigen Opfern an Himmel und Erde, die allein er vollziehen durfte. Ebenso war die kultisch-religiöse Verwaltung des Reiches als Mehrung der öffentlichen Ordnung und Sitten seine Aufgabe, in dieser Funktion konnte er religiöse Gemeinschaften, die diesem Ziel diente, dulden, und solche, die ihm widersprachen, belehren und verbieten. So galt eine religiöse Pluralität im Reich, wenn auch unter der Oberhoheit des Kaisers und im Rahmen der konfuzianischen Staatsideologie.[14]

Schließlich wurde als Beleg für die aufrührerische Natur des Christentums herangezogen, dass es die Bevölkerung durch den Glauben an Wunder verwirrte – der Konfuzianismus stand diesen als welt-immanente Weltan-

---

[11] Verschiedene Missionsgesellschaften nahmen diesen Passus als Grundlage einer Ausdehnung der Exterritorialität auf ihre Konvertiten, siehe S. C. MILLER, Ends and Means: Missionary Justification of Force in Nineteenth Century China, in: J. K. FAIRBANK (Hrsg.), *The Missionary Enterprise in China and America*, Cambridge (Mass.) 1974, 249–283, 262f.

[12] J. GERNET, Die Begegnung Chinas mit dem Christentum. Neue durchgesehene Ausgabe mit Nachträgen und Index (Monumenta Serica Monograph Series LXII), Sankt Augustin 2012, 171f., 199–202.

[13] Siehe dazu J. K. FAIRBANK, Geschichte des modernen China 1800–1985, München 1989, 45f. und DERS., China – A new History, Cambridge (Mass.)/ London, 1992, 19 f., 62f., und 66f.

[14] Am Beispiel der Qing-Dynastie führen dies aus E. ZÜRCHER, Jesuit Accomodation and the Chinese Cultural Imperative, in: D.E. MUNGELLO (Hrsg.), The Chinese Rites Controversy. Its History and Meaning (Monumenta Serica Monograph Series XXXIII), Nettetal 1994, 31–64), 39–42, und FAIRBANK, China – A new History (s. Anm. 13), 154ff.

schauung mit einer ausgeprägten skeptischen Komponente prinzipiell kritisch gegenüber.[15] Ebenso störten sie die natürliche Ordnung zwischen den Geschlechtern und sorgten für Unruhe, indem sie Männer und Frauen bei religiösen Zeremonien zusammenbrachten.[16]

Dieser Topos ist von hoher Relevanz für den Taiping-Aufstand. Er brach in den schwer zugänglichen Regionen und Grenzgebieten Süd-Chinas aus, wie der Provinz Guangxi. Hier konnte ein Mindestmaß an staatlicher Ordnung nur von der lokalen landbesitzenden Elite, der Gentry oder gar nicht aufrechterhalten werden. Der Aufstand erfasste weite Teile Südost-Chinas und errichtete bis zu seiner für die Qing-Dynastie äußerst verlustreichen Niederschlagung sein Herrschaftsgebiet um Nanjing, die ehemalige südliche Hauptstadt der Ming-Dynastie.[17] Hong Xiuquan, der charismatische Anführer der Taiping, war als junger Mann über protestantische Missionstraktate mit dem Christentum in Kontakt gekommen. Relevant wurden die Inhalte dieser Traktate für Hong erst, als er nach einem weiteren gescheiterten Versuch, über die Teilnahme an den Beamtenprüfungen den sozialen Aufstieg zu erlangen, einen mehrtätigen Nervenzusammenbruch erlitt. Einen Traum von einer Himmelfahrt während dieser Zeit, deutete er mithilfe der Traktate als Mandat, als jüngerer Bruder Jesu und »Himmelskönig« ein »Reich Gottes« in China aufzubauen und die Fremdherrschaft des Volks der Mandschuren, das heißt die Qing-Dynastie, zu beenden.[18] Die synkretistische Lehre Hongs hatte neben Elementen der traditionellen Volksreligiosität einen christlichen Kern, der sich an den Zehn Geboten und einem alttestamentlich geprägten Bild eines strafenden Gottes orientierte. Entsprechend wurde dieser Aufstand auch in China vornehmlich als eine »christliche Bewegung« wahrgenommen. Mit dem Verbot von Prostitution sowie des Alkohol- und Opiumgenusses griff sie Inhalte der protestantischen Abstinenzler-Bewegung auf. Hinzu kamen egalitäre Konzepte wie die Gleichbehandlung beider Geschlechter (bis hin zum Militärdienst), die der patriarchalischen konfuzianischen Ordnung widersprach, und die geplante Aufteilung des Grundbesitzes unter der gesamten Bevölkerung, welche die Stellung der traditionellen Gentry-Elite infrage stellte.[19] Auch bauten die Taiping eine alternative Staatsideologie auf, in denen die Bibel und die Kommentare Hongs an die Stelle der konfuzianischen Klassiker traten.[20]

---

15 COHEN, China and Christianity (s. Anm. 2), 20f. und 58ff.

16 GERNET, Die Begegnung Chinas mit dem Christentum (s. Anm. 12), 235ff.

17 DABRINGHAUS, Geschichte Chinas (s. Anm. 1), 59ff.

18 SPENCE, God's Chinese Son (s. Anm. 7), 46–50 und 63ff.

19 A. a. O., 128f., 132ff., 172ff. und 184f.

20 A. a. O., 179–182 und 190f.

2. Kulturelle Faktoren: Das Christentum als das »widernatürlich Andere«

Der Taiping-Aufstand setzte als Beispiel christlicher Gewaltausübung primär im politischen Kontext einen negativen Grundton für die Verwurzelung des Christentums in China unter den Beamten des Qingreiches und der Gentry. Seine indirekte fatale Auswirkung bestand darin, dass in den Nachwehen des Aufstands die christenfeindliche Rhetorik von Schriften aus dem 17. und 18. Jahrhundert auf fruchtbaren Boden fiel. In Pamphleten wurden dabei als Ausgrenzungsstrategie Christen, vor allem aber Missionare bewusst entmenschlicht dargestellt. Insbesondere beschuldigte man sie, nicht nur junge Frauen zu verführen, sondern auch Toten Organe zu entnehmen, um Medizin und Zaubermittel daraus herzustellen, und zu diesem Zweck auch Säuglinge und Kinder zu stehlen und zu ermorden.[21]

Zur Kontexualisierung dieses Topos im 19. und 20. Jahrhundert ist folgendes anzumerken: Dadurch dass westliche Missionare zudem ab 1858 die Freizügigkeit im chinesischen Binnenland von allen Ausländergruppen am stärksten nutzten und das Bild des Christentums nachhaltig prägten, wurde die eingangs erwähnte Wahrnehmung der »Fremdheit« des Christentums verstärkt.[22] Sie trafen in vielfältigen Kontexten mit der einheimischen Bevölkerung zusammen. Engere Kontakte bestanden dabei jedoch vor allem mit Konvertiten und Chinesen, die an der Taufe interessiert waren, die also in eine christliche Gemeinschaft eintreten wollten. Die nichtchristliche Bevölkerung machte eher punktuelle und oberflächliche Erfahrungen mit Missionaren, zum Beispiel bei der Behandlung von Krankheiten. Hier ist anzunehmen, dass der Eindruck der Fremdheit überwog.[23]

Die Relevanz dieser kulturellen Einflussfaktoren machte der Missionszwischenfall von Tianjin im Jahr 1870 deutlich. Zunächst zum ereignisgeschichtlichen Hintergrund: Im Juni 1870 kam es in der nordchinesischen Stadt Tianjin zu einer vermehrten Zahl von Fällen von Kindesentführungen, mit denen aufgrund weitverbreiteter Ressentiments, schließlich das Waisenhaus der französischen Schwestern von St. Vincent de Paul in der Stadt, in Verbindung gebracht wurden. Angefacht wurden diese dadurch, dass in den Vor-Jahren 1869–1870 traditionelle christenfeindliche Schriften in Tianjin in Umlauf waren. Schnell entstand das Gerücht, die

---

21 Ein übersetztes Beispiel solcher Pamphlete bietet CHENG PEI-KAI / M. LESTZ, with J. D. SPENCE, In Search for Modern China. A Documentary Collection, New York/ London 1999, 166f.

22 DABRINGHAUS, Geschichte Chinas (s. Anm. 1), 66.

23 FAIRBANK, Geschichte des modernen China (s. Anm. 13), 33ff.

Nonnen ließen Kinder entführen bzw. kauften entführte Kinder, um diese zu töten. Diese Gerüchte erhielten durch eine erhöhte Zahl von Todesfällen unter den Waisen infolge einer Krankheit eine scheinbare Bestätigung. Am 18. Juni wurde ein Krimineller namens Wu Lanzhen festgenommen, der gestand, entführte Kinder an einen einheimischen Hausverwalter der katholischen Mission verkauft zu haben.

Die einheimischen Beamten waren in der Beurteilung des Falles gespalten. Während der lokale Magistrat des Stadtviertels die Aussagen Wu Lanzhens für wahr hielt, suchten die ranghöheren Beamten der Stadt zunächst die Klärung im Gespräch mit dem französischen Konsul Fontanier. Eine erneute Befragung Wu Lanzhens am 21. Juni in der katholischen Kirche Tianjins entkräftete seine Aussage Punkt für Punkt. Jedoch waren diese desekalierenden Maßnahmen nicht erfolgreich. Es kam es noch am selben Tag zu Unruhen zwischen Konvertiten und nicht-christlichen Bürgern Tianjins, bei denen Fontanier eine Beteiligung des Magistrats vermutete. Im Amtssitz des Magistrats (*yamen*) verlor der französische Botschafter die Beherrschung und schoss auf den Magistrat und tötete dabei einen von dessen Mitarbeitern. Fontanier wurde von der wütenden Menge außerhalb des Yamens sofort umgebracht. Bis zum Ende des Tages waren einschließlich der französischen Nonnen etwa 25 Ausländer in Tianjin ermordet worden. Zeng Guofan, der als General den Taiping-Aufstand niedergeschlagen hat, wurde vom Hof mit dem Auftrag einer schnellen Regelung des Zwischenfalls nach Tianjin entsandt. Als Ergebnis seiner Ermittlungen wurden 18 Personen hingerichtet und 25 zur Zwangsarbeit verurteilt.[24]

An dem Beispiel des Missionszwischenfalls von Tianjin lässt sich das Zusammenwirken einer Ausgrenzung, durch die nicht-christliche chinesische Bevölkerung, und der Abschottung einer christlichen Gruppe, in diesem Fall der französischen Nonnen, veranschaulichen. Die Dämonisierung durch Pamphlete konnte sich unter der nicht-christlichen Bevölkerung aufgrund vorhandener Ressentiments, fehlender Erfahrung durch vermehrte, direkte Kontakte und damit verbunden Unkenntnis vom Anderen leicht verbreiten. Demgegenüber stand die nicht reflektierte und nicht nach außen kommunizierte Fortführung einer eigenkulturell geprägten Praxis durch die Ordensfrauen gegenüber: Die Institution eines Waisenhauses war zwar in China nicht gänzlich unbekannt, es gab in verschiedenen Phasen der chinesischen

---

[24] Paul Cohen liefert unter Einbeziehung chinesischer und westlicher Quellen eine ausführliche Darstellung der Ereignisse und Zeng Guofans Verhandlungen, siehe COHEN, China and Christianity (s. Anm. 2), 229–233 sowie 234–247, vgl. J. D. SPENCE, In Search for Modern China, New York/ London1999, 202f. und J.-P. CHARBONNIER, Christians in China. A.D. 600 to 2000, San Francsico 2007, 332f.

Geschichte buddhistische Institutionen mit ähnlichen Aufgaben, aber deren Bedeutung blieb marginal. Im Falle des Verlustes der Eltern lag die Aufgabe der Versorgung der Kinder traditionellerweise innerhalb der Großfamilie. Lediglich in den seltenen Fällen, wenn keine Großfamilie vorhanden war oder diese ihre Aufgaben nicht wahrnehmen wollte oder konnte, waren Waisen auf sich gestellt.[25]

Zusätzlich waren die Nonnen des Waisenhauses in Tianjin bei der Aufnahme von Säuglingen und Kleinkinder von dem karitativen Impuls geleitet, individuellen Notsituationen zu lindern, aber auch von dem missionarischen Bedürfnis, die Zöglinge in den Zustand der Gnade zu bringen und sie bei dieser Gelegenheit zu taufen. Da die Taufe als heilsnotwendig gesetzt war, bildet dies eine starke Motivation, auch schwer- bis todkranke Kinder in das Waisenhaus aufzunehmen, die nicht selten bald darauf starben. Um das Misstrauen der Bevölkerung zu besänftigen und Menschen dazu zu bewegen, ihnen die Kinder zu überlassen, bezahlten sie auch für die Übergabe von Kindern.[26] Mit diesem Verhalten fügten sie sich unbewusst in die Schablone des »widernatürlichen Christentums« ein.

3. Soziale Faktoren: Das Christentum als »sozial zersetzende Lehre«

Konträr zu populären Vorstellungen zum Boxeraufstand der Jahre 1899–1900, waren für diese Bewegung im Kern soziale Faktoren ausschlaggebend. Zur Kontextualisierung dieses Topos kehre ich nochmals zu dem eingangs vorgestellten konfuzianischen Beziehungssystem zurück, um dessen soziale Dimension zu veranschaulichen: Dieses fußte auf den sogenannten »fünf Beziehungen« (*wulun*), die zwischenmenschliche Interaktionen in fünf Kategorien mit hierarchisch-normativen sozialen Skripten einteilte – Vater und Sohn, Herrscher und Untertan, älterer Bruder und jüngerer Bruder, Ehemann und Ehefrau, Freund und Freund. Lediglich letztere war dabei nicht ausschließlich hierarchisch gedacht. Zentrale Bedeutung kam der Unterordnung der Söhne unter die Väter zu – der unbedingte Gehorsam des Sohnes gegenüber dem Vater war als kindliche Pietät (*xiao*).[27] Die Problematik für Konvertiten manifestierte sich konkret im »Ritenstreit« des 17. Jahrhunderts. Diesem lag die Frage zugrunde, ob chinesische Konvertiten, wie es die konfuzianische Tugend der »kindlichen Pietät« erforderte, an den Opfern zu Ehren der Ahnen teilnehmen durfte oder diesen Ahnenkult als heidnische

[25] Zur Tradition humanitärer Hilfe im kaiserlichen China siehe J. F. HANDLIN SMITH, Benevolent Societies. The Reshaping of Charity During the Late Ming and Early Ch'ing in: *Journal of Asian Studies* 46, 1987/2, 309–334, 315ff. und 325–328.

[26] SPENCE, In Search for Modern China (s. Anm. 24), 204.

[27] GERNET, Die Begegnung Chinas mit dem Christentum (s. Anm. 12), 233ff.

Zeremonie meiden mussten.[28] Nach einer Jahrzehnte währenden innerkatholischen Auseinandersetzungen zwischen den Jesuiten, die eine Teilnahme duldeten und den Dominikanern wie Franziskanern, die sie verbaten, setzten sich letztere durch.[29] Die protestantische Mission im 19. Jahrhundert durchlief diese Diskussion ebenfalls, auch hier wurde die Teilnahme am Ahnenkult mehrheitlich verboten.[30] In der Folge bedeutete auch im 19. Jahrhundert für Konvertiten die Bekehrung zum Christentum den Ausschluss aus dem traditionellen Familienverband, der sich über die gemeinsame Ahnenverehrung kultisch regelmäßig bestätigte und neu konstituierte. Ebenso war ihnen die Teilnahme an Festen zu Ehren der Dorfgötter verboten, weshalb sie sich zusätzlich mit der Bekehrung außerhalb der dörflichen Kult- und Schutzgemeinschaft stellten – folgerichtig verweigerten sie auch, die finanziellen Lasten dieser Feste mitzutragen.[31] Wenn nicht der Clan oder das Dorf als Ganzes konvertierte, bildeten chinesische Christen innerhalb dieser traditionellen Gemeinschaften soziale Fremdkörper. Aufgrund dieser Isolation waren diese Konvertiten gerade auf dem Land auf die christliche Gemeinde als alternative Kult- und Schutzgemeinschaft angewiesen. Diese versuchten viele der Missionsgesellschaften zu bieten: Vor allem katholische Missionare übten die Funktion der Schutzherren ihrer Konvertiten aus, indem sie diese in Gerichtsverfahren vertraten – damit übernahmen sie eine Rolle, die normalerweise den Familienoberhäuptern oder Dorfvorstehern zukam. Dieses Vorgehen stellte also eine Inkulturierungsstrategie der Missionare dar.[32]

---

[28] ZÜRCHER, Jesuit Accomodation (s. Anm. 14), 40ff. und 61f.

[29] Zu den Positionen der Jesuiten und Dominikaner bzw. Franziskaner siehe MENEGON, Ancestors, Virgins and Friars (s. Anm. 8), 266–270 und 288 f.

[30] J. G. LUTZ / R. R. LUTZ, Karl Gützlaff's Approach to Indigenization: The Chinese Union, in: D. H. BAYS (Hrsg.), Christianity in China: From the Eighteenth century to the present, Stanford (Ca.) 1996, 269–291, 278f.

[31] S. DABRINGHAUS, Der Boxeraufstand in China (1900/1901). Die Militarisierung eines kulturellen Konfliktes, in: E.-M. AUCH / F. STIG (Hrsg.), »Barbaren« und »Weiße Teufel«. Kulturkonflikt und Imperialismus in Asien vom 18. bis 20. Jahrhundert, Paderborn 1997, 123–144, 127f. und COHEN, Christian Missions (s. Anm. 9), 567f.

[32] H. JÖRGENSEN, Funktionalisierung der Mission durch chinesische Christen: Die protestantische Rheinische Missionsgesellschaft im Kreis Dongguan in der Provinz Guangdong, 1896–1902, in: M. LEUTNER / K. MÜHLHAHN (Hrsg.), Deutsch-chinesische Beziehungen im 19. Jahrhundert: Mission und Wirtschaft in interkultureller Perspektive, Münster 2001, 219–260, 223f. und 232–235. In der frühen Forschung zum Christentum in China wurde diese Strategie noch primär als konfrontativer Ansatz gedeutet, s. COHEN, China and Christianity (s. Anm. 2) und COHEN, Christian Missions (s. Anm. 9) sowie J. W. ESHERICK, The Origins of the Boxer Uprising, Berkeley/ Los Angeles 1987.

Dabei vermochten Missionare sogar partiell effektiveren Schutz zu bieten als die traditionellen Eliten. Im Falle eines unerwünschten Prozessergebnisses konnten sie versuchen, über eine Beschwerde bei dem für sie zuständigen Gesandten in China zusätzlichen Druck auf den lokalen Magistrat aufzubauen. Verschiedene Großmächte wie Frankreich und das Deutsche Reich waren gewillt, solche Beschwerden zum Anlass zu nehmen, weitere Zugeständnisse vom Qing-Reich zu erzwingen. Darauf reagierte der *zongli yamen*, das Außenministerium des Qing-Reiches, mit einer Weisung an die lokalen Beamten, den Fall rasch im Sinne der Konvertiten zu entscheiden. Diese Erfahrung konnte Konvertiten darin bestärken, inner-dörfliche Verfahren der außergerichtlichen Schlichtung in Streitfällen auszuschlagen und bewusst den Prozess zu suchen, der traditionell als letzter und äußerster Schritt der Konfliktlösung galt.[33]

Zudem verfolgten die Missionare einen offenen Konfrontationskurs gegenüber den lokalen Eliten, der Gentry, die sie als Vertreter der konfuzianisch geprägten Ordnung angriffen und konfessionell übergreifend u. a. als »rückständig« und »fremdenfeindlich« charakterisierten. Unter anderem gewann der Konflikt dadurch an Schärfe, dass die Missionare die soziale Führungsposition der Gentry »usurpierten«, indem sie bei Katastrophen Lebensmittelhilfen für Bedürftige und medizinische Hilfe organisierten und durch ihre Schulen als Lehrer wirkten.[34]

Unmittelbare Auslöser für gewalttätige Übergriffe in gemischten Dorfgemeinschaften waren neben den Prozess-Interventionen der Missionare auch Auseinandersetzungen um Rückgabe ehemaliger Kirchengebäude und Kirchenbesitzes aus der Zeit vor dem Verbot von 1724, wie sie 1858 im Vertrag von Tianjin festgelegt worden war. Die entsprechenden Gebäude waren zwischenzeitlich umgewidmet worden, häufig als Wohngebäude, zum Teil als Tempel. Deren Aufgabe wurde von den meisten Dorfgemeinschaften nicht widerstandslos hingenommen.[35]

---

33 Siehe ESHERICK, Origins of the Boxer Uprising (s. Anm. 32), 83ff. und COHEN, Christian Missions (s. Anm. 9), 556. Protestantische Missionare intervenierten demgegenüber seltener, ein Beispiel der Rheinischen Missionsgesellschaft im Süd-China des 19. Jhs. stellt Jörgensen vor (JÖRGENSEN, Funktionalisierung der Mission [s. Anm. 32], 243–247). Allein die China Inland Mission schloss einen rechtlichen Beistand für Konvertiten komplett aus, siehe R. R. THOMPSON, Twilight of the Gods in the Chinese Countryside: Christians, Confucians, and the Modernizing State, 1861–1911, in: D.H. Bays (Hrsg.), Christianity in China: From the Eighteenth century to the present, Stanford (Ca.) 1996, 53–72, 60f.

34 COHEN, China and Christianity (s. Anm. 2), 20f. und 58ff.

35 Um das Konfliktpotential zu reduzieren, versuchte Frankreich über den Gesandten Berthemy bereits 1865 in einem Abkommen mit der Qing-Regierung das

In der Provinz Shandong im Nordosten Chinas sorgten diese Aspekte für eine explosive Mischung während der Jahre 1898–1900, die schließlich in der Bewegung der »Faustkämpfer für Gerechtigkeit und Harmonie« (*yihequan*), in der westlichen Literatur zumeist »Boxer« genannt, kulminierten.[36] Neben einer allgemein schwachen Präsenz der Staatsgewalt in dieser Provinz seit dem sino-japanischen Krieg von 1894–1895 kam als weiterer begünstigender Faktor eine mehrjährige Dürre hinzu, die für Missernten sorgte in Shandong sorgte. In dieser Zeit, einer für die ländliche Bevölkerung existenziellen Krise, kam den Festen zu Ehren der Dorfgötter eine besondere Bedeutung zu: diese wurden um Regen angefleht. Unter dem Eindruck eines ausbleibenden erlösenden Regens, gewann der Konflikt der nicht-christlichen Bevölkerung mit den Konvertiten an Schärfe: Wurden diese bisher vor allem wegen ihrer mangelnden finanziellen Beteiligung angefeindet, die den Beitrag für die übrigen Familien erhöhte, so wurden sie nun für die Unwirksamkeit des Rituals und damit die fortdauernde Dürre verantwortlich gemacht.[37]

Zugleich hatten sich zum Selbstschutz der lokalen Bevölkerung gegen Banditen, in Süd-Shandong Gemeinschaften gebildet, die sich in verschiedenen Kampfkünsten übten, und als »inoffizielle Milizen« agierten. Mit einer wachsenden Konkurrenz für vor allem für die einheimische Textilindustrie durch westliche Importwaren, eine steigenden Zahl von Rechtsfällen, an denen Konvertiten beteiligt waren, und der Besetzung der Jiaozhou-Bucht im Nordosten Shandongs durch das Deutsche Reich 1898 (nominell als Vergeltung für die Ermordung zweier katholischer Missionare in dieser Provinz) vereinigen sich fremdenfeindliche wie christenfeindliche Ressentiments in diesen Gruppen und verstärken sich gegenseitig – Missionare und Konvertiten, die als »Ausländer zweiter Klasse« ebenfalls marginalisiert wurden, waren dabei doppelte Hassobjekte.[38] Als einflussreichste Boxer-Gruppe stellen sich die sogenannten »Geistboxer« (神拳) heraus. Sie verfügen über einen eigenen Kampfstil, der innerhalb kurzer Zeit zu erlernen ist und verwendet volksreligiöse Rituale, die ihre Mitglieder in Trance

Ausmaß der Transaktionen einzuschränken, indem diese von der Zustimmung der lokalen Beamten abhängig gemacht wurden, siehe COHEN, China and Christianity (s. Anm. 2), 145ff.

36 ESHERICK, Origins of the Boxer Uprising (s. Anm. 32), 161–166 und P. A. COHEN, History in Three Keys. The Boxers as Event, Experience and Myth, New York 1997, 24–28.

37 COHEN, History in Three Keys (s. Anm. 36), 83ff.

38 ESHERICK, Origins of the Boxer Uprising (s. Anm. 32), 68–73 und COHEN, History in Three Keys (s. Anm. 36), 19–23.

geraten und glauben lassen, von populären Gottheiten besessen zu sein.[39] Ab dem Oktober 1899 mobilisieren sie als »Faustkämpfer der Harmonie und Gerechtigkeit« unter der Parole »Das Reich der Qing stützen und das Fremde auslöschen« das Unruhepotential in der Provinz Shandong.[40] Aufgrund des großen Zulaufs, den diese Bewegung hatte, weitete sie sich gen Westen aus, bis sie Peking erreichte. Mit der Belagerung des Gesandtenviertels in Peking vom 20. Juni – 14. August 1900, den »55 Tage von Peking« erreichte die Bewegung ihren Höhepunkt als internationaler Zwischenfall. Nachdem die »Boxer« bis zum Sommer 1900 von den konservativen Kreisen des Qing-Hofes gefördert wurden bis hin zu einer Kriegserklärung des Qing-Reichs an die ausländischen Großmächte, wurden sie von diesen nach der Einnahme Peking durch Truppen der westlichen Großmächte und Japan ebenso rasch preisgegeben. Mit den brutalen Strafexpeditionen der ausländischen Großmächte von August bis Oktober 1900 endete dieser größte Gewaltausbruch gegen Konvertiten und Missionare in China.[41]

4. Fazit

Als Fallbeispiele sollten die drei beschriebenen historische Ereignisse einen Einblick geben in das Zusammenspiel zwischen Negativ-Topoi zum Christentum und konkreten Ausbrüchen von Gewalt gegen Christen im China des 19. und frühen 20. Jahrhunderts. Neben dem Faktor eines »bestätigten« Topos durch die Taiping-Bewegung war die allgemeine Krise des Qing-Reiches ein verstärkendes Element: Existentiell bedrohliche wirtschaftliche Situationen und die allgemeine Erfahrung einer mangelnden Handlungsfähigkeit der Verwaltung und des Staates (die im semi-kolonialen Status des Qing-Reiches offenbar wurde) begünstigten die willkürliche Ausgrenzung »fremdartiger Gruppen« durch andere Teile der Bevölkerung. Als Angehörige einer noch stark mit dem westlichen Ausland assoziierten Religion waren Missionare wie Konvertiten so ein »Kristallisationspunkt« für das »Andere«.[42]

Zu diesem wachsenden Druck der Verfremdung trug die Tendenz zur Abschottung und zur Förderung der Entfremdung der Konvertiten von ihrer Ursprungskultur auf Seite der christlichen Gemeinschaften bei: So blieb das katholische wie protestantische Christentum im China jener Zeit als Missionskirche ausländisch geprägt. Die Vermittlung der Lehre erfolgte durch

---

39 COHEN, History in Three Keys (s. Anm. 36), 109–113.

40 ESHERICK, Origins of the Boxer Uprising (s. Anm. 32), 162–163.

41 COHEN, History in Three Keys (s. Anm. 36), 49–56.

42 Siehe hierzu ZHANG WENJU, »Eine Neubewertung der christlichen Mission im China der Neuzeit«, *China heute* XXII, 2003/4–5, 150–152 und 169f.

Westler (mit massiver Unterstützung Konvertiten), die religiöse Literatur war primär aus westlichen Werken übersetzt. Eine eigenständige einheimische Geistlichkeit war erst im Entstehen begriffen (und sollte erst in den 1920er Jahren eine Stimme finden).[43] Katholische Missionare versuchten zudem vor allem Familien und Dörfer in toto zu bekehren, protestantische Missionsgesellschaften bauten über ein eigenes westlich geprägtes Schulwesen eine akademische Parallelgesellschaft im Qing-Reich auf.[44]

---

[43] In der katholischen Kirche wurde die Förderung eines einheimischen Klerus 1924 in der ersten nationalen Synode Chinas in Shanghai thematisiert, siehe R. Malek, Art. Christentum, in: B. Staiger / S. Friedrich / H.-W. Schütte (Hrsg.), Das große China-Lexikon, Hamburg 2003, 140–144, 143 und R. G. Tiedemann, The Chinese Clergy, in: Ders. (Hrsg.), Handbook of Christianity in China. Volume Two: 1800 – present [Handbook of Oriental Studies/Handbuch der Orientalistik, Section Four: China, vol. 15/2], Leiden/Boston 2010, 571–586), 581ff. Zur Gründung der protestantischen interdenominationalen »Church of Christ« in Shanghai 1927, siehe D. H. Bays, The Growth of Independent Christianity in China, 1900–1937, in: Ders. (Hrsg.), Christianity in China: From the Eighteenth century to the present, Stanford (Ca.) 1996, 307–316), 308 und Malek, ebd.

[44] Diese Parallelität bestand neben einem primär nicht-traditionellen Kurrikulum vor allem darin, dass die kirchlichen Schulabschlüsse nicht als Äquivalent der verschiedenen Stufen der Beamtenprüfungen des Qing-Reiches anerkannt waren, siehe dazu J. G. Lutz, China and the Christian Colleges 1850–1950, Ithaca/ London 1971, 105f. und 531ff.

Jochen-Christoph Kaiser

Die Wiederentdeckung der Märtyrer im 20. Jahrhundert

I.

Der Begriff des Märtyrertums hat im Protestantismus, d.h. in der protestantischen Öffentlichkeit wie in den Kirchengemeinden, keinen festen, unangefochtenen Platz. Das gilt nicht für die akademische Theologie, wo die (Alte) Kirchengeschichte seit jeher zum historisch-theologischen Charakter des Martyriums sowie zu den Personen, welche dieses erlitten, geforscht hat und dies noch immer tut. Allerdings verbindet sich das wissenschaftliche Interesse an diesem Gegenstand zumeist mit der Patristik sowie mit dem Mittelalter, obschon auch im 16. Jahrhundert genügend Menschen zu finden sind, die um ihres Glaubens resp. ihrer Konfession willen mit Verfolgung und Tod konfrontiert wurden. Ein wesentlicher Unterschied zu den älteren Epochen liegt darin, dass sich in Antike und Frühmittelalter pagane und christliche Vorstellungen gegenüberstanden, sieht man von den Blutzeugen der als Sekten stigmatisierten Gruppen außerhalb der sich etablierenden Kirche ab. Diese wurden von der altkirchlichen Tradition nicht als Märtyrer, sondern als zu bekämpfende Häretiker wahrgenommen, wie denn überhaupt der Märtyrerterminus bis heute vor allem Ausdruck der Selbstbeschreibung der betroffenen Religionsgemeinschaften ist. Er hängt aufs engste mit der Vorstellung der Existenz von besonders heiligen Personen zusammen, deren Fürbitte und Mittlerfunktion zugunsten der in ihrer Frömmigkeit und moralischen Integrität des Lebenswandels nicht an jene Heiligen heranreichenden ›Normal‹-Christen von diesen dankbar akzeptiert und im Kult intensiv gepflegt wurden.

Mit der Reformation und ihrem andersartigen Verständnis von ›religiösem Virtuosentum‹ und vor allem der Verwerfung der Mittlerrolle heiliger Menschen im Hinblick auf das Seelenheil der einfachen Gläubigen geriet auch die Erinnerung an jene verdienten Frauen und Männer, die um ihres

Glaubens willen bzw. wegen ihres Christuszeugnisses Repressalien und oft gewaltsamem Tod durch ihr heidnisches Umfeld ausgesetzt waren, allmählich in Vergessenheit. Dies obwohl Luther selbst und die anderen Reformatoren den Vorbildcharakter der Heiligen und Märtyrer für die Christen in Gegenwart und Zukunft bejahten und in CA 21 (»Vom Dienst der Heiligen«) ihre Bedeutung für die Stärkung des Glaubens ausdrücklich betonten. Es sei jedoch gegen das Schriftprinzip, sie um Hilfe anzurufen oder in ihnen Mittler zum Heil zu sehen, was allein Christus vorbehalten bleibe.

So trat mit der Reformation ein bedeutsamer Funktionsverlust für die überkommene Verehrung von Heiligen und Märtyrern ein, was sich seit den Konfessionalisierungprozessen in der protestantischen Gemeindefrömmigkeit immer stärker bemerkbar machte. Da sie nicht länger praktisch-theologische Bedeutung als Schutzpatrone in Notsituationen und für das Seelenheil besaßen, verblasste auch die Erinnerung an ihre religiösen ›Leistungen‹. Vermutlich ist dies in Parallele zum Niedergang des diakonischen Engagements der Gemeinden zusehen, das aufgrund der Verwerfung jeder Form von Werkgerechtigkeit ebenfalls gravierende Einbrüche erlebte und erst in der Moderne unter den Bedingungen von Pauperismus und Industrialisierung wieder einen neuen Aufschwung erlebte. Offenbar vermochte – bezogen auf die Geschichte der Heiligen und Märtyrer – das bloße Glaubensvorbild kein ausreichendes Motiv für ehrendes Gedenken zu sein: Die Volksfrömmigkeit verlangte nach praktisch-konkreten Anknüpfungspunkten für die Lebenspraxis, die für sie kaum noch gegeben waren, wie denn auch der pädagogische Hinweis Melanchthons und der anderen Reformatoren auf die Pflicht zu tätiger Nächstenliebe als Folge des Glaubens (amor fructus fidei) nicht die alte Gewissheit kompensieren konnte, dass gute Werke das Seelenheil beförderten. Angesichts der zahlreichen Menschen, die im 16. Jahrhundert für ihre neue evangelische Überzeugung Verfolgung bis zum Tod hin erlitten, ist dieser Paradigmenwandel an sich erstaunlich, denn Luther selbst und andere seiner (theologischen) Mitstreiter wurden nicht müde, das Schicksal leidender und getöteter Glaubensgenossen öffentlich zu machen und zu beklagen. Und in Anbetracht der raschen Verbreitung solcher Schreckensnachrichten wie der kritischen Reaktionen darauf mit Hilfe von Buchdruck und Flugschriften dürften Kommunikationsprobleme hier keine oder nur eine untergeordnete Rolle gespielt haben. Anscheinend vermochte fromme Rückerinnerung allein – ohne konkreten Stellenwert für die eigene christliche Existenz im Kontext der Volksfrömmigkeit – auf Dauer nicht zu befriedigen. Und im Zuge der in den folgenden Jahrhunderten allmählich fortschreitenden Verwissenschaftlichung der Theologie und der Herausbildung der Kirchengeschichte als eigenständigem Fach wurde zudem deutlich, dass vieles in der Überlieferung von Heiligen und Märtyrern legendarische Züge aufwies, was mangels valider Quellen kaum durch exakte Forschungen ersetzt und neu zu fassen war. Im Verlauf dieses Prozesses und der sich schließlich stellenden Frage danach, ›wie es wirklich gewesen war‹, wurde die alte Auffassung von Geschichte als Magistra vitae, als Erzählung ohne Rücksicht auf den von ihr geschilderten jeweiligen Wahrheitsgehalt, obsolet und ad acta gelegt.

Christenverfolgungen größeren Ausmaßes setzten erst im 19. Jahrhundert wieder ein: zunächst galten sie den Verkündigern des Evangeliums auf den Missionsfeldern in Übersee und in Afrika, dann den Christen im Umfeld der russischen Revolution in der stalinistischen Ära, in der auch die baltendeutschen Gemeinden einen hohen Blutzoll entrichten mussten. Das führte innerhalb des evangelischen Deutschlands zwar nicht zu einer grundlegenden Renaissance des Märtyrergedenkens, weckte aber theologische und politische Aufmerksamkeit, zumal einige wichtige Publikationen und die Medien darüber kritisch Bericht erstatteten.[1] Doch es waren nur einzelne Autoren, die sich diesem Thema widmeten: Erst der sog. Kirchenkampf und dann die Jahre der quälenden Auseinandersetzung zwischen den Deutschen Christen und den ›intakten‹ Landeskirchen bzw. der Bekennenden Kirche sowie mit der einschnürenden Religionspolitik des Dritten Reiches weckten ein breiteres Bewusstsein dafür, dass die Epoche der Verfolgungen von Christen aufs Neue angebrochen war.[2] Weil die Betroffenen für die Unabhängigkeit der Religionsgemeinschaften von den repressiv durchgesetzten Vorgaben des ›Maßnahmestaates‹ fochten und sich um der Integrität der Bekenntnisse der Reformation willen gegen die ›Partei der NSDAP in der Kirche‹ – die Deutschen Christen – wandten, galten sie in den Augen ihrer Gegner rasch als ›Staatsfeinde‹, mindestens jedoch als Unsicherheitsfaktoren im Hinblick auf die geforderte Konformität gegenüber den rassistischen wie imperialen Zielen der neuen Machthaber und deren totalitären Weltanschauungskonzepten. Mit der zunehmenden Bespitzelung und willkürlichen Drangsalierung jener Pfarrer und ihrer

---

[1] O. SCHABERT, Märtyrer. Der Leidensweg der baltischen Christen, Hamburg 1920, [5]1930; DERS., Baltisches Märtyrerbuch, Berlin 1926; DERS., Der Märtyrer D. Traugott Hahn, Dorpat/ Berlin 1938. – Zum historischen Kontext s. a. H. BÜHMANN, Die ›baltischen Märtyrer‹ von 1919. Zur Konstruktion eines protestantischen Märtyrergedächtnisses in der Zwischenkriegszeit, in: Mitteilungen zur kirchlichen Zeitgeschichte 3, 2009, 13–42.

[2] So sprach der junge D. Bonhoeffer schon 1932 in prophetischer Weise davon, Christen müssten sich nicht wundern, »wenn auch für unsere Kirche wieder Zeiten kommen werden, wo Märtyrerblut gefordert werden wird«; vgl. E. BETHGE, Dietrich Bonhoeffer. Theologe – Christ – Zeitgenosse, München 1967, 284.

Gemeindeglieder, die sich einer Gleichschaltung durch den NS-Staat zu entziehen suchten, ohne freilich zugleich ›Widerstand‹ in politischem Sinne leisten zu wollen, begannen die bekenntniskirchlichen Kreise zu ahnen, dass der NS-Staat mehr intendierte, als inhumane politische Programme in die Tat umzusetzen. Auch auf dem Weltanschauungssektor verlangte er unbedingte Gefolgschaft und nahm dafür billigend in Kauf, dass ihm Teile der Bekenntniskirchen und ihrer Anhängerschaft zunehmend distanziert begegneten. Diese kritische Zurückhaltung war – vor allem nach Kriegsbeginn – immer auch flankiert von verständlichen existenziellen Ängsten, da der Terror des Regimes anstieg und dieses vor einer Liquidierung der Kirchen ›bis zum Endsieg‹ nur deshalb zurückschreckte, weil es keine zusätzliche Destabilisierung der ohnehin hochbelasteten Heimatfront riskieren wollte. Gleichwohl griffen die Häscher der Politischen Polizei immer wieder zu, arretierten einzelne Geistliche und Gemeindeglieder, ja schreckten vor Folter und Mord nicht zurück. Das zeigte auch im Lager entschlossener und bekenntnistreuer Christen Wirkung, denn immer haben Willkür und Terror gegen Einzelne zugleich eine bewusst disziplinierende Funktion für die betroffenen Gesinnungs- und Milieugruppen zugunsten des jeweiligen Regimes. Die Geschichte der Bekennenden Kirche kennt genügend Beispiele bewusster Entsolidarisierung gegenüber den eigenen, aktuell Betroffenen aus Furcht vor weiteren nicht vorhersehbaren Übergriffen. Auch mögen angesichts des Massensterbens vor allem auf den Schlachtfeldern des Weltkriegs – weniger in den Vernichtungslagern im Osten, die eher im Verborgenen ihr grausiges Werk taten – die kirchlichen Opferzahlen vergleichsweise gering erschienen sein, was die Anteilnahme der Menschen, deren Angehörige an der Front bzw. die selbst in der Heimat täglich durch die Kriegsumstände höchst gefährdet waren, zusätzlich minderte. Natürlich ist das ein pragmatisches Argument ohne geistlich-theologische Dignität, aber im Kontext der volkskirchlichen Zustands- und Zielperspektive hat es sein realhistorisches Recht. Es kann Fehlverhalten verstehbar machen, aber nicht entschuldigen, und man ist nachträglich eigenartig berührt, dass den Blutzeugen oder eben auch Märtyrern des Dritten Reiches lange nicht jene angemessene Beachtung geschenkt wurde, die sie nicht zuletzt durch die wissenschaftlich-literarischen Bemühungen in beiden Großkirchen heute erfährt. Wenn sich unmittelbar nach 1945 kaum jemand exakt an die Opfer des Nationalsozialismus aus dem Bereich der Kirchen – ich beschränke mich hier auf den Protestantismus – erinnern konnte, wie selbst das verdiente Büchlein von Bernhard Heinrich Forck aus dem

Jahre 1947 zeigt,[3] scheint es offensichtlich, dass bereits wenige Jahre nach dem Zusammenbruch nur noch in Kreisen von Fachleuten und unmittelbar Betroffenen dieser Opfer gedacht wurde und das auch nur bruchstückhaft. Im Übrigen trennten Forck und die frühen Kirchenleitungen nach 1945 noch scharf zwischen politischem und geistlich-theologischen Widerstand resp. Widerspruch in der NS-Ära, ja, sie begegneten den ›politischen Pastoren‹ wie Bonhoeffer auch mit gewissem Misstrauen, – vermutlich um auf dem Hintergrund der Barth'schen Theologie und deren Ruf allein ›zur Sache der Theologie‹ die ›Reinheit‹ des religiös fundierten Andenkens an die Opfer des Gewaltregimes nicht zu verdunkeln.[4]

II.

Bis in die 1990er Jahre hinein gab es wiederholt Versuche, das Gedenken an evangelische Blutzeugen des 20. Jahrhunderts unter Akzentuierung der Zeit des Dritten Reiches wieder zu beleben, was sich vor allem an der Person des wohl ›prominentesten‹ unter ihnen, Dietrich Bonhoeffer, aber auch etwa an dem ›Prediger von Buchenwald‹, Paul Schneider, festmachte.[5] Je-

---

3 Und folget ihrem Glauben nach. Gedenkbuch für die Blutzeugen der Bekennenden Kirche im Aufrage des Bruderrats der Evangelischen Kirche in Deutschland verfaßt und herausgegeben von B. H. Forck, Stuttgart 1949. Forck nennt ›nur‹ 18 nicht als ›Märtyrer‹, sondern als ›Blutzeugen‹ apostrophierte Personen, die unter der NS-Gewaltherrschaft zu Tode gekommen seien.

4 So wies Forck schon in seiner Einleitung die zeitgenössische (1949) Tendenz zurück, den Kampf der BK mit jenem des Widerstands gleichzusetzen: Der BK sei es »ausschließlich« um das Bekenntnis gegangen und nicht um Politik, wiewohl er die Gewissensentscheidung der politischen Gegner des Regimes anerkennend hervorhob; ebd., 7. – Bethge (a.a.O., 1042) berichtet darüber hinaus von der Weigerung der Berlin-Brandenburgischen Landeskirche, ›ihren‹ Pfarrer Bonhoeffer in einem Atemzug mit dem schon 1939 in Buchenwald umgekommenen Paul Schneider als Märtyrer zu bezeichnen, wenn sie ein Jahr nach dem 20. Juli 1944 in einer Kanzelabkündigung Bonhoeffers Namen ausdrücklich *nicht* nannte. – Andersherum argumentierte 1948 ein Kreis von Bielefeldern Pfarrern, die sich brieflich an den Vater Karl Bonhoeffer mit der Bitte wandten, nicht zuzulassen, dass Straßenbenennungen nach seinem Sohn erfolgten, weil sie die Namen um ihres Glaubens getöteter Amtsbrüder nicht mit politischen Widerständlern in einer Reihe sehen wollten.

5 A. Aichelin, Paul Schneider, Ein radikales Glaubenszeugnis gegen die Gewaltherrschaft des Nationalsozialismus, Gütersloh 1994. – Zu den neueren Debatten über Schneider, auf die in diesem Kontext nicht eingegangen werden kann, vgl. die bei Th. M. Schneider aufgeführte Literatur; ders., Märtyrer oder Fanatiker? Zur Rezeptionsgeschichte Paul Schneiders, in: Mitteilungen zur Kirchlichen Zeitgeschichte 3, 2009, 81–94.

doch blieben dies – mit Ausnahme Bonhoeffers eben – vereinzelte Initiativen, die sich zudem oft auf bestimmte Erinnerungsorte bezogen.[6]

Seit Mitte der 1980er Jahre erschienen für den Bereich des Katholizismus mehrere wissenschaftliche Arbeiten, die sich mit katholischen Märtyrern des 20. Jahrhunderts beschäftigten, zunächst vor allem mit Priestern, die Opfer der NS-Verfolgungspolitik geworden waren.[7] Großen publizistischen Erfolg hatte das 1999 im Auftrag der Deutschen Bischofskonferenz erarbeitete Martyrologium des Kölner Prälaten Helmut Moll, das binnen kurzem vier Auflagen erlebte und in den letzten zehn Jahren augenscheinlich zum kirchenoffiziösen Standardwerk für den deutschen Katholizismus geworden zu sein scheint.[8] Die Revitalisierung des Märtyrergedenkens für das 20. Jahrhunderts lag seit den 1990er Jahren gewissermaßen in der Luft, nachdem die europäischen Totalitarismen im Verlauf der ›Wende‹ und des faktischen Zusammenbruchs des sowjetischen Herrschaftssystems weitgehend verschwanden und die Kirchen dort wieder öffentliche Anerkennung fanden, zumindest nicht mehr systematisch verfolgt oder reglementiert wurden. Jetzt konnte man ohne politische Rücksichten die Geschichte der fatalen kommunistischen Religionspolitik auch für die Zeit nach 1945 aufarbeiten, zumal die Archive – jedenfalls in Deutschland und den meisten einstigen Sattelitenstaaten – geöffnet und zur Benutzung freigegeben wurden. – Zwei weitere Überlegungen hat Ursula Büttner in diesem Zusammenhang angeführt: »Angesichts der nachlassenden Präge- und Bindekraft der Kirchen [wachse] wahrscheinlich die Sehnsucht nach Stärkung durch die Besinnung auf positive Traditionen, nach Vergewisserung durch die Erinnerung an christliche Vorbilder«. Und

---

6 Die bis heute anhaltende Bonhoeffer-Renaissance wurde vor allem eingeleitet durch die monumentale Biographie seines Freundes und Mitarbeiters E. Bethge, die 2005 ihre 9. Aufl. (Gütersloh) erlebte; s.o. Anm. 2. – Zu den ›Erinnerungsorten‹ vgl. H. Schultze, Das Gedenken evangelischer Gemeinden an die Märtyrer des 20. Jahrhunderts, in: Ders. / A. Kurschat (Hrsg.), ›Ihr Ende schaut an‹ (wie Anm. 13), 71–81, hier 76–79. – Auch in der DDR wurde das Thema behandelt; vgl. W. Oehme, Märtyrer der evangelischen Christenheit 1933–1945: Neunundzwanzig Lebensbilder, Berlin-Ost 1979, [3]1985.

7 U. v. Hehl, Priester unter Hitlers Terror. Eine biographische und statistische Erhebung, im Auftrag der Dt. Bischofskonferenz unter Mitwirkung der Diözesanarchive bearb. von Ulrich von Hehl, Mainz 1984; 4. durchgesehene und ergänzte Aufl. unter Mitarbeit von Chr. Koesters / P. Stenz-Maur, 2 Bde., Paderborn et al. 1998.

8 H. Moll (Hrsg.): Zeugen für Christus. Das deutsche Martyrologium des 20. Jahrhunderts, 2 Bde., Paderborn u. a. 1999, 4. vermehrte u. aktualisierte Aufl. 2006.

zum Zweiten artikuliere sich mit dem neuen Interesse an ›Märtyrern‹ womöglich das gesellschaftliche Bedürfnis nach Vorbildern, zumal die sich vornehmlich auf Strukturen und Hintergründe der Staatskriminalität konzentrierende historische Aufarbeitung der Schrecknisse des 20. Jahrhunderts den konkreten Einzelnen häufig nicht mehr im Blick gehabt habe.[9]

Auch innerhalb des deutschen Protestantismus erinnerte man sich wieder verstärkt an die evangelischen Glaubenszeugen, die im 20. Jahrhundert ihr Leben hatten lassen müssen, – jetzt unter Einschluss solcher Schicksale im Bereich der DDR bzw. Sowjetrusslands.[10] Einen wichtigen Impuls dafür gab der Vortrag, den der damalige Vorsitzende der Ev. Arbeitsgemeinschaft für Kirchliche Zeitgeschichte, Joachim Mehlhausen, aus Anlass des 50jährigen Bestehens der EKD 1998 in Eisenach hielt.[11] Darin ging er auf die dritte verfassungsgebende Kirchenversammlung nach dem Weltkrieg in Eisenach ein, die der vorläufige Synodalpräses Gustav Heinemann damit eröffnet hatte, die Namen von zehn während des Nationalsozialismus gewaltsam ums Leben gekommenen Männern [!] der Bekennenden Kirche – unter Hinweis auf die Unvollständigkeit dieser Liste – zu verlesen. Mehlhausen folgerte daraus kritisch: »Ist es nicht merkwürdig, daß uns einige dieser Namen heute fremd sind? Und ist es nicht noch merkwürdiger, daß keine spätere Synode der EKD diese Namenliste zu Ende geschrieben und irgendwo ehrenvoll festgehalten hat?«

Diese implizite Anregung griffen Rat und Synode der EKD auf, als sie die Ev. Arbeitsgemeinschaft für Kirchliche Zeitgeschichte beauftragten, ein Kompendium der protestantischen Märtyrer resp. Blutzeugen des 20. Jahrhunderts zu erstellen, das diese Opfer der totalitären Systeme der Epoche nach Möglichkeit vollständig erfassen sollte.[12] Die Annahme ist naheliegend, dass das Vorbild der genannten Arbeiten von Ulrich von Hehl und Helmut Moll einen weiteren Anstoß für den Beginn dieses Sammelwerks

---

[9] U. Büttner, Opfer politischer Verfolgung als ›Märtyrer‹? Einleitende Bemerkungen aus der Sicht einer Historikerin, in: Ev. Arbeitsgemeinschaft für Kirchliche Zeitgeschichte. Mitteilungen 20, 2002, 49–55, 49f.

[10] Dazu W. Grassmann, Geschichte der evangelisch-lutherischen Rußlanddeutschen in der Sowjetunion, der GUS und in Deutschland in der zweiten Hälfte des 20. Jahrhunderts. Gemeinde, Kirche, Sprache und Tradition, Diss. phil. München, elektronische Publikation, Dokumentenserver der Universitätsbibliothek München, http://edoc.ub.uni -muenchen.de/5378/1/Grassmann_Walter.pdf [07.11.2009].

[11] W. Grassmann, Fünfzig Jahre Grundordnung der Evangelischen Kirche in Deutschland. Erbe und Auftrag, in: http://www.ekd.de/vortraege/1998/mehlhausen.html [06.11. 2009].

[12] So auch der Ratsvorsitzende der EKD, W. Huber, in seinem Geleitwort zu dem in der folgenden Anm. genanntem Buch, 5.

gab, das unter der Herausgeberschaft des ehemaligen Interimsvorsitzenden der Arbeitsgemeinschaft, Harald Schultze, und des wissenschaftlichen Mitarbeiters der Münchener Forschungsstelle, Andreas Kurschat, sowie unter Mitarbeit von Claudia Bendick 2006 in der Leipziger Evangelischen Verlagsanstalt erscheinen konnte.[13] Schon zuvor waren einige Titel publiziert worden, die dem Münchener Unternehmen vorarbeiteten, aber nicht in unmittelbarem Zusammenhang mit ihm standen. Hervorzuheben sind die Arbeiten von Karl-Joseph Hummel und Christoph Strohm[14] – dies ein ökumenischen Projekt[15] – sowie von Björn Mensing und dem Mecklenburgischen Altbischof Heinrich Rathke.[16]

III.

Im Kreis der Arbeitsgemeinschaft sowie der Herausgeber und ihrer Mitarbeiterin wurde das voluminöse Sammelwerk intensiv begleitet bzw. vorbereitet:[17] Man schrieb die (landeskirchlichen) Archive und KZ-Gedenkstätten an, sammelte biographische Informationen bei Angehörigen und Freunden der Betroffenen und bezog die diversen Hilfskomitees für die in der Diaspora lebenden Kirchengemeinden der Ostkirchen ein. Außerdem wurde

---

13 »Ihr Ende schaut an [...]«. Evangelische Märtyrer des 20. Jahrhunderts, Leipzig 2006, hgg. von H. SCHULTZE / A. KURSCHAT unter Mitarbeit von C. BENDICK, 2. erweiterte und verbesserte Aufl. 2008.

14 Zeugen einer besseren Welt. Christliche Märtyrer des 20. Jahrhunderts, Leipzig-Kevelaer 2000. – Der Band entstand in Kooperation zwischen dem Kirchenamt der EKD und der Deutschen Bischofskonferenz unter Einbindung der ›Ev. Arbeitsgemeinschaft für Kirchliche Zeitgeschichte‹ und der ›Kommission für Zeitgeschichte. Forschung und Dokumentation zum deutschen Katholizismus im 19. und 20. Jahrhundert‹. S. a. G. GRÜNZINGER, Bericht über das Forschungsvorhaben ›Evangelischer Märtyrer/ Glaubenszeugen des 20. Jahrhunderts‹, in: Ev. Arbeitsgemeinschaft für Kirchliche Zeitgeschichte. Mitteilungen 20. 2002, 43–48.

15 Zur ökumenischen Dimension des Märtyrergedenkens schon früher E. BETHGE, Modernes Martyrium als gemeinsames evangelisch-katholisches Problem, in: H. HORN / H. KITTEL (Hrsg.), Der Glaube der Gemeinde und mündige Welt. Oskar Hammelsbeck zum 70. Geburtstag, München 1969, 13–24.

16 B. MENSING / H. RATHKE (Hrsg.), Widerstehen. Wirkungsgeschichte und aktuelle Bedeutung christlicher Märtyrer, Leipzig 2002. S. a. die Ansprache des damaligen Präses der EKD-Synode, Jürgen Schmude, anlässlich der Vorstellung des Buches am 09.04.2002 in Berlin-Plötzensee: Die Erinnerung an die Zeugen und Zeuginnen des Widerstandes in Kirche und Gesellschaft – Rückblick und Ausblick, in: http://www. ekd.de/vortraege/schmude/schmude_020409.html [07.11.2009]. Vgl. a. DIES. (Hrsg.), Mitmenschlichkeit, Zivilcourage, Gottvertrauen. Evangelische Opfer von Nationalsozialismus und Stalinismus, Leipzig 2003.

17 Folgende Informationen nach G. GRÜNZINGER (wie Anm. 14).

immer wieder über das weitere Vorgehen debattiert, wobei sich rasch erwies, dass es neben den Quellenproblemen vor allem um die Definition des Märtyrerbegriffs ging und um die – strittigen – Kriterien für die Auswahl der aufzunehmenden Personen. Bei einem Arbeitsgespräch der Vorbereitungsgruppe 2001 in Hannover schlug EKD-Synodalpräses Jürgen Schmude vor, »bei der Auswahl der Personen auch diejenigen zu berücksichtigen, die Leiden und Gefahr auf sich genommen hatten, damit den Märtyrerbegriff vom Faktum des Todes zu lösen und hin zum ›Leidenszeugen‹ zu erweitern. Maßgeblich für die Aufnahme sei für ihn ›aktives Tun‹ mit der Konsequenz des Leidens.«[18] Neben solchen Diskussionen schritten die Recherchen zu Einzelpersonen stetig voran, wenngleich die Grundsatzentscheidung darüber, ob tatsächlich nur zu Tode gekommene Christen oder darüber hinaus auch jene, die existenziellen Drangsalierungen ausgesetzt gewesen waren, Eingang in den geplanten Band finden sollten, noch nicht gefallen war. Die Sammlung von Namen ergab bis 2002 lediglich 155 Einträge; in den folgenden knapp vier Jahren bis zur Publikation des Buches wurden es 499, die in der zweiten Auflage von 2008 noch um 24 weitere ergänzt werden konnten.

Die Hamburger Historikerin Ursula Büttner hat als Mitglied des Arbeitsausschusses, der die Herausgabe des Werkes unterstützte, auf der genannten Sitzung in Hannover einen bemerkenswerten Beitrag zu den grundsätzlichen Problemen geleistet, die das Projekt von Anfang an begleiteten.[19] Aus allgemeinhistorischer Perspektive stellte sie eine Reihe von kritischen Fragen, die in der Tat von fundamentaler Bedeutung waren und sind, – zumal wenn man bedenkt, dass hier kein von der Geschichtswissenschaft abgekoppeltes, gleichsam nur für den ›innerkirchlichen Dienstgebrauch‹ bestimmtes Unternehmen intendiert war. Dahinter stand, dass die ältere theologisch zentrierte Kirchengeschichte letztlich den Terminus ›Märtyrer‹ im Kontext politischer Widerständigkeit für jene Personengruppe zu reservieren suchte, deren primäres Handlungsmotiv aus christlicher Verantwortung hergeleitet werden kann, ihn anderen Opfern von Gewaltherrschaft jedoch verweigerte.[20] Mit der Zuweisung des Prädikats ›Märtyrer‹ – so Ursula Büttner – seien jedoch stets Werturteile verbunden, oft

---

[18] Ebd., 45.

[19] Wie Anm. 9.

[20] Als Belege führt sie den einschlägigen Artikel in RGG^3 3, 587–592 [1960] sowie einen Beitrag von G. BESIER aus dem Jahr 1986 an: Bekenntnis – Widerstand – Martyrium als historisch-theologische Kategorie, in: DERS. / G. RINGSHAUSEN (Hrsg.), Bekenntnis, Widerstand, Martyrium. Von Barmen 1934 bis Plötzensee 1944, Göttingen 1986, 126–147.

von subjektiver Färbung, da die Letztbegründungen ethisch hochrespektabler Widerstandsentscheidungen mit wissenschaftlichen Mitteln kaum im Nachhinein rekonstruierbar erschienen. In der Tat ist es kaum möglich und vielleicht auch unangemessen, ex post eine Evaluierung sittlich positiver Leistungen nach religiösen Kriterien vornehmen zu wollen, weil diese sich immer wieder mit anderen, nämlich politischen und allgemeinethischen bzw. humanen Motiven mischen. In diesem Kontext vergleicht Büttner die christlichen Märtyrer mit den sog. Judenrettern, die ebenfalls aus einer kaum entwirrbaren Gemengelage von Hilfsbereitschaft, Menschenfreundlichkeit, Liebe, Familienbindungen und Mitleid heraus handelten, aber eben nicht allein aus religiösen Antrieben. Schließlich benennt sie die Schwierigkeiten, aus rassistischen Gründen oder wegen ihrer Zugehörigkeit zu einer bestimmten sozialen Schicht kollektiv verfolgte Personengruppen in den Märtyrerkanon aufzunehmen; gleiches gelte auch für Deserteure und Menschen, die in einer ihnen ausweglos erscheinenden Situation freiwillig aus dem Leben geschieden seien.

Um diesem Dilemma zu entgehen, plädierte Frau Büttner für einen erweiterten und offeneren Märtyrerbegriff, wie er in der Befreiungstheologie verwendet wird: Hier sei »nicht der subjektive Bezug auf die christliche Religion das Entscheidende, sondern der tatsächliche Einsatz für das Reich Gottes, eine durch Gerechtigkeit, Liebe und Frieden bestimmte Gesellschaft«.[21] Andererseits muss Ursula Büttner zugestehen, dass damit »die Grenzen des christlichen Märtyrertums offen und fließend« gemacht werden und als methodisch-heuristischer Zugriff für die Allgemeingeschichte wenig brauchbar erscheinen.[22] Sie bleibt jedoch dabei, dass das Märtyrerprojekt »als Beitrag zur Erinnerungskultur der deutschen evangelischen Kirche« seine Bedeutung behält.[23] Dem wird nicht zu widersprechen sein: Allerdings erscheint der Spagat zwischen der älteren Märtyrervorstellung, welche diese exklusiv auf theologische Kategorien beschränken wollte,

---

[21] Unter Bezugnahme auf H. 3 der Zeitschrift ›Concilium‹ [19. 1983, 167–246], wo sich K. Rahner, W. Bühlmann und L. Boff in diesem Sinne äußern; s. vor allem Boff und seinen Beitrag ›Martyrium: Versuch einer systematischen Reflexion‹, ebd., 176–180. Dort heißt es: »[...] sind all diejenigen, die für die Wahrheit, Gerechtigkeit und den Frieden ihr Blut vergossen haben, unabhängig von den ideologischen Vorzeichen unter denen dies geschah, wahre Märtyrer in vollem Sinne des Wortes [...] Sie sind zwar keine Märtyrer für den christlichen Glauben, sie sind auch keine Helden, die die Kirche für sich in Anspruch nehmen kann; aber sie sind Märtyrer für das Reich Gottes.« (180) – Ähnlich auch J. Moltmann, Die Leiden dieser Zeit. Die Kirche und ihre Märtyrer, in: EK 18. 1985, 410–444.

[22] Moltmann, ebd., 443.

[23] Büttner, 55.

und jener skizzierten (politisch-gesellschaftlichen) Ausweitung des Begriffs kaum überbrückbar. Termini und Schlagwörter, die sich historiographisch nahezu beliebig füllen lassen wie ›Politische Kultur‹, ›Faschismus‹ und eben ›Märtyrertum‹, sind wenig geeignet, geschichtliche Konturen in wünschenswerter Klarheit auszuarbeiten, wenn die Begriffe nicht zuvor exakt definiert werden. Andererseits ist Vergangenheit immer nur mit methodischen Kompromissen angemessen zu beschreiben und zu würdigen, was auch für dieses neue evangelische Handbuch gilt.[24]

Die mit der Herausgabe des Handbuchs verbundenen Probleme führten konsequenterweise zu einer Zweiteilung: Auf den Seiten 19–214 werden begriffliche und systematisch-theologische Aspekte abgehandelt, an die sich die 499 Biogramme anschließen.[25] Ein nützlicher und ausführlicher Anhang mit Bibliographie, Namens- und Ortsregister rundet den Band ab. In der systematisch gehaltenen Einleitung äußern sich nach dem Geleitwort des Ratsvorsitzenden zunächst die beiden Herausgeber, die das Projekt, seine Genese sowie die Dokumentationsprinzipien vorstellen. Daran knüpft der Beitrag von Wolf-Dieter Hauschild an, der auf das kirchenhistorisch-theologische Verständnis des Märtyrertums aus evangelischer Sicht eingeht. Weitere Abschnitte widmen sich den Sonderthemen ›freikirchliche Märtyrer‹ (Daniel Heinz), der Bedeutung des christlichen Glaubens im Umfeld der Attentäter des 20. Juli 1944 (Christoph Strohm) und den Kriegsdienstverweigerern bzw. Deserteuren als Opfern der Wehrmachtsjustiz (Norbert Haase). Die folgenden Aufsätze beschäftigen sich mit außerdeutschen regionalen Schwerpunkten (Siegfried Hermle: Baltikum; Gerd Stricker: UdSSR bzw. Russland; Gertraud Grünzinger: Polen). Sigrid Lekebusch fragt danach, ob und inwiefern Christen jüdischer Herkunft als Glaubenszeugen verfolgt und ermordet wurden oder als ehemalige Angehörige des Judentums, und Gury Schneider-Ludorff nimmt in ihrem Beitrag ›Leidenszeugen‹ anhand ausgewählter Beispiele den Gender-Aspekt auf.

Die Lektüre der sich daran anschließenden Biogramme der Verfolgten, Geschundenen und Getöteten zeigt den Leserinnen und Lesern dann ein ungeschminktes Bild der oft grauenvollen politisch-gesellschaftlichen Konstellationen, in denen sie in das Räderwerk totalitärer Herrschaftspraktiken gerieten, aus dem sie sich in den seltensten Fällen noch einmal befrei-

---

[24] Auf das Problem der letztlich ungeklärten Begrifflichkeit weist auch CHR. STROHM hin: DERS., Art. Märtyrer IV. Neuzeit, in: RGG[4] 5, 866f.

[25] Die um ein weiteres Vorwort und 24 Biogramme erweiterte zweite Auflage umfasst insgesamt etwa 45 S. mehr. Bezug genommen wird im Folgenden – soweit nicht ausdrücklich anders vermerkt – auf die erste Auflage.

en konnten: in aller Regel nicht ohne schwerste psychische und körperliche Beeinträchtigungen davon zu tragen. Die Biogramme sind durchweg sachlich-nüchtern, teilweise auch kritisch gehalten und nicht vom Anliegen einer nachträglichen Verehrung oder gar Glorifizierung der Betroffenen geleitet. Sie genügen wissenschaftlichen Ansprüchen und bieten in kurzen bibliographischen Anhängen Gelegenheit zu intensiver Weiterbeschäftigung mit den jeweiligen Personen. Mag man sich auch gelegentlich fragen, warum der eine oder andere Aufnahme in das Kompendium fand (oder auch nicht), so bleibt doch am Ende ein Eindruck des furchtbaren Geschehens haften, an das sich immer wieder zu erinnern und bewusst zu machen zur unerlässlichen Verpflichtung der Nachgeborenen in Kirche und Gesellschaft gehört.

Zurück zu den systematischen Abschnitten. Es dürfte den vorangegangenen Debatten um Begriff und Bedeutung evangelischen Märtyrertums geschuldet sein, dass Harald Schultze gleich am Anfang seines ersten Beitrags darzulegen versucht, was Martyrium für ihn ist und wer als Märtyrer bezeichnet werden kann. Das sei »nicht von der Zugehörigkeit zu einer bestimmten Kirche oder einer politischen Partei abhängig«.[26] Jedenfalls dürfe der Terminus nicht länger für Christen reserviert werden; auch Kommunisten, Wehrdienstverweigerung oder Zeugen Jehovas seien für ihre Überzeugung in den Tod gegangen. Moderne Selbstmordattentäter, für die statt des ›Erleidens‹ der aktiv herbeizuführende Erfolg ihres Tuns im Vordergrund stehe, rechnet er hingegen nicht zur Märtyrergemeinschaft. Ausdrücklich betont Schultze den ökumenischen Charakter des Märtyrergedenkens, was heute evangelische und katholische Christen miteinander verbinde.[27] Natürlich weiß auch Schultze, dass es keine eindeutige Definition dessen gibt, was Protestanten unter Märtyrertum verstehen. Er versucht es dann aber doch, sich einer solchen anzunähern: »Als Märtyrer sind diejenigen zu bezeichnen, die wegen ihres christlichen Glaubenszeug-

---

[26] DERS., Das Projekt ›Evangelische Märtyrer des 20. Jahrhunderts‹ im ökumenischen Kontext, 19–32.

[27] Eine weitgehende Annäherung der Konfessionen in diesem Punkt gehörte zu den Ergebnissen einer kirchlich-zeitgeschichtlichen Tagung in Mooshausen 2003, an der Vertreter beider Konfessionen teilnahmen. A. Kurschat, der darüber berichtet hat, nennt als Ergebnis des dortigen Expertengesprächs über ›Martyrium im 20. Jahrhundert‹, dass das evangelische und katholische Martyriumsverständnis im Kern identisch seien, während vor allem die praktisch-theologische Aneignung kontrovers bleibe«; DERS., ›Martyrium im 20. Jahrhundert‹, http://hsozkult.geschichte.huberlin.de/tagungsberichte/id=315&count=18&recno=17&sort=datum&order=down&-search=Martyrium+im+20.+Jahrhundert (02.11.09).

nisses, wegen ihrer kirchlichen Funktion oder wegen ihres christlich motivierten Widerstands gegen politisches Unrecht den Tod erlitten haben.« Da diese Bestimmung jedoch den Kreis der – schließlich in das Handbuch aufgenommenen – Personen nachträglich wieder eingegrenzt haben würde, fügt er sogleich relativierend hinzu, es gehe häufig [auch] »um das ethisch verantwortliche Handeln – z.B. [...] da, wo sich einer schützend vor andere Opfer von Gewaltmaßnahmen gestellt hat und darum umgebracht wurde«. Auch seien Personen aufgenommen worden, die nicht unmittelbar durch Gewalteinwirkung starben, sondern nach ihrer Entlassung an den Folgen der Misshandlungen. Wichtiges Kriterium für die Berücksichtigung war nach Schultze die Zugehörigkeit zu einer Gemeinde oder Landeskirche innerhalb der Arbeitsgemeinschaft christlicher Kirchen. Abgesehen davon, dass es sich hier um ein sehr formale Begründung handelt und die ACK erst 1948 gegründet wurde, zeigt diese Argumentation vor allem die anhaltende terminologische Unsicherheit selbst des Hauptherausgebers des Handbuchs. Er konzediert selbst, dass die innere Haltung eines Hingerichteten häufig schwierig zu ermitteln gewesen sei, da – wie oben schon mehrfach angedeutet – für die Verfolger immer mehrere Faktoren eine Rolle spielten, »z.B. politisch-nationale, ethnische oder rassische Motive«, – ich möchte hinzufügen auch soziale bzw. Klassenkriterien, wie das Beispiel des Stalinismus zeigt. Dezidiert weist Schultze darauf hin, dass man ein »Gedenkbuch« und keinen »Katalog evangelischer Heiliger« haben schaffen wollen. Man sei der altkirchlichen Unterscheidung von Märtyrern und Konfessoren gefolgt, jenen also, die zwar unter Drangsalierungen um ihres Glaubens willen litten, jedoch überlebten. Deshalb hätten auch die ›Leidenszeugen‹, d.h. eben diese Konfessoren, keinen Eingang in den Band gefunden.[28]

Eine kirchengeschichtlich-theologische Auseinandersetzung mit »Märtyrern und Märtyrerinnen nach evangelischen Verständnis« bietet Wolf-Dieter Hauschild in seinem gleichnamigen Beitrag in diesem Band.[29] Er bezieht sich darin vornehmlich auf den aus seiner Sicht möglichen Nachweis, dass altkirchliches und reformatorisches Verständnis des Martyriums im Wesentlichen identisch seien, unterstreicht jedoch die Unterschiede zwi-

---

[28] Dann stellt sich jedoch die Frage, welche Funktion der Beitrag von G. Schneider-Ludorff, der ausdrücklich ›Leidenszeugen‹ betitelt ist, in diesem Handbuch besitzt. Dazu s.w.u.

[29] Schultze / Kurschat (wie Anm. 13), 49–69; Wiederabdruck seines Beitrags aus: Ev. Arbeitsgemeinschaft für Kirchliche Zeitgeschichte. Mitteilungen 21 (2003), 1–23.

schen geltender katholischer Deutung und dem protestantischen Zugang zu diesem Problemfeld.

Der Wuppertaler Professor für historische und systematische Theologie, Martin Ohst, hat sich in einem glänzend geschriebenen und gedankenreichen Rezensionsaufsatz, dem es freilich nicht an Polemik mangelt, mit dem Märtyrersammelband auseinander gesetzt und beanstandet daran, dass dieser – anstatt Neuansätze zu einer spezifisch protestantischen Erinnerungskultur aufzuzeigen – den alten Märtyrerbegriff nun für das evangelische Deutschland ›zurechtstutze‹, um ihn für dessen Zwecke praktikabel zu machen und hier »womöglich einzubürgern«.[30] An Hauschilds Position wird moniert, dass diese – wie einst schon die Reformatoren, vor allem Melanchthon – zwischen einer ›guten‹, weil faktisch ›evangelischen‹ altkirchlichen Tradition und deren Niedergang in Spätantike und Mittelalter – durch den Heiligenkult und die Zuweisung einer Mittlerrolle neben Christus – differenziere, um so die Märtyrer des frühen Christentums auch für den Protestantismus gleichsam funktionsfähig zu machen. Heute, 500 Jahre nach der Reformation, hemme ein solches Verfahren das theologische Gespräch zwischen den Konfessionen eher als dass es dieses voranbringe, denn es täusche Übereinstimmungen vor, die in Wahrheit nicht existierten. Hauschild sehe dies selber und wende deshalb einen »Kunstgriff« an: »Den Begriff ›evangelisch‹ konnotiert er auf ganz formale Weise normativ, indem er ihn vom wirklichen Protestantismus der Gegenwart entschlossen abhebt und stattdessen dergestalt umprägt« und von einer durch alle Zeiten »bindende[n] christliche Lehre« spricht, »die sich im Evangelium gründet. So objektivistisch das klingt« – so Ohst – »in Wahrheit gibt sich der Autor selbst freie Hand bei dem Unternehmen, im großzügig selektiven Zugriff auf die Tradition seine formale Norm des Evangelischen inhaltlich auszugestalten: Was in diesem Sinne evangelisch ist, das bestimmt er selbst; [...] und so vollendet sich der beliebte kirchengeschichtliche Dreisprung vom NT über die ›gute‹ alte Kirche bei der Reformation, die natürlich in erster Linie insofern in Betracht kommt, als ihre Ergebnisse in den Bekenntnisschriften normative Fixierung erfahren haben.«[31]

Sigrid Lekebusch beschäftigt sich mit dem Schicksal der nichtarischen Christen und stellt die einsichtige Frage, ob sie ihr Leidensweg im Dritten Reich zu ›Glaubenszeugen‹ gemacht habe.[32] Sie verneint dies unter Hin-

---

30 M. Ohst, Evangelische Märtyrer? Anstoß für eine notwendige Debatte (Buchbericht), in: PTh 96 (2007), 366–377, 371.

31 Ebd., 371f.

32 Christen jüdischer Herkunft – Glaubenszeugen?, 195–204.

weis darauf, dass die Christen jüdischer Herkunft »ausschließlich passive Opfer des Terrors« wurden. Nicht ihr Christentum und auch nicht ihr Individualverhalten aufgrund ihrer religiösen Überzeugung führte sie in Verfolgung und Tod, sondern die brutale Umsetzung des Rassenantisemitismus. Sie konnten ihr Verhalten nicht ändern, um dem Massenmord zu entgehen, weil ihr Judesein in den Augen des Regimes die Eigenschaft eines unzerstörbaren Stigmas i. S. eines Character indelebilis besaß. In Leiden und Tod teilten sie freilich das Schicksal des traditionellen Märtyrertums und wurden darum, soweit es möglich war, in den Biogrammen berücksichtigt. Lekebusch weist ferner darauf hin, dass ihre Ausschließung eine zweite Ausgrenzung aus dem Gedächtnis der evangelischen Kirche bedeutet haben würde und schon deshalb nicht in Frage gekommen sei. In diesem Sinne plädiert sie dafür, die ›verlassenen Kinder der Kirche‹[33] in die Erinnerungskultur des Protestantismus einzubeziehen und sich so mit ihnen, denen man Empathie und Hilfen einst verweigert hatte, wenigstens nachträglich zu solidarisieren.

Am letzten Beitrag des systematischen Teils wird noch einmal die große Spannbreite des benutzten Märtyrerbegriffs deutlich. Die Kirchenhistorikerin Gury Schneider-Ludorff, ausgewiesen u. a. durch wichtige Beiträge zur ev. Genderforschung im 20. Jahrhundert, widmet sich zwar keinen Frauen, die im Dritten Reich zu Tode kamen, aber doch Schweres in Gefängnishaft und Konzentrationslagern zu erleiden hatten.[34] Um diesen Personenkreis in den Band einbeziehen zu können, wendet auch Frau Schneider-Ludorff einen ›Kunstgriff‹ an: Sie rekurriert auf den altkirchlichen Unterschied von Märtyrern und Konfessoren, d.h. Menschen, die zwar nicht sterben und manchmal auch keine Leidenserfahrungen machen mussten, jedoch als Glaubenszeugen mutig für ihre christliche Überzeugung eintraten. Das wird am Schicksal der von ihr erwähnten Frauen deutlich, deren Zahl sich vermutlich ohne weiteres hätte vermehren lassen. – Nicht recht einsichtig ist, warum diese »Leidenszeuginnen« nicht in den biographischen Teil eingearbeitet wurden, sondern in diesem Beitrag gesondert aufgeführt sind. Sicher hat das mit der konzeptionellen Entscheidung zu tun, vornehmlich jene Menschen zu berücksichtigen, die entweder unter direkter Gewalteinwirkung oder unmittelbar an den Folgen ihrer Haft starben. Dazu gehört keine der hier genannten Frauen. – Es erscheint wichtig, dass der Genderaspekt angesichts der inzwischen blühenden his-

---

33 So ein mittlerweile zum geflügelten Wort gewordener Buchtitel von U. Büttner/ M. Greschat (Hrsg.), Die verlassenen Kinder der Kirche. Der Umgang mit Christen jüdischer Herkunft im ›Dritten Reich‹, Göttingen 1998.

34 »Leidenszeuginnen – Glaubenszeuginnen«, 205–214.

torischen Frauenforschung auch innerhalb der Kirchengeschichte mit diesem Beitrag zu seinem Recht kommt, wenngleich die gewählten Beispiele und die Begründung ihrer Aufnahme mit dem altkirchlichen Beispiel nicht recht konsistent erscheinen; dies ist jedoch eher dem unklar bleibenden Auswahlprinzipien als der Verfasserin anzulasten.[35]

Bleibt am Ende ein kurzes Fazit zu ziehen: Ein solches Buch für den deutschen Protestantismus herauszubringen, ist und bleibt ein verdienstliches Unterfangen, freilich eines, dass manche ungelösten Probleme aufweist, die weniger in der wissenschaftlichen Aufarbeitung der oft lückenhaften biographischen Überlieferung liegen, sondern in der Auswahl der Personen. Letztere vermag nicht immer zu überzeugen, wenngleich niemand von heutiger – wie übrigens auch damaliger – Warte aus anstehen sollte, über Glaubensbindung und Motivlage für widerständiges Verhalten zu urteilen. Deshalb wäre es auch ungerecht, das Werk ausschließlich in kritischer Perspektive zu betrachten und Herausgebern und Beiträgern vorzuhalten, sie seien ihrer Aufgabe nicht gerecht geworden. Vielleicht war das (noch) gar nicht möglich, weil die eindeutige Begrifflichkeit fehlt und die Anknüpfung an die altkirchliche Tradition von Märtyrern und Konfessoren das Kontinuitätspotenzial einer zweitausendjährigen (Kirchen-) Geschichte überschätzt und überdehnt. Bedenkenswert scheinen mir die abschließenden Überlegungen von Martin Ohst, der hier noch einmal zitiert werden soll:[36]

> »Begriffe sind keine leblosen Gegenstände, die man nach Belieben für den je eigenen Gebrauch umformen und herrichten kann. Vielmehr beeinflussen sie subtil denjenigen, der sich ihrer bedient. Sie bestimmen die Wahrnehmungsperspektive und geben Wertungen vor [...] Das alles lässt sich studieren an diesem groß angelegten Versuch, zunächst den Begriff des Märtyrers derart umzuformen, dass er zugleich evangelisch verantwortbar und neuzeitlich plausibel wird und sodann am Leitfaden dieses Begriffs an die evangelischen Opfer von organisiertem Terror und Mord im 20. Jahrhundert zu erinnern [...] Der Verzicht auf diesen Begriff und die Suche nach einem genuin evangelischen Funktionsäquivalent hätten sicher viel Mühe bereitet. Aber das Buch zeigt so, wie es nun einmal geraten ist, dass diese Mühe richtig investiert gewesen wäre.«

---

[35] Deshalb sind Titelwahl und Rezension des Handbuches im Rheinischen Merkur nicht nur antifeministische Polemik, sondern verfehlen auch das Ziel sachlicher Kritik; vgl. W. THIELMANN, Blutzeugen mit Frauenquote, in: Rheinischer Merkur Nr. 12 v. 23.03.2006.

[36] DERS., wie Anm. 30, 376f.

Georg Plasger

Theologische Religionskritik
– notwendig für eine Theologische Begründung der Religionsfreiheit

Religionsfreiheit ist ein grundlegendes Menschenrecht. Aber ist sie auch systematisch-theologisch aus evangelischer Perspektive zu reflektieren? Diese Frage ist Gegenstand meiner Überlegungen.

1. Was ist »Religion«? Von definitorischen Schwierigkeiten

Wir stehen hier bereits am Anfang vor zwei grundlegenden Schwierigkeiten. Erstens ist es die Begrifflichkeit von Religion. Ist »Religion« überhaupt ein Thema und Gegenstand von »Theologie«? Man sollte hier nicht zu schnell »ja« sagen, weil die Frage, was denn Religion ist, durchaus nicht klar ist – und damit auch die Frage, womit sich die Theologie beschäftigen soll, wenn es um »Religion« geht.

Der römisch-katholische Systematiker Leopold Neuhold stellt lapidar fest: »Religion ist also gerade auch auf dem Hintergrund der heutigen Entwicklung der religiösen Szene nicht mehr als ein klar umrissenes Phänomen zu betrachten, für dessen Bestimmung die Kirche oder die Kirchen noch Definitionsvollmacht besitzen würden.«[1] Noch knapper formuliert Lucian Hölscher: »Religion ist alles, was man dafür hält.«[2] Heinrich von Stietencron stellt angesichts der Komplexität dessen, was unter Religion

---

1 L. Neuhold, Religion und katholische Soziallehre im Wandel vor allem der Werte. Erscheinungsbilder und Chancen, Münster 2000, 17.

2 L. Hölscher, Religion im Wandel. Von Begriffen des religiösen Wandels zum Wandel religiöser Begriffe, in: W. Gräb (Hrsg.), Religion als Thema der Theologie. Geschichte, Standpunkte und Perspektiven theologischer Religionskritik und Religionsbegründung, Gütersloh 1999, 45–62, 45.

verstanden wird, knapp fest: »Kein Wunder, dass Definitionen einem so komplexen Gebilde nicht gerecht zu werden vermögen.«[3]

Ich nenne diese Schwierigkeit gleich zu Anfang, weil die theologische Religionskritik, um die es später gehen wird, nicht von einer ganz bestimmten Definition von Religion ausgehen kann – und deshalb bewusst anders zu verfahren hat als bei dem bis heute häufig gesehenen Modell, Religion als »Wege vom Menschen zu Gott« und als »soziale Äußerungen der Beziehung des Menschen zu Gott« zu verstehen, wie es noch 1996 die Deutsche Bischofskonferenz getan hat[4] und wie es – in ganz anderer Weise – Schleiermachers Vorstellungen aufgreifend bei Wilhem Gräb geschieht: Religion »ist eine Angelegenheit des Individuums, des einzelnen Menschen. Sie gehört ins Unvordenkliche Innenverhältnis des bewussten Lebens.«[5] Auch hier ist eine ganz bestimmte Definition dessen, was Religion ist, individualistisch zu greifen – und Religionswissenschaftler werden hier unschwer eine spezifische neuprotestantische Perspektive erkennen.

Wenn man dieser sehr breiten Formulierung zustimmt und also etwa einen fundamentalen Transzendenzbezug oder gar eine personale Gottesvorstellung nicht für grundlegend erachtet – und wenn man so etwas tut, hat man beispielsweise den Buddhismus nur am Rande im Blick –, dann stellt sich die Frage, inwiefern dann Religion überhaupt als Thema der Theologie relevant wird – und in der Folge dann eben auch Religionsfreiheit.

Ich teile die Auffassung, einen so weiten Religionsbegriff wie nur möglich zu nutzen, der freilich im Einzelfall dann schwer theoretisch handhabbar wird. Oder noch einmal anders gesagt: Religion ist auch aus theologischer Perspektive als anthropologisches und nicht als göttliches Phänomen zu betrachten und also nicht aus dem Bereich der Theologie zu identifizieren. Das heißt natürlich nicht, dass Theologen und Theologinnen keine religiösen Menschen sind, sehr wohl aber, dass hier die Ebenen zu unterscheiden sind: Religion ist ein kreatürliches Phänomen.

---

[3] H. VON STIETENCRON, Der Begriff der Religion in der Religionswissenschaft, in: W. KERBER (Hrsg.), Der Begriff der Religion, München 1993, 111–137, 115.

[4] Internationale Theologenkommission, Das Christentum und die Religionen, hg. vom SEKRETARIAT DER DEUTSCHEN BISCHOFSKONFERENZ (DBK Arbeitshilfen 136), Bonn 1996, 9.

[5] W. GRÄB, Religion und die Bildung ihrer Theorie. Reflexionsperpektiven, in: DERS. / B. WEYEL (Hrsg.), Religion in der modernen Lebenswelt. Erscheinungsformen und Reflexionsperspektiven, Berlin 2006, 191–207, 191f.

2. Menschenrechte – begründungsoffen und begründungsbedürftig

Die zweite grundlegende Schwierigkeit besteht in der grundlegenden Frage, wie die Menschenrechte, die die Religionsfreiheit einschließen, theologisch zu reflektieren sind. Abgesehen davon, dass eine evangelische Position grundlegende Mühe damit hat, die Menschenrechte auf naturrechtlicher Basis zu verorten (übrigens hat dies zunehmend auch die röm.-kath. Kirche, in der tendenziell auch heilsgeschichtliche Begründungen vorgeschlagen werden[6]), gibt es innerhalb der evangelischen Theologie sowohl Konzeptionen, die eine direkte Herleitung der Menschenrechte aus dem Handeln Gottes begründen wie auch solche, die Menschenrechte für keine Bezugsgröße der Theologie halten. Die seit vielen Jahren immer wieder diskutierte Mittelposition wird von Wolfgang Huber und Heinz-Eduard Tödt vertreten – die sogenannte analogische Sicht: Die christliche Theologie kann die Menschenrechte nicht begründen, sieht aber zwischen dem, was aus ihrem Duktus notwendig für das Zusammenleben der Menschen zu sagen ist, deutliche Entsprechungen zu den Menschenrechten. Das bedeutet a priori das Zugeständnis der Partikularität – im Wissen um die Universalität der Menschenrechte.

Heiner Bielefeldt hat aus diesem Grund auch davor gewarnt, eine historisch zu einseitige Herleitung der Menschenrechte aus dem christlichen Glauben zu verteidigen und fordert, sie keinem Kulturessentialismus zuzuordnen – das beschränke nämlich ihre Universalität. Gleichzeitig sagt Bielefeldt: »Es ist sicherlich legitim, wenn die christlichen Kirchen inzwischen im Ethos der Menschenrechte sogar ein ureigenes ethisches Anliegen in neuer Gestalt wiederentdecken und ihr Engagement für die Wahrung von Würde und Recht des Menschen aus ihrem christlichen Auftrag her begreifen und begründen.«[7]

Diese doppelte Beschreibung der Menschenrechte als »begründungsoffen« und »begründungsbedürftig«, wie es in der Studie »Gesetz und Evangelium« der Gemeinschaft evangelischer Kirchen in Europa formuliert wurde[8], ist die Voraussetzung für meine weiteren Überlegungen zur Be-

---

[6] Vgl. etwa F. FURGER, Politische Ethik zwischen neuzeitlicher Freiheitsphilosophie und christlichem Glauben (Jahrbuch für Christliche Sozialwissenschaften 36/1995, 27–43).

[7] H. BIELEFELDT, Universale Menschenrechte angesichts der Pluralität der Kulturen, in: H.-R. REUTER (Hrsg.), Ethik der Menschenrechte. Zum Streit um die Universalität einer Idee I, Tübingen 1999, 43–73, 58.

[8] Gesetz und Evangelium. Eine Studie, auch im Blick auf die Entscheidungsfindung in ethischen Fragen, im Auftrag des Rates der Gemeinschaft evangelischer

gründung der Religionsfreiheit aus evangelisch-theologischer Perspektive. Ich vertrete im Folgenden also nicht den Anspruch, als wäre das Recht auf Religionsfreiheit in irgendeiner Weise abhängig von der evangelischen Begründung noch hätten meine Überlegungen das Ziel, für alle Religionen sprechen zu wollen. Ja, ich vermute sogar, dass zumindest ein Teil der römisch-katholischen Geschwister hier schon Mühe hätte. Das hindert mich aber nicht daran, meine Beobachtungen für relevant zu erachten.

3. Das grundlegende Programm theologischer Religionskritik

Religionskritik wird häufig mit dem Namen Ludwig Feuerbach verbunden, der eine Anthropologisierung aller Glaubensvorstellungen vorstellte. Nach ihm darf es nicht mehr heißen, dass Gott sich den Menschen nach seinem Bilde schuf, sondern dass der Mensch als Schöpfer Gottes zu gelten habe, der sich diesen nach seinem Bilde, nach seinen Vorstellungen erdacht habe. Religion, so Feuerbach, ist deshalb als menschliche Projektion zu deuten. Diese grundlegende Vorstellung ist in der auf Feuerbach rekurrierenden Marxschen Religionskritik aufgenommen worden – und ist für viele aufgeklärte Menschen der Gegenwart zum Allgemeingut geworden: Religion ist Menschenwerk, menschengemacht. Wie reagiert die Kirche, die Theologie angemessen auf diese grundlegende Anfrage? Meines Wissens nach nicht, indem sie vor dieser Frage die Ohren verschließt oder ihr einfach ein unbegründetes »Wir sehen das anders!« entgegensetzt. Und dazu verhilft ein Blick in die Bibel.

Denn was ist etwa im Alten Testament die Funktion der meisten Propheten? Sie üben massiv Religionskritik, d.h. Kritik an der Art und Weise, wie Menschen und Funktionäre im alten Israel ihren Glauben lebten. Genau das ist die Funktion der theologischen Religionskritik – sie ist als Inbegriff, als notwendiger Inbegriff jeglicher theologischer Reflexionen zu sehen, ja sie ist ein Grundelixier, eine Grundaufgabe jeglicher Theologie. Die Propheten waren theologische Religionskritiker. Sie kritisierten nicht alle religiöse Praxis schlechthin (das tat übrigens auch Feuerbach nicht), sondern versuchten zu unterscheiden – und »krinein« tut ja genau dies: Unterscheiden, urteilen.

Eine uns allen bekannte Erzählung aus der Wüstenwanderung des Volkes Israel zeigt an dieser Stelle exemplarisch auf, worum es der Religionskritik geht: Das Volk hatte sich während der langen Abwesenheit des Mose aus dem eigenen Schmuck ein sogenanntes »Goldenes Kalb« angefertigt haben. In Ex 32,1 wird Aaron aufgefordert: »Auf, mache uns Götter, die vor

---

Kirchen in Europa hg. v. M. BÜNKER und M. FRIEDRICH (Leuenberger Texte 10), Frankfurt 2007, 143.

uns herziehen.« Mache uns Götter – und die menschengemachte Gottheit hatte Feuerbach ja dem Glauben generell unterstellt.

Die biblischen Beispiele sind Legion: Der Prophet Amos klagte mit seiner Sozialkritik sogar den Kult bei unangemessenem ethischen Verhalten als Gotteslästerung an, Jesus trieb die Händler aus dem Tempel oder Paulus schreibt der korinthischen Gemeinde ins Herz, dass die Gemeinschaft untereinander nur dann christusgemäß ist, wenn die Liebe regiert, und gerade nicht, wenn herausragende geistliche Qualitäten im Vordergrund stehen: Liebe statt religiöser Genies, so könnte man die paulinische Theologie auch beschreiben.

Die gesamte Theologiegeschichte ist denn auch als Praxis gelebter Religionskritik zu begreifen, ja die verschiedenen auch theologischen Auseinandersetzungen thematisieren Herausforderungen religiöser Praktiken. Die Intention der Reformatoren war es, kirchliche Reformen anzustoßen, weil sie in bestimmten Praktiken der Kirche eine Vereinnahmung Gottes sahen. Oder anders gesagt: Eine Nostrifikation Gottes. Man wird auch der sich in Trient formierenden römisch-katholischen Kirche unterstellen dürfen, dass dieses auch ihre Intention war, auch wenn, wie so oft in der Geschichte der Kirche, die »reine Lehre« auf Erden eschatologisches Hoffnungsgut bleibt.

War bis dahin das Programm der theologischen Religionskritik ohne den Begriff der Religion ausgekommen (jedenfalls weitgehend; manchmal gibt es bei Calvin kleinere Hinweise), so ändert sich das im 20. Jahrhundert. Mit den beiden evangelischen Namen Karl Barth und Dietrich Bonhoeffer gibt es zwei prominente Theologen, die sich dem Programm einer »theologischen Religionskritik« verschrieben haben.

Ihre Aufgabe, so lässt es sich vielleicht ganz knapp ausdrücken, besteht in der Fortsetzung der biblischen (und auch reformatorischen) Linie, Religionskritik als theologisches Essential anzusehen. Ich kann jetzt bei Karl Barth nicht die vielen Fehlinterpretationen mit vorstellen, die es gegeben hat: Barth zielt mit der Religionskritik nicht auf eine Gegenüberstellung zwischen Christentum und den anderen Religionen: Es gibt viele Religionen auf der Erde, die alle von Menschen gemacht sind, da stimmt Feuerbachs These. Aber das Christentum ist göttlich – und folglich ist es keine Religion. Eine solche Interpretation Barths ist grundlegend falsch. Denn ebenso wie sich die Propheten im Alten Testament nicht an die Angehörigen der anderen Völker und Religionen wandten, so wenig geht Barths Blick der Religionskritik in Richtung anderer Religionen. Nein, Angehörige anderer Religionen sind eigentlich gar nicht im Blick, oder allenfalls insofern, dass sowohl in anderen Religionen als auch im Christentum Menschen handeln und leben. Diese Menschen, jedenfalls viele dieser Menschen sind auf irgendeine Weise religiös gestimmt – sei es durch die

Ausübung religiöser Praktiken oder auch nur das Vorhandensein religiöser Sehnsüchte. Im Blick sind bei Barth aber die Christenmenschen: Viele, wenn nicht gar alle von ihnen sind Menschen, die mit religiösen Praktiken zu tun haben. Sie gehen in Gottesdienste und Messen, sie beten, sie haben Gemeinschaft mit anderen. Alles dies, so Barth, ist zunächst einmal menschliches Tun. Und, was ihm zentral wichtig ist: Dieses christliche Handeln darf nicht mit Gottes Handeln verwechselt werden. Was Christenmenschen tun, ist gerade nicht das, was Gott tut – jedenfalls gibt es seitens der Christenmenschen keinen Anhaltspunkt dafür, dass Gott der Handelnde ist. Hier merken wir natürlich eine fundamentale Differenz zu vielen im römisch-katholischen Bereich vertretenen Zusammenhängen, etwa im Blick auf das Sakrament. Jeder Mensch, also auch jeder Christ, steht in all seinen Handlungen immer vor der Gefahr, Gott für eigene Zwecke zu instrumentalisieren: Sei es zum Zweck der Selbstrechtfertigung, sei es zum Zweck der Abgrenzung. Und dann formuliert Barth diesen einen Satz, der wirkungsgeschichtlich so Furore gemacht hat: Religion versteht Barth als Unglaube. Das ist oft als Verurteilung von Religion verstanden worden – Barth zielt hier darauf, dass hier die kreatürliche Dimension des Menschen, des sündigen Menschen fokussiert wird: Religiöse Praktiken, ja das ganze Christentum, insofern es rein menschlich ist, ist durchzogen vom Unglauben des Menschen. Es gibt keine daraus hervorzuhebende religiöse Praxis, die dem enthoben wäre.

4. Der Glaube als gottgegebene Wirklichkeit

Dietrich Bonhoeffer, der in vielem auf Barth fußt, reflektiert hier die Dimension des Glaubens, den er als gottgegebene Wirklichkeit versteht. Bonhoeffers Argumentation ist nur verständlich, wenn man die theologische Diskussion seit dem vierten Jahrhundert vor Augen hat. Im Streit zwischen Pelagius und Augustin hat die damalige Kirche deutlich gemacht: Der Glaube ist ein göttliches Geschenk. Der Glaube ist keine menschliche Entscheidung. Man kann, so die Alte Kirche, den Glauben nicht produzieren, nicht aussuchen, nicht wählen, sondern er ist von Gott gegeben. Die Diskussion in der Reformationszeit um den freien Willen bekundet diesen Sachverhalt: Luther, Calvin und andere negieren, dass der Mensch von sich aus ein Ja zu Gott finden könnte, und befinden sich darin im Streit etwa zu Erasmus von Rotterdam, der diesen freien Willen als Postulat menschlicher Verantwortung akzentuiert. Der Einwand von Augustin an lautet: Wenn man den Glauben als menschliche Wahl ansieht, dann wird Gott zum Objekt menschlicher Wahl. Er aber ist Subjekt, die Aktivität geht von ihm aus. Dass der Mensch auch im Blick auf seine Passivität beim Zustandekommen des Glaubens nicht dauerhaft passiv gesehen wird, steht dazu nicht im Gegensatz.

Bonhoeffer formuliert: »Glaube aber ist gottgegebene *Wirklichkeit*«[9]. Das aber heißt, dass der Glaube nicht mit Religion verwechselt werden darf, die ganz auf der kreatürlichen Ebene verortet wird. Bonhoeffer grenzt sich hier übrigens deutlich von Schleiermacher ab und bezieht sich auch explizit auf Barth.[10] Im Glauben geht es um mehr als Religion. Bonhoeffer kann sogar formulieren: »Der Glaube ruht in sich selber als actus directus«[11] und ist deshalb mit Gläubigkeit nicht zu identifizieren. Denn Glaube ist ein Handeln Gottes am und im Menschen.

Die Theologie darf nie mit dem Glauben verwechselt werden. Denn die Theologie tritt nie an die Stelle des Wortes Gottes. Die Theologie ist eine menschliche Handlung, die die Gemeinde nötig hat. Aber sie führt immer zu allgemeinen Aussagen. Und die Gemeinde weiß, »daß dort, wo die Theologie sagt: Gott vergibt Sünden, an sich weder Gott selbst noch die Sünde selbst getroffen ist, vielmehr aus beiden ein allgemeiner Satz geformt ist, denn nur, wenn Christus selbst das sagt hic et nunc, ist wirklich von Gott und von der Sünde – d.h. meiner Sünde und nun auch hier existentiell – die Rede.«[12] Wer sich ein bisschen in der Theologie Barths auskennt, sieht hier sofort Barths berühmtes Diktum im Hintergrund, dass von Gott nur Gott selbst reden kann.[13]

Allgemein kann die Theologie zwar von Gott reden, auch von Gottes Handeln – aber das Ereignis des Zustandekommens des Glaubens und auch der Sündenvergebung hat die Theologie nicht in der Hand, ja, die Kirche auch nicht. Gott alleine wirkt den Glauben. Hier sehen wir die grundlegende Dialektik der Theologie Bonhoeffers: Von außen gesehen ist das, was Christen und die christliche Gemeinde als Glaube beschreibt und als Gottes Handeln ausgibt, natürlich anders wahrnehmbar. Glaube sieht aus wie Gläubigkeit, wie Religion, ja es ist immer auch Religion. »Es muß deutlich gesagt werden, daß in der Gemeinde Christi Glaube in Religion Gestalt annimmt und daher Religion Glaube heißt«.[14]

Der Beschreibung Feuerbachs, dass Religion menschengemacht ist, kann die Theologie nicht einfach entgegenhalten: Nein, stimmt nicht. Vielmehr lautet ihre Erkenntnis: Ja, genau, es sieht so aus, als wäre der Glau-

---

[9] D. BONHOEFFER, Akt und Sein. Akt und Sein: Transzendentalphilosophie und Ontologie in der systematischen Theologie (DBW 2), Gütersloh 1988, 105.

[10] A.a.O., 153.

[11] A.a.O., 126.

[12] A.a.O., 129.

[13] Vgl. K. BARTH, Das Wort Gottes als Aufgabe der Theologie (1922; in: DERS., Vorträge und kleinere Arbeiten 1922–1925, hg. v. H. FINZE, Zürich 1990, 144–175), 173.

[14] D. BONHOEFFER, Akt und Sein (vgl. Anmerkung 9), 153f.

be, vielleicht auch mein Glaube, entstanden durch die Konfession der Eltern, das Kennenlernen jener Person, das Aufwachsen in bestimmten geprägten Verhältnissen – das alles ist nachvollziehbar. Der Glaube als Inbegriff der Beziehung zwischen Christus und uns, der communio cum Christo, ist aus theologischer, christlicher Sicht hingegen Geschenk, reines Geschenk.

Entscheidend ist es nun, dass diese beiden Sichtweisen nicht miteinander identifiziert werden können – und dürfen. Denn wenn man behaupten würde, dass auch der sichtbare Glaube und das heißt die gelebte Religiosität von Menschen von Gott gemacht wurde, dann ist man sehr schnell bei einem Determinismus oder plattester natürlicher Theologie, in der Gott letztlich zum systemstabilisierendenden Faktor wird und alle Macht und Gewalt als status quo theologisch geheiligt würden. Wir haben schon bemerkt, dass die Bibel in vielen Passagen einen fundamental anderen Weg geht.

5. Religionsfreiheit als notwendiges Implikat theologischer Religionskritik

In seinem letzten Votum auf deutschem Boden vor seiner Vertreibung aus Deutschland hat Barth 1935 in Siegen auf der zweiten freien reformierten Synode eine Predigt zum zweiten Gebot, zum Bilderverbot gehalten. In dieser spannenden Predigt zeigt Barth die Dialektik der theologischen Religionskritik. Einerseits, so Barth, machen wir uns immer wieder Gottesbilder. Und indem wir uns Gottesbilder machen – von den kleinen Kindern vor und in der Schule bis hin zu uns Großen –, legen wir Gott fest und identifizieren Gott mit unseren menschlichen Vorstellungen. Und dann geht Barth auf seine eigene Theologie ein. Er warnt, auch diese mit Gottes Reden zu identifizieren. Alle Gottesbilder »vor allem auch der Theologie – auch die der Theologie, die ihr bei mir gelernt habt«,[15] bleiben menschengemachte Bilder. Auch die beste Theologie, jede richtige Erkenntnis kann zum Gottesbild werden, kann Gott darauf festlegen, wie wir ihn gerne hätten. Jeder Christ und mehr noch jeder Theologe und jede Theologin steht in der Gefahr, »Gefangene eines Prinzips oder Systems«[16] zu werden. Immer dann, wenn jemand grundsätzliche und für immer geltende Wahrheiten verkündet, haben wir Obacht zu geben, dass Theologie nicht zum System degeneriert oder der christliche Glaube mit einem System verwechselt wird.

---

[15] K. Barth, Exodus 20,4–6, 1935; in: Ders., Predigten 1921–1935, hg. v. H. Finze, Zürich 1998, 428–440, 439.

[16] Ebd.

Theologische Religionskritik setzt mithin Selbstkritik frei. Sie ist nicht mit einem völligen Relativismus zu identifizieren, weil sie ja aus theologischer Sicht im Raum vorgegebener Wahrheit gelehrt und hoffentlich auch gelebt wird. Oder noch einmal anders gesagt: Solch ein Satz der vorgegebenen Wahrheit ist ein Glaubenssatz, für den wir keinen Beweis beanspruchen können. Die Reformation hat hier die grundlegende Differenz von securitas und certitudo eingeführt: Sicherheit und Gewissheit sind streng zu unterscheiden. Ich »habe« Gottes Wahrheit nicht in den Händen, ich kann sie nur bezeugen und bin selber immer wieder neu darauf angewiesen, dass ich von ihr in Frage gestellt werde. Letztlich habe ich auch für den christlichen Glauben kein Argument, mit dem ich andere überzeugen könnte, sondern nur die Bezeugung der Wahrheit Gottes, in der Hoffnung, dass er sich selbst anderen bezeugt.

Theologische Religionskritik impliziert deshalb Kirchenkritik und setzt »Selbstkritik und das Schuldbekenntnis angesichts von eigenem Versagen frei: etwa bezüglich der eigenen Orientierung an religiösen ›-ismen‹ (wie z.B. Nationalismus, Kapitalismus oder Protestantismus) oder der Teilhabe der Kirchen an gewaltsamen Aktionen gegen Glieder anderer Religionen.«[17]

Diese Fundamentaldifferenz zwischen der Kirche und der Theologie auf der einen Seite und Gottes Handeln auf der anderen ist, gerade weil sie vor der Vereinnahmung der eigenen praxis pietatis mit der göttlichen Wahrheit zurückschrecken lässt, ein wichtiger Impuls für eine theologische Begründung der Religionsfreiheit.

Denn wenn es keinen von außen wahrnehmbaren und allgemein erkennbaren Beweis für die Richtigkeit des christlichen Glaubens gibt, dann wäre jeder Versuch, mit Hilfe von äußeren Mitteln die Gültigkeit des christlichen Glaubens sichern zu wollen, als theologisches Problem zu markieren. Wir haben deshalb die Ebenen zu unterscheiden. Die Kirche ist der Ort der Wahrheitserkenntnis, in der ein Relativismus keinen Platz hat: Das erste Gebot fordert auch die Kirche unmissverständlich dazu auf, nur dem einen Gott zu folgen. Die Barmer Theologische Erklärung hat definitiv behauptet, dass Jesus Christus das eine Wort ist, dem wir zu gehorchen haben, das uns Maßstab des Glaubens und Lebens ist. Die Theologische Religionskritik fordert die Kirche nicht dazu auf, ihre Botschaft in einen säkularen Relativismus und Pluralismus hinein zu transformieren. Manchmal hat man auch in evangelischen Kirchen den Eindruck, als würde die

[17] CH. DAHLING-SANDER / G. PLASGER, Hören und Bezeugen. Karl Barths Religionskritik als Hilfestellung im Gespräch mit den Religionen, Waltrop 1997, 45.

berechtigte Selbstkritik auch die Botschaft treffen – aber diese Identifizierung ist ein Übergriff auf der anderen Seite.

Etwas pointiert aber deutlich hat Barth in seiner Schrift »Christengemeinde und Bürgergemeinde« in der Konsequenz seiner theologischen Religionskritik formuliert: Der Staat ist geistlich blind.[18] Das heißt: Der Staat darf nicht mit der Kirche identifiziert oder verwechselt werden – und umgekehrt auch nicht. Wenn das geschieht, würde aus theologischer Perspektive der eben genannte Übergriff stattfinden, dass nämlich die Kirche den Staat oder der Staat die Kirche vereinnahmt – und genau dann ist die Gefahr sehr naheliegend, dass Religionsfreiheit nicht mehr gewährt wird, weil der Staat sich selber mit einer bestimmten Gestalt von Religion identifiziert.

In der Geschichte der Christenheit hat es diese Identifizierung immer wieder gegeben – und man wird sagen müssen, dass die Kirche insgesamt immer wieder sehr davon profitiert hat, von der konstantinischen Wende ausgehend über die Reformation hinaus. Das heißt aber nicht, dass nicht auch die problematischen Seiten dieser Identifikation deutlich zu benennen wären.

Insofern haben die Kirchen einen Lernprozess durchgemacht – und es hat lange gedauert, bis sie eine natürliche Nähe zwischen Demokratie und Evangelium haben erkennen können. Aber da stehen wir heute – zum Glück. Die theologische Behauptung, dass der Staat geistlich blind ist, ist übrigens keine Parteinahme zugunsten eines laizistischen Staates, der die Religion nur in den Privatraum verdrängt; das birgt eher Gefahrenpotentiale. Ich bin deshalb ein Anhänger des deutschen Modells der Partnerschaft zwischen Kirche bzw. Religion und Staat und begrüße ausdrücklich beispielsweise die Einführung des islamischen Religionsunterrichts.

Das Postulat der Religionsfreiheit ist eine ureigene Sache der christlichen Theologie und Kirche, weil hier falscher Vermischungen gewehrt wird, das macht die theologische Religionskritik deutlich.

6. Erneuert werden zum Ebenbild Gottes

Ich habe bisher eher formal argumentiert, auch wenn schon deutlich wurde, dass materiale theologische und dogmatische Linien in Hintergrund standen. Ich habe versucht deutlich zu machen, dass theologische Religionskritik bedeutet, die eigenen Taten nicht mit den Handlungen Gottes zu identifizieren. Das ist vornehmlich eine Behauptung dessen, was wir nicht tun sollen – und deshalb eine Ethik des Lassens. Daneben möchte ich jetzt

---

[18] K. Barth, Christengemeinde und Bürgergemeinde, München 1946, 5.

noch eine weitere theologische These stellen, die gleichsam das positive Pendant darstellt.

Die Rede von der Ebenbildlichkeit Gottes wird vielfach vor allem schöpfungstheologisch verstanden – und die klassische Stelle aus Genesis 1 dazu herangezogen. Im Alten Testament wird aber kaum darauf rekurriert, wohingegen das Neue Testament zentral vom Ebenbild Gottes spricht. Dort ist es Jesus Christus, der beispielsweise von Paulus als das eigentliche Ebenbild Gottes beschrieben wird: er ist der ganz in Übereinstimmung mit Gott lebende wahre Mensch (ebenso wie er der wahre Gott ist). Und das heißt – übrigens dann durchaus entsprechend zur alttestamentlichen Aussage – dass die Ebenbildlichkeit Gottes nicht nur als Zuschreibung, sondern funktional zu verstehen ist: In der Nachfolge Jesu Christi sollen wir ihm entsprechend leben. Im Heidelberger Katechismus, der in diesem Jahr 450 Jahre alt wird, heißt es in diesem Zusammenhang spannend, dass wir uns »unaufhörlich [...] bemühen und Gott um die Gnade des Heiligen Geistes bitten, dass wir je länger, je mehr zum Ebenbild Gottes erneuert werden, bis wir nach diesem Leben das Ziel der Vollkommenheit erreichen.«[19]

Mehr und mehr Ebenbild Gottes werden heißt dann eben auch, mehr und mehr der Botschaft des Bergpredigers Gehör zu verschaffen, der zum Frieden stiften aufruft. Der uns an die Seite des Nächsten stellt und uns dazu aufruft, den Splitter im Auge des Mitmenschen nicht für größer zu achten als den Balken im eigenen Auge. Er ruft die Christen und Christinnen auf, sich den Hungrigen, Durstigen, Nackten, Kranken, Gefangenen und Fremden zuzuwenden, und damit auch Fürsprecher derer zu werden, die ihre Religion nicht ausüben können.

Je mehr und mehr zu diesem Ebenbild erneuert zu werden heißt dann aber auch, Fürsprecher derer zu werden, die Opfer von Religion werden – das darf ja auch nicht verschwiegen werden. Theologische Religionskritik fordert uns deshalb auf, kritisch zu werden gegenüber Praktiken und Gedanken letztlich überall dort, wo diese aus unserer Perspektive problematischen Übergriffe passieren. Zunächst freilich in der Kirche. Aber das hindert Kirche und Theologie nicht, sich in den weltweiten Dialog um die Religionsfreiheit einzumischen. Hoffentlich nicht.

---

[19] Heidelberger Katechismus 115, zitiert nach: G. PLASGER / M. FREUDENBERG (Hrsg.), Reformierte Bekenntnisschriften. Eine Auswahl von den Anfängen bis zur Gegenwart, Göttingen 2005, 182.

7. Zum Schluss: Die Begrenztheit meiner Argumentation

Ich habe versucht, Ihnen eine theologische Argumentation für die Begründung der Religionsfreiheit vorzuführen. Der Anspruch dieser Argumentation ist zunächst einmal sehr begrenzt. Es ist eine evangelisch-theologische, die nicht meint, die Breite etwa der römisch-katholischen Theologie hinter sich zu haben. Und natürlich geht sie nicht davon aus, in ihrer Begründung universal akzeptabel zu sein, weder für den Staat nicht noch für andere Religionen.

Die theologische Religionskritik ist aus evangelisch-theologischer Sicht notwendig für eine theologische Begründung der Religionsfreiheit. Braucht es so eine Begründung? Vielfach ist zu sehen, dass aus nachvollziehbaren Notgründen auf Letztbegründungen verzichtet wird, weil es keine universale zu geben scheint. Eine solche alle Menschen überzeugende universal nachvollziehbare Letztbegründung gibt es wohl nicht – weder für die Religionsfreiheit noch für andere Menschenrechte. Aber das muss nicht das letzte Wort sein.

Gewalt gegen Christen ist eine Verletzung der Religionsfreiheit, aber ebenso ist die Gewalt gegen Muslime oder Buddhisten eine solche – egal, wer hier der Urheber der Gewalt ist. Die Religionsfreiheit kann nicht von der Kirche durchgesetzt werden, wohl aber ist die Kirche hier eindeutig parteiisch. Und ich sage jetzt hier: Die Kirche schlechthin. Und nun ist es ein schönes Zeichen auch ökumenischer Theologie, dass sie vielfach trotz unterschiedlicher Begründungen zu ähnlichen Schlussfolgerungen kommen. So sind die Ergebnisse, die beispielsweise in der jüngsten Monografie zur Religionsfreiheit von Marianne Heimbach-Steins zu lesen sind[20], natürlich sehr stark römisch-katholisch geprägt. Aber es finden sich doch an sehr vielen Stellen sehr schöne Übereinstimmungen auch in konkreter Hinsicht. Das betrifft (unter anderen) zum einen die Beobachtung, dass in der Enzyklika »Dignitatis humanae« im II. Vatikanischen Konzil nach Marianne Heimbach-Steins ein »vorsichtiger Ausdruck einer Grundsatzkritik an jeder Art ›staatskirchlicher‹ (oder einer solchen analoger) Konstellation«[21] gefunden werden kann (ich gebe gerne zu, dass ich diese Intention teile, sie aber aus »Dignitatis humanae« doch nicht herauslesen kann), zum anderen aber auch ihre Kritik jeder Art des Fundamentalismus, sei er religiöser oder säkularistischer Couleur.

---

[20] M. Heimbach-Steins, Religionsfreiheit. Ein Menschenrecht unter Druck, Paderborn 2012.

[21] A.a.O., 156.

Die Reflexion der Religionsfreiheit ist Sache der Theologie – und der Einsatz für die eine bleibende Aufgabe für Kirchen und alle Christen und Christinnen.

Wilhelm Rees

Häresie, Apostasie und innerchristliche Gewalt in kirchenrechtlicher Sicht

»Gewaltanwendungen« durch Christinnen und Christen sowie seitens der römisch-katholischen Kirche nach außen und nach innen werden weithin auf den Absolutheitsanspruch des Christentums zurückgeführt: »Die Milde des schimmernden Lichts wird überstrahlt von der grellen Sonne reiner Wahrheit. Sie ist radikal und verlangt darum auch Radikalität. Absolutheit und Radikalität jedoch erzeugen Angst und führen notwendig zur Gewalt«[1]. Das Selbstverständnis der katholischen Kirche war und ist Hintergrund und Ausgangspunkt für zahlreiche Spannungen sowohl innerhalb dieser Glaubensgemeinschaft selbst als auch mit anderen Glaubensüberzeugungen.

Im Folgenden soll daher zunächst auf die Entfaltung des katholischen Selbstverständnisses sowie die Anwendung von Gewalt seitens der katholischen Kirche im Lauf der Geschichte geblickt werden. Ferner sollen Neuansätze des Zweiten Vatikanischen Konzils im Bereich des ekklesiologischen Selbstverständnisses und die Werte, die das Konzil erstmals in anderen Kirchen und Religionsbekenntnissen sieht, angesprochen werden. Schließlich sollen die gegenwärtigen Bestimmungen des kirchlichen Gesetzbuches der römisch-katholischen Kirche auf Ansätze von Gewalt nach außen, aber auch innerhalb der Glaubensgemeinschaft selbst geprüft werden[2].

---

1 J. Neumann, Martyrium – Inquisition – Exorzismus, in: H. von Stietencron (Hrsg.), Angst und Gewalt. Ihre Präsenz und ihre Bewältigung in den Religionen, Düsseldorf 1979, 171–212, 210. Ähnliches gilt für den Islam.

2 Gewalt wird dabei vor allem im Zusammenhang des Glaubens gesehen. S. zum Folgenden auch W. Rees, Die römisch-katholische Kirche und das Böse. Anmer-

I. Geschichte

1. Glaube und Glaubensbekenntnisse - Selbstvergewisserung und Abgrenzung

Glauben und Bekennen sind »Grundvollzüge urchristlichen Selbstverständnisses«[3]. So finden sich bereits in den Schriften des Neuen Testaments »formelhafte Bekenntnisse«[4]. Im ersten Johannesbrief (vgl. 1 Joh 4,15; 5,5) erhalten diese Formeln »eine neue Qualität, insofern hier das Bekenntnis kritische Funktion zur Scheidung von Rechtgläubigkeit und Ketzerei gewinnt«[5]. Seit dem 2. Jahrhundert entstehen Glaubensbekenntnisse, die »im Wortsinn ›Symbole‹ kirchlicher Identität« waren[6]. Um den Glauben der Kirche gegen die arianische (Irr)lehre zu definieren, formulierte das Konzil von Nikaia im Jahr 325 das Nicänische Glaubensbekenntnis (DH 125f.)[7]. Seither verstärkte sich »die antihäretische Tendenz in ausführlichen Bekenntnistexten«[8].

Nach der Konstantinischen Wende wurde das Bekenntnis »mithilfe des ›christlichen Kaisertums‹ und seiner Organe [...] zu einer Größe erzwingbaren Rechts«[9]. Näherhin war es »zu einer politisch-rechtlichen Fixierung von Bekenntnistexten [...] mit reichsrechtlicher Normativität« gekommen[10]. Das öffentliche Interesse galt der Einheit der Kirche und ihrer Lehre. Seit

---

kungen aus kirchenrechtlicher Perspektive, Forum Katholische Theologie 26, 2010, 24–49; DERS., Reaktionen des Kirchenrechts auf das Böse, in: C. J. AMOR / G. LADNER (Hrsg.), Die Macht des Bösen. Vorträge der neunten Innsbrucker Theologischen Sommertage 2008 (Theologische trends, Bd. 18), Innsbruck 2009, 179–203.

3 K. BACKHAUS, Art. Glaubensbekenntnis. II. Biblisch, 3. Neues Testament, LThK³ 4, 702f., 702.

4 P. VRANKIC, Art. Symbolum, LexMA 8, 358–359, 358.

5 K. WENGST, Art. Glaubensbekenntnis(se). IV. Neues Testament, TRE 13, (392–399) 397. Der Begriff Häresie geht auf Paulus zurück und wird von den Kirchenvätern näher entfaltet. Vgl. A. PATSCHOVSKY, Art. Häresie, Lex MA 4, 1933–1937, 1933.

6 R. STAATS, Art. Bekenntnis. III. Kirchengeschichtlich. 1. Alte Kirche, RGG⁴ 1, (1249–1251) 1249.

7 Vgl. VRANKIC (s. Anm. 4), 359. Das Symbolum Constantinopolitanum (DH 150) erhält unter der Bezeichnung Nicaeno-Constantinopolitanum bleibende Bedeutung. Es wird von den christlichen Kirchen als verbindliches Glaubensbekenntnis akzeptiert.

8 STAATS (s. Anm. 6), 1250; vgl. auch J. E. HAFNER, Selbstdefinition des Christentums. Ein systemtheoretischer Zugang zur frühchristlichen Ausgrenzung der Gnosis, Freiburg/ Basel/ Wien 2003.

9 A. M. RITTER, Art. Glaubensbekenntnis(se). V. Alte Kirche, TRE 13, 399–412, 411.

10 Staats (s. Anm. 6), 1251.

dieser Zeit hatten »praktisch alle Obrigkeiten ein unmittelbares Interesse an der Einschränkung, Vertreibung oder Vernichtung von Häretikern«[11].

Papst Pius IV. hat im Anschluss an das Konzil von Trient, das nicht nur der Abgrenzung der römisch-katholischen Kirche von der Reformation, sondern »auch der eigenen Selbstfindung«[12] diente, die so genannte Professio Fidei Tridentinae (1564) vorgelegt. Auf dieses aus zwölf Artikeln bestehende Bekenntnis mussten sich nicht nur Priester und Lehrer, sondern auch protestantische Konvertiten verpflichten. Die Professio Pius' IV. ergänzte das Nicaenische Glaubensbekenntnis vor allem mit Blick auf die Heilsnotwendigkeit der römisch-katholischen Kirche.

Letztendlich haben Glaubensbekenntnisse immer sowohl eine »Gemeinschaftsfunktion« als auch eine »Abgrenzungsfunktion«[13]. Unzählige Menschen nahmen für ihren Glauben Martyrium und Tod in Kauf[14]. Auch im Islam kommt dem Glaubensbekenntnis als erste der fünf Pflichten (Säulen) eine besondere Bedeutung zu[15].

Schon bald entwickelte die alte Kirche im Zusammenhang mit dem Bischofsamt ein so genanntes ordentliches Lehramt, das in Fragen des Glaubens und der Lehre Entscheidungsbefugnis besaß. Hinzu kam ein außerordentliches Lehramt, das auf Konzilien und Synoden geübt wurde[16]. Seit dem 3. Jahrhundert beanspruchte der Bischof von Rom, »als Appellationsinstanz den Primat in Lehrfragen auszuüben«[17]. Das Erste Vatikanische Konzil hat am 18. Juli 1870 mit der Dogmatischen Konstitution Pastor

---

11 A. SCHINDLER, Art. Häresie. II. Kirchengeschichtlich, TRE 14, 318–341, 337.

12 Vgl. hierzu und zum Folgenden H. SCHWARZ, Art. Glaubensbekenntnis(se). VII. Reformationszeit bis 17. Jh., TRE 13, 416–429, 427; ferner auch H. HOLZE, Art. Bekenntnis. III. Kirchengeschichtlich. 3. Reformation, RGG^4 1, 1252f., 1253, s. auch DH 1862–1870.

13 H. SCHWARZ, Glaubensbekenntnis(se). IX. Dogmatisch, TRE 13, 437–441, 437–439.

14 Vgl. W. REES, Das Selig- und Heiligsprechungsverfahren der römisch-katholischen Kirche. Anmerkungen aus kirchenrechtlicher Perspektive, in: J. NIEWIADOMSKI / R. A. SIEBENROCK (Hrsg.) in Zusammenarbeit mit H. I. CICEK und M. MOSSBRUGGER, Opfer – Helden – Märtyrer. Das Martyrium als religionspolitologische Herausforderung, Innsbrucker Theologische Studien, Bd. 83, Innsbruck – Wien 2011^2, 341–349; s. auch J.-CH. KAISER, in diesem Band.

15 Vgl. http://www.islamisches-zentrum-muenchen.de/html/islam_die_5_saeulen.html (02.02.2013); s. auch G. LANCZKOWSKI, Art. Glaubensbekenntnis(se) I. Religionsgeschichtlich, TRE 13, 384–386, 385.

16 Vgl. W. KÖHLER, Art. Lehramt, kirchliches. II. Historisch, RGG^4 5, 184f., 184; s. auch P. NEUNER, Art. Lehramt, kirchliches. IV. Katholisch, RGG^4 5, 188–190, 188f. In den Orthodoxen Kirchen wird das Lehramt heute noch konziliar ausgeübt.

17 KÖHLER (s. Anm. 16), 184.

Aeternus »den Glauben an die kirchlichen Lehrentscheidungen« gebunden und »die Unfehlbarkeit des ex cathedra über den Glauben oder die Sitten urteilenden Papstes zum Dogma« erhoben (vgl. DH 3011–3014)[18].

Aus Protest gegen diese Entscheidungen ist die altkatholische Kirche entstanden, die sich mit der Namensgebung von der aus ihrer Sicht neuen katholischen Kirche abgrenzen wollte[19]. Während bei Häresie »gegensätzliche Auffassungen in dogmatischen Fragen der wesentliche Grund für den Dissens« sind, bedeutet Schisma die »Bestreitung der Einheit der Gesamtkirche und Negierung der Disziplinargewalt der Hierarchie«[20]. Auch »die durch Hus und die späteren Reformatoren initiierten Bewegungen« wurden als Häresien und Schismata gesehen[21].

2. Strafen als Reaktion auf Glaubensvergehen

Von ihren Anfängen an hat die Kirche gegen schwerwiegendes Versagen, das ihre Ordnung störte oder die Gemeinde entehrte, im Interesse des Gemeinschaftslebens und zur Sicherung ihrer Heilsfunktion mit Strafen reagiert (vgl. Mt 18,15–18; Joh 20,21–23). Die Bestrafung sollte der Reinerhaltung der Gemeinde (1 Kor 5,6 f.) und der Wiedergewinnung des Bruders bzw. der Schwester dienen (2 Thess 3,14f.; 1 Kor 5,5)[22]. Glaubensabfall war neben Ehebruch und Mord eines der drei Kapitalvergehen, die der öffentlichen Kirchenbuße (Exkommunikationsbuße) unterlagen[23]. Seit der Mitte des 8. Jahrhunderts fand eine Verschärfung der Exkommunikation, die sich inzwischen vom Bußwesen gelöst hatte und ein eigenes Strafmittel geworden war, insofern statt, als sie in bestimmten Fällen mit der Begehung der Tat, d.h. automatisch eintreten sollte. So wurde die Bestrafung von Personen ermöglicht, deren Vergehen der Öffentlichkeit nicht bekannt geworden waren[24]. Zudem hatte sich das so genannte Interdikt als selbständige Strafe ausgebildet, das in Form des lokalen Interdikts die Vor-

---

18 E. JÜNGEL, Art. Glaube. IV. Systematisch-theologisch, RGG⁴ 3, 953–974, 969; s. auch S. WIEDENHOFER, Art. Lehrautorität. I. Christentum, RGG⁴ 5, 190–191.

19 Zur Altkatholischen Kirche: http://www.altkatholisch.info/index.php/ (02.02. 2013).

20 O. GAMBER, Art. Schisma, LexMA 7, 1468–1470, 1468; s. auch J. BEUTLER, Art. Schisma. I. Biblisch-theologisch, LThK³ 9, 147f.

21 So ausdrücklich GAMBER (s. Anm. 20), 1470.

22 Vgl. dazu W. REES, Die Strafgewalt der Kirche. Das geltende kirchliche Strafrecht – dargestellt auf der Grundlage seiner Entwicklungsgeschichte (KStuT 41), Berlin 1993, 40–43; DERS., Grundfragen des kirchlichen Strafrechts, in: HdbKathKR² 1117–1125, 1117–1119.

23 Vgl. REES (s. Anm. 22), 116–119.

24 Vgl. REES (s. Anm. 22), 136f.

nahme sämtlicher gottesdienstlicher Handlungen in einer Kirche, an einem Ort oder innerhalb eines Gebietes verbot. Das erste Laterankonzil (1123) »setzte das Interdikt als Strafe für die Nichterfüllung des Kreuzzugsversprechens fest«[25]. Leo X. (1513–1521) verhängte es im Jahr 1521 über Städte und Orte sowie über Kirchen und kirchliche Einrichtungen, an denen »Luther und seine Anhänger (sich) aufhalten oder wohin sie sich begeben würden«[26]. Wie Georg May feststellt, war das allgemeine Lokal-Interdikt »regelmäßig mehr Zwangsmittel, ja politische Maßregel, denn Strafe«[27]. In der so genannten Abendmahlsbulle »In coena Domini« (Verlesung jeweils am Gründonnerstag), einer Sammlung der im Lauf der Zeit aufgestellten von selbst eintretenden und zugleich dem Papst zum Nachlass reservierten Beugestrafen, die – erstmals im 14. Jahrhundert formuliert – bis zum Jahr 1869 in Kraft war, waren Häresie und Schisma sowie die Lektüre häretischer und schismatischer Schriften an erster Stelle genannt[28]. In der Konstitution »Apostolicae Sedis« Papst Pius' IX. (1846–1878) vom 12. Oktober 1869, in der die universalrechtlichen von selbst eintretenden Beugestrafen erneut festgelegt wurden, blieben die Strafen für Apostasie und Häresie, den Druck, die Lektüre und die Verbreitung von Büchern von Häretikern und Apostaten sowie ein Schima dem Papst in besonderer Weise, die Strafen für die Verbreitung verurteilter Lehren dem Papst in einfacher Weise zum Erlass vorbehalten[29].

3. Apostasie, Häresie und Inquisition

Bereits der Apostel Paulus hat versucht, »ein Abgleiten seiner Gemeinden in Irrlehren zu verhindern«, wie auch die Offenbarung des Johannes »mehrmals gegen Irrlehrer Stellung« bezieht[30]. Auch Justin († 165) versuchte, »bestimmte theologische Positionen aus dem Christentum auszuschließen«; zudem entstanden bereits zu dieser Zeit »Abhandlungen, die sich gegen einen einzigen Häretiker« wandten[31]. »Maßgebliche Theologen wie Augustinus predigten zwar«, wie Ilona Riedel-Spangenberger bemerkt, »Toleranz und Nachsicht gegenüber Sündern und Abweichlern vom katholischen Glauben, vertraten aber auch die Rechtfertigung von Zwangsmaß-

---

25 G. MAY, Art. Interdikt, TRE 16, 221–226, 221.
26 Ebd. 222f.
27 Ebd. 223.
28 Vgl. REES (s. Anm. 22), 147–150.
29 Vgl. REES (s. Anm. 22), 150–155.
30 H. D. BETZ, Art. Häresie. I. Neues Testament, TRE 14, 313–318, 315 und 316.
31 Vgl. A. LE BOULLUEC, Art. Häresie. II. Christentum, 2. Kirchengeschichtlich, RGG[4] 3, 1442–1444, 1442 und 1443; s. auch oben I. 1.

nahmen gegen Apostaten, Häretiker und Schismatiker«[32]. Sie »beriefen sich auf die Heilige Schrift (v.a. auf Lk 14,15–24), um die Abweichler zur Wiederherstellung der Gemeinschaft mit der Kirche zu nötigen (compelle intrare)«[33]. Thomas von Aquin hielt die Bestrafung der Apostasie »für legitim«, da sie die »Gehorsamspflicht gegenüber der Kirche« verletze (S. Th. II-II, 12 a. 2)[34]. Wie Hans Kramer herausstellt, galt Apostasie »in einer ›geschlossen-christlichen Gesellschaft‹ [...] als politisches Vergehen«, so dass sich »die Frage eines aus Überzeugung und Gewissensentscheid erfolgten Abfalls vom Glauben« für Thomas v. Aquin nicht stellte[35]. Nicht uninteressant ist, dass sowohl das Judentum als auch der Islam der Apostasie Aufmerksamkeit schenken[36], und somit dieses Vergehen ein grundlegendes Problem der monotheistischen Weltreligionen ist.

Im Mittelalter vertrat die Kirche die Auffassung, dass der Staat der Kirche bei der Vollstreckung ihrer Strafurteile gegen Häretiker Rechtshilfe zu gewähren habe[37]. Der so genannte »weltliche Arm« wurde für Hinrichtung oder Feuertod verantwortlich. Papst Innozenz III. (1160–1216) verband in der Dekretale »Vergentis«, wie Alfred Schindler bemerkt, »kirchliche und (weltlich) römische Rechtstradition so miteinander, daß die Häresie als crimen publicum und Majestätsverbrechen angesehen werden mußte«[38]. Auch setzte sich unter diesem Papst der Gedanke durch, dass Anzeige (denuntiatio) oder Gerücht (fama publica) die Anklage ersetze und der Richter in diesen Fällen von Amts wegen (ex officio) durch eine gerichtliche Befragung (inquirere) die Wahrheit zu erforschen habe[39]. Anzumerken ist, dass der Inquisitions-Prozeß »zunächst als Disziplinarverfahren bei der Klerusreform, nicht primär der Ketzerverfolgung (diente),

---

32 I. RIEDEL-SPANGENBERGER, Art. Inquisition, LKStKR 2, 296–299, 296.

33 Ebd. 296.

34 H. KRAMER, Art. Apostasie. I. Moraltheologie, LexMA 1, 780; s. auch A. SCHEUERMANN, Art. Apostasie. II. Kirchenrecht, LexMA 1, 780.

35 KRAMER (s. Anm. 34), 780.

36 Vgl. im Einzelnen P. FREIMARK, Art. Apostasie. III. Judentum, LexMA 1, 780; A. NOTH, Art. Apostasie. IV. Islam, LexMA 1, 781.

37 REES (s. Anm. 22), 58f.

38 SCHINDLER (s. Anm. 11), 338; s. auch REES (s. Anm. 22), 143f. Ausdrücklich erklärte Kaiser Friedrichs II. (1194–1250) Häresie zum Majestätsverbrechen.

39 Vgl. W. TRUSEN, Der Inquisitionsprozeß. Seine historischen Grundlagen und frühen Formen (ZRG Kan. Abt. 74, 1988, 168–230); P. V. AIMONE BRAIDA, Das Inquisitionsverfahren. Seine Anfänge und Entwicklungen gemäß den ersten Dekretalisten, in: R. PUZA / A. WEIß (Hrsg.), Iustitia in caritate. Festgabe für Ernst Rößler zum 25jährigen Dienstjubiläum als Offizial der Diözese Rottenburg-Stuttgart (AIC, Bd. 3), Frankfurt a.M. u. a. 1997, 77–99.

weshalb der durch prozessuale Anwendung der Folter und Übernahme von Regelungen des spätrömischen Rechts gekennzeichnete Ketzer- und Hexenprozeß von ihm zu trennen ist«[40]. Papst Gregor IX. (1227-1241) übernahm die weltlichen Gesetze gegen Ketzer in seine Dekretalensammlung (X 5.7) und beauftragte zugleich die Dominikaner und Franziskaner mit der Ermittlung von Ketzern[41].

Auslöser für die Ketzer-Inquisition[42] war das Aufkommen verschiedener christlicher Laienbewegungen, wie die der Katharer[43] und der Waldenser, die von der Kirche als häretische Gemeinschaften gesehen wurden. Mit der Konstitution »Ad extirpanda« von 1252 regelte Papst Innozenz IV. (1243-1254) nicht nur die Verfolgung von Ketzern in Italien, sondern ließ auch die Folter im Interesse der Wahrheitsfindung und damit zur Erreichung eines Geständnisses zu. Papst Alexander IV. (1254-1261) gestattete den Inquisitoren, bei Folterverhören die Aufsicht zu führen, zugleich aber auch sich gegenseitig von ihrem sündhaften Verhalten loszusprechen[44]. Zwar durfte die Kirche selbst keine Blutgerichtsbarkeit ausüben. Dennoch muss man aber »zugeben«, wie Willibald M. Plöchl zu Recht bemerkt, »daß die Überantwortung des kirchlich Verurteilten an das weltliche Gericht und die Forderung nach Vollziehung der Todesstrafe unter Androhung der Exkommunikation, die Mitwirkung an der Blutgerichtsbarkeit nicht zu eliminieren vermag«[45]. Der bei der Übergabe von Häretikern an den weltli-

---

40 L. VONES, Art. Inqusition, LThK[3] 5, 527-532, 528.

41 Zur Entschuldigung für die dabei angewandte Gewalt s. Provinzkapitel der Dominikanerprovinz Teutonia, Erklärung vom Mai 2000: http://www.dominikaner.de/geschichte/inquisition.htm (02.02.2013); ferner unter: http://www.antonpraetorius.de/downloads/dominikaner_zu%20den_hexenprozessen.pdf (02.02.2013).

42 Vgl. H. KAMEN, Art. Inquisition, TRE 16, 189-196; P. SEGL, Art. Inquisition. II. Geschichtliche Entwicklung und kirchenrechtliche Aspekte, RGG[4] 4, 164-166, DERS. (Hrsg.), Die Anfänge der Inquisition im Mittelalter. Mit einem Ausblick auf das 20. Jahrhundert und einen Beitrag über die religiöse Intoleranz im nichtchristlichen Bereich (Bayreuther Historische Kolloquien, Bd. 7), Köln/ Weimar/ Wien 1993; W. TRUSEN, Art. Inquisitionsprozeß, LexMA 5, 441f.; DERS., Vom Inquisitionsverfahren zum Ketzer- und Hexenprozeß, in: D. SCHWAB / D. GIESEN / J. LISTL / H.-W. STRÄTZ (Hrsg.), Staat, Kirche, Wissenschaft in einer pluralistischen Gesellschaft. Festschrift zum 65. Geburtstag von Paul Mikat, Berlin 1989, 435-450.

43 Vgl. D. MÜLLER, in diesem Band.

44 Vgl. M. LAMBERT, Geschichte der Katharer. Aufstieg und Fall der großen Ketzerbewegung, Darmstadt 2001, 229; G. SCHWERHOFF, Die Inquisition. Ketzerverfolgung in Mittelalter und Neuzeit, München 2004, 51.

45 W. M. PLÖCHL, Geschichte des Kirchenrechts II: Das Kirchenrecht der abendländischen Christenheit 1055 bis 1517, Wien/ München 1962[2], 361.

chen Arm »ausgesprochenen Bitte um Schonung des Lebens« war »kaum zu entsprechen« da Personen, »die diese Vollstreckung nicht zuließen, selbst exkommuniziert und der Häresie angeklagt wurden«[46].

Mit dem Auftrag, Häresie, d.h. den Protestantismus, vor allem in Italien zurückzudrängen[47], errichtete Papst Paul III. (1534–1549) mit der Apostolischen Konstitution »Licet ab initio« vom 21. Juli 1542 die Sacra Congregatio Romanae et Universalis Inquisitionis, die von Papst Pius X. (1903 1914) im Jahr 1908 mit der Apostolischen Konstitution »Sapienti consilio« in Sacra Congregatio Sancti Officii (Heiliges Offizium) umbenannt wurde[48]. Diese Einrichtung, »ursprünglich mit antiprotestantischer Stoßrichtung, wandte sich ab dem 16. Jahrhundert meist gegen katholische Autoren (G. Bruno, G. Galilei, F. Fénelon, A Loisy) oder gegen katholische Richtungen (Jansenismus, kath. Modernismus)«[49]. In Spanien bestand die Inquisition als staatliche Zentralbehörde vom Ende des 15. Jahrhunderts bis zum Jahr 1834[50]. In Italien wurde sie erst im Jahr 1859 aufgehoben.

4. Die Verfolgung von Hexen

Die Inquisition setzte sich ab dem 14. Jahrhundert in den Hexenverfolgungen fort[51]. »Alle Magie und insbesondere die Anrufung übernatürlicher Kräfte (= Dämonen) ist eine Sünde gegen den christlichen Glauben. Wer sich trotzdem darauf einlässt, fällt von Gott ab (Apostasie) und wird ein Anhänger des Teufels (Idolatrie).«[52] Näherhin wurden bereits im Canon episcopi (906), der später in das Dekret Gratians einging (C. 26 q. 5 c. 12), »Hexentaten als Vorspiegelung des Teufels bezeichnet und für nichtig erklärt«[53]. Für die Kirche galt u. a. Ex 22,17: »Eine Hexe sollst du nicht am

---

46 Vones (s. Anm. 40), 528.

47 Vgl. T. Kaufmann, Art. Gegenreformation. II. Politische und rechtliche Aspekte, Ausbreitung, RGG[4] 3, 539–543, 541–543.

48 Vgl. Vones (s. Anm. 40), 530f.

49 H. H. Schwedt, Art. Kongregation für die Glaubenslehre, RGG[4] 4, 1580f., 1580; zur späten Rehabilitierung von Galilei vgl. Johannes Paul II., Ansprache vom 31. Oktober 1992 an die päpstliche Akademie der Wissenschaften (AAS 85, 1993, 764–772); ferner unter: http://stjosef.at/index.htm?dokumente/papst_galilei.htm~mainFrame (08.08.2008).

50 Segl, Inquisition (s. Anm. 42), 165.

51 Vgl. P. Segl, Art. Hexen. II. Hexen-Glaube und Hexen-Prozesse im Christentum, LThK[3] 5, 79f.

52 W. Rummel, R. Voltmer, Hexen und Hexenverfolgung in der Frühen Neuzeit (Geschichte kompakt), Darmstadt 2008, 4.

53 Vgl. E. Heinemann, Art. Hexen. I. Religionswissenschaftlich, RGG[4] 3, 1719f., 1719; s. auch G. Schormann, Art. Hexen, TRE 15, 297–304.

Leben lassen.« Papst Johannes XXII. (1316–1334) ordnete mit der Konstitution »Super illius specula« von 1326 die Zauberei der Häresie zu. Damit wurde sie der Inquisition unterstellt, d.h. Denunziation, Verfahren ohne Anklage, Folter und Tod. Friedrich Spee von Langenfeld SJ wandte sich von katholischer Seite aus mit seiner Cautio criminalis (1631) gegen den Hexenwahn[54]. Wenngleich »die kirchliche Gerichtshoheit über Hexerei allmählich eingeschränkt, die weltliche hingegen ausgedehnt« wurde[55], wurden doch Kirche und Staat schuldig.

Das Thema Hexen hat heute vor allem in den Ländern und Kulturen Lateinamerikas, Südostasiens und vor allem Afrikas eine besondere Aktualität und Grausamkeit. Hier wendet die Kirche heute keine Gewalt mehr an. Es ist jedoch zu fragen, was sie mit Blick auf die Bewusstseinsbildung bzw. auch für beschuldigte Frauen tut, um hier Unheil zu verhindern und nicht schuldig zu werden.

5. Das Bücherverbot

Im Zusammenhang der Verfolgung von Häresie ist auch das Vorgehen gegen Druckwerke zu sehen. Näherhin hatte bereits Papst Leo X., wie Herman Schwedt aufzeigt, »noch bevor Martin Luthers reformatorische Schriften ab 1517 gedruckt wurden«, im Jahr 1515 durch die Bulle »Inter sollicitudines« Richtlinien für die dem Druck vorausgehende Zensur von Büchern erlassen; zudem wurde »eine klare Anweisung« für die nachträgliche Zensur gegeben[56].

Im Jahr 1559 (1557 prov. Druck) hat die oben erwähnte Sacra Congregatio Romanae et Universalis Inquisitionis[57] im Auftrag Papst Pauls IV. (1555–1559) einen kirchlichen Index aufgestellt[58]. Diesem ersten römischen Index folgte der so genannte Tridentinische Index (1564). Das Drucken, Lesen, Aufbewahren und Weitergeben vor allem häretischer Bücher

---

[54] Vgl. A. LOICHINGER, F. VON SPEE und seine »Cautio criminalis«, in: G. SCHWAIGER (Hrsg.), Teufelsglaube und Hexenprozesse (BsR 337), München 1987, 128–149).

[55] So B. P. LEVACK, Hexenjagd. Die Geschichte der Hexenverfolgungen in Europa. Aus dem Englischen von Ursula Scholz, München 1995, 91.

[56] Vgl. H. H. SCHWEDT, Kommunikationskontrolle durch den römischen »Index der verbotenen Bücher«. Facetten eines vieldiskutierten Phänomens, Communicatio Socialis 20, 1987, 327–338, 327.

[57] Dazu oben I. 3.

[58] Vgl. W. REES, Der Schutz der Glaubens- und Sittenlehre durch kirchliche Gesetze. Index librorum prohibitorum. Bücherzensur. Lehrbeanstandungsverfahren. Nachkonziliare Änderungen und gegenwärtiger Rechtszustand (AfkKR 160, 1991, 3–24), 8; DERS., Art. Index der verbotenen Bücher. II. Kirchenrechtlich, LThK^3 5, 446–448.

war mit Strafe verbunden. »Gläubige, die indizierte Bücher lasen, wurden mit der ›excommunicatio latae sententiae‹ (die von selbst – d.h. mit Begehung der Tat – eintretende Exkommunikation) bedroht.«[59] Die Überwachung des Schrifttums und die Ergänzung des Index wurden der Congregatio Indicis librorum prohibitorum, der so genannten Index-Kongregation übertragen, die Papst Pius V. (1566–1572) im Jahre 1571 gegründet hatte[60]. Bücherverbote erfolgten in feierlicher Weise, wie z.B. mit der Bulle »Exsurge Domine« Papst Leos X. (1513–1521) vom 15. Juni 1520 gegen Martin Luther, in der für den Fall, dass Luther nicht innerhalb von 60 Tagen 41 seiner 95 Thesen widerrief, die Exkommunikation angedroht wurde. Luther reagierte darauf nicht nur mit seiner Denkschrift »Von der Freyheith eines Christenmenschen«, sondern auch mit der öffentlichen Verbrennung der Bulle[61]. Am 31. Januar 1521 folgte die Bannbulle »Decet Romanum Pontificem«.

Die auf dem Zweiten Vatikanischen Konzil vorgebrachte Kritik am Heiligen Offizium, die vor allem die Vorgehensweise gegen Autoren von Büchern und von der Lehre der Kirche abweichende Meinungen betraf, führte zur Aufhebung des Index[62].

6. Mission und Religionskriege

Die junge Kirche war von ihrem Anfang an eine missionarische Kirche. Allerdings waren zu Beginn der Neuzeit, d.h. um 1500, »die Bedingungen für Mission im Sinn der Glaubensausbreitung unter Nichtchristen wenig günstig«, dies auch in der unter Spaniern und Portugiesen aufgeteilten neuen Welt[63]. Näherhin wird der katholischen Kirche vorgeworfen, »westliche

---

59 H. KALB, Art. Index librorum prohibitorum, RGG[4] 4, 78; vgl. auch H. WOLF (Hrsg.), Verbotene Bücher. Zur Geschichte des Index im 18. und 19. Jahrhundert (Römische Inquisition und Indexkongregation, Bd. 11), Paderborn/ Wien u. a. 2008; H. H. SCHWEDT, Art. Index der verbotenen Bücher. I. Historisch, LThK[3] 5, 445f.

60 Papst Benedikt XV. (1914–1922) löste am 25. März 1917 die Indexkongregation auf und übertrug deren Aufgabe dem Heiligen Offizium. Diese wurde am 7. Dezember 1965 von Papst Paul VI. in Kongregation für die Glaubenslehre (Congregatio pro Doctrina Fidei) umbenannt. Vgl. Paul VI., Apostolisches Schreiben Motu Proprio »Integrae servandae« vom 7. Dezember 1965 über die Änderung des Namens und der Ordnung des heiligen Offiziums (AAS 57, 1965, 952–955); dt. unter: http://www.vat-ican.va/holy_father/paul_vi/motu_proprio/documents/hf_p-vi_motproprio_1965120 7_integrae-servandae_ge.html (02.02.2013).

61 Zu gegenseitigen Lehrverurteilungen s. unten III. 4. a.

62 Vgl. im Einzelnen REES (s. Anm. 58), 9–12 m. w. N.

63 Vgl. H.-W. GENSICHEN, Art. Missionsgeschichte des Christentums. III. Neuzeit, LThK[3] 7, 307–309, 307.

Mission habe zur kulturellen Unterjochung und Zerstörung geführt [...] Theologisch wird gegen Mission eingewandt, der christliche Glaube enthalte in sich ein ›böses Prinzip‹ (L. Feuerbach), das andere ausgrenzt und verurteilt, ja verdammt; er sei damit nicht friedensfähig, sondern Gewalt fördernd; solange am Absolutheitsanspruch des Christentums festgehalten werde, seien christlicher Größenwahn und religiöse Monopolansprüche unvermeidlich, damit aber auch offene Wahrheitssuche und echter Dialog unmöglich«[64]. Weithin wetteiferten christliche Missionsgesellschaften untereinander um Gebiete, Vorherrschaft und Zahlen und wandten in diesem Wettkampf Zwang und Gewalt an. Die Missionierung in Nigeria bietet hierfür ein erschreckendes Beispiel[65]. Kritisiert werden Zwangstaufen, die enge Verbindung von Missionaren mit der staatlichen Kolonialpolitik[66] und der Proselytismus, d.h. die »Werbung für die eigene Religion mit Mitteln und aus Motiven, die dem Geist des Evangeliums widersprechen«[67]. Proselytismus im Sinn des Abwerbens von Gläubigen aus anderen Konfessionen praktizierten vor allem die westlichen Kirchen gegenüber den Orthodoxen Kirchen. Ausdrücklich hat sich Papst Benedikt XVI. auf der südamerikanischen Bischofsversammlung 2007 in Aparecida (Brasilien) vom Proselytismus distanziert[68].

---

64 G. COLLET, Art. Missionskritik, LThK[3] 7, 316f.; vgl. andererseits Kongregation für die Glaubenslehre, Lehrmäßige Note zu einigen Aspekten der Evangelisierung vom 3. Dezember 2007 (AAS 100, 2008, 489–504; ferner unter: http://www.vatican.va/roman_curia/congregations/cfaith/documents/rc_con_cfaith_doc_20071203_nota-evangelizzazione_ge.html (02.02.2013).

65 Vgl. M. PULTE, Eine Herausforderung an die Kirche angesichts von Krieg und Terror im Nahen Osten und in Afrika, in: W. REES (Hrsg.), Ökumene Kirchenrechtliche Aspekte (= Kirchenrechtliche Bibliothek, Bd. 13), Wien und Berlin 2014, 185–193; E. OBODO, Ökumenischer Dialog zwischen römisch-katholischer Kirche und evangelischer Kirche in Nigeria, in: ebd., 195–202.

66 Vgl. H. GÜLZOW, E. REICHERT, Art. Mission. V. Mittelalter, TRE 23, 36–39, 36; A. F. WALLS, Art. Mission. VI. Von der Reformationszeit bis zur Gegenwart, TRE 23, 40–59, 42; A. FELDTKELLER, Art. Mission. II. Christentum, 2. Kirchengeschichtlich, RGG[4] 5, (1275–1283) 1280.

67 M. HARDT, Art. Proselytismus, LThK[3] 8, 643. Proselytismus meint ursprünglich die Gewinnung von Nicht-Juden für das Judentum. Proselyten sind »Hinzugekommene«.

68 Vgl. BENEDIKT XVI., Predigt in der Eucharistiefeier zu Beginn der 5. Generalversammlung am 13. Mai 2007, in: SEKRETARIAT DER DEUTSCHEN BISCHOFSKONFERENZ (Hrsg.), Aparecida 2007. Schlussdokument der 5. Generalversammlung des Episkopats von Lateinamerika und der Karibik, 13.–31. Mai 2007 (Stimmen der Weltkirche, Bd. 41), Bonn 2007, 312–319, 316; s. auch Proselytismus ist verboten (05.10.2008): http://www.missio.at/no_cache/news/aktuelles/achiv/detail/browse

Zwar hat es Ansätze der Inkulturation[69], wie sie heute im Mittelpunkt der Evangelisierung und der missionarischen Tätigkeit stehen, gegeben. Sie sind aber seitens der Amtskirche vereitelt worden. Beispiel hierfür ist der sogenannte Riten- oder Akkommodationsstreit, d.h. eine von 1610 bis 1744 dauernde Auseinandersetzung über Art und Weise christlicher Mission vor allem in China und Indien. Bis zum Tod Matteo Riccis[70] im Jahr 1610 hatten sich die jesuitischen Missionare in China überwiegend für die sogenannte Akkommodation ausgesprochen. Demnach sollten Chinesen, die sich zum Christentum bekehrt hatten, die äußeren Riten und Zeremonien der tradierten Religionen und die Konfuzius- und Ahnenverehrung beibehalten dürfen. Ausdrücklich hatte Papst Paul V. den Missionaren in China gestattet, die Liturgie in der Landessprache anstelle in Latein zu feiern und die liturgische Kleidung der chinesischen Landestracht anzupassen. Später entschied Rom in unterschiedlichen Weisungen (1645 SC Prop; Clemens XI. 1704; Benedikt XIV., »Ex quo singulari« von 1742) gegen die Akkommodation, was letztendlich zum Scheitern der Mission in China beigetragen hat[71].

Zu erinnern ist an die so genannten Religionskriege zwischen Protestanten und Katholiken in Europa im 16. und 17. Jahrhundert, wie z.B. die acht Hugenottenkriege (1562–1598) oder den Dreißigjährigen Krieg (1618–1648), sowie an religiös motivierte Kriege gegen die islamische Welt. So gewährte die katholische Kirche für die Teilnahme an einem Kreuzzug einen vollständigen Ablass, und versprechen islamische Autoritäten für die »Teilnahme am »Heiligen Krieg« bis heute »den unmittelbaren Eintritt in das Paradies«[72]. Obwohl »die Epoche der Glaubensspaltungen

---

/158/article/proselytismusistverboten.html?tx_ttnews%5BbackOid%5D=124&cHash=7bb824608a(02.02.2013).

[69] Vgl. J. MÜHLSTEIGER, Rezeption – Inkulturation – Selbstbestimmung. Überlegungen zum Selbstbestimmungsrecht kirchlicher Gemeinschaften (ZKTh 105, 1983, 261–289); abgedr., in: K. BREITSCHING / W. REES (Hrsg.), Tradition – Wegweisung in die Zukunft. Festschrift für Johannes Mühlsteiger SJ zum 75. Geburtstag (KStuT, Bd. 46), Berlin 2001, 987–1024.

[70] S. dazu Deutsche Provinz der Jesuiten, M. RICCI (1552–1610): https://www.jesuiten.org/wir-jesuiten/die-geschichte/matteo-ricci-1592-1610.html (02.02.2013).

[71] Vgl. K. SCHATZ, Art. Ritenstreit, LThK[3] 8, 1202f; Ritenstreit: http://de.wikipedia.org/wiki/Ritenstreit (02.02.2013); s. auch D. E. MUNGELLO (Hrsg.), The Chinese rites controversy. Its history and meaning (Monumenta Serica. Monograph Series XXXIII), Nettetal 1994.

[72] Vgl. Art. Religionskrieg: http://de.wikipedia.org/wiki/Religionskrieg (02.02. 2013); P. ENDMANN, Die Entstehung des Ablasses für den Ersten Kreuzzug (Concilium medii aevi 6, 2003, 163–194); ferner unter: http://cma.gbv.de/dr,cma, 006, 2003,a,07.pdf (02.02.2013): s. auch H.-G. STOBBE, Religion, Gewalt und Krieg. Eine

und der konfessionellen Bürgerkriege in Europa [...] die Forderung hervor(brachte), daß die Toleranz gegenüber den Überzeugungen Andersdenkender auch in religiösen Fragen nicht nur eine Pflicht des Staates und seiner Bürger, sondern ebenso der religiösen Autoritäten sei«, ist, wie Wolfgang Huber bemerkt, in einer gewissen Gegenläufigkeit »seit dem 19. Jahrhundert ein neues Aufbrechen des Häresieproblems zu beobachten«, dies vor allem in der katholischen Kirche, im Protestantismus und im Rahmen der ökumenischen Bewegung[73].

So ist auch die Geschichte Tirols »eine Geschichte der Reformation und deren Unterdrückung, eine Geschichte der Ausgrenzung und Vertreibung der Täufer und der Protestanten«[74]. Betroffen waren die Hutterer im 16. Jahrhundert[75], die Defregger Protestanten im Jahr 1684[76] und die genannten Zillertaler Inklinanten im Jahr 1837. Seit der Reformationszeit, in der die Ideen Luthers nicht zuletzt über die Bergknappen nach Tirol gekommen waren[77], hatte sich eine kleine Gruppe von protestantischen Gläubigen im Zillertal erhalten, die zudem einer Vertreibung im Jahr 1731[78] ent-

---

Einführung (Theologie und Frieden, Bd. 40), Stuttgart 2010, 216–266 und 267–323.

[73] Vgl. W. Huber, Art. Häresie. Systematisch-theologisch, TRE 14, 341–348, 342 und 343.

[74] S. zum Folgenden M. Scheuer, Heimat zwischen Ausgrenzung, Vertreibung und Integration. Gedenken an die Vertreibung der Zillertaler Protestanten im Jahr 1837, Mayerhofen, 16. September 1837: http://dioezesefiles.x4content.com/page-down-loads/heimat_zwischen_ausgrenzung.pdf (02.02.2013), 2; ferner W. Beimrohr, Die Zillertaler Protestanten oder Inklinaten und ihre Austreibung 1837: http://www.tirol.gv.at/fileadmin/www.tirol.gv.at/themen/kultur/landesarchiv/downloads/Zillertaler-Inklinanten-ProtestantenAB.PDF (02.02.2013); Zillertaler Auswanderer von 1837: http://www.1837-auswanderer.de/geschichte/historie (02.02.2013); E. Koch, Art. Zillertaler Emigranten, RGG[4] 8, 1860.

[75] Vgl. A. von Schlachta, Die Hutterer zwischen Tirol und Amerika. Eine Reise durch die Jahrhunderte, Innsbruck 2006; Dies., Hutterische Konfession und Tradition. Etabliertes Leben zwischen Ordnung und Ambivalenz (Veröffentlichungen des Instituts für Europäische Geschichte Mainz, Abteilung für Abendländische Religionsgeschichte, Bd. 198), Mainz 2003; ferner auch H. Jecker, in diesem Band.

[76] 1864/65 mussten rund 800 Protestanten das Defereggental in Osttirol verlassen, das damals staatlich weithin zu Salzburg gehörte.

[77] Vgl. W. Rees, Knappen, Klöster, Pfarre und Diözese. Kirchenrechtliche Problemfelder eines besonderen Beziehungsverhältnisses in Tirol vom 15. Jahrhundert bis heute, in: W. Ingenhaeff / J. Bair (Hrsg.), Bergbau und Religion. Schwazer Silber. 6. Internationaler Montanhistorischer Kongress Schwaz 2007. (Tagungsband), Inns-bruck und Wien 2008, 233–257.

[78] Beimrohr (s. Anm. 74): »Das unsensible Vorgehen der Jesuiten, die vom Erzbischof mit der Volksmission beauftragt worden waren, löste Proteste aus, Tausende

gangen war. Im März 1830 lehnte Fürstbischof Galura von Brixen (1829–1856) die Anwendung des Toleranzpatents Kaiser Josephs II., das dieser am 13. Oktober 1781 erlassen hatte[79], in Tirol strikt ab. Zudem sprach sich der Erzbischof von Salzburg im Juli 1830 in einem Schreiben an die Tiroler Landesbehörde gegen die Bildung einer protestantischen Gemeinde im Zillertal aus[80]. Ausdrücklich hatte Kaiser Franz I. (1804–1835) ein Bittgesuch zur Gründung einer evangelischen Gemeinde im Zillertal abgelehnt, sein Nachfolger, Kaiser Ferdinand I., der Gütige, am 12. Januar 1837 schließlich für alle Zillertaler, die am Augsburger Bekenntnis festhielten, die Emigration angeordnet[81].

II. Neuansätze des Zweiten Vatikanischen Konzils

Das Mittelalter kannte eine religiös geschlossene Gesellschaft. Abweichende Glaubensmeinungen wurden nicht geduldet. Zugleich waren in der Lehre der römisch-katholischen Kirche »Macht und Autorität« die »Eckdaten der klassischen Ekklesiologie«[82]. Im Unterschied dazu hat die römisch-katholische Kirche »in den insgesamt 16 Dokumenten des II. Vatikanischen Konzils (11.10.1962 - 8.12.1965) ihr ekklesiologisches Selbstverständnis in einer dem gegenwärtigen Stand der theologischen Reflexion entsprechenden Weise grundlegend und umfassend neu formuliert«[83]. Hie-

---

von Salzburgern forderten die freie Ausübung des evangelischen Kultus oder die ungehinderte Auswanderung. Der Erzbischof reagierte mit dem Emigrationspatent vom Oktober 1731, das die Ausweisung der Protestanten vorschrieb, die hauptsächlich im Pongau und im Pinzgau lebten.«

79 Text des Toleranzpatents: http://www.evang.at/glaube-leben/toleranzpatent/ (02. 02.2013).

80 Vgl. SCHEUER (s. Anm. 74), 4.

81 E. SAUSER, Die Zillertaler Inklinanten und ihre Ausweisung im Jahre 1837. Dargestellt nach Akten des Wiener Haus-, Hof- und Staatsarchivs, des Salzburger Konsistorialarchivs, des Landesregierungsarchivs für Tirol, der Bibliothek des Museums Ferdinandeum zu Innsbruck, sowie des Pfarrarchivs zu Hippach (Schlern-Schriften 198, 1959), zitiert nach BEIMROHR (s. Anm. 74), resümiert, »daß die Ausweisung dieser Inklinanten nicht ein Akt der Intoleranz, sondern eine Notmaßnahme bedeutete«. Vgl. auch F. MITTERER, Verlorene Heimat (1987).

82 E. KLINGER, Macht und Dialog. Die grundlegende Bedeutung des Pluralismus in der Kirche, in: G. FÜRST (Hrsg.), Dialog als Selbstvollzug der Kirche? (QD 166), Freiburg, Basel, Wien 1997, 150–165, 157.

83 J. LISTL, Art. Das ekklesiologische Selbstverständnis der katholischen Kirche, $EvStL^3$ 1, 1529–1539; abgedr., in: DERS., Kirche im freiheitlichen Staat. Schriften zum Staatskirchenrecht und Kirchenrecht. Hg. von J. ISENSEE und W. RÜFNER i. V. m. W. REES (Staatskirchenrechtliche Abhandlungen, Bd. 25), Berlin 1996, 945–956, 945.

raus ergeben sich wesentliche Neuansätze mit Blick auf andere Christinnen und Christen bzw. andere Religionen.

1. Öffnung und Ökumenischer Dialog

Das Zweite Vatikanische Konzil lässt keinen Zweifel, dass die Taufe in die Kirche Jesu Christi eingliedert und somit das Band der Einheit zwischen den Christ(innen) verschiedener Konfessionen schafft (vgl. Art. 22 Vat II UR)[84]. In der für die Ökumene grundlegenden Frage, »wie sich die katholische Kirche im Verhältnis zur Kirche Jesu Christi versteht«[85], hat sich ein entscheidender Fortschritt vollzogen, indem das Konzil die ausschließliche Gleichsetzung von Kirche Christi und katholischer Kirche aufgegeben (vgl. Art. 8 Abs. 2 Vat II LG) und kirchenbildende Elemente auch außerhalb des sichtbaren Gefüges der katholischen Kirche anerkannt hat (vgl. Art. 15 Vat II LG; Art. 3 Vat II UR)[86]. Während bis in die Zeit des Zweiten Vatikanischen Konzils die »nichtkatholischen christlichen Gemeinschaften als häretische oder schismatische Abspaltungen von der einzig wahren Kirche Jesu Christi tituliert« und verstanden wurden, zeigt sich seither »eine fundamental andere Bewertung der nichtkatholischen christlichen Gemeinschaften«[87], die zugleich auch in verschiedenen Lebensvollzügen ein gemeinsames Handeln zulässt. Der Wandel wird deutlich, wenn man bedenkt, dass bisher allen römisch-katholischen Gläubigen – mit Ausnah-

---

[84] Ebenso auch Päpstlicher Rat zur Förderung der Einheit der Christen, Direktorium zur Ausführung der Prinzipien und Normen über den Ökumenismus vom 25. März 1993, Nr. 92 (AAS 85, 1993, 1039–1119) 1078; ferner unter: http://www.vatican.va/roman_curia/pontifical_councils/chrstuni/general-docs/rc_pc_chrstuni_doc_19930325_directory_ge.html (12.12.2012); s. auch die so genannte Magdeburger Erklärung vom 29. April 2007 zur wechselseitigen Anerkennung der Taufe in elf verschiedenen Kirchen und kirchlichen Gemeinschaften in Deutschland: http://www.kirche-lge.com/download/magdeburger_erklarung.pdf (02. 02. 2013).

[85] So W. AYMANS, Ökumenische Aspekte des neuen Gesetzbuches der lateinischen Kirche Codex Iuris Canonici (AfkKR 151, 1982, 479–489), 481.

[86] Vgl. jedoch Kongregation für die Glaubenslehre, Erklärung »Dominus Iesus« vom 6. August 2000 über die Einzigkeit und die Heilsuniversalität Jesu Christi und der Kirche, bes. Nr. 17 (AAS 92, 2000, 742–765), 758f; ferner unter: http://www.vatican.va/roman_curia/congregations/cfaith/documents/rc_con_cfaith_doc_20000806_dominus-iesus_ge.html (02.02.2013), die die Unterschiede zwischen Kirchen und Kirchlichen Gemeinschaften erneut deutlich herausstellt.

[87] S. dazu F. BERNARD, Der ökumenische Auftrag – Möglichkeiten und Grenzen des katholischen Kirchenrechts, in: Kirchliches Recht als Freiheitsordnung. Gedenkschrift für Hubert Müller (FzK, Bd. 27), Würzburg 1997, 39–65, 44f.; s. auch DERS., Die Berufung zur Kirche, in: HdbKathKR², 191–199, 194f.

me einer passiven Teilnahme, d.h. einer bloßen Anwesenheit aus triftigem Grund, wie z.B. im Fall einer Trauung oder Beerdigung, – die Teilnahme an nichtkatholischen Gottesdiensten verboten war (vgl. c. 1258 §§ 1 und 2 CIC/1917)[88]. Wer zuwider handelte, wurde der Häresie verdächtigt (vgl. c. 2316 CIC/1917 i. V. m. c. 1258 CIC/1917) und zog sich entsprechende Strafen (vgl. c. 2315 CIC/1917) zu. Zudem war es katholischen Christ(innen) streng verboten, ohne Erlaubnis des Heiligen Stuhls bzw. des zuständigen Diözesanbischofs an Diskussionen mit Nichtkatholik(innen) teilzunehmen (vgl. c. 1325 § 3 CIC/1917). Ausgelöst wurde der Wandel durch die Rückbesinnung auf den Begriff »Communio«. Somit war es dem Konzil »möglich, nicht nur das Selbstverständnis der katholischen Kirche zur Darstellung zu bringen, sondern auch aus katholischer Sicht eine ekklesiologische Einordnung der nichtkatholischen Kirchen und kirchlichen Gemeinschaften vorzunehmen«[89]. Es ist nicht mehr von »excommunicatio« die Rede; vielmehr wird von einer »communio plena« und »communio non plena« gesprochen. Die seitens der katholischen Kirche seit dem IV. Laterankonzil (1215) geprägte Formel: »Extra Ecclesiam nullus omnino salvatur« (vgl. DH 802) erscheint in einem anderen Licht.

Der ökumenische Dialog (vgl. Art. 9; 11; 18 und 19–23 Vat II UR) wird als Mittel zur Förderung der Einheit gesehen. Dieser Dialog ist »nicht Luxus oder Zusatz, sondern wesentliche Bedingung glaubwürdigen Christseins in der Gegenwart«[90]. Bedeutsam war daher die Aufhebung des gegenseitigen Kirchenbanns (Exkommunikation) zwischen Ost- und Westkirche am 7. Dezember 1965, d.h. am Vortag der Schlussfeierlichkeiten des Zweiten Vatikanischen Konzils (8. Dezember 1965), durch Papst Paul VI. und den Patriarchen von Konstantinopel, Athenagoras I., wenngleich das

---

88 Zum Folgenden s. Rees (s. Anm. 22), 230f.; Ders., Kirchenrechtliche Anmerkungen zur ökumenischen Gemeinschaft in der Feier der Sakramente und in anderen liturgischen Feiern (in: Ders. (s. Anm. 65)).

89 So ausdrücklich W. Aymans, Die kanonistische Lehre von der Kirchengliedschaft im Lichte des II. Vatikanischen Konzils (AfkKR 142, 1973, 397–417), 408; abgedr. , in: Ders., Kirchenrechtliche Beiträge zur Ekklesiologie (KStuT, Bd. 42), Berlin 1995, 65–86, 77; s. auch H. Hallermann, Rechtliche Grundlagen des ökumenischen Miteinanders. Ein Blick auf offizielle Texte und Verlautbarungen, in: Rees (s. Anm. 65).

90 R. A. Siebenrock, Im Dienst an der Versöhnung. Vorfragen zur Situation des Ökumenismus im Zeitalter der Profilierung, in: Rees (s. Anm. 65); s. auch K. Koch, Aktuelle Fragen des ökumenischen Dialogs aus der Sicht des Päpstlichen Rats zur Förderung der Einheit der Christen, in: ebd.

Schisma von 1054 bestehen blieb[91]. Näherhin hat Kardinal Kurt Koch zum 500-Jahr-Gedenken an die Reformation im Jahr 2017 eine »Heilungsgeste« in einem gemeinsamen Bußgottesdienst von Katholiken und Protestanten vorgeschlagen[92].

2. Forderung nach Religionsfreiheit

Mit dem Zweiten Vatikanischen Konzil hat sich die Position der katholischen Kirche zur Religionsfreiheit grundlegend geändert[93]. In der am 7. Dezember 1965 verabschiedeten Erklärung über die Religionsfreiheit »Dignitatis humanae« betont das Konzil, »daß die menschliche Person das Recht auf religiöse Freiheit hat« (Art. 2 Abs. 1 Vat II DH)[94]. Es fordert Religionsfreiheit für alle Menschen, d.h. Christen, Nichtchristen, Atheisten und auch für diejenigen, »die ihrer Pflicht, die Wahrheit zu suchen und daran festzuhalten, nicht nachkommen« (Art. 2 Abs. 2 Vat II DH), und deren Verankerung im weltlichen Recht (vgl. Art. 2 Abs. 1 Vat II DH). Kein Mensch darf »gezwungen werden, gegen sein Gewissen zu handeln« (Art. 3 Abs. 3 Vat II DH).

Konkret verlangt das Konzil, dass sich religiöse Gemeinschaften, d.h. auch die katholische Kirche, »allzeit jeder Art der Betätigung enthalten, die den Anschein erweckt, als handle es sich um Zwang oder um unehrenhafte oder ungehörige Überredung, besonders wenn es weniger gebildete oder Arme betrifft. Eine solche Handlungsweise muß als Mißbrauch des eigenen Rechtes und als Verletzung des Rechtes anderer betrachtet werden« (Art. 4 Abs. 4 Vat II DH)[95]. Doch war sich das Konzil bewusst, dass im Leben der

---

91 O. ENGELS, Art. Schisma. II. Historisch, LThK^3 9, 148–151, 150. Papst Johannes Paul II. sprach am 4. Oktober 2001 ein Schuldbekenntnis gegenüber den griechisch-orthodoxen Christen, das er aus Anlass des 800. Jahrestages der Eroberung Konstantinopel durch die Kreuzfahrer im Jahr 1204 im Jahr 2004 erneuert hat. Vgl. hierzu unter: http://www.welt.de/print-welt/article449041/Papst-entschuldigt-sich-bei-Orthodoxen.html (02.02.2013); s. auch unter: http://www.theology.de/ religionen/oekumene/orthodoxieoekumene/orthodoxieoekumene.php (02.02.2013).

92 Vgl. Koch will »Heilungsgeste« zum Reformationsgedenken 2017. Kurienkardinal und vatikanischer »Ökumeneminister«: Kirchenspaltung vor 500 Jahren nicht einfach mit einem Fest begehen (KATHPRESS-Tagesdienst Nr. 275, 18. November 2012), 11.

93 Vgl. W. REES, Kanonistische und Europäische Aspekte von Religionsfreiheit. I und II (SKZ 42/2009, 696–700 und SKZ 43/2009, 719–723).

94 Text: http://theol.uibk.ac.at/leseraum/texte/243.html (03.11.2008).

95 Vgl. P. KRÄMER, Religionsfreiheit und Absolutheitsanspruch der Religionen – aus der Perspektive des Christentums, in: DERS. / S. DEMEL / L. GEROSA / A. E. HIEROLD / L. MÜLLER (Hrsg.), Recht auf Mission contra Religionsfreiheit? Das christ-

Kirche »eine Weise des Handelns vorgekommen (ist), die dem Geist des Evangeliums wenig entsprechend, ja sogar entgegengesetzt war« (Art. 12 Abs. 1 Vat II DH; vgl. auch Art. 14 Abs. 4 Vat II DH). Dass das Bekenntnis der katholischen Kirche zur Religionsfreiheit erst spät erfolgte, hängt wohl mit dem Anspruch zusammen, die wahre Religion zu sein, eine Schwierigkeit, die auch für den Islam besteht.

Für die Bewegung um Erzbischof Marcel Lefebvre war die Erklärung über die Religionsfreiheit und der damit vollzogene Bruch mit der bisherigen Lehre der katholischen Kirche einer der Gründe für die Abkehr vom Konzil[96]. Die Rücknahme der Exkommunikation der vier lefebvrianischen Bischöfe durch Papst Benedikt XVI. am 21. Januar 2009 zeigt, dass die Kirche frei von Zwang bzw. ohne den Druck der Strafe das Gespräch sucht. Wenn die Kommission »Ecclesia Dei«, die im Auftrag des Papstes handelt, jüngst der Piusbruderschaft St. Pius X. ein letztes Ultimatum gesetzt hat[97], so muss dies im Rahmen der Bemühungen der obersten Kirchenleitung um Einheit und die Vermeidung eines drohenden Schismas gesehen werden. In diesem Zusammenhang sind, wie Christoph Ohly aufzeigt, die Schaffung der Personaladministration St. Johannes Maria Vianney mit Sitz auf dem Territorium der brasilianischen Diözese Campos und von Personalordinariaten, die mit Blick auf die Anglikanische Kirche bisher in Großbritannien, in den Vereinigten Staaten von Amerika und in Australien auf Grund der Apostolischen Konstitution »Anglicorum coetibus« vom 4. November 2009 entstanden sind, bedeutsam, die »Gläubigen, die nicht in voller Gemeinschaft mit der Katholischen Kirche stehen, die Möglichkeit (bieten), nicht als Einzelne, sondern als Gruppierungen in die plena communio der Kirche zurückzufinden bzw. einzutreten«[98].

---

liche Europa auf dem Prüfstand [Kirchenrechtliche Bibliothek, Bd. 10], Berlin 2007, 35–51, 37.

[96] Vgl. W. Rees, Strafrechtliche Aspekte im Blick auf die Priesterbruderschaft St. Pius X. mit besonderem Blick auf die Aufhebung der Exkommunikation, in: B. Dennemarck / H. Hallermann / Th. Meckel (Hrsg.), Von der Trennung zur Einheit. Das Bemühen um die Pius-Bruderschaft (Würzburger Theologie, Bd. 7) Würzburg 2011, 143-179); Ders., Zur Aktualität des kirchlichen Strafrechts. Sexuelle Übergriffe durch Kleriker, Kirchenaustritt und Priesterbruderschaft St. Pius X. – mit einem Blick auf den actus formalis (öarr 58, 2011, 156–191), 184–190.

[97] Vgl. Vatikan setzt Piusbrüdern ein Ultimatum. Lefebvrianer müssen für Versöhnung gesamtes Lehramt einschließlich Konzil anerkennen (KATHPRESS-Tagesdienst Nr. 17, 21. Januar 2013), 7f.

[98] Ch. Ohly, Personaladministration und Personalordinariat. Neue verfassungsrechtliche Strukturen im Hinblick auf die Entwicklung eines ökumenischen Kirchenrechts, in: Rees (s. Anm. 65).

3. Islam

Das vom Zweiten Vatikanischen Konzil formulierte ekklesiologische Selbstverständis der Kirche, dessen Öffnung zur Ökumene und die Forderung nach Religionsfreiheit ermöglichen auch eine neue Sichtweise in den Beziehungen zu anderen Kirchen und kirchlichen Gemeinschaften. So nennt die Erklärung »Nostrae aetate« des Zweiten Vatikanischen Konzils ausdrücklich Buddhismus, Hinduismus, Islam und Judentum und betont: »Die katholische Kirche lehnt nichts von alledem ab, was in diesen Religionen wahr und heilig ist« (Art. 2 Abs. 2 Vat II NA). In dieser Aussage kommen Respekt vor der anderen Glaubensgemeinschaft und die Achtung vor ihren Werten zum Ausdruck. In besonderer Weise wendet sich das Konzil den Anhängern des Islam zu (Art. 3 Vat II NA) und fordert zum Dialog, d.h. zu »Gespräch und Zusammenarbeit« auf (Art. 2 Abs. 3 Vat II NA)[99].

Sowohl Papst Johannes Paul II. als auch Papst Benedikt XVI. haben den Wunsch nach Dialog verstärkt[100]. Zugleich mahnte letzterer die Achtung der Menschenrechte und die Einhaltung der Religionsfreiheit in der islamischen Welt ein[101].

III. Bestimmungen im Codex Iuris Canonici von 1983

Nach dem Blick auf die Anwendung von Gewalt seitens der römisch-katholischen Kirche in der Geschichte, soll nun auf die Gegenwart geblickt werden. Es wird sich zeigen, dass Gewaltanwendungen gegenüber anderen Christ(innen) und anderen Religionen abgenommen haben, ja kirchenrechtlich ausgeschlossen sind, dass aber »Zwang« und »Gewalt« gegenüber den eigenen Gläubigen innerhalb der römisch-katholischen Kirche nach wie vor eine Rolle spielen. Dem Faktum, dass jeder und jede Christgläubige durch die Taufe in seine/ ihre eigene kirchliche Gemeinschaft eingegliedert wird, wird das kirchliche Gesetzbuch von 1983 insofern gerecht, als es Geltung »allein für die lateinische Kirche« beansprucht (vgl. c. 1 CIC/1983) und dessen rein kirchliche Gesetze – im Unterschied zu c. 12

---

[99] Die Anregungen des Konzils führten zur Gründung eines Sekretariats für die Nichtchristen, das heute die Bezeichnung »Päpstlicher Rat für den interreligiösen Dialog« trägt. Vgl. Art. 159–162 PastBon.

[100] Vgl. W. Rees, Islam und Christentum in Österreich und Europa. Kirchenrechtliche und religionsrechtliche Anmerkungen aus römisch-katholischer Perspektive, in: D. Kästle / M. Kraml / H. Mohagheghi (Hrsg.), Heilig – Tabu. Christen und Muslime wagen Begegnungen [Kommunikative Theologie, Bd. 13], Ostfildern 2009, 55–65, 55–58.

[101] S. unter: http://www.pi-news.net/2006/12/papst-mahnt-menschenrechte-und-religions-freiheit-im-islam-an/(03.11.2008); ferner unter: http://www.politically correct.de/uploads /papstislam.JPG (03.11.2008).

CIC/1917, der grundsätzlich alle Getauften in Pflicht genommen hat, – nur mehr diejenigen verpflichten, »die in der katholischen Kirche getauft oder in diese aufgenommen worden sind« (vgl. c. 11 CIC/1983).

1. Grundlegende Rechte alle Gläubigen

Die wahre Gleichheit aller Getauften »in ihrer Würde und Tätigkeit«, die der kirchliche Gesetzgeber im Anschluss an das Zweite Vatikanische Konzil nachdrücklich herausstellt (vgl. c. 208 CIC/1983), findet ihren Ausdruck in einem Katalog grundlegender Pflichten und Rechte, die allen Christgläubigen, d.h. Klerikern und Laien, aufgrund des Empfangs der Taufe zukommen (cc. 209–223 CIC/1983). So zählt das Bekenntnis des Glaubens und die Wahrung der Gemeinschaft mit der Kirche zu den Pflichten eines jeden und jeder Christgläubigen (vgl. cc. 209–211; c. 748 § 1 CIC/1983), »da der Glaube nicht auf private Innerlichkeit beschränkt bleibt, sondern sich notwendig im öffentlichen Bekenntnis manifestiert und durch das gemeinsame Bekenntnis bestärkt und geschützt wird«[102]. In diesem Zusammenhang ist auch die Pflicht der Christgläubigen zu sehen, das, »was die geistlichen Hirten in Stellvertretung Christi als Lehrer des Glaubens erklären oder als Leiter der Kirche bestimmen, [...] im Bewußtsein ihrer eigenen Verantwortung in christlichem Gehorsam zu befolgen« (c. 212 § 1 CIC/1983)[103]. Der sensus fidelium, von dem Art. 12 Abs. 1 Vat II LG spricht und der besagt, dass »die Gesamtheit der Gläubigen [...] im Glauben nicht irren« kann, wurde nicht in das kirchliche Gesetzbuch aufgenommen. Vielmehr trägt nach wie vor allein die kirchliche Hierarchie, d.h. Papst und Bischöfe, Verantwortung für den Bereich der Glaubens- und Sittenlehre (vgl. cc. 749 und 750 CIC/1983)[104]. Wenngleich es Stufungen in Bezug auf den Glaubensgehorsam (vgl. cc. 750–754 CIC/1983) gibt[105], ist

---

[102] Vgl. G. LUF, Glaubensfreiheit und Glaubensbekenntnis (in: HdbKathKR^2, 700-708), 706.

[103] »Begriffsgeschichtlich geht der Terminus Glaubensgehorsam zurück auf Röm 1,5 und auf Röm 16,26.« Vgl. M. SECKLER, Art. Glaubensgehorsam, LThK^3 4, 713.

[104] Zum Vorschlag einer Ergänzung s. CH. OHLY, Der Glaubenssinn der Gläubigen. Ekklesiologische Anmerkungen zum Verständnis eines oft missverstandenen Phänomens im Beziehungsverhältnis von Dogmatik und Kanonistik (AfkKR 168, 1999, 51–82), 82.

[105] Vgl. REES, Glaubensschutz durch Strafmaßnahmen und andere Rechtsinstitute. Zur neueren Entwicklung kirchlicher Bestimmungen, in: W. AYMANS, S. HAERING und H. SCHMITZ (Hrsg.), Iudicare inter fideles. Festschrift für Karl-Theodor Geringer zum 65. Geburtstag, St. Ottilien 2002, 367–390, 373–376.

»im Bereich unfehlbarer und definitiver Lehren für ein Abweichen der Gläubigen ›im Bewusstsein eigener Verantwortung‹ kein Raum«[106].

Näherhin gewährleistet der kirchliche Gesetzgeber allen Christgläubigen das Recht, »ihre Anliegen, insbesondere die geistlichen, und ihre Wünsche den Hirten der Kirche zu eröffnen« (c. 212 § 2 CIC/1983) und spricht ihnen ein Recht auf freie Meinungsäußerung zu, wobei »bisweilen sogar die Pflicht« zur Wahrnehmung dieses Rechts besteht (c. 212 § 3 CIC/1983). Letzteres Grundrecht wird aber insofern eingeschränkt, als die Ausübung dieses Grundrechts »unter Wahrung der Unversehrtheit des Glaubens und der Sitten und der Ehrfurcht gegenüber den Hirten und unter Beachtung des allgemeinen Nutzens und der Würde der Personen« zu geschehen hat. Zwar ist der römisch-katholischen Kirche als Glaubensgemeinschaft eine Einschränkung von Grundrechten zuzugestehen, wie es auch im weltlichen Recht sogenannte Grundrechtsschranken gibt, Grundrechte also nicht schrankenlos sind. »Problematisch« aber ist, wie Dietmar Konrad zu bedenken gibt, dass die vom kirchlichen Gesetzgeber in c. 212 §§ 2 und 3 CIC/1983 gewährleisteten Grundrechte »einen Unterfall der Gehorsamspflicht aus c. 212 § 1 darstellen und dadurch den konziliaren Christenrechtsansatz der aktiven Teilhabe aller Getauften an der Sendung der Kirche gem. c. 204 zugunsten einer auf Befehl und Gehorsam aufgebauten einseitig autoritätsorientierten Hierarchiekirche aufzugeben scheinen«[107]. Bedeutet Katholizität aber nicht auch, mit Differenz und Dissens zu leben, oder positiv gesagt, eine gewisse Pluralität und Vielfalt zuzulassen?[108]

Ähnliches ist in Richtung »Freiheit der Forschung und der klugen Meinungsäußerung« von Christgläubigen im Bereich der theologischen Wissenschaften (vgl. c. 218 CIC/1983) zu sagen. Trotz der zugesprochenen Freiheit »ist der schuldige Gehorsam gegenüber dem Lehramt der Kirche zu wahren«. In diesem Zusammenhang ist auch die Pflicht der Kleriker zusehen, »dem Papst und ihrem Ordinarius Ehrfurcht und Gehorsam zu erweisen« (c. 273 CIC/1983). Die Freiheit der einzelnen Person wird insofern eingeschränkt, wenn sie vor der Entscheidung steht, ihre Forschungser-

---

106 D. Konrad, Der Rang und die grundlegende Bedeutung des Kirchenrechts im Verständnis der evangelischen und katholischen Kirche (Jus Ecclesiasticum, Bd. 93), Tübingen 2010, 94.

107 Rang (s. Anm. 106), 133.

108 Ein Beispiel hierfür sind die katholischen Ostkirchen, die mit der römisch-katholischen Kirche zusammen die katholische Kirche bilden, jedoch ihre Eigenheiten u. a. im Bereich der Liturgie, in Form des verheirateten Priesters, in der ökumenischen Ausrichtung, der Bischofsbestellung durch die jeweilige Synode sowie im Ehe- und Strafrecht bewahrt haben.

gebnisse bzw. Aussagen zu widerrufen bzw. zu korrigieren oder entsprechende Konsequenzen in Kauf zu nehmen. Spannungen sind auch mit Blick auf die Erteilung bzw. Verweigerung des Nihil obstat im Fall der Neubesetzung von Lehrstühlen an Katholisch-Theologischen Fakultäten sowie der Erteilung bzw. des Entzugs der Missio canonica bei Religionslehrer(innen)[109] zu sehen. Die genannten Rechtsinstitute sind im Interesse der Reinheit der Glaubensverkündigung und der Weitergabe der kirchlichen Lehre durchaus berechtigt. Alle Maßnahmen müssen jedoch transparent und nachvollziehbar sein und den vom Gesetzgeber gewährleisteten Rechtsschutz wahren[110]. Insgesamt gesehen ist jedoch ein Freiraum in Forschung und Lehre absolut unverzichtbar.

Nicht zuletzt hat das Sieben-Punkte-Programm des Vereins »Pfarrer-initiative«, das dieser am 19. Juni 2011 auf seiner Internetseite unter dem Titel »Aufruhr zum Ungehorsam« veröffentlicht hat[111], und die in diesem Zusammenhang aufgekommene Frage nach Sanktionierung (vgl. c. 1373 CIC/1983) die Diskussion um Zwang bzw. innerkirchlicher Gewalt entfacht. Dialog statt Bestrafung ist hier wohl gefordert.

2. Die Anerkennung von Religionsfreiheit

a) Glaubensannahme

Im Anschluss an die Aussagen des Zweiten Vatikanischen Konzils verpflichtet der kirchliche Gesetzgeber alle Menschen, in religiösen Fragen die Wahrheit zu suchen (vgl. c. 748 § 1 CIC/1983) und legt zugleich fest, dass »niemand [...] jemals das Recht (hat), Menschen zur Annahme des katholischen Glaubens gegen ihr Gewissen durch Zwang zu bewegen« (vgl. c. 748 § 2 CIC/1983). Die Ablehnung jedweden Glaubenszwanges und die Forderung nach freier Glaubensannahme (vgl. c. 748 § 2 CIC/1983) sowie die ausdrückliche Gewährleistung von Religionsfreiheit im Gesetzbuch der katholischen Ostkirchen (vgl. c. 586 CCEO) müssen daher heute jegliche

---

[109] Vgl. Rees (s. Anm. 105), 383–387; ferner auch W. Löffler, Missio Canonica und Nihil obstat. Wege des Rechtschutzes im Konfliktfall (in: Breitsching/ Rees (s. Anm. 69), 429–462.

[110] Vgl. dazu Rees, Rechtsschutz im kirchlichen Strafrecht und in kirchlichen Strafverfahren, in: L. Müller (Hrsg.), Rechtsschutz in der Kirche (Kirchenrechtliche Bibliothek, Bd. 15), Wien/ Berlin 2011, 75–105; Ders., Faire Verfahren in der Kirche. Rechtsschutz in der römisch-katholischen Kirche, besonders in kirchlichen Strafverfahren, in: M. Heizer / H. P. Hurka (Hrsg.), Mitbestimmung und Menschenrechte. Plädoyer für eine demokratische Kirchenverfassung (Topos Taschenbücher, Bd. 763), Kevelaer 2011, 255–295.

[111] S. Pfarrerinitiative, Aufruf zum Ungehorsam: http://www.pfarrer-initiative.at/unge (02.02.2012).

Verkündigung seitens der römisch-katholischen Kirche und ihre Missionsarbeit bestimmen. Mission darf somit »keine Eroberungen mehr machen«, sondern muss »die in anderen Religionen vorgefundenen Werte aufgreifen«[112]. So haben die Missionare »durch das Zeugnis ihres Lebens und ihres Wortes mit den nicht an Christus Glaubenden einen ehrlichen Dialog zu führen, so daß diesen in einer ihrer Eigenart und Kultur entsprechenden Weise die Wege zur Erkenntnis der Botschaft des Evangeliums geöffnet werden« (c. 787 § 1 CIC/1983)[113]. Im Unterschied zum CIC/1983 wird die ökumenische Zusammenarbeit in der missionarischen Tätigkeit im CCEO ausdrücklich gefordert (vgl. c. 593 § 2 CCEO i. V. m. c. 908 CCEO; s. auch Nr. 205–209 ÖD). Proselytismus, d.h. Glaubensabwerbung, hat heute keinen Platz mehr[114].

b) Die Frage nach innerkirchlicher Religionsfreiheit

Wenngleich der kirchliche Gesetzgeber kein Grundrecht auf Religionsfreiheit innerhalb der Kirche normiert, darf diese Frage nicht ausgeklammert werden. Winfried Aymans sieht Sinn und Funktion einer innerkirchlichen Religionsfreiheit in der »Beschränkung der Mittel, mit denen die Kirche ihrem Sendungsauftrag nachkommt«[115]. Deutlicher hat Heribert Schmitz bereits kurz nach Erscheinen des CIC/1983 eine Ergänzung der kirchenrechtlichen Bestimmungen dahingehend gefordert, »daß niemand von irgendeiner menschlichen Macht, auch nicht in der katholischen Kirche, gezwungen werden darf, seinen Glauben gegen sein Gewissen zu bewahren und vor anderen öffentlich zu bekennen«[116]. Wie aber ist eine totale Gewährleistung und Umsetzung von Religionsfreiheit möglich, wenn der kirchliche Gesetzgeber nach wie vor Vergehen gegen den Glauben bzw. die Einheit der Kirche, wie Apostasie, Häresie oder Schisma (vgl. c. 751 CIC/1983) mit der von selbst eintretenden Exkommunikation (vgl. c. 1364

---

[112] So K. J. Rivinius, Art. Missionsgeschichte des Christentums. IV. Gegenwart, LThK³ 7, (309–312), 309: s. auch S. Demel, Zwischen Seelsorge und Ökumene. Das neue Verständnis von Mission seit dem II. Vatikanischen Konzil und seine Umsetzung im CIC/1983, in: Krämer / Demel / Gerosa / Hierold / Müller (s. Anm. 95) 89–112, 95–105.

[113] Vgl. W. Rees, Art. Mission. 7. Rechtlich, a) Katholisch, RGG⁴ 5, 1291f.

[114] Vgl. N. Sakayan, Mission – Glaubensabwerbung – Proselytismus. Missionsverständnis bei nichtkatholischen Ostkirchen, in: Krämer / Demel / Gerosa / Hierold / Müller (s. Anm. 96), 121–134.

[115] W. Aymans, Kirchliche Grundrechte und Menschenrechte (AfkKR 149, 1980, 389–409), 397.

[116] H. Schmitz, Glaubens- und Bekenntnispflicht, in: GrNKirchR, 438–440, 439; s. dazu auch Luf (s. Anm. 102), 704–706; kritisch auch Rang (s. Anm. 106), 137f.

§§ 1 und 2 CIC/1983) bestraft[117] und auch den vor einer staatlichen Behörde erklärten Austritt aus der römisch-katholischen Kirche mit ähnlichen Rechtsentzügen, wie der Verweigerung des Empfangs der Eucharistie und des kirchlichen Begräbnisses ahndet? »Die Möglichkeit der (freien) Abkehr vom (katholischen) Glauben scheint damit noch nicht gegeben zu sein«[118].

3. Neuer Umgang mit Strafen?

Auch heute stehen die Straftaten gegen den Glauben und die Einheit der Kirche am Beginn des kirchlichen Strafrechts (vgl. c. 1364–1369 CIC/1983). Einzelne Vergehen dieser Auflistung haben sogar durch die Festlegung eines Katalogs von so genannten Delicta graviora und die Verweisung der Beurteilung dieser Straftaten an die Kongregation für die Glaubenslehre im Jahr 2010 eine Verschärfung und bezüglich der Ahndung eine detaillierte Regelung erfahren[119]. Dennoch hat sich mit Blick auf Vergehen gegen den Glauben und die Einheit der Kirche, d.h. Apostasie, Häresie und Schisma, die Sichtweise der Kirche verändert. Die Strafen werden – ungeachtet der nach wie vor geltenden Sorge der Kirche um das Heil des Menschen und des Rechts, Abweichungen von der kirchlichen Lehre festzustellen – nicht mehr vorwiegend oder ausschließlich als Zwangsmaßnahmen in Richtung Rückkehr zur römisch-katholischen Kirche gesehen. Vielmehr soll durch die Verhängung von Strafmaßnahmen bzw. durch die ausdrückliche Feststellung des Strafeintritts (vgl. c. 1331 § 2 CIC/1983) zum Ausdruck gebracht werden, dass sich die betreffende Person »außerhalb der ›communio plena‹ befindet«[120]. Sie hat durch ihr Verhalten selbst die kirchliche Gemeinschaft verlassen und kann daher nach kirchlichem Selbstverständnis nicht mehr alle Rechte in dieser Gemeinschaft ausüben. Die Kirche verurteilt also nicht die Gewissensentscheidung, die sie respektieren muss, sondern die Auswirkung der seitens der einzelnen Person getroffenen Entscheidung auf die kirchliche Gemein-

---

117 Vgl. Rees (s. Anm. 22), 426–429; Ders., Die einzelnen Straftaten, in: HdbKathKR², 1138–1149, 1139.

118 R. Sebott, Art. Religionsfreiheit. II. Kath., LKStKR 3, 410.

119 Vgl. W. Rees, Delicta Graviora im Recht der römisch-katholischen Kirche und der katholischen Ostkirchen, in: E. Güthoff, S. Korta / A. Weiß (Hrsg.), »Clarissimo Professori Doctori Carolo Giraldo Fürst«. In memoriam Carl Gerold Fürst, Frankfurt am Main u. a. 2013, im Erscheinen.

120 Vgl. dazu L. Gerosa, Communio – Excommunicatio. Zur theologischen und rechtlichen Natur der Exkommunikation, in: R. Ahlers / P. Krämer (Hrsg.), Das Bleibende im Wandel. Theologische Beiträge zum Schisma von Marcel Lefebvre, Paderborn 1990, 105–119, 115.

schaft. Dadurch, dass es sich bei der Strafe der Exkommunikation um eine Besserungs- bzw. Medizinalstrafe handelt (vgl. c. 1312 § 1, 1° CIC/1983), ist eine erneute Zuweisung der vollen Rechtsstellung nicht ausgeschlossen. Vielmehr hat die Person »im Fall der Besserung« hierauf sogar einen Rechtsanspruch (vgl. c. 1358 § 1 CIC/1983).

Wenngleich auch der vor einer staatlichen Behörde erklärte Austritt aus der römisch-katholischen Kirche Apostasie, Häresie oder Schisma sein und die entsprechende Strafe, nämlich die Exkommunikation als Tatstrafe zur Folge haben kann (vgl. c. 1364 §§ 1 und 2 CIC/1983), so ist doch zu fragen, wie ein vor einer staatlichen Behörde erklärter Austritt aus der römisch-katholischen Kirche zu werten ist, wenn er nicht aus Glaubensgründen, sondern allein aus finanziellen Gründen erfolgt, d.h. um sich dem Kirchenbeitrag bzw. der Kirchensteuer zu entziehen[121], und die betreffende Person nach wie vor ihren Glauben praktizieren und am Leben der Kirche teilnehmen will? Bisher wurde ein solcher Kirchenaustritt sowohl in der wissenschaftlichen Lehre und Literatur als auch in der Verwaltungspraxis der römisch-katholischen Kirche, d.h. der deutschsprachigen Diözesen, immer zumindest als Schisma gesehen[122]. Diese Sicht hat sich erst in letzter Zeit geändert und auch zu entsprechenden neuen kirchenrechtlichen Regelungen seitens der deutschen und der österreichischen Bischofskonferenz geführt[123]. Die im Fall des vor einer staatlichen Behörde erklärten Austritts aus der römisch-katholischen Kirche, aus welchen Gründen auch immer, ausgesprochenen Verbote, wie u. a. das Verbot des Empfangs der

---

121 Vgl. W. REES, Der Kirchenaustritt und seine kirchenrechtliche Problematik, in: Generalsekretariat der Österreichischen Bischofskonferenz (Hrsg.), Zugehörigkeit zur Katholischen Kirche. Kanonistische Klärungen zu den pastoralen Initiativen der Österreichischen Bischofskonferenz. Bischof DDr. Klaus Küng zur Vollendung des 70. Lebensjahres (Die österreichischen Bischöfe 10), Wien 2010, 38–61.

122 Vgl. Ständiger Rat der Deutschen Bischofskonferenz, Erklärung vom 24. April 2006, unter: http://www.ordinariat-freiburg.de/fileadmin/gemeinsam/amtsblatt/ab l06 _12.pdf (02.02.2013), in der festgestellt wird, dass die Erklärung des Austritts aus der katholischen Kirche vor einer staatlichen Behörde den »Tatbestand des Schismas im Sinne des c. 751 CIC« erfüllt und die Strafe der Exkommunikation nach sich zieht.

123 Vgl. ÖBK, Regelung zum Kirchenaustritt (in: Generalsekretariat der Österreichischen Bischofskonferenz (s. Anm. 121), 11f; s. auch REES, Aktualität (s. Anm. 96), 171–183; neuestens Deutsche Bischofskonferenz, Allgemeines Dekret zum Kirchenaustritt vom 20.09.2012: http://www.dbk.de/fileadmin/redaktion/diverse _downloads/presse/2012-145a-Allgemeines-Dekret-Kirchenaustritt_Dekret.pdf (02. 02.2013).

Eucharistie und der Gewährung eines kirchlichen Begräbnisses[124], sind wohl zu rechtfertigen, da eine persönliche Entscheidung zu respektieren ist und fehlende Maßnahmen letztendlich zur Auflösung der Gemeinschaft Kirche führen würden. Es bleibt die Frage nach »Überzeugungstätern«, die auf Grund fehlender Schuld möglicherweise nicht bestraft werden können, im Interesse ihres eigenen Seelenheils, aber auch der Sorge um die Gemeinschaft irgendwie von Sperrmaßnahmen betroffen sein müssten[125].

Gegenüber einer gewissen Abwertung des kirchlichen Strafrechts in der Zeit nach dem Zweiten Vatikanischen Konzil will die von Papst Benedikt XVI. in die Wege geleitete Reform des kirchlichen Strafrechts dieses wieder verstärkt als ein Mittel der Pastoral in der Heilssorge der Kirche um ihre Gläubigen sehen und angewendet wissen. Bedeutet dies erneut eine Verschärfung[126] in Richtung Ausübung von Zwang und Gewalt in der römisch-katholischen Kirche?

4. Das Verhältnis zu christlichen Religionsgemeinschaften und Ökumene

a) Grundlegende Veränderung

Zu Recht weist Elmar Güthoff darauf hin, dass Christ(innen) nichtkatholischer Kirchen und kirchlicher Gemeinschaften heute als solche nicht mehr als Häretiker oder Schismatiker bezeichnet werden können. Dies »wäre nicht mit der Ekklesiologie des Vaticanum II (LG 8 und 15) vereinbar«[127]. Vielmehr sind, wie Klaus Mörsdorf und Winfried Aymans zu Recht betonen, »alle Getauften – seien sie katholisch oder nicht – Glieder der Kirche Jesu Christi und Personen des kanonischen Rechts, d.h. sie sind als Rechtssubjekte (i. w. S.) potentielle und in unterschiedlichem Umfang tat-

---

[124] Vgl. ÖBK, Erklärende Ausführungen nach c. 34 CIC zu den Auswirkungen des Kirchenaustrittes nach staatlichem Recht auf die kirchliche Rechtsstellung des Ausgetretenen vom 21.–23.06.2010, in: Generalsekretariat der Österreichischen Bischofskonferenz (s. Anm. 121), 15f.

[125] Vgl. hierzu R. SEBOTT, Das kirchliche Strafrecht. Kommentar zu den Kanones 1311–1399 des Codes Iuris Canonici, Frankfurt am Main 1992, 159f.

[126] Dass die Kirche ihr Strafrecht ernst nimmt, zeigt die Aufnahme verschiedener Straftaten, wie jene des sexuellen Missbrauchs minderjähriger Personen durch Kleriker, in die Kategorie der delicta graviora (schwerwiegendere Straftaten) in den Jahren 2001 und 2010 und die Übertragung der Beurteilung und Ahndung dieser Straftaten an die Kongregation für die Glaubenslehre. Dazu W. REES, Koordiniertes Vorgehen gegen sexuellen Missbrauch. Die Normen der Kongregation für die Glaubenslehre über die delicta graviora vom 21.05.2010, in: H. HALLERMANN, TH. MECKEL, S. PFANNKUCHE, M. PULTE (Hrsg.), Der Strafanspruch der Kirche in Fällen von sexuellem Missbrauch (Würzburger Theologie, Bd. 9), Würzburg 2012, 67–135).

[127] Vgl. E. GÜTHOFF, Art. Schisma. IV. Kirchenrechtlich, LThK^3 9, 152.

sächliche Träger von kanonischen Rechten und Pflichten«[128]. Heinrich J. F. Reinhardt spricht in diesem Zusammenhang von einem doppelten Aspekt, dem »Aspekt der bewußten gemeinsamen Ausübung« und dem »Aspekt der ausnahmsweisen Gewährung«[129].

Näherhin steht heute nicht Verurteilung, sondern Dialog im Vordergrund. So gehört die römisch-katholische Kirche neben einer »Fülle von Kirchen aus der orientalischen und der protestantischen Tradition« sowie der altkatholischen und der anglikanischen Kirche der Arbeitsgemeinschaft Christlicher Kirchen in Deutschland (ACK) an, die im Jahr 1948 gegründet wurde[130]. Entsprechendes gilt mit Blick auf den Ökumenischen Rat der Kirchen in Österreich (ÖRKÖ), dem insgesamt 16 Kirchen und kirchliche Gemeinschaften zuzuzählen sind[131]. Zu Recht verweist Ludger Müller darauf, dass diese Entwicklung, »was die katholische Kirche angeht [...] im Widerspruch zum (damals) geltenden Kirchenrecht statt(fand)«, da c. 1325 § 3 CIC/1917 eine Teilnahme an Glaubensgesprächen untersagt hat[132]. Auch die Anglikanische Kirche, die sich im 16. Jahrhundert von Rom losgesagt hat, ist im ÖRKÖ vertreten[133]. Uneinigkeit über die Zulassung von Frauen zu den Weihen (und in der Frage der Homosexualität) führten bis in die Gegenwart zu Kontroversen in der Anglikanischen Kirche selbst, aber auch zur Erschwerung des ökumenischen Dialogs sowohl mit den Orthodoxen Kirchen als auch mit der römisch-katholischen Kirche[134]. Auch

---

[128] So ausdrücklich AYMANS-MÖRSDORF, KanR I, 290; s. insgesamt auch W. REES, Kirchenrecht und Eucharistiegemeinschaft. Kirchenrechtliche Vorgaben für ein ökumenisches Anliegen, in: S. HELL / L. LIES (Hrsg.), Taufe und Eucharistiegemeinschaft. Ökumenische Perspektiven und Probleme, Innsbruck-Wien 2002, 87–108, 88–95.

[129] H. J. F. REINHARDT, Reflexionen zur ekklesiologischen Stellung der nichtkatholischen Christen im CIC/1983, in: A. GABRIELS / H. J. F. REINHARDT (Hrsg.), Ministerium Iustitiae. Festgabe für Heribert Heinemann zur Vollendung des 60. Lebensjahres, Essen 1985, 105–115), 111–113; s. unten III. 4. c.

[130] Vgl. L. MÜLLER, Ökumenische Einrichtungen auf ortskirchlicher Ebene, in: REES (s. Anm. 65).

[131] Vgl. Österreichischer Rat der Kirchen in Österreich: http://www.oekumene.at/ (02.02.2013); dazu K. W. SCHWARZ, Ökumenischer Dialog und ökumenische Praxis aus evangelischer Perspektive, in: REES (s. Anm. 65); s. auch Ökumenischer Rat der Kirchen in Österreich (Hrsg.), Begegnung und Inspiration. 50 Jahre Ökumene in Österreich, Wien, Graz, Klagenfurt 2008.

[132] MÜLLER (s. Anm. 130); s. auch oben II. 1.

[133] Es handelt sich dabei um eine ausländische Kirche, die vom österreichischen Religionsrecht nicht erfasst wird. Vgl. hierzu SCHWARZ (s. Anm. 131).

[134] Vgl. H. ENGELHARDT, Ökumenischer Dialog und ökumenische Praxis – Anglikanisch (in: REES (s. Anm. 65).

wissen sich die Kirchen in Österreich der Charta oecumenica verpflichtet, die im Jahr 2001 in Straßburg unterzeichnet wurde[135]. Gemeinsame freiwillige Verpflichtungen sind u. a.: Gemeinsames Handeln, gegenseitige Anerkennung der Taufe, keine Konkurrenzierung bei Missionsarbeit in Ost- und Südosteuropa, keine Benachteiligung bei Minderheitskirchen, Ächtung des Proselythismus, keine Konversion aufgrund physischer Gewalt, moralischen Zwangs, psychischen Drucks oder materieller Anreize, Widerstand gegen den Versuch, Religion und Kirche für ethnische oder nationalistische Zwecke zu missbrauchen. Eine Vereinbarung zwischen der Altkatholischen Kirche in Deutschland und der Deutschen Bischofskonferenz vom 21. Dezember 1999 regelt die Übernahme von Geistlichen in den Dienst der jeweiligen Kirche nach einem Übertritt[136]. Anlässlich der Jubiläumssynode im August des Jahres 2000 hat der Episkopat der Russisch Orthodoxen Kirche ein Papier mit dem Titel »Grundprinzipien der Beziehung der Russisch-Orthodoxen Kirche zu Andersgläubigen« verabschiedet, in dem »eindeutig an der Identität der Orthodoxen Kirche mit der wahren Kirche Christi festgehalten« wird und daran, dass es »nur einen Weg« gibt, »der zur Wahren Einheit führt: die Rückkehr der Andersgläubigen zur Orthodoxen Kirche, die als einzige das Erbe Jesu und der Apostel treu bewahrt hat«[137]. Der Dialog mit den Orthodoxen Kirchen war Papst Benedikt XVI. ein wesentliches Anliegen.

Trotz Fragen im Verständnis von Kirche, Amt und Sakramente wird ökumenische Zusammenarbeit in vielen Bereichen praktiziert[138] bis hin zu

---

135 Hierzu und zu den einzelnen Verpflichtungen Schwarz (s. Anm. 131); Text unter: http://www.oekumene.at/site/oekumene/allgemein (21.02.2013).

136 Vgl. Deutsche Bischofskonferenz und Katholisches Bistums der Alt-Katholiken, Vereinbarung vom 21. Dezember 1999 über die Übernahme von Geistlichen: http://www.olak.de/glossar/vereinbarung-ueber-die-uebernahme-von-geistlichen.php (02.02.2013); ferner auch Römisch-katholische Kirche. Dialog zwischen römisch-katholischer Kirche und alt-katholischer Kirche geht weiter: http://www.altkatholisch.de/oekumene/roemisch-katholische-kirche.html (02.02.2013); Kirche und Kirchengemeinschaft. Bericht der Internationalen Römisch-Katholisch – Altkatho-lischen Dialogkommission, Paderborn/ Frankfurt am Main 2009.

137 R. Prokschi, Ökumenischer Dialog und ökumenische Praxis aus dem Blickwinkel der Orthodoxie (in: Rees (s. Anm. 65)); s. auch A. Cilerdzik, Ökumene aus orthodoxer Perspektive (in: ebd.)

138 A. Krycan / E. Mehl, Ökumenische Zusammenarbeit in der Klinikseelsorge, in: Rees (s. Anm. 65); L. Müller, Ökumene aus meiner persönlichen Sicht und aus der Sicht meiner Kirche, in: ebd.

einem Konfessionell-Kooperativen Religionsunterricht[139]. Näherhin hat die Studie »Lehrverurteilungen – kirchentrennend?«[140] die »die katholische Seite anzielenden Verurteilungen in den reformatorischen Bekenntnisschriften und die Zurückweisung reformatorischer Äußerungen durch das Konzil von Trient einer neuen Würdigung und Wertung unterzogen«[141].

b) Die konfessionsverschiedene Ehe

Mit Blick auf die konfessionsverschiedene Ehe hat die vom Zweiten Vatikanischen Konzil angestoßene Entwicklung im kirchlichen Gesetzbuch von 1983 ihren Niederschlag gefunden und zu einem entscheidenden Wandel geführt. Zwar verbietet die römisch-katholische Kirche aus pastoraler Sorge heraus eine solche Eheschließung »ohne ausdrückliche Erlaubnis der zuständigen Autorität« (vgl. c. 1124 CIC/1983); sie rechnet sie aber nicht mehr zu den Ehehindernissen (vgl. c. 1060–1064 CIC/1917). Bereits Papst Johannes Paul II. hatte im Apostolischen Schreiben »Familiaris Consortio« vom 22. November 1981[142] eine positive Sicht der konfessionsverschiedenen Ehe vertreten, die vom Ökumenischen Direktorium von 1993 fortgesetzt wird (vgl. Nr. 143–160 ÖD). Zwar muss sich der katholische Partner bereit erklären, »Gefahren des Glaubensabfalls zu beseitigen«, und versprechen, »nach Kräften alles zu tun, daß alle seine Kinder in der katholischen Kirche getauft und erzogen werden« (vgl. c. 1125, 1° CIC/1983). Die Formulierung »nach Kräften« bringt jedoch zum Ausdruck, dass die Kirche den Glauben des anderen Partners respektiert, der ja aufgrund seines Glaubens ebenso die Pflicht und wohl auch den Wunsch hat, seine Kinder in seinem Bekenntnis taufen zu lassen und zu erziehen[143]. Wenngleich der

---

[139] Vgl. W. REES, Neuere Fragen um Schule und Religionsunterricht in Österreich (in: DERS. / M. J. ROCA / B. SCHANDA, Neuere Entwicklungen im Religionsrecht europäischer Staaten (KStuT), Berlin 2013, im Erscheinen; A. VAN DELLEN / G. KATZINGER, Ökumene in Schule und Religionsunterricht (in: Rees (s. Anm. 65).

[140] Vgl. K. LEHMANN, W. PANNENBERG (Hrsg.), Lehrverurteilungen – kirchentrennend? (Dialog der Kirchen), 4 Bde., Freiburg/ Basel/ Wien 1986–1994.

[141] Vgl. SEKRETARIAT DER DEUTSCHEN BISCHOFSKONFERENZ (Hrsg.), Stellungnahme der Deutschen Bischofskonferenz zur Studie »Lehrverurteilungen – kirchentrennend?« vom 21. Juni 1994 (Die deutschen Bischöfe, Nr. 52), Bonn 1994, 3.

[142] JOHANNES PAUL II., Apostolisches Schreiben »Familiaris Consortio« an die Bischöfe, Priester und Gläubigen der ganzen Kirche über die Aufgaben der christlichen Familie in der Welt von heute vom 22. November 1981, Nr. 78 (AAS 74, 1982, 81–191), 178–180; ferner unter: http://www.vatican.va/holy_father/john_paul_ii/apost_ex-hortations/documents/hf_jp-ii_exh_19811122_familiaris-consortio_ge.html (12.12.2012).

[143] Vgl. W. REES, Interview »Konfessionsverschiedene Ehen«. Radio Grüne Welle. Kirchensender der Diözese Bozen-Brixen, 2. August 2008: http://www.uibk.ac.at/

kirchliche Gesetzgeber im Fall der nichtkatholischen Taufe und Erziehung von Kindern eine Strafe androht (vgl. c. 1366 CIC/1983), so hat das Ökumenische Direktorium für konfessionsverschiedene Ehen eine diesbezügliche Klärung gebracht, die die besondere Situation einer solchen Ehe ernstnimmt (vgl. Nr. 151 ÖD).

c) Zur Frage des Eucharistieempfangs

Jegliche Eucharistiegemeinschaft zwischen der katholischen Kirche und den Kirchen der Reformation ist im 16. Jahrhundert zerbrochen. Seither wurde eine solche seitens der katholischen Kirche abgelehnt und mit Strafe belegt. Zwar hält der kirchliche Gesetzgeber von 1983 grundsätzlich an diesem Verbot fest (c. 844 § 1 CIC/1983), da Gemeinschaft im Sakrament auch eine volle Kirchengemeinschaft voraussetzt[144]. Er gestattet jedoch eine begrenzte Sakramentengemeinschaft hinsichtlich der Buße, der Eucharistie und der Krankensalbung (c. 844 §§ 2-5 CIC/1983)[145], die vom Ökumenischen Direktorium von 1993 weiter ausgefaltet wird (Nr. 123-125 und 129-132 ÖD)[146]. Abstufungen zwischen den orthodoxen Kirchen, der altkatholischen Kirche und den reformierten Kirchen werden deutlich. Positiv ist jedoch der Hinweis des Ökumenischen Direktoriums von 1993 zu werten, »daß unter gewissen Umständen, in Ausnahmefällen und unter gewissen Bedingungen der Zutritt zu diesen Sakramenten Christen anderer Kirchen und kirchlicher Gemeinschaften gewährt oder sogar empfohlen werden kann« (Nr. 129 ÖD)[147]. Nach wie vor verboten bleibt es katholischen Priestern, »zusammen mit Priestern oder Amtsträgern von Kirchen oder kirchlichen Gemeinschaften, die nicht in voller Gemeinschaft mit der katholischen Kirche stehen, die Eucharistie zu konzelebrieren« (c. 908 CIC/1983). Eine Verschärfung ist in den letzten Jahren (vgl. 2001 und

---

theol/leseraum/texte/767.html (12.12.2012); s. auch A. E. HIEROLD, Konfessionsverschiedene Ehen (in: REES (s. Anm. 65)); K. BETZ, Erfahrungen in einer konfessionsverbindenden Ehe (in: ebd.).

144 Vgl. Art. 8 Abs. 4 VatII UR: »Die Bezeugung der Einheit verbietet in den meisten Fällen die Gottesdienstgemeinschaft, die Sorge um die Gnade empfiehlt sie indessen in manchen Fällen.« Eine volle Sakramentengemeinschaft ist nur mit den katholischen Ostkirchen gegeben.

145 Zu c. 844 CIC/1983 s. R. ALTHAUS, Kommentar, in: MK CIC, c. 844 (Stand April 2007).

146 Vgl. im Einzelnen REES, Gemeinschaft (s. Anm. 88); DERS., Communicatio in sacris und consortium totius vitae. Kirchenrechtliche Überlegungen im Blick auf die konfessionsverschiedene Ehe (DPM 7, 2000, 69-95); DERS. (s. Anm. 22), 430-432; I. RIEDEL-SPANGENBERGER, Art. Communicatio in sacris, LKStKR 1 (353-355).

147 S. hierzu W. REES, Kirchenrechtliche Vorgaben für ein ökumenisches Anliegen (in: HELL / LIES (s. Anm. 128).

2010) insofern eingetreten, als diese Handlung unter die so genannten Delicta graviora aufgenommen wurde und damit die Beurteilung und Ahndung der verbotenen Interzelebration dem jeweiligen Diözesanbischof entzogen und der Kongregation für die Glaubenslehre vorbehalten ist[148]. Ausdrücklich wird vom Ökumenischen Direktorium die Teilnahme von »gläubigen unterschiedlicher liturgischer Traditionen«, wie »Katholiken, Orthodoxen, Anglikanern und Protestanten« am Morgen- und Abendgebet der katholischen Kirche empfohlen (Nr. 117 ÖD)[149].

5. Dialog und Offenheit für andere Religionen

Nachdem das Zweite Vatikanische Konzil mit Blick auf andere Religionen nach Zeiten der Konfrontation und des Gegeneinanders einen entscheidenden Schritt eingeleitet hat, brachte das Schuldbekenntnis Papst Johannes Pauls II. vom 12. März 2000 in St. Peter in Rom das Eingestehen von Zwang und Unrecht durch Christ(innen), aber auch durch die römisch-katholische Kirche insgesamt[150] deutlich zum Ausdruck. Bezeichnend ist, dass die Vergebungsbitte vom Präfekten der Kongregation für die Glaubenslehre, die Nachfolgeorgan der Inquisition und des späteren Heiligen Offiziums ist, Joseph Kardinal Ratzinger, vorgetragen wurde. Bereits im Apostolischen Schreiben »Tertio millenio adveniente« hatte sich der Papst gegen »Methoden der Intoleranz oder sogar der Gewalt im Dienst der Wahrheit« gewandt[151]. Zudem wird seitens der katholischen Kirche seit dem Zweiten Vatikanischen Konzil die Notwendigkeit des interreligiösen Dialogs immer wieder betont und herausgestellt, sei es u. a. vom Päpstlichen Rat für den interreligiösen Dialog und der Kongregation für die Evangelisierung der Völker[152] oder auch von Papst Benedikt XVI., der beim Be-

---

148 Dazu REES (s. Anm. 119).

149 Zum gemeinsamen liturgischen Handeln vgl. REES, Gemeinschaft (s. Anm. 88).

150 Vgl. JOHANNES PAUL II., Vergebungsbitte anlässlich des »Tages der Vergebung« am 12. März 2000, II; abgedr. (ABl. ÖBK, Nr. 28, 1. August 2000, Nr. IV. 1, 10–12), 10.

151 JOHANNES PAUL II., Apostolisches Schreiben »Tertio millennio adveniente« vom 10. November 1994 an die Bischöfe, Priester und Gläubigen zur Vorbereitung auf das Jubeljahr 2000, Nr. 35 (AAS 87, 1995, 5–41), 27; ferner unter: http://www.vatican.va/holy_father/john_paul_ii/apost_letters/documents/hf_jp-ii_apl_10111994_ tertio-mi- llennio-adveniente_ge.html (02.02.2013).

152 Vgl. PÄPSTLICHER RAT FÜR DEN INTERRELIGIÖSEN DIALOG UND KONGREGATION FÜR DIE EVANGELISIERUNG DER VÖLKER, Dialog und Verkündigung. Überlegungen und Orientierungen zum Interreligiösen Dialog und zur Verkündigung des Evangeliums Jesu Christi vom 19. Mai 1991 (AAS 84, 1992, 414–446); dt.: VApSt 102, Bonn 1991; fer-

such bei der UN-Vollversammlung am 18. April 2008 diesen Dialog als einen wesentlichen Dienst an der Gesellschaft gesehen hat[153]. Der CCEO fordert nicht nur »einen offenen und vertrauenswürdigen Dialog und gemeinsame Vorhaben mit den anderen Christen« (c. 905 CCEO), sondern ausdrücklich auch »das Gespräch und die Zusammenarbeit mit den Nichtchristen« (c. 592 § 2 CCEO; vgl. auch Nr. 210 ÖD). Der Dialog kommt auch mit Blick auf die Missionstätigkeit der Kirche zum Tragen (vgl. c. 787 § 1 CIC/1983)[154]. So haben auch die deutschen Bischöfe herausgestellt, dass es bei der Verbreitung des Evangeliums »nicht selten schuldhaftes Versagen und den Einsatz von Methoden (gab), die dem verkündeten Glauben wenig entsprachen oder gar zuwiderliefen«, wenngleich »grundsätzlich [...] immer fest (stand), dass die Verbreitung des Evangeliums nur in friedlicher Begegnung, mit Überzeugung des Herzens und durch freie Annahme des Glaubens und der Taufe geschehen könne«[155], und in diesem Zusammenhang die Notwendigkeit des Dialogs betont[156].

IV. Spannung von Glauben(sgemeinschaft) und Freiheit

Seit dem Zweiten Vatikanischen Konzil und der Umsetzung dessen Lehren und Weisungen in rechtliche Bestimmungen im CIC/1983 hat sich ein großer Wandel vollzogen, was das Selbstverständnis der katholischen Kirche, aber auch die Sicht anderer christlicher bzw. nichtchristlicher Glaubensgemeinschaften und das Verständnis von Freiheit, Zwang und Gewalt angeht. Trotz dieses Wandels bleiben aufgrund des ekklesiologischen Selbstverständnisses der katholischen Kirche und der ausdrücklichen Verpflichtung zur Treue ihrem Stifter und dem Evangelium gegenüber Spannungen nicht ausgeschlossen. Dies umso mehr, als die katholische Kirche, trotz einer Öffnung den getrennten Kirchen und kirchlichen Gemeinschaften sowie anderen Religionsgemeinschaften gegenüber, zwar die exklusive Identifikation zwischen der Kirche Christi und der katholischen

---

ner unter: http://www.dbk.de/fileadmin/redaktion/veroeffentlichungen/verlautbarungen/VAS102.TXT (02.02.2013).

153 Vgl. Benedikt XVI., Ansprache beim Besuch der UN-Vollversammlung im Glaspalast, New York, 18. April 2008: http://www.vatican.va/holy_father/benedict_xvi/speeches/2008/april/documents/hf_ben-xvi_spe_20080418_unvisit_ge.html (02.02.2013).

154 Vgl. oben III. 2. a.

155 Sekretariat der Deutschen Bischofskonferenz (Hrsg.), Allen Völkern sein Heil. Die Mission der Weltkirche, 23. September 2004 (Die Deutschen Bischöfe, Nr. 76), Bonn 2004, 28.

156 Vgl. Sekretariat der Deutschen Bischofskonferenz (s. Anm. 155), 49–52.

Kirche (vgl. Art. 8 Abs. 2 Vat II LG), nicht jedoch ihren Wahrheitsanspruch aufgegeben hat (vgl. c. 204 CIC/1983; Art. 1 Abs. 2 Vat II DH).

Kirchliches Recht hat das bonum commune und die salus animarum, d.h. sowohl das Wohl der kirchlichen Gemeinschaft als auch das Heil eines jeden und einer jeden Christgläubigen im Blick. Auch das kirchliche Strafrecht ist unter dieser Rücksicht zu sehen. Kirchliches Strafrecht richtet sich somit gegen Verhaltensweisen, die mit den Grundlagen der Kirche als Gemeinschaft der Gläubigen und des Glaubens nicht vereinbar sind oder den einzelnen Gläubigen bzw. die einzelne Gläubige auf dem Weg des persönlichen Heils gefährden. Dennoch muss sie den Anspruch eines jeden und jeder Gläubigen respektieren, auch im Fall eines »völligen Versagens frei zu bleiben von kirchlichen Zwangsmitteln, die dem Geist des Evangeliums widersprechen«[157].

Das Zweite Vatikanische Konzil hat sich ausdrücklich zu den Menschenrechten bekannt (vgl. Art. 41 Abs. 3 VatII GS), die auch seitens der Kirche zu respektieren sind. Dies gilt besonders für das Recht auf Religionsfreiheit. Dieses Recht schließt die Verkündigung der christlichen Botschaft nicht aus, es verbietet aber bei dieser Verkündigung Mittel zu wählen und Wege zu beschreiten, die die Freiheit der menschlichen Person und damit ihre Würde nicht respektieren. Das Recht auf Religionsfreiheit muss auch innerkirchlich akzeptiert werden, wenngleich damit nicht ausgeschlossen ist, den Inhalt des Glaubens festzulegen (vgl. c. 747 § 1 CIC/1983; cc. 749 f. CIC/1983), Abweichungen vom Glauben der Gemeinschaft zu benennen und Strafen bzw. Sperrmaßnahmen zur Anwendung zu bringen. Insgesamt muss sich die katholische Kirche immer fragen, inwiefern sie in ihrem Handeln dem Anspruch Jesu gerecht wird und ob er selbst so gehandelt hätte, wie sie es tut, und für Reformen offen sein. Grenzen sind dort gegeben, wo die Identität der Kirche ins Wanken gerät. Dies gilt auch mit Blick auf jeden Dialog.

---

[157] Vgl. P. Krämer, Menschenrechte – Christenrechte. Das neue Kirchenrecht auf dem Prüfstand, in: Gabriels / Reinhardt (s. Anm. 129), 169–177, 172.

Hatem Elliesie

Ǧihād und Gewalt gegen Ungläubige im Islamischen Recht

I. Einleitung

Das europäisch geprägte Christentum und der historisch im Vorderen Orient zu verortende Islam teilen eine wechselvolle Geschichte, die durch Kontakte vor allem an Europas Südwest- und Südostflanken geprägt ist. Man grenzte sich ideologisch und kriegerisch voneinander ab, obgleich die jeweils fremde Kultur die jeweils eigene Geistesgeschichte nicht unerheblich beeinflusste. Diese kulturgeschichtlich begründete Konstellation wirkt bis heute fort und hat in den letzten Jahren in der breiten Öffentlichkeit eine neue Qualität erhalten. Der Kontakt mit dem Islam ist von den geographischen Peripherien Europas nicht nur ins Herz der europäischen Großstädte gewandert,[1] sondern auch in die Nordamerikas. Die Terrorangriffe auf das World Trade Center in New York und das Pentagon am 11. September 2001 lenkten das Interesse der internationalen Öffentlichkeit in einem für unsere Zeit bisher nicht bekannten Maße auf »den« Islam.[2] Es verwundert daher nicht, dass diese gegenwartspolitische Erscheinung für viele zunehmend mit »Gewalt« assoziiert wird.[3] Diese mit der weitverbreiteten Angst vor der fremden Religion

---

1 Anja Bettenworth / Andreas Funke / Mirja Lecke / Klaus von Stosch, Einleitung, in: Anja Bettenworth / Andreas Funke / Mirja Lecke / Klaus von Stosch (Hrsg.), Herausforderung Islam, Paderborn/ München/ Wien/ Zürich 2011, 9.

2 Rainer Glasgow / Reinhard C. Meier-Walser: Einführung, in: Rainer Glasgow / Reinhard C. Meier-Walser (Hrsg.), Die islamische Herausforderung – eine kritische Bestandsaufnahme von Konfliktpotenzialen, München 2001, 5.

3 So auch Wielandt, Rotraud: Argumentationen islamistischer Autoren gegen extrem-islamistische Gewaltbereitschaft, in: Tilmann Seidensticker (Hrsg.), Zeitgenössische islamische Positionen zur Koexistenz und Gewalt, Wiesbaden 2011, 156.

verbundene Assoziation ist grundsätzlich nachvollziehbar.[4] Nicht unberücksichtigt sollte dabei aber auch bleiben, dass man die sozio-religiöse Umwelt nicht nur verzerrt wahrnimmt, sondern zuweilen – *extra ecclesia nulla salus* – auch verzerrt wahrnehmen will. Verwunderlich ist demgemäß, dass im Falle des Islam unreflektiert andere Maßstäbe als an den eigenen sozioreligiösen Kontext gesetzt werden. Gewalt und Krieg im Namen der Religion sind nämlich auch in der christlichen Vergangenheit nicht unbekannt. Thomas Naumann führt hierzu zutreffend an, dass es »noch nicht so lange her [ist], dass erbitterte Religionskriege im Namen des Christentums geführt wurden, und noch im 1. Weltkrieg zogen Deutsche gegen Franzosen, jeder im Namen des christlichen Gottes, gegeneinander. Heute beurteilen wir solches gern als Missbrauch der christlichen Religion zu machtpolitischen Zwecken, als Widerspruch zur christlichen Botschaft der Nächstenliebe.«[5] Dies verdeutlicht, dass auch wenn die um einen »Dialog der Religionen« oder interkulturellen Austausch bemühten Akteure eine differenzierte Betrachtungsweise des Islam anstreben, sowohl im medialen Diskurs als auch in den »Alltagsdebatten« ein adäquater Umgang mit der fremden Religion noch nicht angekommen zu sein scheint. Islamische Konfessionen heutzutage pauschal als eine homogene gewaltförmige und archaische »Ausländerreligion« darzustellen ist überzogen. Doch wie – so wird man sich fragen dürfen – stellt sich nun nach den normativen Vorgaben der Religion Gewalt dar?

1. Wahrnehmungen des Islam in der gegenwärtigen Außenperspektive

In der Außenwahrnehmung des Islam werden Auffassungen vertreten, die mit Koranzitaten die grundsätzliche Neigung des Islam zur Gewalt zu begründen versuchen bzw. widerlegen wollen. Hierfür wird beispielsweise zum einen angeführt, dass es keinen Zwang in der Religion gibt:

---

[4] Hierzu ausführlicher: Heiner Bielefeldt, Das Islambild in Deutschland: Zum öffentlichen Umgang mit der Angst vor dem Islam, Deutsches Institut für Menschenrechte, Berlin 2007.

[5] Thomas Naumann, Feindbild Islam. Historische und theologische Gründe einer europäischen Angst – gegenwärtige Herausforderungen, Universität Siegen 2006, 2.

(Sure 2, Vers 256)[6]

لَا إِكْرَاهَ فِي الدِّينِ قَدْ تَبَيَّنَ الرُّشْدُ مِنَ الْغَيِّ فَمَنْ يَكْفُرْ بِالطَّاغُوتِ
وَيُؤْمِنْ بِاللَّهِ فَقَدِ اسْتَمْسَكَ بِالْعُرْوَةِ الْوُثْقَىٰ لَا انْفِصَامَ لَهَا وَاللَّهُ سَمِيعٌ عَلِيمٌ.[7]

sowie zum anderen:

(Sure 47, Vers 4)

فَإِذَا لَقِيتُمُ الَّذِينَ كَفَرُوا فَضَرْبَ الرِّقَابِ حَتَّىٰ إِذَا أَثْخَنْتُمُوهُمْ فَشُدُّوا الْوَثَاقَ
فَإِمَّا مَنًّا بَعْدُ وَإِمَّا فِدَاءً حَتَّىٰ تَضَعَ الْحَرْبُ أَوْزَارَهَا ذَٰلِكَ وَلَوْ يَشَاءُ اللَّهُ لَانْتَصَرَ
۝ مِنْهُمْ وَلَٰكِنْ لِيَبْلُوَ بَعْضَكُمْ بِبَعْضٍ وَالَّذِينَ قُتِلُوا فِي سَبِيلِ اللَّهِ فَلَنْ يُضِلَّ أَعْمَالَهُمْ.[8]

welche besagt, dass »wenn ihr auf einem Feldzug mit den Ungläubigen zusammentrefft, dann haut ihnen mit dem Schwert auf den Nacken! Wenn ihr sie schließlich vollständig niedergekämpft habt, dann legt sie in Fesseln, um sie später entweder auf dem Gnadenweg oder gegen Lösegeld freizugeben.«

---

[6] Diese sowie die folgenden Koranübersetzungen orientieren sich an RUDI PARET, Der Koran / Übersetzung von Rudi Paret, 11. Auflage, Stuttgart 2010. Demgemäß bedeutet ein eingeklammertes oder am Schluss einer Einklammerung stehendes Fragezeichen, dass das vorausgehende Wort oder die vorausgehende Formulierung fragwürdig ist. Wenn ein Textteil eingeklammert ist und unmittelbar hinter der Anfangsklammer beginnt, handelt es sich um einen den Zusammenhang erläuternden Zusatz.

[7] D.h.: In der Religion gibt es keinen Zwang (d.h. man kann niemals zum (rechten) Glauben zwingen). Der rechte Weg (des Glaubens) ist (durch die Verkündung des Islam) klar geworden, (so dass er sich) vor der Verirrung (des heidnischen Glaubens deutlich abhebt).Wer nun an die Götzen nicht glaubt, an Gott aber glaubt, der hält sich (damit) an der festen Handhabe, bei der es kein Reißen gibt. Und Gott hört und weiß alles.

[8] D.h.: Wenn ihr (auf einem Feldzug) mit den Ungläubigen zusammentrefft, dann haut (ihnen mit dem Schwert) auf den Nacken! Wenn ihr sie schließlich vollständig niedergekämpft habt, dann legt (sie) in Fesseln, (um sie) später entweder auf den Gnadenweg oder gegen Lösegeld (freizugeben)! (Haut mit dem Schwert drein) bis der Krieg (euch) von seinen Lasten befreit (wörtlich: »bis der Krieg seine Lasten ablegt«) (und vom Frieden abgelöst wird)! Dies (ist der Wortlaut der Offenbarung). Wenn Gott wollte, würde er sich (selber) gegen sie helfen. Aber er möchte (nicht unmittelbar eingreifen, vielmehr) die einen von euch (die gläubig sind) durch die anderen (die ungläubig sind) auf die Probe stellen. Und denen die um Gottes willen (w. auf dem Weg Gottes) getötet werden (Variante: kämpfen), wird er ihre Werke nicht fehlgehen lassen so daß (sic!) sie damit nicht zum Ziel Islam zu Gewalt?, in: REINHARD HEMPELMANN / JOHANNES KANDEL (Hrsg.), Religionen und Gewalt: Konflikt- und Friedenspotentiale in den Weltreligionen (Kirche – Konfession – Religion, Band 51), Göttingen 2006, 251.

Ein solch unsystematisches und zuweilen auch willkürliches Herausgreifen von Koranzitaten, um ein vorgefasstes, negatives wie positives, Bild »des« Islam zu begründen, ist rechtlich wie theologisch-dogmatisch kaum Erkenntnis fördernd. Genauso ließen sich völlig unterschiedliche Positionen zu Gewalt und Gewaltlosigkeit unter Berufung auf einzelne Bibelzitate zu gründen versuchen. Man sollte sich also zunächst vergegenwärtigen, dass bspw. Lukas 14:23 oder Jeremia 1:10 bei einer analogen Außenwahrnehmung zu gleichsam verzerrten Bildern eines vermeintlich Gewalt bejahenden Christentums führen können:[9]

cogite intrare
(*i. e.* nötige sie, hereinzukommen)

Und der Herr sprach zu dem Knecht: Geh hinaus auf die Wege und (an die) Zäune und nötige (sie) hereinzukommen, dass mein Haus voll werde!

(Lukas 14:23)[10]

tabula rasa

רְאֵה הִפְקַדְתִּיךָ הַיּוֹם הַזֶּה, עַל-הַגּוֹיִם וְעַל-הַמַּמְלָכוֹת, לִנְתוֹשׁ וְלִנְתוֹץ, **וּלְהַאֲבִיד וְלַהֲרוֹס**--לִבְנוֹת, וְלִנְטוֹעַ

(vernichten und zerstören [als erster Schritt der »Mission«])

Siehe, ich habe dich an diesem Tag über die Nationen und über die Königreiche bestellt, um auszureißen und niederzureißen, zugrunde zu richten und abzubrechen, um zu bauen und zu pflanzen.

(Jeremia 1:10)

2. *Wahrnehmung des Islam und Darstellung der gegenwärtigen Innenperspektive*

Sich auf »den« Islam berufende gewaltbereite und -ausübende Individuen legitimieren allerdings ihre Geisteshaltung und ihr Tun auch damit, dass sie behaupten, derartige Gewalttätigkeiten seien von »der« islamischen Tradition her gerechtfertigt.[11] Das, was man hierbei als Referenzrahmen heran-

---

9 Hermann Brandt, Neigt der Islam zu Gewalt?, in: Reinhard Hempelmann / Johannes Kandel (Hrsg.), Religionen und Gewalt: Konflikt- und Friedenspotentiale in den Weltreligionen (Kirche – Konfession – Religion, Band 51), Göttingen 2006, 251.

10 Diese und die nachfolgenden Bibelzitate orientieren sich an der *Elberfelder Bibel*.

11 Vgl. Gudrun Krämer, Gewaltpotentiale im Islam, in: Reinhard Hempelmann / Johannes Kandel (Hrsg.), Religionen und Gewalt: Konflikt- und Friedenspotentiale in den Weltreligionen (Kirche – Konfession – Religion, Band 51), Göttingen 2006, 239; Reinhard Kirste, Ausführliche Besprechung zu: Tilmann Seidensticker (Hrsg.): Zeitgenössische islamische Positionen zur Koexistenz und Gewalt, Wiesbaden 2011, 1, auf: Die überkonfessionelle Plattform für Religionspädagogik und Religions-

zieht, wird in der öffentlichen Wahrnehmung zunehmend in Gestalt des mysteriösen »Schreckgespenstes« Scharia, in synonymer Verwendung zum (Klassischen) Islamischen Recht, festgemacht.[12] Um allerdings dieser gegenwartspolitischen Erscheinung im akademischen Diskurs adäquat begegnen zu können, ist es ratsam, sich von dem Bild dieses allgegenwärtigen »Schreckgespenstes« zu lösen und sich der Thematik zunächst über die Aufschlüsselung der in der Überschrift »*Ǧihād* und Gewalt gegen Ungläubige im Islamischen Recht« beinhalteten Begriffsbestimmungen zu nähern.

II. Einführende konzeptionelle Begriffsbestimmungen zum Islamischen Recht

Ganz allgemein gilt es zunächst festzustellen, dass »der« Islam, »die« islamische Tradition und »das« islamische Recht als (determinierter) einheitlicher Block – einem monolithischen Gebilde gleich – nicht existieren.[13] Wie allgemein bekannt sein dürfte, besitzt der sunnitische Islam keine der päpstlichen Kurie vergleichbare Lehrautorität, keine Kirche und nicht einmal einen Klerus. Im schiitischen Islam kann man vom 16. Jahrhundert an zwar von einer Art Klerus sprechen, aber nicht von einer verfassten Kirche.[14] Als unmittelbar autoritativ gilt nur der Text des Koran und, mit bestimmten Einschränkungen, die Sunna. Dadurch, dass diese nicht eine bestimmte Institution allumfassend und verbindlich auslegt, vielmehr im Grundsatz jeder Gläubige die Pflicht hat, nach bestem Wissen und Gewissen – im Sinne des Wortes *ǧihād, i. e.* »sich anstrengen auf dem Weg Gottes«[15] – die Wahrheit zu suchen,[16] lässt erahnen, dass sich »der« Islam als ein äußerst vielschichtiges Phänomen präsentiert.[17] Man kann durchaus fragen, ob es »den Islam«

---

unterreicht,www.rpi-virtuell.net/workspace/CFF7AB46-2FDA-475C-A6C7-3F92D3174C51/Rezensionen/Rz-Seidensticker-isl-Gewalt.pdf (zuletzt aufgerufen am 31. Januar 2013).

12 Der Begriff der Scharia ist allerdings vieldeutig. In einem nicht-technischen Sinne – auch in koranischer Terminologie (vgl. Sure 45:18) – bedeutet er »der (von Gott) gebahnte Weg«, »der Weg der Tränke«; Rohe, Mathias: Das islamische Recht: Geschichte und Gegenwart, München 2009, 8ff.

13 HATEM ELLIESIE, Vorwort, in: HATEM ELLIESIE (Hrsg.), Islam und Menschenrechte / Islam and Human Rights / الإسلام وحقوق الإنسان, Frankfurt a. M. / New York et al. 2010, 21.

14 LOUIS GARDET, Islam, Köln 1968, 232; PETER SCHOLZ, Sharia in Tradition und Moderne – Eine Einführung in das islamische Recht, in: JURA – Juristische Ausbildung, Heft 8/2001, 525; GUDRUN KRÄMER, Geschichte des Islam, München 2005, 98.

15 Siehe hierzu nachfolgenden Gliederungspunkt »V. *Ǧihād*« dieses Artikels.

16 GUDRUN KRÄMER, Geschichte des Islam, München 2005, 98.

17 Weiterführend HATEM ELLIESIE, *Binnenpluralität des Islamischen Rechts: Diversität religiöser Normativität rechtsdogmatisch und -methodisch betrachtet,* Berlin 2014

überhaupt gibt, wie man im Übrigen auch fragen kann, ob es »das Christentum« oder »den Buddhismus« gibt. Außerdem sei auch der Hinweis gestattet, dass über die konfessionellen Divergenzen zwischen Schia und Sunna hinweg auch unterschiedliche Sprachgestalten der islamischen Religion vorliegen, wie z.B. arabisch, persisch, türkisch sowie die verschiedenen Richtungen, die neben den klassischen Rechtsschulen[18] »unpolitisch« islamische Mystik und Spiritualität pflegen.[19] Auch gilt es zu bedenken, dass die mir von den Kollegen Georg Plasger und Heinz-Günter Stobbe zugeschriebene Aufgabenstellung für das 14. Siegener Symposium »Gewalt gegen Christen« gleichsam nicht Gewalt »des« Islam oder »des« Islamischen Rechtes lautete, sondern Gewalt »im« Islamischen Recht. Dies indiziert bereits, dass wir es mit einer heterogenen Kulisse zu tun haben. Dementsprechend sind auch Deutungs- und Anknüpfungsmöglichkeiten vielfältig.[20]

1. Der Koran (القرآن الكريم)

Anknüpfungspunkt für die normativ begründete Legitimation ist in erster Linie der Koran. Der Koran ist »die erste und grundlegende Quelle« (wörtl.: *al-aṣl al-awwal wa-l-maṣdar al-asāsī*, الأصل الأول والمصدر الاساسي) der schariatsrechtlichen Bestimmungen.[21] Er ist »Dreh- und Angelpunkt der

---

(Working Paper Nr. 66 des Sonderforschungsbereichs 700 »Governance in Räumen begrenzter Staatlichkeit«), 15ff.

18 مذهب *maḏhab*, Plural: *maḏāhib* مذاهب. Hierzu Hatem Elliesie, *Binnenpluralität des Islamischen Rechts: Diversität religiöser Normativität rechtsdogmatisch und -methodisch betrachtet,* Berlin 2014 (Working Paper Nr. 66 des Sonderforschungsbereichs 700 »Governance in Räumen begrenzter Staatlichkeit«), 15ff.; Scholz, Peter: Sharia in Tradition und Moderne – Eine Einführung in das islamische Recht, in: JURA – Juristische Ausbildung, Heft 8/2001, 527; Otto Spies / Erich Pritsch, Klassisches Islamisches Recht, in: Bertold Spuler (Hrsg.), Handbuch der Orientalistik – Erste Abteilung – Ergänzungsband III, Leiden / Köln 1964, 221.

19 Hermann Brandt, Neigt der Islam zu Gewalt?, in: Reinhard Hempelmann / Johannes Kandel (Hrsg.), Religionen und Gewalt: Konflikt- und Friedenspotentiale in den Weltreligionen (Kirche – Konfession – Religion, Band 51), Göttingen 2006, 252.

20 Gudrun Krämer, Gewaltpotentiale im Islam, in: Reinhard Hempelmann / Johannes Kandel (Hrsg.), Religionen und Gewalt: Konflikt- und Friedenspotentiale in den Weltreligionen (Kirche – Konfession – Religion, Band 51), Göttingen 2006, 239.

21 Muḥammad Maʿrūf ad-Dawālībī (محمد معروف الدواليبي), *Al-Madḫal ilā ʿilm uṣūl al-fiqh* (المدخل الى علم اصول الفقه), Damaskus 1383/1963, 20; vgl. auch Wahba az-Zuḥaylī (وهبة الزحيلي), *Al-Qurʾān al-karīm, Bunyatuhū at-tašrīʿiyya wa-ḫaṣāʾiṣuhū al-ḥaḍāriyya* (القرآن الكريم: بنيته التشريعية وخصائصه الحضارية), Beirut/ Damaskus 1413/1993, 27; Birgit Krawietz, Hierarchie der Rechtsquellen im tradierten sunnitischen Islam (Schriften zur Rechtstheorie, Heft 208), Berlin 1999, 87; Peter Scholz, Sharia in Tradition und Moderne – Eine Einführung in das islamische Recht, in: JURA – Juristische Ausbildung, Heft 8/2001, 526.

Scharia« (*miḥwar aš-šarīʿa wa-quṭb raḥāhā*, محور الشريعة وقطب رحاها), normativer Maßstab und Kontrollinstanz (*muhaymin*, مهيمن) der übrigen Quellen (*maṣādir*, مصادر).[22] Die normative Grundlage ist also ein Text. Dabei ist jedoch zu berücksichtigen, dass sich die Suren des Koran nicht in ihrer chronologischen Folge[23] sondern weitgehend ihrer Länge nach anordnen. Diese uns vorliegende, ca. im Jahre 650 n.Chr. kanonisierte Reihung lässt also keine zeitliche oder nach Relevanz gestaffelte Abfolge erkennen.[24] Und genau dieses Anordnungsmuster ist in vielen Fällen bei der Betrachtung ein- und derselben Koranverse Grund für voneinander abweichende Interpretationsergebnisse muslimischer Gelehrter. Maßgeblich ist oft deren Einstellung gegenüber Offenbarungsanlässen (*asbāb an-nuzūl*, أسباب النزول) und der Abrogation (*nasḫ*, نسخ). Insbesondere die Abrogationslehre war zwar unter den muslimischen Gelehrten nie gänzlich unumstritten, wurde aber von der Mehrheit anerkannt, um offensichtliche Widersprüche im Koran aufzulösen. In solch einem Falle abrogiert der später herabgesandte Vers den früheren.[25]

2. Die Sunna (السنة النبوية)

Den zweiten Grundlagentext oder – genauer – die zweite Gattung von Texten, die als grundlegend und normativ verstanden wird, bilden tradierte Überlieferungen dessen, was der Prophet Muhammad und seine engsten Gefährten von den Anweisungen des Koran zur Anwendung brachten. Man bezeichnet dies als Sunna,[26] welche in sog. *ḥadīṯ*en fixiert wurde.[27] Diese Text-

---

22 BIRGIT KRAWIETZ, Hierarchie der Rechtsquellen im tradierten sunnitischen Islam (Schriften zur Rechtstheorie, Heft 208), Berlin 1999, 87, m. w. N.

23 MICHAEL BONNER, Jihad in Islamic History: Doctrines and Practices, Princeton/ Oxford 2006, 23; s. auch ALFRED-LOUIS DE PRÉMARE, Aux origines du Coran: questions d'hier, approches d'aujourd'hui, Paris 2004.

24 STEPHAN ROSINY, Der jihad. Historische und zeitgenössische Formen islamisch legitimierter Gewalt, in: INES-JACQUELINE WERKNER / ANTONIUS LIEDHEGENER (Hrsg.), Gerechter Krieg – gerechter Frieden: Religionen und friedensethische Legitimationen in aktuellen militärischen Konflikten, Wiesbaden 2009, 227.

25 MARIELLA OURGHI, Der ğihād: Verteidigung von Errungenschaften oder Kampfansage, in: Die Kontroverse zwischen Muḥammad Saʿīd Ramaḍān al-Būṭī und ʿAbd al-Malik al-Barrāk und ihre Hermeneutik, in: SEIDENSTICKER, TILMAN (Hrsg.): Zeitgenössische islamische Positionen zu Koexistenz und Gewalt, Wiesbaden: Harrassowitz 2011, 50; MICHAEL BONNER, Jihad in Islamic History: Doctrines and Practices, Princeton/ Oxford 2006, 24.

26 GUDRUN KRÄMER, Gewaltpotentiale im Islam, in: REINHARD HEMPELMANN / JOHANNES KANDEL (Hrsg.), Religionen und Gewalt: Konflikt- und Friedenspotentiale in den Weltreligionen (Kirche – Konfession – Religion, Band 51), Göttingen 2006, 240; PETER SCHOLZ, Sharia in Tradition und Moderne – Eine Einführung in das islamische Recht,

gefüge bestehen aus Einzelaussagen zu konkreten Themen, die im 8. und 9. Jahrhundert gesammelt und nach unterschiedlichen Prinzipien angeordnet wurden. Diese Einzelaussagen sind vielstimmig und vielfach auch nicht frei von Reibungen und Widersprüchen.[28] Was schließlich die Authentizität diese Überlieferungen betrifft, so wurde im sunnitisch geprägten Recht eine Skala von Dignitätsstufen entwickelt, die sich nach Anzahl und Struktur der Überlieferungsketten sowie nach der Vertrauenswürdigkeit der einzelnen Gewährsleute richtet. Eine *sunna* des Propheten gilt als normativ, wenn sie durch eine gesicherte lückenlose Überlieferungskette von Gewährsmännern, die bis zum Propheten zurückreicht, tradiert wurde.[29]

3. Die beiden primären Rechtsquellenlehren im Islam: Grundsatz und Verhältnis zueinander

Der wesentliche Unterschied zwischen den beiden Grundlagentexten, also Koran und Sunna, besteht folglich darin, dass – obwohl beide göttlichen Ursprungs sind – nur der Koran in Wortlaut und Sinngehalt auf Gott zurückgeht, während die Sunna von Menschen formuliert wurde. Die koranische Überlieferung gilt als über jeden Zweifel erhaben, während große Teile der Sunna für sich allenfalls in Anspruch nehmen können, wahrscheinlich richtig zu sein. Daraus ergeben sich Folgen für die islamrechtliche Argumentation (*iḥtiǧaǧ*, احتجاج). Die koranischen Bestimmungen genießen – unter Berücksichtigung der Abrogation – Vorrang. Man konsultiert die Sunna erst dann, wenn man im Koran keine Textbelege findet. Die

---

in: JURA – Juristische Ausbildung, Heft 8/2001, 526; BIRGIT KRAWIETZ, Hierarchie der Rechtsquellen im tradierten sunnitischen Islam (Schriften zur Rechtstheorie, Heft 208), Berlin 1999, 15; ABŪ AL-ʿAYNAYN BADRĀN, *Uṣūl al-fiqh* (اصول الفقه), Alexandria 1385/1965, 72. Zum schiitischen Begriff der Sunna des Propheten und der Imame siehe gesondert Löschner, Harald: Die dogmatischen Grundlagen des šīʼtischen Rechts: Eine Untersuchung zu modernen imāmitischen Rechtsquellen-lehre, Köln et al. 1971, 86f.

27 Theoretisch sind zwar die Begriffe Sunna und *ḥadīṯ* getrennt, praktisch decken sie sich allerdings oft, was schon aus der Tatsache hervorgehen dürfte, dass einige *ḥadīṯ*-Sammlungen – wie bspw. diejenigen von Abū Dāʾūd (ابو داود), Ibn Māǧa (ابن ماجة) sowie an-Nasāʾī (النسائي) – den Titel »Sunan« tragen.

28 GUDRUN KRÄMER, Gewaltpotentiale im Islam, in: REINHARD HEMPELMANN / JOHANNES KANDEL (Hrsg.), Religionen und Gewalt: Konflikt- und Friedenspotentiale in den Weltreligionen (Kirche – Konfession – Religion, Band 51), Göttingen 2006, 240.

29 ḤUSAYN ḤĀMI ḤASSĀN (حسين حامد حسان): *Al-Madḫal li-dirāsat al-fiqh al-islāmī* (المدخل الدراسة الفقه الاسلامي), Kairo 1972, 148; MOHAMMAD HASHIM KAMALI, *Principles of Islamic Jurisprudence*, überarb. Aufl., Cambridge 1991, 68; BERND RADTKE, Der sunnitische Islam, in: WERNER ENDE / UDO STEINBACH (Hrsg.), Der Islam in der Gegenwart, München 1996, 64.

Sunna wird daher als die zweite Quelle (*maṣdar*, مصدر)[30] im islamischen Recht angesehen.[31]

4. Maßgebliche Methode zur Rechtsfindung: Koranexegese

In Anbetracht dessen, dass die Suren nicht in ihrer chronologischen Folge angeordnet sind und der Prophet Muḥammad zudem häufig Korrekturen von Inhalten vornahm, bewirkte die eher willkürliche Gliederung der Koranverse ihrer Länge nach eine Fülle gegenläufiger, sich widersprechender Aussagen, die u. a. mit Mitteln der Abrogation in einen sinnvollen Kontext gestellt werden müssen.[32] Wenn man also versucht, im Wissen um diese Vielstimmigkeit eine koranische Botschaft zu destillieren, dann kann man das nur tun, wenn man die Heilige Schrift des Koran und auch die Sunna dergestalt interpretiert, wie man das im Falle des Alten Testaments respektive der Hebräischen Bibel für das Judentum oder des Neuen Testaments für das Christentum unternimmt. Es geht nicht ohne Auswahl, nicht ohne Gewichtung, nicht ohne fachliche Interpretation. Das mag banal für diejenigen klingen, die sich mit Textwissenschaft, Bibelkritik und Exegese beschäftigen. Im Umgang mit den zeitgenössischen Formen des Islam scheint diese banale Bemerkung aber oft in Vergessenheit geraten zu sein.[33] Eine ganzheitliche Koransicht oder eine kompetente Beurteilung von Gewalt gegen Ungläubige ist also ohne Koranexegese[34] nicht möglich.

---

30 Vgl. MUḥAMMAD FĀRŪQ AN-NABHĀN (محمد فاروق النبهان), *al-Madḫal li-t-tašrī' al-islāmī: Naš'atuhū, adwāruhū at-tārīḫiyya, mustaqbaluhū* (المدخل للتشريع الاسلامي: نشأته، ادواره التاريخية، مستقبله), Kuwait/ Beirut 1977, 89; WAHBA AZ-ZUḥAYLĪ (وهبة الزحيلي): *Uṣūl al-fiqh al-islāmī* (اصول الفقه الاسلامي), Damaskus 1406/1986, 461.

31 BIRGIT KRAWIETZ, Hierarchie der Rechtsquellen im tradierten sunnitischen Islam (Schriften zur Rechtstheorie, Heft 208), Berlin 1999, 152.

32 HANS-PETER RADDATZ, Islam oder Islamisierung? Interkultureller Dialog zwischen Toleranz und Gewalt, in: RAINER GLASGOW / REINHARD C. MEIER-WALSER, Einführung, in: RAINER GLASGOW / REINHARD C. MEIER-WALSER (Hrsg.), Die islamische Herausforderung – eine kritische Bestandsaufnahme von Konfliktpotenzialen, München 2001, 72f.; PETER SCHOLZ, Sharia in Tradition und Moderne – Eine Einführung in das islamische Recht, in: JURA – Juristische Ausbildung, Heft 8/2001, 526.

33 GUDRUN KRÄMER, Gewaltpotentiale im Islam, in: REINHARD HEMPELMANN / JOHANNES KANDEL (Hrsg.), Religionen und Gewalt: Konflikt- und Friedenspotenziale in den Weltreligionen (Kirche – Konfession – Religion, Band 51), Göttingen 2006, 240.

34 Vgl. hierzu ASSEM HEFNY, Hermeneutik, Koraninterpretation und Menschenrechte, in: HATEM ELLIESIE (Hrsg.), Islam und Menschenrechte / Islam and Human Rights / الإسلام وحقوق الإنسان, Frankfurt a. M./ New York et al. 2010, 73ff.; IRENE SCHNEIDER, Islamisches Recht zwischen göttlicher Satzung und temporaler Ordnung? Überlegungen zum Grenzbereich zwischen Recht und Religion, in: CHRISTINE

III. Legitimation von Gewalt im Islam

Bezogen auf den zweiten Bestandteil der Überschrift (»Gewalt im Islam«) stellt sich also vor diesem Hintergrund – d.h. der zu kontextualisierenden klassisch-islamischen Jurisprudenz – die Frage, was als Legitimation einer Gewaltanwendung gegen Nichtmuslime zuweilen herangezogen wird.

Als Ausgangspunkt der Darstellung und Herleitung dient zunächst die erste und grundlegende Quelle, der Koran, demzufolge die Juden die Thora, die Christen das Evangelium und die Muslime den Koran von Gott als Richtlinie erhalten haben.[35] Gemäß Koran, d.h.

LANGENFELD / IRENE SCHNEIDER (Hrsg.), Recht und Religion in Europa – Zeitgenössische Konflikte und historische Perspektiven, Göttingen 2008, 161ff.

[35] Sure 28 Vers 43:
وَلَقَدْ آتَيْنَا مُوسَى الْكِتَابَ مِنْ بَعْدِ مَا أَهْلَكْنَا الْقُرُونَ الْأُولَىٰ **بَصَائِرَ لِلنَّاسِ وَهُدًى وَرَحْمَةً** لَعَلَّهُمْ يَتَذَكَّرُونَ.
Sure 32, Vers 23:
وَلَقَدْ آتَيْنَا مُوسَى الْكِتَابَ فَلَا تَكُنْ فِي مِرْيَةٍ مِنْ لِقَائِهِ **وَجَعَلْنَاهُ هُدًى** لِبَنِي إِسْرَائِيلَ.
Sure 5, Vers 15:
يَا أَهْلَ الْكِتَابِ قَدْ جَاءَكُمْ رَسُولُنَا **يُبَيِّنُ لَكُمْ كَثِيرًا** مِمَّا كُنْتُمْ تُخْفُونَ مِنَ الْكِتَابِ وَيَعْفُو عَنْ كَثِيرٍ قَدْ جَاءَكُمْ مِنَ اللَّهِ **نُورٌ وَكِتَابٌ مُبِينٌ**.
Sure 5, Vers 16:
يَهْدِي بِهِ اللَّهُ مَنِ اتَّبَعَ رِضْوَانَهُ سُبُلَ السَّلَامِ **وَيُخْرِجُهُمْ** مِنَ الظُّلُمَاتِ إِلَى النُّورِ بِإِذْنِهِ **وَيَهْدِيهِمْ** إِلَىٰ صِرَاطٍ مُسْتَقِيمٍ.
Sure 5, Verse 44–50:
إِنَّا أَنْزَلْنَا التَّوْرَاةَ فِيهَا **هُدًى وَنُورٌ يَحْكُمُ بِهَا** النَّبِيُّونَ الَّذِينَ أَسْلَمُوا لِلَّذِينَ هَادُوا وَالرَّبَّانِيُّونَ وَالْأَحْبَارُ بِمَا اسْتُحْفِظُوا مِنْ كِتَابِ اللَّهِ وَكَانُوا عَلَيْهِ شُهَدَاءَ فَلَا تَخْشَوُا النَّاسَ وَاخْشَوْنِ وَلَا تَشْتَرُوا بِآيَاتِي ثَمَنًا قَلِيلًا **وَمَنْ لَمْ يَحْكُمْ بِمَا أَنْزَلَ اللَّهُ** فَأُولَٰئِكَ هُمُ الْكَافِرُونَ (44) **وَكَتَبْنَا عَلَيْهِمْ فِيهَا أَنَّ النَّفْسَ بِالنَّفْسِ وَالْعَيْنَ بِالْعَيْنِ وَالْأَنْفَ بِالْأَنْفِ وَالْأُذُنَ بِالْأُذُنِ وَالسِّنَّ بِالسِّنِّ وَالْجُرُوحَ قِصَاصٌ** فَمَنْ تَصَدَّقَ بِهِ فَهُوَ كَفَّارَةٌ لَهُ **وَمَنْ لَمْ يَحْكُمْ بِمَا أَنْزَلَ اللَّهُ** فَأُولَٰئِكَ هُمُ الظَّالِمُونَ (45) وَقَفَّيْنَا عَلَىٰ آثَارِهِمْ بِعِيسَى ابْنِ مَرْيَمَ مُصَدِّقًا لِمَا بَيْنَ يَدَيْهِ مِنَ التَّوْرَاةِ **وَآتَيْنَاهُ الْإِنْجِيلَ فِيهِ هُدًى وَنُورٌ** وَمُصَدِّقًا لِمَا بَيْنَ يَدَيْهِ مِنَ التَّوْرَاةِ **وَهُدًى وَمَوْعِظَةً لِلْمُتَّقِينَ** (46) **وَلْيَحْكُمْ أَهْلُ الْإِنْجِيلِ بِمَا أَنْزَلَ اللَّهُ فِيهِ وَمَنْ لَمْ يَحْكُمْ بِمَا أَنْزَلَ اللَّهُ** فَأُولَٰئِكَ هُمُ الْفَاسِقُونَ (47) وَأَنْزَلْنَا إِلَيْكَ الْكِتَابَ بِالْحَقِّ مُصَدِّقًا لِمَا بَيْنَ يَدَيْهِ مِنَ الْكِتَابِ وَمُهَيْمِنًا عَلَيْهِ فَاحْكُمْ بَيْنَهُمْ بِمَا أَنْزَلَ اللَّهُ وَلَا تَتَّبِعْ أَهْوَاءَهُمْ عَمَّا جَاءَكَ مِنَ الْحَقِّ لِكُلٍّ جَعَلْنَا مِنْكُمْ شِرْعَةً وَمِنْهَاجًا وَلَوْ شَاءَ اللَّهُ لَجَعَلَكُمْ أُمَّةً وَاحِدَةً وَلَٰكِنْ لِيَبْلُوَكُمْ فِي مَا آتَاكُمْ فَاسْتَبِقُوا الْخَيْرَاتِ إِلَى اللَّهِ مَرْجِعُكُمْ جَمِيعًا فَيُنَبِّئُكُمْ بِمَا كُنْتُمْ فِيهِ تَخْتَلِفُونَ (48) وَأَنِ احْكُمْ بَيْنَهُمْ بِمَا أَنْزَلَ اللَّهُ وَلَا تَتَّبِعْ أَهْوَاءَهُمْ وَاحْذَرْهُمْ أَنْ يَفْتِنُوكَ عَنْ بَعْضِ مَا أَنْزَلَ اللَّهُ إِلَيْكَ فَإِنْ تَوَلَّوْا فَاعْلَمْ أَنَّمَا يُرِيدُ اللَّهُ أَنْ يُصِيبَهُمْ بِبَعْضِ ذُنُوبِهِمْ وَإِنَّ كَثِيرًا مِنَ النَّاسِ لَفَاسِقُونَ (49) أَفَحُكْمَ الْجَاهِلِيَّةِ يَبْغُونَ وَمَنْ أَحْسَنُ مِنَ اللَّهِ حُكْمًا لِقَوْمٍ يُوقِنُونَ .(50)
Sure 5, Vers 68:
قُلْ يَا أَهْلَ الْكِتَابِ لَسْتُمْ عَلَىٰ شَيْءٍ حَتَّىٰ تُقِيمُوا التَّوْرَاةَ وَالْإِنْجِيلَ وَمَا أُنْزِلَ إِلَيْكُمْ مِنْ رَبِّكُمْ وَلَيَزِيدَنَّ كَثِيرًا مِنْهُمْ مَا أُنْزِلَ إِلَيْكَ مِنْ رَبِّكَ طُغْيَانًا وَكُفْرًا فَلَا تَأْسَ عَلَى الْقَوْمِ الْكَافِرِينَ.
Sure 3, Verse 3–4:
نَزَّلَ عَلَيْكَ الْكِتَابَ بِالْحَقِّ مُصَدِّقًا لِمَا بَيْنَ يَدَيْهِ وَأَنْزَلَ التَّوْرَاةَ وَالْإِنْجِيلَ (3) مِنْ قَبْلُ هُدًى لِلنَّاسِ وَأَنْزَلَ الْفُرْقَانَ إِنَّ الَّذِينَ كَفَرُوا بِآيَاتِ اللَّهِ لَهُمْ عَذَابٌ شَدِيدٌ وَاللَّهُ عَزِيزٌ ذُو انْتِقَامٍ.

(Sure 7, Vers 158)
قُلْ يَا أَيُّهَا النَّاسُ إِنِّي رَسُولُ اللَّهِ إِلَيْكُمْ جَمِيعًا الَّذِي لَهُ مُلْكُ السَّمَاوَاتِ
وَالْأَرْضِ لَا إِلَٰهَ إِلَّا هُوَ يُحْيِي وَيُمِيتُ فَآمِنُوا بِاللَّهِ وَرَسُولِهِ النَّبِيِّ الْأُمِّيِّ
الَّذِي يُؤْمِنُ بِاللَّهِ وَكَلِمَاتِهِ وَاتَّبِعُوهُ لَعَلَّكُمْ تَهْتَدُونَ.[36]

sowie

(Sure 3, Verse 19–20)
إِنَّ الدِّينَ عِنْدَ اللَّهِ الْإِسْلَامُ وَمَا اخْتَلَفَ الَّذِينَ أُوتُوا الْكِتَابَ إِلَّا مِنْ بَعْدِ مَا جَاءَهُمُ الْعِلْمُ بَغْيًا بَيْنَهُمْ
وَمَنْ يَكْفُرْ بِآيَاتِ اللَّهِ فَإِنَّ اللَّهَ سَرِيعُ الْحِسَابِ (19) فَإِنْ حَاجُّوكَ فَقُلْ أَسْلَمْتُ وَجْهِيَ لِلَّهِ وَمَنِ اتَّبَعَنِ وَقُلْ
لِلَّذِينَ أُوتُوا الْكِتَابَ وَالْأُمِّيِّينَ أَأَسْلَمْتُمْ فَإِنْ أَسْلَمُوا فَقَدِ اهْتَدَوْا وَإِنْ تَوَلَّوْا فَإِنَّمَا عَلَيْكَ الْبَلَاغُ وَاللَّهُ بَصِيرٌ
بِالْعِبَادِ[37].

und

(Sure 34, Vers 28)
وَمَا أَرْسَلْنَاكَ إِلَّا **كَافَّةً لِلنَّاسِ** بَشِيرًا وَنَذِيرًا وَلَٰكِنَّ أَكْثَرَ النَّاسِ لَا يَعْلَمُونَ.[38]

sind Gottes Weg und Wille nicht nur für ein Volk bestimmt, sondern für die gesamte Menschheit. Gott hält für die Menschen ein glückliches ewiges Leben nach der Auferstehung vom Tod bereit. Jedoch müssen sie sich das jenseitige Glück erst auf der Erde verdienen. Gottes Offenbarung hilft ihnen dabei. Sie müssen sich nur an Gottes Gebote halten.[39] Nach Su-

---

36 D.h.: Sag: Ihr Menschen! Ich bin der gesandte Gottes an euch alle, (desselben Gottes) der die Herrschaft über Himmel und Erde hat. Es gibt keinen Gott außer ihm. Er macht lebendig und läßt sterben. Darum glaubt an Gott und seinen Gesandten, den heidnischen Propheten, der (seinerseits) an Gott und seine Worte glaubt, und folgt ihm! Vielleicht werdet ihr euch (dann) rechtleiten lassen.

37 D.h.: (19) Als (einzig wahre) Religion gilt bei Gott der Islam. Und diejenigen, die die Schrift erhalten haben, wurden – in gegenseitiger Auflehnung – erst uneins, nachdem das Wissen zu ihnen gekommen war. Wenn aber einer nicht an die Zeichen Gottes glaubt, ist Gott schnell im Abrechnen. (20) Und wenn sie (d.h. die Ungläubigen unter den Leuten der Schrift) mit dir (über den Inhalt der Offenbarung) streiten, dann sag: Ich ergebe mich (w. mein Angesicht) Gott, (ich) und wer mir folgt! Und sag zu denen, die die Schrift erhalten haben, und zu den Heiden: Wollt ihr (jetzt) den Islam annehmen? Wenn sie ihn dann annehmen, sind sie rechtgeleitet. Wenn sie sich aber abwenden, so hast du nur die Botschaft auszurichten (und bist für ihren Unglauben nicht verantwortlich). Gott durchschaut die Menschen (w. die (d.h. seine) Diener) wohl.

38 D.h.: Und wir haben dich (mit der Offenbarung) gesandt, damit du den Menschen allesamt (?) (und nicht nur wenigen Auserwählten) ein Verkünder froher Botschaft und ein Warner seiest. Aber die Menschen wissen nicht bescheid.

39 Sure 17, Vers 9:
إِنَّ هَٰذَا الْقُرْآنَ يَهْدِي لِلَّتِي هِيَ أَقْوَمُ وَيُبَشِّرُ الْمُؤْمِنِينَ الَّذِينَ يَعْمَلُونَ الصَّالِحَاتِ أَنَّ لَهُمْ أَجْرًا كَبِيرًا.

re 17, Vers 13 (وَكُلَّ إِنْسَانٍ أَلْزَمْنَاهُ طَائِرَهُ فِي عُنُقِهِ وَنُخْرِجُ لَهُ يَوْمَ الْقِيَامَةِ كِتَابًا يَلْقَاهُ مَنْشُورًا) prüft Gott beim letzten Gericht, wie gut ihm die Menschen gedient haben. Er belohnt diejenigen, die seine Erwartungen erfüllt haben, mit dem Paradies. Die anderen straft er, indem er sie in das Höllenfeuer werfen lässt.[40] Während sich allerdings bei Gott Gewaltanwendung auf die Bestrafung des Ungehorsams und der Undankbarkeit seiner Geschöpfe beschränkt, ist sie bei den Menschen ein natürlicher Charakterzug. Sie schrecken im Allgemeinen nicht vor Gewalt und Blutvergießen zurück.[41] Aus diesem Grund versuchten nach Sure 2, Vers 30 bereits die Engel, Gott an der Erschaffung des Menschen zu hindern:

Sure 16, Verse 90–97:
إِنَّ اللَّهَ يَأْمُرُ بِالْعَدْلِ وَالْإِحْسَانِ وَإِيتَاءِ ذِي الْقُرْبَىٰ وَيَنْهَىٰ عَنِ الْفَحْشَاءِ وَالْمُنْكَرِ وَالْبَغْيِ يَعِظُكُمْ لَعَلَّكُمْ
تَذَكَّرُونَ (90) وَأَوْفُوا بِعَهْدِ اللَّهِ إِذَا عَاهَدْتُمْ وَلَا تَنْقُضُوا الْأَيْمَانَ بَعْدَ تَوْكِيدِهَا وَقَدْ جَعَلْتُمُ اللَّهَ عَلَيْكُمْ كَفِيلًا إِنَّ اللَّهَ
يَعْلَمُ مَا تَفْعَلُونَ (91) وَلَا تَكُونُوا كَالَّتِي نَقَضَتْ غَزْلَهَا مِنْ بَعْدِ قُوَّةٍ أَنْكَاثًا تَتَّخِذُونَ أَيْمَانَكُمْ دَخَلًا بَيْنَكُمْ أَنْ تَكُونَ
أُمَّةٌ هِيَ أَرْبَىٰ مِنْ أُمَّةٍ إِنَّمَا يَبْلُوكُمُ اللَّهُ بِهِ وَلَيُبَيِّنَنَّ لَكُمْ يَوْمَ الْقِيَامَةِ مَا كُنْتُمْ فِيهِ تَخْتَلِفُونَ (92) وَلَوْ شَاءَ اللَّهُ لَجَعَلَكُمْ
أُمَّةً وَاحِدَةً وَلَٰكِنْ يُضِلُّ مَنْ يَشَاءُ وَيَهْدِي مَنْ يَشَاءُ وَلَتُسْأَلُنَّ عَمَّا كُنْتُمْ تَعْمَلُونَ (93) وَلَا تَتَّخِذُوا أَيْمَانَكُمْ دَخَلًا
بَيْنَكُمْ فَتَزِلَّ قَدَمٌ بَعْدَ ثُبُوتِهَا وَتَذُوقُوا السُّوءَ بِمَا صَدَدْتُمْ عَنْ سَبِيلِ اللَّهِ وَلَكُمْ عَذَابٌ عَظِيمٌ (94) وَلَا تَشْتَرُوا بِعَهْدِ
اللَّهِ ثَمَنًا قَلِيلًا إِنَّمَا عِنْدَ اللَّهِ هُوَ خَيْرٌ لَكُمْ إِنْ كُنْتُمْ تَعْلَمُونَ (95) مَا عِنْدَكُمْ يَنْفَدُ وَمَا عِنْدَ اللَّهِ بَاقٍ وَلَنَجْزِيَنَّ الَّذِينَ
صَبَرُوا أَجْرَهُمْ بِأَحْسَنِ مَا كَانُوا يَعْمَلُونَ (96) مَنْ عَمِلَ صَالِحًا مِنْ ذَكَرٍ أَوْ أُنْثَىٰ وَهُوَ مُؤْمِنٌ فَلَنُحْيِيَنَّهُ حَيَاةً طَيِّبَةً
وَلَنَجْزِيَنَّهُمْ أَجْرَهُمْ بِأَحْسَنِ مَا كَانُوا يَعْمَلُونَ (97).

40 Sure 20, Verse 74–76:
إِنَّهُ مَنْ يَأْتِ رَبَّهُ مُجْرِمًا فَإِنَّ لَهُ جَهَنَّمَ لَا يَمُوتُ فِيهَا وَلَا يَحْيَىٰ (74) وَمَنْ يَأْتِهِ مُؤْمِنًا قَدْ عَمِلَ الصَّالِحَاتِ فَأُولَٰئِكَ
لَهُمُ الدَّرَجَاتُ الْعُلَىٰ (75) جَنَّاتُ عَدْنٍ تَجْرِي مِنْ تَحْتِهَا الْأَنْهَارُ خَالِدِينَ فِيهَا وَذَٰلِكَ جَزَاءُ مَنْ تَزَكَّىٰ(76).
Sure 13, Verse 20–25:
الَّذِينَ يُوفُونَ بِعَهْدِ اللَّهِ وَلَا يَنْقُضُونَ الْمِيثَاقَ (20) وَالَّذِينَ يَصِلُونَ مَا أَمَرَ اللَّهُ بِهِ أَنْ يُوصَلَ وَيَخْشَوْنَ رَبَّهُمْ
وَيَخَافُونَ سُوءَ الْحِسَابِ (21) وَالَّذِينَ صَبَرُوا ابْتِغَاءَ وَجْهِ رَبِّهِمْ وَأَقَامُوا الصَّلَاةَ وَأَنْفَقُوا مِمَّا رَزَقْنَاهُمْ سِرًّا
وَعَلَانِيَةً وَيَدْرَءُونَ بِالْحَسَنَةِ السَّيِّئَةَ أُولَٰئِكَ لَهُمْ عُقْبَى الدَّارِ (22) جَنَّاتُ عَدْنٍ يَدْخُلُونَهَا وَمَنْ صَلَحَ مِنْ آبَائِهِمْ
وَأَزْوَاجِهِمْ وَذُرِّيَّاتِهِمْ وَالْمَلَائِكَةُ يَدْخُلُونَ عَلَيْهِمْ مِنْ كُلِّ بَابٍ (23) سَلَامٌ عَلَيْكُمْ بِمَا صَبَرْتُمْ فَنِعْمَ عُقْبَى الدَّارِ
(24) وَالَّذِينَ يَنْقُضُونَ عَهْدَ اللَّهِ مِنْ بَعْدِ مِيثَاقِهِ وَيَقْطَعُونَ مَا أَمَرَ اللَّهُ بِهِ أَنْ يُوصَلَ وَيُفْسِدُونَ فِي الْأَرْضِ أُولَٰئِكَ
لَهُمُ اللَّعْنَةُ وَلَهُمْ سُوءُ الدَّارِ(25).

Sure 11, Verse 103–108:
إِنَّ فِي ذَٰلِكَ لَآيَةً لِمَنْ خَافَ عَذَابَ الْآخِرَةِ ذَٰلِكَ يَوْمٌ مَجْمُوعٌ لَهُ النَّاسُ وَذَٰلِكَ يَوْمٌ مَشْهُودٌ (103) وَمَا نُؤَخِّرُهُ إِلَّا
لِأَجَلٍ مَعْدُودٍ (104) يَوْمَ يَأْتِ لَا تَكَلَّمُ نَفْسٌ إِلَّا بِإِذْنِهِ فَمِنْهُمْ شَقِيٌّ وَسَعِيدٌ (105) فَأَمَّا الَّذِينَ شَقُوا فَفِي النَّارِ لَهُمْ
فِيهَا زَفِيرٌ وَشَهِيقٌ (106) خَالِدِينَ فِيهَا مَا دَامَتِ السَّمَاوَاتُ وَالْأَرْضُ إِلَّا مَا شَاءَ رَبُّكَ إِنَّ رَبَّكَ فَعَّالٌ لِمَا
يُرِيدُ (107) وَأَمَّا الَّذِينَ سُعِدُوا فَفِي الْجَنَّةِ خَالِدِينَ فِيهَا مَا دَامَتِ السَّمَاوَاتُ وَالْأَرْضُ إِلَّا مَا شَاءَ رَبُّكَ عَطَاءً غَيْرَ
مَجْذُوذٍ(108).

41 Zu dieser Darstellung s. HARALD MOTZKI, Ist Gewaltanwendung von Muslimen gegen Nichtmuslime religiös bedingt? Eine Studie zur klassischen ǧihād-Konzeption, in: BENJAMIN JOKISCH / ULRICH REBSTOCK / CONRAD I. LAWRENCE (Hrsg.), Fremde, Feinde und Kurioses: Innen- und Außenansichten unserer muslimischen Nachbarn (Studien zur Geschichte und Kultur des islamischen Orients: Beihefte zur Zeitschrift »Der Islam«, Neue Folge, Band 24), Berlin/ New York 2009, 422f.

وَإِذْ قَالَ رَبُّكَ لِلْمَلَائِكَةِ إِنِّي جَاعِلٌ فِي الْأَرْضِ خَلِيفَةً قَالُوا أَتَجْعَلُ فِيهَا مَنْ يُفْسِدُ
فِيهَا وَيَسْفِكُ الدِّمَاءَ وَنَحْنُ نُسَبِّحُ بِحَمْدِكَ وَنُقَدِّسُ لَكَ قَالَ إِنِّي أَعْلَمُ مَا لَا تَعْلَمُونَ.

> Und (damals) als dein Herr zu den Engeln sagte: »Ich werde auf der Erde einen Nachfolger einsetzen!« Sie sagten: »Willst du auf ihr jemand (vom Geschlecht der Menschen) einsetzten, der auf ihr Unheil anrichtet und Blut vergießt, wo wir (Engel) dir Lob singen und deine Heiligkeit preisen?« Er sagte: »Ich weiß (vieles), was ihr nicht wißt.«

Sie fragten ihn, warum er auf der Erde jemanden als Statthalter einsetzen wolle, »der Verderben sät und Blut vergießt«. Doch Gott ließ sich offenbar nicht von seinem Vorhaben abbringen und schuf auch nach koranischer Überlieferung den Menschen. Aus dem Koran, d.h.

(Sure 5, Vers 32)

مِنْ أَجْلِ ذَٰلِكَ كَتَبْنَا عَلَىٰ بَنِي إِسْرَائِيلَ أَنَّهُ مَنْ قَتَلَ نَفْسًا بِغَيْرِ نَفْسٍ أَوْ فَسَادٍ فِي الْأَرْضِ فَكَأَنَّمَا قَتَلَ النَّاسَ جَمِيعًا
وَمَنْ أَحْيَاهَا فَكَأَنَّمَا أَحْيَا النَّاسَ جَمِيعًا وَلَقَدْ جَاءَتْهُمْ رُسُلُنَا بِالْبَيِّنَاتِ ثُمَّ إِنَّ كَثِيرًا مِنْهُمْ بَعْدَ ذَٰلِكَ فِي الْأَرْضِ لَمُسْرِفُونَ.

> Aus diesem Grund (d.h. aufgrund dieses Brudermords) haben wir den Kinder Israels vorgeschrieben, daß, wenn einer jemanden tötet, (und zwar) nicht (etwas zur Rache) für jemand (anderes, der von diesem getötet worden ist) oder (zur Strafe für) Unheil (das er) auf der Erde (angerichtet hat), es so sein soll, als ob er die Menschen alle getötet hätte. Und wenn einer jemanden (wörtlich: ihn) am Leben erhält (w. lebendig macht), soll es so sein, als ob er die Menschen alle am Leben erhalten (wörtlich: lebendig gemacht) hätte. Und unsere Gesandten sind doch (im Lauf der Zeit) mit den klaren Beweisen zu ihnen (d.h. den Kindern Israels) gekommen. Aber viele von ihnen gebärden sich nach (alle) den maßlos (indem sie) auf der Erde (Unheil anrichten).

(Sure 4, Vers 29)

يَا أَيُّهَا الَّذِينَ آمَنُوا لَا تَأْكُلُوا أَمْوَالَكُمْ بَيْنَكُمْ بِالْبَاطِلِ إِلَّا أَنْ
تَكُونَ تِجَارَةً عَنْ تَرَاضٍ مِنْكُمْ وَلَا تَقْتُلُوا أَنْفُسَكُمْ إِنَّ اللَّهَ كَانَ بِكُمْ رَحِيمًا.

> Ihr Gläubigen! Bringt euch nicht untereinander in betrügerischer Weise um euer Vermögen! – anders ist es, wenn es sich um ein Geschäft handelt, das ihr nach gegenseitigem Übereinkommen abschließt. – und bringt nicht eure eigenen Glaubensgenossen um (wörtlich: »tötet nicht euer selber«)! Gott verfährt Barmherzig mit euch.

Sure 4, Vers 92

وَمَا كَانَ لِمُؤْمِنٍ أَنْ يَقْتُلَ مُؤْمِنًا إِلَّا خَطَأً وَمَنْ قَتَلَ مُؤْمِنًا خَطَأً فَتَحْرِيرُ رَقَبَةٍ مُؤْمِنَةٍ وَدِيَةٌ مُسَلَّمَةٌ
إِلَىٰ أَهْلِهِ إِلَّا
أَنْ يَصَّدَّقُوا فَإِنْ كَانَ مِنْ قَوْمٍ عَدُوٍّ لَكُمْ وَهُوَ مُؤْمِنٌ فَتَحْرِيرُ رَقَبَةٍ مُؤْمِنَةٍ وَإِنْ كَانَ مِنْ قَوْمٍ بَيْنَكُمْ
وَبَيْنَهُمْ مِيثَاقٌ فَدِيَةٌ
مُسَلَّمَةٌ إِلَىٰ أَهْلِهِ وَتَحْرِيرُ رَقَبَةٍ مُؤْمِنَةٍ فَمَنْ لَمْ يَجِدْ فَصِيَامُ شَهْرَيْنِ مُتَتَابِعَيْنِ تَوْبَةً مِنَ اللَّهِ وَكَانَ
اللَّهُ عَلِيمًا حَكِيمًا.

Kein Gläubiger darf einen (anderen) Gläubigen töten, es sei denn (er tötet ihn) aus Versehen. In diesem Fall ist (als Sühne) ein gläubiger Sklave in Freiheit zu setzten und (außerdem) Wergeld (zu bezahlen), das seinen Angehörigen auszuhändigen ist – es sei denn, sie zeigen sich mildtätig. (wörtlich: sie geben (es als) Almosen, d.h. sie verzichten auf das Wergeld). Und wenn er (d.h. der Getötete) zu Leuten gehört, die euch feind sind, während er (seinerseits) gläubig ist, ist (als Sühne) ein Gläubiger Sklave in Freiheit zu setzten (ohne dass auch noch Wergeld bezahlt wird). Und wenn er Leuten zugehört, mit denen er in einem Vertragsverhältnis steht (ohne daß sie ihrerseits den Islam angenommen haben), ist Wergeld (zu bezahlen), das seinen Angehörigen auszuhändigen ist, und (außerdem) ein gläubiger Sklave in Freiheit zu setzten. Und wenn einer keine Möglichkeit findet (einen Sklaven in Freiheit zu setzten), hat er (dafür) zwei aufeinander folgende Monate zu fasten. (das ist) ein Gnadenakt (?) (wörtlich: Vergebung) von seiten Gottes. Gott weiß Bescheid und ist weise.

Sure 4, Vers 93

وَمَنْ يَقْتُلْ مُؤْمِنًا مُتَعَمِّدًا فَجَزَاؤُهُ جَهَنَّمُ خَالِدًا فِيهَا وَغَضِبَ اللَّهُ عَلَيْهِ وَلَعَنَهُ وَأَعَدَّ لَهُ عَذَابًا عَظِيمًا.

Und wenn einer einen Gläubigen vorsätzlich tötet, ist die Hölle sein Lohn, daß er (ewig) darin weile. Und Gott ist (?) zornig auf ihn und hat (?) ihn verflucht, und er hat (im Jenseits) eine gewaltige Strafe für ihn bereit.

Sure 7, Vers 33

قُلْ إِنَّمَا حَرَّمَ رَبِّيَ الْفَوَاحِشَ مَا ظَهَرَ مِنْهَا وَمَا بَطَنَ وَالْإِثْمَ وَالْبَغْيَ بِغَيْرِ الْحَقِّ
وَأَنْ تُشْرِكُوا بِاللَّهِ مَا لَمْ يُنَزِّلْ بِهِ سُلْطَانًا وَأَنْ تَقُولُوا عَلَى اللَّهِ مَا لَا تَعْلَمُونَ.

Sag: Mein Herr hat nur die abscheulichen Handlungen verboten, (gleichviel) was davon äußerlich sichtbar oder verborgen ist, ferner (w. und) die Sünde, und in unberechtigter Weise gewalttätig zu sein, und daß ihr (dem einen) Gott (andere Götter) beigestellt, wozu er keine Vollmacht herabgesandt hat, und daß ihr gegen Gott etwas aussagt, wovon ihr kein Wissen habt.

Sure 10,Vers 23

فَلَمَّا أَنْجَاهُمْ إِذَا هُمْ يَبْغُونَ فِي الْأَرْضِ بِغَيْرِ الْحَقِّ يَا أَيُّهَا النَّاسُ إِنَّمَا بَغْيُكُمْ عَلَىٰ أَنْفُسِكُمْ مَتَاعَ الْحَيَاةِ الدُّنْيَا ثُمَّ إِلَيْنَا مَرْجِعُكُمْ فَنُنَبِّئُكُمْ بِمَا كُنْتُمْ تَعْمَلُونَ.

Aber nachdem wir sie dann gerettet haben, haben sie nichts Eiligeres zu tun, als (überall) im Land in unberechtigter Weise Gewalttaten zu verüben. Ihr Menschen! Eure Gewalttätigkeit richtet sich gegen euch selber. (Was ihr genießt, ist nur) die Nutznießung des diesseitigen Lebens. Hierauf (wenn die euch gewährte Frist abgelaufen ist) werdet ihr (sterben und) zu uns zurückkehren. Und dann werden wir euch Kunde geben über das, was ihr (in eurem Erdenleben) getan habt.

geht jedoch unmissverständlich hervor, dass Er ihnen verbot, sich gegenseitig umzubringen und Verderben auf der Erde zu säen, d.h. sich gegenseitig Schaden zuzufügen. Diese axiomatische Grundaussage des Koran, die auch schon in der Hebräischen Bibel und in der Tora verankert ist,[42] wird als für alle Menschen, also auch für die Muslime, bindend angesehen.[43]

IV. Erstes Zwischenfazit

Als Zwischenfazit halten wir also zunächst einmal fest: Menschen dürfen dem Koran zufolge gegenüber anderen Menschen nur ausnahmsweise Gewalt anwenden, wenn es darum geht, sie für Gewalttätigkeit und Aggression zu bestrafen. Offenbar ist das also konzeptionell dem *telos* nach als abschre-

---

[42] Hierzu weiterführend MICHAEL HENKEL, Shalom – Der Friedensbegriff im antikeln Israel, in: INES-JACQUELINE WERKNER / ANTONIUS LIEDHEGENER (Hrsg.), Gerechter Krieg – gerechter Frieden: Religionen und friedensethische Legitimationen in aktuellen militärischen Konflikten, Wiesbaden 2009, 275f.; MICHAEL INGBER, Obligatory War, Optional War and Forbidden War – und der ersehnte Friede: Zur Lehre von Krieg und Frieden aus der Perspektive des Judentums, in: INES-JACQUELINE WERKNER / ANTONIUS LIEDHEGENER (Hrsg.), Gerechter Krieg – gerechter Frieden: Religionen und friedensethische Legitimationen in aktuellen militärischen Konflikten, Wiesbaden 2009, 252f.;

[43] Sure 5. Vers 32:

مِنْ أَجْلِ ذَٰلِكَ كَتَبْنَا عَلَىٰ بَنِي إِسْرَائِيلَ أَنَّهُ مَنْ قَتَلَ نَفْسًا بِغَيْرِ نَفْسٍ أَوْ فَسَادٍ فِي الْأَرْضِ فَكَأَنَّمَا قَتَلَ النَّاسَ جَمِيعًا وَمَنْ أَحْيَاهَا فَكَأَنَّمَا أَحْيَا النَّاسَ جَمِيعًا وَلَقَدْ جَاءَتْهُمْ رُسُلُنَا بِالْبَيِّنَاتِ ثُمَّ إِنَّ كَثِيرًا مِنْهُمْ بَعْدَ ذَٰلِكَ فِي الْأَرْضِ لَمُسْرِفُونَ.

Sure 2. Vers 178:

يَا أَيُّهَا الَّذِينَ آمَنُوا كُتِبَ عَلَيْكُمُ الْقِصَاصُ فِي الْقَتْلَى الْحُرُّ بِالْحُرِّ وَالْعَبْدُ بِالْعَبْدِ وَالْأُنْثَىٰ بِالْأُنْثَىٰ فَمَنْ عُفِيَ لَهُ مِنْ أَخِيهِ شَيْءٌ فَاتِّبَاعٌ بِالْمَعْرُوفِ وَأَدَاءٌ إِلَيْهِ بِإِحْسَانٍ ذَٰلِكَ تَخْفِيفٌ مِنْ رَبِّكُمْ وَرَحْمَةٌ فَمَنِ اعْتَدَىٰ بَعْدَ ذَٰلِكَ فَلَهُ عَذَابٌ أَلِيمٌ.

ckendes Mittel gedacht, um Gewalt zwischen Menschen zu verhindern oder wenigstens zu beschränken.[44]

V. *Ǧihād* (جهاد)

Gleichermaßen ist aber auch zu betonen, dass der koranische Gott von seinen Anhängern auch über die tägliche gottesdienstliche Handlung – das fünfmalige Gebet – hinaus den vorbehaltlosen Einsatz für den Glauben und die muslimische Gemeinschaft, die *umma*, verlangt. Dieser vorbehaltlose, uneingeschränkte Einsatz für den Islam, die »Hingabe an Gott«, bezeichnet man als *Ǧihād*, *i. e.* »Sich-Anstrengen auf dem Wege Gottes«. Und dieses »Sich-Anstrengen auf dem Wege Gottes« (*fī sabīl Allāh*)[45] beinhaltet im Koran und in der Sunna bei einer ersten Betrachtung durchaus auch den bewaffneten gewaltsamen Kampf.[46] Wie die empirische Vielfalt historischer wie auch zeitgenössischer Handlungsmuster belegt, kann der *Ǧihād* situativ unterschiedliche Formen annehmen und ist daher keineswegs ausschließlich kriegerisch zu deuten, wie dies in politisch motivierten Aufrufen von Potentaten in jüngster Zeit vorwiegend geschah. Die Gleichsetzung dieses Kampfes als (militärischer oder heiliger) »Krieg«, wofür es im Arabischen eine ganze Reihe anderer Ausdrücke wie *ḥarb, kifāḥ, niḍāl, qitāl* gibt, ist irreführend und widerspiegelt sich in der Übersetzung nur unscharf.[47] Vielmehr werden etwa auch Kampagnen gegen Unterentwicklung und Analphabetismus (*ǧihād at-tarbīya*), der Kampf für wirtschaftlichen Wachstum in Tunesien, ein Bauun-

---

[44] Harald Motzki, Ist Gewaltanwendung von Muslimen gegen Nichtmuslime religiös bedingt? Eine Studie zur klassischen ǧihād-Konzeption, in: Benjamin Jokisch / Ulrich Rebstock / Conrad I. Lawrence (Hrsg.), Fremde, Feinde und Kurioses: Innen- und Außenansichten unserer muslimischen Nachbarn (Studien zur Geschichte und Kultur des islamischen Orients: Beihefte zur Zeitschrift »Der Islam«, Neue Folge, Band 24), Berlin/ New York 2009, 423.

[45] Vgl. Gottfried Simon, Die Welt des Islam und ihre Berührung mit der Christenheit, Gütersloh 1948, 202f.; Bonner, Michael: Jihad in Islamic History: Doctrines and Practices, Princeton/ Oxford 2006, 2.

[46] Gudrun Krämer, Gewaltpotentiale im Islam, in: Reinhard Hempelmann / Johannes Kandel (Hrsg.), Religionen und Gewalt: Konflikt- und Friedenspotentiale in den Weltreligionen (Kirche – Konfession – Religion, Band 51), Göttingen 2006, 241. Siehe hierzu auch Hüseyin I. Cicek, Martyrium zwischen Gewalt und Gewaltfreiheit: Eine Kriteriologie im Blick auf Christentum, Islam und Politik (Beiträge zur mimetischen Theorie, Band 31), Wien/ Berlin 2011, 79

[47] Werner Ende, Schreckgespenst und reale Bedrohung: Der »Heilige Krieg« der Fundamentalisten (Kölner Juristische Gesellschaft, Band 20), Köln 1996, 25; Ebert, Hans-Georg: Kontinuität und Wandel im Verständnis des *ǧihād*, in: Dieter Bellmann (Hrsg.), Gedenkschrift Wolfgang Reuschel: Akten des III. Arabistischen Kolloquiums, Leipzig, 21.–22. November 1991, Stuttgart 1994, 39.

ternehmen der Hizbollah (arab. *Ḥizbu 'llāh*) im Libanon für die Instandsetzung kriegszerstörter Wohnhäuser und Infrastruktur (*ğihād al-binā'*) oder das Streben muslimischer Mystiker nach Selbstvervollkommung und Gottesnähe bzw. gegen eigene Verführungen (*ğihād an-nafs*) als *Ğihād* bezeichnet. Selbst die ägyptische Muslimbruderschaft sah in jüngster Vergangenheit ihre religiöse Propaganda, ihr karitatives Engagement als Form des *Ğihād*,[48] wobei der Terminus *ğihād* das religiöse Moment bereits konnotiert, so dass die Verbindung *ğihād muqqadas* (heiliger Ğihād) eine Tautologie darstellt.[49]

Jedenfalls offenbart hier der Koran – die primäre normative Quelle, aus der sich islamrechtliche Betrachtung speist – die Vielfältigkeit der Begrifflichkeiten zum Terminus *ğihād* (جهاد) und lässt auch dessen Wirkungsweise mehrdeutig erscheinen. Die islamische Jurisprudenz hat sich daher schon früh um Begriffsbestimmung bemüht. Rechtsgelehrte des Islamischen Rechtes unterschieden daher schon früh vier Wege für die Gläubigen, das Gebot des »Sich-Anstrengens auf dem Wege Gottes« zu erfüllen, nämlich mit dem Herzen, mit der Zunge, mit den Händen und – gleichermaßen als *ultima ratio* – mit dem Schwert.[50] Letzteres wird dabei als der Einsatz des Kampfes gegen Ungläubige und Feinde des Glaubens verstanden.[51] In den letzten Jahrzehnten meldeten sich jedoch einige muslimische Gelehrte wie der Sudanese Maḥmūd Muḥammad Ṭāhā (1909–1985), sein in den USA lebender Schüler ʿAbdullāhi Aḥmad an-Naʿīm (geb. 1950) sowie der Ägypter Muḥammad Saʾīd al-ʿAšmāwī (geb. 1932) zu Wort, die nur den mekkanischen Suren, also den früher offenbarten, eine überzeitliche Verbindlichkeit zugestehen. Im Allgemeinen darf man demnach festhalten, dass in den mekkanischen Suren eher von der Schöpfung Gottes *(i. e. Allāh)*, der Eschatologie und der Demut des Menschen die Rede ist als von konkreten Anweisungen

---

48 Vgl. RUDOLPH PETERS, Islam and Colonialism: The Doctrine of Jihad in Modern History, Den Haag 1979, 117–121. Hierzu STEPHAN ROSINY, Der jihad. Historische und zeitgenössische Formen islamisch legitimierter Gewalt, in: INES-JACQUELINE WERKNER / ANTONIUS LIEDHEGENER (Hrsg.), Gerechter Krieg – gerechter Frieden: Religionen und friedensethische Legitimationen in aktuellen militärischen Konflikten, Wiesbaden 2009, 226, 234.

49 HANS-GEORG EBERT, Kontinuität und Wandel im Verständnis des *ğihād*, in: DIETER BELLMANN (Hrsg.), Gedenkschrift Wolfgang Reuschel: Akten des III. Arabistischen Kolloquiums, Leipzig, 21.–22. November 1991, Stuttgart 1994, 40.

50 Vgl. MAJID KHADDURI, War and Peace in the Law of Islam, Baltimore 1955, 56; id.: The Islamic Law of nations. Shaybani's Siyar, Baltimore 1966; HANS-WERNER GENSICHEN, Weltreligionen und Weltfriede, Göttingen 1985, 85.

51 Vgl. KHADDURI, War and Peace in the Law of Islam, London 1955, 56f., mit Quellenangaben.

zum Verhalten in verschiedenen konkreten Situationen.[52] Demnach sei es allein durch die besonderen Umstände in Medina bestimmt worden, dass dem *Ǧihād*-Begriff eine kriegerische Note verliehen wurde.[53] Das dort entstandene junge islamische Gemeinwesen hat sich seiner Feinde erwehren müssen, weshalb man nach dieser Ansicht im militärischen *Ǧihād* allenfalls einen Verteidigungskrieg erkennen könnte. Letztlich kann aber die zur mekkanischen Zeit etablierte Grundbedeutung von *ǧihād* nur einer singulären historischen Situation wegen nicht grundlegend revidiert werden.[54]

1. Kleiner Ǧihād (الجهاد الاصغر)

Man bezeichnet die konkret kriegerischen Aktionen insbesondere mit dem Schwert auch als den »Kleinen *Ǧihād*«.[55] Eroberungskriege und die Unterwerfung fremder (ungläubiger) Völker galten daher als das legitime Mittel, in der die *umma* äußerem Druck und äußerer Bedrohung ausgesetzt war.[56] Angesichts dieses Bedeutungsspektrums ist der islamische Blickwinkel, die Unterscheidung zwischen Innen- und Außenperspektive, von Relevanz. Man

---

52 Ähnlich auch Bekir Alboğa, Islam als Religion des Friedens, in: Reinhard Hempelmann / Johannes Kandel (Hrsg.), Religionen und Gewalt: Konflikt und Friedenspotentiale in den Weltreligionen (Kirche – Konfession – Religion 51), Göttingen 2006, 230: »Die Koran-Stellen, die von gewaltsamen Auseinandersetzungen zwischen den Anhängern der verschiedenen Religionen berichten, stellen historische Berichte dar, die sich auf konkrete, historisch nachweisbare, punktuelle Ereignisse beziehen. Sie sind keine allgemeinen Prinzipien für die nachfolgende Zeit.«

53 So auch Michael Bonner, Jihad in Islamic History: Doctrines and Practices, Princeton/ Oxford 2006, 40f.

54 Mariella Ourghi, Der ǧihād: Verteidigung von Errungenschaften oder Kampfansage, in: Die Kontroverse zwischen Muḥammad Saʿīd Ramaḍān al-Būṭī und ʿAbd al-Malik al-Barrāk und ihre Hermeneutik, in: Tilman Seidensticker (Hrsg.), Zeitgenössische islamische Positionen zu Koexistenz und Gewalt, Wiesbaden: Harrassowitz 2011, 52.

55 Werner Ende, Schreckgespenst und reale Bedrohung: Der »Heilige Krieg« der Fundamentalisten (Kölner Juristische Gesellschaft, Band 20), Köln 1996, 26; Rudolph Peters, Jihad in Classical and Modern Islam: A Reader, Princeton 1995, 1; Rainer Glasgow, Die Dschihad-Tradition im Islam, in: Rainer Glasgow / Reinhard C. Meier-Walser, Einführung, in: Rainer Glasgow / Reinhard C. Meier-Walser (Hrsg.), Die islamische Herausforderung – eine kritische Bestandsaufnahme von Konfliktpotenzialen, München 2001, 46; Christine Schirrmacher, Der Islam über den Frieden, den Jihad und das Zusammenleben von Muslimen und Nichtmuslimen, in: Reinhard Hempelmann / Johannes Kandel (Hrsg.), Religionen und Gewalt: Konflikt- und Friedenspotentiale in den Weltreligionen (Kirche – Konfession – Religion, Band 51), Göttingen 2006, 269; Gisbert Gemein / Hartmut Redmer, Islamischer Fundamentalismus, Münster 2005, 223.

56 Georg Baudler, Gewalt in den Weltreligionen, Darmstadt 2005, 165.

unterscheidet nach traditionell-islamischem Recht seit der klassischen Zeit zwei Bereiche:[57]

(a) das Haus des Islam *(Dār al-Islām)* und

(b) das Haus des Krieges *(Dār al-Ḥārb)*.

Diese schematisch Einteilung findet sich allerdings weder im Koran noch in islamischen Überlieferungen. Sie ist eine Definition muslimischer Theologie, welche sich auf die im 11. Jahrhundert n. Chr. entwickelte Theorie des sunnitischen Rechtsgelehrten Māwardī (974–1058) zurückführen lässt.[58]

a) Dār al-Islām (دار الاسلام)

Das Haus des Islam ist der Bereich, in dem die Muslime gemäß ihren Vorschriften und Gesetzen (Scharia) leben. Es ist in der Regel der Bereich (gewesen), in dem ein islamischer Herrscher regiert – ein islamisches Staatswesen also.

b) Dār al-Ḥarb (دار الحرب)

Außerhalb des Hauses des Friedens steht konzeptionell das Haus des Krieges, in dem Chaos, Krieg und Unglaube herrschen. Hier ist der »Kleine *Ǧihād*« rechtsdogmatisch anzusiedeln.

c) Dār aṣ-Ṣulḥ (دار الصلح) *oder Dār al-ʿAhd* (دار العهد)

Doch diese *a-priori*-Scheidung der Menschheit in Freunde und Feinde ist nicht unwidersprochen geblieben.[59] Manche Rechtsgelehrten *(ʿulamāʾ)*, insbesondere der schafiitischen Rechtsschule, waren der Ansicht, man müsse neben dem *Dār al-Islām* und dem *Dār al-Ḥarb* noch eine dritte Kategorie in

---

57 Joseph Schacht, An Introduction to Islamic Law, Oxford/ New York 1982, 132; Adel Theodor Khoury, Krieg und Frieden im Islam, in: Adel Theodor Khoury / Ekkehardt Grundmann / Hans-Peter Müller, Krieg und Gewalt in den Weltreligionen: Fakten und Hintergründe, Freiburg/ Basel/ Wien 2003, 54; Hans-Georg Ebert, Kontinuität und Wandel im Verständnis des *ǧihād*, in: Dieter Bellmann (Hrsg.), Gedenkschrift Wolfgang Reuschel: Akten des III. Arabistischen Kolloquiums, Leipzig, 21.–22. November 1991, Stuttgart 1994, 40; Hermann Brandt, Neigt der Islam zu Gewalt?, in: Reinhard Hempelmann / Johannes Kandel (Hrsg.), Religionen und Gewalt: Konflikt- und Friedenspotentiale in den Weltreligionen (Kirche – Konfession – Religion, Band 51), Göttingen 2006, 254; Mathias Rohe, Das islamische Recht: Geschichte und Gegenwart, München 2009, 149.

58 Christine Schirrmacher, Der Islam über den Frieden, den Jihad und das Zusammenleben von Muslimen und Nichtmuslimen; in: Reinhard Hempelmann / Johannes Kandel (Hrsg.), Religionen und Gewalt: Konflikt- und Friedenspotentiale in den Weltreligionen (Kirche – Konfession – Religion, Band 51), Göttingen 2006, 267f.; Hans-Georg Ebert, Kontinuität und Wandel im Verständnis des *ǧihād*, in: Dieter Bellmann (Hrsg.), Gedenkschrift Wolfgang Reuschel: Akten des III. Arabistischen Kolloquiums, Leipzig, 21.–22. November 1991, Stuttgart 1994, 40.

59 Josef Hans, Dynamik und Dogma im Islam – zeitgemäße Randglossen zur Rechts-, Staats- und Sozialordnung, 2. Auflage, Leiden 1960, 96.

Betracht ziehen: das *Dār aṣ-Ṣulḥ* (Gebiet der Versöhnung) oder *Dār al-ʿAhd* (Gebiet des Vertrages).[60] Hierbei handelt es sich um ein »Haus des Friedens«, das unter nicht-islamischer Herrschaft steht und mit dem islamischen Gemeinwesen in einem vertraglich geregelten Verhältnis steht. Dieser Versuch, eine dritte neutrale (Friedens-)Zone anzuerkennen, scheiterte letztlich am Widerstand der hanafitischen Rechtsschule.[61] Auch das »Haus des Friedens« teilt mit dem »Haus des Krieges« ein unabänderliches Schicksal: Es wird, wenn der Islam stark genug ist, in das »Haus des Islam« eingegliedert.[62]

d) Dār al-Kufr (دار الكفر)

Von dieser Vorstellung der beiden »Häuser« aus wird das Verhältnis zu den Nicht-Muslimen, also aus islamischer Sicht: zu den Ungläubigen, bestimmt. Erforderlich ist, dass sich die Ungläubigen als Religionsgruppe den Muslimen mit dem Anspruch eigener Hoheit gegenüberstellen. Ein solcher Anspruch kann im Klassischen Islamischen Recht nicht akzeptiert werden; er führt zur Einordnung des von der betreffenden Religionsgruppe kontrollierten Gebietes als *Dār al-Ḥārb* bzw. *Dār al-Kufr* (Gebiet des Unglaubens), seine ungläubigen Bewohner werden als *ḥarbī* oder *ahl al-ḥarb* (Leute des Krieges) bezeichnet.

2. Zweites Zwischenfazit

Der Kriegszustand als (gewaltsame) Rechtsfolge weist allerdings nicht schlechthin auf das Vorhandensein eines anderen Glaubens hin[63] und Gewalt gegen Ungläubige lässt sich gleichsam nicht *per se* rechtfertigen, da die Frage, wer konkret als »Ungläubige« im Koran zu qualifizieren sind, nicht bestimmt oder bestimmbar ist.[64] Weder im Koran noch in der islamischen

---

[60] HANS-GEORG EBERT, Kontinuität und Wandel im Verständnis des *ǧihād*, in: DIETER BELLMANN (Hrsg.), Gedenkschrift Wolfgang Reuschel: Akten des III. Arabistischen Kolloquiums, Leipzig, 21.–22. November 1991, Stuttgart 1994, 40f.

[61] JOSEF HANS, Dynamik und Dogma im Islam – zeitgemäße Randglossen zur Rechts-, Staats- und Sozialordnung, 2. Auflage, Leiden 1960, 96.

[62] RAINER GLASGOW, Die Dschihad-Tradition im Islam, in: RAINER GLASGOW / REINHARD C. MEIER-WALSER, Einführung, in: RAINER GLASGOW / REINHARD C. MEIER-WALSER (Hrsg.), Die islamische Herausforderung – eine kritische Bestandsaufnahme von Konfliktpotenzialen, München 2001, 48f.; s. auch MATHIAS ROHE, Das islamische Recht: Geschichte und Gegenwart, München 2009, 149.

[63] DIETRICH F. R. POHL, Islam und Friedensvölkerrechtsordnung (Forschungen aus Staat und Recht, 84), Wien/ New York 1988, 67.

[64] Vergleiche hierzu folgende koranische Passagen:
Sure 2, Vers 191:
وَاقْتُلُوهُمْ حَيْثُ ثَقِفْتُمُوهُمْ وَأَخْرِجُوهُم مِّنْ حَيْثُ أَخْرَجُوكُمْ وَالْفِتْنَةُ أَشَدُّ مِنَ الْقَتْلِ وَلاَ تُقَاتِلُوهُمْ عِندَ الْمَسْجِدِ الْحَرَامِ
حَتَّى يُقَاتِلُوكُمْ فِيهِ فَإِن قَاتَلُوكُمْ فَاقْتُلُوهُمْ كَذَلِكَ جَزَاء **الْكَافِرِينَ**.

Theologie gibt es hierzu eine einheitliche und allgemein anerkannte Auffassung. Gleiches gilt hinsichtlich dessen, ob sich die Anweisungen auf die Zeitgenossen des Propheten Muḥammad beziehen oder auch diejenigen einschließt, an die heutzutage der Ruf des Islam ergangen ist. Gerade die im Koran erkennbare Entwicklung in der Haltung Muḥammads gegenüber Juden und Christen sowie die daraus resultierende Vielschichtigkeit der koranischen Anweisungen zum Umgang mit Andersgläubigen machen ihre abschließende Interpretation und die daraus zu ziehenden Folgerungen für die heutige Bewertung von Juden und Christen von Voraussetzungen abhängig, die im Text selbst nicht eindeutig zu finden sind.[65]

Der Koran zeichnet jedenfalls ein mehrschichtiges Bild von Christen, dem christlichen Glauben und ihrer Offenbarung. Diese sich auch in der islamischen Theologie widerspiegelnde Ambivalenz liegt in der Entwicklungsgeschichte zu Lebzeiten des Propheten Muḥammads begründet: Zu Beginn des Auftretens Muḥammads in Mekka ab ca. 610 n. Chr. standen die prinzipielle Anerkennung der Christen als Schrift- bzw. Buchbesitzer *(Ahl al-Kitāb)*,[66] das Lob ihrer Frömmigkeit,[67] ihres Glaubens an den einen Gott, den Schöpfer und Richter aller Menschen,[68] und die Akzeptanz ihrer Offenbarungsschrift, des Evangeliums *(Inǧīl)*, im Vordergrund. Nach der muslimischen Quellenlage rechnete Muḥammad damit, von den Juden als Prophet anerkannt und legitimiert zu werden. Diese Hoffnung erfüllte sich jedoch nicht. Die Enttäuschung führte zur Entfremdung und schließlich in Medina

---

Sure 2, Vers 171:
وَمَثَلُ الَّذِينَ **كَفَرُواْ** كَمَثَلِ الَّذِي يَنْعِقُ بِمَا لاَ يَسْمَعُ إِلاَّ دُعَاء وَنِدَاء صُمٌّ بُكْمٌ عُمْيٌ فَهُمْ لاَ يَعْقِلُونَ.
Sure 4, Vers 89:
وَدُّواْ لَوْ **تَكْفُرُونَ** كَمَا كَفَرُواْ فَتَكُونُونَ سَوَاء فَلاَ تَتَّخِذُواْ مِنْهُمْ أَوْلِيَاء حَتَّىَ يُهَاجِرُواْ فِي سَبِيلِ اللّهِ فَإِن تَوَلَّوْاْ فَخُذُوهُمْ وَاقْتُلُوهُمْ حَيْثُ وَجَدتَّمُوهُمْ وَلاَ تَتَّخِذُواْ مِنْهُمْ وَلِيًّا وَلاَ نَصِيرًا.
Sure 98, Vers 6:
إِنَّ الَّذِينَ **كَفَرُوا** مِنْ أَهْلِ الْكِتَابِ وَالْمُشْرِكِينَ فِي نَارِ جَهَنَّمَ خَالِدِينَ فِيهَا أُوْلَئِكَ هُمْ شَرُّ الْبَرِيَّةِ.

65 CHRISTINE SCHIRRMACHER, Christen im Urteil von Muslimen – Kritische Positionen aus der Frühzeit des Islam und aus der Sicht heutiger Theologen, in: URSULA SPULER-STEGEMANN (Hrsg.), Feindbild Christentum im Islam – Eine Bestandsaufnahme, Bonn 2006, 24.

66 Sure 3, Vers 199:
وَإِنَّ مِنْ **أَهْلِ الْكِتَابِ** لَمَن يُؤْمِنُ بِاللّهِ وَمَا أُنزِلَ إِلَيْكُمْ وَمَآ أُنزِلَ إِلَيْهِمْ خَاشِعِينَ لِلّهِ لاَ يَشْتَرُونَ بِآيَاتِ اللّهِ ثَمَنًا قَلِيلاً أُوْلَئِكَ لَهُمْ أَجْرُهُمْ عِندَ رَبِّهِمْ إِنَّ اللّهَ سَرِيعُ الْحِسَابِ.

67 Sure 5, Vers 82:
لَتَجِدَنَّ أَشَدَّ النَّاسِ عَدَاوَةً لِّلَّذِينَ آمَنُواْ الْيَهُودَ وَالَّذِينَ أَشْرَكُواْ وَلَتَجِدَنَّ أَقْرَبَهُمْ مَّوَدَّةً لِّلَّذِينَ آمَنُواْ الَّذِينَ قَالُوَاْ إِنَّا نَصَارَى ذَلِكَ بِأَنَّ مِنْهُمْ قِسِّيسِينَ وَرُهْبَانًا وَأَنَّهُمْ لاَ يَسْتَكْبِرُونَ

68 Sure 3, Vers 110:
لَتَجِدَنَّ أَشَدَّ النَّاسِ عَدَاوَةً لِّلَّذِينَ آمَنُواْ الْيَهُودَ وَالَّذِينَ أَشْرَكُواْ وَلَتَجِدَنَّ أَقْرَبَهُمْ مَّوَدَّةً لِّلَّذِينَ آمَنُواْ الَّذِينَ قَالُوَاْ إِنَّا نَصَارَى ذَلِكَ بِأَنَّ مِنْهُمْ قِسِّيسِينَ وَرُهْبَانًا وَأَنَّهُمْ لاَ يَسْتَكْبِرُونَ.

ab ca. 622 n. Chr. zum Konflikt. Dadurch, dass die Christen auf Offenbarungsinhalte wie Trinität, Kreuzigung und Gottessohnschaft Jesu beharrten, urteilte Muḥammad, dass die Christen hinsichtlich eben jener Offenbarungsinhalte im Irrtum seien.[69] In dieser späteren medinensischen Phase mehren sich Koranverse, die sich gegen Christen und ihren Glauben abgrenzen, vor einer zu engen Verbindung warnen[70] und den »Unglauben« der Christen[71] verurteilen. Entschiedener als zuvor deutete Muḥammad den Islam als Erneuerung der monotheistischen Religion Abrahams und wertete das Juden- wie das Christentum als spätere und zudem verfälschende Version der ursprünglich-reinen Offenbarungsreligion ab.[72]

Der Krieg als Instrument zur gewaltsamen Durchsetzung von Zielen kann demzufolge im Falle des Islam weder voll und ganz von seinem religiösen noch von seinem politischen Hintergrund gelöst werden. Die Ambivalenz des Begriffs *Ǧihād* [73] macht ihn offensichtlich bis heute anfällig für politische Instrumentalisierung.[74] Der unter dem Gewaltaspekt einschlägige

---

[69] Sure 2, Vers 116:
وَقَالُواْ اتَّخَذَ اللّهُ وَلَدًا سُبْحَانَهُ بَل لَّهُ مَا فِي السَّمَاوَاتِ وَالأَرْضِ كُلٌّ لَّهُ قَانِتُونَ.
Sure 5, Verse 72–73:
لَقَدْ كَفَرَ الَّذِينَ قَالُواْ إِنَّ اللّهَ هُوَ الْمَسِيحُ ابْنُ مَرْيَمَ وَقَالَ الْمَسِيحُ يَا بَنِي إِسْرَائِيلَ اعْبُدُواْ اللّهَ رَبِّي وَرَبَّكُمْ إِنَّهُ مَن يُشْرِكْ بِاللّهِ فَقَدْ حَرَّمَ اللّهُ عَلَيهِ الْجَنَّةَ وَمَأْوَاهُ النَّارُ وَمَا لِلظَّالِمِينَ مِنْ أَنصَارٍ.
لَّقَدْ كَفَرَ الَّذِينَ قَالُواْ إِنَّ اللّهَ ثَالِثُ ثَلاَثَةٍ وَمَا مِنْ إِلَهٍ إِلاَّ إِلَهٌ وَاحِدٌ وَإِن لَّمْ يَنتَهُواْ عَمَّا يَقُولُونَ لَيَمَسَّنَّ الَّذِينَ كَفَرُواْ مِنْهُمْ عَذَابٌ أَلِيمٌ.
Sure 4, Verse 157–159:
وَقَوْلِهِمْ إِنَّا قَتَلْنَا الْمَسِيحَ عِيسَى ابْنَ مَرْيَمَ رَسُولَ اللّهِ وَمَا قَتَلُوهُ وَمَا صَلَبُوهُ وَلَكِن شُبِّهَ لَهُمْ وَإِنَّ الَّذِينَ اخْتَلَفُواْ فِيهِ لَفِي شَكٍّ مِّنْهُ مَا لَهُم بِهِ مِنْ عِلْمٍ إِلاَّ اتِّبَاعَ الظَّنِّ وَمَا قَتَلُوهُ يَقِينًا.
بَل رَّفَعَهُ اللّهُ إِلَيْهِ وَكَانَ اللّهُ عَزِيزًا حَكِيمًا.
وَإِن مِّنْ أَهْلِ الْكِتَابِ إِلاَّ لَيُؤْمِنَنَّ بِهِ قَبْلَ مَوْتِهِ وَيَوْمَ الْقِيَامَةِ يَكُونُ عَلَيْهِمْ شَهِيدًا.

[70] Sure 5, Vers 51:
يَا أَيُّهَا الَّذِينَ آمَنُواْ لاَ تَتَّخِذُواْ الْيَهُودَ وَالنَّصَارَى أَوْلِيَاء بَعْضُهُمْ أَوْلِيَاء بَعْضٍ وَمَن يَتَوَلَّهُم مِّنكُمْ فَإِنَّهُ مِنْهُمْ إِنَّ اللّهَ لاَ يَهْدِي الْقَوْمَ الظَّالِمِينَ.

[71] Sure 98, Vers 6:
إِنَّ الَّذِينَ كَفَرُوا مِنْ أَهْلِ الْكِتَابِ وَالْمُشْرِكِينَ فِي نَارِ جَهَنَّمَ خَالِدِينَ فِيهَا أُوْلَئِكَ هُمْ شَرُّ الْبَرِيَّةِ.

[72] Hierzu CHRISTINE SCHIRRMACHER, Christen im Urteil von Muslimen – Kritische Positionen aus der Frühzeit des Islam und aus der Sicht heutiger Theologen, in: URSULA SPULER-STEGEMANN (Hrsg.), Feindbild Christentum im Islam – Eine Bestandsaufnahme, Bonn 2006, 2f.; Krämer, Gudrun: Geschichte des Islam, München 2005, 23.

[73] Vgl. ULRICH SCHNECKENER, Al-Qaida – Terror im Namen Gottes? Religion und transnationaler Terrorismus, in: REINHARD HEMPELMANN / JOHANNES KANDEL (Hrsg.), Religionen und Gewalt: Konflikt- und Friedenspotentiale in den Weltreligionen (Kirche – Konfession – Religion, Band 51), Göttingen 2006, 94f.

[74] GISBERT GEMEIN / HARTMUT REDMER, Islamischer Fundamentalismus, Münster 2005, 223.

Terminus des sog. Kleinen *Ğihād* ist sowohl Mittel der Religion als auch Werkzeug des islamischen Staates.[75] Er ist Bestandteil der Scharia und der islamischen Pflichtenlehre.[76] Er ist allerdings Kollektivpflicht (*farḍ 'alā al-kifāya*)[77] und nicht Individualpflicht, d.h. dass die Individuen dieser Pflicht entbunden sind, wenn der Staat für sie diese Pflicht wahrnimmt. Diese reine Kollektivpflicht bedeutet, dass er nicht an sich lobenswert ist, sondern nur des mit ihm verknüpften Ziels wegen, der »Erhöhung des Wortes Gottes«. Wenn dieses Ziel mit anderen Mitteln erreicht werden kann oder wenn es im Interesse der Muslime liegt, keinen Krieg zu führen, so kann man auf den »Kleinen *Ğihād*« verzichten.[78]

VI. Das Gewaltkonzept im Islam kontrastiv betrachtet

1. Allgemeines

Wie ist aber nun die Frage nach der Gewalt im Islam zu beantworten, wenn man seine Geschichte bis in die Gegenwart in den Blick nimmt? Hermann Brandt[79] beantwortet diese Frage, indem er darauf verweist, dass man – von der archaischen Institution des Heiligen Krieges im Alten Testament her – ebenso von einer ursprünglichen Neigung zur Gewalt im Judentum sprechen

---

[75] RAINER GLASGOW, Die Dschihad-Tradition im Islam, in: RAINER GLASGOW / REINHARD C. MEIER-WALSER, Einführung, in: RAINER GLASGOW / REINHARD C. MEIER-WALSER (Hrsg.), Die islamische Herausforderung – eine kritische Bestandsaufnahme von Konfliktpotenzialen, München 2001, 47.

[76] HANS-GEORG EBERT, Kontinuität und Wandel im Verständnis des *ğihād*, in: DIETER BELLMANN (Hrsg.), Gedenkschrift Wolfgang Reuschel: Akten des III. Arabistischen Kolloquiums, Leipzig, 21.-22. November 1991, Stuttgart 1994, 39; RAINER GLASGOW, Die Dschihad-Tradition im Islam, in: RAINER GLASGOW / REINHARD C. MEIER-WALSER, Ein-führung, in: RAINER GLASGOW / REINHARD C. MEIER-WALSER (Hrsg.), Die islamische Her-ausforderung – eine kritische Bestandsaufnahme von Konfliktpotenzialen, München 2001, 49.

[77] Weiterführend hierzu RUDOLPH PETERS, Jihad in Classical and Modern Islam: A Reader, Princeton 1995, 4; vgl. auch DIETRICH F. R. POHL, Islam und Friedensvölkerrechtsordnung (Forschungen aus Staat und Recht, 84), Wien/ New York 1988, 65; ISAM KAMEL SALEM, Islam und Völkerrecht: Das Völkerrecht in der islamischen Weltanschauung, Berlin 1984, 105.

[78] BABER JOHANSEN, Staat, Recht und Religion im sunnitischen Islam. Können Muslime einen religionsneutralen Staat akzeptieren?, in: BABER JOHANSEN (Hrsg.), Contingency in a Sacred Law: Legal and Ethical Norms in the Muslim Fiqh (Studies in Islamic Law and Society, 7), Leiden 1999, 272f.

[79] HERMANN BRANDT, Neigt der Islam zu Gewalt?, in: REINHARD HEMPELMANN / JOHANNES KANDEL (Hrsg.), Religionen und Gewalt: Konflikt- und Friedenspotentiale in den Weltreligionen (Kirche – Konfession – Religion, Band 51), Göttingen 2006, 253.

könne, dann aber auch deren »Korrektur« etwa beim Propheten Sacharja zu berücksichtigen habe:

Sacharja 4:6

וַיַּעַן וַיֹּאמֶר אֵלַי, לֵאמֹר, זֶה דְּבַר-יְהוָה, אֶל-זְרֻבָּבֶל לֵאמֹר: **לֹא בְחַיִל, וְלֹא בְכֹחַ--כִּי אִם-בְּרוּחִי**, אָמַר יְהוָה צְבָאוֹת

> Da antwortete er und sprach zu mir: Dies ist das Wort des Herrn an Serubbabel: Nicht durch Macht und nicht durch Kraft, sondern durch meinen Geist, spricht der Herr der Heerscharen.

Nahezu umgekehrt erscheint die Entwicklung im Christentum: Ursprünglich die Religion der Liebe und Gewaltlosigkeit (Bergpredigt; Gewalt blieb allein Gott vorbehalten) wurde »das« Christentum durch die Verstaatlichung für lange Zeit zum religiösen Instrument.[80] Mit der Ausprägung und Expansion des Christentums als Staatsreligion, wie sie sich seit Kaiser Konstantin vollzog, wurde Gewalt durch die kaiserlichen und päpstlichen Institutionen zum Signum des Heiligen. Wie im alten Ägypten, wie in Assur und Babylon, wurde die Welteroberung das Ziel, das zu erreichen die Aufgabe der »heiligen Gewalt« war.[81] Und wiederum anders gestaltet sich der Entwicklungsprozess im Islam: Der Prophet und die von ihm geführte medinensische Gemeinde verkörpern ein – für den sunnitischen Islam der klassischen Gemeinde – nie wieder erreichbares Ziel des politisch-religiösen Gemeinwesens. Der Prophet und seine Gemeinde leben in einer »theonomen Situation«.[82] Nur in dieser theonomen Situation, nie vorher und nie nachher, sind für den sunnitischen Islam Religion, Politik und Offenbarung wirklich eins. Die Politik ist Verwirklichung der Offenbarung und Gott greift durch wörtliche Offenbarung unmittelbar in politische und rechtliche Entscheidungen ein. Das Recht besteht also zu dieser Zeit nicht aus feststehenden Regeln, sondern aus der Praxis des Propheten und seiner Gemeinde, die von der Offenbarung geleitet wird.[83]

---

80 HERMANN BRANDT, Neigt der Islam zu Gewalt?, in: Hempelmann, Reinhard / Kandel, Johannes (Hrsg.), Religionen und Gewalt: Konflikt- und Friedenspotentiale in den Weltreligionen (Kirche – Konfession – Religion, Band 51), Göttingen 2006, 253.

81 GEORG BAUDLER, Gewalt in den Weltreligionen, Darmstadt 2005, 193.

82 WALTHER BRAUNE, Der islamische Orient zwischen Vergangenheit und Zukunft, Bern/ München 1960.

83 BABER JOHANSEN, Staat, Recht und Religion im sunnitischen Islam. Können Muslime einen religionsneutralen Staat akzeptieren?, in: BABER JOHANSEN (Hrsg.), Contingency in a Sacred Law: Legal and Ethical Norms in the Muslim Fiqh (Studies in Islamic Law and Society, 7), Leiden 1999, 266.

2. Fazit

Es besteht aus heutiger Sicht kein Zweifel daran, dass die frühe muslimische Gemeinde eine mit militärischen Mitteln gewaltsame Eroberungsgemeinschaft war, die den Islam »mit Feuer und Schwert« verbreitete – jedoch im Sinne der Eroberung von Territorium und der Menschen, die auf diesem Territorium lebten. Dies geschah nicht im Sinne der Zwangsbekehrung dieser auf dem Territorium lebenden Menschen; denn nach dem unumstritten in Sure 2, Vers 256 statuierten Grundsatz gibt es keinen Zwang in der Religion. Der rechte Weg ist klar erkennbar geworden. Wer nun nicht an die falschen Götter, sondern an den einzigen Gott glaubt, der hat gewiss den sichersten Halt, bei dem es kein Zerreißen gibt. Und Gott hört und weiß alles.[84]

Sure 2, Vers 256

لَا إِكْرَاهَ فِي الدِّينِ قَدْ تَبَيَّنَ الرُّشْدُ مِنَ الْغَيِّ فَمَنْ يَكْفُرْ بِالطَّاغُوتِ
وَيُؤْمِنْ بِاللَّهِ فَقَدِ اسْتَمْسَكَ بِالْعُرْوَةِ الْوُثْقَىٰ لَا انْفِصَامَ لَهَا وَاللَّهُ سَمِيعٌ عَلِيمٌ

> **In der Religion gibt es keinen Zwang** (d.h. man kann niemals zum (rechten) Glauben zwingen). Der rechte Weg (des Glaubens) ist der Verirrung (des heidnischen Glaubens deutlich abhebt).Wer nun an die Götzen nicht glaubt, an Gott aber glaubt, der hält sich (damit) an der festen Handhabe, bei der es kein Reißen gibt. Und Gott hört und weiß (alles).

Die gewaltsame Ausbreitung des Islam beinhaltete vor diesem dogmatischen Hintergrund die territorial-poltische Ausdehnung der Herrschaft des Islam und nicht die gewaltsame Ausbreitung des Islam als Religion. Historisch lässt sich diese konzeptionelle Trennung nachweisen.[85] Es gilt bei der Vielzahl der Meinungen, der Vielstimmigkeit zur koranischen Botschaft und den unterschiedlichsten Interpretationsansätzen stets zu beachten, dass Koran und Sunna eine ursprüngliche Bedeutung innewohnt. Die Primärquelle Koran und die tradierten Überlieferungen Sunna antworten auf Herausforderungen und Fragen der Muslime in Mekka und Medina des ersten Drittels des 7. Jahrhunderts. Dies sind die beiden maßgeblichen Bezugsrahmen, in denen die ursprüngliche Bedeutung der Texte zu sehen ist. Verkürzt zitiert und aus dem textlichen wie historischen Zusammenhang gerissen, bieten

---

[84] BEKIR ALBOĞA, Islam als Religion des Friedens, in: REINHARD HEMPELMANN / JOHANNES KANDEL (Hrsg.), Religionen und Gewalt: Konflikt- und Friedenspotentiale in den Weltreligionen (Kirche – Konfession – Religion, Band 51), Göttingen 2006, 231.

[85] GUDRUN KRÄMER, Gewaltpotentiale im Islam, in: REINHARD HEMPELMANN / JOHANNES KANDEL (Hrsg.), Religionen und Gewalt: Konflikt- und Friedenspotentiale in den Weltreligionen (Kirche – Konfession – Religion, Band 51), Göttingen 2006, 242.

Suren, in denen sich die Konflikte mit den mekkanischen Gegnern spiegeln, eine Fundgrube für die jeweilige Bedarfsargumentation des Islam als Friedens- bzw. Kriegsreligion. Dieser Instrumentalisierung des Koran, wie sie auch der Bibel widerfuhr, entspricht der gegenseitige Kenntnisstand der an Disputen beteiligten Parteien: Nicht-Muslime kennen oft nur die Aussage des Koran über Krieg, Gewaltanwendung und Andersgläubige; Muslime hingegen fühlten sich zumeist durch diese Betonung von Gewalt und Aggression verletzt, weil doch Friede und Barmherzigkeit weit häufiger als Kampf und Krieg im Koran verortet seien.[86]

Liest man also die Texte in diesem Zusammenhang, ist dieser historische Kontext unübersehbar. Der gewaltsame sog. Kleine *Ǧihād* zu Lebzeiten Muḥammads richtete sich gegen heidnische, jüdische und christliche Gemeinschaften auf der Arabischen Halbinsel. Diese standen in weiten Teilen spätestens ab der medinensischen Zeit der neuen Religionsgemeinschaft der Muslime aus politischen und theologischen Gründen skeptisch, wenn nicht gar feindselig, gegenüber. Texte, die das »Kämpfen für Gott« *(i. e. Allāh)* thematisieren, richten sich gegen diese Feinde, nicht gegen Nicht-Muslime oder »Ungläubige« im Allgemeinen, ganz zu schweigen von den *Ahl al-Kitāb.* All diejenigen, die diese Texte aus dem historischen Kontext reißen und als universellen religiösen Aufruf zur Gewaltanwendung gegen Nicht-Muslime interpretieren, missbrauchen die religiösen Texte für ideologische und politische Zwecke.[87]

Der *Ǧihād* als physische Gewalt (*qūwa*) ist keine essenzialistische Konstante des Islam[88], die eine besondere Militanz von Muslimen gegenüber »Ungläubigen«, Andersgläubigen und anders denkenden Muslimen erklären könnte. Im Umgang mit unterschiedlichsten Ansichten ist der jeweilige so-

---

86 Gisbert Gemein / Hartmut Redmer, Islamischer Fundamentalismus, Münster 2005, 207.

87 Harald Motzki, Ist Gewaltanwendung von Muslimen gegen Nichtmuslime religiös bedingt? Eine Studie zur klassischen ǧihād-Konzeption, in: Benjamin Jokisch / Ulrich Rebstock / Conrad I. Lawrence (Hrsg.), Fremde, Feinde und Kurioses: Innen- und Außenansichten unserer muslimischen Nachbarn (Studien zur Geschichte und Kultur des islamischen Orients: Beihefte zur Zeitschrift »Der Islam«, Neue Folge, Band 24), Berlin/ New York 2009, 421; ähnlich auch Adel Theodor Khoury, Krieg und Gewalt im Islam, in: Adel Theodor Khoury / Ekkehard Grundemann / Hans-Peter Müller (Hrsg.), Krieg und Gewalt in den Weltreligionen – Fakten und Hintergründe, Freiburg/ Basel/ Wien 2003, 61.

88 Stephan Rosiny, Der *jihad.* Historische und zeitgenössische Formen islamisch legitimierter Gewalt, in: Ines-Jacqueline Werkner / Antonius Liedhegener (Hrsg.), Gerechter Krieg – gerechter Frieden: Religionen und friedensethische Legitimationen in aktuellen militärischen Konflikten, Wiesbaden 2009, 242.

zio-politische Kontext stets auf den islamrechtlichen Prüfstand zu stellen. Vor diesem Hintergrund stellt heutzutage physische Gewalt im Sinne von *qūwa* eben nicht einen legitimen *Ǧihād* dar, sondern ist sie nahezu in allen Fällen rechtsdogmatisch als eine verbotene Gewalttätigkeit *(ʿunf)* zu qualifizieren. *ʿUnf* liegt nämlich immer dann vor, wenn sich Gewaltgebrauch nicht im Rahmen der Regelungen der Moral, der Scharia oder des von Menschen gemachten Gesetzes *(qānūn)* bewegt. Ebenso ist der Gebrauch von Gewalt nach Yūsuf al-Qaraḍāwī (geb. 1926) überall dort *ʿunf*, wo diese »nicht am Platze ist«. Dies ist dann der Fall, wenn ein Ziel mit anderen als gewaltsamen Mitteln erreicht werden könnte, beispielsweise mit *daʾwa*, argumentativer Überzeugungsarbeit, und freundlich geführtem Dialog. Darüber hinaus liegt Terrorismus vor, wenn man *ʿunf* an Unbeteiligten, insbesondere Zivilisten, übt, zu denen man persönlich nicht in einem Verhältnis der Gegnerschaft steht, die man vielmehr lediglich in der Absicht tötet, Angst und Schrecken zu verbreiten und dadurch die Regierung eines Landes zu destabilisieren oder zur Erfüllung bestimmter Forderungen zu erpressen. Solche Gewaltakte sind nach Islamischem Recht grundsätzlich verboten, selbst wenn sie um einer für gerecht gehaltenen Sache willen unternommen werden.[89]

Bibliographie:

Abū al-ʿAynayn Badrān, *Uṣūl al-fiqh* (اصول الفقه), Alexandria 1385/1965.

Alboğa, Bekir, Islam als Religion des Friedens, in: Hempelmann, Reinhard / Kandel, Johannes (Hgg.), *Religionen und Gewalt: Konflikt- und Friedenspotentiale in den Weltreligionen (Kirche - Konfession - Religion,* Band 51), Göttingen 2006, 229-237.

Baudler, Georg, *Gewalt in den Weltreligionen*, Darmstadt 2005.

Bettenworth, Anja / Funke, Andreas / Lecke, Mirja / von Stosch, Klaus, Einleitung, in: Bettenworth, Anja / Funke, Andreas / Lecke, Mirja / von Stosch, Klaus (Hgg.), *Herausforderung Islam*, Paderborn/München/Wien/Zürich 2011, 9f.

Bielefeldt, Heinder, D*as Islambild in Deutschland: Zum öffentlichen Umgang mit der Angst vor dem Islam*, Deutsches Institut für Menschenrechte, Berlin 2007.

Bonner, Michael, *Jihad in Islamic History: Doctrines and Practices*, Princeton/ Oxford 2006.

Brandt, Hermann, Neigt der Islam zu Gewalt?, in: Hempelmann, Reinhard / Kandel, Johannes (Hgg.), *Religionen und Gewalt: Konflikt- und Friedenspotentiale in den*

89 Yūsuf ʿAbd Allāh al-Qaraḍāwī (يوسف عبد الله القرضاوي): الإسلام والعنف نظرات تأصيلية *(al-Islām wa-l-ʿunf naẓarāt taʾṣīliyya)*, Kairo 2005, 27–30; Rotraud Wielandt, Argumentationen islamistischer Autoren gegen extrem-islamistische Gewaltbereitschaft, in: Tilmann Seidensticker (Hrsg.): Zeitgenössische islamische Positionen zur Koexistenz und Gewalt, Wiesbaden 2011, 159f.

Weltreligionen (Kirche - Konfession - Religion, Band 51), Göttingen 2006, 249-257.

BRAUNE, WALTHER, *Der islamische Orient zwischen Vergangenheit und Zukunft*, Bern/München 1960.

CICEK, HÜSEYIN I., *Martyrium zwischen Gewalt und Gewaltfreiheit: Eine Kriteriologie im Blick auf Christentum, Islam und Politik* (Beiträge zur mimetischen Theorie, Band 31), Wien/ Berlin 2011.

EBERT, HANS-GEORG, Kontinuität und Wandel im Verständnis des *ǧihād*, in: Bellmann, Dieter (Hg.), *Gedenkschrift Wolfgang Reuschel: Akten des III. Arabistischen Kolloquiums, Leipzig, 21.-22. November 1991*, Stuttgart 1994, 39-47.

ELLIESIE, HATEM, Vorwort, in: HATEM ELLIESIE (Hg./Ed.), *Islam und Menschenrechte / Islam and Human Rights / الإسلام وحقوق الإنسان*, Frankfurt a. M./ New York et al. 2010, 23-26.

HATEM ELLIESIE, *Binnenpluralität des Islamischen Rechts: Diversität religiöser Normativität rechtsdogmatisch und -methodisch betrachtet*, Berlin 2014 (Working Paper Nr. 66 des Sonderforschungsbereichs 700 »Governance in Räumen begrenzter Staatlichkeit«).

ENDE, WERNER, *Schreckgespenst und reale Bedrohung: Der »Heilige Krieg« der Fundamentalisten* (Kölner Juristische Gesellschaft, Band 20), Köln 1996.

GARDET, LOUIS, *Islam*, Köln 1968.

GEMEIN, GISBERT / REDMER, HARTMUT, *Islamischer Fundamentalismus*, Münster 2005.

GENSICHEN, HANS-WERNER, *Weltreligionen und Weltfriede*, Göttingen 1985.

GLASGOW, RAINER / MEIER-WALSER, REINHARD C., Einführung, in: GLASGOW, RAINER / MEIER-WALSER, REINHARD C. (Hgg.), *Die islamische Herausforderung - eine kritische Bestandsaufnahme von Konfliktpotenzialen*, München 2001, 5-8.

GLASGOW, RAINER, Die Dschihad-Tradition im Islam, in: GLASGOW, RAINER / MEIER-WALSER, REINHARD C.: Einführung, in: GLASGOW, RAINER / MEIER-WALSER, REINHARD C. (Hgg.), *Die islamische Herausforderung - eine kritische Bestandsaufnahme von Konfliktpotenzialen*, München 2001, 37-66.

HANS, JOSEF, *Dynamik und Dogma im Islam - zeitgemäße Randglossen zur Rechts-, Staats- und Sozialordnung*, 2. Auflage, Leiden 1960.

HEFNY, ASSEM, Hermeneutik, Koraninterpretation und Menschenrechte, in: HATEM ELLIESIE (Hg./ Ed.), *Islam und Menschenrechte / Islam and Human Rights / الإسلام وحقوق الإنسان*, Frankfurt a. M. / New York et al. 2010, 73

HENKEL, MICHAEL, Shalom - Der Friedensbegriff im antikeln Israel, in: INES-JACQUELINE WERKNER / ANTONIUS LIEDHEGENER (Hgg.), *Gerechter Krieg - gerechter Frieden: Religionen und friedensethische Legitimationen in aktuellen militärischen Konflikten*, Wiesbaden 2009, 271-293.

ḤUSAYN ḤĀMI ḤASSĀN (حسين حامد حسان), *Al-Madḫal li-dirāsat al-fiqh al-islāmī* (المدخل لدراسة الفقه الإسلامي), Kairo 1972.

INGBER, MICHAEL, *Obligatory War, Optional War and Forbidden War* - und der ersehnte Friede: Zur Lehre von Krieg und Frieden aus der Perspektive des Judentums, in: INES-JACQUELINE WERKNER / ANTONIUS LIEDHEGENER (Hgg.), *Gerechter Krieg - gerechter Frieden: Religionen und friedensethische Legitimationen in aktuellen militärischen Konflikten*, Wiesbaden 2009, 245-269.

JOHANSEN, BABER, Staat, Recht und Religion im sunnitischen Islam. Können Muslime einen religionsneutralen Staat akzeptieren?, in: BABER JOHANSEN, *Contingency in a Sacred Law: Legal and Ethical Norms in the Muslim Fiqh* (Studies in Islamic Law and Society, 7), Leiden 1999, 263–313.

JOKISCH, BENJAMIN / REBSTOCK, ULRICH / LAWRENCE, CONRAD I. (Hgg.), *Fremde, Feinde und Kurioses: Innen- und Außenansichten unserer muslimischen Nachbarn* (Studien zur Geschichte und Kultur des islamischen Orients: Beihefte zur Zeitschrift »Der Islam«, Neue Folge, Band 24), Berlin/ New York 2009.

KAMALI, MOHAMMAD HASHIM, *Principles of Islamic Jurisprudence*, überarb. Aufl., Cambridge 1991.

KHADDURI, MAJID, *War and Peace in the Law of Islam*, Baltimore 1955.

KHADDURI, MAJID, *The Islamic Law of nations. Shaybani's Siyar*, Baltimore 1966.

KHOURY, ADEL THEODOR, Krieg und Frieden im Islam, in: KHOURY, ADEL THEODOR / GRUNDMANN, EKKEHARDT / MÜLLER, HANS-PETER, *Krieg und Gewalt in den Weltreligionen: Fakten und Hintergründe*, Freiburg/ Basel/ Wien 2003, 45–65.

KIRSTE, REINHARD, Ausführliche Besprechung zu: TILMANN SEIDENSTICKER (Hg.): Zeitgenössische islamische Positionen zur Koexistenz und Gewalt, Wiesbaden 2011, 1, auf: *Die überkonfessionelle Plattform für Religionspädagogik und Religionsunterricht*, www.rpi-virtuell.net/ workspace/CFF7AB46-2FDA-475C-A6C7-3F92D3174C51/Rezensionen/Rz-Seidensticker-isl-Gewalt.pdf (zuletzt aufgerufen am 31.Januar 2013).

KRÄMER, GUDRUN, *Geschichte des Islam*, München 2005.

KRÄMER, GUDRUN, Gewaltpotentiale im Islam, in: HEMPELMANN, REINHARD / KANDEL, JOHANNES (Hgg.), *Religionen und Gewalt: Konflikt- und Friedenspotentiale in den Weltreligionen (Kirche - Konfession - Religion*, Band 51), Göttingen 2006, 239–247.

KRAWIETZ, BIRGIT, *Hierarchie der Rechtsquellen im tradierten sunnitischen Islam* (Schriften zur Rechtstheorie, Heft 208), Berlin 1999.

LÖSCHNER, HARALD, *Die dogmatischen Grundlagen des šī'tischen Rechts: Eine Untersuchung zu modernen imāmitischen Rechtsquellenlehre*, Köln et al. 1971.

MOTZKI, HARALD, Ist Gewaltanwendung von Muslimen gegen Nichtmuslime religiös bedingt? Eine Studie zur klassischen ǧihād-Konzeption, in: JOKISCH, BENJAMIN / REBSTOCK, ULRICH / LAWRENCE, CONRAD I. (Hgg.), *Fremde, Feinde und Kurioses: Innen- und Außenansichten unserer muslimischen Nachbarn* (Studien zur Geschichte und Kultur des islamischen Orients: Beihefte zur Zeitschrift »Der Islam«, Neue Folge, Band 24), Berlin / New York 2009, 417–452.

MUḥAMMAD FĀRŪQ AN-NABHĀN (محمد فاروق النبهان), *Al-Madḫal li-t-tašrīʿ al-islāmī: Našʾatuhū, adwāruhū at-tārīḫiyya, mustaqbaluhū* (المدخل للتشريع الاسلامي: نشأته، ادواره التاريخية، مستقبله), Kuwait/ Beirut 1977.

MUḥAMMAD MAʿRŪF AD-DAWĀLĪBĪ (محمد معروف الدواليبي), *Al-Madḫal ilā ʿilm uṣūl al-fiqh* (المدخل الى علم اصول الفقه), Damaskus 1383/1996.

NAUMANN, THOMAS, *Feindbild Islam. Historische und theologische Gründe einer europäischen Angst - gegenwärtige Herausforderungen*, Universität Siegen 2006 (www.fb1.unisiegen.de/evantheo/mitarbeiter/naumann/dokumente/feindbild_06_druckfsg.pdf, zuletzt aufgerufen am 30. November 2013), 2.

OPPENHEIMER, AHARON, Heilige Kriege im antiken Judentum, in: GALL, LOTHAR (Hg.), Heilige Kriege, Religiöse Begründungen militärischer Gewaltanwendung: Judentum, Christentum und Islam im Vergleich (Schriften des Historischen Kollegs), München 2008, 31–42.

OURGHI, MARIELLA, Der ǧihād: Verteidigung von Errungenschaften oder Kampfansage, in: Die Kontroverse zwischen Muḥammad Sa'īd Ramaḍān al-Būṭī und 'Abd al-Malik al-Barrāk und ihre Hermeneutik, in: Seidensticker, Tilman (Hg.): *Zeitgenössische islamische Positionen zu Koexistenz und Gewalt,* Wiesbaden/ Harrassowitz 2011, 36–58.

PARET, RUDI, *Der Koran / Übersetzung von Rudi Paret,* 11. Auflage, Stuttgart 2010.

PETERS, RUDOLPH, *Islam and Colonialism: The Doctrine of Jihad in Modern History,* Den Haag 1979.

PETERS, RUDOLPH, *Jihad in Classical and Modern Islam: A Reader,* Princeton 1995.

de Prémare, Alfred-Louis: *Aux origines du Coran: questions d'hier, approches d'aujourd'hui,* Paris 2004.

POHL, DIETRICH F. R., *Islam und Friedensvölkerrechtsordnung* (Forschungen aus Staat und Recht, 84), Wien / New York 1988.

RADDATZ, HANS-PETER, Islam oder Islamisierung? Interkultureller Dialog zwischen Toleranz und Gewalt, in: GLASGOW, RAINER / MEIER-WALSER, REINHARD C. (Hgg.): *Die islamische Herausforderung – eine kritische Bestandsaufnahme von Konfliktpotenzialen,* München 2001, 67–79.

RADTKE, BERND, Der sunnitische Islam, in: Ende, Werner / Steinbach, Udo (Hgg.): *Der Islam in der Gegenwart,* München 1996, 55–69.

REDMER, HARTMUT / GEMEIN, GISBERT, *Islamischer Fundamentalismus,* Münster 2005.

ROHE, MATHIAS, *Das islamische Recht: Geschichte und Gegenwart,* München 2009.

ROSINY, STEPHAN, Der *jihad.* Historische und zeitgenössische Formen islamisch legitimierter Gewalt, in: INES-JACQUELINE WERKNER / ANTONIUS LIEDHEGENER (Hgg.), *Gerechter Krieg – gerechter Frieden: Religionen und friedensethische Legitimationen in aktuellen militärischen Konflikten,* Wiesbaden 2009, 225–244.

SALEM, ISAM KAMEL, Islam und Völkerrecht: Das Völkerrecht in der islamischen Weltanschauung, Berlin 1984.

SCHACHT, JOSEPH, *An Introduction to Islamic Law,* Oxford/ New York 1982.

SCHIRRMACHER, CHRISTINE, Der Islam über den Frieden, den Jihad und das Zusammenleben von Muslimen und Nichtmuslimen, in: HEMPELMANN, REINHARD / KANDEL, JOHANNES (Hgg.), *Religionen und Gewalt: Konflikt- und Friedenspotentiale in den Weltreligionen, Kirche – Konfession – Religion,* Band 51), Göttingen 2006, 259–275.

SCHIRRMACHER, CHRISTINE, Christen im Urteil von Muslimen – Kritische Positionen aus der Frühzeit des Islam und aus der Sicht heutiger Theologen, in: SPULER-STEGEMANN, URSULA (Hgg.), *Feindbild Christentum im Islam – Eine Bestandsaufnahme,* Bonn 2006, 12–34.

SCHNECKENER, ULRICH, Al-Qaida – Terror im Namen Gottes? Religion und transnationaler Terrorismus, in: HEMPELMANN, REINHARD / KANDEL, JOHANNES (Hgg.), *Religionen und Gewalt: Konflikt- und Friedenspotentiale in den Weltreligionen (Kirche – Konfession – Religion,* Band 51), Göttingen 2006, 85–97.

SIMON, GOTTFRIED, *Die Welt des Islam und ihre Berührung mit der Christenheit,* Gütersloh 1948.

SCHNEIDER, IRENE, Islamisches Recht zwischen göttlicher Satzung und temporaler Ordnung? Überlegungen zum Grenzbereich zwischen Recht und Religion, in: Christine Langenfeld / Irene Schneider (Hgg.), *Recht und Religion in Europa – Zeitgenössische Konflikte und historische Perspektiven,* Göttingen 2008, 138–191.

SCHOLZ, PETER, Sharia in Tradition und Moderne – Eine Einführung in das islamische Recht, in: *JURA – Juristische Ausbilung*, Heft 8/2001, 525–534.

SPIES,OTTO / PRITSCH, ERICH, Klassisches Islamisches Recht, in: BERTOLD SPULER (Hg.), Handbuch der Orientalistik – Erste Abteilung – Ergänzungsband III, Leiden / Köln 1964, 220–343.

WAHBA AZ-ZUḤAYLĪ (وهبة الزحيلي), *Uṣūl al-fiqh al-islāmī* (اصول الفقه الاسلامي), Damaskus 1406/1986.

WAHBA AZ-ZUḤAYLĪ (وهبة الزحيلي), *Al-Qur'ān al-karīm: Bunyatuhū at-tašrī'iyya wa-ḫaṣā'iṣuhū al-ḥaḍāriyya* (القرآن الكريم: بنيته التشريعية وخصائصه الحضارية), Beirut/Damaskus 1413/1993.

WIELANDT, ROTRAUD, Argumentationen islamistischer Autoren gegen extremislamistische Gewaltbereitschaft, in: SEIDENSTICKER, TILMANN (Hg.), *Zeitgenössische islamische Positionen zur Koexistenz und Gewalt*, Wiesbaden 2011, 147–177.

YŪSUF 'ABD ALLĀH AL-QARAḌĀWĪ (يوسف عبد الله القرضاوي), *al-Islām wa-l-'unf naẓarāt ta'ṣīliyya* (الإسلام والعنف نظرات تأصيلية), Kairo 2005.

Heiner Bielefeldt

Streit um die Religionsfreiheit*

Aktuelle Facetten der internationalen Debatte

I. Kontroversen um ein »klassisches« Menschenrecht

Kaum ein Menschenrecht steht international derart in der politischen Kontroverse wie die Gedanken-, Gewissens-, Religions- und Weltanschauungsfreiheit – im Folgenden meist kurz »Religionsfreiheit« genannt.[1] Dies mag überraschen, hängt der Religionsfreiheit in unseren Breiten doch seit langem die Aura des »Klassischen« an. Immer wieder wurde sie aufs Engste mit dem historischen Durchbruch der Menschenrechte in Verbindung gebracht, ja gelegentlich sogar als deren eigentlicher Ursprung angesehen.[2] Dass der menschenrechtliche Charakter der Religionsfreiheit ernsthaft zur Debatte stehen könnte, scheint von dorther kaum vorstellbar. Und doch ist dies der Fall. So kollidiert der universalistische Geltungsanspruch dieses Menschenrechts mit einem religionspolitischen Klientelismus, der religiöse und weltanschauliche Vielfalt in die Antithese des »Eigenen« und des »Fremden« einspannt und von dorther dazu neigt, einseitig Partei zu ergreifen. Dies kommt auch in politischen Gremien der Vereinten Nationen vor, beispielsweise im UN-Menschenrechtsrat, der eigentlich dazu berufen

---

* Es handelt sich bei dem vorliegenden Text um die leicht überarbeitete und aktualisierte Fassung einer ausgearbeiteten Rede, ursprünglich erschienen als selbständige Broschüre: Erlanger Universitätsreden Nr. 77/2012, 3. Folge, abrufbar unter www.polwiss.phil.uni-erlangen.de. Eine etwas veränderte Fassung des Textes wurde 2013 veröffentlicht: Misperceptions of Freedom of Religion or Belief, in: Human Rights Quarterly, Vol. 35 No.1, February 2013, 33–68.

1 Vgl. Manfred Nowak, UN Covenant on Civil and Political Rights. CCPR Commentary, 2. erw. Aufl., Straßburg 2005, 408, der davon spricht, die Religionsfreiheit sei »a particularly controversial right«.

2 So in der berühmten und zugleich von Anfang an hoch umstrittenen Studie von Georg Jellinek, Die Erklärung der Menschen- und Bürgerrechte, neu abgedruckt in: Roman Schnur (Hrsg.), Zur Geschichte der Erklärung der Menschenrechte, Darmstadt 2. Aufl. 1974, 1–77. Vgl. neuerdings dazu: Hans Joas, Die Sakralität der Person. Eine neue Genealogie der Menschenrechte, Frankfurt a.M. 2011, 40ff.

wäre, als Sachwalter des menschenrechtlichen Universalismus zu fungieren. Zugleich gerät der freiheitsrechtliche Kern der Religionsfreiheit von zwei entgegen gesetzten Seiten unter Druck, nämlich einerseits durch Forderungen nach staatlichem »Ehrschutz« für Religionen (insbesondere den Islam), der die freiheitliche Debatte über Fragen von Religion und Weltanschauung zu ersticken droht, und andererseits durch ideologische Varianten eines Staatssäkularismus, der sich anschickt, den öffentlichen Raum von der manchmal verstörenden Präsenz religiöser Symbole zu purifizieren. Darüber hinaus wird das für die Menschenrechte konstitutive Gleichheitsprinzip zugunsten der Verteidigung privilegierter Staatsreligionen zurückgedrängt oder gelegentlich sogar für unanwendbar erklärt. Der menschenrechtliche Charakter der Religionsfreiheit wird aber auch dann unterminiert, wenn man sie abstrakt in Gegensatz zu anderen menschenrechtlichen Anliegen stellt – etwa zur Meinungsfreiheit oder zu Projekten einer umfassenden Antidiskriminierungspolitik, wie dies neuerdings verstärkt zu beobachten ist.

Infragestellungen der Religionsfreiheit geschehen keineswegs allein durch autoritäre Regime und ihre Fürsprecher. Neben diesen »üblichen Verdächtigen«, die leider oft genug den in sie gesetzten negativen Erwartungen entsprechen, kommen Zweifel und manche irritierenden Positionierungen auch innerhalb der Wissenschaft oder in zivilgesellschaftlichen Organisationen vor. Selbst im Kreise menschenrechtlich engagierter NGOs stößt man gelegentlich auf Unsicherheit, wenn es um das Thema Religionsfreiheit geht. Manche reagieren eher mit Abwehr oder Unbehagen auf dieses Menschenrecht – vielleicht weil sie nicht wissen, wie weit es reicht, wo seine Grenzen liegen und wie das Verhältnis zu anderen Menschenrechten – etwa der Gleichberechtigung der Geschlechter – zu verstehen ist. Die Besinnung auf Geltungsanspruch, Reichweite und Konturen der Religionsfreiheit dient deshalb nicht nur der Zurückweisung möglicher Attacken »von außen«, sondern ist Bestandteil eines Klärungsprozesses, der angesichts bestehender Missverständnisse auch innerhalb der Menschenrechtsbewegung selbst angezeigt ist.

Die folgenden Überlegungen geschehen nicht aus der Position eines unbeteiligten Beobachters. Vielmehr geht es mir darum, das Bewusstsein für die menschenrechtliche Qualität der Religionsfreiheit und die daraus resultierenden Konsequenzen zu schärfen. Als normativer Angelpunkt gilt mir dabei vor allem die wichtigste Verbürgung der Gedanken-, Gewissens-, Religions- und Weltanschauungsfreiheit im globalen Völkerrecht, nämlich Artikel 18 des Internationalen Pakts über bürgerliche und politische Rechte von 1966.[3] Auf eine systematische Auslegung dieser Norm möchte ich

[3] Hilfreich für das Verständnis dieser Norm ist der »General Comment Nr. 22«, den das für die Auslegung des Internationalen Pakts über bürgerliche und politische Recht zuständige Monitoring-Gremium – genannt »UN-Menschenrechtsausschuss« – im Jahre 1993 veröffentlicht hat. Gelegentlich werde ich auch andere normative Referenzen heranziehen.

im vorliegenden Aufsatz allerdings verzichten und mich stattdessen primär mit einigen typischen aktuellen Missverständnissen auseinandersetzen, die um die Religionsfreiheit entstanden sind. Zur Strukturierung meiner Ausführungen ziehe ich vier Prinzipien heran, die für den Menschenrechtsansatz insgesamt bestimmend sind und insofern auch für die Religionsfreiheit gelten: Universalismus, Freiheit, Gleichheit, Unteilbarkeit.

II. Partikularistische Verkürzungen eines universalen Menschenrechts?

Ablehnenden Einstellungen bzw. feindseligen Handlungen gegenüber den Angehörigen bestimmter Religionen bilden ein wichtiges Thema, das sowohl im Menschenrechtsrat als auch in der Generalversammlung der Vereinten Nationen in den vergangenen Jahren regelmäßig debattiert und zum Gegenstand von Resolutionen gemacht wurde. Zumeist ist dabei die Rede von »Islamophobie«, »Christianophobie« und »Judeophobie« – letzterer Begriff tritt gelegentlich an die Stelle des Begriffs Antisemitismus.[4] Es fällt auf, dass beispielsweise die Baha'i in den einschlägigen Texten niemals vorkommen, obwohl sie vor allem in Iran schon seit langem unter drastischen, ja existenzbedrohenden Verfolgungsmaßnahmen leiden und auch in einigen anderen Ländern systematisch diskriminiert werden. Zwar mag man gegen diese Beobachtung einwenden, dass jede Liste konkreter Beispiele zwangsläufig unvollständig sein wird. Trotzdem bleibt es verstörend, dass im Unterschied zum mittlerweile fest etablierten Begriff der Islamophobie der Begriff der »Bahaiophobie« in den UN-Resolutionen zu religionsspezifischen »Phobien« anscheinend gar nicht existiert. Auch von Feindseligkeit beispielsweise gegenüber Atheisten, Agnostikern oder etwa den Zeugen Jehovas ist darin nie die Rede. Diese Einseitigkeit steht in Widerspruch zum menschenrechtlichen Universalismus, wonach alle Menschen gleichermaßen in ihren grundlegenden Rechten anerkannt werden müssen, weil eben *»alle Menschen frei und gleich an Würde und Rechten geboren«* sind, wie es in der Allgemeinen Erklärung der Menschenrechte der Vereinten Nationen heißt.[5]

Die exklusive Hervorhebung von Islam, Christentum und Judentum entspricht nicht zufällig der Rechtslage einer Reihe von islamisch geprägten Ländern, die die Religionsfreiheit faktisch mehr oder minder eindeutig auf die Angehörigen der genannten Religionen beschränken.[6] Pate steht dabei das traditionelle islamische Verständnis göttlich offenbarter Religionen, zu denen neben dem Islam auch die vor-islamischen monotheistischen Offenbarungsreligionen zählen. Deren Angehörige konnten bekannt-

---

[4] Vgl. General Assembly resolution 65/224, Präambel Abschnitt 9.

[5] Artikel 1 Satz 1 der AEMR.

[6] Vgl. Tad Stahnke / Robert C. Blitt (Hrsg.), The religion-state relationship and the right to freedom of religion or belief: A comparative textual analysis of the constitution of predominantly Muslim countries, in: Georgetown Journal of International Law Bd. 36, 947–1077.

lich schon in den traditionellen islamischen Reichen – wie zuletzt dem Osmanischen Reich – Toleranz und eine weit reichende religionsrechtliche Autonomie genießen, während für Polytheisten, Atheisten und erst recht religiöse Neugründungen wie die post-islamischen Baha'i hingegen kein Raum vorgesehen war.[7] Ausgeschlossen war außerdem der Glaubenswechsel vom Islam zu einer anderen Religion.[8] Dieses traditionelle Konzept einer vorgängig begrenzten Toleranz wirkt in vieler Hinsicht bis heute nach und rutscht oft in die Semantik der Religionsfreiheit hinein, die damit in problematischer Weise auf eine *vorgängig begrenzte Liste religiöser Optionen reduziert* wird.

Staatliche Beschränkungen religiöser Freiheit auf einen vorgegebenen Kreis von Religionen bestehen nicht nur im islamischen Kontext. So anerkennt beispielsweise die Volksrepublik China offiziell fünf Religionen: Taoismus, Buddhismus, Islam, Katholizismus und Protestantismus.[9] Alle anderen Gruppen – darunter die staatlich verfolgte Falun Gong-Bewegung – sind damit schon von vornherein aus der Anwendung der Religionsfreiheit systematisch herausdefiniert. Eritrea anerkennt neben drei christlichen Konfessionen – koptisch Orthodoxen, Katholiken, Lutheranern – nur den Islam, nicht aber beispielsweise die Zeugen Jehovas, die dem Staat aufgrund ihrer Verweigerung des Militärdiensts suspekt sind.[10] Indonesien, das eine mehrheitlich muslimische Bevölkerung aufweist, sich aber nicht als islamischer Staat definiert, kennt offiziell sechs Religionen: Islam, Katholizismus, Protestantismus, Hinduismus, Buddhismus und Konfuzianismus.[11] Die Angehörigen der Ahmadiyyah-Gemeinde, die sich selbst als muslimische Reformbewegung verstehen, werden vom indonesischen Staat zunehmend unter Druck gesetzt, sich dem islamischen Mainstream anzuschließen. Russland nennt in seinem Religionsgesetz von 1997 vier traditionelle Religionen, die innerhalb der Geschichte des Landes eine tragende Rolle spielen: russische Orthodoxie, Islam, Judentum, Buddhismus.[12] Sonstige Religionen oder Konfessionen sind damit zwar nicht schon per se von der Religionsfreiheit ausgeschlossen; sie stehen aber in der sehr realen Gefahr, als »Sekten« diskreditiert und benachteiligt zu werden. Das Stigma der »Sekte« wird im Übrigen in vielen Staaten dazu herangezogen, be-

---

7 Vgl. MATHIS ROHE, Das islamische Recht. Geschichte und Gegenwart, München 3. Aufl. 2011, 257ff.

8 Vgl. KATHARINA KNÜPPEL, Religionsfreiheit und Apostasie in islamisch geprägten Staaten, Frankfurt a.M. 2010.

9 Vgl. U.S. DEPARTMENT OF STATE. 2011 annual report on international religious freedom: China, abgerufen unter: www.state/gov./g/drl/rls/irf.

10 Vgl. U.S. DEPARTMENT OF STATE. 2011 annual report on international religious freedom: Eritrea, abgerufen unter: www.state/gov./g/drl/rls/irf.

11 Vgl. U.S. DEPARTMENT OF STATE. 2011 annual report on international religious freedom: Indonesia, abgerufen unter: www.state/gov./g/drl/rls/irf.

12 Vgl. U.S. DEPARTMENT OF STATE. 2011 annual report on international religious freedom: Russia, abgerufen unter: www.state/gov./g/drl/rls/irf.

stimmte Gruppierungen – insbesondere kleine Gemeinschaften, traditionell nicht ansässige Gruppen oder religiöse Neugründungen – von vornherein aus dem Schutzbereich der Religionsfreiheit herauszuhalten oder zumindest auf Abstand zu halten. Etwas kryptisch fällt die Formulierung der Religionsfreiheit in der griechischen Verfassung aus, wenn es darin heißt, dass »alle bekannten Religionen« frei seien.[13] Man könnte zahlreiche weitere Beispiele für restriktive Definitionen des Anwendungsbereichs der Religionsfreiheit nennen.

Aus der Perspektive des menschenrechtlichen Universalismus gilt es demgegenüber festzuhalten, dass die Subjekte menschenrechtlicher Ansprüche *alle Menschen* sind. Diese an sich triviale, ja fast schon tautologische Klarstellung hat weitreichende Konsequenzen. Ansatz für eine Bestimmung des Gegenstandsbereiches der Religionsfreiheit ist nämlich zunächst und zuvorderst das *Selbstverständnis der jeweils betroffenen Menschen* – und zwar eben letztlich *aller Menschen* – in Fragen von Religion und Weltanschauung, das naturgemäß höchst unterschiedlich ausfallen kann. In jedem Fall werden sich die religiös-weltanschaulichen Selbstpositionierungen der Menschen nicht bruchlos in einen staatlich vorgegebenen Kanon legitimer Optionen einfügen lassen, sondern eine Vielfalt von weiteren Möglichkeiten eröffnen, die ebenfalls als Ausdruck der Religions- und Weltanschauungsfreiheit respektiert werden wollen. Damit wird der Anwendungsbereich dieses Menschenrechts enorm geweitet. Genau in diesem Sinne plädiert der für das Monitoring des Internationalen Pakts über bürgerliche und politische Rechte zuständige UN-Menschenrechtsausschuss denn auch für ein offenes und weites Verständnis von Religions- und Weltanschauungsfreiheit, wobei der Begriff »belief« (im Deutschen mit »Weltanschauung« wiedergeben) dafür steht, dass auch nicht-religiöse Grundüberzeugungen in den Schutzbereich dieses Menschenrechts gehören. Im »General Comment« Nr. 22 des Ausschusses aus dem Jahr 1993 heißt es: »Artikel 18 schützt theistische, nicht-theistische und atheistische Anschauungen sowie das Recht, sich zu keiner Religion oder Weltanschauung zu bekennen. Die Ausdrücke ›Weltanschauung‹ und ›Religion‹ müssen in weitem Sinne ausgelegt werden. Artikel 18 beschränkt sich in seiner Anwendung nicht auf traditionelle Religionen und Weltanschauungen oder auf solche Religionen und Weltanschauungen, die ähnliche institutionelle Merkmale und Praktiken aufweisen wie traditionelle Religionen.«[14]

---

[13] Vgl. U.S. Department of State. 2011 annual report on international religious freedom: Greece, abgerufen unter: www.state/gov./g/drl/rls/irf.

[14] UN-Menschenrechtsausschuss, General Comment Nr. 22, Abschnitt 2. Zitiert (mit leichten Korrekturen der Übersetzung) nach: Deutsches Institut für Menschenrechte (Hrsg.), Die »General Comments« zu den VN-Menschenrechtsverträgen. Deutsche Übersetzung und Kurzeinführungen, Baden-Baden 2005, 92. Auch die weiteren Zitate des General Comment im vorliegenden Aufsatz sind dieser Sammlung entnommen.

Es überrascht nicht, dass ein solch offenes Verständnis der Religionsfreiheit auf Widerstände stößt und manche Bedenken auf den Plan ruft. Eine typische Befürchtung geht dahin, dass die Religionsfreiheit zum Deckmantel für gefährliche Organisationen werden könnte. Man mag dabei an Bewegungen denken, die ihre Mitglieder gezielt in Abhängigkeiten verstricken und ausbeuten, oder auch auf religiös motivierten Terrorismus verweisen. Nun kann kein Zweifel bestehen, dass es destruktive und menschenverachtende religiöse Praktiken gibt, die von Staats wegen nicht hingenommen werden können. Für den Fall, dass dagegen konkreter staatlicher Schutz erforderlich ist, weist die Religionsfreiheit, wie sie in Artikel 18 des Internationalen Pakts über bürgerliche und politische Rechte formuliert ist, ausdrücklich Beschränkungsmöglichkeiten auf, die allerdings ihrerseits an strenge Kriterien gebunden sind: Etwaige Einschränkungen der Religionsfreiheit müssen gesetzlich klar formuliert sein, sie müssen einem legitimen Ziel (aus einer abschließend definierten Liste möglicher Ziele) dienen, zur Erreichung des entsprechenden Ziels geeignet, erforderlich und verhältnismäßig sein, und sie dürfen nicht in diskriminierender Weise angewendet werden. Der innere Bereich der Religionsfreiheit – das forum internum – ist darüber hinaus möglichen Einschränkungen ganz entzogen.[15] Die Staaten haben, wenn sie Beschränkungen der Religionsfreiheit meinen vornehmen zu müssen, demnach eine *komplexe Argumentationslast* zu tragen. Sie müssen Gründe und Belege für die Legitimität, Notwendigkeit und Angemessenheit konkreter Restriktionen vorbringen und sich mit kritischen Einwänden in der Öffentlichkeit und ggf. vor Gerichten auseinandersetzen. Diese Argumentations- und Beweislast zu umgehen, indem man bestimmte Gruppen – insbesondere die in der Gesellschaft oft pauschal verdächtigten »Sekten« – definitorisch von vornherein aus dem Anwendungsbereich der Religionsfreiheit heraushält, wie dies mancherorts geschieht, ist deshalb nicht akzeptabel.

Ein anderes Argument gegen ein weites und offenes Verständnis der Religionsfreiheit ist die Befürchtung, dass dieses Menschenrecht durch inflationäre Beanspruchung seine Konturen und seinen Sinn verlieren könnte. Dieser Einwand hat Gewicht. Wenn beispielsweise die Fan-Gemeinde von »Star Wars« neuerdings Anstalten macht, sich – aus welchen Gründen auch immer – gelegentlich als Religionsgemeinschaft zu bezeichnen,[16] ist eine Grenze erreicht, bei der deutlich wird, dass die Religionsfreiheit in Trivialitäten abzurutschen droht. Dass es indes möglich ist, dieser Gefahr zu wehren, ohne Zuflucht zu einem festen Kanon vorab anerkannter Reli-

---

15 Vgl. ECKART KLEIN / BERNHARD SCHÄFER, Religionsfreiheit und Internationaler Pakt über bürgerliche und politische Rechte, in: ANDREAS ZIMMERMANN (Hrsg.), Religion und Internationales Recht, Berlin 2006, 127–156.

16 In einem nationalen Zensus in der Tschechischen Republik sollen sich jüngst mehr als 15.000 Menschen als Anhänger einer Star Wars-Religion bezeichnet haben. Vgl. CHRISTIAN POST vom 20. Dezember 2011.

gionen zu nehmen, hat bereits vor 30 Jahren der Europäische Gerichtshof für Menschenrechte gezeigt. Er hat verlangt, dass die im Rahmen der Religions- und Weltanschauungsfreiheit geschützten Überzeugungen »a certain level of cogency, seriousness, cohesion and importance« aufweisen müssen.[17] Es geht also um die religiösen oder weltanschaulichen *Grund*überzeugungen, die für einen Menschen (oder eine Gruppe von Menschen) tragend sind, die das Gesamt der Weltsicht eines Menschen prägen und sich auch lebenspraktisch niederschlagen. Mit Paul Tillich gesprochen: Religion – und Ähnliches ließe sich von der Weltanschauung sagen – ist das, was einen Menschen »unbedingt angeht«.[18] Nicht jede Meinung, die jemand zu einer konkreten Sachfrage vertritt, fällt in diesen Bereich – weshalb Meinungsfreiheit und Religionsfreiheit bei aller Nähe zueinander eben doch auch unterschieden bleiben. Nicht jedes Kleidungsstück, das jemand gern tragen möchte, ist Ausdruck der Religionsfreiheit, und nicht jeder Kaffeezirkel dürfte in der Lage sein, einen Anspruch auf Anerkennung als Religionsgemeinschaft zu plausibilisieren.

Vom Universalismus der Menschenrechte her gedacht, bleibt es sinnvoll, die Selbstverständnisse der Menschen in ihrer Vielgestaltigkeit zum Ausgangspunkt zu nehmen und in diesem Sinne bei einem offenen und weiten Verständnis von Religion bzw. Weltanschauung anzusetzen. Auf diese Weise öffnet sich der Raum für eine nicht vorgängig begrenzbare Vielfalt. Gleichzeitig muss es möglich sein, denjenigen, die ihre Überzeugung oder Praxis im Kontext der Religionsfreiheit anerkannt wissen wollen, konkrete Darlegungspflichten aufzuerlegen, ihnen also abzuverlangen, den Charakter einer lebensprägenden, grundlegenden und praxisrelevanten Überzeugung plausibel zu erweisen. Gewiss: Den Gegenstandsbereich der Religions- und Weltanschauungsfreiheit auf diese Weise »case by case« zu definieren, bleibt im Einzelnen oft schwierig. Bei der Bestimmung der Grenzen dürften immer wieder neu Phänomene auftauchen, ungewohnte religiöse oder weltanschauliche Interessen vorgebracht werden und kontroverse Einschätzungen aufeinander treffen.[19] Die daraus resultierenden schwierigen Fragen dadurch zu umgehen, dass man sich von Staats wegen schlicht auf einen vorab festgelegten Kanon legitimer Religionen oder Weltanschauungen zurückzieht, wäre menschenrechtlich indes nicht ak-

---

[17] EGMR zu Campbell & Cosans v. United Kingdom, (appl. 7511/76 & 7743/76) vom 25. Februar 1982.

[18] Auf dieses Konzept von Tillich berufen sich auch W. COLE DURHAM / BRETT G. SCHARFFS, Law and Religion. National, International, and Comparative Perspectives, New York 2010, 46.

[19] Vgl. T. JEREMY GUNN, The Complexity of Religion and the Definition of »Religion« in International Law, in: Harvard Human Rights Journal , Bd. 16 (2003), 189–214.

zeptabel; es wäre ein Verstoß gegen den für die Menschenrechte konstitutiven normativen Universalismus.[20]

III. Antiliberale Überformungen eines Freiheitsrechts?

Der freiheitliche Charakter ist dem Menschenrecht der Religionsfreiheit geradezu auf die Stirn geschrieben, und er wird in den einschlägigen völkerrechtlichen Verbürgungen weiter ausdifferenziert. Artikel 18 des Internationalen Pakts über bürgerliche und politische Rechte stellt klar, dass der Mensch im inneren Bereich der Gedanken-, Gewissens-, Religions- und Weltanschauungsfreiheit keinen legitimen Einschränkungsmöglichkeiten unterliegt; in ihrem »forum internum« ist dieses Freiheitsrecht demnach absolut geschützt. Dies schließt auch die Möglichkeit des Glaubenswechsels ein.[21] Geschützt – wenn auch nicht völlig frei von möglichen Einschränkungen – sind aber auch äußere Manifestationen von Religion und Weltanschauung (im »forum externum«), die gleichermaßen individuelle wie kommunitäre Praktiken einschließen und im privaten wie im öffentlichen Raum stattfinden können. Es handelt sich bei der Religionsfreiheit also um ein *umfassendes Freiheitsrecht der Menschen,* in Fragen von Religion und Weltanschauung ihren je eigenen Weg zu finden, für die eigene Position missionarisch einzutreten oder sich selbst missionieren zu lassen, sich einer Religionsgemeinschaft anzuschließen oder eine solche zu verlassen, neue Vereinigungen zu bilden, religiöse Rituale allein oder in Gemeinschaft mit anderen auszuüben, Religionskritik zu formulieren oder den eigenen Glauben gegen solche Kritik zu verteidigen, die eigenen Kinder nach den familiären Überzeugungen entsprechend zu erziehen, religiöse oder weltanschauliche Literatur zu erwerben (auch aus dem Ausland zu importieren) und sie in der Gesellschaft zu verbreiten, das Leben allein und zusammen mit anderen nach den eigenen Glaubensüberzeugungen zu gestalten und dies auch öffentlich kundzutun. Es versteht sich, dass diese Aufzählung von Möglichkeiten exemplarisch bleibt.[22]

Freiheitsrechte sind dadurch definiert, dass sie die Entscheidung, ob und wie jemand von seiner Freiheit Gebrauch macht, den betroffenen Menschen überantworten. Deshalb gibt es neben der »positiven« Religions-

---

[20] Vgl. MICHAEL WIENER, The Mandate of the Special Rapporteur on Freedom of Religion or Belief – Institutional, Procedural and Substantive Legal Issues, in: Religion and Human Rights, Bd. 2 (2007), 3–17.

[21] Vgl. UN-MENSCHENRECHTSAUSSCHUSS, General Comment Nr. 22, Abschnitt 5: »Der Ausschuss weist darauf hin, dass die Freiheit, eine Religion oder Weltanschauung ›zu haben oder anzunehmen‹, notwendig die Freiheit einschließt, eine Religion oder Weltanschauung zu wählen, einschließlich insbesondere des Rechts, seine gegenwärtige Religion oder Weltanschauung durch eine andere Religion oder Weltanschauung zu ersetzen oder einen atheistischen Standpunkt einzunehmen, sowie des Rechts, seine Religion oder Weltanschauung zu behalten.«

[22] Vgl. PAUL M. TAYLOR, Freedom of Religion. UN and European Human Rights Law and Practice, Cambridge 2005, 203ff.

freiheit notwendig auch die »negative« Religionsfreiheit, nämlich das Recht, sich religiös oder weltanschaulich *nicht* zu betätigen, *nicht* zu interessieren, *nicht* zu bekennen, sich *keiner* Glaubensgemeinschaft anzuschließen usw. Positive und negative Religionsfreiheit gehören wie zwei Seiten einer Medaille zusammen. Sie sind beide gleich wichtig, und jeder Versuch, sie in eine Rangordnung zu bringen oder sie abstrakt gegeneinander auszuspielen, würde den freiheitlichen Charakter dieses Menschenrechts insgesamt verdunkeln. Wer den Akzent ausschließlich auf die positive Religionsfreiheit setzt und ihr »negatives« Gegenstück ausblendet oder abwertet, verformt das Freiheitsrecht zu einem Vorrecht primär der religiös oder weltanschaulich engagierten Menschen. Die komplementäre Funktionalisierung erfolgt durch eine einseitige Betonung der negativen Religionsfreiheit, in deren Namen beispielsweise Projekte einer Purifizierung des öffentlichen Raums von religiösen Symbolen vorangetrieben werden. Im englischen Sprachgebrauch wird die Verkürzung auf die positive Religionsfreiheit durch die Formel »right to religion« nahegelegt, die zwar technisch völlig inkorrekt ist, aber dennoch ab und zu vorkommt.[23] Das Gegenstück zu diesem einseitig verkürzten »right to religion« wäre die Formel »freedom *from* religion«, in der der Akzent ausschließlich auf die negative Komponente des Freiheitsrechts fällt.[24] Dagegen ist es wichtig, deutlich zu machen, dass die Religions- und Weltanschauungsfreiheit – »freedom of religion or belief« – die positive und die negative Option des Freiheitsgebrauchs gleichermaßen umfasst, weil nur so ihr freiheitlicher Gehalt wirklich zum Tragen kommen kann.

Dass es bei der Religionsfreiheit um *Freiheit der Menschen* geht, ist eine Feststellung, die wiederum geradezu trivial erscheint, sich dennoch immer wieder als notwendig erweist. Denn es gibt eine Reihe von Tendenzen, die – gewollt oder ungewollt – darauf hinauslaufen können, gerade diesen freiheitsrechtlichen Kern des Menschenrechts auszuhöhlen oder zumindest zu verdecken. Dies kann unter ganz unterschiedlichen Vorzeichen geschehen, etwa (1) im Namen einer Bekämpfung von »Religionsdiffamierungen«, (2) zum Schutz religiöser Identitäten, (3) zur Durchsetzung einer staatlich behüteten »interreligiösen Harmonie« oder (4) im Interesse einer Zurückdrängung des Religiösen aus der gesellschaftlichen Öffentlichkeit.

1. Bekämpfung von »Religionsdiffamierungen«?

Das wohl bekannteste Beispiel einer antiliberalen Überformung der Religionsfreiheit bieten diverse UN-Resolutionen zur Bekämpfung von »Religionsdiffamierung«, die bis vor Kurzem regelmäßig von der Organisation der

---

23 So etwa in einem Aufsatz von OSMAN TASTAN, Human Rights in Islamic Law: Religion, Law and Politics, in: GIANLUCA SADUN BORDONI (Hrsg.), Human Rights and Intercultural Dialogue in the Mediterranian, Napoli 2009, 159–165, 164.

24 Vgl. AMOS N. GUIORA, Freedom from Religion. Rights and National Security, Oxford 2009.

Islamischen Kooperation (OIC) im UN-Menschenrechtsrat und in der UN-Generalversammlung eingebracht und meist sehr kontrovers debattiert wurden.[25] Höhepunkt der Auseinandersetzung war der Streit um die dänischen Mohammed-Karikaturen im Jahre 2006, auf die viele Muslime weltweit empfindlich reagierten. Letzteres ist angesichts des provokativen, verletzenden Charakters der Karikaturen durchaus nachvollziehbar. Gleichwohl erweisen sich die Resolutionen zu »combating defamation of religions« bei näherem Hinsehen als hoch problematisch. Denn sie erwecken den Eindruck, Religionen als solche könnten Rechtsschutz gegen etwaige Verletzungen ihrer Reputation beanspruchen – eine Vorstellung, die die Systematik der Menschenrechte völlig sprengt. Außerdem legen sie mit ihrem Ruf nach staatlichen Verbotsmaßnahmen autoritäre Lesarten nahe. Die Gegner der Resolutionen fürchteten zu Recht, dass dadurch in letzter Konsequenz eine Blasphemie-Gesetzgebung Pakistanischen Typus, in der vage definierte Delikte sogar die Todesstrafe nach sich ziehen können,[26] eine menschenrechtssemantische Deckung erhalten könnte, was gleichermaßen absurd wie fatal wäre. Der Sache nach tritt in den Resolutionen zur Bekämpfung von Religionsdiffamierung jedenfalls eine Art »Ehrschutz« für Religionen – genauer gesagt: für bestimmte Religionen, insbesondere den Islam – an die Stelle eines Freiheitsrechts der Menschen. Menschenrechtlich ist dies ein Irrweg, und es gilt deshalb gegen mögliche Missverständnisse deutlich zu machen, dass dies mit Religionsfreiheit nichts zu tun hat.[27] Mehr noch: Das Anliegen der Religionsfreiheit wird ins Gegenteil verkehrt.

Nach mehr als zehn Jahren verzichtete die OIC im Jahre 2011 erstmals darauf, Resolutionsentwürfe zum Thema »combating defamation of religions« vorzulegen. Mehrere Akteure – darunter die UN-Hochkommissarin für Menschenrechte Navi Pillay, der Generalsekretär der OIC Ekmeleddin Ihsanoglu sowie das US-Außenministerium unter Hillary Clinton – hatten sich im Vorfeld darum bemüht, die zum leeren Ritual erstarrte Konfrontation vor allem zwischen westlichen und islamischen Staaten zu diesem Komplex zu überwinden und wieder Bewegung in die Debatte zu bringen. Zu diesem Zweck wurde ein neues, eher konsensfähiges und in der Tat produktiveres Themenfeld eröffnet, nämlich die Bekämpfung religiösen

---

[25] Vgl. Commission on Human Rights resolutions 1999/82, 2000/84, 2001/4, 2002/9, 2003/4, 2004/6, 2005/3; General Assembly resolutions 60/150, 61/164, 62/154, 63/171, 64/156, 65/224; Human Rights Council resolutions 4/9, 7/19, 10/22, 13/16. Vgl. dazu kritisch: ROBERT C. BLITT, The Bottom Up Journey of »Defamatation of Religion« from Muslim States to the United Nations: A Case Study of the Migration of Anti-Constitutional Ideas, in: Studies in Law, Politics and Society, Bd. 56 (2011), 121–211.

[26] Vgl. FREEDOM HOUSE, Policing Belief: The Impact of Blasphemy Laws on Human Rights, Washington 2010, S. 69–87 (zu Pakistan).

[27] Vgl. JEROEN TEMPERMAN, Blasphemy, Defamation of Religions and Human Rights Law, in: Netherlands Quaterly of Human Rights, Bd. 26/4 (2008), 485–516.

Hasses und seiner Ursachen, die vor allem in negativen Stereotypen bestehen. Eine von der OIC im März 2011 im Menschenrechtsrat vorgelegte Resolution zur notwendigen Überwindung religiöser Stereotypen und damit einhergehender Diskriminierungen wurde denn auch im Konsens verabschiedet[28] – was zweifellos eine positive Entwicklung darstellt. Ob die Konfrontation zum Thema »Religionsdiffamierung« damit tatsächlich ausgeräumt ist, wird aber erst die Zukunft zeigen. Sicherlich wäre es naiv anzunehmen, dass die politischen und ideologischen Differenzen in der Sachfrage verschwunden oder gelöst wären.

Die (vorläufige) Überwindung der abstrakten Konfrontation zwischen der OIC und der westlichen Staatengruppe zur Bekämpfung von Religionsdiffamierung hat übrigens den Blick erneut dafür geöffnet, dass beide Gruppen jeweils aus heterogenen Mitgliedern mit höchst unterschiedlichen Orientierungen bestehen. Im Falle der OIC reicht das Spektrum von Staaten mit eher laizistischer Tradition – wie die Türkei oder der Senegal – bis hin zum puritanischen Saudi-Arabien und der islamischen Republik Iran mit ihren teils klerikal dominierten Staatsgremien. Die in den einschlägigen UN-Resolutionen zur Religionsdiffamierung mobilisierte außenpolitische Geschlossenheit geht denn auch nicht immer mit gleichgerichteten religionspolitischen Interessen im Inneren der Staaten einher. Im Gegenzug gilt aber genauso, dass die kritische Haltung der westlichen Staaten gegenüber den OIC-Resolutionen keineswegs durchgehend durch eine entsprechend konsistente freiheitliche Religionspolitik in Inneren gedeckt ist. So halten mehrere europäische Staaten – etwa Griechenland – bis heute an Anti-Blasphemiegesetzen fest, die der Struktur nach den einschlägigen Gesetzen in einigen gemäßigteren OIC-Staaten strukturell nicht unähnlich sind.[29]

2. Staatlicher Schutz religiöser Identitäten?

Während die autoritäre Stoßrichtung der Resolutionen zu »combating defamation of religions« auf der Hand liegt, muss man bei Forderungen nach Anerkennung oder Schutz religiöser »Identitäten« genauer hinschauen. Der Identitätsbegriff begegnet in politischen und akademischen Debatten in geradezu inflationärer Häufigkeit, und man trifft ihn auch im Menschenrechtsbereich immer wieder, nicht zuletzt im Zusammenhang der Religionsfreiheit. Dabei kann es um konservative Projekte zur Wahrung religiös-politischer Homogenität in einer Gesellschaft gehen oder auch um die Anerkennung vielfältiger Identitäten von Minderheiten, die gegen gesellschaftlichen Assimilierungsdruck geschützt werden sollen. Politisch ist der Identitätsbegriff insofern nicht eindeutig mit einem bestimmten Lager

---

28 Vgl. Human Rights Council resolution 16/18 vom 24. März 2011. Die Resolution trägt den Titel: »Combating intolerance, negative stereotyping and stigmatization of, and discrimination, incitement to violence and violence against persons based on religion or belief«.

29 Vgl. FREEDOM HOUSE, Policing Belief, a.a.O., 35–42 (zu Griechenland).

konnotiert. Auf den deutschen innenpolitischen Debattenkontext übertragen, kann er sowohl für stramm-nationalistische Leitkulturkonzepte als auch für »Multikulti« und »diversity« stehen.[30] In jedem Fall birgt er jedoch die Gefahr, dass die freiheitliche Komponente, die den normativen Kern des Menschenrechtsansatzes ausmacht, aus dem Blickfeld gedrängt wird. Was Habermas gegen Charles Taylors Konzept multikultureller Identitätspolitik einst zu bedenken gab, dass nämlich »der ökologische Gesichtspunkt der Konservierung von Arten« keinesfalls auf menschliche Kulturen übertragen werden dürfe,[31] weil dies freiheitswidrige Konsequenzen haben könnte, bleibt als Mahnung auch – und sogar erst recht – hinsichtlich von Forderungen nach Anerkennung gegebener religiöser Identitäten bedenkenswert. Denn mehr noch als sonstige »kulturelle Rechte« beinhaltet die Religionsfreiheit das Recht der Menschen, sich in Fragen von Religion und Weltanschauung *selbstbestimmt zu entscheiden*, einen angestammten Glauben ggf. zu wechseln und andere Menschen durch Überzeugungsarbeit zu einem Glaubenswechsel einzuladen. Es geht bei der Religionsfreiheit also nicht um staatliche Anerkennung und Förderung vorgegebener religiöser Identitäten, sondern wiederum um die individuelle und kommunitäre *Freiheit der Menschen*, solche Identitäten selbstbestimmt zu entwickeln, zu verteidigen, zu verändern, einschließlich der Möglichkeit, sich dafür gar nicht zu interessieren. Zur Religionsfreiheit zählt darüber hinaus auch das Recht, religiöse Selbstverständnisse *anderer* Menschen und Gruppen herauszufordern, kritische Fragen zu stellen und gewaltlose Provokationen zu formulieren. Vor allem diese Komponente kann in der beliebten Redeweise von der gebotenen Respektierung gegebener Identitäten leicht untergehen.

Verschärft wird das Risiko von Missverständnissen, wenn religiöse und ethnische Identitäten miteinander verflochten werden. Das Thema Religionsfreiheit kann dann in den engeren Zusammenhang der Rassismusbekämpfung geraten.[32] Für diese Nähe von Religion und Ethnizität gibt es immer wieder einleuchtende empirische Gründe, etwa wenn ethnische Minderheiten ihr Profil unter anderem durch eine gemeinsame religiöse Tradition bestimmen oder wenn manche religiösen Gruppen sich zugleich durch eine gemeinsame Herkunft und Geschichte definieren. Umso wichtiger ist es aber, darauf Acht zu geben, dass aus solchen phänomenalen

---

[30] Vgl. Heiner Bielefeldt, Menschenrechte in der Einwanderungsgesellschaft. Plädoyer für einen aufgeklärten Multikulturalismus, Bielefeld 2007, 57ff.

[31] Jürgen Habermas, Anerkennungskämpfe im demokratischen Rechtsstaat, in: Gutmann / Taylor (Hrsg.), Multikulturalismus und die Politik der Anerkennung, Frankfurt 1993, 147–196, 173.

[32] Der UN-Menschenrechtsrat kreierte im Jahre 2006 einen einen Adhoc-Ausschuss zur Prüfung möglicher ergänzender Standards zur UN-Konvention von 1965 über die Abschaffung aller Formen der Rassendiskrimierung (vgl. UN Doc. A/HRC/AC.1/2/2). Dieser Ad-hoc Ausschuss beschäftigt sich vor allem mit der Frage, ob zur Bearbeitung religionsbezogener Formen von Kulturrassismus neue völkerrechtliche Normen erforderlich sind.

Überlappungen nicht die Konsequenz einer generellen *Ethnisierung des Religionsbegriffs* gezogen wird.[33] Dadurch könnte eine wichtige Dimension aus dem Blick geraten, die für das Verständnis und die Praxis der Religionsfreiheit unverzichtbar bleibt: Es ist dies die Tatsache, dass Religionen und Weltanschauungen in der Regel Bekenntnisse implizieren,[34] die Gegenstand kommunikativer Auseinandersetzungen werden können und die unter Umständen auch in Theologien, Philosophien oder religionsrechtlichen Systematisierungen eine spezifisch reflexive Gestalt gewinnen. Für ethnische Merkmale gilt dies nicht in vergleichbarer Weise. Wenn über sie gesprochen wird, dann eher im Modus narrativer Selbstvergewisserung. Daraus folgt, dass religiöse oder weltanschauliche Positionen – im Unterschied zu ethnischen Merkmalen oder zumindest in höherem Maße als diese – eben auch *Gegenstand kritischer Rückfragen* werden können. Genau diese Möglichkeit kommunikativer Auseinandersetzung im Für und Wider unterschiedlicher religiöser, religionskritischer, religionsrechtlicher, philosophischer und weltanschaulicher Positionierungen bildet einen unverzichtbaren Bestandteil des Menschenrechts der Religions- und Weltanschauungsfreiheit. Dies aber droht aus dem Blick zu geraten, wenn religiöse und weltanschauliche Orientierungen auf derselben Ebene wie ethnische Merkmale thematisiert und primär als Elemente zur Bestimmung von individuellen und Gruppenidentitäten verhandelt werden. Es gibt also gewichtige Gründe dafür, gegenüber der Vermischung von Religionsfreiheit und identitätspolitischen Forderungen wachsam zu bleiben, damit das freiheitsrechtliche Profil der Religionsfreiheit nicht abgeschliffen wird.

3. Durchsetzung einer staatlich behüteten »interreligiösen Harmonie«?

Eine Quelle weiterer Missverständnisse – ebenfalls mit möglichen antiliberalen Konsequenzen – besteht in der Funktionalisierung der Religionsfreiheit zugunsten »interreligiöser Harmonie«, womöglich gar einer staatlich behüteten Harmonie der Religionen (bzw. einiger Religionen). In vielen Debatten kann man erleben, dass das Thema Religionsfreiheit sehr schnell mit dem friedlichen Zusammenleben unterschiedlicher Religionen assoziiert wird. Dieser Zusammenhang ist nicht abwegig; denn die Religionsfreiheit steht als Menschenrecht durchaus für ein Friedenskonzept. Schon die Präambel der Allgemeinen Erklärung der Menschenrechte von 1948 betont, dass die Anerkennung von Menschenwürde und Menschenrechten die »Grundlage der Freiheit, der Gerechtigkeit und des *Friedens in der Welt«* bildet. Allerdings handelt es sich bei dem durch die Religionsfreiheit ermöglichten Frieden um einen eher »unbequemen« Frieden, gegründet auf

---

[33] Für den Begriff der Weltanschauung besteht diese Gefahr nicht in vergleichbarem Maße.

[34] Gegen eine mögliche »protestantische« Engführung im Religionsverständnis sei betont, dass die Bekenntniskomponente einen höchst unterschiedlichen Stellenwert haben kann.

dem Respekt vor den religiösen und weltanschaulichen Selbstpositionierungen der Menschen in ihrer Vielfalt. Die Religionsfreiheit schützt deshalb stets auch die Rechte von Minderheiten, von Minderheiten innerhalb der Minderheiten, von Dissidentinnen und Dissidenten, Kritikerinnen und Konvertiten sowie von Menschen mit uneindeutigen religiösen Orientierungen. Eine Gesellschaft, die die Religionsfreiheit ernst nimmt, wird in der Konsequenz eine komplexe und nicht leicht überschaubare Landschaft vielfältiger religiöser und weltanschaulicher Positionen hervorbringen, die ihrerseits nicht immer nur schiedlich-friedlich nebeneinander bestehen, sondern sich gelegentlich aneinander reiben dürften.

Als Menschenrecht zielt die Religionsfreiheit somit auf einen genuin *freiheitlichen Frieden*, der auch die friedliche Konkurrenz unterschiedlicher Überzeugungen freisetzt und Raum für Kritik und Gegenkritik eröffnet. Mit Konzepten einer staatlich bewachten und möglichst störungsfreien interreligiösen Harmonie ist ein solches offenes Friedenskonzept nicht kompatibel. Eine entscheidende Testfrage ist wiederum die Möglichkeit von Konversion und Mission.[35] Viele Staaten – vor allem im islamisch dominierten Nahen Osten, aber auch in Zentral- und Südostasien – beschränken oder verbieten Konversion und Missionstätigkeit, wobei oft drastische Mittel von sozialem Mobbing bis hin zur strafrechtlichen Verfolgung zum Zuge kommen.[36] In Extremfällen droht Konvertiten sogar die Todesstrafe. Oft geschehen die Repressalien unter Verwendung des Begriffs »Proselytismus«, der dabei mit negativen Phänomenen im Umfeld von Missionstätigkeit konnotiert, aber kaum jemals präzise definiert wird. Vorgebliches Ziel der Restriktionen ist vielfach der religiöse bzw. interreligiöse Friede in der Gesellschaft. Dasselbe Argument wird auch dazu herangezogen, bestimmte religiöse Gruppen zu drangsalieren, die – als Minderheiten, Neugründungen oder aufgrund ihrer Kontakte ins Ausland – als Bedrohung für den religiös-konfessionellen Status quo in der Gesellschaft gelten. Betroffen sind davon zum Beispiel die Ahmadis in Pakistan und Indonesien oder christliche Gemeinschaften, die etwa in nahöstlichen Staaten oft mit dem teils ungeliebten »Westen« in Verbindung gebracht werden; dies trifft insbesondere protestantische Gruppen, die als von Amerika gesteuert gelten und zudem noch als Missionskirchen verdächtigt werden.

4. Forcierte Privatisierung des Religiösen?

Autoritäre Vorstellungen einer staatlich garantierten Harmonie firmieren manchmal auch unter umgekehrten Vorzeichen, nämlich im Sinne von »freedom *from* religion«. Nicht wenige Menschen denken beim Thema Re-

---

[35] Vgl. Interim Report of the UN Special Rapporteur on freedom of religion or belief, Heiner Bielefeldt, to the General Assembly, submitted on 9 August 2012, with a thematic focus on »the right to conversion as part of freedom of religion or belief«, A/67, online: www.ohchr.org/EN/Issues/FreedomReligion/Pages/Annual.aspx.

[36] Vgl. Christian Solidarity Worldwide, No Place to Call Home. Experiences of Apostates from Islam. Failures of the International Community, New Malden 2008.

ligion vor allem an unangenehme Erscheinungsformen wie eifernde Prediger, bigotte Tugendapostel, moralisierende Bevormundung, Dogmatismus, Fanatismus oder gar Gewalt. Dem entsprechen Wunschvorstellungen von einer Gesellschaft, in der die Religion keine Rolle mehr spielt und in der Öffentlichkeit wenig sichtbar wird. Manche versprechen sich davon eine befriedende Wirkung für die Gesellschaft. »And no religion, too« heißt es im Refrain eines berühmten Songs, in dem John Lennon die Vision einer friedlich vereinigten Menschheit ohne Staatsgrenzen und eben auch ohne Religionen heraufbeschwört.[37] Man kann davon ausgehen, dass solche Vorstellungen in weiten Teilen der europäischen Gesellschaften Anklang und Zustimmung finden. Die schrille Debatte, die das Urteil des Landgerichts Köln zur religiös motivierten Beschneidung von Knaben vom Mai 2012[38] in Deutschland (und zum Teil auch im Ausland) ausgelöst hat, belegt dies nur allzu deutlich.[39]

Diejenigen, die für ein Heraushalten der Religion aus dem öffentlichen Leben plädieren, berufen sich gern auf die »negative Religionsfreiheit« sowie auf die religiös-weltanschauliche Neutralität des säkularen Rechtsstaates. Nun bildet die negative Komponente, wie oben dargestellt, einen integralen Bestandteil der Religionsfreiheit, komplementär zur positiven Religionsfreiheit; und sie ist nicht weniger relevant als diese. Die negative Religions- und Weltanschauungsfreiheit schützt die Menschen davor, gegen ihren Willen zu einem religiösen oder weltanschaulichen Bekenntnis oder zu entsprechenden Praktiken gedrängt zu werden. Kritisch-grenzziehende Wirkung entfaltet sie vor allem gegenüber dem Staat. Gegen ein immer wieder anzutreffendes Missverständnis bleibt allerdings klarzustellen, dass die negative Religionsfreiheit nicht etwa einen Anspruch schafft, generell von der Konfrontation mit Religion oder Weltanschauung in der gesellschaftlichen Öffentlichkeit verschont zu werden. Die für manche Menschen verstörende Präsenz sichtbarer und hörbarer religiöser Symbole gehört vielmehr zu einer freiheitlichen, pluralistischen Gesellschaft, die durch Meinungsfreiheit, Religionsfreiheit, Vereinigungsfreiheit, Versammlungsfreiheit und andere Freiheitsrechte strukturiert wird. Eine staatlich forcierte Privatisierung des Religiösen würde demgegenüber einen starken Staat mit umfassenden Kontroll- und Zwangsbefugnissen voraussetzen; sie wäre das Ende der freiheitlichen Gesellschaft.[40]

---

[37] Der Titel aus dem Jahre 1971 lautet »Imagine all the people«.

[38] Vgl. Landgericht Köln, Aktenzeichen 151 Ns 169/11.

[39] Vgl. HEINER BIELEFELDT, Der Kampf um die Beschneidung. Das Kölner Urteil und die Religionsfreiheit, in: Blätter für deutsche und internationale Politik, September 2012, 63–71.

[40] Vgl. JÜRGEN HABERMAS, Religion in der Öffentlichkeit. Kognitive Voraussetzungen für den »öffentlichen Vernunftgebrauch« religiöser und säkularer Bürger, in: Zwischen Naturalismus und Religion. Philosophische Aufsätze, Frankfurt a.M. 2005, 119–154.

Missverständnisse entstehen in diesem Zusammenhang schließlich auch um den Begriff der religiös-weltanschaulichen Neutralität des säkularen Staates. So hört man beispielsweise immer wieder, die staatliche Schule sei ein »neutraler« Raum, in dem Religion (abseits des Religionsunterrichts) um des allgemeinen Schulfriedens willen nichts zu suchen habe. Manche schauen dabei auf Frankreich, wo die öffentliche Schule seit den Zeiten der dritten Republik weithin in diesem Sinne aufgefasst wird. Nun gelten hinsichtlich der Schule, zu deren Besuch Kinder und Jugendliche in Deutschland (und vielen anderen Staaten) ja von Rechts wegen *verpflichtet* sind, in der Tat besondere Sorgfaltspflichten.[41] Die staatlichen Schulträger sowie die Schulaufsicht sind dafür verantwortlich, dass Schülerinnen und Schüler religiös oder weltanschaulich weder indoktriniert noch einem Mobbing oder sonstigem Druck durch ihre Lehrpersonen oder seitens ihrer Peers ausgesetzt werden. Insbesondere für Lehrerinnen und Lehrer ergeben sich daraus Verpflichtungen zur persönlichen Zurückhaltung und zum sensiblen Umgang mit Bekenntnisfragen jeder Art. Das Prinzip der religiös-weltanschaulichen Neutralität rechtfertigt es aber nicht, von Staats wegen religionsfreie Räume zu schaffen und beispielsweise die öffentliche Schule generell von der Präsenz des Religiösen freizuhalten. Vielmehr steht das Neutralitätsprinzip, recht verstanden, gerade auch *im Dienst der Religionsfreiheit*, die nur dann diskriminierungsfrei für alle zur Geltung kommen kann, wenn der Staat sich selbst nicht mit einer bestimmten Religion oder Weltanschauung identifiziert und in diesem Sinne »neutral« bleibt. Es handelt sich bei der religiös-weltanschaulichen Neutralität, wie im folgenden Abschnitt noch näher erläutert werden soll, um ein unverzichtbares Fairnessprinzip des Staates im Umgang mit religiösem und weltanschaulichem Pluralismus; Ähnliches gilt für das Prinzip der staatlichen Säkularität. Als Anspruchstitel für die Zurückdrängung religiöser Symbole aus der gesellschaftlichen Öffentlichkeit oder aus öffentlichen Institutionen wären die Begriffe der staatlichen Neutralität und Säkularität jedenfalls gründlich missverstanden.

IV. Schwierigkeiten und Möglichkeiten religiös-weltanschaulicher Gleichberechtigung

Wie die Freiheit bildet auch die Gleichheit der Menschen ein zentrales Prinzip, das den Menschenrechtsansatz im Ganzen prägt und zuletzt aus der gleichen Würde aller Menschen folgt. Schon der erste Satz der Präambel der Allgemeinen Erklärung der Menschenrechte stellt einen Zusammenhang zwischen der »Anerkennung der inhärenten Würde aller Mitglieder der menschlichen Familie« und ihren »gleichen und unveräußerlichen

---

[41] Vgl. den Bericht des UN-Sonderberichterstatters zu Religions- und Weltanschauungsfreiheit an den UN-Menschenrechtsrat im März 2011 mit dem Schwerpunkt »Freedom of Religion or Belief and Public School Education«, A/HRC/16/53. www.ohchr.org/EN/Issues/FreedomReligion/Pages/Annual.aspx.

Rechten« her. Diese Formulierung ist (gelegentlich mit kleinen Varianten) in die Präambeln der meisten UN-Menschenrechtskonventionen übernommen worden.

1. Gleichheit und Nicht-Diskriminierung im Kontext der Religionsfreiheit

Das für die Menschenrechte insgesamt tragende Gleichheitsprinzip muss auch in die Religionsfreiheit systematisch hineingelesen werden, die eben für alle Menschen *gleichermaßen* Geltung beansprucht.[42] Konkret manifestiert sich die menschenrechtliche Gleichheit vor allem im Diskriminierungsverbot, das neben anderen Merkmalen – wie zum Beispiel Ethnizität, Geschlecht und neuerdings Behinderung – ausdrücklich auch die Merkmale Religion und Weltanschauung umfasst.[43] Der Anspruch beispielsweise religiöser oder weltanschaulicher Minderheiten, in Staat und Gesellschaft diskriminierungsfrei behandelt zu werden, schließt den gleichberechtigten Zugang zu staatlichen Ämtern genauso ein wie Chancengleichheit auf dem Arbeitsmarkt, im Bildungswesen und in anderen gesellschaftlichen Subsystemen. Darüber hinaus gilt es zu gewährleisten, dass die Menschen – einschließlich der Angehörigen von Minderheiten – die gleiche Freiheit haben, je für sich und in Gemeinschaft mit anderen nach ihren religiösen oder weltanschaulichen Überzeugungen zu leben und dies, wenn sie wollen, auch in der Öffentlichkeit kundzutun und zu manifestieren.

Nun wirft die Verwirklichung des Gleichheitsgrundsatzes im Kontext der Religionsfreiheit besondere Schwierigkeiten auf, weil die im Namen dieses Menschenrechts artikulierten Interessen völlig heterogen sind und sich außerdem auf praktisch alle Lebensbereiche erstrecken: Es geht dabei um Speisevorschriften, religiöse Kleidungsregeln, Gebetsrituale, religiöse Gebäude, schulischen Unterricht, Fragen von Ehe und Familie, Feiertagsregelungen und vieles andere mehr. Was dem einen heiliges Gebot ist, erscheint dem anderen womöglich als Sakrileg. Die Vielfalt der Möglichkeiten wird noch dadurch gesteigert, dass es typischerweise auch innerhalb der jeweiligen Religionsgemeinschaften abweichende Positionen gibt, die ebenfalls im Rahmen der Religionsfreiheit berücksichtigt werden wollen.

Wie kann angesichts solch unabsehbarer Vielfalt der Gleichheitsgrundsatz zum Tragen kommen? Diese Frage findet keine einfache Antwort, ja es dürfte überhaupt unmöglich sein, sie ein für allemal definitiv zu beantworten. Klar ist, dass es nicht darum gehen kann, alle Religionen oder Weltanschauungen über einen Leisten zu schlagen. Gleichheit im menschenrechtlichen Verständnis meint immer *gleiche Freiheit* – das heißt, die gleichberechtigte Möglichkeit der Menschen, mit ihren *je spezifischen*

---

42 Vgl. MARTHA C. NUSSBAUM, Liberty of Conscience. In Defense of America's Tradition of Religious Equality, New York 2008, 72ff.

43 Vgl. z.B. Artikel 2 der Allgemeinen Erklärung der Menschenrechte; Artikel 2 Absatz 1 sowie Artikel 26 des Internationalen Pakts über bürgerliche und politische Rechte; Artikel 2 Absatz 2 des Internationalen Pakts über wirtschaftliche, soziale und kulturelle Rechte.

Überzeugungen und Praktiken Anerkennung und Schutz zu finden und Diskriminierungen zu überwinden.[44] Was dies in concreto heißt, muss aber angesichts sich wandelnder religiös-demographischer Konstellationen und religionspolitischer Forderung immer wieder neu bestimmt und ggf. ausgehandelt werden. Für den Staat folgt daraus die doppelte und beinahe schon paradoxe Aufgabe, sich einerseits auf die Vielfalt von religiösen und weltanschaulichen Positionen in der Gesellschaft aktiv einzulassen, sich andererseits aber nicht mit einer bestimmten Religion oder Weltanschauung zu identifizieren, also eine spezifische Zurückhaltung zu üben. Letzteres ist mit dem Prinzip der »religiös-weltanschaulichen Neutralität« des Staates gemeint, das auch in der Rechtsprechung des Bundesverfassungsgerichts regelmäßig vorkommt.[45]

2. Zur religiös-weltanschaulichen Neutralität des säkularen Rechtsstaats

Kaum ein Prinzip wird so häufig und so fundamental missverstanden wie die religiös-weltanschauliche Neutralität des Staates. Auf den ersten Blick wirkt dieser Begriff tatsächlich nicht gerade anspruchsvoll, sondern klingt eher nach Indifferenz oder einer Haltung des Sich-Nicht-Einlassens. Tatsächlich wird die Neutralität häufig mit Passivität und Gleichgültigkeit oder auch mit dem Verlust normativer Substanz in der öffentlichen Ordnung gleichgesetzt.[46] Sinn ergibt das spezifisch religiöse und weltanschauliche Neutralitätsgebot des Staates demgegenüber nur dann, wenn man es als Bestandteil eines *aktiven staatlichen Bemühens um einen diskriminierungsfreien, offenen und inklusiven Umgang mit religiösem und weltanschaulichem Pluralismus* versteht. Als so spezifiziertes Fairnessprinzip meint die staatliche Neutralität in Bekenntnisfragen das genaue Gegenteil einer diffusen »Wertneutralität«, mit der sie oft verwechselt wird: Sie steht für einen hohen und nicht leicht einlösbaren normativen Anspruch staatlicher Politik auf Offenheit, Inklusion und Nicht-Diskriminierung. Mit »exkludierenden« Neutralitätsforderungen, die religiöse Symbole aus der Öffentlichkeit oder aus bestimmten öffentlichen Institutionen ganz heraushalten wollen, hat dies nichts gemein.

Mit dem Neutralitätsprinzip eng verwandt ist das Prinzip der staatlichen Säkularität, das ebenfalls vielfältigen und kontroversen Deutungen ausgesetzt ist. Bei der Säkularität des Rechtsstaats, so könnte man sagen, handelt es sich um eine Implikation der religiös-weltanschaulichen Neutralität des Staates, der gerade um der diskriminierungsfreien Inklusion aller willen eben kein Konfessionsstaat sein und keine offizielle Religion haben soll. Wenn der Staat seine Bindung an die Religions- und Weltanschau-

---

44 Vgl. HEINER BIELEFELDT, Philosophie der Menschenrechte, Darmstadt 1998, 87ff.

45 Vgl. z.B. BVerfGE 19, 206ff., 216: »Das Grundgesetz legt [...] dem Staat als Heimstatt aller Staatsbürger ohne Ansehen der Person weltanschaulich-religiöse Neutralität auf.«

46 Vgl. etwa CARL SCHMITT, Der Begriff des Politischen, Berlin 1963 (als Nachdruck der 2. Aufl. von 1934), 79.

ungsfreiheit einschließlich des darin enthaltenen Gleichberechtigungsanspruchs ernst nimmt, dann darf er sich nicht mit einer bestimmten religiösen oder weltanschaulichen Tradition auf Kosten der Angehörigen anderer Traditionen und Überzeugungen identifizieren. Die von dorther gebotene *»Nicht-Identifikation«* folgt gleichsam aus dem menschenrechtlichen Strukturprinzip der *»Nicht-Diskriminierung«*. Sie ist zugleich Ausdruck des Respekts vor der Freiheit der Menschen, sich in Fragen von Religion und Weltanschauung selbst zu orientieren. Insofern lässt sich der menschenrechtliche Sinn des Neutralitätsprinzips näherhin mit der Formel der *»respektvollen Nicht-Identifikation«* qualifizieren. Es ist ein unverzichtbares liberales Fairnessprinzip für den Umgang mit religiöser und weltanschaulicher Vielfalt.

Der Grundsatz der *»respektvollen Nicht-Identifikation«* bildet gleichsam die Tiefengrammatik der Säkularität des freiheitlichen Rechtsstaats, der insofern – entgegen konservativen Diskreditierungen – eben doch sein eigenes freiheitliches und egalitäres Ethos hat.[47] Die respektvolle Nicht-Identifikation kann im Übrigen – auch dies sei gegen Fehldeutungen betont – durchaus einhergehen mit förmlichen Kooperationsbeziehungen zwischen Staat und Religionsgemeinschaften. Es geht keineswegs um eine abstrakte und letztlich sogar völlig unrealistische Beziehungslosigkeit zwischen Staaten und religiösen oder weltanschaulichen Gemeinschaften, wie gelegentlich angenommen wird, sondern wiederum um *Fairness* in solchen Kooperationsbeziehungen, die so gestaltet sein sollten, dass der Staat nicht einseitig Partei nimmt, sondern sich auf die Vielfalt in der Gesellschaft affirmativ einlässt.

Das Konzept des religiös-weltanschaulich neutralen säkularen Staates bleibt nach wie vor politisch umkämpft. Denn weltweit gesehen, sind bis heute Staatsreligionen eine häufige Erscheinung. In der islamischen Welt sind sie – typischerweise verbunden mit einem verfassungsrechtlich verbürgten Sonderstatus für die islamische Scharia – weit verbreitet, und unter den arabischen Staaten bilden sie den Regelfall.[48] Aber auch in Europa gibt es eine Reihe von Staaten mit offizieller Religion.[49] Hinzu kommt, dass abseits von förmlichen Staatsreligionen verschiedene Varianten einer faktischen oder förmlichen staatlichen Privilegierung bestimmter Religionen existieren, die etwa unter Berufung auf deren Prägekraft für die historisch-kulturelle Identität des Landes verteidigt werden. Dass sich daraus jeweils – im Einzelnen sehr unterschiedlich ausgeprägte – Probleme für eine diskriminierungsfreie Gewährleistung der Religions- und Weltanschauungs-

---

47 Vgl. HEINER BIELEFELDT, Muslime im säkularen Rechtsstaat. Integrationschancen durch Religionsfreiheit, Bielefeld 2003, 15ff.

48 Vgl. STAHNKE / BLITT (Hrsg.), a.a.O., vgl. Anm. 6.

49 Vgl. GERHARD ROBBERS, Status und Stellung von Religionsgemeinschaften in der Europäischen Union, in: MICHAEL MINKENBERG / ULRICH WILLEMS (Hrsg.): Politik und Religion. Politische Vierteljahresschrift, Sonderheft 33/2002, Wiesbaden 2003, 139 –163.

freiheit aller ergeben, ist zumindest eine nahe liegende Vermutung.[50] Obwohl Staatsreligionen und andere Varianten von offiziellem Status bestimmter Religionen im internationalen Recht nicht förmlich verboten sind, stehen diejenigen Staaten, die an einer solchen Konstruktion festhalten, unter einem verschärften Beweisdruck darzulegen, dass dies nicht de facto oder gar de jure zu einer diskriminierenden Ungleichbehandlung der Angehörigen anderer Religionen oder Weltanschauungen führt.[51]

Nun halten die Verteidiger staatsreligiöser und ähnlicher offizieller Privilegierungen gern dagegen, das Verbot diskriminierender Ungleichbehandlung sei im Kontext der Religions- und Weltanschauungsfreiheit von vornherein illusionär. Jedem Staat, so eine immer wieder zu hörende Unterstellung, liege unvermeidlich ein leitendes Bekenntnis zugrunde; bei den säkularen Staaten sei dies eben der Säkularismus, der seinerseits eine postreligiöse Weltanschauung darstelle. Die Differenz zwischen einem offiziell religiösen Staat – etwa einem islamischen Staat – und einem säkularen Staat bestehe lediglich darin, dass ersterer sein Bekenntnis offen ausweise, während letzterer dies eher verschleiere. Bei diesem schon von Carl Schmitt und seinen Jüngern gern bemühten Motiv[52] handelt es sich letzten Endes um einen dialektischen Taschenspielertrick: Die bewusste *Nicht-Identifikation* des Staates mit einer Religion wird unter Hand zu einer staatlichen *Identifikation mit Nicht-Religion* verschoben. Kurz: Der säkulare Staat erscheint demnach als eine gleichsam postreligiöse Variante des Bekenntnisstaates, in dem Atheisten oder Agnostiker politisch tonangebend seien, während die im traditionellen Verständnis religiös Engagierten in einem solchen Staat angeblich zwangsläufig unter Diskriminierung leiden müssten.

Obwohl eine solche schlichte kategoriale Gleichsetzung des säkularen Rechtsstaats mit einem atheistischen Bekenntnisstaat systematisch in die Irre geht, verweist sie allerdings auf eine Zweideutigkeit im weiten semantischen Feld der Säkularität, die ernst zu nehmen ist und Klarstellungen erforderlich macht.[53] Es gibt nämlich in der Tat historische Beispiele für

---

50 Vgl. UTE SACKSOFSKY, Religiöse Freiheit als Gefahr?, in: Veröffentlichungen der Vereinigung der Deutschen Staatsrechtslehrer Bd. 68 (2009), 7–46, 20f.

51 Vgl. UN-MENSCHENRECHTSAUSSCHUSS, General Comment Nr. 22, Abschnitt 9: »Die Tatsache, dass eine Religion als staatliche Religion anerkannt oder als offizielle oder herkömmliche Religion eingebürgert ist oder dass ihre Anhänger die Mehrheit der Bevölkerung ausmachen, darf in keiner Weise den Genuss eines der durch den Pakt, insbesondere durch Artikel 18 und 27, garantierten Rechte beeinträchtigen oder zu irgendeiner Diskriminierung der Anhänger anderer Religionen oder von Nichtgläubigen führen.«

52 Vgl. CARL SCHMITT, Politische Theologie. Vier Kapitel zur Lehre von der Souveränität. Unveränderter Nachdruck der 2. Auflage von 1934, Berlin 1990.

53 Vgl. HERMANN LÜBBE, Säkularisierung. Geschichte eines ideenpolitischen Begriffs, Freiburg i.Br. 1965. Ähnlich mehrdeutig bleibt auch das Begriffsfeld von Laizität. Vgl. dazu JOCELYN MACLURE / CHARLES TAYLOR, Laizität und Gewissensfrei-

Bekenntnisgemeinschaften mit umfassendem weltanschaulichem Deutungsanspruch, die teils ausdrücklich unter dem Begriff des Säkularen firmieren. Man denke etwa an die »secular society«, für die ihr Gründer George Hollyoake Mitte des 19. Jahrhunderts den quasi-religiösen Slogan »science is the available providence of man« formulierte. Auch in Deutschland sind Ende des 19. Jahrhunderts säkularistische Weltanschauungsgemeinschaften entstanden, darunter die von Friedrich Jodl und Ferdinand Tönnies gegründete »Deutsche Gesellschaft für Ethische Kultur«.[54] Wie sehr eine säkularistische Weltsicht religiöse Sprache annehmen kann, zeigt ferner das Beispiel der »monistischen Sonntagspredigten«, die der »Monistenbund« um den Darwinjünger Ernst Haeckel herausgegeben hat.[55]

Dass ein ideologisch-säkularistischer Staat auf eine postreligiöse Form von Theokratie hinauslaufen kann, lässt sich am Beispiel der um die Mitte des 19. Jahrhunderts von Auguste Comtes entworfenen Wissenschaftsreligion illustrieren, die er »religion de l'humanité« nannte. Deren »soziokratischer« Anspruch ist ganz analog zu den theokratischen Vorstellungen Joseph de Maistres und anderer Denker der katholischen Gegenrevolution konstruiert, deren Position Comte zwar bekämpft, für die er aber zugleich offene Bewunderung hegt.[56] An die Stelle des traditionellen christlichen Klerus treten in seiner Fortschrittsvision wissenschaftlich ausgebildete Soziologen, die als »Priester der Humanität« im Bund mit den aufsteigenden Kräften von Wirtschaft und Industrie das öffentliche Leben formieren und die Staatsgewalt auf ihr um »Liebe, Ordnung und Fortschritt« zentriertes Bekenntnis verpflichten sollen.[57] Der Sache nach handelt es sich dabei um das Konzept eines säkularistischen Bekenntnisstaates, der alle verfügbaren Mittel einsetzt, um dem neuen Wissenschafts- und Fortschrittsglauben hegemoniale Geltung zu verhelfen. Da solche Vorstellungen Eingang in den frühen, revolutionären Kemalismus gefunden haben, weist der spezifische Laizismus türkischer Prägung bis in die Gegenwart unverkennbar weltanschaulich-kulturkämpferische Züge auf, die sich dann mit umgekehrter Bewertung oft auch in den Positionierungen religiös-konservativer Anti-Kemalisten widerspiegeln und immer wieder zur religionspolitischen Polarisierung im Lande beitragen.[58] Auch im französischen Laizitäts-

---

heit, Frankfurt a.M. 2011. Maclure und Taylor plädieren in diesem Buch für eine »offene Laizität«, die sie von kulturkämpferischen und weltanschaulichen Varianten klar absetzen.

54 Vgl. LÜBBE, Säkularisierung, a.a.O., 42.

55 Vgl. ebd., 51.

56 Vgl. AUGUSTE COMTE, Système de Politique Positive ou Traité de Sociologie, Instituant la Religion de l'Humanité. Drei Bände Osnabrück 1967, Bd. 3, 605.

57 Vgl. ebd., Bd. 1, 321ff.

58 Vgl. LEVENT TEZCAN, Religiöse Strategien der »machbaren« Gesellschaft. Verwaltete Religion und islamistische Utopie in der Türkei, Bielefeld 2003.

konzept ist das religionskritisch-kulturkämpferische Erbe teils bis heute noch präsent.[59]

Es überrascht daher nicht, wenn in der politischen Wirklichkeit »säkulare« Positionierungen daher manchmal mehrdeutig klingen, woraus sich dann die Aufgabe ergibt, genau hinzuhören und auf Klärungen zu drängen. Voraussetzung dafür, dass dies gelingen kann, ist aber in jedem Fall eine klare kategoriale Unterscheidung zwischen einem weltanschaulichen Säkularismus einerseits (wie er historisch in unterschiedlichen Varianten entstanden ist) und der spezifischen Säkularität des freiheitlichen Rechtsstaats andererseits. Bei der Säkularität des Rechtsstaats handelt es sich, ähnlich wie beim Prinzip der religiös-weltanschaulichen Neutralität, um ein Fairnessprinzip, das *im Dienste* der gleichberechtigten Umsetzung der Religions- und Weltanschauungsfreiheit aller steht. Es ist kein Selbstzweck oder Wert an sich, sondern hat den Stellenwert eines staatlichen Prinzips »zweiter Ordnung«, das nur in Rückbindung zu dem ihm normativ vorgelagerten Menschenrecht der Religions- und Weltanschauungsfreiheit Sinn ergibt.[60] Der säkulare Rechtsstaat unterscheidet sich, so gesehen, von einem säkularistischen Bekenntnisstaat nicht nur graduell, sondern prinzipiell, ja er stellt letztlich sogar dessen systematisches Gegenteil dar.

Das Prinzip der respektvollen Nicht-Identifikation weist den säkularen Rechtsstaat als bescheiden und anspruchsvoll zugleich aus. Die Bescheidenheit zeigt sich in der *inhaltlichen Selbstbeschränkung* seines Geltungsanspruchs: Der Staat ist weder Heilsinstrument noch Instanz einer umfassenden Sinnorientierung. Als säkularer, »rein weltlicher« Staat steht er nicht im Dienste einer religiösen Wahrheit oder eines religiösen Gesetzes. Vielmehr überlässt er die Suche nach Sinn und nach umfassender Wahrheit den Menschen, denen es obliegt, als Individuen und in Gemeinschaft mit Anderen in Freiheit ihren Lebensweg zu finden. Genau in dieser Option für die Freiheit der Menschen zeigt sich zugleich der positive normative Anspruch, den der säkulare Rechtsstaat formuliert. Denn für die Ermöglichung der Freiheit, und zwar der gleichen Freiheit aller, trägt der Staat *grundlegende politisch-rechtliche Verantwortung*, die ihrerseits auf den Respekt vor der Würde jeden Menschen als den tragenden Grund jeder rechtlichen Ordnung verweist.

3. »Reasonable accommodation«

Mit der unverzichtbaren Klärung der oft missverstandenen Prinzipien von Neutralität und Säkularität sind die praktischen Probleme um die Verwirklichung des Gleichheitsprinzips im Kontext von Religion und Weltanschauung natürlich nicht gelöst. Auch ein säkularer Rechtsstaat, der sich um die gleichberechtigte Verwirklichung der Religions- und Weltanschau-

---

[59] Vgl. HENRI PENA-RUIZ, Dieu et Marianne. Philosophie de la laicité, Paris 2005.

[60] Vgl. ähnlich auch NUSSBAUM, Liberty of Conscience, a.a.O., 20: »The idea that there should be a ›separation of church and state‹ is mentioned a lot, but I argue that it should be seen as posterior to the ideas of equality and liberty.«

ungsfreiheit für alle bemüht, wird immer wieder an schwer überwindbare Grenzen stoßen. Wie sollen etwa Feiertagsregelungen gestaltet werden? Von einer strikten Gleichheitsidee könnte man theoretisch zur Forderung gelangen, entweder alle religiösen Feiertage gleichermaßen aus dem öffentlichen Kalender zu streichen oder den Kalender um die Feiertage aller in der Gesellschaft präsenten Gruppen zu erweitern. Beides ist offenkundig weder möglich noch sinnvoll. Dies ist nur ein Beispiel dafür, dass auch in einer freiheitlichen Gesellschaft und im Rahmen einer menschenrechtlich orientierten säkular-rechtsstaatlichen Demokratie Vorstellungen der gesellschaftlichen Mehrheit de facto meistens tonangebend bleiben werden. Folgt daraus, dass man sich letztlich eben doch damit abfinden muss, dass Angehörige Minderheiten nie die volle Gleichberechtigung erreichen werden? Die Antwort auf diese Frage lautet »reasonable accommodation«.[61]

Unter »reasonable accommodation« sind Anpassungsmaßnahmen zugunsten der Angehörigen von Minderheiten zu verstehen, einschließlich möglicher Ausnahmen von allgemeinen Vorschriften, wenn letztere sonst einen Gewissenskonflikt für die betroffenen Menschen zur Folge hätten. Das Adjektiv »reasonable« verweist zugleich darauf, dass diese Anpassungsmaßnahmen innerhalb eines Rahmens bleiben müssen, der für die Gesellschaft (oder die konkret in Anspruch genommenen gesellschaftlichen Institutionen) insgesamt in vernünftiger Weise zumutbar ist. Was das genau bedeutet, lässt sich nicht abstrakt vorweg definieren, sondern muss »case by case« ermittelt und ggf. ausgehandelt werden.

Dieses Prinzip der »reasonable accommodation« ist bislang kaum systematisch erörtert worden, und selbst in menschenrechtlich interessierten Kreisen hat sich der Begriff noch nicht wirklich etabliert.[62] Gleichwohl gibt es längst eine entsprechende Praxis. Das bekannteste Beispiel ist die Militärdienstverweigerung aus Gewissensgründen. Die Anpassungsmaßnahme besteht dabei darin, dass der Staat denjenigen, die aus Gewissensgründen einen Militärdienst ablehnen, entgegenkommt und ihnen die Option eines alternativen Zivildienstes eröffnet. Dies gilt inzwischen als menschenrechtlicher Standard. Der für das Monitoring des Internationalen Pakts über bürgerliche und politische Rechte zuständige UN-Ausschuss hat die Militärdienstverweigerung bereits 1993 in den Zusammenhang der Denk-, Gewissens-, Religions- und Weltanschauungsfreiheit gestellt.[63] Auch der Europäische Gerichtshof für Menschenrechte hat den Stellenwert der Militärdienstverweigerung aus Gewissensgründen jüngst in einem Urteil bekräftigt.[64]

---

61 Vgl. NUSSBAUM, Liberty of Conscience, a.a.O., 115ff..

62 Verstärkt diskutiert wird »reasonable accommodation« in jüngster Zeit im Kontext der Behindertenrechtskonvention, die entsprechende Anpassungsmaßnahmen für behinderte Menschen verlangt.

63 Vgl. UN-MENSCHENRECHTSAUSSCHUSS, General Comment Nr. 22, Abschnitt 11.

64 Vgl. EGMR zu Bayatyan v. Armenia (appl. 23459/03) vom 7. Juli 2011.

In den weiteren Kontext von »reasonable accommodation« gehört auch die Berücksichtigung von Speisevorschriften religiöser oder weltanschaulicher Minderheiten in öffentlichen Institutionen – eine Praxis, die vielerorts mittlerweile so selbstverständlich geworden ist, dass sie nicht mehr für Diskussionen sorgt. Vor einigen Jahren hat der Europäische Gerichtshof für Menschenrechte einem Gefängnisinsassen in Polen Recht gegeben, der als überzeugter Vegetarier fleischlose Kost verlangt und sich dabei auf sein Gewissen berufen hatte.[65] In Schulen und Betrieben ist es außerdem weithin üblich geworden, dass Angehörige von Minderheiten Urlaub bei religiösen Feiertagen nehmen können. Auch für die Durchführung von Gebeten, die an bestimmte Zeiten gebunden sind, lassen sich oft pragmatische Lösungen finden.

Manches bleibt aber auch umstritten. Wie soll der Staat reagieren, wenn Eltern aus religiösen Gründen erreichen wollen, dass ihre Kinder vom Biologieunterricht oder von der Schulpflicht insgesamt freigestellt werden? Die Brisanz dieser Frage liegt darin, dass die Schulpflicht in Deutschland verfassungsrechtlichen Rang hat und der Staat auf diese Weise das *Menschenrecht* von Kindern und Jugendlichen *auf Bildung* abstützt. Die Religions- und Weltanschauungsfreiheit, zu der auch das Elternrecht auf Erziehung der Kinder nach den eigenen Überzeugungen gehört, kollidiert hier also mit einem anderen Menschenrecht, für das der Staat ebenfalls eine Gewährleistungsfunktion übernommen hat. Was ist zu tun, wenn Jugendliche aus der Gemeinschaft der Sikhs verlangen, den »Kirpan«, einen rituellen Dolch im Schulunterricht zu tragen, obwohl generell Messer oder andere Waffen aus Sicherheitsgründen aus der Schule verbannt sind? Der kanadische Supreme Court hat vor einigen Jahren in einem solchen Streitfall einem jungen Sikhs Recht geben, zugleich aber besondere Vorkehrungen – nämlich das Einnähen des Kirpans in eine Jacke – verlangt.[66] US-amerikanische Gerichte haben jahrelang gegensätzliche Entscheidungen zu der Frage getroffen, ob Angehörige indigener Religionen in rituellen Kontexten ausnahmsweise Peyote rauchen dürfen, obwohl der Konsum aufgrund psychodelischer Wirkungen generell durch das Betäubungsmittelgesetz verboten ist.[67]

Besondere Anpassungsmaßnahmen zugunsten der Angehörigen von Minderheiten stoßen in der Bevölkerung oft auf Widerspruch, weil man darin unrechtmäßige Privilegierungen sieht. Manche haben darüber hinaus Angst vor potenziell anarchischen Konsequenzen, wenn der Staat sich zu sehr auf »Sonderregelungen« einlässt. Deshalb erfordert das Thema einen sensiblen, genauen und an nachvollziehbaren Kriterien orientierten Umgang mit entsprechenden Ansprüchen. Wenn sich in der Bevölkerung der Eindruck breitmachen sollte, dass die Politik diesbezüglich keinen klaren Kompass hat, sondern lediglich auf Druck reagiert, darf man sich über

---

65 Vgl. EGMR zu Jokobski v. Poland (appl. 18429/06) vom 7. Dezember 2010.

66 Auszüge der Entscheidung finden sich bei DURHAM / SCHARFFS, a.a.O., 243ff.

67 Vgl. NUSSBAUM, Liberty of Conscience, a.a.O., 147ff.

Unmut und Widerstand nicht wundern. Deshalb braucht es bei aller Offenheit für unterschiedliche Problemkonstellationen und sich wandelnde Kontexte zugleich Kriterien, anhand derer sich überprüfen lässt, dass Anpassungsmaßnahmen tatsächlich vernünftig (»reasonable«) sind.[68] Zum Beispiel kann der Staat denjenigen, die unter Berufung auf Glauben oder Gewissen eine Ausnahme von allgemein geltenden Vorschriften erreichen möchten, durchaus abverlangen, genauer darzulegen, worin denn andernfalls ein für sie unzumutbarer Konflikt liegen würde.[69] Es muss dabei um mehr als nur persönliche Präferenzen, nämlich um grundlegende Fragen von Gewissen, religiöser Überzeugung oder auch nicht-religiöser Weltanschauung gehen. Außerdem sollte, wo immer dies möglich ist, ein alternativer Beitrag für die Gesellschaft festgelegt werden; das Modell dafür bietet der Zivildienst als der Alternative zu einem generell verpflichtenden Militärdienst. Und schließlich gilt es klarzustellen, dass Anpassungsmaßnahmen auch bei bestem Willen aller Beteiligten ihre Grenzen haben. Wenn es um zentrale Rechtsgüter – etwa andere Grund- und Menschenrechte wie das Recht auf Bildung oder das Recht auf Gesundheit – geht, muss der Staat selbst dann Forderung nach Ausnahmen widerstehen, wenn diese auf nachvollziehbar dargelegte Gewissensgründe zurückgehen. Es kann tragische Gewissenskonflikte geben, für die freiheitliche Rechtsordnung keinen Ausweg bereithält.[70]

»Reasonable accommodation« steht für das Bemühen, den hohen Stellenwert der Denk-, Gewissens-, Religions- und Weltanschauungsfreiheit in konkrete Kontexte hinein angemessen zu übersetzen. Recht verstanden, geht es dabei gerade nicht um die Privilegierung der Angehörigen von Minderheiten, sondern um die Überwindung der – meist unbeabsichtigten – besonderen Härten, die für Minderheiten dadurch entstehen können, dass in den allgemeinen Gesetzen Überzeugungen der Mehrheitsbevölkerung durchschlagen, deren religiöse oder weltanschauliche Implikationen oft kaum diskutiert werden. In manchen Fällen führt dies zu indirekten Diskriminierungen, die den meisten Menschen nicht einmal bewusst sein

---

[68] Angesichts bestehender Verunsicherung in der Bevölkerung hat die Regierung der kanadischen Provinz Quebec eine Kommission einberufen, die die Kriterien von »reasonable accommodation« näher erörtern und öffentlich darlegen sollte. Vgl. den Bericht der Kommissionsvorsitzenden: GÉRARD BOUCHARD /CHARLES TAYLOR, Building the Future. A Time for Reconciliation. Report of the Commission de Consultation sur les pratiques d'accommodement relies aux differences culturelles, Government of Quebec, 2008.

[69] Vgl. LACLURE / TAYLOR, a.a.O., 131.

[70] So kann der Staat auf die religiös begründete Ablehnung von Bluttransfusionen durch die Zeugen Jehovas dann keine Rücksicht nehmen, wenn es um das Leben Dritter – etwa der Kinder von Mitgliedern der Religionsgemeinschaft – geht. Hier muss der Staat für das Recht auf Leben eintreten, hinter das die Religionsfreiheit sowie das Elternrecht für den Zeitraum der lebensrettenden Maßnahme zurücktreten.

mögen. Dagegen sollen vernünftige Anpassungsmaßnahmen Abhilfe schaffen. Wenn dies gelingt, führt dies dazu, dass die Gesellschaft dem Gleichheitsprinzip, das der Religions- und Weltanschauungsfreiheit zugrunde liegt, in einer komplexeren und besseren Weise gerecht wird. Denn menschenrechtliche Gleichheit meint niemals mechanische Gleichbehandlung, sondern gründet in der gleichen Achtung der Grundüberzeugungen aller Menschen in ihrer Vielfalt.

V. Die Religionsfreiheit im Gesamt der Menschenrechte

Bei aller Differenz ihrer jeweils konkreten Schutzinhalte stehen die verschiedenen Menschenrechte nicht nur einfach nebeneinander, sondern bilden einen systematischen Gesamtzusammenhang. Sie ergänzen einander wechselseitig hinsichtlich der ihnen zugrunde liegenden allgemeinen Zielsetzung, nämlich der Schaffung menschenwürdiger, freiheitlicher Sozialverhältnisse auf der Basis allgemeiner Gleichberechtigung. Für diese inhaltliche Zusammengehörigkeit der Menschenrechte hat sich spätestens seit der Wiener Weltmenschenrechtskonferenz von 1993 der Begriff der »Unteilbarkeit« durchgesetzt. »All human rights are universal, indivisible, interrelated and interdepent« – so lautet die vielzitierte Formel aus dem Wiener Abschlussdokument.[71]

Die Unteilbarkeit der Menschenrechte meint natürlich keine prästabilisierte Harmonie. Menschenrechtliche Anliegen können konkret miteinander in Konflikt geraten, woraus sich dann ggf. die Notwendigkeit ergibt, zwischen ihnen abzuwägen und einen möglichst schonenden Ausgleich zu finden. Für den Umgang mit solchen Kollisionsfällen gibt es verbindliche Kriterien. Dies gilt auch für Ansprüche, die im Namen der Religionsfreiheit vorgebracht werden. Sie können ggf. mit dem Recht auf Bildung, dem Recht auf Gesundheit, dem Recht auf Leben und anderen Menschenrechtsansprüchen ins Gehege kommen. All dies gehört zur Normalität menschenrechtlicher Praxis, die oft genug eine Konfliktbearbeitungspraxis ist.

Ideologische Verkürzungen drohen aber dann, wenn der Eindruck entsteht, die Religionsfreiheit als solche stünde gleichsam »ihrem Wesen nach« *in abstraktem Gegensatz* zu anderen Menschenrechten. Drei Beispiel-Konstellationen seien im Folgenden kurz angesprochen: (1) das Verhältnis von Religionsfreiheit zur Meinungsfreiheit, sodann (2) zur Gleichberechtigung der Geschlechter und schließlich (3) zu den in jüngster Zeit verstärkt diskutierten Rechten auf gleichberechtigte Freiheit der sexuellen Orientierung.

1. Religionsfreiheit versus Meinungsfreiheit?

Das Problem einer antagonistischen Verhältnisbestimmung von Religionsfreiheit und Meinungsfreiheit zeigt sich exemplarisch in den bereits disku-

---

71 World Conference on Human Rights (1993). Vienna Declaration and Programme of Action, Nr. 5, erster Satz.

tierten OIC-Resolutionen zur Bekämpfung von Religionsdiffamierung, die unverkennbar auf Restriktionen der Meinungsfreiheit ausgerichtet sind. Wer solche Restriktionen (der Sache nach zu Unrecht!) als ein Anliegen ausgerechnet der Religionsfreiheit ausgibt, befördert damit – gewollt oder ungewollt – antiliberale Lesarten dieses Rechts. An die Stelle eines religiös-weltanschaulichen *Freiheits*rechts, das mit der Meinungsfreiheit bei allen Differenzen im Detail die freiheitlich-kommunikative Grundorientierung gemeinsam hat, tritt ein potenziell restriktives *Schutz*recht für religiöse Gefühle (oder gar eine Art Ehrschutz für bestimmte Religionen). Die so (miss-)verstandene Religionsfreiheit wirkt dann gleichsam wie eine autoritäre Bremse gegenüber einer ansonsten womöglich »ausufernden« Meinungsfreiheit, mit der sie von Haus aus in Konflikt zu stehen scheint. Solche Missverständnisse treten im Übrigen nicht etwa nur im Kontext der OIC auf. Selbst in einigen Urteilen des Europäischen Gerichtshofs für Menschenrechte aus den 1990er Jahren, in denen es um Blasphemievorwürfe ging, finden sich wiederholt Formulierungen, die eine solche antiliberale Interpretation der Religionsfreiheit befördern könnten.[72]

Auf dem Höhepunkt der Auseinandersetzung um die dänischen Mohammed-Karikaturen wies Asma Jahangir, UN-Sonderberichterstatterin für Religions- und Weltanschauungsfreiheit von 2004 bis 2010, demgegenüber darauf hin, dass es kein Recht gibt, von Religionskritik generell verschont zu werden. Ein solches Recht wäre tatsächlich das Ende der freiheitlichen, pluralistischen Gesellschaft. Am allerwenigsten könne die Religionsfreiheit als ein solcher Titel fungieren. Vielmehr bewegen sich Religionsfreiheit und Meinungsfreiheit, wie Jahangir betonte, als geistig-kommunikative Freiheitsrechte grundsätzlich in derselben Richtung.[73]

Damit sind konkrete Konflikte im Bannkreis dieser beiden Rechte gewiss nicht ausgeschlossen.[74] Wenn im Namen der Meinungsfreiheit vorgebrachte polemische Attacken gegen bestimmte Religionen und ihre Anhängerschaft eine solche Schärfe erreichen, dass sie darauf hinauslaufen, die gesellschaftlichen Beziehungen zu vergiften oder gar ein Klima der Einschüchterung zu schaffen, in dem manche Menschen sich nicht mehr trauen, sich öffentlich zu ihren Überzeugen zu bekennen oder ihren Glauben sichtbar zu praktizieren, kann dies zu Verletzungen der Religionsfreiheit führen. Dagegen vorzugehen und Abhilfe zu schaffen, ist dann ein menschenrechtliches Gebot. Ein wichtiges Ergebnis mehrerer Workshops

---

[72] Vgl. EGMR Otto-Preminger-Institut v. Austria (appl. 13470/87) vom 20. September 1994.

[73] Vgl. Report of the Special Rapporteur on freedom of religion or belief, Asma Jahangir, and the Special Rapporteur on contemporary forms of racism, racial discrimination, xenophobia and related intolerance, Doudou Diène, Implementation of General Assembly Resolution 60/251 of 15 March 2006 entitled »Human Rights Council«, A/HRC/2/1., 10.

[74] Vgl. MALCOLM D. EVANS, The Freedom of Religion or Belief and the Freedom of Expression, in: Religion and Human Rights, Bd. 4 (2009), 197–235.

zum Thema »Aufstachelung zu ethnischem oder religiösem Hass«, die das UN-Hochkommissariat für Menschenrechte im Jahre 2011 auf allen Kontinenten durchführte, besteht allerdings in der Einsicht, dass religionsbezogenen Formen von »hate speech« am besten mit *»more speech«* zu begegnet ist.[75] Gefordert sind mediale und zivilgesellschaftliche Gegeninitiativen, Richtigstellungen und breit angelegte öffentlichen Solidaritätsaktionen, während strafrechtliche Sanktionen oder andere restriktive Maßnahmen nur in extremen Fällen gerechtfertigt werden können und stets an hohe rechtsstaatliche Hürden gebunden bleiben müssen. Selbst in akuten Kollisionsfällen zwischen Religionsfreiheit und Meinungsfreiheit besteht die wichtigste Form der Abhilfe also wiederum in einem gezielten Gebrauch der Meinungsfreiheit und anderer kommunikativer Freiheitsrechte. Schon deshalb wäre es unsinnig, einen abstrakten Gegensatz zwischen Religionsfreiheit und Meinungsfreiheit aufzubauen.

Ohne Meinungsfreiheit, zu der das Bundesverfassungsgericht einst feststellte, dass sie »in gewissem Sinn die Grundlage *jeder* Freiheit«[76] darstellt, kann es letztlich auch keine Religionsfreiheit geben. Nur wenn die Menschen die Möglichkeiten haben, in einem öffentlichen Diskurs ihre Gravamina zu artikulieren, können ihre Freiheitsrechte wirksam werden. Im Gegenzug ließe sich übrigens genauso sagen, dass ohne menschenrechtlich geschützten Respekt vor der Gedanken-, Gewissens-, Religions- und Weltanschauungsfreiheit der Menschen, dem öffentlichen Diskurs die Grundlage fehlen würde. Auch die Meinungsfreiheit lebt also gewissermaßen von der Religionsfreiheit. Genau diese Verweisstruktur, in der die verschiedenen Menschenrechte einander nicht nur ergänzen, sondern einander wechselseitige voraussetzen, ist mit dem Begriff der Unteilbarkeit der Menschenrechte gemeint.

2. Religionsfreiheit und Gleichberechtigung der Geschlechter

Ein Thema, das in den letzten Jahren immer wieder zu teils heftigen Kontroversen geführt hat, betrifft das Verhältnis zwischen Religionsfreiheit und der Gleichberechtigung der Geschlechter. Dass das Diskriminierungsverbot auch die Diskriminierung aufgrund des Geschlechts umfasst, kann keinem vernünftigen Zweifel unterliegen. International ist dies in der Allgemeinen Erklärung der Menschenrechte von 1948[77] sowie im Internationalen Pakt über bürgerliche und politische Rechte[78] festgeschrieben worden. Näher ausdifferenziert werden die praktischen Konsequenzen des Verbots geschlechtsspezifischer Diskriminierung in der Konvention zur

---

[75] Vgl. Joint submissions by three Special Rapporteurs to the 2011 OHCHR expert workshops on the prohibition of incitement to national, racial or religious hatred, available online at: www2.ohchr.org/english/issues/opinion/articles1920_iccpr/.

[76] BVerfGE, Bd. 7, 198 (Hervorhebung im Original).

[77] Vgl. Artikel 2 Absatz 2 AEMR.

[78] Vgl. Artikel 2 IPBPR.

Abschaffung aller Formen der Diskriminierung der Frau von 1979 – nach dem englischen Titel als CEDAW abgekürzt.[79]

Nun ist es allgemein bekannt, dass Frauen in vielen religiösen Traditionen – oft bis heute – marginalisiert werden.[80] Herausgehobene Autoritätspositionen bleiben vielfach ausschließlich Männern vorbehalten. Hinzu kommt, dass patriarchalische Familienwerte und die ihnen zugrunde liegenden Geschlechterrollen lebensweltlich durch religiöse oder kulturelle Praktiken gestützt werden. Dies kann weit reichende Auswirkungen auf die Lebens- und Freiheitschancen für Frauen in der gesamten Gesellschaft haben – bis dahin, dass Mädchen und jungen Frauen angemessene Bildungsmöglichkeiten versperrt werden. Die CEDAW-Konvention verpflichtet die Staaten deshalb dazu, alle angemessenen Maßnahmen zu ergreifen, »um die sozialen und kulturellen Verhaltensmuster von Männern und Frauen zu verändern – mit dem Ziel eine Überwindung von Vorurteilen und überkommenden und sonstigen Praktiken zu erreichen, die auf der Vorstellung der Unterlegenheit oder Überlegenheiten eines der Geschlechter oder auf stereotypen Rollenvorstellungen für Männer und Frauen beruhen«[81]. Diese CEDAW-Anforderung kann mit religiösen Interessen kollidieren, die unter Umständen aber auch ihrerseits unter Berufung auf ein Menschenrecht – nämlich die Religionsfreiheit – vorgebracht werden. So kommt es beispielsweise vor, dass Religionsgemeinschaften staatliche Anti-Diskriminierungsauflagen als illegitime Eingriffe in ihre korporative Religionsfreiheit zurückweisen oder dass sich Eltern gegen schulische Sexualaufklärung zur Wehr setzen, weil sie darin eine Verletzung ihres Elternrechts auf Erziehung ihrer Kinder in Übereinstimmung mit den familiären religiösen und moralischen Überzeugungen sehen.[82]

Es ist hier nicht der Ort, auf solche Konflikte im Einzelnen einzugehen. Das Prinzip der Unteilbarkeit der Menschenrechte erinnert jedenfalls daran, dass es falsch wäre, aus solchen realen Konflikterfahrungen ideologisch auf einen generellen Antagonismus vermeintlich »wesenhaft« unterschiedlicher Rechte zu schließen. Eine derartige abstrakt-antagonistische Konstruktion würde außerdem die Chancen von Frauen auf ein Leben frei von Diskriminierungen weiter verringern. Denn zahlreichen Frauen leiden nicht nur unter geschlechtsspezifischen Diskriminierungen, sondern zugleich auch unter Diskriminierungen aufgrund von Religion oder Weltanschauungen (oder auch weiterer Varianten von Diskriminierung). Die komplexen Facetten multipler und intersektioneller Diskriminierung, die sich daraus ergeben können, sind in unseren Breiten in den vergangenen Jah-

---

79 Vgl. Beate Schöpp-Schilling / Cees Flinterman (Hrsg.), The Circle of Empowerment. Twenty-Five Years of the UN Committee on the Elimination of Discrimination Against Women, New York 2007.

80 Vgl. Marianne Heimbach-Steins, Religionsfreiheit. Ein Menschenrecht unter Druck, Paderborn 2012, 181ff.

81 Artikel 5, lit. a CEDAW.

82 Verbürgt ist dieses Recht z.B. in Artikel 18 Absatz 4 des IPBPR.

ren insbesondere im Blick auf Kopftuch tragende muslimische Frauen intensiv debattiert worden.[83] Das Kopftuch fungierte dabei als oft Projektionsfläche grundsätzlich kontroverser Einschätzungen des Verhältnisses von Frauenemanzipation und Religion überhaupt.

In der öffentlichen Diskussion zu diesem Themenfeld sind gelegentlich Vorstellungen vorgebracht worden, wonach sich Frauen – konkret geht es hierzulande fast ausschließlich um muslimische Frauen – letztendlich zwischen zwei Möglichkeiten entscheiden müssten: einem Leben in Freiheit um den Preis eines Bruchs mit ihrer religiösen Tradition oder einem Leben innerhalb der Religion um dem Preis persönlicher Unfreiheit. Eine solche schlichte Entgegensetzung, mit großem publizistischem Erfolg etwa von Necla Kelek formuliert,[84] zerschneidet Lebenswirklichkeit vieler Frauen. Schlimmer noch: Die perzeptive Verengung der Optionen auf ein radikales Entweder-Oder läuft darauf hinaus, all denjenigen Frauen, die sich um eine Verbindung von persönlicher Freiheit mit religiöser Lebensführung bemühen, jedwede öffentliche Anteilnahme zu verweigern.

Hinsichtlich der in den vergangenen Jahren vielfach diskutierten Emanzipation von Frauen (bzw. Männern) mit muslimischem Familienhintergrund aus patriarchalischen Strukturen bleibt deshalb festzuhalten, dass sie auf unterschiedlichen Wegen stattfinden kann: Sie kann aus dem islamischen Kontext *herausführen* und in manchen Fällen einen partiellen oder völligen Bruch mit der Religion zur Folge haben. Sie kann aber auch *innerhalb* eines islamischen Referenzsystems stattfinden. Muslimische Frauenrechtlerinnen kämpfen international – oft gegen erhebliche Widerstände – darum, durch alternative Lektüre der religiösen Quellen hier neue Freiräume zu erschließen.[85] Außerdem ist es natürlich denkbar, dass Frauen ihren eigenen Weg finden, ohne sich überhaupt kritisch oder affirmativ mit religiösen Fragen zu beschäftigen; vielleicht trifft Letzteres für die große Mehrzahl der betroffenen Frauen zu. Um es generell zu formulieren: Es gibt Möglichkeiten der Befreiung *von* der Religion, *innerhalb* der Religion oder auch *in Indifferenz* zur Religion (mit dieser idealtypischen Zuspitzung nur angedeutete) Vielzahl möglicher Wege zu gleichberechtigter Selbstbestimmung gilt es auch politisch – und zwar sowohl innerhalb der

---

83 Vgl. SHERENE H. RAZACK, Imperilled Muslim women, dangerous Muslim men and civilised Europeans: Legal and social responses to forced marriages, in: Feminist Legal Studies 12 (2004), 129–174.

84 Vgl. z.B. NECLA KELEK, Die fremde Braut. Ein Bericht aus dem Inneren des türkischen Lebens in Deutschland, Köln 2005; DIES., Die verlorenen Söhne. Plädoyer für die Befreiung des türkisch-muslimischen Mannes, Köln 2006.

85 Vgl. zum Beispiel ZIBA MIR-HOSSEINI, Classical fiqh, contemporary ethics and gender justice, in: KARI VOGT / LENA LARSEN / CHRISTIAN MOE (Hrsg.), New Directions in Islamic Thought. Exploring Reform and Muslim Tradition, London: Tauris, 2009, S. 77–88; ZAINAR ANWAR (Hrsg.), WANTED. Equality and Justice in the Muslim Family, SIS Forum Malaysia 2009.

allgemeinen politischen Debatte als auch bei der Ausgestaltung konkreter Bildungs- und Beratungsangebote – zu berücksichtigen.

Die in den Menschenrechten anerkannte Freiheit bezieht sich nicht nur auf das *Ziel* emanzipierter Lebensführung, sondern schließt auch die Vielfalt möglicher *Wege* hin zu diesem Ziel ein. Auch hier eröffnen die Menschenrechte einen Raum von »diversity«. Den je angemessenen Weg zur Freiheit zu finden – in der Religion, aus der Religion heraus oder in Gleichgültigkeit zur Religion –, ist aber zuletzt Sache der Betroffenen, deren freie Entscheidung in jedem Fall Sympathie, Respekt und Unterstützung verdient. Auf der normativen Ebene heißt dies, dass an der Unteilbarkeit der Menschenrechte auch im Verhältnis zwischen Religionsfreiheit und Geschlechtergerechtigkeit unbedingt festzuhalten ist. Wer meint, dem Anliegen von Frauenrechten und Geschlechtergerechtigkeit sei am besten dadurch gedient, dass man das Recht auf Religionsfreiheit hinanstellt, begeht einen schweren Fehler.

Ohne Respekt vor der Religions- und Weltanschauungsfreiheit der Menschen kann sogar eine Antidiskriminierungspolitik in eine menschenrechtlich problematische Schieflage geraten. Bekanntlich haben mittlerweile sogar rechtspopulistische Bewegungen gelernt, selektive und meist recht vordergründige Anleihen bei moderner Emanzipationsrhetorik zu machen, um daraus einen Stolperdraht für Migrantinnen und Migranten insbesondere aus muslimisch geprägten Ländern zu drehen. Dieses von Pim Fortuyn in den Niederlanden dereinst entwickelte Ausgrenzungsmuster hat sich mittlerweile in ganz Westeuropa als Erfolgsrezept anti-muslimischer Bewegungen etabliert.[86] Eine den Menschenrechten verpflichtete Antidiskriminierungsarbeit muss darauf achten, dass sie gegenüber solchen Instrumentalisierungen klar auf Abstand hält. Ohne systematische Einbeziehung der Religionsfreiheit in die Antidiskriminierungsagenda dürfte dies kaum gelingen.

3. Religionsfreiheit und LGBTI-Rechte

Abstrakt-antagonistische Konstruktionen begegnen neuerdings verstärkt auch bei der Verhältnisbestimmung zwischen der Religionsfreiheit und Projekten der Bekämpfung von Diskriminierung auf sexueller Orientierung und Gender-Identität.[87] In diesem Feld kommt es zunehmend zu schwer lösbaren Konflikten, etwa wenn sich Standesbeamte aus religiösen Gewissensgründen weigern, an der Verheiratung homosexueller Paare mitzuwirken. Ein solcher Fall, ist derzeit beim Europäischen Gerichtshof für Menschenrechte anhängig.[88] Es gibt auch Berichte darüber, dass manche Vermieter oder Hoteliers sich weigern, Unterkunft für schwule oder lesbische Paare

---

86 Vgl. HEINER BIELEFELDT, Entgleisende Islamkritik. Differenzierung als Fairnessgebot, in: HENDRIK MEYER / KLAUS SCHUBERT (Hrsg.), Politik und Islam, Wiesbaden 2011, 135–144.

87 Teils scharf artikuliert wurde ein solcher Gegensatz beispielsweise auf einer OSZE-Konferenz in Wien, 1./2. Dezember 2010.

88 Vgl. EGMR, Ladele v. the United Kingdom (appl. 51671/10).

zur Verfügung zu stellen.[89] Sie geraten auf diese Weise in Konflikt mit Antidiskriminierungsgesetzen, die ihrerseits eine menschenrechtliche Grundlage aufweisen.[90] Was aber ist, wenn sie sich dabei auf Gewissensgründe berufen und die Religionsfreiheit für sich in Anspruch nehmen?

Wiederum ist hier nicht der Ort, die schwierigen Beispielfälle im Einzelnen durchzugehen. Wichtig ist in jedem Fall aber, dass aus solcher Konflikterfahrung wiederum nicht falsche, ideologische Konsequenzen gezogen werden, wie dies seit einiger Zeit verstärkt zu beobachten ist. So behaupten Protagonisten konservativer religiöser Organisationen gelegentlich, ihre eigene Religionsfreiheit sei bereits dadurch verletzt, dass Lesben und Schwule neuerdings mehr gesellschaftlichen Respekt genießen als in früheren Zeiten und heutzutage auch öffentliche Ämter bekleiden können. Dies ist offensichtlich ein Fehlschluss. Die Religionsfreiheit wird dabei schlicht mit *bestimmten religiösen Wertvorstellungen*, etwa traditionellen, religiös konnotierten »family values« gleichgesetzt. Natürlich haben Menschen das Recht, für derartige Wertvorstellungen öffentlich einzutreten. Sie können den gesellschaftlichen Wandel in Richtung von mehr Anerkennung sexueller Minderheiten für einen Irrweg halten oder als Niedergang öffentlicher Moral beklagen. Mit einer Verletzung der Religionsfreiheit hat diese gesellschaftliche Entwicklung hingegen nichts zu tun. Denn einen Rechtstitel auf hegemoniale gesellschaftliche Stellung der eigenen religiös-moralischen Überzeugungen kann es im menschenrechtlichen Kontext nicht geben; dies wäre das Gegenteil menschenrechtlicher Freiheit und Gleichberechtigung.

Die Religionsfreiheit ist kein Instrument des öffentlichen Kulturkampfes gegen die Gleichberechtigung von Lesben und Schwulen, die ja – dies wird meist vergessen – auch ihrerseits einen Anspruch auf Respekt ihrer Religionsfreiheit haben. Diese Klarstellung ist außerdem erforderlich, um das gegenteilige Missverständnis auszuräumen, wonach die Religionsfreiheit ein bloßes Hindernis auf dem Weg zu einer diskriminierungsfreien Gesellschaft darstelle, auf das man deshalb, wenn es hart auf hart kommt, nicht allzu viel Rücksicht nehmen könne. In der Diskussion mit zivilgesellschaftlichen Organisationen mit prononcierter Antidiskriminierungsagenda stößt man tatsächlich ab und zu auf eine gegenüber der Religionsfreiheit bestehende grundlegende Skepsis, in der sich deren falsche Gleichsetzung mit bestimmten autoritären religiösen Wertvorstellungen gleichsam unter umgekehrten Vorzeichen widerspiegelt. Ohne Respekt vor der Gedanken-, Gewissens-, Religions- und Weltanschauungsfreiheit der Men-

---

[89] Elisabeth Holzleithner, Intersektionen von Gender und Religion im Menschenrechtsdiskurs: Der Fall sexueller Orientierung, in: Zeitschrift für Menschenrechte, Jahrgang 5 (2001), Nr. 1, 22–40, 34f.

[90] Vgl. Discriminatory laws and practices and acts of violence against individuals based on their sexual orientation and gender identity. Report of the United Nations High Commissioner for Human Rights. UN Doc. a/HRH/19/41 of 17 November 2011.

schen können aber auch gut gemeinte Antidiskriminierungsprojekte in neue Varianten von Indoktrinierung und Bevormundung umschlagen. Auch hier ist Wachsamkeit vonnöten.

Menschenrechte bieten eine Voraussetzung dafür, bestehende gesellschaftliche Konflikte offen zu artikulieren und zu bearbeiten. Dies gilt auch für konkrete Widersprüche, die zwischen konservativen religiösen Vorstellungen und dem Anspruch auf umfassende Gleichberechtigung in den Bereichen sexueller Orientierung und Gender-Identität bestehen. Die Spannungen dürfen weder unterdrückt noch bagatellisiert werden. Ein offener Umgang mit solchen Konflikten ist aber etwas anderes als eine kulturkämpferische Polarisierung, durch die manche Menschen buchstäblich zerrieben zu werden drohen. Das Postulat der Unteilbarkeit der Menschenrechte steht, so gesehen, für die immer wieder neu zu leistende Aufgabe, gerade auch in konkreten Konfliktfällen menschenrechtliche Ansprüche aufeinander zuzuführen.[91] Dies ist oft schwer genug. Abstrakt-antagonistische Konstruktionen verbauen diesen Weg aber von vornherein und sind deshalb weder hilfreich noch sachlich angemessen.

VI. Vertrauensbildung durch Religionsfreiheit

»Alle Menschen sind frei und gleich an Würde und Rechte geboren.« Knapper als in diesem vielzitierten Satz aus der Allgemeinen Erklärung der Menschenrechte lässt sich die Programmatik der Menschenrechte nicht zusammenfassen: Es geht in ihnen um universale Freiheits- und Gleichheitsrechte, die jedem Menschen aufgrund seiner inhärenten Würde zustehen. Dass dies auch für die Gedanken-, Gewissens-, Religions- und Weltanschauungsfreiheit gilt, ist im Prinzip unbestritten. Denn sie ist als Menschenrecht klar und eindeutig im internationalen Recht verbürgt.

Und doch scheint es gerade bei der Religionsfreiheit schwierig zu sein, diesen ihren menschenrechtlichen Charakter konsequent durchzuhalten: Der Universalismus des Menschenrechts bricht sich an Konzepten, die religiöse Freiheit auf einen staatlich festgelegten Kanon legitimer Optionen reduzieren. Der freiheitsrechtliche Gehalt der Religionsfreiheit wird durch Projekte einer Bekämpfung von »Religionsdiffamierung«, durch identitätspolitische Anerkennungsforderungen, durch Vorstellungen staatlich behüteter interreligiöser Harmonie oder durch Wünsche nach Abdrängung von Religionen aus dem öffentlichen Leben abgefangen, relativiert oder gar ins Autoritäre hin verbogen. Und auch der Anspruch auf gleichberechtigte Verwirklichung dieses Menschenrechts in einem religiös-weltanschaulichen neutralen säkularen Rechtsstaat trifft immer wieder auf prinzipielle Widerstände oder wird als von vornherein sinnlos abgewiesen. Hinzu kommt, dass das Postulat der Unteilbarkeit der Menschenrechte neuerdings verstärkt mit Vorstellungen kollidiert, wonach zwischen Religionsfreiheit und Meinungsfreiheit oder zwischen Religionsfreiheit und Antidiskriminierungsagenden unauflösbare Widersprüche bestünden.

---

[91] Vgl. in diesem Sinne auch Holzleithner, a.a.O., 38.

Warum tut man sich bei der Religionsfreiheit so schwer? Die Gründe dürften vielschichtig sein. Schon wenn man sich dem Thema in akademischer Distanz nähert, stößt man auf nicht leicht lösbare Fragen: Was ist der genaue Gegenstandsbereich dieses Menschenrechts? Wo müssen definitorische Grenzen gezogen werden, damit die Religionsfreiheit nicht zur Beute trivialer Interessen wird? Wie lässt sich zugleich Offenheit für neue Entwicklungen gewährleisten? Wie ist im Falle der Kollision mit anderen menschenrechtlichen Anliegen oder sonstigen wichtigen Rechtsgütern zu verfahren? Lässt sich das Prinzip der religiös-weltanschaulichen Neutralität des Staates überhaupt jemals konsequent umsetzen? Wenn nicht, welche Funktion soll es dann haben? Wieweit können und sollen Anpassungsmaßnahmen (im Sinne von »reasonable accommodation«) zugunsten der Angehörigen religiöser Minderheiten gehen? Solche Fragen lassen sich durchaus beantworten, und auch der vorliegende Aufsatz gilt ja dem Versuch, zumindest die Richtung zu weisen, in der man menschenrechtlich sinnvolle Antworten finden kann. Vieles bleibt dabei aber offen. Es werden immer wieder neue Grenzfälle und Konfliktfragen auftreten, die Klärungen erforderlich machen. Aus der Systematik der Menschenrechte lassen sich dafür zwar verbindliche Kriterien angeben, die aber für eine Entscheidungsfindung im Detail oftmals nicht ganz ausreichen werden. Und der Teufel steckt bekanntlich im Detail.

Die theoretischen Fragen, aus der Distanz akademischer Betrachtung formuliert, sind dabei noch die harmloseren. Größer sind die praktischen Herausforderungen für Staat, Religionsgemeinschaften und die Gesellschaft insgesamt. Für den Staat birgt die Religionsfreiheit eine geradezu paradoxe Aufgabenstellung: In seiner Garantenfunktion für die Menschenrechte soll er sich *aktiv* auf den religiösen und weltanschaulichen Pluralismus der Gesellschaft einlassen. Gleichzeitig soll er aber auch eine *spezifische Zurückhaltung* wahren, um die Freiheit der Menschen in den heiklen Fragen von Gewissen und Glauben nicht zu tangieren und um nicht durch Parteilichkeit zugunsten bestimmter Traditionen dem Anspruch allgemeiner Gleichberechtigung entgegenzuwirken. Auch die Religionsgemeinschaften tun sich mit einer konsequenten Bejahung der Religions- und Weltanschauungsfreiheit manchmal bis heute schwer. Zwar sind sie nicht, wie immer wieder fälschlich unterstellt wird, dazu gehalten, ihren Wahrheitsanspruch (sofern sie einen solchen erheben) preiszugeben. Sie müssen aber eindeutig darauf verzichten, dabei auf Unterstützung durch die staatliche Macht zu setzen oder gar selbst Druck auf innere Dissidenten und äußere Konkurrenten auszuüben. Während manche Religionsgemeinschaften genau dies als Chance authentischen Glaubenszeugnisses begreifen und deshalb aktiv für die Religionsfreiheit eintreten, verhalten sich andere eher defensiv und klammern sich umso mehr an ihre womöglich gefährdete Hegemonie.[92] Schließlich birgt die Religionsfreit für die Gesell-

---

92 Die Positionen der Religionsgemeinschaften zu diesen Fragen sind bekanntlich höchst unterschiedlich, und man begegnet gerade in diesem Feld einer schwer über-

schaft im Ganzen die Herausforderung, mit der Vielfalt religiöser und weltanschaulicher Überzeugungen und Praktiken zurechtzukommen und sie als Bestandteil gesellschaftlicher Normalität zu akzeptieren. Diese Vielfalt löst verständlicherweise auch Ängste aus – beispielsweise Ängste vor Kontrollverlusten und vor Veränderungen der vertrauten Umwelt oder Sorgen um den Fortbestand eigener Überzeugungen und Lebensweise in der nächsten Generation. Und während manche religiös Konservative fürchten, dass die Religionsfreiheit den Weg zu Relativismus und religiöser Gleichgültigkeit bereite, plagt denen einen oder anderen religiös Distanzierten womöglich die komplementäre Furcht, dass ausgerechnet die Religionsfreiheit zum Vehikel der »Revanche de Dieu« werden könnte, wie Gilles Kepel den neuen öffentlichen Bedeutungszuwachs des Religiösen dramatisierend genannt hat.[93] Diese vielfältigen, manchmal auch politischen geschürten Ängste dürften das eigentliche Hauptproblem bei der Verwirklichung der Religionsfreiheit sein.[94]

Dagegen möchte ich abschließend die Perspektive stellen, dass die Religionsfreiheit die besten Voraussetzungen dafür bietet, dass Vertrauen zwischen Menschen entstehen kann. Denn als Menschenrecht verweist sie zuletzt auf die Würde des Menschen, deren Respektierung schlechthin axiomatisch für jedwede normative Interaktion ist.[95] Ohne diesen Basis-Respekt sind zwischenmenschliche Verbindlichkeiten letztlich gar nicht

---

schaubaren Gleichzeitigkeit des Ungleichzeitigen. Hier nur einige Beispiele: Nach langer Zeit der Opposition hat die Katholische Kirche auf dem Zweiten Vatikanischen Konzil mit der Erklärung »Dignitatis Humanae« die Religionsfreiheit unzweideutig anerkannt und theologisch gewürdigt. Innerhalb der Geschichte der protestantischen Kirchen mit der Religionsfreiheit kommt den »Stiefkindern der Reformation«, wie Ernst Troeltsch die freikirchlichen Bewegungen genannt hat, eine produktive Sonderrolle zu. Denn aus ihrem Kreis erwuchsen – vor allem in Nordamerika – schon frühzeitig wichtige Impulse. In der christlichen Orthodoxie hingegen steht eine unzweideutige Anerkennung der modernen Menschenrechte teilweise noch aus. Im September 2008 veröffentlichte die Russisch-Orthodoxe Kirche ein Grundsatzpapier zu Menschenwürde und Menschenrechten, das nach wie vor ausgesprochen defensiv gehalten ist. Ganz eigene Fragen stellen sich hinsichtlich des Islams. Hier gibt es ausgeprägte interne Differenzen. Während im Schrifttum des politischen Islamismus die Säkularität von Staat und Recht häufig schlicht als »Jahiliyya« – das heißt als Ausdruck gottloser Finsternis – denunziert wird, sehen manche muslimischen Vordenkerinnen und Vordenker in der Anerkennung moderner Säkularität die Chance, jene unheilvolle Verquickung von Religion und staatlicher Politik zu durchbrechen, die oft genug in eine Korrumpierung der Religion mündet.

93 Vgl. Gilles Kepel, La Revanche de Dieu: Chrétiens, juifs et musulmans à la reconquéte du monde, Paris 2. Aufl. 2003.

94 Vgl. Martha Nussbaum, The New Religious Intolerance. Overcoming the Politics of Fear in an Anxious Age, Harvard 2012.

95 Vgl. Heiner Bielefeldt, Auslaufmodell Menschenwürde? Warum sie in Frage steht und warum wir sie verteidigen müssen, Freiburg i.Br. 2011.

denkbar. Dass Menschen Abkommen miteinander eingehen können, die für alle verlässlich gelten sollen; dass sie wechselseitige Versprechungen machen und auf deren Einhaltung pochen; dass sie für sich allein und im Gespräch mit anderen Orientierung suchen und normative Eckpunkte in einer gemeinsamen Verfassungsurkunde festschreiben – all dies hängt daran, dass die betreffenden Personen sich selbst und einander *als Subjekte möglicher Verantwortung* ansehen und respektieren. Der so verstandene Achtungsanspruch schwingt als zumeist unausgesprochene Voraussetzung immer mit, wenn Menschen Verbindlichkeiten, gleich welcher Art, miteinander eingehen. Genau für diese praktisch nicht hintergehbare Einsicht steht der Begriff der Menschenwürde. In der jüdisch-christlichen Tradition verbindet er sich mit der Idee der Gottesebenbildlichkeit jedes Menschen.[96] In anderen religiösen oder nicht-religiösen Traditionen gibt es ebenfalls Metaphern oder Narrationen, die sich als Haftpunkte für die gebotene Achtung der Würde aller Menschen erschließen lassen.[97] Dies eröffnet die Chance, gleichsam durch die irreduzible Pluralität hindurch einen normativen »overlapping consensus« zu identifizieren, auf den hin sich gesellschaftliche Koexistenz vernünftig organisieren lässt.[98]

In ihren inhaltlichen Überzeugungen und den lebenspraktischen Konsequenzen, die sich daraus ziehen, schlagen die Menschen höchst unterschiedliche Wege ein. Diese Vielfalt wird in der modernen Gesellschaft hautnah erlebt und durchzieht oft auch Nachbarschaften und Familien. Sie kann als erfreulich, als schwierig oder schlicht als normal empfunden werden. Worauf es letztlich indessen ankommt, ist die Bereitschaft einzusehen, dass sich gerade in dieser irreduziblen Differenz der Positionierungen die gemeinsame Fähigkeit von Menschen manifestiert, grundlegende Überzeugungen auszubilden, zu pflegen, zu verändern und zu entwickeln. Dafür steht die Idee der Menschenwürde. Sie hat ihre eigene Evidenz, und eine Rechtsordnung, die konsequent auf dem Respekt der Menschenwürde aller aufbaut, gewinnt deshalb eine Legitimität, die tiefer reicht und dauerhafter trägt als sonstige Ordnungen, die beispielsweise auf Gewohnheit, Herkunft, Identität oder Hegemonie setzen. Eine an der Würde des Menschen orientierte Rechtsordnung aber ist ohne Gewährleistung der Denk-, Gewissens-, Religions- und Weltanschauungsfreiheit überhaupt nicht vorstellbar. Deshalb hat die Forderung nach allgemeiner Anerkennung dieses

---

96 Vgl. Genesis, 1,26f. Vgl. dazu CLAUS WESTERMANN, Das Alte Testament und die Menschenrechte, in: JÖRG BAUR (Hrsg.), Zum Thema Menschenrechte. Theologische Versuche und Entwürfe, Stuttgart 1977, 5–18.

97 Vgl. ARLENE SWIDLER (Hrsg.), Human Rights in Religious Traditions, New York: The Pilgrim Press, 1982.

98 Vgl. TORE LINDHOLM, Philosophical and Religious Justifications of Freedom of Religion or Belief, in: TORE LINDHOLM, W. COLE DURHAM, BAHIA G. TAHBIZ-LIE (eds.), Facilitating Freedom of Religion or Belief: A Deskbook, Leiden: Martinus Nijhoff, 2004, 19–61.

Menschenrechts – auch abgesehen bestehender völkerrechtlicher Verpflichtungen – ihre genuine Evidenz.

Autor(inn)enverzeichnis

1. Bielefeldt, Heiner
   Professor für Menschenrechte und Menschenrechtspolitik am Institut für Politische Wissenschaft der Friedrich-Alexander-Universität Erlangen-Nürnberg

2. Butarbutar, Robinson
   Bis 2013 Regionalkoordinator Asien bei der Vereinten Evangelischen Mission; seither Dozent am Theologischen Seminar in Pematangsiantar / Indonesien

3. Elliesie, Hatem
   Wissenschaftlicher Mitarbeiter am Seminar für Semitistik und Arabistik der FU Berlin; Lehrbeauftragter am Institut für Asien- und Afrikawissenschaft der Humboldt-Universität Berlin und der rechtswissenschaftlichen Fakultät der Addis Abaha University (Äthiopien)

4. Fitschen, Klaus
   Professor für Neuere und Neueste Kirchengeschichte am Institut für Kirchenschichte der Theologischen Fakultät der Universität Leipzig

5. Hlavàček, Petr
   Professor am Collegium Europaeum an der Karlsuniversität in Prag

6. Hoffmann, Andreas
   Professor für Historische Theologie am Seminar für Katholische Theologie der Universität Siegen

7. Hofmann, Tessa
   Wissenschaftliche Mitarbeiterin am Osteuropa-Institut der Freien Universität Berlin

8. Jecker, Hanspeter
Dozent für Historische Theologie und Ethik am Theologischen Seminar Bienenberg und wissenschaftlicher Mitarbeiter am Institut für Historische Theologie der Universität Bern

9. Kaiser, Jochen-Christoph
Bis 01.10.2012 Professor für Kirchengeschichte der neuesten Zeit an der Fakultät für Evangelische Theologie der Philipps-Universität Marburg; seither im Ruhestand

10. Kuhlmann, Dirk
Wissenschaftlicher Mitarbeiter am Steyler Institut Monumenta Serica in St. Augustin

11. Ley, Peter
Bis 01.04.2013 Wissenschaftlicher Mitarbeiter am Lehrstuhl für Systematische Theologie und Theologische Friedensforschung des Seminars für Katholische Theologie an der Universität Siegen; seither Mitarbeiter am Lehrstuhl für Systematische Theologie

12. Müller, Daniela
Professorin für Kirchengeschichte und Kanonisches Recht an der Radboud Universität Nijmegen

13. Petràček, Tomàs
Dozent an der Erziehungswissenschaftlichen Fakultät der Universität von Hradec Králové in Ostböhmen und an der Katholisch-Theologischen Fakultät der Karls-Universität in Prag

14. Plasger, Georg
Professor für Systematische und ökumenische Theologie am Seminar für Evangelische Theologie der Universität Siegen

15. Rees, Wilhelm
Professor für Katholisches Kirchenrecht am Institut für Praktische Theologie der Universität Innsbruck

16. Salooja, Ravinder
Prälaturpfarrer im Dienst für Ökumene, Mission und Entwicklung der Evangelischen Landeskirche in Württemberg

17. Stobbe, Heinz-Günther
Bis 01.04.2013 Professor für Systematische Theologie und theologische Friedensforschung am Seminar für katholische Theologie der Universität Siegen; seither im Ruhestand